中国郷鎮企業の民営化と日本企業

新たな産業集積を形成する「無錫」

(社)経営労働協会 監修
関 満博 編

新評論

　　　　　　　　は　じ　め　に

　1980年代の中頃、開発経済学や地域産業論に関心を抱いている世界の研究者の間で、中国の「郷鎮企業」のことが話題になり始めた。1978年末に経済改革、対外開放へと踏み出した中国で、その後、興味深い農村の工業化が進められているというのであった。
　特に、第2次世界大戦後の途上国において、「緑の革命」が進むほどに大都市のスラム化が悩ましい問題として指摘されてきた。緑の革命により農村の生産力が飛躍的に増大し、余剰労働力が発生すると人びとは大都市に流れていく。ただし、多くの場合、十分な雇用の場がなく、人びとは大都市の片隅に滞留し、スラムを形成していくことになる。農村の環境整備が進んでも、大都市に問題が残されるという構図をどう突破していくのかが課題とされていた。その場合、農村に雇用吸収の場を形成していくことが不可欠とされていたのである。
　ただし、世界的にそのようなケースは見当たらず、わずかに日本の長野県坂城町のケースが世界的に注目されていたにすぎなかった。ここで多くを語る余裕はないが、坂城町は戦前戦中の疎開工場が戦後も残り、働く人びとを独立創業させ、興味深い機械工業集積を形成、1980年前後のME（マイクロ・エレクトロニクス）化の流れを先導していた。坂城は、農村工業化の中でも、より深みのある機械工業化を成功させたものとして世界的な注目を浴びていたのであった。この坂城については、私たちは別著（関満博・一言憲之編『地方産業振興と企業家精神』新評論、1996年）で報告している。
　この点、中国の場合は1980年代に、はるかに大きな規模で農村工業化が進められているというのであった。特に、上海郊外から蘇州、無錫といった蘇南地域が最も活発であり、後に「蘇南モデル郷鎮企業」という名称で世界的に知られていくことになる。そして、世界の研究者が蘇南に向かい、特に、最大の焦点として、無錫市の郊外県である無錫県が注目されていったのであった。
　そうした動きにジリジリしながらも、当時、東京都の職員であった私にはなかなか中国の「現場」を訪れる機会がなかった。1987年の夏に長い休暇を取り、

ようやく初めて上海郊外の郷鎮企業調査を行うことができた。詳細は本論で述べるが、その頃の中国の人びとはまだ貧しく、噂の郷鎮企業は簡易な日用品生産に従事していたにすぎない場合が多かった。だが、お目にかかるどなたの目も輝き、「明日」を語ってくれた。これは何かが起ることを深く感じさせられたものであった。

その後、上海郊外の郷鎮企業調査をいくつか重ね、本命の無錫の調査の機会をうかがっていた。そして、初めて無錫の郷鎮企業を訪れることが出来たのは、1993年の夏のことであった。さらに翌年の春、かなり本格的な無錫県の郷鎮企業調査を実施することができた。今振り返ると、この時期に無錫県に入れたことはまことに幸いであった。その頃、すでに郷鎮企業をめぐる「第1回目の階層分解」が生じていたのであった。発展軌道に乗った企業と、置き去りにされていく企業に見事に分かれていった。それを目の当たりにすることができた。

そして、1992年春の鄧小平の「南巡講話」以来の中国経済の大発展が始まり、1997年のアジア通貨危機の頃まで続いていく。この時期の中国全体の最大の話題は外資企業の大量進出であり、1980年代の「中国農村の希望の星」と言われた郷鎮企業は次第に後景に退いていく。その間、より自由度の高い浙江省温州あたりの私営企業が急速に拡大し、政府の影響力の残っている蘇南モデル郷鎮企業は「第2の国有企業」などと言われていく。1990年代末の頃の無錫の話題は「民営化」一色になっていったのであった。

その頃から、郷鎮企業の「第2回目の階層分解」が始まっていった。それは現在にまで続いている。驚異的な発展を重ねる民営企業が生まれ、他方で次の方向が見えない民営企業が置き去りにされている。むしろ、2000年代に入ってからの無錫は、民営企業の発展と、日系を中心とした外資企業の集積が同時的に進み、中国地域産業展開に新たな可能性を導き出しているように見える。それは、中国地域産業の新たな発展モデルと言えるかもしれない。「民営企業×外資企業の高度化するスパイラルな産業集積モデル」とでも言うことができそうである。

広大な中国の中でも、このような動きが鮮明化しつつあるのは、この無錫から蘇州にかけての蘇南の地域と、もう一つは南の広東省の深圳〜東莞〜広州を

中心にする珠江デルタということになろう。ただし、珠江デルタの場合は、低価格輸出基地という性格から、当面は国内市場に向かう新興の自動車産業以外の部分は、近年の人件費上昇、土地価格上昇などから、特に台湾系を中心にベトナムへの二次展開などの微妙な動きが生じており、今後、産業集積がさらに高度化し、充実の方向に向いていくかは不透明な部分が少なくない。

　この点、無錫～蘇州の外資企業は明らかに国内市場を視野に入れて進出している場合が顕著であり、集積の中身の充実は日に日に深まっているように見える。その場合、日系企業の果たしている役割は極めて大きい。足の速い台湾企業の優越する蘇州はやや不安も残るが、日系企業の進出拠点になっている無錫は、民営企業と外資企業のさらなるスパイラルな集積の流れを形成し、新たな独自的産業集積を形成していくことが期待される。

　これからも勢いのある民営企業が大量に発生し、大量の外資企業と入り交じり、互いに深く影響を与えあいながら、未曽有の産業集積を形成していくのであろう。それは途上国における産業化に新たな可能性を示すものとして注目されていかなくてはならない。

　1987年に初めて上海で蘇南モデル郷鎮企業に出会い、その後、無錫を中心に蘇南モデル郷鎮企業を見続けてきた身からすると、1990年代末からの第2回目の階層分解を乗り越え、他方で大量の外資企業、特に腰の据わった日系の優良企業を大量に引き寄せてきた無錫の取り組みは称賛すべきもののように見える。1980年代から開始された中国農村の工業化の一つの到達点が、この無錫の現在にあるのではないか。

　以上のような点を受け止めながら、本書は、2000年代中盤の無錫の民営企業と外資企業、特に日系企業に光をあて、その現状を深く掘り下げながら、中国地域産業発展の可能性について論じていくことにする。

　振り返るならば、1993年夏に初めて無錫の郷鎮企業を訪れてから15年の歳月が重なっている。上海郊外の郷鎮企業との出会いからは22年の月日が経った。この間、ほぼ毎年、無錫の郷鎮企業の現場を訪れてきた。それらの中でも、1993年夏の江蘇省投資環境調査、1994年春の無錫県郷鎮企業調査、1999年秋の錫山市郷鎮企業調査、2001年夏の一橋大学関満博研究室の総力をあげた夏期合

宿調査、2005年春の無錫の民営中小企業調査、2007年春の無錫の日系中小企業調査、2007年夏の民営中小企業調査、そして、2008年春の無錫の民営大手企業と日系大手企業調査が、特に印象に残っている。この間、無錫の企業を200社ほどは訪問してきたのではないかと思う。

　また、これまで、無錫の産業に関しては、部分的だがいくつかの報告を上梓している。無錫の1990年代の初めの頃を扱った『中国長江下流域の発展戦略』(新評論、1995年)、無錫の民営中小企業に注目した『現代中国の民営中小企業』(同、2006年、第5章)、無錫に進出している日系企業を扱った『メイド・イン・チャイナ』(同、2007年、第3章)がある。また、2001年の一橋大学関満博研究室の成果は『中国無錫の産業発展と日本企業』と題して2002年に公刊している。

　それらを踏まえながら、本書は、最近の2005年調査、2度にわたる2007年調査、2008年調査の四つの調査を軸に据え、過去の「現場」の日々を織り込み、無錫の郷鎮企業とは何であったのか、日系企業は長江デルタの中でもなぜ無錫に向かったのか、郷鎮企業から転じた民営企業はどこに向かおうとしているのか、そして、無錫を舞台にして興味深いものになってきた新たな産業集積がどこに向かい、何を生み出そうとしているのかに注目していきたいと思う。

　なお、本書を作成するにあたり、実に多くの人びとのお世話になってきた。すでに現役を引退されている場合も多く、連絡のとれない場合も少なくない。これまでの無錫の現地調査を思い返しながら、この場を借りて、深くお礼申し上げたい。とりわけ、上海外語大学名誉教授の陳生保先生、無錫市の貢培興常務副市長、対外貿易合作局の朱民陽局長にはたいへんお世話になった。まことに有り難うございました。また、本研究には社団法人経営労働協会からの支援も得ている。岡田知巳理事長に深くお礼を申し上げたい。最後に、いつもながら編集の労をとっていただいた新評論の山田洋氏、吉住亜矢さんに改めてお礼を申し上げたい。まことに有り難うございました。

2008年8月

編者　関　満博

—— 目次 ——

はじめに……………………………………………………………………………1

序章　郷鎮企業の故郷から、中国を代表する産業都市へ…………17
　1．蘇南モデル郷鎮企業と民営企業の発展……………………………19
　2．外資（日系）企業の進出拠点の形成………………………………23
　3．本書の構成……………………………………………………………30

第Ⅰ部　無錫の産業発展の基礎的条件

　第1章　無錫の近代工業化の歩み……………………………………38
　　1．解放以前の無錫の工業の輪郭（～1949年）……………………38
　　　（1）無錫の基礎を築いた五つの家族企業…………………………39
　　　（2）無錫近代工業の誕生……………………………………………42
　　2．社隊企業から郷鎮企業へ（解放以後～1990年頃まで）………45
　　　（1）無錫の社隊企業…………………………………………………45
　　　（2）無錫の郷鎮企業…………………………………………………54
　　3．蘇南モデル郷鎮企業の階層分解と民営化………………………55
　　　（1）民営化の推進……………………………………………………56
　　　（2）民営化のもたらしたもの………………………………………60
　　4．外資企業の進出の時代（1995年以降）…………………………61
　　　（1）外資企業の時代…………………………………………………62
　　　（2）外資企業の進出国別分析………………………………………65
　　5．無錫の産業発展の新たな方向……………………………………66

　第2章　無錫の産業発展の輪郭………………………………………73
　　1．蘇南と無錫経済の基礎的条件……………………………………74

（1）長江デルタの中の無錫 ……………………………………74
　　　（2）蘇南地域の中の無錫 ……………………………………78
　　2．無錫の産業発展の輪郭……………………………………………81
　　　（1）改革、開放以後の急成長 ………………………………81
　　　（2）国営企業から郷鎮企業、村営企業へ …………………84
　　3．民営企業の発展と外資（日系）企業の現状……………………86
　　　（1）国有企業、郷鎮企業の民営化 …………………………87
　　　（2）民営企業、私営企業の時代へ …………………………89
　　　（3）外資企業の進出 …………………………………………91

第3章　無錫の立地環境と開発区 …………………100

　　1．長江デルタの主要都市…………………………………………101
　　　（1）平地と運河のまち／無錫 ………………………………101
　　　（2）交通インフラの状況 ……………………………………103
　　　（3）産業基盤と人材 …………………………………………105
　　　（4）興味深い郊外の市 ………………………………………107
　　2．中国の開発区政策………………………………………………110
　　　（1）経済特区と経済技術開発区 ……………………………111
　　　（2）高新技術開発区の形成 …………………………………114
　　　（3）その他の経済開発区 ……………………………………117
　　3．無錫の経済開発区………………………………………………118
　　　（1）国家クラスの経済開発区 ………………………………119
　　　（2）省クラスの経済開発区 …………………………………126
　　4．市域全体が開発区を焦点にネットワーク化…………………133

第Ⅱ部　無錫の民営企業の現在

第4章　郷鎮企業から民営企業に向かう無錫の企業 …………138

1．社隊企業、校弁企業から民営企業へ ……………………………139
　　（1）社隊企業から発展した重装備型企業（無錫鍛圧）…………140
　　（2）新たな後継者が現れた元郷鎮企業（無錫雪桃集団）………143
　　（3）最有力郷鎮企業から民営に（江蘇太湖鍋炉）………………147
　　（4）校弁企業（小学校）から民営企業に（江陰市申澄集団）…150
　　（5）幹部が買い取り、民営化に向かう（無錫市潤和機械）……153
　2．蘇南モデル郷鎮企業の民営化の道筋 ……………………………155
　　（1）外国技術導入による発展（無錫環宇電磁綫）………………156
　　（2）外国の先進設備を入れて輸入代替（江蘇立覇実業）………158
　　（3）国産技術による輸入代替で発展（無錫恵源高級潤滑油）…160
　　（4）環境問題への対応により発展（無錫市方成彩印包装）……163
　　（5）環境設備への展開で全国区に（金山環保工程集団）………166
　　（6）合弁郷鎮企業の民営化（無錫華特鋼帯）……………………169

第5章　民営化後に劇的な発展を遂げた郷鎮企業 …………………174
　1．無錫を特色づける繊維産業部門での発展 ………………………175
　　（1）「紅い帽子」郷鎮企業から劇的な発展（海瀾集団）………175
　　（2）多角化に向かう民営企業（江蘇陽光集団）…………………179
　　（3）巨大な縫製企業を形成（紅豆集団）…………………………182
　　（4）国有企業のままで大発展（第一棉紡織廠）…………………186
　2．基礎資材部門、設備機械部門での大発展 ………………………190
　　（1）急成長ながらも、着実な歩み（錫能鍋炉集団）……………190
　　（2）中国一の電線・ケーブル工場を形成（新遠東集団）………193
　　（3）耐火物と希土類に展開
　　　　　（中国希土控股／宜興新威利成耐火材料）…………………197
　　（4）株式上場した民営企業（江蘇天奇物流系統工程）…………200

第6章　新たなタイプの民営企業の登場 ……………………………204
　1．郷鎮企業をベースに独特の発展 …………………………………204

（1）郷鎮企業の元工場長が独立創業（宜興市江旭鋳造）……………205
　　（2）郷鎮企業から兄弟3人が独立、グループを形成
　　　　（江蘇恒嶺綾纖）……………………………………………………208
　　（3）郷鎮企業の女性医師が独立、外資利用（利安達集団）…………211
　　（4）個人郷鎮企業からハイテク部門に展開
　　　　（江蘇四通新源動力工程）…………………………………………213
　　（5）2代目の後継者が事業を拡大（無錫市申錫建築機械）…………216
　2．新たな要素を付け加える民営中小企業 ………………………………219
　　（1）環境ベンチャーの展開（無錫零界浄化設備）……………………220
　　（2）高学歴者の独立創業（無錫瑞新汽車部件）………………………223
　　（3）ハイテク・ベンチャーの外資導入（無錫富瑞徳精密機械）……226
　　（4）新しいビジネスモデルの形成（無錫市浦新不銹鋼）……………229
　　（5）輸出型企業としての展開（無錫鳳凰画材）………………………233
　　（6）エリート達の事業化（無錫西姆斯石油専用管制造）……………235
　　（7）専門的経営者の登場（無錫市滙光精密機械）……………………239
　　（8）対日輸出アパレルメーカーとして展開（恒田企業）……………241
　　（9）対日アウトソーシングに向かうソフト企業（晟峰軟件）………246
　3．無錫における民営中小企業の特質と課題 ……………………………250

第Ⅲ部　無錫に展開する日本企業

第7章　低コスト生産で日本に戻す …………………………………258
　1．低価格輸出生産拠点を形成する大手企業 ……………………………259
　　（1）コピー機の世界への輸出拠点を形成（コニカミノルタ）………260
　　（2）日本へのミニチュアベアリングの輸出拠点（ジェイテクト）…264
　　（3）急激に拡大する中国国内市場に対応（富士通テン）……………268
　　（4）中国市場を目指すが、当面日本に輸出（NOK）………………271
　　（5）ソフト開発拠点の形成（NECソリューション）………………276

２．中小企業も低価格輸出生産拠点を形成 …………………………279
　　（１）マッサージチェアの半製品を日本に戻す（ファミリー）……279
　　（２）全量日本輸出のアパレルメーカー（ナカノアパレル）………282
　　（３）75歳のベテランが責任者として駐在（サンヒル）……………285
　　（４）対日アウトソーシング基地の形成（華夏計算機）……………289

第８章　中国市場に向かう大手企業 ……………………………………295
　１．進出日本企業への供給を目指す大手企業 ………………………295
　　（１）長江デルタの液晶集積に対応（住友化学）……………………296
　　（２）進出日系企業に供給（エプソントヨコム）……………………300
　　（３）電子部品で中国市場を視野に（ニチコン）……………………303
　　（４）日産系部品メーカーの進出（大井製作所／三井金属）………307
　　（５）点火コイルで中国自動車市場に入る（デンソー阪神）………310
　２．独自に中国市場を目指す大手企業 ………………………………315
　　（１）中国でクレーン、ホイストのトップメーカーに（キトー）…315
　　（２）大型ポンプメーカーの本格参入（日立ポンプ）………………319
　　（３）包装用フィルムで中国市場に参入（大倉工業）………………323
　　（４）環境機器の領域で中国進出（日立プラントテクノロジー）…327
　　（５）血液検査の試薬を中国市場に投入（シスメックス）…………331

第９章　中国市場に向かう中小企業 ……………………………………335
　１．ユーザーの要請により中国進出 …………………………………335
　　（１）シャープの協力工場として進出（ミナミ製作所）……………336
　　（２）建機メーカーをサポートする進出（水登社）…………………339
　　（３）ＮＯＫの要請で進出した金型メーカー（フガク工機）………343
　２．独自に中国市場を目指す中小企業 ………………………………346
　　（１）自動車用スプリングで中国に貢献（沢根スプリング）………347
　　（２）送風機の領域で現地化を推進（東浜工業）……………………350
　　（３）大型鏡板製造に従事（北海）……………………………………353

（4）溶融亜鉛メッキの領域で進出（田中溶融亜鉛鍍金）………356
　　（5）香港資本の日系企業が中国で大展開（日塑電子）………359
　　（6）中国が主要拠点となり、上海上場を視野に
　　　　（マイクロリサーチ）………………………………………363

第10章　進出日系企業をサポートするための進出 ………369
　1．多様なサービスを提供する大手企業 ………………………370
　　（1）華東地域のコイルセンターとして展開（ＪＦＥ商事）………370
　　（2）進出企業へ給食総合サービスを提供（魚国総本社）………374
　　（3）進出企業に物流サービスを提供（住商物流）………377
　　（4）進出企業を金融サイドからサポートする
　　　　（みずほコーポレート銀行）………………………………381
　2．進出日系企業を広くサポートする中小企業 ………………384
　　（1）進出日本企業に化粧箱を提供（オカハシ）………385
　　（2）進出靴下メーカーをターゲットに（マエダ繊維工業）………388
　　（3）華東地域の片隅に28歳の若者が責任者として駐在
　　　　（トライウォール）…………………………………………391
　　（4）進出企業の治工具、専用機を製造、メンテする
　　　　（マルゴ工業）………………………………………………395
　3．幅を拡げる進出日本企業 ……………………………………399

終章　長江デルタ、蘇南の中心都市へ ………………………405
　1．展開力に優れる産業集積の形成 ……………………………406
　2．人材育成こそ最大の課題 ……………………………………410
　3．産業発展に向けての政府の役割 ……………………………414

第Ⅳ部　補論／無錫産業調査のトピックス

補論Ⅰ　1993年／無錫産業の発展動向 …………………………420

補論Ⅱ　1993年／当時の蘇南の企業 …………………………435
　1．国有企業の現状と課題 ……………………………………436
　　（1）新分野進出を狙う国有企業（無錫鍋爐廠）……………436
　　（2）リストラに向かう国有企業（南京第二機床廠）………440
　　（3）日本企業による企業診断とその後（常州柴油機廠）…442
　　（4）中国金型企業の現在（昆山大型塑料模架廠）…………445
　　（5）中国自動車産業の将来と部品工業（南京油泵油嘴廠）…449
　　（6）国有企業の集団化の実態（宝鋼集団常州鋼鉄廠）……451
　　（7）国有大型企業の生産体制と対外的視野（南京汽輪電機廠）…454
　　（8）国有大型企業の研究開発体制と外国技術導入（無錫電機廠）…458
　　（9）国有機械工場の合弁合作への意向（昆山紡織機械廠）…460
　2．飛躍的発展を示す郷鎮企業 ………………………………463
　　（1）郷鎮企業の組織と労働力調達の現在（無錫県風機廠）…464
　　（2）飛躍的発展に踏み出す郷鎮企業（常州長江塑料機械廠）…467
　　（3）南京の郷鎮企業（南京電纜一廠）………………………471
　　（4）昆山市の鎮の発展と郷鎮企業（昆山好孩子児童用品）…474
　3．日本企業の長江下流域への展開 …………………………478
　　（1）中国に定着しつつある日本企業の現在（昆山賽露達）…479
　　（2）アジアの事情と中国展開（常州愛和電子）……………483
　　（3）中国市場への視野と南京への着目（南京富士通通信設備）…487
　　（4）中国の半導体工場と日本企業（中国華晶電子集団）…490
　　（5）中国に展開するハイテク中小企業（華光電子工業）…492
　　（6）台湾企業の中国進出の現段階（昆山六豊機械工業）…495

補論Ⅲ　1994年／無錫県郷鎮企業の実態調査報告 ……………500
　1．無錫県の発展の概要 ………………………………………501

目次　11

2．地域経営の中の郷鎮企業 ……………………………………510
　　　（1）企業の個人請負の実験（玉祁鎮）………………………512
　　　（2）無錫県郷鎮企業の標準的な形態（無錫県鋁合金廠）…515
　　　（3）香港との合作と先鋭的な機械設備（無錫裕通織造）…518
　　　（4）鎮の地域経営（前州鎮）…………………………………521
　　　（5）繁栄する村（前州鎮西塘村）……………………………524
　　3．郷鎮企業の発展のスタイル …………………………………528
　　　（1）郷鎮企業家のサクセス・ストーリー（無錫通菱電纜）…529
　　　（2）村のリーダーによる村営オートバイ工場
　　　　　　（江蘇無錫雅西摩托車廠）……………………………532
　　　（3）国有企業からの人材スカウト（無錫燕華毛紡針織）…535
　　　（4）下放青年による事業化（無錫県無線電二廠）…………538
　　　（5）個人企業から集団公司へ（無錫長宏針紡織集団）……540
　　　（6）個人企業の発展（無錫林芝祥発軽工）…………………544
　　4．郷鎮企業の発展方向 …………………………………………546
　　　（1）重機械工業の郷鎮企業（江蘇太湖鍋炉集団）…………546
　　　（2）郷鎮企業による集団公司（江蘇南方集団）……………550
　　　（3）股份合作制による郷鎮企業の展開（東埧鎮）…………552
　　　（4）郷鎮企業と日本企業との合弁（無錫健勝手套）………554
　　　（5）基盤技術をめぐる日本企業との合弁（無錫東海鍛造）…557

補論Ⅳ　1990年代前半／蘇南モデル郷鎮企業の階層分解 …………562
　　1．郷鎮企業の発展 ………………………………………………562
　　2．発展の第1ステージ …………………………………………563
　　3．新たな局面に立つ郷鎮企業 …………………………………565
　　4．要求水準の上昇と対応力の欠如 ……………………………568
　　5．21世紀に向けた課題 …………………………………………572

補論Ⅴ　2000年前後／民営化に向かう無錫郷鎮企業 ………………575

1．郷鎮企業から民営企業へ ··575
　2．股份合作制への移行 ··580
　3．ベンチャー企業と外資企業 ··583
　4．今後の無錫との付き合い方 ··585

補論Ⅵ　2004年／江蘇省の工業発展と日本企業 ························589

補論Ⅶ　2005年／無錫メッキ工業団地の展開 ··························597

補論Ⅷ　2008年／民営企業として発展する郷鎮企業 ··················602

補論Ⅸ　江南大学と産学連携 ···608
　1．無錫の民営企業の発展に貢献してきた江南大学 ··················609
　2．江南大学と科学園 ···614
　3．産学連携で「第3の階層分解」に挑む ································625

中国郷鎮企業の民営化と日本企業
――新たな産業集積を形成する「無錫」――

(社) 経営労働協会　監修
関　満博　編

序章　郷鎮企業の故郷から、中国を代表する産業都市へ

　1978年末の経済改革、対外開放への方針の大転換以降、中国経済は世界史的に見ても、まことに興味深い劇的な発展を勝ち取ってきた。沿海地域の主要都市を開放し、大量の外資を導入、また、世界的にも例のない大規模な農村工業化を進め、さらに、国有企業の改革を強力に推進してきた。そのいずれもが世界的な大テーマであり、世界の研究者を興奮させてきた。そして、それらは紆余曲折を経ながらも、この30年の間に見事な成果をあげてきたのであった。

　もちろん、発展の中で取り残され、新たな格差を生じさせているなどの問題も指摘される。だが、世界史的に見ても、短期間にこれほどの大転換を成し遂げた例は見当たらないのではないかと思う。この成果により人びとは勇気づけられ、中国は世界の中でいっそう注目され、さらに、重要な役割を演じていくことが期待されているのである。

　ところで、この巨大な中国の産業発展を切り取っていくにはいくつものやり方がある。自動車、鉄鋼、繊維、電子などの特定の産業に注目して深く彫り込んでいくスタイル、また、国有企業、郷鎮企業、民営企業、外資企業のそれぞれに焦点を合わせていくやり方、さらに、特定地域に注目し、地域の産業発展全体を見通していくやり方などがある。それぞれ重要なやり方ではあるが、私は特定地域に注目し、その地域の産業、企業の全体を視野に入れ、個別企業のケースに着目しながら歴史構造的に分析し、その地域の将来、さらに、中国全体の将来を見通し、そして、日本の課題を振り返っていくというやり方を目指してきた。

　そして、この20年、特定地域として特に注目し、継続的に身を置き続けてきたのは、北の大連、瀋陽、長江デルタの上海、無錫、珠江デルタの深圳、東莞、広州であった。内陸も関心があり、四川、重慶からは目を離さないようにしているのだが、まことに残念ながら、私の力量と残された時間ではやや無理と判

断している。

　各地域それぞれ、私にとって重要な意味があるが、それは各地域を分析した他の私の書籍群を見ていただくにして、ここでは「無錫」の意味を少し示しておくことにしたい。結論から言うと、第1に、第2次世界大戦後の途上国の産業化の最大の課題とされた農村工業化の注目すべきあり方の一つを示していること、第2に、外資企業、特に日本企業に焦点を合わせ、見事な外資企業導入、興味深い産業集積を形成したことに意義を見出していきたいと考えている。

　この点まず、無錫の農村工業化は、その後、民営企業を大量に生み出し、新たな地域の牽引役として重要な役割を担い、人びとに新たな勇気を与えていったことがまことに興味深い。

　また、外資導入に関しては、日本企業の大量進出は北の大連、南の珠江デルタにも顕著に見られ、それぞれ注目していくべきだが、無錫の場合には、輸出基地の性格の強い大連、珠江デルタと異なり、中国国内市場向けという意味が強いことが注目される。それは、アジア、中国における日本企業の初めての経験となり、日本の産業構造問題を議論していく場合に新たな視野を与えることが期待されるであろう。

　そして、第3に、郷鎮企業から派生した新たな民営企業の登場と日本企業を中心とした外資企業の大量進出が産業集積を高度化させるスパイラルな過程を生み出し、あたかも累積的に進化する「民営企業×外資企業の産業集積」の形成を促していることが注目される。大規模にこのような事態が生じたことは世界的にも経験がなく、中国の中でも無錫がその先端にあることが指摘される。

　さらに、地域産業集積という観点からすると、京都府ほどの面積の中で、集積拠点が空間的に適宜配置され、地域的なネットワークの形成、バランスのとれた地域発展が視野に入っていることも興味深い、

　これらを意識し、無錫のこの20年を振り返り、現在の状況に深く切り込みながら、本書は構成されていくことになる。

1．蘇南モデル郷鎮企業と民営企業の発展

　上海郊外から蘇州、無錫にかけての蘇南といわれる地域に、1980年を前後するころから「郷鎮企業」と呼ばれる興味深い農村企業群が大量に登場してきた。「農村における農民による企業」とされていた。先に指摘したように、途上国における農村工業化は世界的なテーマであり、世界の開発経済学、地域産業論に携わる研究者たちを興奮させていった。その成り立ちは以下のようなものであった。

人民公社の成立と解体

　中国は1949年の新中国の成立以来、しばらくは新たな体制づくりに向けての調整過程であったが、1950年代の末の頃に、その後の基本となる枠組みが形成されていく。特に、本書で扱う範囲の中では、「公私合営」と言われた私営企業の廃止と統合による国有化、人民公社の形成、戸籍制度の成立が重要であろう。この頃には、中国の人びとは農民戸籍（農業人口）と都市戸籍（非農業人口）に分けられ、農民戸籍の人は人民公社に、都市戸籍の人は国有企業（国有単位）に統合されていった[1]。なお、人民公社は自然村をいくつかまとめたものであり、ほぼ人口3万人程度を一つの人民公社とし、人びとが誕生してから亡くなるまでの面倒をみる協同組織とされていった。

　なお、中国の戸籍は職業の概念ではなく、1957年の頃に、一気に地域別に都市と圧倒的な面積を抱える農村に分け、それぞれに帰属させるものにしている。そして、その後、中国では人びとは戸籍のある場所にしか居住できないという枠組みの中で生きていく。この戸籍の制約が、その後の郷鎮企業の発展を促す最大のポイントになることに注意しておく必要がある。

　社会主義の理想に燃えた人民公社は、その後、次第に機能していかなくなる。「働いても、働かなくとも同じ」という状況は、農業生産を減退させ、公社を荒廃させていった。こうしたことが、文化大革命（1966〜76年）が落ち着いた1970年代末に問題になり、鄧小平の登場により、終止符が打たれていくことに

なる。人民公社は解体されていくのであった。

緑の革命と「万元戸」の登場

　そして、経済改革の中でも農業部門に手がつけられていく。前近代社会はどこでもそうなのだが、圧倒的大多数の人びとは農民であり、支配者側はその農民から収奪し、権力を維持していこうとする。この段階では農民に余剰が発生する余地はない。「生かさぬように、殺さぬように」ということになる。農業生産も停滞していくことになろう。

　そのような意味で、この前近代から近代への転換は、この農民を収奪の対象にしていくのか、あるいは、農民を市場として考えていくのかにかかってくる。特に、世界的にみると、第2次世界大戦後に、アジアを中心に前近代社会から近代社会への転換が一斉に起るが、その象徴として「緑の革命」という概念が提起されてきた。

　この「緑の革命」を概略すると以下のようになる。まず、社会制度としては土地所有制の改革が行われ、個人農を成立させ、また、農産物価格維持制度（例えば、日本の食管法）により、農産物を高く購入していくことが不可欠とされる。このことにより、農民の営農意欲は高まり、農業生産が拡大し、食糧問題の解決につながる。日本の戦後はまさにこのような流れの中で復興を進めていった。さらに、技術的には灌漑、農業機械の投入、農薬・肥料の投入等が進められ、農業生産性の拡大を促していく。これにより、歴史上、初めて農民に余剰が発生していくことになる。それは農民が収奪の対象から「市場」に変わっていくことを意味しよう。

　このような枠組みは、アジアの場合、日本で最初に取り組まれ、その後、台湾、韓国、ASEANと拡がり、中国は1978年末に踏み込んでくることになる。経済改革の中で、事実上、個人農の復活を認め、一定程度、作付けの自由化、さらに、自由販売を認めていった。蘇南のような耕作条件に優れる地域の農民は活性化し、1980年代の末の頃には、豊かな農民が続出、「万元戸」と言われたものであった。

蘇南モデル郷鎮企業の成立と発展

　このような状況が続くと、当然、農村に余剰労働力が発生する。常識的には、彼らは仕事を求めて大都市に向かうであろう。昭和30年代の日本の「集団就職列車」はそうした事態を象徴している。たまたま日本の場合は、その後、高度成長期となり、京浜工業地帯などの都市部の工業地帯が、彼らを吸収することができた。ただし、多くの国ではそのようなわけにはいかない。大都市に出てきた人びとに職はなく、帰るところもなく、都市の片隅にスラムを形成していくことになる。これが開発経済学の最大の課題の一つとされていった。

　この点、中国の場合は、戸籍の制約から人びとは自由に移動することができない。1990年代以降、大都市に内陸から大量に人びとが押しかけているが、それは、大都市の労働力が枯渇し、特例により暫定的に戸籍を発行し、受け入れているにすぎない。必要がなくなれば、いつでも追い返すことができる。つまり、管理された移動ということになる。上海からわずか130kmの位置にある無錫でも、農民は自由に上海に行くこともできない。

　経済改革以降、地方には大量の余剰労働力が滞留していったのである。このような事態に対し、人民公社が解体された後の行政的な機能に縮小した郷鎮の政府は、雇用の確保のために新たな事業を起こしていく。かつての人民公社時代の鍛冶場的な作業場などをベースに、村人を集め、簡易な日用品を生産し、上海市場に出していくことを試みる。

　他方、中国の特殊事情なのだが、毛沢東時代を通じて、極度に軍事的に緊張していた中国は、資源を極端に軍事部門に投入していたのであり、通常の日用品部門の生産は実に脆弱なものであった。経済改革により、やや自由になった人びとは、簡易な日用品を買い求めていった。そのような市場が成立し始めていたのであり、郷鎮政府主導の郷鎮企業は一気に拡大発展の道筋をたどることになる。この郷鎮政府主導のスタイルは、上海に近い上海郊外から蘇州、無錫のあたりで特徴的に成立、発展したことから「蘇南モデル郷鎮企業」と呼ばれるようになっていった。

蘇南モデル郷鎮企業をめぐる二つの階層分解

　1980年代は郷鎮企業の「黄金時代」と言われ、「作れば、売れる時代」が続いた。だが、改革・開放以降、10年を経過した1990年代に入る頃には、モノ不足経済も落ち着き、簡易な低レベルの製品は売れなくなっていく。1980年代の繁栄の時代に、利益を外国製の機械設備の導入に振り向け、製品レベルを上げていった郷鎮企業と、利益をカラオケルームや高級車の購入に費やしたような郷鎮企業との間に際立った階層分解が生じてくる。これを私は郷蘇南モデル郷鎮企業の「第1回目の階層分解」と位置づけている[2]。

　事実、1990年代の初めの頃の蘇南では、ガランと空き家になった郷鎮企業がそこかしこに点在していたのであった。

　そして、1992年の鄧小平の「南巡講話」。中国経済は一気に過熱していく。そして、しばらくは「外資企業の時代」が続いていく。他方で、郷鎮企業の発展、外資企業の大量進出の陰で、伝統の国有企業が疲弊し、国有企業改革が不可欠なものとなっていく。農村ではすでに人民公社は解体し、新たに登場した郷鎮企業は社会福利厚生も背負わず、身軽な形になっていたのだが、国有企業は依然として、人びとの誕生から亡くなるまでの世話をしていたのであった。それでは、外資企業、郷鎮企業と競争になるわけがない。特に、アジア通貨危機の1997年以降、中国では国有企業改革、民営化の推進が最大の課題の一つとされていったのであった。

　外資企業の進出に目を奪われていた1990年代の中頃、他方で、深く静かに私営的な民営企業が次第に実力を蓄えていった。特に、浙江省温州を中心に発展した「温州モデル郷鎮企業」と言われていた存在が、新たな中国の枠組みの中で大発展を開始していく[3]。「外資企業の時代」の1990年代の次の2000年代は「民営企業」の時代が予見されていくのであった。

　そして、1990年代の末の頃には、無錫などの蘇南では「蘇南モデル郷鎮企業は、温州モデル郷鎮企業に破れた」「蘇南モデル郷鎮企業は、第2の国有企業」などが叫ばれ、一気に民営化に突き進んでいくのであった。以後のプロセスは、本書第4章から第6章で明らかにされていくことになろう。この民営化のプロセスをうまく乗り越えたかどうかにより、現在、蘇南モデル郷鎮企業を

めぐる「第2回目の階層分解」が生じているのである。

2．外資（日系）企業の進出拠点の形成

　無錫の地に日系企業が降り立つのは、1990年前後からであるが、本格化するのは1995年以降のことであろう。日系企業が大集積している北の遼寧省大連や広東省深圳、東莞に比べて5年ほどの遅れがあったように思う。振り返るまでもなく、当初の日本企業の中国進出は低コスト生産を求めてのものであり、日本に持ち帰る場合には、日本に近く、港湾条件に優れる大連が注目され、また、世界への輸出を意識するならば、香港に近い広東省南部の深圳、東莞が選ばれていくことになる[4]。

　ここでは、大連、広東省南部にやや遅れながらも、その後、急速に日系企業を惹きつけていった無錫の、その輪郭を見ていくことにする。

持ち帰り型輸出生産拠点の大連

　当初、中国を低コスト生産、輸出拠点と見ていた日系企業は、北の大連と南の深圳、東莞といった広東省南部に進出していった。

　大連は日本に近く、優れた港湾に恵まれ、また、歴史的な経緯から親近感が深く、さらに、日本語人材も豊富というものであった。日本から原材料を持ち込み、加工・組立して日本に戻すには最適の場所であった。このような事情から、大連経済技術開発区が供用開始になる1988年の頃から、日本の有力企業の進出が見られた。マイクロモーターのマブチモーター、自動車アンテナの原田工業などが、早い時期から大連経済技術開発区に進出していたものであった。さらに、1988年末の段階で全日空が成田～大連の直行便を飛ばし、日本企業の進出をさらに活発化させた。

　また、1994年には2.17km^{2}の大連（日本）工業団地が、伊藤忠、丸紅、三菱商事、日本興業銀行（当時）、東京銀行（当時）によって建設され、大量の日系企業の進出を促していったことも興味深い。

　2008年3月末現在、大連に進出している日系企業は1700社を数えるものに

なっている。製造業種に限って言えば、単一の市でこれだけ日系企業が集積しているケースは、世界のどこにもなさそうである。自動車組立工場以外の全ての業種の企業が進出している。そして、その多くは、先に指摘したように、持ち帰り型輸出生産基地の形成というものであった[5]。

世界への輸出拠点の広東省南部

これに対し、もう一つの進出拠点である深圳、東莞といった珠江デルタの広東省南部は、同じ輸出生産拠点であるものの、日本への持ち帰り型というよりも、むしろ、世界への輸出拠点としての意味合いが強いものであった。特に、ヨーロッパへの製品輸出、そして、日本の電気・電子メーカーが大量に進出しているASEANへの部品輸出拠点としての意味が濃厚なものであった。

その場合、香港の存在が大きな意味を帯びていた。1997年7月1日に中国に返還される前の香港はイギリス領であった。香港で作られたものは「イギリス製」としてヨーロッパに投入されていた。関税等の優遇があったとされている。カメラ、時計といった製品、繊維日用品のヨーロッパ輸出をイメージする日系企業は、早い時期から香港に進出していたのである。ただし、香港は土地の少ないところであり、工場はビル型が普通であり、軽作業以外の産業を発達させることはできなかった[6]。繊維日用品、時計、カメラが最適とされていたのである。この点、以前から、九龍の対岸の香港島の高層ビルの屋上のイルミネーションには、日本の時計、カメラ、コピー機メーカーのものが目立つが、それはその象徴であろう。

この間、1970年代を通じて、香港は「アジア四匹の龍」、あるいは「アジアNIES」などと言われるほどの発展を示していく。人件費、土地価格が高騰し、次の展開を余儀なくされていた。そして、丁度、その頃に中国が改革・開放政策に踏み込んでいくことになる。香港の国境を挟んだ北側に広大かつ低賃金の国が突然現れてきたのであった。他方、中国側も特に対外開放の象徴的な場所として、香港に隣接する深圳に注目し、外資企業の受け皿として1979年から世界の実験とされた「深圳経済特区」をスタートさせていくのであった。

ただし、対外開放とはいえ、社会主義中国の仕組みを理解できない香港側は、

当初、疑心暗鬼であったが、水面下の調整が進む中で、来料加工（広東型委託加工）という際立った方式を編み出していく[7]。ここで来料加工を詳しく説明していく余裕はないが、簡単に言うと、香港に戻すことを前提に、香港側は中国に法人登記しないまま、実質的には中国工場を経営する、という仕組みである。香港側にはほとんどリスクは発生しない。リスクはわずかに中国側にある材料、製品のみであろう。他方、中国側にとっては、法人税は生じないものの、雇用が拡大し、賃料は取れることになる。さらに、経済が活性化することにより、付帯のサービス業が発展していくことが期待された。そして、事態はそのように進んでいったのであった。

　このようにして、中国側を生産拠点にし、香港から世界に輸出するという仕組みが形成された。当初の香港企業に加え、世界への輸出を意図する日系企業、台湾企業が1990年前後から大挙、深圳、東莞といった香港に近い珠江デルタに大集積を形成していった。なお、このエリアへの進出企業数を把握することは難しい。来料加工の場合は法人登記していないため、その全体をつかむことは容易でないのである。

　　上海から、その周辺の状況

　以上の大連、広東省南部に対して、上海、蘇州、無錫などからなる長江デルタは異なった歩みを重ねていく。長江デルタの中心である上海においてさえも、取り組みはそれほど早いものではなかった。上海への外資企業の進出が本格化するのは、1992年春の鄧小平の「南巡講話」以降のことであった。

　上海への進出は、当初は閔行経済技術開発区、漕河涇経済技術開発区などに顕著に見られたが、浦東新区の開発が進むにつれて、その中の金橋輸出加工区などにも有力企業が軒を連ね始める。やはり上海の使い勝手は良好なのであろう。その他、上海の中で日系企業の集中している地域としては、上海市レベルの経済開発区である松江工業区が知られる[8]。松江工業区だけで日本企業は400社は確認されている。後にみる無錫新区並みの集積度合いであろう。したがって、上海市全体への日系製造業の進出は2000件は下らない。3000件に届くのではないかと思う。そのような意味では、上海は製造業以外の進出も多く、

図序－1　長江デルタの概念図

日本企業の最大の進出拠点となる。

　ただし、上海の発展につれて、人件費、土地代は高くなり、1990年代の中頃以降は、上海の外周部分が着目されていく。その場合の焦点は、蘇州、無錫、そして、杭州ということになろう。これらの中で、一番初めに動きを見せたのは蘇州の中で上海に接する昆山であった[9]。昆山は県クラスの市としては全国的に珍しいことに国家級の経済技術開発区を抱えており、早い時期から外資企業の誘致に向かっていた。また、この昆山経済技術開発区は江蘇省の中でも最初に認可された経済技術開発区でもあった。

　この昆山にはその後、台湾企業が大量に進出していく。特に、経済技術開発区の中に設置された輸出加工区には台湾のノートパソコンの有力組立メーカーが大集積を示しているのである。そして、この昆山への集積を契機に、台湾企業は蘇州全体に大集積を形成していくのであった[10]。この蘇州には、昆山の他に、蘇州市街地に接する蘇州新区、蘇州工業園という二つの巨大な経済開発区があり、大量の外資企業を受け入れている。日本企業も1000件近くの集積を形成している。ただし、全体の雰囲気としては台湾企業の存在感が大きい。

人と人のつながりの中で日系企業の進出が重なる

　以上のような長江デルタ、その中でも上海周辺の状況の中で、1990年代の末の頃から、急速に日系企業の無錫進出が進んでいく。いまや、無錫は北の大連に次ぐ日系企業の存在感を感じさせる都市になっている。この日系企業を惹きつけた最大の要因は歌謡曲の『無錫旅情』と言われている。ある年齢以上の方は、この曲により無錫へ好感を抱いたとされている。無錫を15年来、観察してきた身からしても、それは痛感させられる。都市のイメージはこうしたもので強められ、人びとを惹きつけていくのであろう。2007年には、東京のホテルで無錫市主催の「『無錫旅情』20年の集い」が開催されたが、1000人の人を集めたとされているのである。

　そして、無錫を訪れると、上海の喧騒と異なり、落ち着いた江南のまちが痛感され、日本人を惹きつけていくことになった。また、2000年を過ぎたあたりからは、蘇州の人件費、土地代も上がり、やや低めの無錫が注目されたとも言

われている。1990年代の初めの頃は、上海から快速列車で2時間、クルマで4〜5時間ほどかかった無錫は、新幹線型の特急で40分、高速道路で2時間ほどに短縮しているのである。

　また、長期にわたって無錫市の外資企業誘致担当の人びとと交流を続けていると深く感じることがある。外資企業誘致のターゲットを日系企業に見定め、積極的な取り組みを重ねていることに感心する。それは、おそらく、1980年代から1990年代の初めにかけて進出した日系企業が、地元との交流を深め、良い関係を築いてきたからにほかならない。

　日本側の関係者は、常に「無錫の魅力」を語っていたものであった。時々、無錫市の日本での投資説明会の際に、基調講演の役などをいただく私自身もその一人かもしれない[11]。また、本書の第10章で紹介するみずほコーポレート銀行は、旧日本興業銀行時代以来、無錫に特に力を入れていたことも思い起こされる。多くの人びとが無錫の魅力に惹きこまれていたのである。人と人のつながりの中で、無錫は大量の日系企業を導入することに成功し、また、進出した日系企業の真摯な態度が評価され、さらに、市側の誘致の方針が明確化し、そして、日系企業が進出してくるという興味深いサイクルが形成されているのである。

民営企業×外資企業の高度化するスパイラルな産業集積の形成

　また、地域産業論のサイドから言うと、戦前以来の重機械工業の伝統があり、国有企業、郷鎮企業にも基礎的な加工技術が蓄積されていることが指摘される。要は、モノづくりの伝統があるということであり、それは地域の雰囲気として人びとに伝わっている。蘇州、無錫と言えば観光都市として受け止める向きもあり、見えにくくなっているものの、蘇州は時計等の精密機械工業、無錫は大型機械などの重機械工業がベースにあることに注目していく必要がある。

　実際に、長い間にわたって無錫の郷鎮企業を訪れてきたが、上海郊外などに比べて、意外な重機械部門に展開する郷鎮企業に巡り合うことが少なくなかった。蘇南モデル郷鎮企業は「日用品の軽工業部門」と勝手に想像していた身からすると、認識を新たにさせられる場合が多かった。それは、戦前以来の伝統

が郷鎮企業にまで引き継がれていることを示すものでもあろう。

　そして、このようなモノづくりの伝統が底辺に拡がっていることの意味は小さくない。無錫に進出した日系企業は、当初は原材料部品を日本から投入していくが、次第にその現地調達に向かうことになる。しばらくは進出日系企業と地元の民営中小企業は別の世界を形成しているのだが、次第にその垣根がとれて、日系企業は新たな認識を得ていくことになろう。現在はまだ、その前夜というべきである。一部の進出企業がようやく気がつき始めた段階のように見える。無錫の民営中小企業は、若い経営者を中心に意外な展開に踏み出している場合が少なくないのである。

　おそらく近い将来、進出日系企業と地元の民営中小企業との新たな関係が、一気に深まるのではないかと思う。それは、地元民営中小企業と進出外資企業の両者にとって刺激的なものとなり、新たな可能性を生み出していくことが期待される。2007年6月に、日本の若手経営者、後継者十数人を無錫に連れ出して、地元の若手経営者との交流会を実施したが、実にエキサイティングな状況が生まれた。中国側としては初めての試みであった。また、日本の若手経営者たちは大きな刺激を受けたようであった。

　おそらく、こうしたことから、無錫、中国を舞台に、民営企業と外資企業との新たな濃密な産業集積が形成されていくのであろう。それは、私たちに新たな価値を見せてくれることになる。その高度化するスパイラルな「民営企業×外資企業の産業集積」の形成は、日中の双方の企業に新たな可能性を付け加えることは言うまでもない。私たちは、現在、その前夜に立っている。中国の農村の「希望の星」と言われた郷鎮企業の故郷である無錫の地で、21世紀の可能性を切り開くための新たな試みが重ねられているのである。そして、閉塞状況にある日本の企業にとって、中国企業との新たな関係の形成は、自らを解き放し、新たな可能性に向かうためのスプリング・ボードになっていくことを期待したい。本書は、そうした方向に向かうための環境整備（踏み石）のために組み立てられていくことになる。

3．本書の構成

　以上のような点を受けて、本書は大きく四つの部分によって構成されることになる。第Ⅰ部は「無錫の産業発展の基礎的条件」とし、無錫産業の歴史的な背景、そして、現状をマクロの目から明らかにしていく。第Ⅱ部は「無錫の民営企業の現在」とし、無錫産業の主役である民営企業の現在に注目していく。第Ⅲ部は「無錫に展開する日本企業」と題し、無錫に進出している日系の大手企業と中堅・中小企業の現在を見ていく。第Ⅳ部は「補論／無錫産業調査のトピックス」と題し、1990年代からのその時々の調査を振り返っていく。
　以下では、各章の意図するところを概観していくことにする。

第Ⅰ部／無錫の産業発展の基礎的条件
　第1章の「無錫の近代工業化の歩み」は、意外に知られていない無錫の戦前からの近代工業化の歩みから始め、戦後の新中国成立以来の歩み、そして、1980年代の郷鎮企業の歩み、さらに、1990年代の外資企業の時代までを歴史的に追いかけていく。特に、無錫にはモノづくりの基礎となる重機械工業のベースが形成されているが、その成立と発展を明らかにしていくことは、これからの無錫産業発展に新たな意味を付け加えていくように思う。この章を通じて、多様性に富んだ無錫の産業のベースが初めて明らかにされるであろう。
　第2章の「無錫の産業発展の輪郭」は、可能な限りの統計類を駆使し、無錫産業の特質と近年の無錫の産業発展の状況を明らかにしていく。特に、この章では、郷鎮企業から民営企業への転換の流れと、外資企業、特に、日系企業の無錫への進出状況を明示し、無錫産業の今後を考えるにあたっての基礎的条件を整備していくことにする。
　第3章の「無錫の立地環境と開発区」は、改革・開放以後の中国で広く展開していった経済開発区に注目し、特に、無錫の場合の現状を明示していく。中国における経済開発区とは単なる工業団地ではなく、外資企業誘致の受け皿であると同時に、未開の地に新都市を形成するという総合的な内容を示している。

無錫の場合は、開発区が市域全体にサテライト状に形成され、外資企業にとっても魅力的な展開になっているのである。

第Ⅱ部／無錫の民営企業の現在

　第4章の「郷鎮企業から民営企業に向かう無錫の企業」は、多様な道筋を経て民営企業に転換していった郷鎮企業の歩みを、いくつかの典型的なケースを追いながら明らかにし、「農村における、農民の企業」とされた郷鎮企業の奥行きの深さを認識していくことにする。さらに、次への展開においても、どのような所に新たな可能性を求めていったかに着目し、無錫の現在から将来にかけての可能性を見ていくことにする。

　第5章の「民営化後に劇的な発展を遂げた郷鎮企業」は、現在の無錫の代表的な民営企業を採り上げる。これらはいずれも郷鎮企業を母体とするものであり、民営化を契機に劇的な発展を実現した。しかも、これらには無錫の特色の一つである繊維産業部門と、さらに基礎資材、設備機械部門においても見られる。そして、その多くの場合、若くて意欲的な指導者が存在し、中国の新たな可能性を切り開いていったのであった。

　第6章の「新たなタイプの民営企業の登場」は、郷鎮企業からの転換ということではなく、この10年ほどに間に無錫で生まれ、興味深い発展を遂げた民営中小企業に注目する。このような民営中小企業の場合は、一つのスタイルとしては郷鎮企業からの独立のケース、また、若者が無錫の新たな可能性を痛感し、果敢に独立創業していった場合などが認められる。特に、後者においては、高学歴の若者が多く、未来型の事業展開に踏み出していることが注目される。

第Ⅲ部／無錫に展開する日本企業

　第7章の「低コストで日本に戻す」は、日系企業の中国進出の最もポピュラーなものであり、中国の全土に広く見られる。特に、港湾に優れた大連や広東省に顕著に見られる。この点、無錫の場合は、このような意味で進出しているケースは必ずしも主流ではない。だが、依然として、日本企業の場合は、中国をそのように見ている場合が少なくない。他方、そのような見方で中国に進

出し、しばらくたつと、中国の国内市場の新たな可能性に気づいていく場合も出てくるであろう。

　第8章の「中国市場に向かう大手企業」は、近年、目立ち始めている。特に、長江デルタは位置的条件からして中国の扇の要の位置にある。全中国を見通した場合、その優位性は際立つであろう。そうした点を認識し、長江デルタの一角を構成している無錫に着目し、日本の大手企業も進出を開始している。また、中国市場を目指す場合も、進出日本企業を視野に入れる場合と、純粋に中国市場を目指すものがある。日本国内市場が縮小している現在、このような取り組みは、大手企業にとっても死活的なものになろう。

　第9章の「中国市場に向かう中小企業」は、先の第8章の大手企業の場合と同様だが、少し異なる点がある。その最大の特質は「ユーザーの要請」により進出せざるをえないという場合である。それでも、進出することにより、新たな可能性に目覚め、興味深い取り組みを開始する場合も少なくない。また、無錫の場合には、意外なモノづくり基盤があり、そうした部門に着目し、興味深い展開に踏み出している中小企業も見受けられる。

　第10章の「進出企業をサポートするための進出」は、日系企業の進出が重なり、新たなサポート部門の進出の必要性と可能性が生じ、それを埋めるものとしての進出となる。こうした部門が進出を開始するということは、それだけ集積の密度が濃くなってきたことを意味し、さらに、サポート部門が進出することにより、事態はスパイラルに動いていくことが期待される。それは産業集積の充実と可能性の拡がりを象徴する流れであることは言うまでもない。

　終章の「長江デルタ、蘇南の中心都市へ」は、ここまでの10の章の検討を受けて、無錫の今後のあり方を考えていく章となる。その場合の一つの方向は、バランスのとれた展開力に優れる産業集積を形成していくことであり、もう一つは、それを支えるための人材育成の必要性が高まっていることに注目する。そして、そのための具体的な取り組みの方向を明示していくことにする。

第Ⅳ部／無錫産業調査のトピックス

　補論Ⅰの「1993年／無錫産業の発展動向」は、財団法人日中経済協会の事業

として推進された「江蘇省投資環境調査」の際の無錫の部分の報告である。筆者の関自身、この時が無錫への初めての訪問であった。当時は統計データ等の収集も難しく、たいへんな調査であったことを思い起こす。限られた資料の中での1993年当時の無錫産業の輪郭を示すものとして、ここに再録する。

　補論Ⅱの「1993年／当時の蘇南の企業」は、補論Ⅰと同様の機会の際の報告である。この時の調査では、江蘇省の企業を20社ほど訪問することができた。国有企業、郷鎮企業、日系企業であった。特に、私自身、無錫の郷鎮企業に初めて訪問できた調査であり、感慨深いものがある。無錫以外の企業を含めて、当時の蘇南の企業の雰囲気を伝えるものとして、ここに再録する。

　補論Ⅲの「1994年／無錫県郷鎮企業の実態調査報告」は、1994年の春先の調査であり、念願の無錫県の郷鎮企業の調査となった。この調査を契機に、筆者の関自身、このテーマを長期で取り扱うことを決意した。そのような意味では、重要な調査であった。当時はすでに蘇南モデル郷鎮企業をめぐる「第１回目の階層分解」の時期であったのだが、無錫県は至る所に郷鎮企業が展開し、地域全体が大きく盛り上がっていたことを思い返す。

　補論Ⅳの「1990年代前半／蘇南モデル郷鎮企業の階層分解」は、「黄金の1980年代」を過ぎ、蘇南モデル郷鎮企業が第１回目というべき階層分解に直面している状況を論じたものである。この論稿は中国側にも大きな影響を与えた。ここから、無錫の郷鎮企業は大きく変わっていくことになる。

　補論Ⅴの「2000年前後／民営化に向かう無錫郷鎮企業」は、蘇南モデル郷鎮企業の第２回目の階層分解の時期を論じる。特に、アジア通貨危機の1997年の頃から、ライバルとされた温州モデル郷鎮企業の勢いが強まり、蘇南モデル郷鎮企業は沈滞していく。「蘇南モデル郷鎮企業は、第２の国有企業」とまで言われ、一気に民営化に突き進んでいく。本論は、その大きな転換期の状況を論じたものである。

　補論Ⅵの「2004年／江蘇省の工業発展と日本企業」は、2004年５月、東京のホテルニューオータニで開催された江蘇省主催の「投資説明会」の際の私の基調講演を再録したものである。江蘇省全体の投資説明会であったのだが、私自身、無錫をイメージして語ったことを覚えている。

補論Ⅶの「2005年／無錫メッキ工業団地の展開」は、かつての無錫県で、現在の惠山区で展開されているメッキ専門の工業団地に注目したものである。長江デルタではハイテク産業の集積に伴いメッキの必要性が高まっているのだが、環境問題からなかなか立地できない。そうしたものを埋めるものとして、このメッキ団地の意味は大きい。

　補論Ⅷの「2008年／民営企業として発展する郷鎮企業」は、無錫の中では遅れていたとされる宜興市の民営企業に着目する。いつの間にか、遅れていたはずの宜興でも、興味深い民営企業が大発展していたのであった。

　補論Ⅸの「江南大学と産学連携」は、無錫の総合大学である江南大学に注目する。現在、中国の大学は果敢に産学連携に踏み込み、地域産業発展に重大な役割を演じている。ここでは、江南大学の産学連携の事情を紹介し、今後期待される新たな役割を提示していくことにする。

　以上のように、本書は12の章と9の補論から構成されている。特に、補論の多くは十数年前に書かれたものが多い。今回、再録にあたり一部を修正したが、基本的に当時のまま掲載した。現在、蘇南では「郷鎮企業」という言葉を聞くことも少なくなっている。あの1980年代の蘇南に光り輝いていた「郷鎮企業」はすでに過去のものになっている。今は、まさに「民営企業」の時代なのである。

　かつて1980年代の後半から1990年代の中頃まで賑わっていた「郷鎮企業」の議論を、昨今、聞くこともあまりない。誰かが、蘇南モデル郷鎮企業の歩みと、その後の民営化の道筋をまとめあげ、次の時代に引き継いでいかなくてはならないことを痛感していた。本書がそれほどのものかどうかは心もとないが、その一つの仕事として残していきたいと思う。ここを踏み台に、無錫の民営企業と、もう一つの主役になってきた日系企業の新たな世界が切り開かれていくことを願う。

1) この戸籍の問題については、関満博『「現場」学者中国を行く』日本経済新聞社、2003年、第1章を参照されたい。

2) この第1回目の階層分解については、関満博「中国郷鎮企業をめぐる新たな局面」(『エコノミスト』第3121号、1994年5月24日、で議論した。なお、この論稿は、本書補論Ⅳとして再録してある。
3) 温州モデル郷鎮企業については、関満博『中国市場経済化と地域産業』新評論、1996年、第10章、同編『現代中国の民営中小企業』新評論、2006年、第6章を参照されたい。
4) このような問題については、関、前掲『現代中国の民営中小企業』を参照されたい。
5) 大連のこのような事情については、関満博『日本企業／中国進出の新時代』新評論、2000年、を参照されたい。
6) 香港の事情については、関満博「香港、シンガポールの工業ビルの展開」(関満博・吉田敬一編『中小企業とインキュベータ』新評論、1993年) を参照されたい。
7) 来料加工 (広東型委託加工) については、関満博『世界の工場／中国華南と日本企業』新評論、2002年、第2章を参照されたい。
8) 上海の松江工業区については、一橋大学関満博研究室『上海市松江区の産業発展と日本企業』2000年、を参照されたい。
9) 昆山については、関満博『中国長江下流域の発展戦略』新評論、1995年、補論Ⅲを参照されたい。
10) 蘇州への台湾企業の大集積については、関満博編『台湾IT産業の長江デルタ集積』新評論、2005年、を参照されたい。
11) 2004年5月に東京のホテルニューオータニで開催された江蘇省政府主催の『江蘇省投資セミナー』における私の基調講演を、本書の補論Ⅵとして再録してある。このセミナーの日本側の受け手はみずほコーポレート銀行であり、会場には450人の人が押し寄せた。当時、中国の投資説明会でこれだけの人を集めたことかつてはない、と話題になった。

ant
第Ⅰ部　無錫の産業発展の基礎的条件

第1章　無錫の近代工業化の歩み

19世紀末の無錫の近代工業の誕生以来、最初の約50年間は紡績産業と食品産業が中心となり、さらに、それを支えるものとして機械産業の基盤が形成されていく。そして、その後の新中国成立の1949年からの約30年の間に、国有企業を中心とする紡績、機械、電子、化学をはじめとするフルセット型の産業構造が形成され、さらに、社隊企業の発展により農村における工業化が進んでいった。そして、1979年からの約30年間は、中国の改革・開放の政策の下で、無錫の経済発展がその歴史上最も速い時期となっていった。郷鎮企業、外資企業、民営企業が次々に登場し、世界の注目を浴びることになる。現在、都市規模の拡大、生産コストの上昇、人民元の切り上げ、環境問題の顕在化などの新たな状況に直面しているが、無錫は産業構造の高度化をターゲットに、新たな目標に向かって邁進しているのである。

1．解放以前の無錫の工業の輪郭（〜1949年）

無錫は3000年の歴史を誇る文化古都であり、古代から農業と魚業が発達してきた。近代工業が誕生する以前は、無錫には手工業が広く存在していた。手織り、手紡ぎ生糸、鍛冶、鋳造、造船、煉瓦かまど、醸造、泥人形、刺繍などの約20の業種に及んでいた。さらに、長江、大運河、太湖があることから、水運が便利であり、商業が繁栄した。特に米市場、布市場、生糸市場の規模は大きく、中国で著名な商品集積地でもあった。また、商業とともに、両替屋、質屋などの金融業も発達していた。

一方、中国の近代工業の成立は19世紀の1860年代に遡る。最初は国によって投資され、管理される軍事工場が主体であった。当時の中国の代表的な工場としては安慶内軍機所、江南製造局、金陵製造局、天津機器局などが知られてい

る。1870年代には、民間が参入する「官督民辦」（政府高官が監督の下で民間が経営する）工場が認められた。その後、19世紀末の20年の間に民間企業が徐々に登場してくることになる。

　ただし、当時、無錫の都市規模は小さく、政治的、経済的、軍事的に重要な都市ではなかったため、国家が投資する本格的な工場はなかった。むしろ、1890年代中頃、地元の民間資本による企業が誕生していったことが注目される。その後、紡績、製糸、食品加工を中心に近代工業が開始されていった。このように、地元の人びとによる近代工業が開始されたため、無錫は中国民族工業の発祥地の一つとみなされている。一番の繁栄の時期であった1933年には、無錫の工業総生産額は、上海、広州に次ぎ、全国各都市の中で第3位にランキングされていたのである。都市規模が小さいにも関わらず、経済力が大きかったため、無錫は「小上海」と呼ばれていたのであった。

（1）　無錫の基礎を築いた五つの家族企業

無錫近代産業の創始者／楊氏

　無錫の近代工業は楊氏、栄氏、周氏、薛氏、唐氏という五つの家族企業を中心に発展してきた[1]。まず、1895年に楊宗濂、楊宗瀚兄弟により業勤紗廠（製糸工場）が設立され、無錫の近代工業が始まったとされる。楊氏兄弟は1890年から1993年にかけて、官督民辦の大手会社の上海機器織布局を経営していた。その後、製糸の利益が大きいことを理解し、製糸業に進出していく。彼ら2人が2万元を出資し、親族が4万元を投資、また政府から10万元を借り、合計16万元の資本金で業勤紗廠を設立したのであった。従業員約1000人、重要な機械はイギリスから輸入され、紡錘数は1万錘を超える本格的なものであった。この会社が無錫近代工業の第1号と見られている。

中国の「面粉大王」／栄氏

　次に、栄宗敬、栄徳生兄弟は1902年に製粉工場を設立、小麦粉の生産と販売事業に参入していった。栄氏兄弟は両替商の経営を通じて、資本金を蓄積していた。そして、為替業務を経営する中で、小麦粉の需要が大きいことを認識し、

保興面粉廠という製粉工場を創立していく。この工場は上海の増裕、阜豊、天津の貽来謀、蕪湖の益新に次いで中国で第5番目に設立された製粉工場とされている。販売も順調に進み、利益も多く、その利益を再び設備投資に回し、会社の規模を拡大していった。1921年頃には、小麦粉の生産量は全国の31.4％に達し、中国の「面粉大王」（小麦粉の王様）と呼ばれるに至っている。また、栄氏兄弟は1905年に「振興紗廠」を創立、紡績事業にも進出している。その後、事業拡大に伴って、無錫だけではなく上海にも工場を設立していった。1932年に、紡錘数が国内企業の20％を占め、織機数は全国の28％を占めるなど、中国の「棉紗大王」（布と糸の王様）と称されていたのである。

機械製糸の先駆者／周氏

また、周舜卿氏は1904年に裕昌絲廠（製糸工場）を設立している。機械製糸の工場としては無錫では第1番目であった。周氏は無錫出身、13歳で上海の鉄工所に入り、多くの業務に従事していった。仕事をしながら、夜間に英語を勉強するなど、勤勉な人物でもあった。その後、イギリス人の帥初氏と知り合うが、1878年に帥初氏が鉄鋼販売会社を設立する際には、周氏は総経理に任命されている。3年後、帥初氏が病気で亡くなったため、鉄鋼販売会社の資産が周氏に譲渡された。周氏は鉄鋼を販売しながら、他方で蚕繭も販売していった。ただし、1902年には蚕繭の販売が困難になり、多くの在庫を抱えていく。このため、自分で生糸を生産していくことにする。そして、周氏は地元の無錫で投資し、96台の機械を導入、生糸工場を設立していった。

無錫製糸産業の「巨子」／薛氏

また、薛南溟、薛籌萱父子は無錫製糸産業の「巨子」（実業界の巨頭）と呼ばれる。薛家は裕福で、無錫で多くの土地を持っているほかに、上海でも多くの不動産を保有していた。薛南溟氏は最初蚕繭の販売に従事し、後の1896年に上海で永泰絲廠という製糸工場を創立している。製品は国内販売のほかに、フランス、イタリアにも輸出された。当時の中国の4大のブランド品の一つと見られる。1918年に1778台の製糸機械を保有していた。その後、1926年には工場

を無錫に移転させている。1929年に67歳の薛南溟氏が亡くなり、アメリカ留学経験がある三番目の息子の薛籌萱氏が家業を継承した。経営、技術、人材育成など多くの面で改善し、薛氏の会社の競争力が上がった。無錫で製系工場を設立する時期は周氏より遅いが、会社の規模や影響力は無錫の製糸業において第1位になっていった。

無錫の製粉業・紡績業の開拓者／唐氏

もう一つの家族企業は唐氏により創立されたものである。唐家は布の販売に従事し、無錫で多くの不動産を保有していた。唐保謙氏は1904年に家業を相続し、そして1909年に他の投資者と一緒に九豊面粉廠（製粉工場）を設立している。経営に工夫をこらし、業績も上がり、会社の規模も拡大していった。1920年には、唐保謙氏は紡績工場の慶豊紡績廠を設立したが、初期には利益は上がらなかった。そして、1926年にアメリカのMITを卒業した次男の唐星海氏に経営権を譲っていく。その後、会社は順調に発展していった。また、唐家は中国で初の紡績・布織・捺染一貫生産体制の会社を創出した。さらに、無錫で初の毛織物工場の協新毛紡績を設立している。唐家は栄家とともに、無錫の製粉業・紡績業の開拓者とも言えよう。

以上五つの家族企業が中心となり、無錫の近代産業の基盤が築かれていった。当時、無錫の産業は主に紡績、製糸、製粉を中心とするものであったが、関連産業も徐々に発展していった。

表1－1　無錫の五つの家族企業の概要

無錫での創立年	会社名	創業者	業務
1895	業勤紗廠	楊宗濂、楊宗瀚	製糸
1902	保興面粉廠	栄宗敬、栄徳生	製粉
1904	裕昌絲廠	周舜卿	製糸
1909	九豊面粉廠	唐保謙	製粉
1926	永泰絲廠	薛南溟	製糸

資料：王賡唐・湯可可『無錫近代経済史』学苑出版社、1993年、から作成。

（2） 無錫近代工業の誕生

20世紀初頭、無錫では紡績、製糸、製粉という三つの産業が発展していった。これらは機械を多く使用したため、その修理や部品の供給という問題が生じ、無錫の近代機械工業の誕生を促していくことになる。

無錫機械工業の創始者

1909年、無錫出身の朱晋良氏は自宅の照明のために、上海で発電機を購入した。そして、その昼の余分な電力を利用するために、旋盤を購入した。この朱氏の小さな工場には製粉・紡績工場などからの部品加工の要請が届くことになる。このようなニーズに応じて、部品加工業務が開始されていった。そして朱氏は協記機器廠という社名の無錫初の機械工場を創立していく。1912年には従業員は40人ほどであった。協記機器廠は木型（木の鋳型）、鋳造、金属加工という三つの作業場より構成されていた。業務は様々であったが、機械加工、修理のほかに、エンジン、吸い揚げポンプの製造にも踏み込んでいった。

この時期、紡績、製糸、製粉工場の協力会社として、多くの部品加工に従事する小企業が設立されている。その中でも、1911年に設立された渭鑫機器廠と1913年に設立された協勤機器廠の規模が比較的大きかった。

1919年には、地方政府により技術者を育成するための「工芸伝習所」が設立され、機械原理や機械修理技術を教えた。1922年には、先の薛南溟氏は「工芸伝習所」をベースとして、工芸機器廠を設立している。旋盤、ボール盤、フライス盤などの設備が20台、従業員は90人に達した。製糸機器を中心に、ディー

表1―2　1949年以前の無錫の主な機械製品概要

製品	生産開始時期	生産会社
金属加工、鋳物	1909年	協記機器廠
鉄鋳物	1915年	渭鑫泰砂鋳型廠
内燃機関	1916年	協記機器廠
ポンプ	1920年	協記機器廠
ボイラー	1921年	粛熾昌機器廠
旋盤	1942年	無錫中一機器廠
電動機	1947年	祥豊電機廠

資料：庄申主編『無錫市志』江蘇人民出版社、1995年、から作成。

ゼル・エンジン、遠心ポンプなどを生産していった。当時、無錫で最大規模の機械生産会社になっていく。無錫では、1920年までに15の機械工場が設立されたが、ほとんどが修理を主な業務とする小企業であった。

このように、無錫においては金属加工から、鋳物、内燃機関、ポンプ、ボイラー、旋盤、電動機など多くの機械製品が作られていく。1930年には、無錫では機器製造修理工場65社、鋳造工場23社、熔接工場10社があり、全体の従業員数1300人、各種の機械が年間2000台出荷されていた。当時、全国で資本金5000元以上の機械工場は225工場とされているが、上海（113社）・広州（20社）に続き、15社を数える無錫は中国における第3位に位置していたのであった。

産業発展の三つの段階

無錫の近代工業は、その誕生から解放（1949年）までの間に、速いスピードで発展していった。都市の規模が上海、広州、南京などの都市と比べて大きくないが、工業化は中国でも注目を集めるものであった。その産業発展の流れをみると、三つの段階に分けられる。第1の段階は1895年から1914年にかけての時期である。この時期に製粉、紡績、製糸を中心とするいくつかの家族企業が設立された。特に1910年代前半に、多くの会社が設立されている。統計によると、1910年の無錫の会社は11社（製糸工場5社、紡績工場2社、製粉工場2社、製米工場2社）であったが、その後、急増し、1915年には129社に達している。この時期は無錫の産業基盤が形成されたものと位置づけることができる。

第2の段階は1915年から1937年の間である。第1次世界大戦のため、欧米各国の影響が中国の市場に及ばなかったため、無錫の民族工業が大発展していくことになる。無錫においては、楊氏、栄氏、周氏、薛氏、唐氏という五つの家族により多くの企業が設立されていく。そして、製粉、紡績、製糸の90％以上がこの五つの家族企業により生産されていた。この点、産業の構造を見ると、表1—3に示したように、従業員数、工場数、総資本金額ともに、紡績、製糸、食品加工産業が圧倒的に大きい。三大工業部門が形成されたと言える。また、機械製造廠は40工場を数え、かなり多いことが注目される。しかしながら、1社当たり機械製造廠の平均従業員数は約16人にすぎず、規模は小さい。他には、

表1—3　1931年の無錫の産業

産業	工場の類別	従業員数（人）	工場数（社）	総資本金額（元）
製糸	製糸廠	37,260	50	2,380,000
紡績	綿紡廠	14,103	7	9,710,000
	メリヤス廠	3,000	33	180,000
	綿織廠	1,022	23	762,300
食品加工	精米廠	1,510	27	157,000
	製粉廠	742	4	1,680,000
	油圧搾廠	321	8	183,000
機械	機械製造廠	656	40	147,600
	砂鋳造廠	101	8	15,500
その他	印刷廠	348	4	70,000
	製紙廠	30	1	15,950
	石鹸廠	27	4	9,000
	発電廠	—	1	1,500,000
	マグネシウム廠	—	1	30,000

資料：庄申主編『無錫市志』江蘇人民出版社、1995年、から作成。

印刷、化学、発電などの産業も現れていた。

　また、この時期の後半には、無錫の工業が目覚しい発展を示すことになる。1933年には、無錫の工業総生産額が上海、広州に次ぎ、全国の中で第3位となった。また、1937年には無錫の工場数は315、総資本金額1407万元となり、ともに中国で第5位に位置し、そして、工業総生産額が中国で第3位、従業員数が第2位となっていくのであった。

　第3の段階は、戦争による破壊の時期である。1937年から1945年までの間に、戦争で多くの工場が破壊され、民族工業の発展が阻害された。その後の1945年から1947年の間は、民族工業の回復の時期となる。ただし、1948年には内戦や不景気ため、無錫の民族工業は再び停滞に陥る。特に、製糸業は国内の生糸のコストが高いため、危機に陥った。1948年には無錫のすべての製糸工場は廃業していった。だが、製粉業と紡績業は依然として、中国の先頭に立っていた。1949年には、無錫の製粉工場は14社、従業員1164人を数えていた。生産能力は全国の7％を占め、中国では上海に次ぎ、第2位を占めていた。また、無錫の紡績工場は141工場あった。内訳としては、布工場74、メリヤス工場25、捺染工場18、紡績工場16、毛織物工場1、その他7工場であった。

以上のように、1895年から1949年までの間は無錫の近代工業は中国では先頭を走るものの一つであった。そして、上海、広州、大連、青島などの沿海都市と異なり、無錫には国や外国からの投資はほとんどなく、楊氏、栄氏、周氏、薛氏、唐氏といった五つの家族企業より、製糸、紡績、食品加工の三つの工業が牽引されていったことが注目される。そして、多くの機械を使用するに従って、機械産業も発展していったのであった。

２．社隊企業から郷鎮企業へ（解放以後～1990年頃まで）

　1949年の解放以降、中国の経済は都市部と農村部という二重経済構造になり、戸籍制度による農業人口と非農業人口とに区別され、そして農業人口は都市部へ自由に移籍できないことになった。こうした事情を背景に、無錫の農村地域における「農民による工業化」が世界的な注目を浴びることになる。この節では、農村工業化の主役となった「社隊企業」と「郷鎮企業」の発展をたどっていくことにする。また、都市部における産業構造の変遷を分析することによって、無錫の近代工業の形成のプロセスも明らかにしていく。

（１）　無錫の社隊企業
　解放の1949年、無錫市は都市部の無錫市区と農村部の無錫県に編成された。さらに、1983年には江陰県、宜興県（現在の江陰市、宜興市）の行政調整が行われ、無錫市に帰属していくことになる。このように無錫市の範囲は広い。それらの中から、本節では「蘇南モデル郷鎮企業」が典型的に発展したとされる無錫県を対象とし、社隊企業から郷鎮企業への歩みを考察していくことにする。表１−４には無錫県における工業企業数、従業員数と工業総生産額の推移を示している。この表から中国解放の1949年から郷鎮企業登場直後の1985年までの間の、無錫県における工業変遷の概要が分かる。

人民公社と生産大隊
　解放以前から、無錫の農村地域では、農業生産以外の副業、手工業が広く存

表1—4 無錫県における工業企業数、従業員数、工業総生産の推移（1949—1985）

年	工業企業数（社）	従業員数（人）	工業総生産額（万元）
1949	1,353	5,334	1,659
1950	1,486	6,807	1,824
1951	1,862	7,768	2,061
1952	2,178	9,047	2,524
1953	2,209	9,099	2,827
1954	3,848	11,839	3,647
1955	2,029	7,834	4,726
1956	745	9,938	3,590
1957	636	9,449	4,302
1958	652	23,795	5,479
1959	387	27,324	8,183
1960	332	19,072	8,833
1961	206	9,180	5,218
1962	280	7,470	4,461
1963	251	6,615	4,291
1964	231	7,097	5,453
1965	241	8,475	6,456
1966	267	8,319	7,489
1967	297	9,262	7,874
1968	320	9,145	7,742
1969	345	10,152	9,575
1970	1,310	46,521	11,298
1971	1,156	50,701	15,578
1972	1,558	64,733	19,373
1973	1,656	58,649	22,760
1974	1,638	69,143	27,288
1975	1,745	81,025	34,902
1976	1,896	94,387	46,047
1977	2,064	106,161	59,257
1978	2,078	120,778	66,744
1979	2,170	132,063	82,525
1980	2,400	155,819	116,027
1981	2,321	167,135	128,818
1982	2,295	178,568	137,600
1983	2,652	207,687	173,100
1984	4,839	253,657	264,322
1985	7,372	323,537	433,152

資料：無錫県経済委員会・無錫県志編纂委員会編『無錫県志』上海社会科学院出版社、1990年

在していた。1949年には無錫の工業企業数は1353であったとされている。企業数は多かったものの、従業員4人以上の工業企業はわずか58にすぎず、このうち30人以上企業はさらに3企業にしかすぎない。ほかの1295は個人の手工業であった。このような中で、1949年から1952年の間の経済回復時期に、中国政府は民営企業に対して、「利用、制限、改造」という政策を打ち出した。その結果、農村における企業数、従業員数、生産額はやや増えていった。

　その後、1953年から1957年にかけて、中国政府は民営企業に対して、公有化を中心とする「社会主義改造」という運動を展開していく。無錫県においても、個人としての手工業者による「手工業合作社」が創立されていった。同時に、農業に従事している農民による「農業合作社」も創立されていった。手工業合作社と農業合作社とは人民公社の先駆けとなる集団所有の組織である。そして、農業合作社にも農業器具の修理、食品の加工などの農業に関連する小さな工場が設立されていく。この間、従業員数と工業総生産額の変化は小さいが、個人企業は整理され、その数を急速に減少させていった。多くの個人企業は集団所有合作社に編成されていったのである。

　1958年、中国では「大躍進」と言われる運動が開始され、政治と経済の政策に劇的な変化が起こる。「公有化」と「工業化」を全国で短期間に実現しようというものであった。まず、農村で「公有化」を実現するために、郷レベルの地方政府は「人民公社」という公有組織に転換させられた。この人民公社の下には「生産大隊」（村レベル）が編成された。すべての土地・設備などの財産を個人は所有することは認められず、人民公社あるいは生産大隊に帰属させられた。手工業合作社や個人の生産財は人民公社に無償で提供された。当時、無錫県では39の人民公社が設立され、無錫県におけるすべての工業企業は人民公社により管理されていくことになる。

人民公社の企業

　「公有化」しながら、一気に全国で「工業化」させようという「大躍進」運動が開始されていく。人民公社による工業化が強力に推進されていった。無錫においては、無錫県政府の下に111の工場が組織され、各人民公社の下には541

工場、そして、全体の従業員数2万3795人に達した。無錫県政府により直接管理されている工場は「地方国営」企業と呼ばれ、主に電機、農業機械、冶金、製紙などの基幹的な産業部門の工場であった。他方、人民公社により管理されている工場は集体企業（集団企業）と呼ばれ、主に農業器具加工業、食品・飼料加工業、服装加工業、化学肥料産業、セメント製造業などであった。

なお、人民公社により管理されている工場には大きく三つほどの特徴があった。第1に、自力更生が目指されたということである。第2に、主に小型工場で、かつての民間の在来的なスタイルによるものであった。第3に、農村の現地で材料調達、現地で生産、現地で販売ということであった。

ただし、全ての設備を人民公社に渡した結果、生産性が低くなっていった。また、工場が大量に設立された結果、材料、設備、エネルギーなどの不足を顕在化させた。このような現実に対して、次の年の1959年には、人民公社の権限の多くを生産大隊に移譲させていくことになる。こうして農村地域の工業企業の多くは人民公社と生産大隊により経営されることになっていった。こうしたことから、これらの工場は「社隊企業」と呼ばれていく。つまり、社隊企業とは人民公社と生産大隊に属する企業ということになる。

社隊企業の発展

1959年から1961年までの間、中国では自然災害や「大躍進」のマイナス効果の顕在化などにより、国民経済が急速に悪化し、「三年困難時期」と呼ばれていく。この時期に、多くの工場が閉鎖された。1961年に、中国政府は人民公社と生産大隊が原則的に工業企業を運営しないという政策を打ち出していく。そのため、無錫では社隊企業の規模が劇的に縮小し、従業員数は1958年から1960年の間に5桁から1961年には4桁にまで減少していった。

1962年、無錫県政府は手工業管理局を設立、無錫県の工業を管理・統合することにしていった。この手工業管理局の推進の下で、各人民公社には手工業聯合社が設立され、社隊企業の生産をサポートしていくことになる。管理強化、新製品開発などによって、各工場の生産が徐々に回復していった。ようやく、1965年に至り、工業総生産額が1958年の水準を乗り越えていくことになる。

このような中で、1966年、中国には「文化大革命」運動が起こっていく。人びとは政治的な運動に身を投じ、全国の工業生産は大きく停滞していく。ただし、1966年から1969年の間に、無錫においては、工業企業数、従業員数、また工業総生産額は減少せず、むしろ、やや増える傾向を示していくことは興味深い。これには二つの理由が考えられる。第1に、都会の国有企業が「停産鬧革命」（生産せず、革命しよう）という運動により、生産が停滞したため、商品不足時代に入っていった。そのため、むしろ政治的な雰囲気の薄い農村部では、農業生産財と日常の生活品を生産するチャンスとなっていった。無錫県の社隊企業はこの機会を捉えていくことになる。第2に、1968年、都市の知識青年や幹部が農村に労働に行くという政策が推進され、都市の青年と一部の幹部が農村に移動した。これらの都会から来た人びとが社隊企業に入り、社隊企業の技術力が強化されていくことになる。

1970年、当時の周恩来首相により、中国北方農業会議が開かれ、農業の機械化を実現するために、社隊企業が農業機械や農業に関連する産業を発展させようとする政策がとられた。これは政府が社隊企業の発展を抑制しようとする政策から、認める政策に転換したものと考えられる。この政策を生かし、無錫の社隊企業は小機械、小金物、小紡績、小建築材料、小化学という「五小」工業を中心にして発展していった。ここから1970年代には、無錫の社隊企業は持続的に発展してきたが、まだ現地調達、現地生産、現地販売という三つの制限が残されていた。当時は、農村工業が都市工業の領域を侵すことはまだ禁止されていたのである。

1979年に国務院による「社隊企業の発展に関する若干問題の規定」で、農業援助のための小規模企業の創立が認められ、さらに社隊企業の国有化を禁止することが強調された。また社隊企業が発展するための方針、生産範囲、資本金の出所、財政政策などが明らかにされた。ここから農村部において、社隊企業は独自の組織として認められることになる。さらに、無錫市は社隊企業への支援策を出した。例えば、新規社隊企業は免税3年、ゼロ金利、社隊企業の企業所得税は20％とされた（当時の企業所得税率は55％であった）。こうした点を背景に、無錫において、社隊企業は農村の「副業」にとどまらず、多くの産業

分野に進出していくことになる。

　1980年代の初頭の頃には、都市部の公有企業（国有と集団所有企業）は部品調達、生産品目、販売先などすべて政府によって配分されていた。そして、その生産性は低く、製品が市場ニーズに合っていなかった。他方、無錫の社隊企業は計画経済の中での市場経済と見られ、顧客のニーズに応える製品を生産していった。社隊企業は経営の柔軟性を生かして、資本金、技術、原材料、人材などの困難を乗り越えようとしていた。例えば、資本金や原材料などが政府から配分されなかったため、社隊企業は国有企業と提携し、提携相手が生産しない部品を加工するなど、「遺漏を補う」市場的役割を演じ、興味深い経営活動を展開していった。

　また、技術人材が少なかったため、無錫や上海での国有企業から「日曜日工程師」と言われた技術者を招き、技術指導を受けていったのであった。この日曜日工程師とは日曜日を利用して、社隊企業の技術指導を行う国有企業の技術者を意味する。こうした状況の中で、1979年から1984年にかけて、無錫県の社隊企業は企業数、従業員数、工業総生産を持続的に上昇させていくことになる。

　社隊企業の製品構造

　表1－5には、無錫県における主な製品の生産量の推移が示されている。この製品の変遷により1949年から1985年にかけて、社隊企業は最初の手工業を中心とする製品から、後の家電製品などの生産までの歩みが見えるであろう。以下、この製品構造の変遷の歩みから無錫県の産業の高度化を明らかにしていこう。

　解放初期の1949年の頃には、無錫県では鉄、木、竹などを材料とする農業器具、石炭、酒、布などを生産していた。そして、1952年にはレンガ、瓦、生糸の生産量も計上されている。当時、これらの製品は手工業を中心とするものであった。

　1957年にはディーゼル・エンジン、1965年には電動機、農業用の船、紙、ミルクなどの製品が統計に登場してくる。これらは手工業から機械制工業へ転換する時期であることを象徴するであろう。また、1970年には変圧器、鋼材、ト

表1-5 無錫県における主な製品の生産量の推移

製品	単位	1949	1952	1957	1965	1970	1978	1980	1985
農業器具	万個	48.9	58.4	34.2	92.0	83.0	68.9	53.1	30.5
石灰	万トン	0.6	0.4	1.8	5.6	2.8	8.4	10.7	10.4
お酒	トン	3,867	3,253	3,113	1,946	2,702	3,629	6,070	7,232
布	万メートル	7.6	8.2	18.1		97.4	230.9	560.0	1,723.0
レンガ	万個	—	584	1,328	3,292	8,312	43,968	53,501	74,282
瓦	万個	—	1,125	17,501	805	1,897	1,229	1,005	542
生系	トン	—	39	54.5	—	77.5	125.4	159.07	177
ディーゼル・エンジン	馬力	—	—	115	—	10,452	186,000	300,480	780,000
電動機	万千ワット	—	—	—	0.6	5.2	37.3	27.9	46.0
農業用船	隻	—	—	—	83	275	1,275	3,408	215
紙	トン	—	—	—	880	2,010	6,149	10,054	13,367
ミルク	トン	—	—	—	172	328	527	938	1,450
変圧器	千ボルト・アンペア	—	—	—	—	11,635	93,930	105,900	434,000
鋼材	トン	—	—	—	—	2,167	16,093	36,900	156,671
トラクター	台	—	—	—	—	450	7,508	10,005	20,078
アンモニア	トン	—	—	—	—	3,965	26,703	31,932	25,681
科学肥料	トン	—	—	—	—	2,948	18,840	21,711	19,920
カーバイド	トン	—	—	—	—	155	3,099	3,590	5,056
電球	万個	—	—	—	—	15.6	94.5	70.2	241.8
鉄鋼	トン	—	—	—	—	—	10,192	44,036	69,477
ボイル	トン	—	—	—	—	—	688	1,601	2,017
セメント	万トン	—	—	—	—	—	6.32	12.73	21.19
ポリ塩化ビニール	トン	—	—	—	—	—	1,716	3,295	3,451
テレビ	台	—	—	—	—	—	81	—	43,685
扇風機	万台	—	—	—	—	—	—	32.8	36.1
自転車	台	—	—	—	—	—	—	—	161,000

資料：無錫県経済委員会・無錫県志編纂委員会編『無錫県志』上海社会科学院出版社、1990年

ラクター、アンモニア、化学肥料、カーバイド、電球の生産が行われ、機械工業や化学工業が登場してきたことが分かる。さらに、1978年には、セメント、ポリ塩化ビニールが生産され、また、鉄鋼も登場してきている。こうした流れの中で、1985年までに、テレビ、扇風機といった家電製品も生産されていく。特に、自転車の生産量がかなりの水準に達したことも注目されよう。このように、時間とともに、より高い技術を必要とする製品が次々と生産されていった。技術を向上させながら、当初の農村向けの製品から、徐々に都市でも使われる消費財の生産へと拡大していったのであった。

以上の製品構造の変遷から、無錫における社隊企業は手工業から機械制工業、化学、電子産業へと向かい、そして製品範囲は農村の副業製品から、農業生産財、工業生産財、さらに都市に向かう消費財へと拡大していったのである。

無錫市重機械工業の発展

　社隊企業の製品の高度化は、無錫の都市部の産業にも大きな影響を与えていく。特に、重機械工業の発展は無錫のモノづくりの基礎となり、当初の社隊企業だけではなく、後の郷鎮企業の発展、外資企業の誘致、民営企業の発展にも重要な役割を演じていった。

　まず、無錫の産業構造の変遷から重機械工業の発展を見てみよう（表1―6）。1949年には、機械産業の企業数はかなり多く、814を数えているものの、総生産額の中でわずか2.7％を占めているにすぎなかった。当時は、紡績業57.8％、食品業31.2％と、二つの産業で無錫工業全体の89.0％を占めていたのであった。つまり解放初期においては、無錫の産業は紡績と食品がほとんどを占めていたということである。

　1950年代後半から、機械産業は無錫の産業の中での割合を高めていく。機械産業の総生産額に占める比率は1957年7.1％、1962年17.4％、1965年18.1％、そして1970年に28.4％に達した。そして、それ以降、ほぼ25％前後で推移していく。

　ここで強調したいのは、解放以来、機械産業の生産総額が増えつつあるという点である。特に、1958年の「大躍進」の時期、中国では重工業の拡大を狙い、多くのプロジェクトが国により推進された。無錫においても、当時、国の投資により無錫市ディーゼルエンジン廠、無錫市滾珠ベアリング廠、無錫市内燃機廠が設立され、タービン、コンプレッサー、ベアリング、オイルポンプなどの生産が開始されている。無錫の重機械工業の展開は、この時期から本格化し始めたということができる。

　このような結果、1985年、無錫の機械産業は全産業の総生産額の27.0％を占め、紡績（31.56％）に次ぎ、第2位となっていった。そして、総生産額の割合から見ると、機械産業は紡績産業、電子産業、化学産業とともに無錫市の基

表1-6 無錫市産業構造の変遷（1949—1985）

年	指標	紡織	機械	電子	化学	冶金	食品	穀縫と皮革	建築材料	木材加工	石炭	石油加工	電力	文教用品	その他	合計
1949	企業数 (社)	489	814	—	8	—	1,750	2,241	235	1,514	25		1	565	2,502	10,144
	生産額 (%)	57.78	2.7	—	0.14	—	31.22	3.14	0.44	1.8	0.45			1.23	1.1	100
1952	企業数 (社)	521	881	—	13	—	1,396	2,016	234	1,259	30		1	419	2,463	9,233
	生産額 (%)	56.57	2.57	—	0.38	—	33.68	3.09	0.22	1.4	0.2		—	0.99	0.9	100
1957	企業数 (社)	177	292	—	20	1	374	517	36	251	9		1	63	162	1,903
	生産額 (%)	56.78	7.05	—	0.66	0.02	23.45	3.63	1.68	1.97	2.49		—	1.69	0.58	100
1962	企業数 (社)	46	130	—	27	6	48	67	20	43	4		1	26	34	452
	生産額 (%)	49.09	17.38	—	4.54	2.96	11.66	3.51	3.48	2.03	1.9		—	2.19	1.26	100
1965	企業数 (社)	54	154	—	35	4	22	66	14	27	7		1	27	62	167
	生産額 (%)	52.18	18.09	—	5.6	3.82	8.39	2.07	2.93	1.41	1.38		1	1.95	2.18	100
1970	企業数 (社)	54	162	—	40	10	22	55	24	8	7	1	1	117		501
	生産額 (%)	46.1	28.45	—	8.82	4.65	2.2	2.84	1.01	0.19	0.35	1.86	—	3.35		100
1976	企業数 (社)	56	171	32	61	7	30	35	19	8	7	1	1	17	62	507
	生産額 (%)	36.86	27.15	3.13	11.82	6.75	4.52	2.19	1.31	0.44	0.87	0.7	0.18	1.2	2.88	100
1978	企業数 (社)	56	203	34	69	8	36	38	27	8	7	1	2	21	71	581
	生産額 (%)	35.6	25.69	4.75	12.79	6.81	4.09	1.9	1.53	0.46	0.8	0.67	0.18	1.48	3.25	100
1980	企業数 (社)	64	200	42	78	12	34	39	25	11	1	1	13	24	58	592
	生産額 (%)	39.02	22	6.24	12.56	6.57	3.93	2.49	1.35	0.48	0.5	0.42	0.14	1.5	2.8	100
1985	企業数 (社)	102	282	33	103	9	29	54	23	11	7	1	3	46	69	772
	生産額 (%)	31.56	26.99	13.89	12.4	3.74	3.27	2.11	0.91	0.52	0.38	0.34	0.14	2.03	1.72	100

資料：庄申主編『無錫市志』江蘇人民出版社、1995年

第1章 無錫の近代工業化の歩み

幹的な産業部門となっていくのであった。

(2) 無錫の郷鎮企業

1984年、国務院は「『社隊企業の新たな局面の打開するに関する報告』を承認・発布する通知」を公布し、社隊企業を郷鎮企業に改名する。ここから、「郷鎮企業」という言葉が広まっていく。

「郷鎮企業」とは、中国の農村における農村地方政府、あるいは農民が投資主体となっている企業を指す。この「郷」や「鎮」とは、中国の行政構造の中で、農村地域において県と村の間に位置している地方政府ということになる。郷鎮企業の場合は、国家からの投資はほとんどなく、郷鎮政府や村、さらに個人による投資であるため、資本金は少なく、創業期の規模は小さいことが一つの大きな特徴であろう。

蘇南モデル郷鎮企業の故郷

改革・開放の1980年代に入ると、政府は多様な合作企業、農家副業などの個人企業の発展を認め、郷鎮企業に一連の奨励策を出していった。その結果、無錫における郷鎮企業は急速に伸びていく。先の表1―4を見て分かるように、企業数について、1984年には前の年より82.5％増、これに続き、1985年にはさらに前年比52.3％増えた。そして従業員数も、1984年は前年比22.1％増、1985年も前年比27.7％増えている。また工業総生産額については、1984年は前年比52.7％増、これを続き、1985年も前年比63.9％増となった。以上三つの指標から、郷鎮企業に改名した後、無錫県における郷鎮企業の発展が急速であることが分かる。1990年代の初頭まで、無錫県は毎年連続して中国の県の中で生産額第1位となり、「中華第一県」とされていたことも記憶に新しい。

無錫の郷鎮企業が急速に発展したことについては、多様な理由があげられている。上海に近いという地域的優位性、国有企業の技術者からの指導、長年の実業のノウハウの蓄積、そして地域行政の支援、さらに柔軟な経営メカニズム、やる気がある経営者と労働者の存在などといったことが指摘されるであろう。

郷鎮企業により、農村地域での工業化の道が創出され、無錫の郷鎮企業の発

展が世界から注目を浴び、多くの研究が重ねられていく。この地域の郷鎮企業の特徴として、郷（村）集団所有であり、さらに、大都会である上海に近いという点が指摘される。無錫とその周辺地域の郷鎮企業の発展のパターンは「蘇南モデル郷鎮企業[2]」と呼ばれている。ちなみに、この蘇南モデルに加え、浙江省温州市周辺で発達した家族企業による一村一品生産型の「温州モデル[3]」、そして、広東省の珠江デルタで見られる外資に依存し、輸出型の発展を遂げた「珠江モデル[4]」が中国の郷鎮企業発展の三つのモデルとされていった。特に、当時、中国政府は公有制を強調しており、「蘇南モデル」は集団所有という公有制であるため、三つのモデルの中で最も中国に適用するモデルとして着目していたのであった。

　本節で解明したように、解放初期に中国の農村合作化運動によって、家庭副業、小手工業が集められ、社隊企業として再編されるところから、中国の農村工業化は独特の道を歩んでいく。そして、人民公社時代には、農業の副業生産をはじめとして、小規模な鉄、機械などを生産していくことが推進された。その後、都市部の企業から技術面などの援助を受け、あるいは「下放」された技術者、また都市の「知識青年」から技術指導を受けながら、社隊企業が興味深い発展を遂げていくのであった。

　さらに、改革開放の1978年以降、社隊企業が独立採算的に経営活動に従事することが認められていく。元々、社隊企業は農村建設のため農業生産の補完的な役割を期待されており、規模はそれほど大きなものにはならなかった。ただし、事業に対する多様なノウハウが蓄積してきたと考えられる。そして1984年から「社隊企業」が「郷鎮企業」に変身し、郷鎮企業は大きく発展していくことになるのであった。

3．蘇南モデル郷鎮企業の階層分解と民営化

　1980年代に「蘇南モデル」は中国の郷鎮の発展の一つの成功例として注目されてきた。しかし、1990年代に入ると、一部の郷鎮企業は活発に活動しているものの、多くの郷鎮企業は困難に陥っていく。特に、倒産や借金返済できない

集団企業が多くなり、所有者としての村や郷鎮政府が負債を抱えることになっていった。他方、より市場経済的な存在である「温州モデル郷鎮企業」は活況を呈しており、その対照が際立っていった。

　こうしたことを背景に、集団所有のスタイルが郷鎮企業の経営と無錫農村経済の発展の障害になることが認識され、民営化が推進されていくことになる。その重要な措置は企業の所有形態を集団所有から股份合作制、股份制、家族所有会社などに変更することであった。中国ではこうした企業制度を改革する措置を企業「改制」と呼んでいる。無錫における郷鎮企業の改制が1991年から検討されていく。さらに、1994年に一部の企業で改制が推進され、1997年に規模が小さい郷鎮集団企業が一気に改制され、さらに、2000年までには、規模が大きい集団企業を含むほとんど全ての郷鎮企業が改制されていった。

（1）　民営化の推進

　1990年代に入ると、多くの郷鎮企業が赤字になっていく。その最大の理由は、経営体制が柔軟とされていた「蘇南モデル郷鎮企業」が次第に硬直化し、「第2の国有企業」とまで言われるようになってきたことにある。そのため、経営者と従業員のやる気が低くなってきたことが指摘されていた。他方、国有企業は企業改革により活力が増加し、さらに、外資企業や民営企業の登場により、集団所有の郷鎮企業は困難に向かっていった。こうした状況から脱却するためには民営化が不可欠との認識に至り、集団所有の一部分の株を経営者や従業員に売却することになっていく。

民営化の前期

　まず、民営化の第一歩として、無錫においては郷鎮企業の集団所有制から股份合作制への転換という改制を試みられた。1991年、無錫県采油設備廠は改制の第1号として集団所有から股份合作制に転換することを試みた。当時、この企業の純資産額は693.45万元であったが、その中の353.66万元を集団株として残し、残り309.79万元分を株として従業員や農民個人に売却した。

　ちなみに、股份合作制とは集団所有から民営化の間の中間的なものとされ、

無錫の郷鎮企業の多くが採用していく形態であった。一般的には、股份合作制とは股份制（株式会社制）と合作制（協同組合制）の組み合わせとされている。1990年2月の農業部の「農民股份合作企業暫行規定」によると、「三戸以上の農民は協議に基づいて、資金、技術、労働力などを株をとして、自由意志に基づいて生産経営に従事し、国家計画指導を受け入れ、民主管理を実行し、労働に応じて分配しながら、持ち株式による配当をし、共有の資産の累積を貯め、独立民事責任を負い、法に基づいて批准された経済組織」であるとされている。つまり、従業員が企業の株を持つことを意味している。その所有構造は企業株、経営者あるいは経営幹部の株、郷（村）の株、従業員の株、コミュニティの住民の株などから構成されている。理論的に株式会社の場合は一つの株が一つの投票権、合作制の場合は一人が一つの投票権であるが、股份合作制の場合は両方の折衷案で、一人で一つの投票権と同時に株数も配慮する。もっとも、股份合作制は集団企業であるという規定があるが、近年、集団株ないし従業員株が売られ、経営者に株が集中していることで、股份合作会社と私営企業との区別は曖昧となってきている。

1992年の鄧小平の南巡講話以降、中国では改革がいっそう推進された。無錫では、郷鎮企業を股份合作制企業に転換させることが積極的に取り組まれた。1993年末までに210社が集団企業から股份合作制企業に転換した。それらの全部の資本金は6億9800万元となり、個人株、郷鎮集団株、会社法人株はそれぞれ19.6%、70.0%、10.4%となっていった。当時、個人が企業の株を持つことは認められたが、またその割合は少なかった。

1996年の金融逼迫により、無錫の郷鎮企業の中で赤字企業が急に増えていった。特に、多くの郷鎮企業は銀行だけではなく、個人に多くの借金をしていた。経営難のため、郷鎮企業は借金返済ができなかった。債権者としての従業員や農民が郷鎮政府に対して、借金の返済を求めていった。こうした状況の中で、それを打開するものとして、一部の郷鎮企業が民営化を試みたが、当時はまだ中央政府の認可を得ることは出来なかった。

第 1 次改制

1997年、中国中央政府は中小国有企業の民営化を認めていくことになる。一方、長年の厳しい競争の結果、無錫の郷鎮企業は一部の大きい会社と多くの小さい会社という二層構造に分解されていった。中央政府の政策に応えて、無錫では規模が小さい郷鎮企業を改制する政策が施行されていく。競売、借用、合弁などを通じて、郷鎮企業の集団所有の体質を改革することが目指された。

1997年末、無錫市では1万9000社の郷鎮企業の中で、1万5400社（約87％）で所有制の改制が実行された。その中で、競売で完全民営化されたのは5359社、また股份合作会社4699社、有限株式会社1686社、集団所有、民間借用という形が1063社であった。その結果、無錫において資本金の構成は、従業員や住民の株が51.1％、鎮（村）の集団の株が34.1％、社会法人の株が14.1％となっていった。この改革は「第1次改制」と呼ばれている。

この結果、小さい企業の民営化を進んだ一方、規模が大きい企業の民営化が残されていく。その理由は二つに分けられる。業績の良い企業については、鎮や村はその配当が大きいため、民営化を好まなかった。また、経営者にとっては、資本金が大きいため、買収することは難しかった。他方、業績の悪い企業については、負債が大きいため、売却は難しかった。1997年末段階で、無錫における業績の良い企業は284社、純資産が149億元であり、無錫の全部郷鎮企業の純資産の45.4％を占めていた。また、欠損の大きい企業は150であり、純資産は69億元あるものの、負債が89億元となっている。これらの企業に対しての改革は難航していった。

第 2 次改制

2000年に「第2次改制」と呼ばれる民営化が実施された。その特徴は二つある。一つは会社内部の株の売却。つまり、普通の従業員や幹部が株を経営者に売ることで、会社の株を経営者に集中させるというものであった。もう一つは集団所有の株を売却し、鎮や村は企業の株主としての役割から撤退する。つまり、集団所有の郷鎮企業は完全に民営化されることになる。この意味で、集団所有の郷鎮企業という「蘇南モデル」が消滅していくことになる。

大企業に対しても、改革が進んでいった。改革を実行する場合、企業の状況によって方式も違ってくる。例えば、うまく運営されており、製品の構造も良く、純資産の多い大手企業に対しては、個人や外部の法人が投資し、株主になって、そして集団企業から株式会社に転換し、一部分を上場させるというスタイルである。そして、うまく運営している大企業については、会社を経営者、経営幹部、従業員に売却する。また、大きく欠損している企業に対して、競売、賃貸などの形で民営化させるというものである。さらに、一部分を企業から分離し、民営化させることもある。

　これらの結果、2000年には無錫市では245社の業績の良い集団所有の大手企業の改革が行われた。内訳は、167社が有限企業、36社が股份合作企業、22社が股份（株式）制企業、12社が競売によって私営企業、4社が賃貸会社、その他4社であった。また、107社の大きく欠損している企業を民営化させた。その結果、37社が私営企業、23社が有限企業、21社が股份合作企業、14社が破綻、9社が賃貸会社、その他が3社となっている。

　ちなみに、集団企業から民営企業に転換する場合、経営者に対して優遇政策が提供された。例えば、集団所有の会社を民営化する場合、会社の純資産の一部分（純資産の30％以下）を経営者や経営幹部に奨励の形で提供できる。この部分の資産を株式として会社に投資することになる。また、赤字の会社に対して、その株式を低い価格あるいはゼロの価格にして、民間に売却する場合、購買者は新しい資本金を出すというケースもある。会社の最低の資本金は個人企業が3万元、サービス産業が10万元、販売会社が30万元、製造と卸売が50万元となっている。

　無錫の集団所有の郷鎮企業は、1991年から約10年間をかけて民営化された。2000年末までに、累計2万7109社で、郷鎮企業の約97％の改制が実行された。その中の9990社が私営企業、7670社が股份合作企業、2844社が有限株式会社、1624社が外資企業、624社が賃貸会社、3801社が閉鎖、532社が合併、22社が股份制企業になった。この改制によって、無錫における郷鎮企業は集団所有という性格がなくなり、民営化されたのである。

（2） 民営化のもたらしたもの

　以上述べたように、無錫市において、民営化が進んできたのは、中央政府が民営企業に対する政策の転換を進めてきたことによる。特に、1997年の共産党の第15回大会で民営化を加速する方針が打ち出されたことが大きな影響を与えている。郷村の企業から資本を次第に引き揚げ、郷鎮政府は企業の日常経営活動に関与しないというあり方が、中央政府に認められたことになる。

民営化の背景

　地方政府は民営化を一層推進しようとしているが、その最大の理由は、近年の郷鎮の集団企業の業績の低下にあると考えられる。特に、1990年代半ばから郷鎮企業に赤字企業が増え、全企業の3分の1を超えた。これら企業債務の累積は地方政府への圧力となった。郷村所有の集団企業の場合、地方政府は直接に企業に関与しているのであり、企業に対する責任を負っている。特に企業の債務に対しての責任は地方政府の大きな負担となろう。このような事情から、無錫の郷鎮企業の民営化に対して、経済の停滞という「下」（企業と行政）からの改善意欲と、「上」（中央政府）からの政策の推進という二つの力が共に働くことになった

　振り返ると、集団企業のスタイルはモノ不足の時期、あるいは高度経済成長期、および経済制度の転換期において成功したが、市場経済のルールが形成され、市場競争が激しくなるにつれて、所有構造の問題点を顕在化させた。1980年代に、蘇南モデルが成功した最も重要な理由は、国有企業に比べて市場向けの経営メカニズムに柔軟性があり、独特の分配制度により経営者と従業員のやる気を引き起こしたからと考えられる。だが、国有企業改革による体質の強化に従って、郷鎮企業は以前の優位性を失っていく。特に、1990年代には外資企業の中国への大量参入、そして民営企業の急速な発展が進められ、郷鎮企業のガバナンス面の弱点が浮き彫りにされていく。郷鎮企業では企業財産に対する責任が曖昧であり、「第2の国有企業」と揶揄されるものになり、競争力が弱まっていった。市場競争が厳しくなるに従い、蘇南モデル郷鎮企業は市場から退出せざるを得ない状況に追い込まれていったのであった。

階層分解の発生

　郷鎮企業は農村において学歴の低い農民を中心に構成され、技術が低く、規模が小さいというイメージを持たれていた。しかし、二十数年の発展によって、市場の「自然淘汰」により郷鎮企業も変わり、郷鎮企業は大きく分化していった。蘇南農村部における工業化、民営化に従って、一部の郷鎮企業が大企業へ成長していったのである。

　一部分の郷鎮企業の規模と体力が大きくなるにつれて、上場企業も増えてきた。この点、無錫では「江陰板塊」（江陰ブロック）と呼ばれる新たな経済現象が注目されている。無錫市に属する県レベルの江陰市では人口は全国の1万分の1、土地面積が全国の1000分の1なのだが、上場会社数が全国の100分1とされている。1997年から2007年の間に、江陰では15社が上海と深圳で上場され、7社が香港、シンガポールなどの海外で上場された。法爾勝、華西村、江蘇陽光、澄星科技など上場会社の多くは、当初は郷鎮企業であった。これらの会社は上場によって資金、技術、人材などの面で充実していった。

　以上述べたように、郷鎮企業が改制により民営化された。そして、農村に限られていた産業は都市の会社と同様な分野に進出していった。また資本、人材、技術に乏しかった郷鎮企業は二つの階層に分解され、多くは依然として中小企業であるが、一部分が上場企業に成長した。こうした変化により、1980年代を風靡した蘇南モデル郷鎮企業は大きく変わり、普通の企業に転換していったのであった。

4．外資企業の進出の時代（1995年以降）

　アジアにおいて、アジアNIESを始めとして、ASEAN諸国では政府が外資の導入を積極的に推進してきた。中国では、1980年代に入ってからの改革開放政策の中で、外国（地域）からの直接投資を大量に受け入れてきた。特に、沿海地域では外資企業の進出が活発していった。このような状況の中で、無錫においても近年、多くの外資企業が進出してきている。1997年までに、世界のベ

スト500企業の中の73社が無錫で138社の現地法人を設立している。日本のソニー、米国のGE、独のシーメンス、英国のアストラ・ゼネカ、仏のプジョー等の世界のトップレベルの企業の進出により、無錫の産業構造が高度化されてきた。歴史的にみれば、1980年代に農村部において郷鎮企業の発展は無錫経済に活力を与え、農村部の都市化を促進した。そして、1990年代に入ってからは、外資企業の進出により、無錫経済の国際化が促進されていくことになる。

(1) 外資企業の時代

表1―7は無錫と全国の実際利用外資金額を示している。中国は1990年代から実際利用外資金額が増えてきた。具体的には、1991年以前には年間50億ドルを超えたことはなかった。1992年に急に100億ドルに達し、以来、1998年まで持続的に増加していった。アジア金融危機後の1999年と2000年にはやや減少したが、WTOに加盟した後の2001年から再び顕著な増加傾向が示されている。ちなみに、1992年とは、春に鄧小平の「南巡講話」の発表、改革開放を一層速く進める政策の確定、それに、上海の浦東の開発が本格的に始まる時期である。こうした時代の変化の中で、1992年から実際利用外資金額が増加し始めたことは興味深い。

外資企業の大量進出

無錫の場合、外商実際投資額の推移は全国の推移傾向とほぼ一致している。1990年代の無錫の外資実際投資額は全国の約2％を占めており、21世紀に入る頃からは約3％～5％ほどを占めることになっている。無錫の実際投資額をみてわかるように、1990年代前半に急速に伸びており、後半は横ばいになっている。そして、2000年から大幅に増えてきた。これは大体全国の傾向と一致している。しかし、2006年と2007年に、全国の実際利用金額が増えているにもかかわらず、無錫は27億ドル台で足踏みしている。これは無錫の外資誘致のピーク時期を過ぎたことを意味しているのであろうか。実際、近年、製造業を中心とする外資企業の無錫進出に厳しい状況が生じている。他方、研究センター、金融業、商業、輸送、IT関連の企業、アニメーション・ゲーム産業、デザイン

産業など第3次産業の企業の進出が始まっていることも興味深い。

ところで、中国では外資企業を外商独資企業、合資企業、合作企業として分類しているが、現実には合作企業は少なかったため、ここで独資と合資企業を分析していきたい。無錫において、外商の直接投資は1980年代はほとんどが合資の形であった。これは当時の中国がまた閉鎖的な計画経済体制と政策をとっていたことによる。その後、外資企業の受け入れに慣れていくに従い、1990年代前半の頃から外商独資企業も増えていった。特に、1990年代後半に入ってからは、目立って外商独資企業が増えており、2000年からは独資企業の進出数が合資企業の進出数を上回ってきている。例えば、2006年には独資経営の新規契約件数が499件、契約金額21億9100万元であるのに対し、合資経営の新規契約件数243件、契約金額はわずか4億9700万元であった。こうして、進出企業は当初の合資企業優位の時代から、次第に逆転し、現在では独資企業の方が圧倒的に多いという流れを形成しているのである。

外資企業の進出時期をみると、1981年に合資企業の中国江海木業有限公司が無錫で設立されている。これは無錫、ないし江蘇省で第1号であった。また、1986年には東京急行電鉄の投資により無錫における日系企業第1号の無錫大飯店有限公司が合資企業として設立された。ただし、1980年代には1社当たりの投資金額が平均50万ドル台前後であり、外資企業の進出の規模は小さかった。その後、1993年から平均の投資金額が100万ドルを超え、1994年以降は200万ドルを上回ってきた。

表1－7 無錫市と全国の直接投資額の推移

年	全国	無錫	無錫／全国
1979–1985	60.60	0.11	0.18%
1986–1990	146.32	0.47	0.32%
1991	43.66	0.51	1.17%
1992	110.08	3.12	2.83%
1993	275.15	5.66	2.06%
1994	337.67	7.03	2.08%
1995	375.21	8.57	2.29%
1996	417.26	9.15	2.19%
1997	452.57	8.72	1.93%
1998	454.63	9.11	2.00%
1999	403.19	9.08	2.25%
2000	407.15	10.82	2.66%
2001	468.78	13.57	2.90%
2002	527.43	17.40	3.30%
2003	535.05	27.01	5.05%
2004	606.30	32.58	5.37%
2005	603.25	20.07	3.33%
2006	694.68	27.52	3.96%
2007	747.68	27.72	3.71%

注：単位＝億ドル
資料『無錫統計年鑑』各年版、『中国統計年鑑』各年版

大手企業が無錫に進出し始めてきたのは1994年以降のことである。日系企業の場合、1994年には、シャープの合資企業である無錫シャープ電子器件有限公司設立され、村田製作所の独資企業である無錫村田電子有限公司が設立された。この年、住友電工無錫有限公司、無錫微研有限公司、無錫華芝半導体有限公司も設立された。翌年の1995年には、無錫アルプス、無錫松下冷機圧縮機有限公司、そして1996年には無錫日立マクセル有限公司、無錫光洋軸承有限公司、無錫松下冷機有限公司、住電粉末冶金無錫有限公司などが設立されている。

無錫の開発区

　無錫においては、外資企業の進出先はほとんどが開発区である。そして開発区は国レベル、省レベルと市レベルに分けられる。それぞれの許可は中央政府、省政府、市政府である。無錫では国家レベルの開発区は無錫国家高新技術開発区、無錫太湖旅游度假区、中国宜興環保科技工業園の三つある。さらに、省レベルの開発区が五つある。江陰経済開発区、錫山経済開発区、蠡園経済開発区、恵山経済開発区と太湖山水城旅游度假区。そして市レベルの開発区が多く存在している。

　無錫の国家と省レベル開発区概要は表1－8に示してある。2006年までに、

表1－8　無錫の国家と省レベル開発区概要（2006年）

	指標	開発区全体			外資企業（三資企業）		
		土地使用面積	インフラ建設資本金	社数	会社投資総金額	契約投資額	実際投資額
	単位	万m²	万元	社	万ドル	万ドル	万ドル
	合計	16,287	3,362,055	3,348	5,406,689	3,148,076	1,434,351
国家レベル	無錫国家高新技術開発区	6,880	920,812	1,500	2,521,008	1,510,205	758,760
	無錫太湖国家旅游度假区	1,386	141,235	117	108,726	67,129	27,668
	中国宜興環保科技工業園	1,717	287,937	209	199,132	138,719	73,729
省レベル	江陰経済開発区	2,609	810,438	558	1,364,416	721,697	286,690
	錫山経済開発区	2,272	693,712	682	946,343	554,773	226,296
	蠡園経済開発区	754	71,184	151	99,627	58,435	37,114
	恵山経済開発区	658	375,537	113	141,979	74,815	18,130
	太湖山水城旅游度假区	12	61,200	18	25,458	22,302	5,964

資料：『無錫統計年鑑』2007年版

国家と省レベルの開発区には外資企業の実際投資金額が143億4300万ドルに達し、無錫市全体の約70％を占めている。その中でも、無錫国家高新技術開発区には実際投資金額が75億8800万ドルで際立ち、第1位となっている。次は江陰経済開発区の28億6700万ドル、錫山経済開発区の22億6300万ドルで、第2と第3位に続いている。また、外資企業の数を見ると、無錫国家高新技術開発区が1500社で第1位、錫山経済開発区が682社で第2位、江陰経済開発区が558社で第3位になっている。全体的に見れば、外資企業は無錫国家高新技術開発区、錫山経済開発区、江陰経済開発区に集中している。

（2） 外資企業の進出国別分析

無錫には世界の五大陸からの企業が進出している。図1―1は2006年現在の無錫進出企業の主な国と地域別の分布を示している。香港から進出した企業数が最も多く、1462社となっている。次いで、日本614社、台湾561社、アメリカ435社、シンガポール276社、韓国188社となっている。また100社は超えないものの、ドイツ、カナダ、イギリス、フランス、イタリア、マカオ、タイ、ベルギー、デンマークからも進出している。

ここで、日系企業が多く進出していることが意味が深い。無錫は「日資高地」（日本企業多く集積している地域）と呼ばれ、無錫での外国企業の中で最

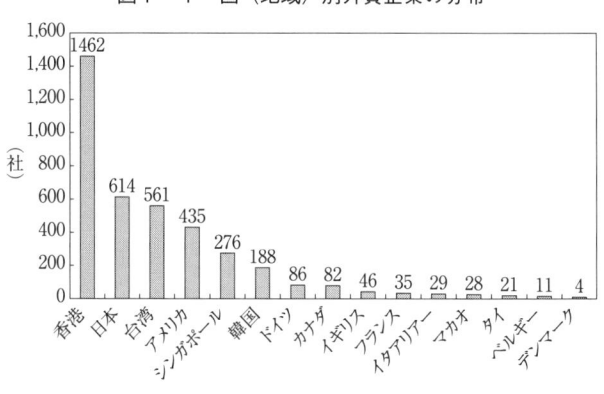

図1―1　国（地域）別外資企業の分布

資料：『無錫統計年鑑』2007年版

も存在感が大きい。実は2001年までは、日系企業が香港（1347社）、台湾（480社）、アメリカ（330社）に次ぎ、282社で第4位であった。その後、日系企業の数は台湾系とアメリカ系企業の数を超えていく。これはソニー、松下、シャープ、住友化学、ニコン、アルプス電気、村田製作所など大手企業が進出し、多くの中小企業も後をついてきてくれたからであろう。無錫において日本企業は重要な役割を演じていると言える。

　以上述べたように、1980年代に外資企業が無錫に進出し始め、1990年代から進出件数が急速に増加し、そして2000年前後にいっそう増えている。その結果、1980年代には「郷鎮企業」が無錫の発展のエンジンと見られていたのだが、1990年代の中頃以降は外資企業がその役割を演じていくことになった。現在、外資企業の輸出額が無錫市総輸出額の70％を占めており、無錫経済の中で重要な役割を演じているのである。

5．無錫の産業発展の新たな方向

　1980年代の郷鎮企業、そして1990年代の外資企業、そして、2000年の民営化を経て、無錫の経済実力が上がってきた。他方、近年、工業用土地の減少、労働力コストの高騰、環境問題の顕在化などの問題に直面している。こうした状況の中で、経済の繁栄、生活の富裕、科学と教育の発達、環境の優美、社会の調和など新たな目標を目指して、無錫市はこれからの社会経済のプランを設定した。その主な指標としては2010年までに、人口規模を670万人に抑え、住民の年収が毎年10％～13％成長することが提示されている。産業発展に関しては、無錫市は「五つの中心（センター）」と「五つの名城」を建設し、「五つの基幹産業」と「三つの先頭産業」を発展させようとしている。

五つの中心

　無錫市の経済発展の注目点として、「五つの中心」を形成しようとしている。五つの中心とは国際先進的な製造技術中心、地域的な商業物流中心、地域的な創意設計中心、職業教育中心、観光レジャー中心というものである。これらの

センターの形成により、無錫の長江デルタの中での位置づけを明らかにしている。

　第1は、国際先進的な製造技術センターの形成である。これまで、無錫の製造業が担ってきたのは、生産技術の向上であった。だが、研究開発能力が十分ではなかったため、製品の付加価値が低いままにとどめられてきた。このような状況に対して、これからは多くの研究所や技術センターを設立し、イノベーションの体系を形成していく。自主的な知的財産権を保有しうる技術、コア技術、特許製品を育成する。これによって、国際先進的な製造技術センターを形成していく。

　第2は、地域的な商業と物流センターの形成である。無錫は上海と南京の間にあり、長江デルタの中心部に位置している。この地理的優位性を生かして、周辺の都市との交通、情報インフラを整備し、地域的商業と物流中心を形成する。特に、機械設備、金物、非鉄金属、農業機械の市場を重点発展させる。

　第3に、地域的な創意設計センターを形成する。創意設計とは「広告デザイン」「設計」「ゲーム、映像制作」「ソフトウェア開発」などのクリエイティブ産業を意味する。近年、創意産業に関する奨励政策が策定され、多くの会社が設立された。これから、現地の人材を生かして、多くの創意パークを設立し、海外との交流を強化するなどの措置によって、設計、ソフトウェア開発、ゲーム、映像制作などの産業を優先発展させる。このようにして長江デルタにおける創意設計センターを形成する。

　第4に、地域的な職業教育センターを形成する。無錫の職業教育の資源を統合し、職業教育の規模化、集約化、ブランド化をさせる。社会のニーズに合わせて、ハイレベルの職業教育とトレーニングの基地を設立する。教育に関しては、上海、南京などの周辺の大都市では大学が多いのに対して、無錫では職業教育のセンターと位置づけ、長江デルタ全体に向ける職業教育センターを形成する。

　第5に、地域的な観光・レジャーセンターを形成する。無錫には太湖、長江、大運河、山などの観光資源がある。これらの資源を生かして、レジャー産業を開発し、中国におけるトップレベルの観光・レジャーセンターを形成する。目

標として、中国だけではなく、世界的な知名度の高い観光地を形成していく。無錫はこれまで製造業、商業、観光業はかなり進んできたが、それらはこれからもいっそう発展させる。そして、創意産業は新たな産業であり、無錫における産業発展の新しい可能性を形成していく。また職業教育は他の産業の発展に対して、実用人材の育成を目指している。この五つのセンターを形成することによって、無錫は中国経済の中でも、一つの先頭の位置を獲得していくことが期待されている。

五つの名城

都市の機能やイメージに関して、無錫市を「五つの名城」に造り上げようとしている。五つの名城とは投資や創業に向いている「商工業名城」、イノベーションや創造に向いている「設計名城」、生活や住居に向いている「山水名城」、観光や娯楽に向いている「レジャー名城」、人文特徴がある「文化名城」というものである。

第1の「商工業名城」は、強い商工業基礎をベースとして、商工業の文化伝統を受け継ぎ、これから創業と創造しやすい雰囲気を作る。この創業と創造に良い環境を提供し、商工業をさらに発展させるための「商工業名城」の建設を目指している。

第2の「設計名城」は、創造力豊かな人材を育成し、設計、ソフトウェア開発、ゲーム、映像制作などの産業を発展させることを目指している。創意産業が集積しやく、知的財産権が多く創出できる環境を整備することによって、「設計名城」を建設していく。

第3の「山水名城」は、太湖、大運河、山などの市内の自然資源を生かして、水と山という特徴を備えている公園、学校、道路などの生活のインフラを充実させる。特に、生態環境を改善し、生活品質を向上させることによって、居住しやすい「山水名城」を作り上げていく。

第4の「レジャー名城」は、山水と人文の資源を活用し、レジャー産業を発展させる。休暇の名所を目指す「レジャー名城」を建設する。特に、国家太湖旅行度暇区、山水城旅行度暇区、無錫太湖第一名勝景区、環太湖レジャー地帯、

無錫蠡湖新城レジャーサービスセンターなどの施設を建設する。このようにして、無錫を伝統的な観光都市から現代的な観光・レジャー都市に転換させていく。

第5の「文化名城」は、無錫の歴史を特色づける「呉文化」と「古運河」文化を受け継ぎ、独自の文化特徴を強調する。そして、歴史的かつ地域的な独自の文化を通じて、「文化名城」の建設を目指す。

以上五つの名城の設定は無錫の産業構造・自然資源と歴史文化の特徴に基づいたものである。伝統的な商工業・観光業に基づいて、新たな創意産業を加える。そして、自然資源や文化の特徴にも注目し、経済発展だけではなく、生活の向上、環境の改善、歴史文化の継承も発展戦略に入れているのである。

製造業の構造

製造業に関しては、これから五つの基幹産業と三つの先頭産業を確立していく。無錫においては、すでに、電子情報、新素材、機械装備、自動車および部品製造、高級紡績を中心とする五つの基幹産業が形成された。これから、この五つの産業を規模的に拡大し、質的にアップさせる。それと同時に、環境保護に関する産業、新エネルギー産業、バイオ医薬産業を先頭産業として、新たな産業基盤を備えるものとしていく。

第1の「電子情報産業」の発展は半導体を意識した「シリコンバレー」と液晶を意識した「クリスタルバレー」の建設を中心とすることになる。多くの大規模な半導体工場を展開し、シリコンチップの設計・製造を中心に、幅の広い、奥行きの深い産業チェーンを形成していく。そして、国内でトップレベルの半導体産業を集積させ、電子情報の製造基地を建設する。また、液晶ディスプレーを中心に、無錫に立地しているシャープ、日本デジタル、住友化学などの工場を基礎として、液晶に関する産業を発展させ、中国での液晶産業基地を建設する。

第2の「新材料産業」に関しては、冶金、ファインケミカルなどの既存産業をベースとして、これから新型複合材料、高分子材料、新型陶磁器材料、精密化学製品、ナノ材料、光通信材料などの分野を発展させ、製品構造が新材料を

中心にしたものに転換させる。そして、中国における特徴のある新材料産業基地を目指して努力する。

　第3の「機械装備産業」に関しては、自主的なイノベーション能力を向上させることを通じて、プラント製品と機械・光・電機の一体化製品を中心とし、機械産業を幅の広い機械装備産業に転換させる。特に、設計、生産の能力が高く、規模が大きく、ブランドを持ち、知名度が高い会社を多く育成し、機械装備産業の基地を建設する。

　第4の「自動車と自動車部品産業」は中国及び海外の大手自動車会社の提携を強化し、乗用車製造の規模化、バス製造のシリーズ化、特装車の特色化、自動車部品の国際化という「四つの化」の戦略を実施する。そして自動車部品産業の優位性を活かすことを通じて、中国のバス製造と自動車部品の製造基地を建設する。

　第5の「紡績と服装産業」については、高級な紡績と服装のブランド品を目指して、高級な綿紡績、毛織物、生地、服装などの製品を発展させ、紡績産業の集積を促進する。そして、無錫を中国における新型の生地と高級な服装の研究センター、製造センター、展示センター、販売センターに育成する。このような措置を通じて、無錫の紡績業が中国の先頭の地位を維持し、「大きい紡績業」から「強い紡績業」に変身させる。

　一方、エコロジー産業、新エネルギー産業、バイオ産業を中心に、新産業の育成戦略が制定された。この三つの産業は技術レベルが高く、潜在する市場が大きく、未来性があると見られ、「先頭産業」と呼ばれる。

　まず、エコロジー産業の発展に支援政策を立て、宜興環科新城などエコロジー産業基地の建設を中心にして、エコロジー産業のモデル工業パーク、モデル企業を育成し、エコロジー技術を応用してハイテク製品の生産を奨励する。そして、太陽エネルギー、生物エネルギー、再生エネルギーなどを中心に、既存の中堅企業をベースとして、資本と技術面で援助し、新エネルギー産業を発展させる。また、漢方薬、化学材料薬、生物薬、そして医療機械などを中心にする医薬バレーの形成を目指して、産業集積の環境を備え、そして、無錫において長江デルタのバイオ産業の研究と製造基地を建設する。

以上、「五つの基幹産業」と「三つの先頭産業」の発展より、無錫の産業構造を高度化させることに目指している。こうした産業を発展させながら、環境保護意識を持って、特定の産業に対して、育成策と制限策が打ち出していく。特に、経済的、法律的、行政的な措置を通して、小化学工業、小冶金、小鍍金、小捺染、小建築材料などの環境対応能力が乏しく、規模が小さい部門を淘汰整理させる。同時に、各産業において、環境汚染、資源浪費、不安全な設備も淘汰させる。また、エネルギーや材料の消耗率が高い産業、危険な産業の発展も制限する。

　全体的に見れば、「五つの中心」の形成より、無錫経済は長江デルタ、ないし全国での経済発展の先導的な立場を獲得していくことになる。そして「五つの名城」の実現より、無錫は工業化社会から知識社会への転換を実現していくことになろう。また、先進的な製造業と現代サービス業いう二つの軸を中心に、産業構造を高度化させる。こうした計画の実現より、製品の付加価値が増加し、経済の競争力が強化され、生活の質が向上していくことが期待される。

　ここまで検討してきたように、無錫の近代工業は1900年代前後から開始されてきた。特に、解放の1949年以前には、主に楊氏・栄氏・周氏・薛氏・唐氏という五つの家族企業により、製系、紡績、食品加工という三つの産業が全国に先駆けて興味深い発展を遂げていた。さらに、こうした産業の発展とともに、機械工業も形成されていった。また、解放から1978年の改革・開放政策の間には、無錫の農村部では社隊企業が徐々に発展していったことも興味深い。同時に、国の投資より、紡績産業と機械産業、電子産業、化学産業を中心とする産業の産業基盤が形成されていくことになる。そして1980年代には「蘇南モデル郷鎮企業」の急速な発展より、無錫農村部の工業化が実現された。そして、1990年代には外資企業の大量進出により、無錫経済の国際化が進んでいったのであった。さらに、2000年代前後の民営化より無錫経済の活力がいっそう高まっていくことになる。

　そのような意味で、無錫のこれまでの歩みと現状は、中国の地域産業発展の一つの典型的かつ総合的なものとして注目される。そして、そのような経験を

踏まえた無錫は、この節で検討したような新たな興味深い「発展戦略」を形成しているのである。以下に続く各章においては、そのような無錫の歴史と新たな展望を深く意識しながら、無錫の新たな可能性を論じていくことにしたい。

1) 以下の無錫の近代工業化の歩みに関しては、主として、王賡唐・湯可可『無錫近代経済史』学苑出版社、1993年、庄申主編『無錫市誌』江蘇人民出版社、1995年、を参照した。
2) 蘇南モデル郷鎮企業については、関満博編『現代中国の民営中小企業』新評論、2006年、第5章を参照されたい。
3) 温州モデル郷鎮企業については、前掲書、第6章を参照されたい。
4) 珠江モデル郷鎮企業については、前掲書、第8章、及び、関満博『世界の工場／中国華南と日本企業』新評論、2002年、関満博編『中国華南／進出企業の二次展開と小三線都市』新評論、2008年、を参照されたい。

第2章　無錫の産業発展の輪郭

　1949年の新中国成立以来、中国は社会主義の根幹をなすはずの国営（国有）企業を中心とした産業発展を目指していた。しかし、社会主義国家建設30年を経過し、国営企業を軸とした体制できた中国は、世界の技術発展から大きく取り残されていく。そして、1978年末の経済改革、対外開放への方針の大転換により、事態は劇的に変化していくことになる。

　南の広東省の珠江デルタのあたりは香港資本を大量に受け入れ、世界への輸出拠点を形成、また、上海郊外から江蘇省南部にかけての長江デルタは郷鎮企業の大量発生を促していくのであった。特に、無錫は蘇南モデル郷鎮企業の発祥の地であり、さらに、1990年代中頃以降、日系企業を中心とする外資企業を多数受け入れ、郷鎮企業と外資企業を両輪として興味深い産業発展を実現してきたのである。

　だが、1990年代に入ると、蘇南モデル郷鎮企業は利益を外国製の機械設備の導入に振り向け、製品レベルを向上させ未曽有の発展を実現した郷鎮企業と、時代対応力を持ち得なかった郷鎮企業との間に「第1回目の階層分解」を生じさせた。さらに、1990年代末の頃には、「蘇南モデル郷鎮企業は、温州モデル郷鎮企業に敗れた」「蘇南モデル郷鎮企業は、第2の国有企業」などと叫ばれ、民営化への道を模索することになる。この民営化のプロセスをうまく乗り越えたどうかにより、2000年を前後する頃からは「第2回目の階層分解」が生じているのである。

　このような点を背景に、現在の無錫市の産業は、郷鎮企業から民営化した民営企業や独立創業によって成立した民営企業と、厚みを増した外資企業の高度化するスパイラルな産業集積を形成し、2000年代に入り一段と発展のペースを上げている。こうした現状に注目し、この章では以下に続く各章の理解を深めていくために、いくつかの統計をベースに無錫の産業発展の輪郭を明らかにし

ていくことにする。

1．蘇南と無錫経済の基礎的条件

　無錫市の経済について議論する前に、まず無錫市を取り巻く長江デルタと蘇南の基礎的条件について明らかにしたい。2000年代に入り、中国は「世界の工場」から「世界の市場」と言われるようになったが、その中心の一つが上海市周辺ということになろう[1]。特にその上海市に隣接する江蘇省と浙江省を含めた長江下流域の地域は「長江デルタ」[2]と呼ばれ、広東省の「珠江デルタ」とともに巨大な産業集積を形成している。ここでは、まず、その長江デルタの中で、無錫市がどのように位置づけられるのかを確認していきたい。

（1）　長江デルタの中の無錫
　狭い意味での「長江デルタ」とは、上海を中心として江蘇省南部から浙江省北部ということになろうが、ここでは、統計上の都合もあり、より広く上海市、江蘇省、浙江省の1市2省と考えていく。この点、ここでは、まず全体のスケールを実感してもらうために、表2－1で長江デルタの代表的な都市である上海市、江蘇省と浙江省をそれぞれ代表する3市ずつを取り上げてみた。
　これによると、無錫市は面積4788km^2、人口557万人と福岡県（面積4977km^2、人口506万人）にほぼ匹敵し、中国の行政単位の上では市ではあるが、日本の県に相当する規模であることが分かる。この点、無錫市が特別に大きな市というのではなく、表2－1のように江蘇省の南京市、蘇州市、浙江省の杭州市、寧波市、温州市のいずれも人口は550万人から750万人程度であり、面積は1万km^{2}前後とむしろ無錫市より大きい。さらに省と同レベルの直轄市である上海市は、面積こそ約7000km^{2}と他の市と同規模であるものの、人口は約1800万人と東京都の1.5倍もの人びとが暮らしているのである。
　上海市と江蘇省、浙江省で構成される広い意味での長江デルタは面積21万1437km^2、人口1億3855万人と、面積では本州（22万7963km^2）にほぼ匹敵し、人口は日本の全人口（1億2729万人）を上回る巨大な経済圏である。この中で

表2—1 長江デルタの基礎的条件（2005年）

区分		面積(km²)	人口(万人)	域内総生産				1人当たりGDP(ドル)
				総生産額(億元)	第1次産業(％)	第2次産業(％)	第3次産業(％)	
上海市		7,037	1,778	9,154	0.9	48.6	50.5	7,355
江蘇省		102,600	7,475	18,306	8.0	56.6	35.4	3,499
	南京市	6,597	686	2,411	3.3	49.8	46.9	5,021
	蘇州市	8,488	753	4,027	2.2	66.6	31.2	7,639
	無錫市	4,788	557	2,805	1.7	60.5	37.8	7,193
浙江省		101,800	4,602	13,438	6.6	53.3	40.0	4,171
	杭州市	16,596	660	2,943	5.0	50.9	44.1	6,365
	寧波市	9,365	557	2,449	5.4	54.8	39.8	6,285
	温州市	11,784	750	1,596	4.1	54.3	41.6	3,040
長江デルタ合計		211,437	13,855	40,898	6.0	53.7	40.3	4,217

資料：『上海統計年鑑』2006年、『江蘇統計年鑑』2006年、『浙江統計年鑑』2006年

も無錫市は蘇州市と並び、上海市に次いで産業が発展した地域として知られている。

　産業別の総生産では、無錫市は第2次産業が60.5％と蘇州市の66.6％に次いで高く、この2市だけ第2次産業の割合が6割を超えている。第2次産業、特に工業によって産業発展が牽引された無錫市、蘇州市の2市の1人当たりGDPは上海市に匹敵するほど高く、7000ドルを超えているのである。

全国の工業都市の中での無錫

　この点、全国の主要な25の工業都市の工業総生産額の動きを示した表2—2が興味深い。結論からすると、無錫は全国で第7位程度の工業総生産額を擁する工業都市ということになろう。
　表2—2からは、以下のような点が読み取れる。
① 　上海は中国最大の工業都市であり、1990年の頃から一貫して工業総生産額トップを維持している。ただし、1990年段階では第2位の北京以下を3倍程度引き離していたが、2006年には第2位の蘇州とは50％程度の差に縮まってきた。長江デルタにおいては、蘇州、無錫、杭州、常州等の外延部

表2―2　全国主要都市の工業生産額

区分 順位	2006年 都市（省）	工業生産額	2000年 都市	工業生産額	1990年 都市	工業生産額
1	上海	1,857,313	上海	620,452	上海	151,552
2	蘇州（江蘇）	1,253,851	天津	260,637	北京	64,464
3	深圳（広東）	1,192,860	広州	256,857	天津	54,346
4	天津	852,769	深圳	256,693	蘇州	41,346
5	北京	820,999	北京	256,531	広州	41,114
6	広州（広東）	728,205	蘇州	239,651	**無錫**	**31,826**
7	**無錫（江蘇）**	**711,529**	無錫	177,907	杭州	29,177
8	杭州（浙江）	697,545	南京	160,279	瀋陽	29,135
9	仏山（広東）	628,908	仏山	156,131	重慶	28,282
10	寧波（浙江）	618,791	杭州	154,357	南京	27,567
11	烟台（山東）	519,602	寧波	142,770	武漢	27,061
12	青島（山東）	518,468	青島	140,050	青島	25,128
13	東莞（広東）	783,970	大慶	133,877	揚州	24,408
14	南京（江蘇）	469,281	大連	109,916	大連	24,240
15	紹興（浙江）	391,086	紹興	104,513	成都	21,052
16	淄博（山東）	356,251	烟台	101,328	常州	20,612
17	大連（遼寧）	343,746	威海	96,667	寧波	20,575
18	潍坊（山東）	340,469	重慶	96,232	南通	20,276
19	常州（江蘇）	329,377	東莞	91,464	深圳	18,720
20	唐山（河北）	329,239	武漢	90,800	哈爾浜	17,393
21	瀋陽（遼寧）	329,089	常州	87,463	済南	17,289
22	重慶	321,423	江門	87,115	烟台	15,721
23	威海（山東）	316,620	淄博	81,097	潍坊	15,705
24	南通（江蘇）	294,952	石家荘	78,143	西安	14,835
25	武漢（湖北）	281,858	福州	75,011	長春	13,362

注：単位＝100万元
資料：『中国城市統計年鑑』各年版

にかなり工業機能が拡散しているのである。
② この結果、2006年の工業総生産額上位25都市の中で、長江デルタの都市が9都市を数え、その存在感をさらに大きなものにしている。特に、蘇州、無錫を合わせた工業総生産額は上海を大きく上回るものになっているのである。
③ なお、省別で見ると、25都市のうち、江蘇省5都市、山東省5都市、広東省4都市、浙江省3都市が目立っている。いずれも中国沿海の工業都市

ということであろう。

④ また、1990年からの変化を見ると、特に、深圳の躍進ぶりが著しい。現在では、上海、蘇州に続く第3の工業都市に躍り出ているのである。他方、1990年段階では上位にいた瀋陽、重慶、武漢、哈爾浜、西安、長春などの伝統的な工業都市は、軒並み順位を下げていることが分かる。

以上のような大きな枠組みの変化の中で、無錫は全国の工業都市の中で工業総生産額は第7位程度に位置しているのである。

民営企業と外資企業がバランス良く発展

次に、2005年の長江デルタの工業について見たものが表2－3である。無錫市の工業生産額は1588億元と、江蘇省の省都である南京市の1043億元を上回る。無錫市の工業生産額は、浙江省を代表する杭州市、寧波市、温州市のそれぞれも上回ることからも、無錫市が工業を中心に発展を遂げていることがうかがわれる。無錫市は中国を代表する工業都市の一つでもある。

しかし、同様に工業を中心とする経済発展を遂げている蘇州市と比べると、一つの特徴が浮かび上がる。無錫市は外資企業（江蘇省のデータでは外資企業と香港・マカオ・台湾企業を合計して三資企業[3])の工業企業数に占める割合が小さい。蘇州市では43.7％と企業数の半数近くを占める外資企業（三資企業）が、無錫市では22.1％と蘇州市の約半分にとどまっている。

この理由として二つの要因が指摘される。一つは、無錫市は蘇南モデル郷鎮企業の発祥地であり、現在では郷鎮企業から民営化した民営企業や独立創業した民営企業が数多く存在しているからである。もう一つは、無錫市に進出している外資企業は日本企業を中心に比較的大企業が多く、生産額に比較して企業数が少ない点も指摘される。

無錫市は蘇州市とともに産業発展の最も著しい地域であるが、蘇州市が台湾IT産業を中心に外資企業に深く依拠しているのに対し、無錫市は民営企業と外資企業の両者によってバランスの取れた歩みを示していると理解することができる。

表2―3　長江デルタの工業（2005年）

区分		工業生産額(億元)	工業企業数					
			全企業(社)	内資企業(社)	割合(％)	港澳台企業(社)	外資企業(社)	割合(％)
上海市		16,877	14,769	9,187	62.2	1,803	3,779	37.8
江蘇省		32,707	32,224	24,648	76.5	3,274	4,302	23.5
	南京市	1,043	2,344	1,727	73.7		617	26.3
	蘇州市	2,520	6,743	3,796	56.3		2,947	43.7
	無錫市	1,588	4,628	3,606	77.9		1,022	22.1
浙江省		23,107	40,275	33,468	83.1		6,807	16.9
	杭州市	1,330	7,359	6,045	82.1	657	657	17.9
	寧波市	1,189	8,788	6,457	73.5	1,176	1,155	26.5
	温州市	795	5,226	4,831	92.4	131	264	7.6
長江デルタ合計		72,691	87,268	67,303	77.1		19,965	22.9

注：1）「港澳台企業」とは香港・マカオ（澳門）・台湾企業の総称である。
　　2）企業数の対象は「規模以上」（国有企業および売上高500万元以上）の企業に限定される。
資料：『上海統計年鑑』2006年、『江蘇統計年鑑』2006年、『浙江統計年鑑』2006年

（2）　蘇南地域の中の無錫

　ここでは、長江デルタ全体の中から、特に江蘇省南部（蘇南）を取り上げる。蘇南とは江蘇省の中でも、省都である南京市から長江の流域沿いに鎮江市、常州市、無錫市、蘇州市の5市を含む地域とされる。
　表2―4は蘇南の都市部の就業状況である。表2―3とやや重なる分析になるが、蘇州市は内資企業に就業する割合は45.1％と半分を切っている。三資企業のうち香港・マカオ・台湾企業に就業する割合が21.2％、その他の外資企業に就業する割合が33.7％となっている。両者合わせた外資企業への就業者は54.9％と過半を超える。IT企業を中心に台湾企業が多いだけでなく、シンガポールの協力で開発された蘇州工業園区には日本企業や韓国企業など外資企業が数多く進出しているのである。
　他方、無錫市では内資企業に就業する割合が71.4％と、江蘇省全体の平均である79.3％よりは低いものの、蘇南地区の平均である69.7％より高い。香港・マカオ・台湾企業に就業する割合は8.6％と、これも江蘇省全体の平均である

表2—4 蘇南の都市就業状況（2005年）

区分	単位就業人口			
	人数（万人）	内資企業（％）	港澳台企業（％）	外資企業（％）
南京市	93	85.2	5.8	9.0
蘇州市	103	45.1	21.2	33.7
無錫市	56	71.4	8.6	20.0
常州市	36	82.2	7.7	10.1
鎮江市	31	87.9	5.2	6.9
蘇南合計	318	69.7	11.4	18.8
江蘇省合計	628	79.3	8.0	12.7

資料：『江蘇統計年鑑』2006年

表2—5 蘇南の農村就業状況（2005年）

区分	農村就業人口				
	人数（万人）	農林水産業（％）	建設業（％）	工業（％）	その他（％）
南京市	124	33.7	17.0	22.2	27.2
蘇州市	207	20.4	6.3	50.6	22.7
無錫市	158	21.2	5.9	51.6	21.3
常州市	127	25.4	12.5	38.1	24.0
鎮江市	98	35.6	9.8	37.0	17.7
蘇南合計	714	25.8	9.6	41.8	22.7
江蘇省合計	2,663	39.7	11.9	22.5	25.9

資料：『江蘇統計年鑑』2006年

8.0％に近く、蘇南地区の平均である11.4％より低い。ただし外資企業に就業する割合は20.0％と、江蘇省全体の平均12.7％も蘇南地区全体の平均18.8％よりも高い。

無錫は農村工業化の中心

　表2—4は蘇南の都市部の就業状況であったが、表2—5では蘇南の農村部の就業状況を示す。無錫市の特徴としてあげられることは、農村就業人口の過半数が工業に従事していることである。無錫市の割合は51.6％と蘇州市の50.6％を上回り、蘇南地区の中でも最も高い数字を示している。この背景には、1980年代からの蘇南モデル郷鎮企業に代表される農村工業化の深い歴史を見る

ことができる。
　農村就業人口のうち工業が占める割合は蘇南地区全体でも41.8%と4割を超えているが、このことはこの地域の特徴を示すものであり、江蘇省全体では農村就業人口のうち工業が占める割合は22.5%にすぎない。江蘇省全体では農村就業人口の39.7%が農林水産業に従事しているのであり、蘇南地区でいかに農村工業化が進んでいるか、さらに、その中でも無錫市における農村工業の発展がうかがわれるであろう。

無錫は他市のモデルになる産業発展
　表2―6は表2―3とやや重なるデータではあるが、蘇南地区の工業について改めて検討したい。蘇南地区では蘇州市の存在が圧倒的であり、規模以上の工業企業数は6743社と蘇南全体の約3分の1、工業生産額は9909億元と蘇南全体の4割以上を占めている。無錫市は蘇州市に次ぐ存在であり、規模以上の工業企業数4628社、工業生産額5718億元といずれも蘇南全体の約4分の1を占めている。
　蘇州市の特徴は三資企業の割合が非常に高く、66.9%と3分の2以上を占めていることである。一方で無錫市は三資企業の占める割合は33.1%と全体の約3分の1であり、内資企業とバランスの取れた発展を遂げていることが分かる。

表2―6　蘇南の工業（2005年）

区分	工業企業数（社）	工業生産額		
		総生産額（億元）	内資企業（%）	港澳台外資企業（%）
南京市	2,344	4,063	60.9	39.1
蘇州市	6,743	9,909	33.1	66.9
無錫市	4,628	5,718	66.9	33.1
常州市	3,593	2,504	71.2	28.8
鎮江市	1,773	1,331	66.3	33.7
蘇南合計	19,081	23,526	52.1	47.9

注：対象企業は「規模以上」（国有企業および売上高500万元以上）の企業に限定される。
資料：『江蘇統計年鑑』2006年

無錫市はまさに「民営企業×外資企業の高度化するスパイラルな産業集積」によって発展していると言えよう。

2．無錫の産業発展の輪郭

　無錫市は中心市街地である市区と、県レベルの市である江陰市と宜興市に分けられる。さらに市区には崇安区、南長区、北塘区、錫山区、惠山区、濱湖区、新区の七つの区が含まれている。崇安区、南長区、北塘区は従来から伝統的な無錫の市街地であるが、錫山区、惠山区、濱湖区、新区はかつて無錫県と言われ、「蘇南モデル郷鎮企業」の発展した地域として知られていた。
　ここでは、市区の状況までおりて、無錫産業の全体像を見ていくことにする。

（1）　改革、開放以後の急成長
　表2－7は無錫市の基礎的条件を示したものである。中心市街地である崇安区、南長区、北塘区の面積は18～31km^{2}と、新宿区（18.23km^2）と同じかやや大きな規模である。新区、錫山区、惠山区、濱湖区の面積は220～609km^{2}と、横浜市（437.88km^2）とほぼ同じ規模で、中国の行政単位では区ではあっても日本の大きな市に匹敵する規模である。江陰市の面積は988km^2、宜興市の面積に至っては2177km^{2}と東京都（2187.58km^2）に並ぶ規模であり、県レベルの市とは言っても面積的には小さな都府県のイメージである。
　各区の人口は19万～47万人と新宿区（約31万人）と並び、面積的にも人口的にも東京の特別区のイメージに近い。江陰市と宜興市の人口は100万人を超え、人口的にも日本の小さめの県に相当する。
　無錫市の総生産額の約6割を七つの市区が生み出し、その他としては、江陰市が約3割、宜興市が約1割といった割合である。産業別に見ると、第1次産業は宜興市で4.0％とやや高いものの、無錫市全体では1.6％と第1次産業の割合は非常に低い。第2次産業は江陰市と宜興市で6割を超えているものの、市区では6割を切っている。市区では第3次産業の割合が4割を超えており、市区では第2次産業から第3次産業へのシフトが生じていることがうかがわれる。

表2―7　無錫市の基礎的条件（2006年）

区分		面積 (km²)	人口 (万人)	域内総生産 総生産額 (億元)	第1次産業 (%)	第2次産業 (%)	第3次産業 (%)	1人当たり GDP (米ドル)
市区		1,623	232	1,892	0.9	56.3	42.8	11,638
	崇安区	18	19	n.a.	n.a.	n.a.	n.a.	n.a.
	南長区	22	33	n.a.	n.a.	n.a.	n.a.	n.a.
	北塘区	31	25	n.a.	n.a.	n.a.	n.a.	n.a.
	錫山区	396	39	n.a.	n.a.	n.a.	n.a.	n.a.
	恵山区	327	40	n.a.	n.a.	n.a.	n.a.	n.a.
	濱湖区	609	47	n.a.	n.a.	n.a.	n.a.	n.a.
	新区	220	30	n.a.	n.a.	n.a.	n.a.	n.a.
江陰市		988	119	980	1.8	63.3	34.9	11,722
宜興市		2,177	106	428	4.0	60.0	36.0	5,766
合計		4,788	458	3,301	1.6	59.6	38.8	10,300

資料：『無錫統計年鑑』2007年

第6章や第10章で具体的なケースを検討するように、製造業からソフトウェア産業やサービス産業へのシフトが見られる。

郷鎮企業から民営企業への発展と外資企業のスパイラルな産業集積によって産業構造が第1次産業から第2次産業へとシフトし、さらに現在では第2次産業から第3次産業へとシフトすることによって、無錫市の人びとの経済状態も改善され、豊かさを実感できるレベルに達している。

また、1人当たりのGDPを見ると、無錫市全体の平均で1万ドルを超え、先進国並みの水準に近づいていることが分かる。無錫市の中ではやや発展の遅れた宜興市では5766ドルと中進国レベルであるものの、市区や江陰市の経済が非常に発展していることが分かる。

1978年末の改革開放以来、急成長を遂げる

1949年の新中国成立以来の無錫市の工業総生産を示したものが図2―1である。1949年にはわずか2億4874万元に過ぎなかった工業総生産額は、国有企業主導の社会主義建設によって、約30年後の1970年には25億8780万元と10倍以上

図2—1　無錫市の工業総生産（1949—2006年）

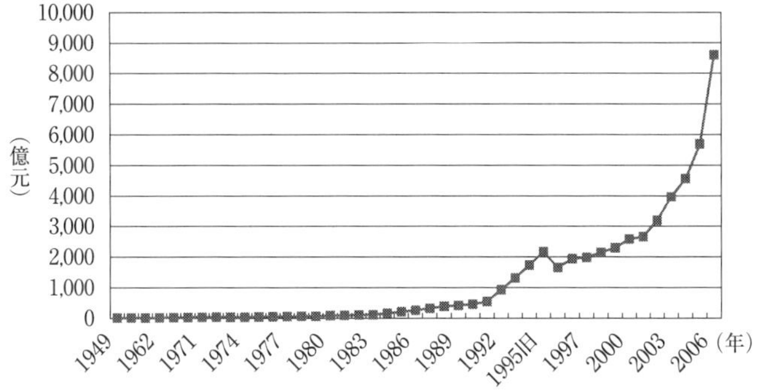

注：1996年のデータ改訂により、1995年は旧基準と新基準の二つのデータがあり、それぞれ1995旧、1995新と表示した。以下、同様。
資料：『無錫統計年鑑』各年版

となった。

そして、1978年末の経済改革、対外開放への方針の大転換以降に発展のスピードは加速し、1986年には工業総生産額は267億9114万元になった。工業総生産額が10倍になるのに1949年から1970年まで31年かかったのに対し、さらに10倍になるのには1970年から1986年までの16年間と、ほぼ半分の期間であった。

さらに1990年代後半からの「外資企業の時代」を経て無錫市の工業生産はさらに拡大し、2000年には2592億9801万元になった。1986年からわずか14年間で、さらに10倍の成長を果たしたことになる。

1980年代半ばと1992年以降に2度の急成長

図2—1では1978年以降の経済成長が必ずしも明らかにならないため、絶対額ではなく対前年比の成長率を示したものが図2—2である。1979年には対前年比16.8％、1980年には22.7％と1978年末の経済改革、対外開放を受けて成長する兆しが見られるが、さらに1984年には31.7％、1985年には34.8％と30％以上の目覚しい成長を遂げていることが分かる。その後も1988年までは20％前後の高い経済成長を実現している。

1989年の天安門事件の影響などによって1989年には5.3％、1990年も8.7％と

図2－2　無錫市の工業総生産の成長率（1971—2006年）

資料：『無錫統計年鑑』各年版

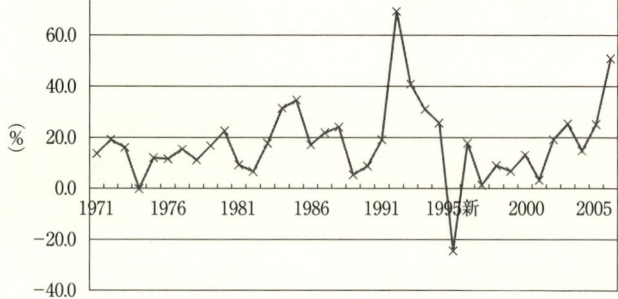

一時的に成長スピードが鈍る傾向が見られた。この時期には「第1回目の階層分解」が生じていた。しかし、1992年春の鄧小平の「南巡講話」以降、1992年には対前年比69.4％と驚異的な成長を遂げている。1993年も40.8％、1994年も31.2％と、1980年代半ばに次ぐ2回目の急成長の時代を迎えることになった。

その後、1997年には1.3％、1998年には8.8％、1999年には6.7％とアジア通貨危機の影響も受けて成長スピードが再び鈍る時期もあったが、2000年以降は再び10％以上の成長率をほぼ維持しているのである。

（2）　国営企業から郷鎮企業、村営企業へ

図2－1で示した無錫市の工業生産について、データの制約から1997年までについて、企業形態別に示したものが図2－3である。1949年の新中国成立以来、無錫市の工業総生産の圧倒的な割合が国営企業によって占められていた。

しかし、先に述べたように、1978年末の経済改革、対外開放を受けて1980年代半ばに工業総生産が急拡大を遂げた時期に、無錫市の工業を主導したのは郷鎮企業と村営企業であった。1986年の工業総生産額267億9114万元のうち、国営企業によるものは121億4786万元と過半を割り込み、郷鎮企業が71億4227万元、村営企業が68億1713万元となり、郷鎮企業と村営企業の合計が国営企業を上回った。

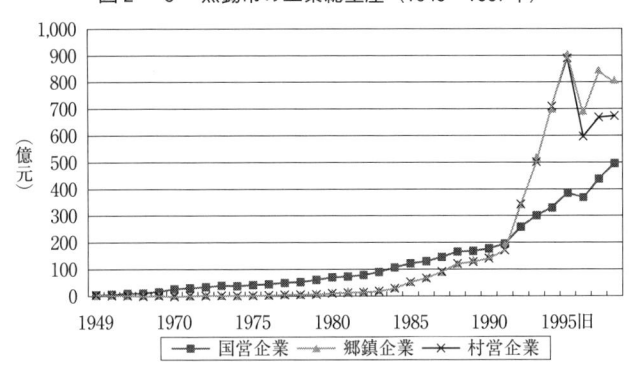

図2—3　無錫市の工業総生産（1949—1997年）

（億元）　―■― 国営企業　――▲―― 郷鎮企業　―×― 村営企業

資料：『無錫統計年鑑』各年版

　さらに1992年の鄧小平の「南巡講話」後の経済を主導したのも郷鎮企業と村営企業であった。1992年の工業総生産額940億8724万元のうち、国営企業が256億1516万元、郷鎮企業が342億3896万元、村営企業が342億3312万元と、郷鎮企業と村営企業が初めて単独でも国営企業を上回った。その後、1997年には工業総生産額1976億1652万元のうち、国営企業が495億4310万元、郷鎮企業が807億0377万元、村営企業が673億6965万元となっていくのであった。

　図2—3を工業生産の絶対額ではなく、工業総生産に占める割合で示したものが図2—4である。1949年の工業総生産のうち99.5％が国営企業による生産であった。こうした傾向はその後も続き、1970年でも工業総生産の94.7％が国営企業によるものであった。

　この傾向が1970年代にやや緩み、1978年には工業総生産に占める国営企業の割合は80.8％と約8割になり、郷鎮企業が11.2％、村営企業が8.0％を占めるまでになっていた。しかし、国営企業の占める割合が急速に縮小し、郷鎮企業や村営企業が占める割合が急速に伸びるのは1978年末の経済改革、対外開放以降である。

　1983年には国営企業の割合は69.2％と7割を割り込み、1986年には47.9％と5割を切っている。一方で1983年には郷鎮企業の割合が17.7％、村営企業の割合が13.1％、1986年には郷鎮企業の割合が26.7％、村営企業の割合が25.4％と

第2章　無錫の産業発展の輪郭　85

図2－4　無錫市の工業総生産（1949―1997年）

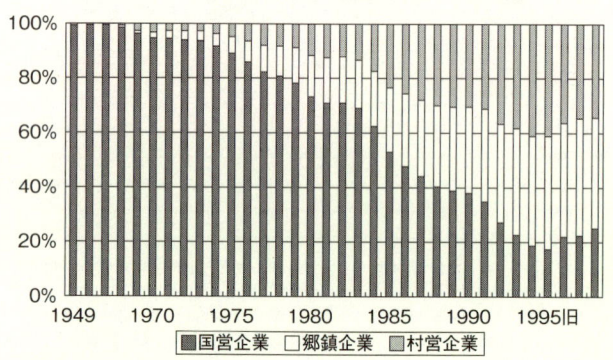

資料：『無錫統計年鑑』各年版

急上昇している。

　1991年には国営企業の割合が34.9%に対し郷鎮企業は34.2%、村営企業は30.9%と並びかけるが、1992年には国営企業の割合が27.2%に対し郷鎮企業が36.4%、村営企業も36.4%と一気に国営企業を上回る。その後1997年には、かつて工業総生産額のうち圧倒的な割合を占めていた国営企業は25.1%と約4分の1にまで縮小し、郷鎮企業が40.8%、村営企業が34.1%と大きな割合を占めるまでになっていったのである。1990年代中頃には、無錫の産業は郷鎮企業と村営企業が主要な担い手となっていくのであった。

3．民営企業の発展と外資（日系）企業の現状

　1997年以降に統計上の分類が大きく変更になった。まず、国営企業が国有企業と呼び替えられるようになった。さらに、かつての郷鎮企業にほぼ相当するものとして集体企業[4]という名称が用いられ、それまで用いられていなかった股份制企業[5]や股份合作企業[6]という名称も用いられるようになった。1990年代に入り国有企業改革が叫ばれ、その民営化や股份（株式）制への移行が進められた。所有構造が複雑で股份制への移行が難しい集体企業（郷鎮企業）の場合は、一部の資産の所有権を棚上げした股份合作企業という形態への移行もな

された。こうした現状を反映させる形で統計上の分類が変化している。

もう一つの大きな変化は、私営企業、個体経営（個人経営）という項目と、港澳台企業（香港・マカオ・台湾企業）、外資企業という項目が新たに作られたことである。これは1990年代中頃以降の「外資企業の時代」と民営化への動きを踏まえ、「民営企業×外資企業のスパイラルな産業集積」の形成が認識され始めたことの現れである。

（1）　国有企業、郷鎮企業の民営化

1997年以降の無錫市の工業企業数の推移を示したものが表2―8である。1997年には363社あった国有企業が年々減少し、2001年には100社を割り込んで98社となり、さらに2006年には45社にまで減少している。一方で股份制企業は1997年の103社から2001年には約10倍の1015社と急激に増加し、2006年には8355社にまで増加している。

集体企業については年により統計上の把握が異なるためデータとしての連続性に欠けるが基本的に減少傾向にあり、1999年の5370社から2006年には585社と約10分の1にまで減少している。集体企業の受け皿の一つであった股份合作企業も2000年前後は5000社程度あったものが、2006年には半減して2430社となり、股份合作企業も整理されつつあることが分かる。

表2―8　無錫市の工業企業数（1998―2006年、社）

年		1998	1999	2000	2001	2002	2003	2004	2005	2006
国有企業		222	207	147	98	80	67	70	63	45
民営企業		32,880	33,868	34,088	33,189	38,767	39,734	42,689	43,619	47,983
	集体企業	7,748	5,370	3,629	2,652	1,650	1,244	1,062	706	585
	股份制企業	211	212	860	1,015	4,939	6,773	7,709	6,604	8,355
	股份合作企業	4,991	6,227	4,545	4,153	3,463	2,972	1,979	2,719	2,430
	私営企業	10,110	11,431	15,403	15,494	n.a.	n.a.	n.a.	n.a.	n.a.
	連営企業	58	100	n.a.	n.a.	n.a.	n.a.	n.a.	n.a.	n.a.
	その他企業	2,207	373	536	366	18,540	17,002	19,261	20,191	23,542
	個人経営	7,555	10,155	9,115	9,509	10,175	11,743	12,678	13,399	13,071
三資企業		1,033	1,028	1,208	904	1,158	1,366	1,690	1,931	2,201
合計		34,135	35,003	35,443	34,191	36,542	41,167	44,449	45,634	47,799

資料：『無錫統計年鑑』各年版

図2―5　無錫市の工業総生産（1997―2006年）

資料：『無錫統計年鑑』各年版

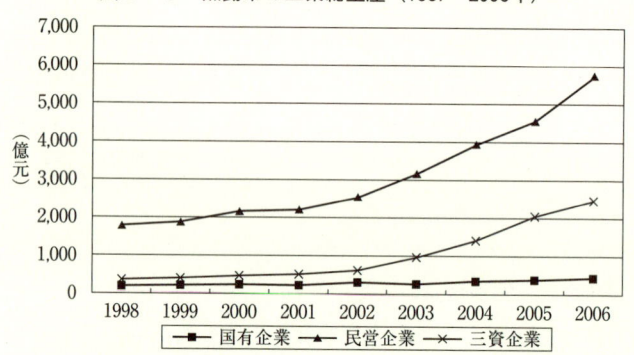

図2―6　無錫市の工業総生産（1997―2006年）

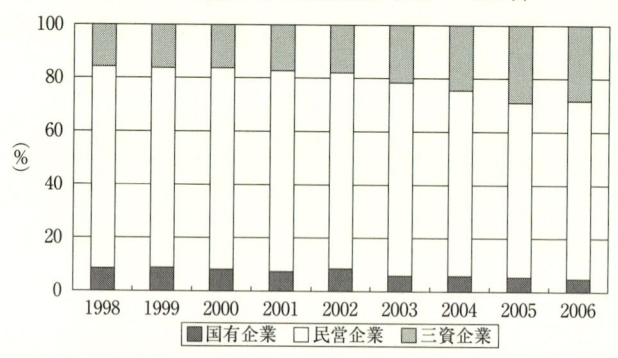

資料：『無錫統計年鑑』各年版

　また、把握されている範囲で私営企業は1999年に1万1431社であったものが、2006年には2万3542社と2倍以上に増加している。この私営企業の増加の背景には、集体企業（郷鎮企業）から民営化した民営企業と、独立創業などで起業された民営企業の両者の増加が認められる。
　この点、図2―5、図2―6を見ても、この間、明らかに、工業総生産額においても、民営企業が中心になっていくことが読み取れよう。
　さらに、もう一つの主役に躍り出てきた三資企業（外資企業）の企業数についても上下はあるものの、1999年の1028社から2006年には2201社と2倍以上に

増加しており、「外資企業の時代」と言われた1990年代後半を過ぎ、2000年代に入っても外資企業の活発な参入が見られることが分かる。

（2） 民営企業、私営企業の時代へ

1990年代後半から民営企業、私営企業が急成長

　無錫市の産業発展は「民営企業×外資企業のスパイラルな産業集積」によって実現しており、ここでは、まず、民営企業の中でも私営企業の動向について見ていくことにしよう。図2－7は無錫市における工業分野の私営企業の企業数の推移を見たものである。『無錫統計年鑑』において「私営企業」の項目がみられるようになるのは1999年からであるが、限定的な数字が1990年にさかのぼって掲載されている。なお、「私営企業」とは法律的に明文化されている概念だが、「民営企業」は必ずしも明確な定義がされているわけではない。

　なお、本章では、中国の企業類型を大きく「国有企業」「民営企業」「三資企業」の三つに集約し議論を進めてきた。その場合、特に「民営企業」には、表2－8で言うところの「集体企業」「股份制企業」「股份合作企業」「私営企業」「連営企業」「その他の企業」「個人経営」を含む「三資企業」以外の「非国有企業」ということになる。

　このような視点で見ると、1990年にはわずか185社しか記録されていない私営企業が、1995年には3529社、1996年には5211社、1997年には8032社となり、1998年には1万2378社と1万社を突破していることが注目される。その後2001年には2万2175社と2万社を突破し、2006年には4万0401社と4万社を突破している。

　図2－7のグラフに見るように、この時期に私営企業数は右肩上がりで増加しており、無錫市の産業発展を牽引する存在になったことが分かる。

私営企業は労働集約型から資本集約型にシフトしつつある

　無錫市の工業分野の私営企業の成長について、1社当たりの従業員数と資本金額から見たものが図2－8である。1社当たりの従業員数は、1990年から1998年までは10人前後で推移している。しかし、1999年以降は15人前後に伸び

図2—7　無錫市の私営企業数（1990—2006年）

資料：『無錫統計年鑑』各年版

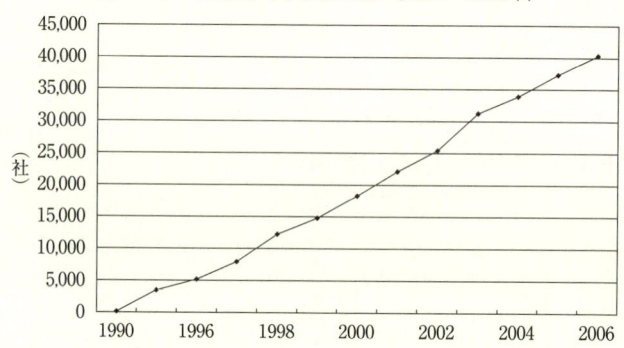

図2—8　無錫市の私営企業の成長（1990—2006年）

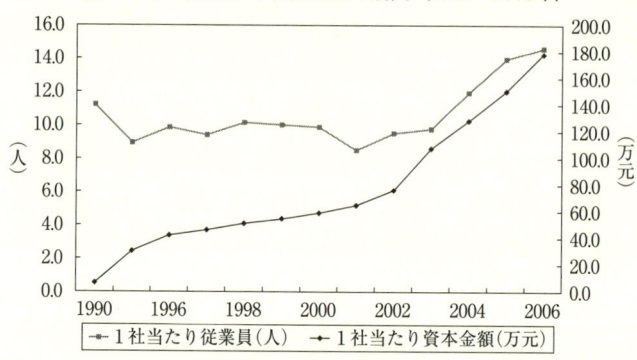

資料：『無錫統計年鑑』各年版

ていることが分かる。2006年でも私営企業の平均的な従業員数は14.6人と小規模であるが、1990年代に比べると若干規模が大型化している。また、このような中小企業が活躍することで地域に活力が生まれ、無錫市の産業が発展してきたのである。

　1社当たりの資本金額は、1990年には6.3万元と零細であったが、1995年には30.1万元となり、2000年にはほぼ2倍の58.8万元と順調に資本蓄積がなされてきたことが分かる。さらに2000年代に入り1社当たりの資本金額が増加し、2006年には177.8万元となっている。

1社当たりの従業員数と資本金額のグラフを比較すると、1社当たりの従業員数の伸びが1990年代後半に見られるのに対し、1社当たりの資本金額の伸びは2000年代に入ってからである。当初は労働集約的な形での成長を果たしてきた私営企業が、近年では資本集約的な形での成長にシフトしつつある傾向が統計的にも把握された。

（3）　外資企業の進出

1990年代前半はまだ黎明期

　民営企業に続いて、無錫市の産業発展のもう一方の担い手である外資企業（三資企業）について見てみたい。かつての状況について理解するため、関満博『中国長江下流域の発展戦略』に掲載された[7]統計を振り返る。

　表2—9の1993年末の批准ベースでの外資企業の進出状況を見ると、香港企業が554件と全体の58.9％を占め、圧倒的な存在であった。ただし、中国の統計で香港企業と記載されている場合には注意が必要である。第9章で見る日塑電子のように香港に進出していた日本企業が、香港法人からの投資として中国に進出する場合、中国の統計上では香港企業と記載されるからである。また2002年前後まで台湾当局がノートパソコンや半導体関係を中心に大陸投資に厳しい規制を敷いていたため、香港経由での迂回投資をする例も数多く見られた。このように、中国の統計に表れる香港企業には、いわゆる香港企業以外でも、日本企業や台湾企業などが香港経由で投資している例が数多く含まれている。なお、香港企業以外で目立つのは、台湾企業の154社（16.4％）、アメリカ企業の89社（9.5％）となり、日本企業はわずか34社（3.6％）であった。

　1993年段階の日本企業34社について、業種別に見たものが表2—10である。業種別の第1位は軽工業の12件（35.3％）であり、3位の紡織の6件（17.6％）と合計すると52.9％となり、広義の軽工業分野が過半を占めることが分かる。業種別の第2位は機械の8件（23.5％）であるが、まだこの時点では日系の電機メーカーが無錫市の産業発展を牽引していくほどのものではなかった。いわば外資企業進出の黎明期とでも言うべきであろう。

表2—9　無錫市への外資企業の進
　　　　出状況（1993年）

区分	件数（件）	割合（％）
香港	554	58.9
台湾	154	16.4
アメリカ	89	9.5
日本	34	3.6
シンガポール	17	1.8
マカオ	16	1.7
その他	77	8.2
合計	941	100.0

注：批准ベース（1993年末）
資料：無錫県対外経済貿易委員会

表2—10　無錫市への日本企業
　　　　の進出状況（1993年）

	件数（件）	割合（％）
軽工業	12	35.3
機械	8	23.5
紡織	6	17.6
化学	4	11.8
冶金	3	8.8
農業	1	2.9
合計	34	100.0

注：批准ベース（1993年末）
資料：無錫県対外経済貿易委員会

ここ10年の間に日本企業とヨーロッパ企業が急増

『無錫統計年鑑』に外資企業が掲載されるようになった1997年以降について、外資企業の進出数をまとめたものが表2—11である。1997年においても外資企業のトップは圧倒的に香港企業（1209社、40.1％）であった。それに次いで台湾企業（406社、13.5％）、アメリカ企業（283社、9.4％）を中心とする北米企業（319社、10.6％）、日本企業（255社、8.5％）であった。香港企業、台湾企業、日本企業の合計が62.1％であり、アジア企業全体では2515社で83.5％と圧倒的な割合を占めていた。

香港企業が外資企業の首位を占める状況には変化がないが、企業数自体は1200社前後で推移し、2006年時点で1462社（31.0％）と一時期に比べれば割合は縮小している。2006年時点では台湾企業も561社（11.9％）、アメリカ企業も435社（9.2％）と1997年の段階とそれぞれあまり変わらない割合である。

一方でこの約10年間で伸びたのが日本企業とヨーロッパ企業である。日本企業は1997年の255社（8.5％）から2006年には614社（13.0％）と、実数では2.4倍に増加し、割合でもアメリカ企業や台湾企業を抜いて香港企業に次ぐ2位となった。ヨーロッパ企業も1997年にはわずか95社（3.2％）であったものが、2006年には332社（7.0％）と急増している。

表2—11 無錫市の外資企業の年末企業数（1997—2006年、社）

年	1997	1998	1999	2000	2001	2002	2003	2004	2005	2006
香港	1,209	1,211	1,153	1,122	1,347	1,227	619	1,463	1,480	1,462
台湾	406	369	369	369	480	585	257	649	644	561
日本	255	229	219	219	282	420	255	574	603	614
韓国	20	23	23	23	25	95	63	157	171	188
シンガポール	93	125	125	125	72	184	115	258	272	276
ヨーロッパ	95	124	124	120	202	240	144	291	317	332
北米	319	279	279	279	368	423	202	548	555	519
その他	615	321	281	226	384	627	184	659	705	761
合計	3,012	2,681	2,573	2,483	3,160	3,801	1,839	4,599	4,747	4,713

資料：『無錫統計年鑑』1998—2007年

韓国企業が大規模な半導体工場に投資

　2006年の無錫市への外資企業の進出状況について詳細に見たものが表2—12である。期末企業数については表2—11でも見たが、香港企業は期末企業数でトップであるだけでなく、新規契約件数も274件と第1位である。一方で期末企業数で2位となった日本企業の新規契約件数は74件と、台湾企業の93件に次ぐ第3位であり、日本企業による投資ブームはやや一服した感がある。新規契約件数で見ると、4位にアメリカ企業の56件、5位に韓国企業の47件が続いている。

　契約金額で目立つのは韓国企業の7億ドルを超える数字であり、1件当たりでも1490万ドルと平均の4倍を超えている。ただし、このことは韓国企業の個々の投資規模が大きいということを必ずしも意味しない。あくまで平均値であるため、大型契約があることで韓国企業全体の数字が引き上げられている可能性がある。

　実際に、2004年に韓国の半導体大手ハイニックスがスイスのSTマイクロエレクトロニクスと2：1割合で合計20億ドルを投資する計画[8]であり、大規模な半導体工場を建設したことが影響していると考えられる。この半導体工場は世界最先端の前工程工場であり、55haの敷地に1万8000m^{2}のクリーンルームを持ち、従業員数1500人、8インチウェハと12インチウェハのそれぞれを月産2万枚製造する能力を有する。2006年7月からの工場稼動にともなって設備投

資を行ない、2006年のハイニックスの無錫市への投資額は1529億円（約14億ドル）[9]とされている。

　契約時期のズレもあってハイニックス単独で韓国企業全体の数字を上回っているが、いずれにせよ韓国企業の契約金額7億ドル大部分をハイニックス1社が占めている。同様に、ヨーロッパ企業の投資額も3億5232万ドルとなっているが、統計に記載された6カ国（ドイツ、フランス、イギリス、イタリア、ベルギー、デンマーク）の合計8541万ドル以外に2億7000万ドル近くの投資があ

表2―12　無錫市への外資企業の進出状況（2006年）

区分		新規契約件数（件）	契約金額（万米ドル）	1件当たり金額（万米ドル）	期末企業数（社）
アジア		525	166,866	317.8	3,253
	香港	274	53,118	193.9	1,462
	澳門	6	991	165.2	28
	台湾	93	26,770	287.8	561
	日本	74	23,234	314.0	614
	韓国	47	70,039	1,490.2	188
	シンガポール	32	15,615	488.0	276
	タイ	2	877	438.5	21
アフリカ		10	4,871	487.1	23
ヨーロッパ		48	35,232	734.0	332
	ドイツ	16	3,225	201.6	86
	フランス	2	1,500	750.0	35
	イギリス	4	1,018	254.5	46
	イタリア	8	772	96.5	29
	ベルギー	n.a.	1,998	n.a.	11
	デンマーク	n.a.	28	n.a.	4
北米		78	8,828	113.2	519
	アメリカ	56	5,380	96.1	435
	カナダ	22	1,448	65.8	82
中南米		65	40,570	624.2	359
オセアニア		41	10,969	267.5	227
その他		7	6,374	910.6	n.a.
合計		774	273,710	353.6	4,713

資料：『無錫統計年鑑』2007年

り、その大きな部分をスイス企業である ST エレクトロニクスが占めていると考えられる。

その他で目立つのは中南米の新規契約件数65件（8.4％）、契約金額4億0570万ドル（14.8％）である。2005年の中国全体の統計では、外資企業の契約件数の8.1％、契約金額の17.0％がカリブ海の英領ヴァージン諸島やケイマン諸島などの租税回避地（タックス・ヘイブン）からの投資であり[10]、無錫市の統計の数字との類似性が見られる。無錫市の統計では中南米の中の詳細な地域が記載されていないが、中国全体の統計でもイギリス領である英領ヴァージン諸島やケイマン諸島が、イギリスとは別の項目になっているため、中南米の数字の大部分がカリブ海の租税回避地からの投資である可能性がある。

日本の有力企業の無錫進出

2006年末の段階で無錫市の外資企業の13.0％を占める日本企業について、業種別に見たものが表2―13である。『中国進出企業一覧』は中国に進出している日本企業を掲載した貴重なデータであるが、2006年末で614社の日本企業の中で288社と半分以下しか把握できていないという限界もある。

無錫市における1990年代の「外資企業の時代」を牽引してきたのは、日本企業の中でも特に電気機器、機械、金属製品である。事実、無錫新区を訪れると、日本の有力な企業が軒を連ねている姿に驚愕することになろう。村田製作所、東芝、松下電器、アルプス電気、住友電工、NOK、日立マクセル、大日本インキ、ニチコン、イーグル工業、日本ケミコン、ニコン、東京製鋼、古河電工、YKK、ブリヂストン、ジェイテクト、富士通テン、富士フィルム、デンソー、リコー、神戸製鋼等の日本を代表する企業群が林立しているのである。

この点、日本の上場企業で比較的投資規模の大きい無錫進出企業（51件）を掲載した表2―14によるといくつかの興味深いことが読み取れる。

51件の進出企業のうち、28件（55％）が高新区に立地し、シンガポール工業園（6件）、輸出加工区等を含めると70％の企業が無錫新区に立地していることになる。無錫市区は6件、江陰市が8件であった。宜興市にはブリヂストンのタイヤ走行テスト部門が立地しているにすぎない。日本企業の大型投資の大

表2—13　無錫市への日本企業の進出状況（2006年）

区分	上場企業（社）	割合（％）	非上場企業（社）	割合（％）
農林水産業	0	0.0	1	0.8
食料品	1	0.6	0	0.0
繊維製品	14	8.5	14	11.3
紙・パルプ	2	1.2	5	4.0
化学	19	11.6	15	12.1
石油・石炭製品	1	0.6	0	0.0
ゴム製品	4	2.4	1	0.8
ガラス・土石製品	2	1.2	0	0.0
鉄鋼	6	3.7	0	0.0
非鉄金属	11	6.7	5	4.0
金属製品	10	6.1	16	12.9
機械	24	14.6	26	21.0
電気機器	53	32.3	27	21.8
輸送用機器	11	6.7	5	4.0
精密機器	2	1.2	5	4.0
その他製品	4	2.4	4	3.2
合計	164	100.0	124	100.0

資料：『中国進出企業一覧（上場会社編）』2007—2008年版、『中国進出企業一覧（非上場会社編）』2007—2008年版

半は無錫新区で行われていることになる。

　また、これら大型投資は1986〜1997の時期と2001年以降の二つの時期に分かれていることも興味深い。51件のうち、23件が1986〜97年、28件が2001以降であり、1998〜2000年までは空白期間となっているのである。また、1986〜97年の場合は23件中に独資企業は8件（35％）であったが、2001年以降の28件のうち、独資企業は13件（46％）へと拡大しているのである。

　中国は従来、国内販売を行うためには原則的に合弁企業であることを求め、独資企業は輸出向けとされていた。だが、2002年春に一定の制限はあるものの、「独資でも国内販売が自由」が打ち出され、日本の有力企業は一気に独資企業の形態で無錫に踏み込んでいったものと考えられる。そのあたりの具体的な動きは、本書第8章、第9章において検討されるであろう。

表2-14 無錫市進出の主要日本企業

現地法人名	出資者（出資比率）	資本金等	業務内容	設立年等	所在地
無錫大飯店	東急（49%）、中国側（51%）	資1075万ドル	ホテル	認86.8	無錫市
江陰長江石化倉儲運	三井物産（40%）、中国側（60%）	投2140万ドル	石油・化成品の貯蔵	認94.4	江陰市
無錫崋拉那塑膠	岩谷産業と台湾企業の合弁（95%）	資1800万ドル	LNG専用バース	認94.8	無錫市
無錫村田電子	村田製作所（100%）	資6100万ドル	圧電製品等	操95.1	輸出加工区
東芝半導体（無錫）	東芝（100%）	投6713万ドル	TV、ビデオ用IC	操95.5	無錫高新区
無錫松下冷機	松下電器（80%）、中国側（20%）	投48億円	家庭用冷凍冷蔵庫	設95.7	シンガポール園
無錫東亜毛紡織	東亜紡績等（73%）、田紅（23%）	投1257万ドル	梳毛糸	操95.8	無錫市
日東紡（中国）	日東紡績（83%）、中国側（17%）	投2600万ドル	合繊芯地	操95.10	無錫高新区
江陰別造起重機械	キトー（80%）、中国側（20%）	資1600万ドル	クレーン	操95.10	江陰市
無錫松下冷機圧縮機	松下電器（80%）、中国側（20%）	資29億円	冷蔵庫用コンプレッサー	操95.11	シンガポール園
無錫阿爾卑斯電子	アルプス電気（100%）	投5600万ドル	電子機器	操95.11	無錫高新区
江陰新和橋化工	トーホー工業（10%）、台湾（83%）	資1200万ドル	発泡スチロール	設95.11	江陰市
無錫県崎豚豁耐火材料	日本セラミックス（50%）、中国側（50%）	資1335万ドル	耐火レンガ	設95.12	恵山区
無錫中央化学	中央化学（100%）	投1250万ドル	プラスチック製食品容器	設95	江陰市
無錫粟宇包装材料	住友商事等（25%）、中国側（75%）	投2500万ドル	包装用フィルム	操95	無錫高新区
龍尼古可高分子科技（中国）	ユニチカ（70%）、三井物産（30%）	資1850万ドル	包装用フィルム	操96.2	無錫高新区
江陰日毛紡績	日東毛織（60%）、田紅（30%）	資1250万ドル	アクリル梳毛紡績	操96.1	江陰市
住友電工（無錫）	住友電工（100%）	資2000万元	巻線、コイル	操96.2	シンガポール園
無錫恩福油封	NOK等外資	資9000万元	オイルシール	操96.2	錫山開発区
無錫夏普電子元器件	シャープ（80%）、中国側（20%）	投53億円	液晶表示装置	操96.2	無錫高新区
住電粉末冶金（無錫）	住友電工（100%）	資1070万ドル	焼結金属製品	操96.11	シンガポール園
無錫日立麦克賽爾	日立マクセル（100%）	投6500万ドル	乾電池等	操97.11	シンガポール園
無錫迪愛生環氧	大日本インキ等（60%）、中国側（40%）	資1100万ドル	エポキシ樹脂	設97	無錫市
無錫法爾勝新日鉄纜索	新日鉄等（20%）、中国側（80%）	投1600万ドル	長大橋用ケーブル	設01.2	江陰市
無錫松下電池	松下グループ（100%）	資48億円	二次電池	設01.7	無錫高新区
無錫理昌科技	東海理化（60%）、中国側（40%）	投2000万ドル	自動車用シートベルト	操02.2	無錫高新区
希門凱電子（無錫）	日本シーエムケー（65%）、その他（35%）	資4836万ドル	プリント配線基板	操02.4	無錫高新区

企業名	出資者	資本金・投資額	製品	設立・操業年月	所在地
無錫東元電機 (無錫)	新日鐵等 (30%), 中国側 (70%)	資1714万ドル	大・中型モーター	操02.4	無錫高新区
尼古康電子 (無錫)	ニチコン (100%)	投30億円	コンデンサー	操02.5	無錫高新区
伊格爾機械密封 (無錫)	イーグル工業 (100%)	資1440万ドル	メカニカルシール	操02.9	無錫高新区
益能達精密電子 (無錫)	エノモト (100%)	資1000万ドル	リードフレームのプレス等	設02.12	無錫高新区
無錫傑士電池	ジーエス・ユアサ (100%)	資6621万元	各種電池	操03.4	無錫高新区
貴弥功 (無錫)	日本ケミコン (100%)	資3800万ドル	アルミ電解コンデンサー	操03.4	無錫高新区
尼康光学機器 (中国)	ニコン (100%)	資1200万ドル	デジタルカメラ	操03.4	無錫高新区
江蘇双東東網金属製品	東京製綱等 (40%), 中国側 (60%)	資本1100万ドル	橋梁用メッシュワイヤー	設04.1	江陰市
住友商事 (無錫) 金属製品	住友商事 (81%), 外資 (19%)	投1000万ドル	コイルセンター	操04.1	無錫高新区
古河金属 (無錫)	古河電工 (100%)	資35億円	銅合金条	設04.1	無錫高新区
科特技 (無錫) 汽車零部件	豊田通商 (90%), アイシン (10%)	資12億円	自動車用触媒	操04.3	無錫高新区
咸可昭発斯寧軸料国際貿易 (無錫)	YKK (100%)	資1500万ドル	ボタン、樹脂部品	設04.3	無錫高新区
精密焼結合金 (無錫)	ファインシンター (51%), 住友電工 (49%)	投2500万ドル	自動車用焼結部品	操04.6	無錫高新区
普利司通 (無錫) 輪胎	ブリヂストン (100%)	投9900万ドル	ラジアルタイヤ	操04.7	無錫高新区
光洋汽車配件	ジェイテクト (100%)	投641億ドル	ベアリング	設04.9	無錫高新区
富士通天電子 (無錫)	富士通テン (97%), 中国側 (3%)	資1000万ドル	カーインフォテインメント機器	操04.11	無錫高新区
無錫聯合包装	レンゴー (86%), 住友商事 (14%)	資1542万ドル	段ボール	操04.12	無錫高新区
富士膠片精細化学 (中国)	フジフィルム (100%)	投2500万ドル	精細化工用助材等	操04	無錫高新区
無錫電装阪神汽車部件	デンソー (75%), 阪神エレクトリック (25%)	投1300万ドル	自動車用点火コイル	設05.3	無錫高新区
吉奥馬科技 (無錫)	ジオマテック (100%)	投11億円	光学機器用部品	操05.6	無錫高新区
普利司通 輪胎試験研究	ブリヂストン (100%)	投25億ドル	タイヤのテスト走行	設05.9	宜興市
理光感熱技術 (無錫)	リコー (99%), 中国側 (1%)	資1750万ドル	感熱紙	設05.12	無錫高新区
無錫法爾勝杉田弾簧製線	神戸製鋼所, 杉田製線, 中国側	投19億円	自動車用バネ線	操06.7	江陰市
普利司通 (中国) 研究開発	ブリヂストン (100%)	投1400万ドル	タイヤ原材料評価	操06.7	無錫高新区

注：1) 資本金、投資額等が1000万ドル、10億円、6500万元以上のプロジェクト。
2) 出資側の日本企業の場合、日本法人、中国法人等の出資額を合算してある。
3) 資＝資本金、投＝投資額。
4) 設立年等は、認＝認可年、設＝設立年、操＝操業開始年。

資料：21世紀中国総研編『中国進出企業一覧2007〜2008年版上場会社篇』蒼蒼社、2007年

そして、このような日本を代表する有力企業の無錫進出が重なり、さらに、中堅・中小企業も2000年代に入り、一気に無錫進出に踏み込んでいくのであった。そのような動きが民営化を進める無錫の企業に重大な影響を与え、無錫の産業集積は「民営企業と外資企業の高度化するスパイラルな産業集積」の形成に向けて興味深い動きを示すものとなっていくのである。

1) もう一つの中心は、深圳～東莞～広州～仏山などからなる広東省の珠江デルタということになる。珠江デルタの状況については、関満博『世界の工場／中国華南と日本企業』新評論、2002年、関満博編『中国華南／進出企業の二次展開と小三線都市』新評論、2008年、を参照されたい。
2) 長江デルタについては、関満博『中国長江下流域の発展戦略』新評論、1995年、関満博編『台湾IT産業の長江デルタ集積』新評論、2005年、関満博編『メイド・イン・チャイナ／中堅・中小企業の中国進出』新評論、2007年、第3章を参照されたい。
3) 「三資企業」については、関満博『「現場」学者中国を行く』日本経済新聞社、2003年、第7章を参照されたい。
4) 「集体企業」については、前掲書、第7章を参照されたい。
5) 「股份制企業」については、前掲書、第7章を参照されたい。
6) 「股份合作企業」については、前掲書、第7章を参照されたい。
7) 1993年時点での無錫市の状況については、関、前掲『中国長江下流域の発展戦略』補論Ⅱを参照されたい。なお、この論稿は、本書補論Ⅲとして収録されている。
8) STマイクロエレクトロニクス公式ホームページ。STマイクロエレクトロニクスは、1987年にイタリアのSGSマイクロエレクトロニカとフランスのトムソン半導体が合併して成立した企業である。
9) 『半導体産業新聞』2006年2月8日。
10) 中国への租税回避地からの投資については、関、前掲『メイド・イン・チャイナ』第1章を参照されたい。

第3章　無錫の立地環境と開発区

　上海を起点にして長江沿いに展開する蘇州〜無錫〜常州〜鎮江〜南京、そして、上海から南に展開する嘉興〜杭州、さらに寧波という範囲に囲まれたいわゆる長江デルタは、中国経済の焦点として日に日に輝きを増していくように見える。私が現地調査として初めて上海を訪れたのが1987年夏[1]、蘇州〜無錫〜常州〜南京を訪れたのが1993年年の夏[2]、そして、杭州〜寧波を訪れたのは1994年の夏のことであった[3]。

　中国が経済改革、対外開放に踏み出したのが1978年の末、以来、10年を経過していたにもかかわらず、1987年の上海は100年ほどタイムスリップしたのではないかと思わせる古びた街であった。高層ビルは戦前に建てられたという20階ほどのホテルと、出来たばかりの外資系のホテルのみであった。自動車は少なく、街中、自転車であふれかえっていた。

　そして、鄧小平の「南巡講話」（1992年春）の翌年の1993年夏、私たちは江蘇省の投資環境調査の名目で、上海から快速列車で約310kmとされた南京に向かったが、4時間ほどを要した記憶がある。帰りは南京からクルマで常州、無錫、蘇州を経由したが、一般道路の旅はなかなかたいへんであった。無錫から上海までもクルマで5〜6時間ほどかかったのではないかと思う。また、郷鎮企業の本場として期待した無錫は、意外なことに国有の重量級の機械金属工業が幅広く展開していることに驚いた記憶がある。この頃から、中国の沿海の主要都市は劇的な発展過程に踏み出していった。

　この1993〜94年の頃の蘇州〜無錫で出会った進出日系企業とは、無錫の光洋電子（東京都、プログラマブル・コントローラ）、ウィンス（香川県、手袋）、東海鍛造（愛知県、鍛造）、蘇州のスワニー（香川県、手袋）、セルタン（神奈川県、ウレタン）ぐらいであった。各地に建設中の経済開発区を案内されたが、建設現場と田畑、集落が入り乱れ、どこからどこまでが経済開発区なのかも、

よく分からなかった。

　それから15〜20年、上海から蘇州〜無錫の地は高速道路が縦横に走り、鉄道も時速200kmを超える新幹線車両が走っている。無錫では外資企業が1万件を超え、日本企業だけでも1000件を超えるとされているのである。長くこの地域と付き合ってきた身からすると、隔世の感がする。

　この章では、この15年を振り返りながら、立地環境という観点から無錫を見ていくことにする。そして、特に、中国産業発展の受け皿として独特な役割を演じてきた経済開発区に注目し、その現状とこれからを論じていくことにしたい。

1．長江デルタの主要都市

　産業、特に製造業の立地環境を議論する場合、地形、地質、気候といった自然的条件、道路、鉄道、港湾、空港、エネルギー供給、通信環境といった産業インフラ、さらに、周辺都市との関係などの空間的条件、そして、先行産業集積、人的資源の状況といった条件が問題にされる。また、住居、ホテル、食事、教育、娯楽、治安等の生活環境も重要な要素となろう。

（1）　平地と運河のまち／無錫

　上海から西に南京に至る約310km、また、上海から南に杭州に至る約200kmを走っていると、ほとんど山は見えない。蘇州の一部で低い丘陵が見え、無錫の太湖の側に小さな岩山が見える程度であり、あまりの広大な平地に感心させられる。しかも、このエリアは水量の圧倒的に豊富な長江のデルタ地帯ということで、運河が縦横無尽に走っていることも興味深い。主要な物流手段は伝統的に河川に依存していた。喫水線ギリギリまで荷物を満載した数十隻の小船が連結して運河を運航させている様子が、現在でもうかがわれる。

　中国ではかなりの都市が水不足で危機的状況にあるとされているのだが、長江デルタの都市はそのような懸念はなさそうである。特に、無錫に関しては、水量の圧倒的に豊富な長江沿いにあり、他方では琵琶湖の3倍の水面とされる

写真3―1　江南の農村

写真3―2　無錫の運河を運行する小船

太湖にも接している。なお、2007年夏には、太湖から取水している無錫の水道が悪臭を発生させたと話題になったが、無錫市政府は今後、長江から取水し、日本並みの浄化設備を入れていくことを表明している。都市の規模は水の量に規定されるが、上海、蘇州、無錫、杭州といった長江デルタの主要都市は、その心配はなさそうであり、都市規模がどこまで拡大していくか予想もつかない。

　また、この上海から無錫にかけてのエリアの気候はほぼ日本の関東から関西

にかけてのあたりと非常に似ていて、夏期は高温多湿、冬期に雪が降ることは珍しい。なお、少し前までは、長江の南側では冬に暖房を入れず、北側では夏に冷房を入れないとされていた。そのため冬の無錫はかなり寒く、十分な防寒対策が必要であった。だが、現在では、そうしたこともなくなっている。ただし、拡大する経済に対して、電力供給が追いつかず、時々、夏に冷房が入らないなどの意外な事態に直面することもある。

（2）交通インフラの状況

道路については、1996年に上海〜南京の高速道路（滬寧高速）が開通して以来、次々に建設され、図3―1のようにその充実ぶりは著しい。だが、幹線の滬寧高速は需要が大きく、開通直後から渋滞が常態化していた。上海〜無錫の120〜130kmが3〜4時間かかることも少なくなかった。このため、2005年頃から従来の片側2車線を倍の4車線にする工事が進められている。すでに江蘇省の部分の工事はほぼ終わったようだが、上海の部分が終わらず、上海から江蘇省に入る昆山の周辺は依然として渋滞している。上海の部分の改修が進めば、事情は相当に改善されることが期待される。

また、長江デルタは図3―1で見るように、魅力的な都市が適度に配置されている。これら都市間の鉄道網は脆弱だが、このわずか10年の間に、高速道路網はほぼ整備された。無錫からは、上海、南京方面、また、杭州方面も問題ない。さらに、無錫の郊外である江陰市には長江をまたぐ江陰大橋があり、長江の北側へのアクセスも良いことも注目されよう。

鉄道は上海から蘇州、無錫、南京、そして北京まで続く滬寧鉄道があり、さらに、上海〜北京の新幹線計画も建設中である。15年ほど前には、上海から無錫まで快速列車で2時間ほどを要していたのだが、その後、高速化が進められ、1990年代末の頃には、上海〜無錫が1時間に短縮されていた。そして、この上海〜無錫間は早朝など通勤電車並みに20分おきに運行されている。さらに、2007年からは日本の川崎重工製の新幹線車両を在来線（標準軌）に乗せ、時速200km強で運行し、上海〜無錫間は最速で40分ほどに縮められているのである。

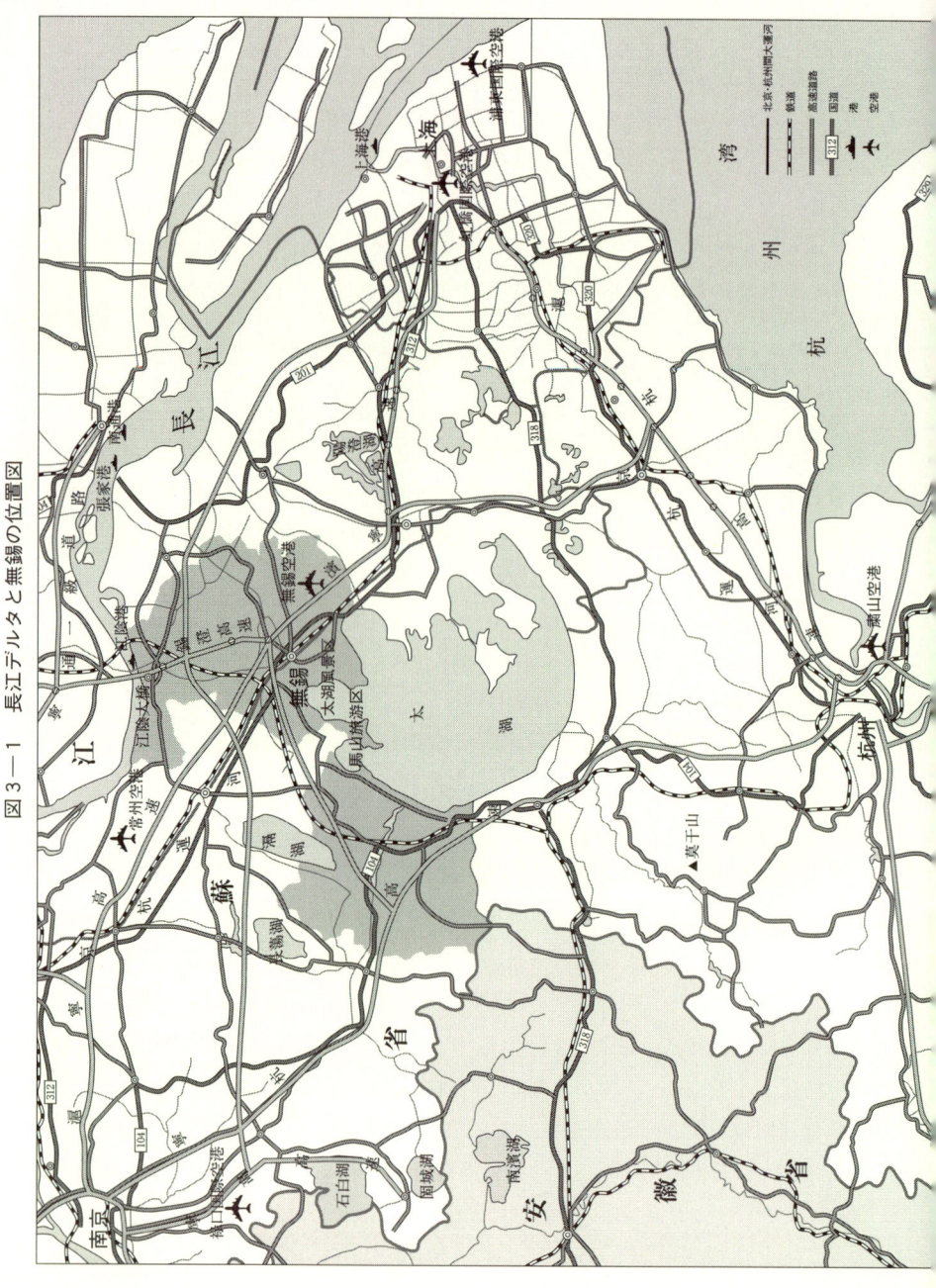

図 3 − 1 長江デルタと無錫の位置図

一つの都市が利便性を大幅に高めていくには、都市内高速道路と地下鉄などの都市内軌道交通の敷設が不可欠であると思うが、中国の都市の場合は、両方が充実し始めているのは、上海と北京、深圳ぐらいであろう。それも、まだ、軌道交通部分は十分なものではない。いずれも不十分な無錫にとっての今後の一つの大きな課題となろう。

　なお、無錫の最近の交通インフラをめぐる最大の話題は、2007年10月、無錫空港が拡幅、改修され、滑走路が3200mに延伸されたことであろう。当面、国際線は香港、マカオだけだが、地元は日本への直行便の開設を願っており、2008年3月現在、無錫～関空便開設の申請をしているところであった。この無錫空港は市街地の東側の無錫新区の中にあり、蘇州にも近い。日本との直行便が就航すれば、無錫、蘇州は一気に日本に近づくことになる。

　また、数年前から無錫を訪れると、バイクの街なのだが、電動バイクが多いことに気がついた。2008年3月現在では、市街地を走っているバイクの70～80％は電動バイクとなっている。これは環境対策とされ、2004年頃に、無錫市政府は新規のバイク登録を電動以外認めなくなったことによる。あと数年で100％、電動になるであろう。この点は、中国、あるいは世界の中でも無錫が一番進んでいるのではないかと思う。

（3）　産業基盤と人材

　無錫は1980年代に郷鎮企業による「農村工業化」で世界的に有名になったのだが、第1章で見たように、実は戦前の1920年前後の民族工業の発祥の地の一つでもあった。繊維関係、重機械関係で興味深い歴史を背負い、それが農村の工業化の技術的基礎になり、また、人材供給の背景にもなった。1990年代の初めの頃、無錫の郷鎮企業を訪れると、工場長や技術者で国有企業からスカウトされてきたなどのケースに出会うことも少なくなかった。

　繊維、日用品から、工作機械、大型ボイラー、大物機械加工、鍛造、鋳造など、モノづくりの基礎となるべき加工機能が意外にしっかりとしていることが注目される。特に、資本力を必要とされる重機械工業を新たに興していくことはなかなか難しく、すでに一定の基盤を保有していることの意味は大きい。ハ

イテクなどの現代的な産業に目が向きがちな市政府の将来ビジョンの中では、大きく採り上げられることはないようだが、このような領域を大事に育成していくことの意味は小さくない。それらは、無錫のモノづくりの基礎となっていくであろう。このあたりのことは、本書の補論Ⅱ、補論Ⅲのケースで紹介していく。

　後の第4章から第6章にかけての民営企業のケース・スタデイで採り上げるように、この10年ほどの間に無錫では実に興味深い活動的な若い経営者群を生み出してきた。郷鎮企業を引き継いだ経営者、郷鎮企業から独立していった経営者、環境などの新たな領域に向かう若い経営者、また、特に繊維部門で劇的な発展を導いた経営者、対外関係で興味深いビジネスを展開している経営者など、現在の無錫は若い経営者の輩出期であるように見える。劇的な成功を収めている若い経営者が多数いることが、周囲に大きな影響を与えているのではないか。ただし、発展が一つの段階に来ると、なかなか次の世代が出にくいことになる。次の世代が登場しやすい環境を提供していくこともこれからの大きな課題になってくるように思う。

　この点、補論Ⅸで扱う江南大学に期待される点は大きい。元々、食品科学分野を母体にしているが、数年前に広大な新キャンパスに移転し、総合大学としての形を整えてきた。産学連携にも意欲的であり、MBAコースの郊外への出張講座も開設しているなど、地域の経営者の再教育にも取り組んでいる。このような積み重ねが、次の世代を育てていくことはいうまでもない。

　また、江南大学に加え、各種の専門学校も大量に設立され、人材育成の仕組みが次第に整いつつある。近年、一人っ子政策と豊かになってきたことを背景に、若者たちの地元指向が強まっている。産業化のスピードの著しい無錫において、若者の育成が最大の課題になっているようである。

　この点、ワーカーについては、外省人への依存が高まっている。無錫の場合は、隣の蘇州に比べても従業員寮が整備されているところは少ない。2008年1月からは「労働契約法」が施行された。今後、一定の条件の下で終身雇用が進んでいく。内陸からの移住も増えていくものとみられる。これらの人びと、家族も含めて新たな対応を余儀なくされていくのではないかと思う。

発展する無錫では、人材育成こそ最大の課題として受け止められているようであった。

（4） 興味深い郊外の市

無錫市の面積は4650km²。日本の京都府（4613km²）とほぼ同じであり、東京都（2187km²、島嶼も含む）と神奈川県（2416km²）を合わせた面積（4603km²）よりもやや広い。市街地は七つの区から構成され、郊外は宜興市、江陰市という二つの県クラスの市からなっている。従来、市街地はかなり狭く、その周りを取り囲む無錫県というものがあった。無錫が劇的に発展していったことから、市街地が拡大し、1990年代の後半に大幅な調整が行われ、無錫県はいったん県クラスの市である錫山市に改称されたのだが、その後、いくつかの

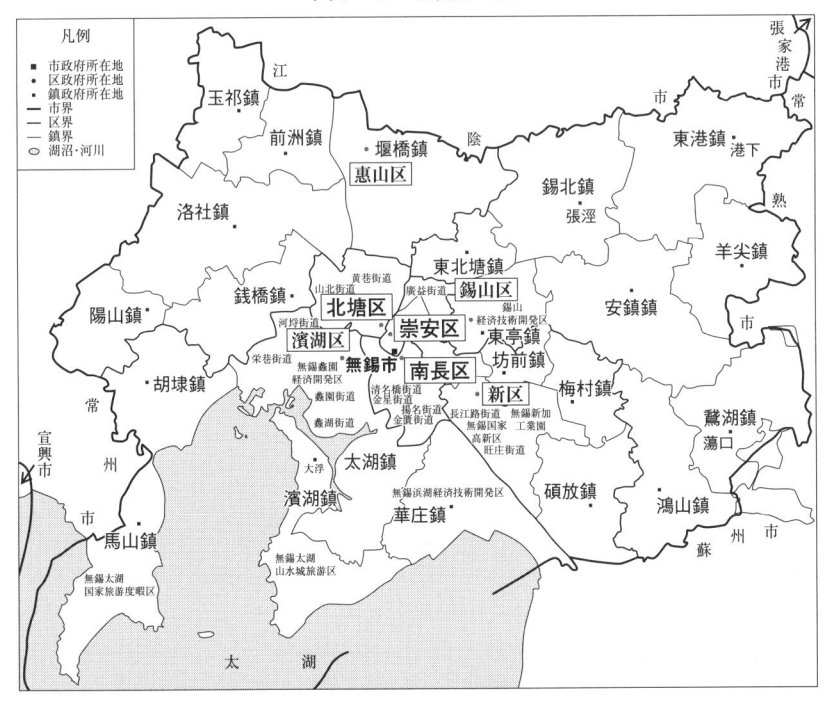

図3−2　無錫市の区

市街地の区に分割、再編されていった。

再編、分割された無錫県
　実は、この無錫県が1980年代の中国農村に希望を与えた郷鎮企業の象徴的な地域であった。世界の開発経済学に携わる研究者は、私を含めて、当時、無錫県に熱い視線を向けていたのである。かつての無錫県は、現在、無錫新区、錫山区、恵山区、濱湖区などとなっている。かつての郷鎮企業全盛の時代とは、地域状況はかなり異なってきた。私自身、1994年に無錫県で郷鎮企業の現地調査を実施したが[4]、現在、そのあたりの雰囲気は全く異なり、その場所を確認することも難しい。一部、恵山区あたりに、かつての郷鎮企業の面影を見ることが出来る程度である。

　なお、無錫には日系企業が1000社以上進出しているとされるが、大半は旧無錫県の中であり、特に、無錫新区の中にソニー、シャープ、松下電器、日立、ムラタ、住友化学、エプソン等の日本の有力企業の大半が進出していることも興味深い。

長江沿いに展開する江陰市
　江陰市は無錫市の北側、長江に接している。伝統的に繊維産業が盛んな地域とされ、現在でも第5章で検討する海瀾、陽光といった巨大な民営企業を生み出している。また、このエリアには第8章で検討するチェーンブロックのトップメーカーであるキトーが1995年という比較的早い時期に進出しているが、進出の理由は「街が非常に衛生的で、綺麗であった」からとされていた。

　その後、このエリアには日本企業としては本書の中で検討するコイルセンターのJFE商事、通箱のトライウォールなどが進出している。これら3社とも中国国内市場を視野に入れていることも興味深い。長江沿いに港湾が発達しており、原材料の受け入れが便利であり、また、土地、人件費ともに無錫のエリアでは安く、江陰大橋が近く、長江の北側も視野に入ることになろう。

写真3－3　江陰大橋を渡る

写真3－4　宜興の石材市場

無錫の奥座敷／宜興市
　宜興市は無錫市街地から太湖沿いに1時間ほどで着くが、途中、常州市を横切る。いわゆる飛び地となっている。このエリアは現在では交通条件は劇的に改善されたが、少し前までは交通条件に恵まれず、貧しい地域とされていた。そして、この宜興の帰属をめぐっては、常州市と無錫市で調整が行われ、経済的な余力のあるとされた無錫市に編入された。

この宜興、元々、窯業、石材加工の産地を形成していた。1992年11月には国家レベルの高新技術開発区である中国唯一の「宜興環保科技工業園」の認可を受け、環境関係の企業の誘致に積極的に取り組んでいる。日系企業でも、本書でも採り上げる日立プラントテクノロジー、東浜工業、北海、田中溶融亜鉛鍍金などに加え、日機装などもこの宜興に進出している。また、後の第4章～第6章で見るように、電線、製缶・熔接などの部門も興味深い集積を示しているのである。

　1992年というかなり早い時期に先駆的に「環境」をテーマにした開発区を形成したのだが、近年まで思うような成果をあげることができなかった。近年、ようやく中国でも環境問題への認識も深まり、そうした領域に向かう企業も増加している。宜興の「環保科技工業園」がそうしたものの象徴として充実していくのは、交通条件も相当に改善された現在、これからではないかと思う。

2．中国の開発区政策

　改革・開放以後の中国の外資企業の受け入れ、地域産業全体の発展に重大な役割を演じたものとして「経済開発区」が指摘される。この経済開発区は大きなものでは、500km^2強の上海浦東新区、300km^2強の深圳経済特区など数百km^2という巨大な規模のものから、市や県が作る数十km^2、さらに、鎮や村が作る数km^2のものまでと実に幅広い、これらの経済開発区は全国で公式に言われている2000カ所をはるかに超えている。乱開発は食料供給に重大な影響を与えるとして、中央政府は規制をかけてくるのだが、各地域とも産業発展、外資導入に意欲的であり、果敢に独自に経済開発区を建設していくのである。一時期は、その数は6000カ所以上と言われていた。

　なお、経済開発区とは、単なる工業団地ではない。工業団地の他に、居住区、業務地区、商業地区、大学などが集中する教育地区などが複合的に形成されている。いわば新都市開発というべきものである。日本にはこのような概念の場所は見当たらない。水島、鹿島などの新産業都市とは異なり、多摩、千里等のニュータウンとも異なる。

また、km²というスケールは日本人には実感できない。日本人の地域開発関係の専門家が常に意識しているのはその100分の１のhaの単位である。日本の工業団地は100～200haで大きい方であり、通常は10～20ha程度の規模にしかすぎない。私自身、アジアの開発の現場に立ち、当初、km²の単位を実感することに戸惑っていた。この点、私は一つの尺度を発見した。東京の山手線の内側が約60km²、東京23区が約600km²であった。浦東新区は山手線の内側の約９倍、また、東京23区よりやや狭いということになる。東京に住んだことのある方であれば、このあたりの空間スケールは実感できるのであろう。地方にお住まいの方であれば、自分の住んでいる市町村の面積を確認し、事にあたることをお勧めする。

（１）　経済特区と経済技術開発区

　1990年代に入ってから、特に1992年春の鄧小平の「南巡講話」以降、中国に外資企業が大量に進出し、1990年代の中国は「外資企業の時代」を謳歌する。外資企業の受け入れのための多様な優遇政策が用意される。一つはここで検討する「経済開発区」というハードな環境整備であり、もう一つは企業所得税（法人税）等の減免であった。

　1990年当時、中国の一般の企業所得税は55％（国税50％、地方税５％。その後、1990年代中頃に、国税30％、地方税３％に変更される）であった。この時代、外資企業の場合は33％に減じられていた。そして、国家級の経済開発区である経済特区、経済技術開発区に立地した場合、外資企業は地方税は免税、国税は半分の15％に減じられ、さらに、利益が出てから２年間は免税、次の３年間は半免（7.5％）とされていた。

　当時、アジアで最も税率が低いとされていた16.5％の香港をさらに下回る水準であった（香港は現在17.5％）。このような優遇が大量の外資を導いた最大の要因の一つであったように思う。さらに、人件費の低さ、労働力の質の高さ、地元政府の熱意等が重要な要件として働いたことは言うまでもない。

経済特区政策とは何か

　1978年末に対外開放政策に踏み込んだ直後の1979年 1 月、南の広東省党委員会に「特区」開設の構想が提案されたところから、事態が始まる。なお、それ以前から現在の深圳経済特区の中の蛇口工業区が、香港資本により開発が始められ、広東省政府は韓国の馬山、台湾の高雄の「輸出加工区」の設置を意識していたことは意外に知られていない。

　このプランが1979年 4 月の北京の党中央工作会議に提出され、党及び国務院は広東省と福建省の二つの省で対外開放の実験を行うことを決定、1979年 7 月には、広東省の深圳、珠海、汕頭、そして福建省の厦門の 4 カ所で「輸出特区」を実施することを批准している。首都北京に影響の及ばない南方で実施したとされている[5]。

　それから 1 年も経たない1980年 5 月、「輸出特区」の名称を「経済特区」に変えている。その理由の一つは、工業単一の輸出加工区ではなく、工業、商業、農業、牧畜、観光等の総合性の特区であること、二つに政治的な特区ではなく、経済的な特区であることが指摘されている。

　当初の面積は、深圳327.5km^2、珠海6.7km^2、汕頭1.67km^2、厦門2.5km^{2}とされたが、1980年代の前半に、珠海は15.16km^2、汕頭は52.6km^2、厦門は131km^{2}に拡大している。なお、深圳特区の場合はその後、海面埋立が進み、現在では400km^{2}前後の面積になっているもようである。さらに、1988年には海南島が広東省から独立し、単独の省になり、全島が経済特区となっていく。その結果、現在、中国の経済特区は 5 カ所ということになる。

　この経済特区の場合は、製造業に限らず、ホテル、レストラン、タクシー会社等の非製造業種でも、外資企業の場合は、企業所得税15％、 2 年免税、 3 年半免（ 2 免 3 半）が適用されることになる。この結果、香港に隣接し、広大な珠江デルタを背後地に抱える深圳経済特区は、中国開放政策の象徴的な存在として世界の歴史上、希有な発展を実現したのであった[6]。ほぼ完成の域に達している深圳経済特区を見る限り、製造業だけの飛び地的なものではなく、商業、サービス業、住宅、大学、観光地までをも含む新都市建設であったことが痛感されるであろう。

経済技術開発区の展開

その後、1984年1〜2月に、鄧小平が深圳、珠海、厦門を視察し、「深圳の発展と経験は、経済特区を建設した我々の政策が正しかったことを証明している」として、いくつかの港湾都市の対外開放に言及した。

その直後の1984年3〜4月に、党中央と国務院は北京にいくつかの沿海都市の指導者を招いて座談会を開催、対外開放をいっそう進めることで合意した。大連、秦皇島、天津、烟台、青島、連雲港、南通、上海、寧波、温州、福州、広州、湛江、北海の14の沿海都市の開放が決定された。そして、それらの都市の中に「経済技術開発区」を設置することを批准していく。

なお、経済技術開発区の場合[7]、当初、経済特区ほどの面積ではなく、沿海都市の郊外に5〜10km²ほどの設置という場合が多かった。また、優遇措置は経済特区と同様だが、製造業にのみ適用された。それは、深圳のような未開の地に新都市を建設するというものではなく、優れた母都市があり、その機能を利用することが目指されていたようである。例えば、経済技術開発区の建設途上であった1988年段階では、最大面積規模の経済技術開発区は天津の33km²であり、秦皇島、南通、連雲港、寧波、福州などは5km²以下の規模でスタートしている。その後、これらは1990年代に大量の外資を呼び込み、いずれも数十から数百km²に拡大されていった。

当初は沿海都市の工業区として発想されたのだが、その後の発展の中で、新都市建設の意味を帯びてきた経済技術開発区も少なくない。大連経済技術開発区[8]、天津経済技術開発区[9]などは郊外に新都市を形成するものに進化しているのである。

また、その後、この経済技術開発区は全国に設置されるようになり、中国全土で49カ所が認可されている。長江デルタ地域では、上海の閔行経済技術開発区、虹橋経済技術開発区、漕河涇経済技術開発区の三つに加え、蘇州の昆山経済技術開発区、南通経済技術開発区などが知られる[10]。無錫には国家級の経済技術開発区は設置されていない。

なお、この経済技術開発区が中国の地方政府に及ぼした影響は極めて大きい。

その後、各地では経済技術開発区を模倣した独自の経済開発区が大量に供給されていくことになる。また、優遇措置もこの経済技術開発区並みのものであり、各地は外資企業誘致の熾烈な競争を演じていくことになった。このような展開は世界でも例がないのではないかと思う。中国の1990年代は「経済開発区を受け皿にした外資企業導入の時代」と言うことができる。

（2）　高新技術開発区の形成

　以上の二つの国家級の開発区に加え、1988年から北京である実験が繰り広げられていた。別名、北京シリコンバレーとも言われていた。そのエリアに立地する企業でハイテク企業（高新技術企業）の認定を受ければ、外資企業、内資企業に関わりなく優遇を受けることができた。優遇は先の経済特区、経済技術開発区並みのものであり、認定後、企業所得税は15％に減免され、その時から（経済特区等の場合は、利益が出た年から）2年間免税、次の3年間半免されると言うものである。外資企業誘致より、内資企業のハイテク化を促すことが目的とされていた。

　なお、この北京の実験は外国人には十分に説明されていなかった。私自身が気がついたのは1991年であり、現地にここが北京シリコンバレーと理解して足を入れたのは1991年12月のことであった。当時は「これは国内問題」と説明されたものであった。多分、このことを理解して踏み込んだのは、外国人としては私が最初ではないかと思う。

北京、瀋陽の実験

　また、この北京の実験では、さらに二つの要素が組み込まれていたように見えた。一つは大学の役割であり、もう一つは独特の電子街の形成であった。

　中国は1990年前後に中央の財政が極端に悪化する。そのため、大きな改革に踏み出すことになるが、その一環として、大学への予算配分を半分に削るという荒療治を実行する。これは全ての大学に一気に行ったのではなく、段階的に実施されていった。北京の清華大学、瀋陽の東北大学などが初期の頃の対象とされた[11]。

写真3—5　1990年代初期の北京中関村電子街

写真3—6　最近（2006年）の北京中関村電子街

　大学は自前で資金を獲得することを余儀なくされたのであった。そして、そのためにはほとんど何をしても構わないという方針が採られた。各大学は外部からの委託研究、研究成果の販売、教員の独立創業の支援、外国への人材派遣、インキュベーション施設の設置、ベンチャーキャピタルの設置等、世界の各地

で試みられている多様なやり方を導入していくことになる。ここから、中国の大学は世界的にも際立った産学連携に踏み込んでいくのであった。

　もう一つ、電子街の形成も興味深いものであった。1990年代初めの頃の北京の清華大学の近くに展開された中関村電子街は、北京の秋葉原と言われていたが、まさにアジア的混沌を思わせるものであった。数キロにわたる中関村の通り両側に小売店が立ち並んでいた。秋葉原との違いは、沿道型に展開していること、家電等は置いてなく、電子部品、IT 関連商品ばかりであることであった。その後、この北京の中関村は面的に拡がり始め、さらに、道路の拡幅により、立ち並び始めたビルの中に移り、さらに、2000年代に入ってからは、近代的なビル（電子城）の中に展開するものになっていった。

　ハイテク企業の認定と優遇、大学の産学連携への展開、電子街の設置、これらを三点セットとして、北京、瀋陽は興味深い歩みを重ねていったのである。

高新技術開発区の展開

　北京の実験はなかなか外国人には把握できなかった。先の経済特区、経済技術開発区は未開の地や大都市の郊外を開発していこうというものであり、視覚的にもよく分かったが、高新技術開発区の場合は、既成市街地に網をかけるものであった。中国の場合、1949年の新中国成立以来、計画制の下で、大都市では都市再開発が進められ、郊外に大学、研究機関を集結させている場合が少なくない。研究学園ゾーンが各大都市に形成されている。そこに網をかけていたのであった。

　北京の場合には、郊外の海淀区に清華大学、北京大学、北京理工大学、中国人民大学などの有力大学、中国科学院、農業科学院等の研究機関が集められていた。当初、全体の面積は約100km^{2}と言われていた。現在では北京の高新技術開発区は中関村科技園区と改称し、その面積は232km^{2}に拡大されている[12]。

　そして、1991年3月には、北京の実験は成功したとして、全国27の都市で新たな高新技術開発区の設置が認められていくことになる。中でも、北京、瀋陽、武漢、広東省中山、重慶の5カ所が重点的な総合改革試験区とされていた。いずれも、先の三点セットを基本に興味深い歩みを重ねていった。

さらに、この高新技術開発区は、翌1992年には26カ所が追加され、現在では全国で53カ所とされているのである。無錫はこの1992年に高新技術開発区の設置が認可されている。なお、長江デルタの範囲では、この高新技術開発区は、上海の漕河涇新興技術開発区、杭州高新技術開発区、南京浦口高新技術開発区などが知られている。無錫高新技術開発区は後に見る無錫新区の中と、宜興市の2カ所に形成されている。また、無錫の場合には先行する北京、瀋陽、武漢などと違い、研究学園ゾーンが明確に形成されていなかったことから、郊外の未開の地に高新技術開発区を設置しているところに大きな特徴がある。あたかも先の経済技術開発区の趣である。

（3）　その他の経済開発区
　以上の国家級の経済特区、経済技術開発区、高新技術開発区に加え、1990年には保税区、1992年には辺境合作区、2000年には輸出加工区がそれぞれ国務院の批准を得て各地でスタートしている。この保税区や輸出加工区は経済特区、経済技術開発区、高新技術開発区の中に置かれている場合が多い。無錫輸出加工区も同様である。
　その他、国家レベルの開発区としては、特殊な政策の適用を受ける浦東新区なども存在している。このように、中国では多様な経済開発区が形成されているのである。
　以上のような国家レベルの開発区政策が推進され、1990年代の初めの頃から、明らかに外資導入の成果が上がっていった。そうした状況を受けて全国の各地が独自に経済開発区を設置していった。それは各省のレベルばかりでなく、各市、各県、各郷鎮、さらに、村においても推進されている場合が少なくない。1990年代は中国中「経済開発区」の時代と言っても良い高まりを示したのであった。
　省や市、県クラスの経済開発区の場合は、面積も数十km^2という場合が多く、国家級の経済技術開発区、高新技術開発区に見劣りがしない場合が少なくない。それらを訪れて優遇条件などを尋ねると、「企業所得税15％、利益が出てから2免3半」、あるいは内陸の条件の悪いところの場合「5免5半」などと言わ

れることもあった。それだけ必死に外資企業の誘致を願っていたのであろう。国税の15％を地方政府のレベルで免除しようというのであった。中国の場合、国税の徴収について、国と地方の間で請負になっている場合が多く、地方サイドに裁量の余地があることも、このような対応を可能にしているようであった。

ただし、全国的に見れば、開発区の形成と食料供給の間にはトレードオフの関係があり、国務院は時々、開発区建設に歯止めを掛けていく。特に2003年以降、中央の対応が厳しいものになり、省クラス以下の開発区は統廃合され、かつて6866カ所とされた開発区は2053カ所に削減されたと言われている。ただし、中国の場合は「上に政策があれば、下に対策がある」とされ、実際にはどの程度動いたのかはよく分からないのが実態であろう。

また、中国のWTO加盟により、内外無差別原則が求められ、2007年3月の全国人民代表会議（日本の国会にあたる）で、外資企業の企業所得税率の引き上げ、内資企業の引き下げにより、統一的に25％にすることが決定された。2008年1月施行されたが、設立済の企業については5年間猶予されることになっている。内陸等、政府が特別に認める地域等では適用も異なり、また、ハイテク企業に認定される場合も異なる適用とされている。具体的な適用はこれからだが、少なくともこれまでのような外資優遇ではないことは間違いない。中国も次第に普通の国になってきたのである。

このような変化はあるものの、1990年代の中国の各地を彩った経済開発区は、2000年代に入っても、ここしばらくは、外資導入の受け皿、さらに地域産業高度化の象徴として、各地域で光り輝き続けていくことは間違いないように思う。

3. 無錫の経済開発区

以上のような中国の経済開発区の状況の中で、表3—1によれば、無錫には市クラス以上の開発区が14カ所あるとされている。国家級が4カ所、省クラスが5カ所、市クラスが5カ所である。また、これらの中には観光系の開発区（無錫太湖国家旅游度假区、無錫太湖山水城旅游度假区）が二つ含まれている。なお、2008年には、いくつかの調整が行われ、国家級の4カ所は変わらないが、

表3—1　無錫の主な経済開発区

団地名	級別	成立時点	企画面積 (km²)
無錫ハイテック産業開発区	国家	1992年11月	26.95
宜興環境保全科学技術工業団地	国家	1992年11月	4.00
無錫輸出加工区	国家	2002年6月	2.98
無錫太湖国家観光リゾート区	国家	1992年10月	8.62
江陰経済開発区	省	1993年11月	30.00
錫山経済開発区	省	1993年11月	18.30
蠡園経済開発区	省	1993年12月	2.50
惠山経済開発区	省	2002年2月	9.96
無錫太湖山水域観光レジャー区	省	2003年1月	3.40
碩放重点開放団地	市	2002年1月	4.53
濱湖重点開放団地	市	2002年1月	2.84
洛社重点開放団地	市	2002年1月	3.12
利港重点開放団地	市	2002年1月	3.90
諸橋重点開放団地	市	2002年1月	2.10

出所：無錫市外資利用管理委員会『無錫重点開放団地』2005年

省級が11カ所に再編されている。また、おそらく、ここに掲げられた以外にも郷鎮や村が形成した開発区も存在している。例えば、無錫シンガポール工業園は入っていないし、私自身、村の小規模な開発区を訪れたこともある。

　ここでは、主な製造業の団地に注目し、それぞれの特徴というべきものを紹介していくことにする。

（1）　国家クラスの経済開発区

　無錫には、製造業系の国家クラスの経済開発区は3カ所とされている。無錫高新技術開発区、宜興環保科技工業園、そして、無錫輸出加工区である。特に、無錫高新技術開発区は無錫を代表する経済開発区であり、進出している日系の主な企業の大半は、この無錫高新技術開発区に立地している。

無錫高新技術開発区と無錫新区

　無錫高新技術開発区は、1992年11月、国務院から批准を受けた本格的な高新技術開発区である。この開発区は元々、無錫市が独自に進めていた錫南工業片

図3-3 無錫の経済開発区の配置図

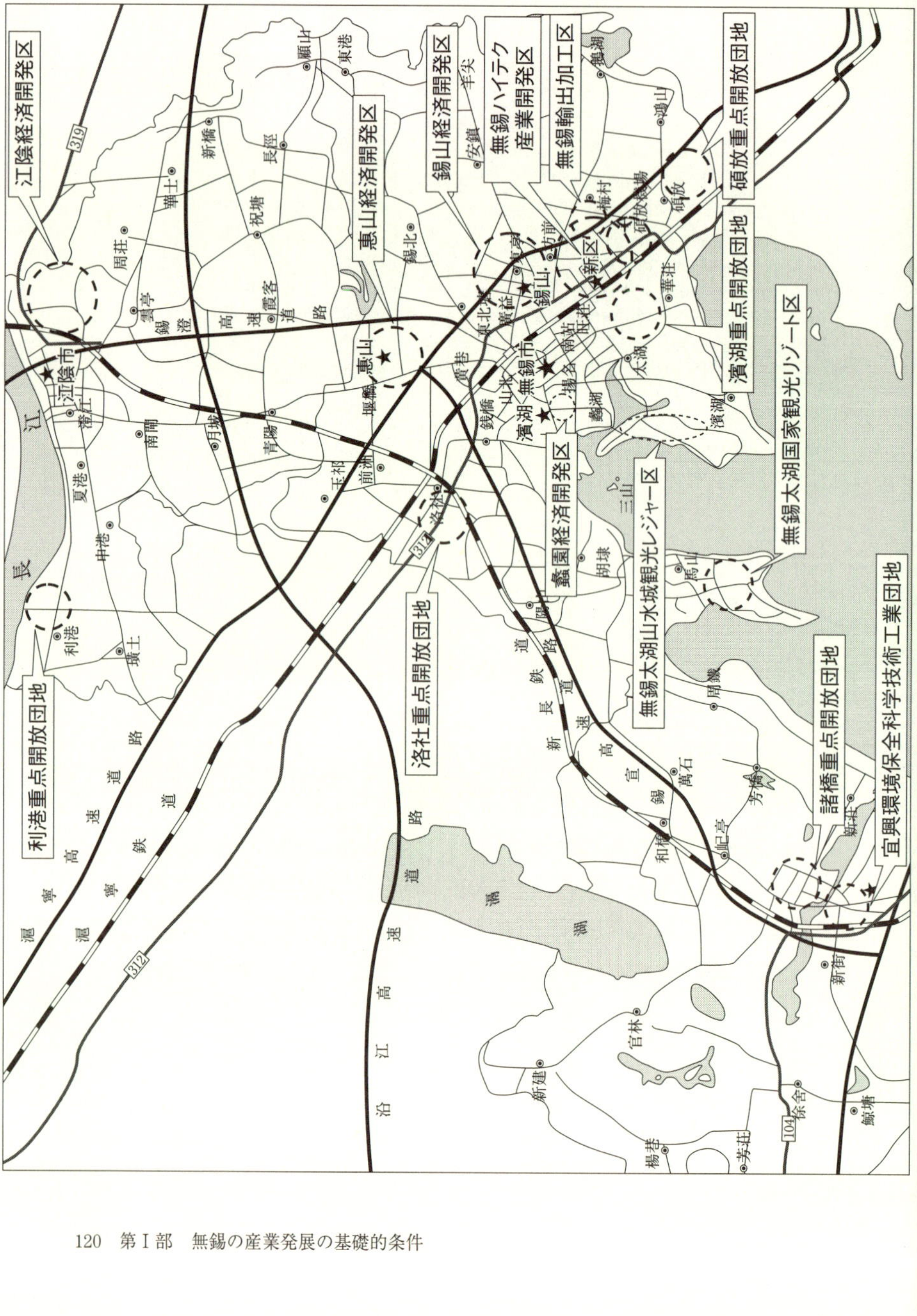

区が母体であり、計画推進中に高新技術開発区の認可を受けたものである。この1992年の頃は、中国の各地で経済技術開発区の影響を受けて地方政府が独自に開発を進めている場合が多かった。そうしたものの一つが新たに経済技術開発区として認可されたということである。

当初の計画面積は5.45km²であったが、その後、拡大し、無錫経済技術開

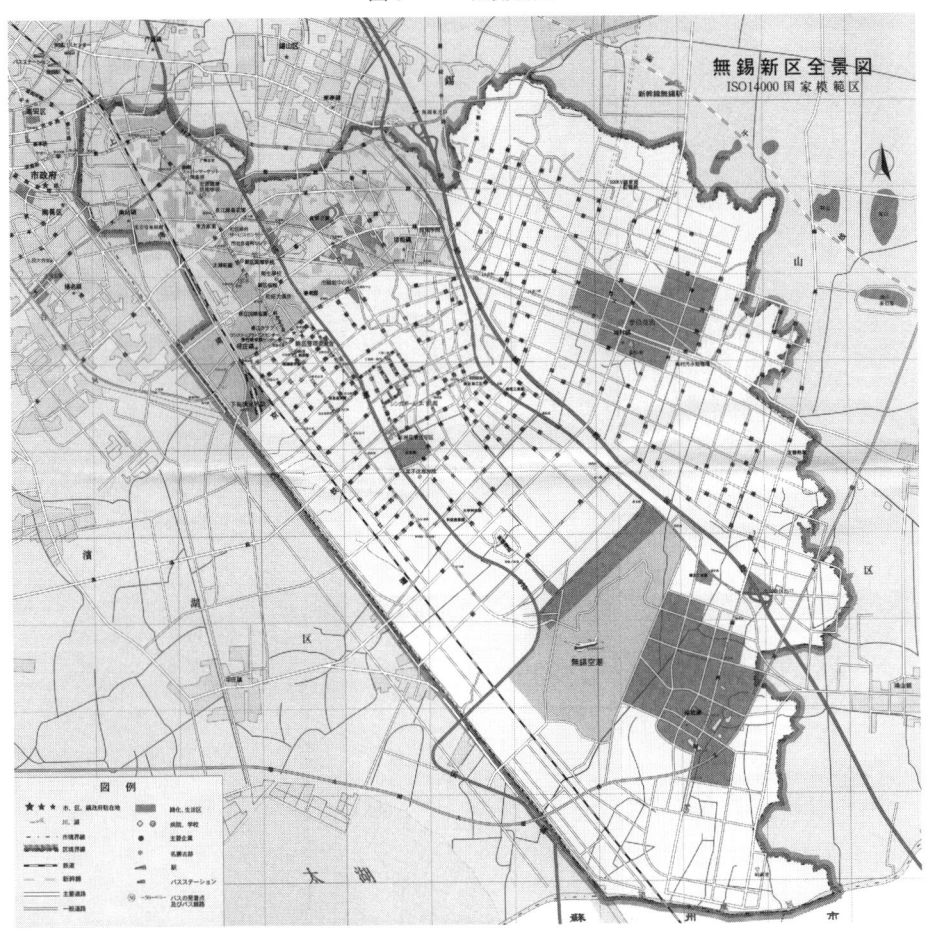

図3－4　無錫新区

出所：無錫市人民政府新区管理委員会『無錫新区地図』2004年

写真3—7　1993年／無錫高新技術開発区の建設スタートの頃

写真3—8　無錫新区の模型

区は基本的には約27km²とされている。さらに、1995年3月、無錫高新技術開発区と無錫シンガポール工業園とが合弁し、無錫新区を形成していくことになる。無錫新区は無錫高新技術開発区と無錫シンガポール工業園に加え、5鎮（碩放、梅村、旺庄、南站、坊前）、1街道（長江路街道）を加えたものであり、面積は141km²となった。無錫市街地の東南に広く展開している。

無錫新区の中心から無錫旧市街地の中心まで6.5km。また、無錫空港はこの無錫新区の中にある。新区の中心から空港までは5kmほどである。さらに、滬寧高速、滬寧鉄道、新設の上海〜北京新幹線、国道312号線のいずれもこの無錫新区を通っている。特に、滬寧高速のインターチェンジは、新区の中心に置かれている。また、市クラスの開発区である碩放重点開放団地はこの無錫新区の中にあり、空港と隣接している。なお、この碩放重点開放団地は、2008年現在、省級に格上げされている。

　無錫新区の中心となる無錫高新技術開発区には、世界の有力企業が進出している。欧米系では、GE、コダック、シーメンス、ボッシュ、シーゲート、ボルボ、モロ、ベアなどであり、日系としては、ソニー電子、東芝、シャープ、ニコン、ニチコン、エプソントヨコム、ムラタ、アルプス電気、ヤンマー、松下電池、松下冷機、松下コンプレッサー、住友電工、古川金属、三菱化学、富士通テン、光洋ベアリング（ジェイテクト）、日本航空電子、宇部エレクトロニクス、CMKなどが立地している。その他、地元の有力企業の小天鵝（洗濯機）、尚徳太陽能（サンテック、太陽電池）、威孚高科（燃料噴射装置）などが立地している。この無錫高新技術開発区に関しては、進出している外資企業の30％程度は日系企業とされ、しかも有力企業が多いことから、その存在感はか

写真3—9　無錫新区の管理委員会

なりのものである。

　業種別には、電子・情報系が45%、精密機械20%、ファインケミカル5％などであった。2002年に国務院に批准された無錫輸出加工区（2.98km²）は、この無錫高新技術開発区の中にあり、さらに、この他に、保税倉庫（5000m²）、物流センター（室内5000m²、室外1万m²）が用意されている。また、外資が開発した工業団地としては、シンガポール工業園の他に、台湾資本が開発した華揚科技工業園もある。さらにレンタル工場（標準工場）も豊富に用意され、3000～8000m²程度のスペースを大量に提供できるようになっている。

　この無錫新区は、面積では無錫市全体の3％、人口は4％にしかすぎないが、財政収入は15％、工業総生産額は20％、外資企業は40％、輸出入総額は50％を占めているのである。

　このように、無錫高新技術開発区は、その後、シンガポール工業園との合弁により無錫新区として拡大し、面積も141km²と広大なものになり、無錫市郊外に新都市を形成していったことになる。長江デルタの蘇州から南京にかけて、これだけのスケールの経済開発区は、無錫新区に加え、蘇州高新区（258km²）、蘇州工業園区（260km²）13)ということになろう。この三つの中で、新都市形成という点では蘇州工業園区が一歩リードしているようだが、空港を抱えているという意味では、無錫新区の存在感も大きい。中国では近くの都市が強烈な競争意識を抱いているが、この無錫、蘇州は都市規模もあまり変わらず、外資の進出状況も似たようなものであり、良い意味での競争意識を抱きながら、共に発展しているというのが実情であろう。

宜興環保科技工業園

　無錫市の県クラスの市である宜興市は、飛び地的に編成されており、無錫市街地から太湖沿いに南に向かい、いったん常州市を横切り、1時間ほどで宜興市街地にたどりつく。面積は2038km²と無錫市全体の約44％を占めている。東京都（2187km²、島嶼を含む）とほぼ等しい面積である。人口約110万人、21の鎮を管轄している。そしてこの宜興市には、国家レベルの高新技術開発区である宜興環保科技工業園が展開している。

写真3-10　宜興環保科技工業園の中心部

　宜興環保科技工業園は先の無錫高新技術開発区と同時期の1992年11月に、中国で初めての環境保護産業を積極的に発展させるものとして認可された。当初の狙いは、国内外の人材、資金、先進技術を誘致し、産業発展の過程を進め、レベルアップを図り、環境保護、汚染防止のための技術、サービスを提供するとされていた。特に、環境汚染処理新装置・新技術、環境保護マイクロ・エレクトロニクス、環境保護新素材、環境監測とコントロール器具、環境保護科学技術ソフトウェア等を開発発展させるとしていた。

　工業園区は市街地中心西側に展開し、計画面積は7.8km^2、4km^{2}が開発済であった。また、工業園は、科学研究区、行政管理区、工業生産区、倉庫区、金融・商業サービス区、居住区などにゾーニングされて計画されていた。

　環境に特化するという興味深いコンセプトで出発したものの、これまでのところ、事態は必ずしも思い通りに進んでいるようではない。期待する外資の進出はいま一つであり、日系企業は、下水処理関係の日立プラントテクノロジー、日機装などが小規模に進出しているにすぎない。それでもローカル企業で環境関係に向かう企業は少なからず観察されており、将来的には期待されるであろう。特に、2007年夏の太湖から引水している水道水の悪臭事件が、無錫の環境意識をおおいに高めた。そのような意味で、環境を一つのテーマに掲げる無錫

図3―5　宜興環保科技工業園の配置図

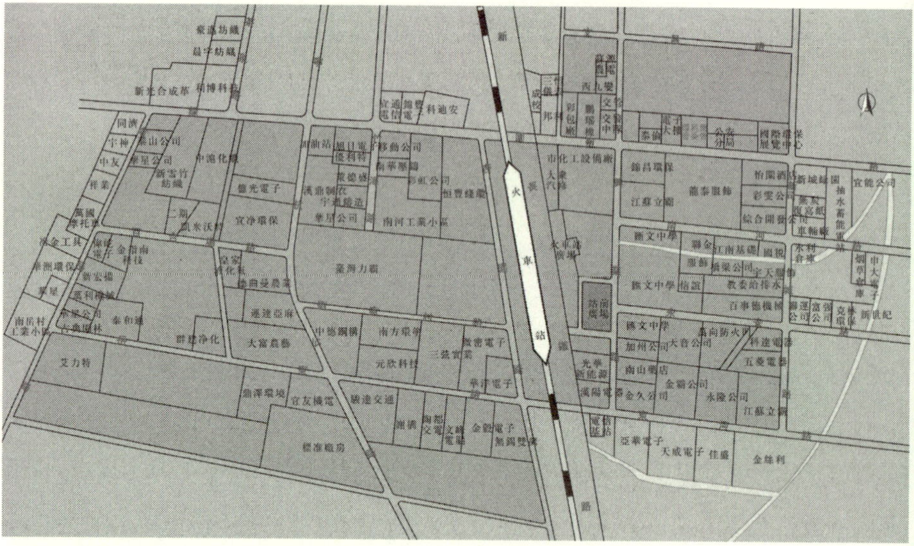

出所：無錫市外資利用管理委員会『無錫重点開放団地』2005年

にとって、この宜興環保科技工業園の意義は今後ますます高まっていくことが期待される。

（2）　省クラスの経済開発区

　2005年段階では、省クラスの経済開発区は5カ所（うち1カ所は、リゾート関係）とされていたが、2008年には11カ所に拡大されていた。新たに設置された経済開発区は、既存の市クラスの開発区が格上げになったものが多い。例えば、碩放重点開放団地が江蘇無錫碩放工業園区となり、江陰の臨海部の省クラスの江陰経済開発区の周辺の港湾地域が新たに特色のある経済開発区とされているなどである。

　ここでは、これらの中から、比較的歴史のある江陰、錫山、蠡園、恵山の経済開発区にふれていくことにする。

江陰経済開発区

　江陰経済開発区は1993年11月に設立された江蘇省認可の経済開発区である。計画面積は30km²であり、北は長江に面し西側に長江を渡る江陰大橋が架かっ

図3―6　江陰経済開発区の配置図

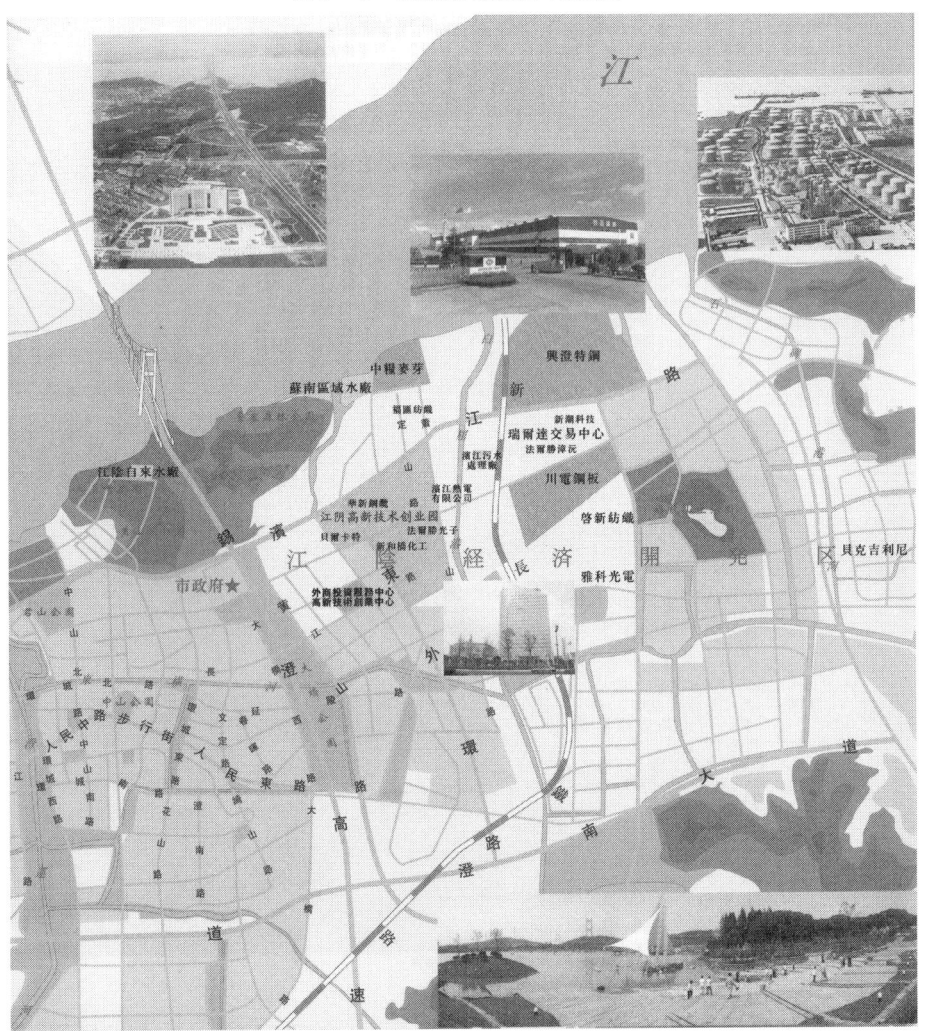

出所：無錫市外資利用管理委員会『無錫重点開放団地』2005年

ている。この江陰経済開発区に隣接して約30kmにわたり、港湾関係を軸にした工業区、環境保護区などが連なっている。市クラスであった利港重点開放団地なども、この一連の中に所在している。利港重点開放団地も最近、省クラスの経済開発区に格上げになったもようである。

この江陰経済開発区の最大の特質は、港湾に優れていること、そして、江陰大橋を通じて長江の北側との関連を期待できるところにある。

外資企業の進出はまだ少ないが、日系企業が目立っている。本書第10章で検討するJFE商事をはじめ、丸紅、新日鐵、三菱電機などが進出している。

港湾、長江の北側へ関心を抱く企業にとって、この江陰経済開発区は興味深い存在となろう。

錫山経済開発区

錫山経済開発区については、私自身、懐かしい思いがある。1994年春に無錫県の郷鎮企業の調査に赴いた。当時の無錫県は無錫市街地を取り囲む形で編成され、県の人民政府は無錫市街地の中に飛び地的にあった。当時、無錫県の郷鎮企業の発展は著しく、経済力を高めた無錫県政府は、現在の錫山区政府のある場所に県政府を移転させ、周りを経済開発区として開発に踏み出していた。

写真3—11　1994年／錫山経済開発区の開発直前の状況

出所：無錫市外資利用管理委員会『無錫重点開放団地』2005年

第3章 無錫の立地環境と開発区

省の認可は1993年11月であり、1994年の春は周り中建設現場の趣であった。
　その後、無錫県はいったん県レベルの市である錫山市に移行し、さらに無錫市街地の拡大を受けて再編され、錫山区、恵山区、無錫新区などに分割されていった。分割前の無錫県政府はたいへん勢いがあり、先行する無錫高新技術開発区に対抗意識を抱き、果敢な開発に踏み出していたものであった。
　計画面積は18.3km^2、無錫の省クラスの経済開発区の中では最も開発が進んでいる。区政府を中心に、公共施設、ホテル、ショッピングセンターが展開している。かつて興味深い郷鎮企業が大量に存在していた東亭鎮などは、完全に近代化された街並みに変わってしまった。日系企業としてはNOK、積水樹脂、北村機電などが進出している。無錫新区と並んで、無錫では最も完成度の高い経済開発区となっている。
　なお、この錫山経済開発区には濾寧高速のインターチェンジがあり、上海方面から無錫に向かう場合の入口となっている。そのインターチェンジの周囲はMETRO、OBIなどの大型のショッピングセンターが林立しており、長江デルタ地域の一つの流通拠点になっているのである。

蠡園経済開発区

　蠡園経済開発区は1993年12月に江蘇省政府により批准されている。無錫市街地の南西にあり、太湖に面している。計画面積は2.5km^{2}と小ぶりであるが、市街地に近く、環境に優れており、完成度も高い。周囲には国際展覧中心（センター）、図書館、体育館、高級ホテル、高級マンションも目立ちはじめ、近年、工業区というよりはリゾート地化してきた。
　日系企業の進出も早く、本書で採り上げる光洋ベアリング、マイクロリサーチなどは1990年代の中頃には進出していた。
　また、2001年には、国家クラスの集積回路設計の産業化基地として認可されている。元々、無錫には華晶[14]という中国最大の半導体工場があり、関連の研究施設も集積していた。そうしたことが背景になり、イメージの良い半導体関連の基地が形成されることになった。
　ただし、現状は工場の周囲に大型マンションなどが建設され始め、工業系の

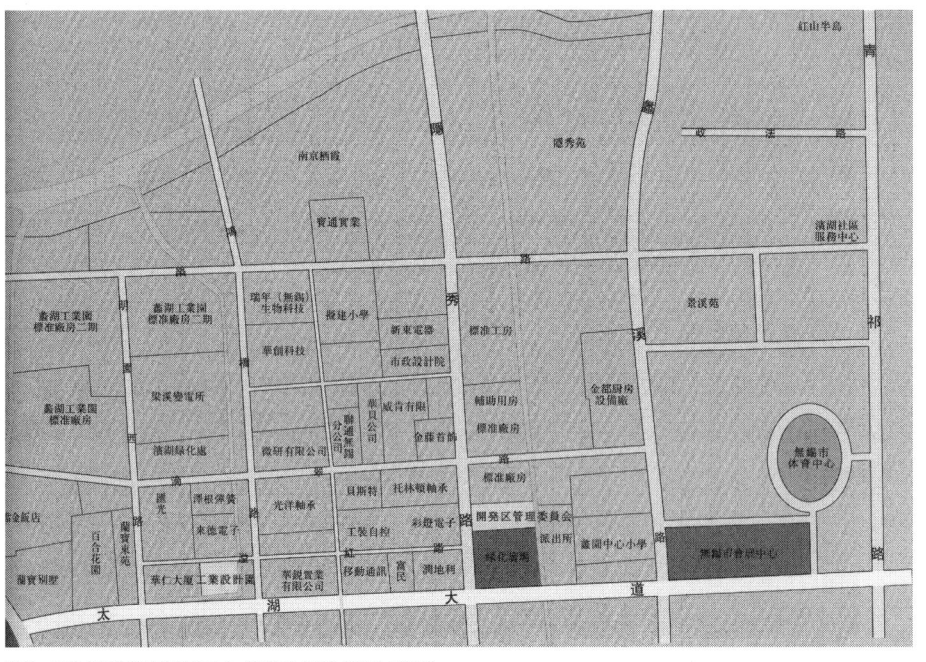

図3－8　蠡園経済開発区の配置図

出所：無錫市外資利用管理委員会『無錫重点開放団地』2005年

経済開発区として維持されていくのかどうか、進出企業は不安を抱いているようである。中国の場合、いつの間にか工業区がオフィス街、マンション地区に変貌することがあり、太湖湖畔の蠡園経済開発区は、現在、大きな曲がり角に立っているように見える。

恵山経済開発区

　恵山区は無錫市街地の北側に展開し、かつては無錫県の一部を構成していた。かつての無錫県の他の地域は市街化が相当に進んでしまい、郷鎮企業の姿も見えにくくなってしまったが、この恵山区は当時の面影をかなり残している地域として興味深い。区域の総面積は327km²、人口約40万人、六つの鎮と一つの省クラスの恵山経済開発区から構成されている。六つの鎮とは、堰橋鎮、玉祁

第3章　無錫の立地環境と開発区　131

写真3―12　洛社鎮のメッキ工業団地

鎮、洛社鎮、前州鎮、銭橋鎮、陽山鎮である[15]。いずれも1980年代に郷鎮企業が興味深い発展を示した所として知られている。

　恵山経済開発区は2002年2月に江蘇省政府により認可された比較的新しい経済開発区であり、計画面積は76km^2、その内、工業区は30.4km^2、行政・居住・商業貿易区が45.6km^{2}とされている。自動車産業と生命科学をテーマに掲げており、外資企業誘致の焦点としている。2008年現在、ローカルの自動車部品関連、バス組立工場などが立地しており、今後、外資企業の進出が期待されている。

　なお、この恵山区の中の各鎮は恵山経済開発区と関連させた独自の経済開発区を形成している。特に、洛社鎮は洛社工業配套区（計画面積15.25km^2）の計画を推進しており、その中に、補論Ⅶで紹介するメッキ工業団地を設置していることも興味深い。このメッキ工業団地は、総合サービスセンター、研究開発センター、スチーム供給センター、劇毒品供給センター、銀メッキセンター、表面研磨センター、居住センター、ファースト・フードセンターなどが併設されており、廃水処理の一元的な処理施設も設置されている。日系企業としてはすでに神戸製鋼所が進出している。

4．市域全体が開発区を焦点にネットワーク化

　以上のように、無錫では国家級の経済開発区からはじまり、省級、市級の経済開発区が各行政区や郊外市に建設され、さらに、鎮のレベルまでが独自の経済開発区を建設している。これらは、単なる工業団地ではなく、新都市形成という意味を帯びており、居住区、商業区、行政区などの複合的な展開になっている。また、工業区の建設にあたっては、将来のイメージをかなり鮮明に描き、テーマを明確にしていることも注目される。そのため、外資誘致についても、業種等が明確にイメージされている。

　さらに、このような工業区は外資企業誘致のためばかりでなく、地元企業の再配置、事業再構築のための受け皿にもなっている。中国が改革・開放に踏み出して30年、特に無錫は郷鎮企業の故郷として興味深い発展を示した。ただし、当初の無錫産業をリードした郷鎮企業もいくつかの階層分解を経て、新たな課題に直面している。また、1990年代を通じて外資企業誘致が順調に進み、世界の動向を敏感に感じることもできた。郷鎮企業の民営企業への転換を通じ、無錫企業も新たな可能性に向かいつつある。そのための新たな舞台として経済開発区が位置づけられているのである。

　現実の無錫全体の経済開発区の配置を眺めると、旧市街地を中心に、郊外にサテライト状に展開し、それが国家級、省級、市級、さらに鎮レベルと展開し、濃密なネットワークを形成しているように見える。そこに、高速道路、高速鉄道、港湾、さらに空港が絡んでいることも興味深い。およそ京都府ほどの面積の無錫市は、地域の隅々までが発展の果実を受け取ることができるかのように展開しているのである。日本の都道府県ではなかなかこうはいかない。それは地形的に恵まれている点もあろうが、中国の行政の階層構造の中で、各レベルが競争し、自立的な産業発展を目指そうとしていることが効果的に働いているように見える。

　おそらく、今後の課題としては、市街地に近い無錫新区に集中しがちな企業集積を周辺の開発区にうまく誘導し、市域全体のネットワークを実感できるも

のにしていくことではないかと思う。まだ、特に外国人には無錫新区以外の場所に対する具体的な将来が見えない。15年にわたって無錫を見てきた立場からすると、その激変ぶりに驚愕すると同時に、無錫全域の発展の方向もかすかながら見通せる。それは、各レベルの経済開発区が自立的に内面の高度化を進めながら、お互いが深い関係を形成していくことではないかと思う。京都府ほどの面積の無錫は、各レベルの経済開発区の充実により、濃密な産業社会を形成していくことが期待される。このような拡がりと濃密な地域産業社会の形成は世界的にも例がないのではないかと思う。

1) この時の現地調査の概要は、関満博『現代中国の地域産業と企業』新評論、1992年、第2章を参照されたい。
2) この時の現地調査の概要は、関満博『中国長江下流域の発展戦略』新評論、1995年、を参照されたい。
3) この時の現地調査の概要は、関満博『中国市場経済化と地域産業』新評論、1996年、を参照されたい。
4) この時の現地調査の概要は、関、前掲『中国長江下流域の発展戦略』補論Ⅱに収めてある。また、この論稿は本書補論Ⅲに再録してある。
5) このような経済特区をめぐる初期の状況は、関満博『中国開放政策と日本企業』新評論、1993年、第2章を参照されたい。
6) 深圳経済特区のその後の発展については、関満博『世界の工場／中国華南と日本企業』新評論、2002年、第3章を参照されたい。
7) 経済技術開発区の概要については、関、前掲『中国開放政策と日本企業』第2章を参照されたい。
8) 大連経済技術開発区に関しては、関満博『日本企業／中国進出の新時代』新評論、2000年、第4章を参照されたい。
9) 天津経済技術開発区については、関満博『北東アジアの産業連携／中国北方と日韓の企業』新評論、2003年、第2章を参照されたい。
10) これら長江デルタの経済技術開発区については、関満博『上海の産業発展と日本企業』新評論、1997年、を参照されたい。
11) この北京、瀋陽の実験に関しては、関満博編『中国の産学連携』新評論、2007年、を参照されたい。
12) 北京の中関村科技園区に関しては、関満博編『現代中国の民営中小企業』新評論、

2006年、第7章、同編、前掲『中国の産学連携』第2章、を参照されたい。
13) これら蘇州の経済開発区については、関満博編『台湾IT産業の中国長江デルタ集積』新評論、2005年、を参照されたい。
14) 華晶については、関、前掲『中国長江下流域の発展戦略』第3章で紹介している。なお、この部分は本書補論Ⅱに再録してある。
15) これらの鎮の多くについては、1994年の無錫郷鎮企業調査で訪問している。当時の状況は、関、前掲『中国長江下流域の発展戦略』補論Ⅱで論じた。なお、この論稿は、本書補論Ⅲに再録してある。

第Ⅱ部　無錫の民営企業の現在

第4章　郷鎮企業から民営企業に向かう無錫の企業

　江蘇省の無錫は、蘇州と共に蘇南、あるいは江南地域の中心的な位置にある。長江沿いの豊かな農業基盤をベースに「魚米の里」「絹の里」とも言われ、農業、水産業、紡織業が栄えてきた。さらに、1920年代には中国民族工業の発祥の地の一つとされ、機械金属工業の基盤が整備されてきたことでも知られる。
　また、1950年代以来の人民公社の時代には、基礎的な鍛冶屋的鉄工所も広く観察され、その後の郷鎮企業の基礎を築いていったことも注目される。このエリアの郷鎮企業に関しては通称「蘇南モデル郷鎮企業」と言われ、人民公社以来の社隊企業に加え、1970年代末以来の改革、開放の中で生じた新たな郷鎮企業も登場し、1980年代にはその発展ぶりが世界から注目された[1]。無錫は「蘇南モデル郷鎮企業の故郷」とも言われたのである。
　だが、この「蘇南モデル郷鎮企業」も1990年代以降、大きな階層分解に直面していく。第1回目の階層分解は1990年代の初めに起こる[2]。1980年代の「モノ不足経済」の中で簡易な消費財の生産で飛躍的な発展を遂げた無錫周辺の郷鎮企業は、1990年代に入ってからの「モノ余り経済」「品質の高いものへの要求」などに対応できるか否かにより、大きく二つに分解していく。1992～93年頃のこのあたりの郷鎮企業の現場をのぞくと、内部留保をしっかり行い、世界の最先端設備の導入により未曾有の発展過程に入った郷鎮企業と、カラオケルームや高級乗用車などに消費した郷鎮企業との間には際立った格差が生じていた。当時、すでに開店休業状態の郷鎮企業も少なくなかった。
　そして、1990年代末の頃には第2回目の階層分解が生じてきた[3]。1980年代の頃には「中国農村の希望の星」とまでいわれた「蘇南モデル郷鎮企業」は、1997～98年の頃には「蘇南モデル郷鎮企業は硬直的、第2の国有企業」「蘇南モデル郷鎮企業は民営的色合いの強い温州モデル郷鎮企業に敗れた」などと言われていくのである。

その頃から、無錫周辺の郷鎮企業の民営化が一気に推進されていく。2000年前後に無錫の各鎮を訪れると、「わが鎮には、すでに郷鎮企業は無い。全て民営企業に変わった」などと言われたものであった。実は、その頃から私たちのような外国人の研究者が企業訪問することが難しくなっていったことも興味深く思われた。かつては、市政府、県政府、鎮政府などに接触し、その了解がとれると、企業訪問は実にスムーズにいったものだが、民営的色合いが強くなるにつれ、企業側から断られることが多くなっていった。それだけ、企業サイドに自立的な要素が強まってきたということであろう。時代も急速に変わっていったのである。

　蘇南モデル郷鎮企業の世界も、2000年代に入り、大きく変わってきた。現在が、あの光り輝いていた「蘇南モデル郷鎮企業」を語る最後の時なのかもしれない。この第4章から第6章までの三つの章は、現在の無錫を彩る民営企業に注目し、郷鎮企業以後の時代を展望していくことにしたい。

　その場合、注目すべきは郷鎮企業から民営企業への転換のケースであろう。まずこの章では、社隊企業（第1節）、郷鎮企業（第2節）から民営中小企業に転身するという蘇南の歴史的な歩みを象徴する企業群に注目していくことから始めたい。

1．社隊企業、校弁企業から民営企業へ

　中国の企業に関しては、その歴史的な特異性から興味深い出発をしたものが少なくない。この節で取り上げる社隊企業、校弁企業はその象徴的なものである。社隊企業とは人民公社時代に、その公社の中に農機具の修理等のために作られた鍛冶屋的な鉄工所、あるいは農産物加工場等のことを指している。これらは改革、開放後、新たな市場を見出し、発展的な道を歩んだ場合が少なくない。これらは1980年代の初めの頃には「郷鎮企業」、特に「蘇南モデル郷鎮企業」という名称で呼ばれていくことになる。中国郷鎮企業発展の一つの典型とされた。

　また、校弁企業とは学校が経営してきた企業を総称している。近年、この校

弁企業として注目されるのは、大学が出資等をするハイテク民営企業のことを指す場合が多いが、それだけではない。中国は1980年代の初めの頃から、小学校などでも貧しい生徒の家庭で就業の場のない親を集めて福祉工場的なものを経営することが広く観察された[4]。これらも広い意味での校弁企業ということができる。このような校弁企業も、その後、指導していた教員が取得し、民営中小企業として転身していくケースもある。

この節では、社隊企業、校弁企業という社会主義中国の興味深い存在の民営中小企業への転身のケースに注目していくことにする。

（１） 社隊企業から発展した重装備型企業（無錫鍛圧）

無錫市の中心地に近い濱湖区太湖鎮に展開する無錫鍛圧有限公司は、大型の水圧プレス（2500トン）、エアハンマーなどを装備する本格的な鍛造企業であった。水圧プレス、マニュピュレーターは無錫市華達鍛造機床廠製、二次加工の機械加工職場に展開している大型工作機械群は瓦房店重型機床廠のターニング（立旋盤）、斉斉哈爾第一機床廠のターニング、青海重型機床廠の長尺旋盤、湖南機床廠のプレーナーなどが並んでいた。久しぶりに本格的な大型機械設備を見る思いがした。日本の中小企業では、なかなかここまでの設備をしているところは見当たらなくなっている。しかも、工作機械群が中国製であり、全国の辺境と思われるところのメーカーであることも興味深いものであった。中国では意外な所にそれなりの工作機械メーカーが点在している。それらは、沿海地域から重要工場を内陸に隠したとされる毛沢東時代の三線建設[5]の影響であることはいうまでもない。

無錫鍛圧の生産品は大型発電機、ボイラー等に使用されるシャフトなどであり、ユーザーは船舶用、発電用発電機のメーカーである無錫電機廠、四川省の東方電機をはじめとする長江デルタの発電機メーカー、さらに、遠くでは、遼寧省瀋陽の重型機器廠などにも大物鍛造品を供給している。一見、古い国有企業かと思わせる雰囲気が漂っていたが、意外なことに、元々は村営企業であった。元村営でこれほどの企業があることに驚かされた。それは規模的にも、また、大物鍛造品製造という事業的な意味においてもである。

写真4—1　無錫鍛圧の鍛造職場

優良村営企業の民営化

　無錫鍛圧有限公司の前身は、1961年にスタートした地元の人民公社（現在の太湖鎮）の中の生産隊（現在の梁南村）の農機具修理の鍛冶屋であった。スタート時は現在の工場長（董事長）が一人で携わっていた。その後、改革・開放の時代となり、事業は飛躍的に拡大、梁南村の最大の工場になっていった。無錫には、元々、発電機の無錫電機廠、タービンブレードの無錫葉件廠、研削盤の無錫機床廠、ボイラーの無錫鍋炉廠等の大型国有企業、さらに、ボイラーの江蘇太湖鍋炉廠等の機械金属系の大型郷鎮企業も多く、地元に発展のキッカケがあったものとみられる。

　梁南村は人口約1600人の無錫の典型的な農村であり、村営企業も十数社を数えていた。これらは90年代末頃から民営化に踏み込み、最後に残った無錫鍛圧廠も2004年に民営化されていく。民営化直前の従業員規模は206人、資産評価部門の評価では総資産は1億2000万元で、負債は銀行からの借入約3000万元を含む1億2000万元、梁南村100％所有、登録資本800万元であった。このような状況の中で、登録資本は800万元とされ、再スタートすることになる。これにより、村は銀行借入を新会社に引き継がせ、残りの大部分の債権を保有することになった。

　登録資本の800万元は株にされ、元の幹部たち15人が取得した。特に、創業の時からの元工場長が71％を取得した。それらの資金の調達は自己資金、銀行、友人たちからの借入である。村への債務がかなりの額にのぼるが、それは事実上、劣後債務の部分であり、村との特殊な関係の中で処理されていくことになる。当面気になる債務は銀行借入の3000万元だけであったであろう。

重装備型工場の存在感

　このような興味深い形で、無錫鍛圧廠は一気に民営化を果たすことになる。さらに、この民営化と同時に、従来の鍛造専業から機械加工を含むトータルな事業形態にしていったことも興味深い。この機械加工職場への投資の1500万元は内部留保で行われている。優良村営企業の民営化ということになろう。売上額も民営化直前の2003年は1億7500万元であったが、2004年には2億5000万元と前年比約43％増を示したのであった。これだけの事業拡大にもかかわらず、従業員は民営化以前の206人で変わっていない。

　事業的には、大型発電機メーカー、大型産業用機械（重型機器）メーカーからの受注から始まる。材料の鋼材は上海の宝鋼などから入れるが、ユーザーからは前受金を10％ほど取り、自社で買いつける。中国では支払手形の制度がなく、その資金負担は大きい。ユーザーからは納品後回収する。中国では代金の回収が大きな問題になっているが、当社の場合はあまり問題になったことはない。

　2004年以降、中国経済の過熱化により、材料の逼迫が問題にされたが、無錫鍛圧の場合は、2004年の初めに約1万トンの鋼材を調達していたため、当面は問題なく対応できていた。今後が心配との反応であった。

　競争相手は大半が全国の国有企業であり、特に浙江省の杭州、余姚（寧波）周辺にあるとしていた。ただし、近年、中国の発電機需要は大きく、また、有力発電機メーカーの海外からの受注も活発化するなど、ここしばらくは事業規模はさらに拡大していくことが予想される。そして、今後さらに拡大していくためには、新たなマネジメント能力を備えた人材が必要との認識であり、適当な人材を見つけ、株を一定程度持たせ、経営させることも構想されていた。その場合、現在の董事長が保有している71％の株の一部を譲渡することが合意されていたことも興味深い。村営企業も新たな発展ステージに踏み込み始めたことを象徴しているように思う。

　人民公社の生産隊の鍛冶屋から出発し、その後の中国の改革、開放路線の中で、これほどの村営企業が生まれ、そして、新たに民営企業として再出発していたのであった。

（2） 新たな後継者が現れた元郷鎮企業（無錫雪桃集団）

　中国農村にも、文革が終わる1970年代の中頃には、すでに新たなタイプの企業も生まれつつあった。無錫雪桃集団有限公司の母体になった建設機械関連の無錫県導熱設備廠の設立は1976年。現在の濱湖区華庄鎮（当時の華庄人民公社）であった。新たな時代の到来が実感され始めていたその頃には、蘇南では多くの郷鎮企業（当時は社隊企業）が生まれている。それは、従来の農機具修理といった公社内へのサービス機能提供というよりも、より広い市場を意識するものであった。

　1980年代の「郷鎮企業の時代」には順調に推移し、1992〜93年頃の階層分解の時代をくぐり抜け、1997年には民営化している。華庄鎮の中では最後の民営化であったとされている。さらに、その後、2000年には三つの元郷鎮企業が集団化し、無錫雪桃集団有限公司を設立している。この集団有限公司の傘下に、先の導熱設備廠（現、無錫雪桃導熱設備有限公司）、機械製造の無錫雪桃機械制造有限公司、リース会社の無錫雪桃租賃有限公司の3社が統合されていった。

トータルな展開を見せる集団有限公司を形成

　集団有限公司全体の従業員は350人（男性270人、女性80人）という男性型の企業である。技術者は20数％、大卒（大専含む）20人強の構成となっている。製品は七つのシリーズで構成されている。メインは工事現場用のアスファルト攪拌機であり、売上額の65％を占めている。第2は、ボイラーであり売上額の20％。以上の二つで全体の90％を占めている。その他もアスファルト関連であるが、最近の取り組みとして、自走式のアスファルト・フィニッシャーと呼ばれる道路舗装の仕上機械の製造にも入っていた。このフィニッシャーに関しては、中国の道路関係の有力大学である長安大学（旧、西安道路大学）との共同研究のために路面機械研究開発中心（センター）を社内に設置し、製品化にこぎつけたものであり、今後の主力商品として期待していた。

　母体となった導熱設備廠は製缶、熔接を得意としていたが、集団化することにより、機械加工系の技術を取り入れ、さらにリース事業にまで踏み込むこと

が出来ている。集団化のメリットとしては、一つに対外的な知名度を上げやすい、二つに管理のレベルアップを図れる、三つ目に子会社をコントロールしやすい、そして四つ目に外資と合弁合作するような場合、相手にとってもわかりやすいなどと評価していた。

生産現場を見ても、製缶・熔接職場、機械加工職場、配電盤・制御盤製作職場が編成され、トータルな能力のある企業であることが実感された。なお、現在地は濱湖区の経済技術開発区であり、2002年9月に進出している。開発区の第1号進出企業であった。

ユーザーは土木系、道路系の企業、大型ボイラー系の企業となる。ユーザーの地域的な分布には特徴はなく、全国を対象にしている。近年、中国の高速道路建設等が急ピッチで進められているため、市場は拡大基調を続けている。

写真4-2 雪桃集団の制御盤製作職場

写真4-3 雪桃集団のアスファルト・フィニッシャー

民営化とその後

この雪桃集団有限公司の民営化は1997年から行われている。方法としては、資産評価部門に資産評価を受け、幹部全員で取得するか、あるいは一部の人が取得するかということになったが、結果的に幹部3人が取得した。董事長の銭竹雲氏（1946年生まれ）が全体の51％を握っている。銭氏は1976年に導熱設備廠が設立

された時から勤めており、工場長にも任じていた。

　株の過半を握っている銭董事長自身の後継者をどうしていくのかの思案の時期に来ているが、息子にしていくのかどうかに関しては、能力によるとの判断を下していた。古い社隊企業や郷鎮企業から出発している民営中小企業の場合、長い経験の工場長がそのまま民営中小企業の董事長になっている場合が少なくない。20年以上の工場長経験者もいる。そのような場合、新しい民営中小企業といえども、後継者問題が始まりつつある。大連の場合などはすでに息子を後継者として取り扱っている企業が3社ほど観察された[6]。無錫も社隊企業、郷鎮企業の歴史の長いところであり、今後、この種の問題が登場してくるものとみられる。

　さらに、事業基盤が整ってきたことから、一段の飛躍を目指して株式上場を視野に入れていた。このように、早い時期にスタートした社隊企業、郷鎮企業の中には、着実に実力を蓄え、企業としての組織を充実させ、上場を狙う企業も登場しているのであった。

後継候補者の登場

　2005年3月に続いて、2007年6月に雪桃を再訪した。今回は薫事長の銭竹雲

写真4－4　総経理の張華氏

氏ではなく、副薫事長兼総経理の張華氏（1973年生まれ）が面談に応じてきた。2005年3月の段階では、銭薫事長は「後継者は未定」と語っていたが、この若い張氏が後継に就くようであった。張氏は2006年8月から総経理に役に就いていた。張氏は大専（3年制の短大）を卒業して直ぐの1994年に雪桃集団に入社していた。ただし、株式は現在のところ一部しか保有していない。

　そして、この2年ほどの間に、従業員規模は350人と変わらなかったが、雪桃集団は大きく変化していた。最大の目に見える変化は、2006年から従来の国内販売に加え、輸出に取り組み始めたという点であろう。当初はコンゴなどのアフリカの国から開始し、現在では中東、ロシアにも輸出、2007年は2000万ドルの総売上額のうち600万ドルは輸出になっていた。さらに、現在、ヨーロッパの認証を申請中でもあった。

　また、この雪桃集団は長安大学と以前から産学連携しているが、その関係が一段と深まっているように見えた。従来から製品開発のために路面機械研究開発センターを社内に設置し、長安大学の教授を招いていたが、さらに、昨今は人材育成にも取り組んでいた。一つは卒業生の採用、インターンの受け入れ（毎年5～6人、一回3～4カ月）、自社のワーカーをトレーニング（3～4年）に出していた。特に、インターンの受け入れを歓迎していた。長安大学は中国の道路関係のトップ大学であり、採用できなくてもユーザーに就職するため、新たなネットワークが形成されていくことになる。このような点にも深い関心を寄せていた。

日本企業との連携

　張総経理の夢は「販売が増えるだけでなく、激しい競争に耐え、5年後もやっていられること。輸出できること」とされていた。やはり中国の民営中小企業も新たな世代が登場していることを痛感させられた。

　張総経理は2001年に日本の日工（兵庫県明石市）を訪問している。日工とは1994年から合作しており、日工の中国事務所から委託を受け、中国向けプラントを生産してきた。中国にはそれなりの事情があり、先方の図面と当方のノウハウを組み合わせて製品化している。日工は東証第一部上場企業であり、アス

ファルトプラントばかりでなく、環境機器全体に広く展開している。日本訪問の印象は「自動化の程度が高く、中国では3人でやっていることを日本では1人でやっていることが印象深かった」と語っていた。日本は成熟しており、ニーズは少ないとの判断であり、製品の質も高いことから参入の意思はない。むしろ、日本の技術を取り入れて、共に途上国に輸出していくことを考えていた。

このように、雪桃集団は若い経営者により、開かれた視野の下で新たな方向に向かっているのであった。郷鎮企業から発展した無錫の民営中小企業は、一部の企業は世代交代の時期に入り、興味深い方向に向かっているのであった。

（3） 最有力郷鎮企業から民営に（江蘇太湖鍋炉）

太湖鍋炉と言えば、1990年代の初めの頃は、無錫を代表する郷鎮企業として知られていた。私が初めて太湖鍋炉を訪れたのは、1994年2月であった。その頃、特に当時の無錫県（現在の恵山区、湖濱区、錫山区）の郷鎮企業の調査を重ねており、その一環として訪れた[7]。

当時、15社ほどの郷鎮企業を訪問したが、太湖鍋炉の印象は際立っていた。無錫の郷鎮企業の多くは軽工業部門か、機械金属関連でも簡易な電線、オートバイの組立等であったのだが、太湖鍋炉は大型国有企業並みの重工業部門に展開していたこと、また、従業員数千人の国有企業かと思わせる規模にもかかわらず、当時の従業員はわずか608人にすぎないなど、効率的な生産を行っていることに目を惹かれた。このようなタイプの郷鎮企業もあるのか、との印象であった。このような印象は私だけのことではなく、かつて1990年に訪れた李鵬首相（当時）が「郷鎮企業でここまで来たのか」という言葉を残したとされているのである。

着実な成長を続ける大型ボイラー工場

この太湖鍋炉の創立は1964年、地元の労働者13人が資金を出し合って国有企業の下請の鉄工所としてスタートした。当時、私営企業は認められておらず、人民公社の社隊企業として出発している。1972年には従業員も70〜80人ほどの

ものとなり、国家機械電子工業部から認可を得て、ボイラー部門に進出していく。無錫には元々、国有の有力ボイラーメーカーである無錫鍋炉廠があり、その影響を受けたものとみられる。その当時は0.2～0.5トンほどの小さなものを生産していたにすぎなかった。

1982年頃にはボイラー生産の本場である哈爾濱から技術者を招聘し、4～15トンほどのものを作りだし、1985年頃から急成長の兆しをみせ始めた。当時は年間売上額が1000万元を超えると凄いと言われたものだが、当社はそれに該当するほどのものになった。

1989年には無錫県の郷鎮企業で無錫第六通用機械廠と並んで、国家2級企業の認定を受けている。国家特級、1級は無錫市ほどの範囲で数社、2級が10社前後であることから、当時の郷鎮企業としては快挙であった。まさに、太湖鍋炉は蘇南モデル郷鎮企業全盛時代の1980年代後半の「希望の星」と言うことができる。

その後、1993年には太湖鍋炉を中心にして、北は哈爾濱、南は無錫ほどの範囲の全国の約50社による「江蘇太湖鍋炉集団公司」を形成している。この集団は特に資本的な結合というよりも関連協力企業の「協力会」的性格のものであり、当時の一つの流行でもあった。集団化による知名度上昇、生産能力の拡大・確保が主眼であった。

この太湖鍋炉への私の2度目の訪問は2001年8月であった。その時の従業員数は628人と7年を経過したにもかかわらず、ほとんど増員されていなかった。敷地面積13.2ha、建設面積9万m^2、総資産2.5億元、年間生産能力3000蒸気トンとなっていた。敷地面積は1994年の頃とあまり変わらないものの、生産能力は倍ほどになっていた。発電用、工業用大型ボイラーを得意とするものになっていた。この間、工事実績としては、秦山原子力発電所、首都鋼鉄、北京地下鉄、青島ビール、深圳南方製薬等の大型工事に採用され、インドネシア、マレーシア、バングラディシュ等の諸国にも輸出されていった。

さらに、2005年段階では、敷地面積15ha、建設面積10万m^2、総資産6億元、従業員683人、年生産能力7000万蒸気トンに拡大しているのであった。大型ボイラーに関しては、1基40トンまでのものの生産が可能な態勢を築いていた。

写真4—5　太湖鍋炉の製品

この5〜6年ほどは無錫の企業の改革、民営化が急速に進み、急拡大を示す企業が続出しているために、この太湖鍋炉はかつてほど目立たなくなってしまったが、確実に成長を続けていたのであった。

1997年以降、民営化に

1997年には世間の民営化への動きに呼応し、洛社鎮営の太湖鍋炉も民営化に踏み込んでいく。当時は各地で民営化が大規模に始まりだした時代あり、手続きもよくわからず、各地のケースを参考にしながら進めていった。1997年には洛社鎮政府の資産評価弁公室から総資産は6350万元と評価された。それを株式化し、関係者が買い取り、5年間で鎮政府に分割払いにすることにした。

高級幹部は1人60万元以上、中間管理職は10〜30万元、一般の従業員は2万元という基準を設け、ほぼ全員で買い取った。当時の蘇南地域では、このような基準を設けて民営化に向かう企業が少なくなかった。なお、この太湖鍋炉の場合は金額が大きく、当初は関係者全員で買い取る力がなく、750万元分は鎮政府が買い取る形にした。ただし、その後、鎮政府が株を保有していると民営化の意義が達せられないと判断、その750万元も関係者で買い取った。現在では、すでに鎮政府への分割払いは終了し、地方政府の影響からはほぼ完全に独

立している。

　近年の毎年の株式配当はほぼ14％水準、十分に株式上場の条件は満たしているのだが、上場する考えはない。十分に利益が上がり、内部留保も充実し、再投資にも困っていないとの判断であった。

　私が太湖鍋炉を初めて訪れた1994年2月から10年以上たち、事業規模はほぼ4倍ほどになっているのではないかと思うが、従業員の規模はあまり変わっていない。それだけ生産性が上がり、高付加価値化しているのではないかと思う。2001年段階の技術者の数は115人であったが、2005年現在では226人に増加していた。この間の従業員の増加の大半が技術者であったことがうかがわれる。このように、太湖鍋炉のケースは、無錫の郷鎮企業のリーダー的なものとして着実に事業の拡大、民営化の推進を重ねている。近年の中国経済の過熱化により、関心を本業以外の不動産業、レジャー産業等に向ける企業が多い中で、太湖鍋炉の歩みは着実なものとして評価されよう。無錫を代表する郷鎮企業であった太湖鍋炉は、株式化、民営化の中でも、依然として周囲の関心を集めているのであった。

（4）　校弁企業（小学校）から民営企業に（江陰市申澄集団）

　1980年代前半頃までの校弁企業設立の多くは、生徒の失業している親に就業の場を与えるといった意味が強かったのだが、1980年代の終わりの頃からは、学校の資産活用のためという場合がみられるようになってきた。この点、理工系大学の校弁企業設立は1990年前後から活発なものとして知られている。ここで検討する申澄集団のケースは、資金的余力のあった小学校がビジネスを始めたものとして興味深い。

校弁企業を引き継いで、民営化

　申澄集団の前身の設立は1988年、無錫市の県クラスの市である江陰市の中の山現鎮の小学校がミシン36台を購入し、36人を雇用、学校とは離れた場所で事業を開始したところから始まる。仕事は当初からニットの縫製であった。しばらくは学校側が経営していたものの赤字が続き、従業員の1人であった馬氏

（1956年頃の生まれ）に経営を任せる。「うまくいったら民営化し、馬氏に譲渡する」ことが約束されていたようである。

馬氏が経営を引き継いで以来、事業は順調に運び、1993年には江陰市で初の民営化に踏み出している。同時に、事業を大きくニット生地の生産（編立、染色加工等も含む）と縫製部門に分けていく。生地生産部門は以後、江蘇申利実業股份有限公司、縫製部門は江陰市申澄集団有限公司となり、この二つで申澄集団を形成している。全体の従業員約1500人、90％程度を輸出している。

中国の場合、最近まで内資企業には輸出入権がなく、輸出入業務は国有の輸出入公司が従事していた。むしろ、外国からの委託生産を歓迎する中国では、輸出入公司が外国との取引の窓口となり、デザイン、材料の供給（仲介）、輸出などの一切の業務を取り仕切り、手数料として12～13％を取るという形をとっていた。このような仕組みは、内資企業に力のない場合、それなりに効果的に働いた。輸出入公司という安全弁を通して売上の回収は間違いなく、また、海外の仕事をすることにより技術レベルの向上にもつながった。この申澄集団の場合も、当初は輸出入公司の紹介で委託加工に従事するものであった。特に、日本からの注文が多く、1990年代を通じて実力を蓄えていった。

輸出型企業として大発展

1999年には、縫製部門が輸出入権を取得、2000年には生地部門の輸出入権を取得している。2002年までは日本からの受注が約80％を占めていたのだが、その後、欧米市場を開拓したところ、現在では急拡大し、むしろ日本の比重は50％に低下している。それでも日本からの受注は2001年頃に比べて増加している。日本の有力取引先は伊藤忠商事、豊島などである。現状の生産能力では依頼の30％程度しか受けきれない状況である。特に、近年、生地の注文が劇的に伸びている。この点、売上額で見ると、2001年の売上額は縫製が約6000万元であったものが、2004年は1億元、生地は2001年の1億9000万元から2004年は3億元と伸びている。

このように急速に伸びたポイントとして、申澄集団は「品質」「マーケティング」「政府の支援」をあげていた。特に、政府の支援としては、①情報提供

写真4-6　申澄集団のショールーム

（外国の展示会への参加情報等）、②国の政策の変化の説明、③税関で問題が生じた際の仲介、などが指摘されていた。おそらく、江陰市の場合は、後に検討する海瀾集団、陽光集団のような有力な繊維関係の企業が多く、企業支援のためのノウハウが相当に蓄積されているのではないかと思う。

　デザインは基本的には外国側であり、当方はOEM生産ということになる。特に縫製品の場合は先方のデザインが多い。生地に関しては自社ブランドの場合は自前でデザインしている。材料に関しては、一部はユーザーの要請により外国からの輸入品を使うが、大半は中国産であり、当方が調達している。

　この申澄集団の場合、将来は自社ブランド品を海外で販売したい意向を持っているが、かなりの蓄積が必要であることを自覚していた。当面は国内向けから自社ブランドの浸透を図る構えである。ただし、基本的には国内販売は代金回収の難しさがあるため、輸出中心で進んでいくことを強く意識していた。

繊維工業団地形成の「思い」

　校弁企業として出発した申澄集団は1993年に民営化するが、当初は馬氏個人が100％の株を握っていた。その後、5％程度を創業当時から苦労を共にした人びとに譲渡している。従業員1500人のうち、地元出身者と外省人はほぼ半々の比重である。待遇も他社よりも20％程度高めに給料を設定しているため、採用に苦しむことはない。

　このような状況の中で、申澄集団は現在、「申利紡織工業園区」計画を推し進めている。場所は現在地から2kmほど離れたところであり、既に4haの土地は取得済である。完成した暁には、年生産能力はニット生地15万トン、ニッ

ト縫製品8000万枚、メランジ糸2万トンという規模となり、中国では最大級のニット関連生産基地となる。一部、工事は始まっており、2005年には、年間の生産能力は現在の生地1万2000トンから2万トンへ、縫製品は現在の400万枚から1200万枚に拡大していく。

このプロジェクトを完成させていくための資金調達としては、自己資金（内部留保）、株式上場、外資企業との合弁合作が視野に入っていた。そして、生地を担当する申利実業股份有限公司の上場が2年後と計画されていた。このように、地元の小学校の校弁企業として始まった申澄集団の事業は、輸出向けニット製品という分野で興味深い発展を遂げていたのであった。

（5） 幹部が買い取り、民営化に向かう（無錫市潤和機械）

無錫市潤和機械の工場に入ると、大型ターニングが目に入ってきた。テーブルの直径8m（ドイツ製）が最大であり、その他直径5m、3.5mのターニングが装備されていた。発電機関係の大物機械加工に従事していた。なかなかこれだけ大きなターニングを見る機会は少ない。少なくとも、私は日本では見たことがない。

別の工場建屋に入ると、今度は外国製のMC、NC旋盤が並んでいた。FERRARI

写真4－7　潤和機械の直径8mのターニング

（イタリア）の5軸MCが数台、ELB（ドイツ）の大型NC旋盤が目についた。これらでタービンブレードの切削加工に従事していた。その他、大型の横中ぐり盤、長尺の旋盤など、なかなかの見応えのある職場であった。三次元測定器はイタリアのHERAのものが入っていた。

有力ユーザーは上海電機集団

この潤和機械の創業は1987年、無錫郊外で郷鎮企業として出発している。当初の従業員数は60人、石油掘削機械の部品加工からスタートした。1990年代に入り、中国経済の発展に伴い電力需要が拡大したことから、次第に発電機関連の部品加工に転じていった。1997年には無錫周辺の郷鎮企業は一気に民営化に向かっていくが、当社も同年に民営化している。創業当時からの幹部5人が買い取り株主になっている。この5人が董事会のメンバーとされている。

民営化した1997年の頃の従業員数は100人ほどであったが、その後、事業が急拡大し、2007年6月現在では490人（男性70～80％）となっていた。

主力のユーザーは民営化以前から上海汽輪機（タービン）有限公司であり、現在では80％ほどを依存している。その他のユーザーとしては、中国長江動力（集団）有限公司、龍威発電技術服務公司、北京北重汽輪電機有限責任公司、北京電力設備廠、洛陽発電設備廠、南京汽輪機電機廠、哈爾濱汽輪機廠、広州汽輪機廠などである。中国には発電機関係の大型企業集団としては、哈爾濱電機集団、四川省徳陽の東方電機集団、上海電機集団の三つがあるが、潤和機械の場合は、上海と哈爾濱に食い込んでいた。なお、現在のところ、三大電機集団の一つである東方電機集団との付き合いはない。設備はかなり充実し、生産能力としては3億5000万元ほどとされていたが、まだ人的にも経験の厚みからしても能力が足らないとの判断であった。

良質な職場が展開

2004年末には現在地の無錫市郊外の濱湖開発区に移転している。2006年の売上額は2億6000万元に達し、2500万元の税金を支払っている。近年の電力需要の拡大を受けて、経営状態は良好のようであった。また、生産能力としては3

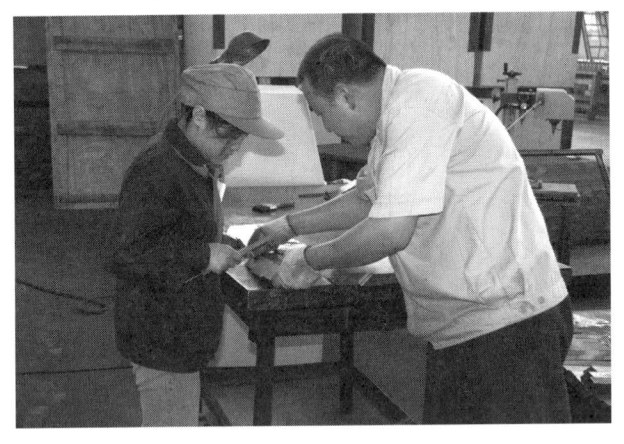

写真4—8　潤和機械の若者の指導

億5000万元ほどとされていた。設備も充実しており、従業員の集中力も高く、良質な職場が展開されていた。

なお、無錫には無錫葉件廠[8]という中国最大のタービンブレード専門の国有企業がある。1万2000トンの油圧プレス（ドイツ製）が装備されている。潤和機械も鍛造の一定部分は葉件廠に依存していた。

近年、従業員数が増加しているが、幹部については地元出身の大卒を採用、ワーカーは人材市場から募集しているが、外省人が多い。また、潤和機械の場合、貧困家庭出身の大学生20人に対して、採用も意識し、1人5000元、全体で10万元ほどの奨学金を支給していた。

日本との付き合いは、主力の上海電機集団を通じて、日立と間接的に業務提携していた。近年、日本にはこのような大物加工を行う機械工場が少なくなっている。民営化した郷鎮企業の発展ケースとして非常に興味深い工場ということができる。無錫には、このような機械工場が幅広く展開しているのである。

2．蘇南モデル郷鎮企業の民営化の道筋

1990年代の中頃から、無錫の郷鎮企業の民営化への取り組みが開始される。

1980年代を謳歌した蘇南モデル郷鎮企業も、1990年代に入ってからの階層分解、さらに地方政府が深く関与しているという準公有的な色合いによる硬直性が問題になり始める。浙江省温州に特徴的に発達した、より民営的な色合いの濃い「温州モデル郷鎮企業」に比べてダイナミズムに欠けるという判断であった。

　1990年代の終わりの頃には、地元では「すでにわが鎮には郷鎮企業はない。全て民営企業に変わった」などが唱えられていたのであった。では、それら蘇南モデル郷鎮企業が民営企業にどのように転換していったのか。この節では、どのような切り口から民営化が進められていったのかを見ていくことにしたい。なお、この節のケースを通じ、「輸入代替」が民営中小企業にとっての一つの重要な発展の契機であることが理解されるであろう。

（1）　外国技術導入による発展（無錫環宇電磁綫）

　無錫環宇電磁綫有限公司の前身は、無錫県新安鎮の郷鎮企業として、1992年に現在地でスタートしている。当初は簡単な電線製造から始めていく。中国経済の発展と共にそれなりに成長したものの、1998年段階の事業規模は従業員数で約130人、売上額は8000万元というものであった。この1998年には民営化の方向として株式制をとり、郷鎮企業時代の経営陣、販売員13人が株主となった。さらに、2004年にはもう一度株式化をやり直し、現総経理の陸炳興氏（1960年生まれ）1人に株を集中させた。陸氏は他の12人分の株を買い取った。

　民営化以降、環宇電磁綫の業績は大幅に改善されていることから、他の株主が株を手放した理由はよくつかめない。陸氏からは「レベルの違う人物が株を保有していても仕方がない。私の所に集めた」と説明を受けた。陸氏は1992年の郷鎮企業の設立時からの工場長であり、それ以前も新安鎮の機械加工工場の工場長をしていた。1990年代の初めの頃の蘇南地域では、プロの経営者というべき層が生まれ始めていたが、陸氏はそうした豪腕の経営者の1人であったのかもしれない。

大型変圧器用の電線生産

　2005年3月末現在の従業員は230人、技術者58人、検査員15人であった。登

録資本は700万元、総資産は1億2000万元（固定資産3500万元、流動資産8500万元）、敷地面積1万6000m²、建物面積1万m²の規模であった。なお、現在地はその後に無錫新区に組み入れられている。2004年の売上額は2億3700万元に達していた。1998年からの6年間で約4倍に成長したということであろう。

主要製品は大型変圧器用の電線であり、国内市場は年々増加し、2004年が30万トン、2005年は35〜38万トンが見込まれている成長市場である。この領域には国内でも競争者が多く、およそ50〜60社とされている。当方のシェアは4％ほどである。国内のユーザーは全国の大型変圧器工場であり、ほぼ30社ほどである。当社の品質は良く、ローカル製品では価格が最も高い。そのため、国家の重点プロジェクトに採用されていくことが少なくない。例えば、三峡ダム、上海の地下鉄、上海東方明珠テレビ塔、上海広場楽園等のプロジェクトに採用された。

創業以来、技術導入には積極的であり、中国で著名な遼寧省瀋陽の瀋陽変圧器研究所あたりとは技術合作しており、また、外国技術への関心も深い。1996年の頃には、成立しなかったが、日本の昭和電線、フジクラと合弁の話を進めていた。むしろ、その後、ユーザーの1人である東芝との関連が深くなり、従業員を派遣して技術指導をしてもらってきた。このような東芝、ABBアストランなどとの交流から技術水準を高めていった。

アジア最大を目指す

現在、輸出は全体の10％弱だが、今後、大きく伸ばしていく構えであった。2002年に輸出入権を取得、その年は輸出21トンからスタートした。2004年には575トン、2005年は生産量の15％となる1200トンを計画していた。さらに、売上

写真4—9　環宇電磁綫の入口

額5億5000万元を計画している2008年には輸出は30～35％を期待していた。

日本企業との関係では、東芝川崎工場の大型変圧器は当方のものを採用しており、大阪変圧器は50％を当社のものを使っている。この日本の有力2社に関しては、2社全体が使用する大型変圧器用電線の70％のシェアを取ることを狙っていた。発展的な企業でもあり、品質へのこだわりも強い企業であることから外国の企業の関心も高そうであった。

2007年までに生産能力を現在（年8000トン）の2倍に近い1万4500～1万5000トンに拡大していく計画であった。用地も広く、実現可能性は高いと見えた。この1万5000トン規模になると、大型変圧器への電線供給企業としてはアジア最大になる。そうした明確な目標が語られていた。

その場合の経営戦略としては、①技術水準、特に油浸技術を高めること、②大型市場の開拓、③海外市場の開拓、が掲げられていた。

このように、環宇電磁綫は郷鎮企業として成立し、着実に技術レベルを上げ、株式化、民営化を進めながら、大型変圧器という重電の領域で確実に存在感を高めている。特に、2002年に輸出入権を取得して以来、海外市場への関心が高まり、一段の技術的なレベルの向上と生産能力の拡大に関心が向いていた。中国農村の工場であった郷鎮企業も、外国との接触を深めながら、新たな可能性をつかみとりつつあると言ってよさそうである。

（2）　外国の先進設備を入れて輸入代替（江蘇立霸実業）

無錫市街地から太湖沿いに進み、約1時間、途中で常州を横切り飛び地の無錫市の県クラスの市である宜興市に入る。宜興は窯業の産地であり、また、1993年からスタートしている中国最初の環境開発区である「中国宜興環保科技工業園」が展開している。その中に、江蘇立霸実業股份有限公司が立地していた。整備された開発区の中の工場敷地は約3万6000m^2、工場建屋は2万5000m^{2}であった。

冷蔵庫用薄板の輸入代替をターゲットに

立霸実業の設立は1998年、最初から現在地を取得してスタートした。事業の

ターゲットは当初から、当時は輸入されていた冷蔵庫用薄板の輸入代替であり、工場には、主力機械としてアメリカから輸入されたコイル材のシャーリング機械（Aiowa Precision）、コーティング機械（Black）が設置されていた。第一級の機械設備であった。その他には、国産の小型のシャーリング機械6台、プレス5台が動いていた。従業員は80人ほどであった。

当初は建材などの加工も多かったのだが、技術習得し、品質レベルを上げるにしたがい、建材の比重を大幅に減らし、ほぼ冷蔵庫用薄板専業の加工業者となっている。主力のユーザーは海爾（青島、依存率30～40％）、松下（無錫）、科龍（広東）などである。以前は日立、東芝の仕事もやっていたのだが、現在はない。

鋼板の仕入は、上海の宝鋼、日本の新日鉄、韓国の浦項といったところが3分の1ずつである。松下など一部のユーザーからは材料指定がある。近年、鋼材の値上がりが激しいが、仕入先を3社に分散していること、2003年に輸出入権を取得していること、取引も長いことからそれほど深刻な事態にはなっていない。最近は製品価格の引き上げを一部してもらっている状況である。

ユーザーである日系とローカルとの違いに関しては「品質、環境基準は変わらない」「ローカルの方がつき合いやすい」と答えてきた。日系は材料指定があり、当方で選べず、利益率が低くなるという判断のようであった。代金の回収は全く問題ない。このように、良い設備を導入し、技術レベルを上げ、キチンとした材料を調達、ユーザーもしっかりしているところばかりということから、極めて安定的な基盤を形成しているように見えた。

不思議な雰囲気が漂う企業

ところで、この立霸実業のよって立つポジションがよくみえない。元々はセメ

写真4−10　立霸実業の工場

ントを生産する郷鎮企業であったとされる。設立年は不明である。中国の各地には地元市場を視野に入れた小規模なセメント工場が建っているが、そうしたものの一つであった。1992年頃には香港資本と合弁し、アルミ合金工場に変わっている。

　その後、組織的な再編が行われ、鎮の幾つかの企業を統括する集団公司が形成された。先の合弁のアルミ合金工場もその傘下の一つとされた。現在、この集団の傘下には5社が組織されている。その集団の名称は「江蘇立霸実業集団」と言う。かつての鎮の工業公司が独立したか、民営化したのかもしれない。あるいは、ただ個別の企業をベースに集団を組織するという単純なケースかもしれない。そのあたりの質問には答えてくれなかった。その集団のオーナーは5人であった。このような集団の場合、法律で所有者は5人以上とされているようであった。集団のリーダーは年配の女性であった。

　そして、この集団の新たなビジネスとして、輸入代替による冷蔵庫用薄板生産を目的とする江蘇立霸実業股份有限公司が宜興環保科技工業園に設立されたということのようである。したがって、出資者は集団ということになる。集団の董事長は先の年配の女性だが、この工場は集団から派遣された副総経理の肩書を持つ方が経営していた。

　深い意味がないのかもしれないが、やや不思議な雰囲気が漂い、だが、仕事は確実なものであった。

（3）　国産技術による輸入代替で発展（無錫惠源高級潤滑油）

　無錫市惠山区洛社鎮、蘇南モデル郷鎮企業の本場の一つである。そこに無錫惠源高級潤滑油有限公司が立地していた。惠源高級潤滑油の前身は洛社人民公社の社隊企業であり、1975年に設立されている。改革、開放前夜の洛社鎮の一つの高まりを示すものであろう。当初から潤滑油を生産していた。その後、洛社鎮の郷鎮企業となり、上海煉油廠、中国石化石油化工科学研究院と長期にわたる協力関係を形成し、この20年来、順調に発展してきた。

　1998年には民営化されることになり、当時、鎮政府から総経理として派遣されていた男性と、その方の夫人であり、鎮の工業公司の財務担当科長であった

繆冬琴さんの2人が買い取った。その時の資産評価部門の評価は、総資産2000万元、純資産220万元というものであった。当時の従業員は120人、それは現在でも変わらない。

蘇南モデル郷鎮企業と工業公司

蘇南モデル郷鎮企業の一つの大きな特徴として、改革、開放以降、鎮政府の工業管理部門の役を任ずる「工業公司」「実業総公司」などの名称の機関が、早い時期から置かれていた。蘇南モデル郷鎮企業は郷鎮の政府が出資、ないし大きく関与するものであり、個々の郷鎮企業は工業公司の下に統括されていた。工場長（総経理）の任命等は工業公司の専管事項であった。

このような位置にある蘇南モデル郷鎮企業も、1990年代の中頃から民営化を余儀なくされていく。しかるべき資産評価機関が資産評価を下し、それを売却していくことになる。多くの場合、工場長（総経理）に就いていた人が買い取る形になる。買収費用は自己資金、銀行借入、友人たちからの借入、あるいは、従業員たちからの借入という場合もある。

また、買い入れる人が複数の幹部であることも少なくない。特に、郷鎮企業の場合の筆頭株主は25％以上の取得を義務づけられることが多く、信頼されている工場長の場合などでは、従業員が皆で資金を出し合い、特定の人に買い取らせることもある。

この恵源高級潤滑油のケースは、鎮政府派遣の総経理と工業公司に勤めていた夫人が買い取ったものであり、特別なケースというわけではない。だが、その後、夫婦で買い取ったものの、夫は別の事業に踏み出し、保有株を放出、現在では、恵源高級潤滑油は株主が4人となっている。この間、董事長である繆さんの手腕が発揮され、事

写真4—11　恵源高級潤滑油の董事長・繆冬琴さん

写真4—12　恵源高級潤滑油の現場

業は拡大していく。この潤滑油事業以外にも包装企業も経営、さらに、湖北省の東風汽車の潤滑油部門にも投資している。子会社だけで5社を保有するほどになっている。この恵源高級潤滑油だけでも、総資産は1998年に比べて4.5倍の9000万元になり、登録資本は1900万元、売上額は1億2000万元を計上している。事業的には大成功ということになろう。

高新技術企業としての評価を受ける

　この恵源高級潤滑油が狙いとしている領域は、船舶用、自動車用、工作機械用、油圧機器用の潤滑油の輸入代替であり、モービルのレベルをターゲットにしていた。最近、恵源高級潤滑油の製品は、国家により船舶用の潤滑油に関してはモービルと同じレベルとの評価を受け、輸入代替を完成させた企業として高新技術企業（ハイ・ニューテク企業）の認定を受けている。この高新技術企業の認定には段階があり、市レベル、省レベルと上がり、最終的には国家レベルが目指される。市、省のレベルの高新技術企業の認定を受けると地方税の優遇がある。国家レベルとなると、通常、地方税も含めて33％の企業所得税（法人税）が15％に軽減され、認定後、2年間は免税、次の3年間は半免（7.5％）と優遇される。恵源高級潤滑油は市レベル、省レベルの認定を重ね、最近、国家レベルの認定を取得している。

　現在、船舶用では国内シェアの40％を握り、工作機械メーカー2社との間では長期取引関係を結んでいる。技術的なレベルアップにも意欲的であり、従業員の30％は技術者、2人の博士号取得者が在籍している。また、海外の企業とも長期安定的取引関係を形成しており、特に、韓国のSK（鮮京グループ）と

は、船舶用潤滑油に関して、年間4.5万トンのOEM供給を2008年まで続ける契約を取り交わしている。現在は輸出の比重は10％程度であるが、今後、海外市場への展開も視野に入れているのである。

このように、郷鎮企業から民営企業に転換し、優れた女性経営者の手腕により、国家から輸入代替に成功した高新技術企業として認定されるほどの民営中小企業が育ってきたのである。また、余談だが、無錫にある江南大学は郊外の交通事情の悪さを考慮し、無錫市郊外の鎮に出向いての出張型の「MBA」コースを持っている。洛社鎮でも出張型MBAコースを展開しているが、繆さんはすでに数年前にMBAを取得しているのであった。中国の若い女性経営者は非常に意欲的な方が多いが、繆さんはその典型的な人物であった。

（4）環境問題への対応により発展（無錫市方成彩印包装）

近年、中国では環境問題への関心が急速に高まっている。都市交通における電動バイクの普及（2008年3月現在、無錫市街地を走るバイクのおよそ80％は電動バイクになっている。無錫の場合、数年前から、新規のバイクの登録は、電動以外は認めないものになっている）、インスタント食品容器の発泡スチロールから紙製カップへの移行などが急速に進んでいる。このあたりの急速な動きには目を瞠らされる。ここで検討する方成彩印包装のケースは、こうした流れの中にあり、この数年で際立った発展を勝ち取ることに成功している。近年の中国においては環境が新たなビジネス・チャンスの一つの焦点になっていると言ってよさそうである。

雇われ工場長が郷鎮企業を買い取る

方成彩印包装の前身は、濱湖区雪浪鎮（現在、合併により太湖鎮になっている）で1984年に設立された郷鎮企業である。元々、鎮政府が5万元を投資したものであり、従業員十数人でスタートした印刷工場であった。この1980年代の中頃は蘇南地域では郷鎮企業の設立がブーム的状況になっており、無錫の各地で新たな郷鎮企業の創業ブームの時でもあった。また、その頃は市内の国有企業から技術者などを郷鎮企業の工場長として迎え入れることもよく行われてい

た。方成彩印包装の前身の郷鎮企業においても、現董事長兼総経理の方壽良氏（1949年生まれ）を、無錫の国有印刷工場から工場長として迎え入れた。

1997年には民営化ということになり、資産評価部門により500万元で評価され、方氏が銀行から借り入れて、1人で買い取った。その頃は、事実上、年間売上額1000万元ほどの小振りな印刷工場であり、特別の特徴もなかった。当時は無錫の小さな印刷屋にすぎず、日本の日清や台湾の統一の下請仕事などに従事していた。だが、2000年頃からは中国も環境問題に積極的に取り組み始め、特に、プラスチックを減少させるための運動が繰り広げられ、紙の使用が増加していった。

そうした事情を観察していた方氏は、即席麺のカップが発砲スチロールから紙製カップへ転換していくと見定め、2001年から積極的な設備投資に踏み込んでいく。2001年から3年間、毎年3000万元の投資を重ねた。特に、印刷機には日本の小森印刷機の4色オフセット印刷機2台、さらに、ドイツのHuraufの紙コップ加工機械6台を設備した。特に、Huraufの機械は全中国で12台しか導入されておらず、大陸に進出している台湾の即席麺最大手の康師傅から注目され、2001年から最大の受注先として取引を重ねている。

2001年の頃には、康師傅の発注先は全国で6社とされていたが、現在では華東地域は当社、その他には天津、武漢に1社ずつの3社に絞られている。当社の生産するカップ麺用の紙カップは1日120万個、月産で4000万個、年産では5億個という壮大な量に達しているのである。現在の従業員は450人、半数は地元の人材、半数は四川省、安徽省などからの若い女性の出稼労働者である。彼女たちは自分たちで下宿を探して居住している。操業は24時間の3交代制をとっていた。

写真4—13　方成彩印包装の製造現場

環境問題と紙コップの急速な普及

　この即席麺のカップの他には、方成彩印包装では通常の紙コップも大量に生産している。私は1980年代の中頃から20年間ほど中国の企業調査を重ねているが、訪問先で出される飲み物の変化を興味深く観察してきた。1980年代の中頃から1992～93年の頃までは、出される飲み物は磁器のカップに茶葉を入れ、お湯を注ぐスタイルであった。この形は現在でも出会うことが少なくない。会談中、不必要なほど何度も女性が魔法瓶を持ち込み注いでくれる。

　その後、1990年代の中頃には缶入りのコカコーラにストローを差し込んだものが一時期ブームのようであった。その後はペットボトル入りの水を置いてあるのが一般的になってきた。だいぶ合理化されたものだと感心していた。ただし、2004年からは紙コップ入りの水かお茶を出されることも多くなってきた。一つの流行かもしれないが、環境問題とも関係しているのではないかと思う。少し前に出されていた合成樹脂製のコップは最近見られない。環境問題を最優先するならば、磁器のコップに水分を入れてくれることが最も合理的と思うのだが。

　このように、最近では即席麺に限らず、紙コップが大量に使用されている。現在、方成彩印包装で使用している紙の材料は、保温性を意識した中に空気層のある二層構造の紙であり、中国では2社しか製造していない。インドネシア系の企業と浙江省のローカル企業のみである。当社の場合はフィンランドから輸入している。中国も環境問題の高まりから、一気に新たなビジネスが生まれているのである。

次の発展への課題

　方成彩印包装はこの4年ほどで急速に成長し、売上額はほぼ10倍の1億元になった。工場も2003年に市街地から新たな工業団地の中に移し、現状では新工場と旧工場の2工場体制をとっている。事業基盤は大きく固まったということであろう。こうした段階に入り、方董事長の関心は以下の三つの方向にあるようである。

第1は、年の売上額を現在の倍の2億元にすること。そのためには、華東地域に展開しているケンタッキーやマクドナルドなどの外資のファーストフードの仕事を取りたいというのである。これは、今後の営業努力にかかってこよう。

　第2は、経営の国際化を図りたいというのである。現在、日本の証券会社を通じて、アメリカ企業から吸収合弁の話がきているが、それに応じる気はなく、別会社を新たに合弁でスタートさせることを考えている。また、日本の製缶メーカーからも合弁合作の話が寄せられている。こうしたところからみると、方成彩印包装は世界の同業者から見て、興味深い企業ということになるのであろう。

　第3は、後継者問題である。方氏自身、50歳代後半にかかり、郷鎮企業時代の工場長から通算して20年以上も経営者の地位にいる。方氏の息子（1975年生まれ）も会社に入っているが、将来、彼を株主の1人にはするが、経営者として継がせるかは未定である。このあたりをどうしていくのか、中国の民営中小企業にも、一部には、後継者問題が発生しつつある。

　以上のように、郷鎮企業から民営中小企業となり、特に方成彩印包装は環境問題という時代の波に乗り、興味深い発展を遂げた。そして、新たなステージに上りつつある現在、国際化、後継者問題という新たな課題に直面しつつあるのである。

（5）　環境設備への展開で全国区に（金山環保工程集団）

　環境問題が深刻化している中国では、排水、排気関係などの環境ビジネスが急速に拡大している。中国全体で環境系の企業は約3万社とされている。それらの中で無錫の宜興市は早い時期から「環境都市化」を目指しており、1993年には中国で初の環境を意識した国家レベルの開発区（宜興環保科技工業園）を設置したことで知られている。このような背景もあり、期待する外資企業の進出は乏しいものの、宜興全体では環境系の企業が3000社を数えるとされている。日本の企業でも、日立プラントテクノロジー[9]、日機装などの有力企業が宜興環保科技工業園に進出している。

水処理設備部門のトップメーカー

ここで検討する金山環保工程集団は、元々は近くの鎮の郷鎮企業として出発したのだが、現在では、プラントの鏡板などを製缶加工する企業が集積する宜興市の万石鎮の万石工業園区に立地している。

創業は1983年、汚水処理設備の設計、製造、運営までを意識し、宜興市水処理設備廠の名称でスタートした。1988年というかなり早い時期に、宜興市は第１回目の郷鎮企業の民営化に取り組むが、当社はその対象の一つとして取り上げられ、株式会社に転じていく。元の副工場長の銭盘生董事長（1967年生まれ）が全体の51％を取得し、残りは多くの従業員が取得した。

民営化後、事業は順調に進み、現在では水処理関係の企業としては中国一となっている。この業界も競争が激しく、気になるライバルとしては北京、揚州に各１社、それに地元の宜興に１〜２社があげられていた。日系企業については、フィルター部門は強いが、装置もの全体としては中国ローカル企業の価格についていけないとの判断のようであった。

万石工業区の現在地は、敷地面積14ha、建物面積６万m^2というものであり、固定資産は７億元、年間売上額20億元、従業員820人の規模になっていた。敷地の中は中国風の庭園として整備されていた。

写真４—14　金山環保工程集団の構内

水処理への多様な取り組み

　中国企業の場合、発展するにしたがい、事業領域を拡げ、独特の集団を形成していく場合が少なくない。水処理設備部門でスタートした金山環保工程集団は、その後、不動産経営、投資会社、鉄鋼・ステンレス商社、日本との合弁企業等、六つの事業を展開するものになっている。集団の董事長には先の銭氏が就いている。なお、この金山環保工程集団は日本との合弁に踏み出しているが、それは清華大学出身で日本に留学し、日本の永住権を取得し、日本で就職している中国人が技術出資をしたものである。

　メインの水処理関係の受注先は、機械、冶金、石油、化学、電子など大半の産業分野にわたっている。日系のトヨタ（天津）、マツダ（南京）などの工場の水処理設備は当社が請け負った。設計から入り、フィルター、メーター類は外部から調達し、社内では製缶・熔接により組み立てていく。そして、現地に設置し、試運転まで行うことになる。なお、立地している万石工業区には鏡板加工、メッキ加工の企業もあることから、それらに依存することになる。従来の中国では加工機能の全てを保有するのが一般的であったのだが、民営化が進んできた現在、民営中小企業による相互依存関係が深まってきたことも興味深

写真4―15　金山環保工程集団の製缶職場

い。

　また、販売・メンテナンスを意識して、全国5カ所に各10人規模の拠点をおいてある。大連、天津から始まり、その後、長春、西安、合肥と続け、これから成都にも設置する予定であった。華南地域を除き、明らかに全国を視野に入れる配置であった。

　受注先は国内が大半だが、これまで海外案件としては、タイ、ベトナム、インドネシア、パキスタンへの輸出の経験もある。海外輸出の場合は、据え付けまで請け負い、当方から従業員を出して対応していた。プラント部門においても、中国民営企業の海外からの受注、据え付けが開始されているのであった。

　また、大学との産学連携にも意欲的であり、中国科学院との間で、分散している居住者を意識した排水処理のシステムの開発、また、近くの蘇州大学とは河川、湖沼の汚染対策を共同研究していた。当方から人を送り込んだり、あるいは先方から指導にきてもらっていた。無錫〜蘇州には琵琶湖の3倍の面積とされる太湖があり、水処理への関心は深く、多様な取り組みが重ねられているようであった。宜興市政府においても、環境への関心は深く、自主技術の開発に対しては補助金が用意されていた。

　中国の環境対策は、今後、一段と進められていくものと思うが、水処理という最も基本的な領域で、無錫の片隅の宜興において興味深い取り組みが重ねられているのであった。

（6）　合弁郷鎮企業の民営化（無錫華特鋼帯）

　蘇南地域に展開する郷鎮企業も、1990年前後の頃から外資企業との合弁に踏み出している企業も少なくない。そのような合弁郷鎮企業の場合の民営化はどのように進められているのか、華特鋼帯はまさにそうした興味深いケースであった。合弁に踏み出すことにより資金が供給され設備投資もうまくいき、企業としては魅力的なものになったが、蘇南モデル郷鎮企業でよくみられる工場長が買い取る形をとることができないまま推移しているのであった。

郷鎮企業が香港企業と合弁

　華特鋼帯の前身である郷鎮企業の名称は、無錫県特種鋼帯廠といった。恵山区（旧、無錫県）銭橋鎮の郷鎮企業として1988年に成立している。鎮政府が650万元を出資する鋼板の冷間圧延の工場であった。1995年には香港の投資会社である中国置業との間で合弁企業を設立している。香港側の出資は30％であった。この中国置業は蘇南地域で6件の合弁企業を設立している。むしろ、合弁企業というよりも投資会社の出資企業といったほうが実態に合っている。この合弁の登録資本は850万ドル、当時の従業員は250人ほどであった。

　合弁により資金調達した華特鋼帯は果敢に設備投資を実施し、北京冶金工程技術開発中心の冷間圧延機などを導入、従来の鋼板の圧延に加え、ステンレスの圧延もできるようになった。現在では、冷間で厚さ3ミリのステンレスの板を0.06ミリまで圧延できるものになっている。合弁以来、技術力がかなりアップし、品質水準も大幅に上がった。その結果、合弁してから10年、従業員は400人に拡大、2004年の売上額は2億5600万元に達するものになっている。民営中小企業の冷間圧延工場としてはかなりのものと言わねばならない。

　材料は鋼板のコイル材は中国国内メーカーから、ステンレスのコイル材は韓国の浦項、寧波の日新製鋼、江蘇省張家港の台湾系メーカーから入れている。中国ローカルではまだ、ステンレス材は十分ではない。

　販売先は、材料屋、工具屋など多様であり、数百社の単位であり、基本的に受注生産になる。近年、市場の拡大が著しく、毎年、数十％の売上額の伸びを示しているのである。工場視察でも、良質な圧延工場を見る思いがした。

写真4－16　華特鋼帯の生産現場

合弁郷鎮企業の経営者の取り扱い

1990年代の末には民営化

の方向に乗り出すが、外資との合弁企業ということから、興味深い展開になっていく。登録資本の30％は香港側が所有しているわけだが、残りの70％の処理が難しいものになる。中国の合弁企業の取り扱いとして、外資側は個人でも構わないが、中国側は個人では認められないようである。そのため、地元の郷鎮企業（現在では民営企業）5社が保有することになった。原料関係の雪豊（13％）をはじめ、軽工業品メーカー、自動車関係メーカーなどであった。特に、雪豊は華特鋼帯よりも先に中国置業と合弁していたのであり、そこからの紹介で華特鋼帯の合弁が成立したという経緯もある。

他方、華特鋼帯の董事長は郷鎮企業時代以来の工場長である唐炎生氏（1943年生まれ）である。唐氏は地元の鎮の出身であり、1963年に中専（師範学校）を卒業、農業に2年間従事した後、4年間の小学校教師の経歴もある。その後、1968年からこの業界に入り、鎮内の他の郷鎮企業で工場長を務めていた。1988年に鎮が新たな工場を作ることになり、鎮政府の要請（命令）で、特種鋼帯廠に工場長として着任している。

創業以来の工場長であり、業績が良ければ、民営化の際には個人的に取得する場合が一般的だが、合弁企業という事情により、それができなかった。だが、株を保有していない唐氏がこの華特鋼帯の董事長に就いているのである。華特鋼帯の董事会のメンバーは7人。中国側5社が1人ずつ、香港側が2人となっている。そして、香港側のうちの1人が唐氏ということになる。香港側は経営には一切口を出さず、2〜3カ月に1回程度の財務、経営状態のチェックに訪れるだけである。実際は唐氏が全てを取り仕切っている。1995年に合弁を組んで以来、5年で香港側の初期投資は回収済であり、その後も好業績を続けており、2004年は3000万元の利潤もあげている。香港側としてはドル箱ということになりそうである。

このような場合、株を保有していない雇われ経営者の唐氏には、それほどメリットがないように見える。香港側としては「唐氏は余人をもって代え難い人材であり」、董事長と総経理のポストを与え、年俸制プラス成功報酬のスタイルをとっているのである。現在、華特鋼帯の経営陣は唐氏をはじめ5人で構成されているが、これらの人びとはいずれも年俸制と成功報酬の形となっている。

また、華特鋼帯の場合は、一般の従業員に関しても、利潤からのボーナス配分を提供されている。このように、合弁の郷鎮企業が民営化するという興味深いケースが、蘇南には拡がっているのであった。

　ここまで検討したように、無錫の郷鎮企業は多様な道筋をたどり、民営化に踏み込んでいった。元工場長などの特定の個人が取得していく場合、幹部数人で取得していく場合、さらに、従業員全体で取得していく場合などが認められた。そして、この章で取り上げたケースの場合には、いずれも民営化以降、興味深い発展の方向に向かっていた。国内産業の活発化を受けて国内市場に向かう企業、また、外国の最新技術を導入し、輸出市場に向かう企業も現れていた。

　1980年代の後半から蘇南地域の郷鎮企業を見続けて来た身からすると、隔世の感を覚える。低レベルの日用消費財部門に終始し、あるいは村の鍛冶屋のレベルであった郷鎮企業は、1990年代初めの第1回目の階層分解により淘汰され、さらに1990年代末に推進された民営化を乗り越え、一部に発展的な民営中小企業を生み出していたのであった。おそらく、その背後には消え去ってしまった郷鎮企業も少なくないものと思う。それらを追跡することは難しいが、生き残り、新たな発展の枠組みをつかみ取った民営中小企業の現在と将来から、蘇南モデル郷鎮企業により一時代を築いていた無錫の歩みが浮き彫りにされるであろう。

　2000年代に入った無錫は、郷鎮企業から転換した民営中小企業を主要なプレーヤーの一人として、新たな発展のステージに立っていくのであった。

1) 蘇南モデル郷鎮企業の初期の研究としては、陶友之主編『蘇南模式与致富之道』上海社会科学院出版社、1988年、林青松・威廉・伯徳主編『中国農村工業』経済科学出版社、1989年、W. A. Byrd, L. Qingsong, *China's Rural Industry*, Oxford University Press, 1990、呉祥鈞編『江蘇郷鎮企業管理経験千例選』中国中共党出版社、1990年、寒謬爾他『江蘇農村非農化発展研究』上海人民出版社、1991年、周爾鎏・張雨林主編『城郷協調発展研究』江蘇人民出版社、1991年、馬傑三主編『当代中国的郷鎮企業』当代中国出版社、1991年、宇野重昭・朱通華編『農村地域の近代化と内発的発展論』国際書院、1991年、関満博『現代中国の地域産業と企業』新評論、

1992年、上野和彦編『現代中国の郷鎮企業』大明堂、1993年、大島一二『現代中国における農村工業化の展開』1993年、馬戎他編『九十年代中国郷鎮企業調査』牛津大学出版社、1994年、費孝通『郷土重建郷鎮発展』牛津大学出版社、1994年、関満博『中国長江下流域の発展戦略』新評論、1995年、J. Wong, R. M. M. Yang, *China's Rural Entrepreneurs*, Times Academic Press, 1995、関満博『上海の産業発展と日本企業』新評論、1997年、などがある。

2) 蘇南地域の郷鎮企業をめぐる1992〜93年頃の階層分解に関しては、関、前掲『中国長江下流域の発展戦略』補論Ⅲ、で論じた。なお、この論文は、本書補論Ⅳに再録してある。

3) 1990年代末の蘇南地域の郷鎮企業状況は、関満博「中国無錫市の郷鎮企業の現在──『蘇南モデル郷鎮企業』の時代から『民営企業』の時代へ」(太田進一編『企業と政策』ミネルヴァ書房、2002年)で論じた。なお、この論文は、本書補論Ⅴとして再録してある。

4) このような福祉工場については、関、前掲『現代中国の地域産業と企業』第2章、第3章、を参照されたい。

5) 三線建設に関しては、関満博・西澤正樹『挑戦する中国内陸の産業』新評論、2000年、呉暁林『毛沢東時代の工業化戦略』お茶の水書房、2002年、関満博編『中国華南/進出企業の二次展開と小三線都市』新評論、2008年、を参照されたい。

6) この大連のケースについては、関満博編『現代中国の民営中小企業』新評論、2006年、第4章を参照されたい。

7) 1994年2月調査の太湖鍋炉の概要は、関、前掲『中国長江下流域の発展戦略』補論Ⅱで論じたが、本書補論補Ⅱに再録してある。また、2001年8月の事情については、一橋大学関満博研究室『中国無錫市における産業発展戦略』2002年、にまとめてある。

8) 無錫葉件廠に関しては、一橋大学関満博研究室、前掲書を参照されたい。

9) 日立プラントテクノロジーの宜興進出については、関満博編『メイド・イン・チャイナ』新評論、2007年、第3章を参照されたい。

第5章 民営化後に劇的な発展を遂げた郷鎮企業

　先の第4章では、蘇南モデル郷鎮企業の民営化への道筋を幾つかのケースでたどってみた。そのいずれも、まことに興味深いものであった。この章では、そのような蘇南モデル郷鎮企業の民営化の中でも、さらに際立った発展を実現したいくつかのケースを取り上げていくことにしたい。ここで検討するケースは、無錫において最も成功した郷鎮企業から民営企業への転身のケースとして、地元でも大きな注目を集めている企業群である。
　一般に、1980年代前半に発展した蘇南モデル郷鎮企業の多くは、日用消費財部門が目立っていた。繊維、家庭用品等であった。この無錫の場合、以前から繊維産業の伝統があり、郷鎮企業においても繊維部門で興味深い企業が登場してきた。この章で扱う海瀾集団、陽光集団、紅豆集団、第一棉紡の他にも、第4章でみた申澄集団、第6章で扱う利安達集団、恒田企業等が知られる。いずれも輸出向けを主体にし、また、多くの場合は日本の商社との付き合いの中で劇的な発展を勝ち取っていることも興味深い。繊維部門で大発展した郷鎮企業は無錫の現在を語る場合の一つの大きな特徴なのである。
　また、無錫は1920年代の民族工業発達の時期に、重機械工業の基盤を形成したことで知られているが、それを背景に郷鎮企業においてもそのような部門が独特の発展を示してきた。先の第4章で取り扱った無錫鍛圧、無錫雪桃集団、太湖鍋炉、潤和機械、無錫華帯特鋼帯などもそのような典型企業として指摘される。そして、このような基礎資材、重機械工業の領域においても、近年、劇的に発展する企業を生み出しているのである。
　以上のような意味で、無錫は軽工業から重工業に至るまでの幅の広い領域において、郷鎮企業を軸にバランスのとれた発展を示していると言ってよい。そのような点を受け止めながら、この章では、現在の無錫をリードする劇的な発展を遂げた民営企業に注目していくことにする。

1．無錫を特色づける繊維産業部門での発展

　江蘇省南部の無錫、蘇州、常州などの蘇南地域は豊かな「魚米の里」として知られると同時に、中国のシルク産業の中心地としても注目されてきた。特に、無錫においては郊外の江陰市の周辺が繊維産業の中心地とされていた。近代に入ってからは無錫のシルク産業は、隣の蘇州ほどには目立たないものになってきたが、むしろ、綿紡績、ニット、縫製部門で注目されるべき動きが生じてきた。

　特に、縫製部門においては、日本の商社との関係の中で、壮大な生産力を形成している場合が多く、全中国でも目立つ企業になっている場合も少なくない。この節で検討する海瀾集団、陽光集団、紅豆集団は、その代表的な存在であろう。いずれも郷鎮企業を母体にし、壮大な規模の民営企業として注目されている。この節では、そのような企業に注目し、無錫における繊維産業発展の意味を探っていくことにしたい。

（1）「紅い帽子」郷鎮企業から劇的な発展（海瀾集団）

　無錫市の北側に位置し、長江に面する江陰市は県クラスの市とされる。この江陰には長江にかかる最下流の江陰大橋があり、江蘇省の南北を結ぶ物流拠点として重要な役割を果たしている。また、歴史的には繊維産業の発展した地域として知られ、そうした影響が現在にも色濃く残っている。実際、この江陰には、無錫を代表する優れたアパレル縫製メーカーが2社立地している。その2社とは、この項で扱う海瀾集団と、次項で扱う江蘇陽光集団であり、いずれも江陰市の新橋鎮に展開していることが興味深い。しかも、この2社は川を挟んで隣り合っているのであった。

　現地を訪れて見ると、海瀾集団の拠点は、それ自身、あたかもヨーロッパの街のような趣であった。周辺は蘇南の純農村地域であり、そこだけ閉ざされた奇妙なゾーンであった。この場所は元々の創業の地であり、周辺を次第に買収しつつ、現在は6.7haの敷地となっている。豪華な石造り建物はいずれも織布

写真5－1　海瀾集団の工場群

工場、縫製工場であり、2001年建設の「海瀾工業園」とされていた。

2005年3月末現在の従業員数は約1万5000人、2004年の売上額70億元、貿易額3億元（うち、輸出額2億元）であった。男性用の紳士スーツ、シャツでは中国最大のメーカーとされ、明らかにすでに中小企業の域をはるかに超えるアパレル企業であった。年間の生産能力は、紳士スーツ300万着、シャツ400万枚、生地1500万mに及んでいた。

個人で創業し、劇的な発展

この海瀾集団の前身は、1988年12月、江陰市第3毛紡廠という名称でスタートしている。一見、国有企業のような名称だが、実際は個人が創業し、新橋鎮の郷鎮企業として登録しスタートした。当時の蘇南地域では個人経営は難しく、郷鎮の政府と相談し、形式上、郷鎮企業として始める企業が少なくなかった。このようなスタイルを「紅い帽子」企業と言う。

創立者は、現在の海瀾集団の総裁である周建平氏（1960年生まれ）である。周氏は地元新橋鎮の出身であり、鎮営の写真屋に勤めていたが、独立し、ウールの生地を扱う小さな商売を開始した。その後、生産に関心を抱き、工場を始めようとするが、当時の事情では個人経営は難しく、鎮政府と相談し、30万元を投資して郷鎮企業の第3毛紡廠として設立する。その時、周氏は28歳であり、18人の従業員で、十数軒の空き家を借りてスタートしている。

その後、生地の生産から紳士服製造へと展開、それなりの基盤を形成、さらに、最近では多角化、国際化に向かっている。多角化は中国の成功した企業がたどりがちな方向であり、不動産、観光、ホテル、貿易、物流、造船にまで踏み込んでいた。国際化は海外ブランドの受託生産などである。自社ブランドの

確立と海外進出も視野に入れていた。

　ここまで劇的に発展したポイントは、彼らの言い方では「創新」とされている。技術（品質）を重視し、人材の育成、管理の充実が指摘されていた。元々は生地の生産からスタートしているが、縫製、アパレル部門に展開し生地から製品までの一通りの機能を身につけてきた。現在、生地の30〜40％は外販しているが、今後、縫製部門をさらに充実させ、2008年頃を目処に自社内で完結させる態勢を形成していく構えであった。

　もう一つの発展のポイントとしては「活力、若さ」が指摘されていた。経営者の周氏自身が若く、従業員も若い。平均年齢は27歳とされていた。そして、発展のスピードは早く、2001年頃の従業員数は8000〜9000人程度であったのだが、2005年には倍に近いものになっていた。なお、従業員の募集はスタッフは新聞広告などが中心、ワーカーは各地方の労働部門や学校と接触して調達している。全体的に見ると70％が外省人である。中専以上の人材は三星ホテル並みの「人材楼」に入れ、ワーカーは6人部屋の宿舎に入れていた。従業員の募集には問題がなさそうであった。

まだ未完成の民営化

　第3毛紡廠から海瀾への社名変更は2001年であった。なお、その直前の2000年12月には、集団の中の1社、凱諾科技股份有限公司を上海証券市場に上場させている。現在、集団の中の子会社は十数社、凱諾科技股以外は有限公司の形態をとっている。

　なお、この海瀾集団の場合、民営化は未完成であり、遅れており、現在は股份（株式）合作制の状況であった。通常、股份合作制とは、郷鎮企業などの資産（集体資産）の帰属が容易に確定できない場合、それらを集体資産として棚上げしておく場合によく使われている。要は、資産の確定ができるまでの経過的なものとされている。

　だが、この海瀾集団の場合は、そうではなかった。所有権は創業当時から一貫して周氏のところにあり、鎮政府は経営に一切の口を挟まず、周氏が思うように経営してきた。したがって、所有権の確定は問題とされてなかった。事実

上、完全に私有なのであり、民営化を急ぐ必要がなかったとされる。このような場合、民営化は特に問題なく進められるものと思うが、妙に手間取っていた。幹部にその点を質すと「集団傘下には上場企業を含む多数の子会社が存在しているから」との回答を得た。

傘下企業の詳細を知ることはできなかったが、持株会社の立場から見ると、かなりの含み益を抱えていることになり、持株会社の株式価値はかなりの金額に評価されると推測される。含み益がさほどなく、それほどの株式価値でなければ、周氏の持ち分 X％、鎮の持ち分 Y％と決めることは容易であろうが、事ここに至れば、各関係者の利益調整をつけることはかなり難しいのではないかと思う。このような状況の中で、2004年から民営化に本格的に取り組んでいるとされている。中国の企業の民営化をめぐっては、外国人には伝えられない、あるいは理解しにくい部分がある。

販売店の展開と国際化

なお、海瀾集団は中国国内で「海瀾の家」という小売店をフランチャイズで展開している。全て自社製品を販売するものである。この形式は、周総裁が日本を視察した際、紳士服の青山に触発されて始めたものである。2002年9月にスタート、当初は直営店の形をとったが、2004年からフランチャイズに切り換えた。2005年3月末現在では全国に200店舗を展開している。2008年までの目標は1000店とされていた。

現在の輸出は生地が生産量の40～50％、アパレルは年間50万セットとされている。アパレルの国内向けは自社ブランドだが、輸出は OEM 生産となる。対日貿易は2001年からスタート、青山商事とアオキインターナショナルを主軸にしている。日本への輸出は全輸出の25％だが、満足できる状況ではないとの判断であった。さらに拡大したい意向であった。

この他、国際化の課題に向けてニューヨーク、パリ、ミラノ、東京に事務所を置き、情報収集、貿易の拠点としている。ただし、2003年には東京事務所を閉鎖していた。理由を尋ねると「近いので、必要がない。いつでも行ける」とのことであった。

また、この海瀾集団には、紡織業関連の博士後工作ステーションが形成されていた。博士後工作ステーションとは、オーバードクターに当面の研究の場を与えるというものである。海瀾集団の場合には、生地に関する研究と縫製に関する研究をテーマとし、10人弱の人材を預かっていた。名門の上海紡織大学（現、東華大学）の出身者が多い。このような点からみても、海瀾集団は蘇南地域の代表的な繊維企業に成長してきたことが理解される。

　以上のように、海瀾集団は1988年の段階で事実上、個人で創業し、十数年という短い期間に劇的な発展を遂げてきた。時代の流れを敏感につかんだ優れた経営者に恵まれたことが極めて大きい。目標は「世界一」と置かれており、自社ブランドの確立、中国国内での販売展開、世界の主要国への輸出、事業の多角化などが視野に入り、興味深い展開に踏み込んでいるのであった。

　江陰市の関係者によると「江陰に視察に来られる方の対象は、一つは中国一の豊かな村である『華西村』と、この『海瀾集団』」というのであった。海瀾集団は地元にとっての「看板企業」ということなのであろう。無錫郊外の江陰に、個人が始めてここまで劇的に発展した郷鎮企業が存在しているのであった。

（２）　多角化に向かう民営企業（江蘇陽光集団）

　先の海瀾集団の川を挟んで隣に江蘇陽光集団が屹立している。この二つの企業が隣り合って立地している場所だけが、新橋鎮の発展している部分に見えた。近くに高速道路のインターチェンジがあるが、そこから見ると、巨大な農村の中に、海瀾集団のヨーロッパ風の石造りの工場と陽光集団の高層ビルだけがポツンと対峙していた。郷鎮企業から劇的に発展した江陰市新橋鎮の二つの民営企業は、蘇南の郷鎮企業の発展の象徴的なものとして光輝いているのである。

中国最大のウール生地生産企業を形成

　陽光集団は蘇南モデル郷鎮企業として出発したものの、現在、紡毛、アパレル、生物医薬、電力、不動産、小売商業（服装の直営小売店20店舗）、林業等の分野に踏み出している多角化した企業集団として注目されている。現在の集団の傘下にいる企業は30数社にのぼる。これだけの発展のベースとなった繊維

写真5-2　陽光集団の本社ビル

部門は生産力は紡毛14万錘、輸入機械900台、さらに縫製ライン16を数え、ウール糸年産2万トン、ウール生地年産2200万m、服装177万着（紳士服127万着、婦人服50万着）を数えている。大衆向けの「陽光（SUNSHINE）」ブランド、国内向け紳士向け高級ブランド「VENETI」、婦人向け高級ブランド「GEZELIE」などは中国国内で一定の評価を得ている。全従業員数1万2000人（繊維関係は9000人）を数えている。なお、ウール生地生産に関しては、陽光集団は全中国のほぼ50％のシェアを占めているのである。

　この陽光集団の前身は、江陰市新橋鎮の郷鎮企業として、鎮政府が50万元を出資して1986年にスタートしている。当初はウール生地から開始したが、1980年代末は品質に問題があり苦しんだ。染色部門を改善し、その後急速な発展の道をたどってきた。この1989年頃の染色部門のてこ入れによる時期が陽光集団の発展の第1ステップとされる。その後、1996年には日本の丸紅に評価され、合弁企業の江陰陽光中傳毛紡有限公司を設立している。このあたりから輸出が急増し、発展の基盤が形成された。現在、陽光集団の繊維関連製品は50％を輸出しているが、以来、日本が最大の輸出市場となっている。紳士服のアオキ、青山からの受託生産も実施している。

　第2ステップとなったのは1999年である。この年には、従来の生地専業からアパレル部門に進出し、さらに、もう一つは上海証券市場に集団の子会社である江蘇陽光股份有限公司を上場した。この上場により2億5000万元ほどの資金を調達している。上場企業に対して、陽光集団は45％ほどの株を所有している。また、この上場と同時に集団全体の民営化にも踏み込んでいる。

　そして、ウール生地専業であった1999年当時の売上額は20億元であったのだが、その後に急成長を示し、2004年は5倍強の105億元、そして、2005年の計

画では150～160億元を見込んでいた。この陽光集団は先の海瀾集団と共に、現在の江陰、あるいは無錫を代表する民営企業と言えそうである。

繊維関連から、他部門への関心の高まり

なお、この陽光集団の董事長の陸克平氏（1943年頃の生まれ）は、1986年以前も鎮のレンガ工場の工場長であり、陽光集団の前身が設立された1986年に、工場長として移籍している。現在地が創業の地であるが、発展と共に周辺を買収し、現在では80haの規模となっている。繊維関連部門はこの敷地に集約されている。

1999年に民営化されたが、株主は全部で約100人を数える。郷鎮企業時代の幹部が取得している。筆頭株主の陸董事長の持ち分は10％未満である。また、新橋鎮もわずかながらも株を所有している。鎮は配当を受け取る立場であり、経営にはタッチしない。この陽光集団の場合は、関係者の合意により、バランスのとれた株主構成に落ち着いたものとして興味深い。民営化は完全に終了している。急成長した大型の郷鎮企業としては、無理のない民営化であったと評価できる。

また、この陽光集団にも、先の海瀾集団で見た博士後工作ステーションが形成されていた。ウール生地部門としては中国で唯一のものである。さらに、中国のウール生地関連のリーダーとして、北京の清華大学、北京服装学院（現、中国服装大学）等、全国の20の大学とも緊密な連携をとり、新技術開発、新製品開発に意欲的に取り組んでいるのであった。

なお、この民営化、子会社の上場以降、陽光集団は従来の繊維関連から新たな事業分野に幅広く展開していく。まず、1999年の上場と同時に医療関係の上場企業である四環生物の株を取得し、最大株主となった。2002年には、不動産業と電力業に参入、2003年にはバイオテクノロジー分野にも進出している。2004年の売上額の構成は、繊維関係3分の1、不動産3分の1、その他3分の1となっている。陽光集団側の認識でも、今後の成長分野としては、不動産、エネルギー、医薬・バイオ部門が指摘されていた。

民営化の流れも無理がなく、資本構成や集団としての組織にも注目すべきも

のがある。ただし、中国企業にありがちなことだが、一つの事業である程度の成功を収めると、その部門をさらに高めようとするよりも、不動産などの利益率の高い領域に目が向きがちになる場合が少なくない。陽光集団も不動産売上が3分の1を占めており、かつ、不動産部門の業績は不調のようである。また、本業の繊維部門の利益率は低下傾向にあるため、株価は低迷している。しかし、その一方で、地元向けの発電所の経営といった公共エネルギー部門に進出したり、医療・バイオといった新規事業にも力を入れている。そのことが集団全体にどのような影響を与えていくことになるのか、民営化により一つの階段を登った陽光集団の今後は、中国民営企業の将来を考えるにあたって極めて興味深いケースであると言えよう。

(3) 巨大な縫製企業を形成（紅豆集団）

先の海瀾集団と陽光集団はいずれも無錫市郊外の江陰市新橋鎮に展開していたが、紅豆集団は恵山区（旧、無錫県）の江陰に近い港下鎮に展開している。無錫を代表する民営企業とされ、2006年には全国民営企業売上額順位で32位となった。また、中国アパレル企業ランキングでは第1位の浙江省寧波の雅戈爾（ヤンガー）集団[1]に次いで6年連続、第2位を占めている。ちなみに第3位は海瀾集団である。海瀾集団と並んで、紅豆集団は無錫を代表する民営企業と言うことができる。

1983年から劇的な発展

紅豆集団の創業は1957年、港下人民公社の中で開始された。当初は港下針織廠と称した。従業員は18人の旅立ちであった。1960年の頃には、年生産額6万元を計上、港下人民公社の副業部門では最も成績の良いものであった。1970年の頃には、従業員100人ほどになり、年生産額は30万元に達している。1979年には年生産額60万元に達し、地域の最優良企業とされたものの、1981年には、市場が悪化し、1982年の売上額は28万元に低落し、大きな困難に直面していった。

このような事態に対して、1983年6月、現在の紅豆集団董事長の周耀庭氏

写真5−3　紅豆集団の縫製職場

(1942年生まれ)が工場長として着任、多くの改革を進め、売上額を一気に60万元に戻していった。この1983年が紅豆集団の実質的なスタートとされている。その後は毎年、倍々の勢いで発展し、1987年には売上額1000万元を突破、1988年には従業員1000人規模となり、当時の無錫県の「明星企業」とされていった。

　さらに、1992年には売上額が1億元に達し、江蘇省紅豆針織(ニット)集団公司を誕生させている。その後も順調に発展し、2007年の売上額は182億元、従業員数は2万人を数えるものになっている。無錫の郷鎮企業として、紅豆集団は最も劇的に発展した企業と言えそうである。

五つの事業分野

　そして、ニット下着から出発した紅豆集団も、発展の中で事業分野が多岐にわたるものになってきた。現在では5大分野とされていた。

　第1番目は、紳士物スーツ、コート等のアパレル部門であり、売上額の約50％を占めている。やはり紅豆集団の基礎的な部分とされている。

　第2番目は、10年ほど前から手掛けているバイクの部門であり、ガソリン・バイクから始まり、現在では電動バイクにまで踏み込んでいる。この電動バイクはCELIMO(千里馬電動車)のブランドで市場に提供されている。このバイ

ク部門は売上額の20％を占めている。

そして、この2～3年、手掛けているのは、不動産部門（売上額の10％）とゴムタイヤ部門（20％）、そしてバイオ部門ということになる。

1997年には株式化し、現在の資本金は約1億元、課長以上の幹部200～300人が株を所有している。また、2001年にはアパレル部門（紅豆股份）を上海証券市場に上場している。さらに、2008年にはタイヤ部門を上場する計画になっていた。

主力のアパレル部門の販売先は国内80％、輸出20％であり、輸出の大半は1990年代から付き合いのある伊藤忠商事を通じて日本に輸出している。日本との取り引きは当初はサンプルをもらって製品化したものだが、現在では、紅豆側が開発して伊藤忠側に提示するものに進化している。また、国内販売は高級品は自社の小売店（1000店以上）で直販し、中級品以下は国内の問屋に卸している。

紅豆集団の目指すもの

この紅豆集団の三大目標は「強固な株式会社」「上場」「投資会社の設立」というものであり、当面の発展戦略としては以下の五つが掲げられていた。

第1は「三知名度」とされ、「ブランドの知名度」「企業の知名度」「企業家の知名度」を上昇させることであった。

第2は「両大含量」とされ、「技術レベル」「文化レベル」の上昇が意識されていた。この技術レベルに関しては、一流の設備、特許、人材の確保、技術者への奨励をポイントとし、文化レベルについては、中国一の文化的ブランドを目指すとしていた。

第3は「創新（イノベーション）戦略」であり、「制度のイノベーション」「技術のイノベーション」「管理のイノベーション」「マーケティングのイノベーション」掲げていた。

第4は「企業文化戦略」とされ、物質的利益を追求する共同体としての「株式制」と、精神的利益を追求する共同体としての「企業文化」を強く意識していた。

写真5−4　紅豆集団カンボジア工業園の模型

　第5は「社会責任戦略」とされ、「ハード面の競争力」「ソフト面の競争力」「制度面の競争力」の強化が意識されていた。
　また、紅豆集団の最近のトピックスとしては、バイオ部門のスタート、紅豆国際広場の展開、そして、カンボジア工業園の取り組みがあげられる。
　バイオ部門は、植物から抗ガン物質を抽出するというものであり、2003年に会社設立し、約1000haの農場に200万株の「紅豆杉」を植栽した。生産工場は2kmほど離れた場所に設置され、2007年9月からスタートしている。
　紅豆国際広場は無錫市街地の中心部である中山広場に、無錫で一番高層の45階建の複合ビルを建設し、ショッピングセンター、オフィス、住宅を提供しようというものである。建設はほぼ終わり、2008年6月から分譲開始が予定されていた。
　カンボジア工業園とは、カンボジアの首都シアヌーク市郊外の5.68km^{2}の敷地に、紅豆集団の主導の下に本格的な工業開発ゾーンを形成しようというものであり、すでに2008年2月に建設が開始されている。ここには、外資企業の受け皿の工業団地、大学城、居住地区、業務地区などか複合的に用意され、カンボジアの近代化に大きく貢献していくことが期待されている。
　なお、現在の紅豆集団は事実上の創業者であり、現在の集団全体の董事長で

ある周耀庭氏に加え、子息で紅豆集団の総裁を務める周海江氏（1966年生まれ）によって指導されている。特に、子息の周海江氏は、以前、大学で経営学を教えていたのであり、大学の職を辞して父が事実上創業した紅豆集団に参加してきた。そして、自ら近代的な経営手法で紅豆集団の発展をリードしてきたのであり、現在の中国の若手経営者の象徴的な存在になっている。

中国の郷鎮企業も、民営化を重ねる中で、人的な深みを増し、また、興味深い経歴の経営者が登場してくるなど、新たな段階に入ってきたのである。その一つの象徴的な存在として、紅豆集団を見ていかなくてはならない。

（4） 国有企業のままで大発展（第一棉紡織廠）

1997年頃から無錫では郷鎮企業の民営化が一気に進み、その頃から集積してきた外資企業と共に、無錫産業の一つの主役になってきた。この間、国有企業もほぼ同様に民営化を推進し、国有企業の影は薄いものになっている。そのような中で、ここで検討する無錫市第一棉紡織廠は、依然として無錫市所属の国有企業として興味深い歩みを見せている。

第一棉紡織廠の設立は1919年。辛亥革命（1917年）後の中華民国の近代工業化の民営モデル工場として設立されている。イギリスから紡績機械を導入し、

写真5―5　1919年設立の工場

写真提供：第一棉紡織廠

周辺の農家の若い女性を採用していた。構内には発電所まで設置され、また銭荘（金融機関）も設置されていた。無錫のその時代を象徴する工場であったことが推察される。

香港企業との深い合弁の関係
　その後も、第一棉紡織廠は無錫を代表する繊維工場として独特な歩みを重ねていく。1919年から1952年までは民営企業であったのだが、1952年から1964年までは国営と民営の合資の形となり、中国が緊張した1964年にようやく国営化されていく。中国の民営企業は1957年頃までに国営化されていくのが一般的だが、第一棉紡織廠の場合は特殊なケースであった。
　1964年以降、現在に至るまで国有（国営）企業であるのだが、改革・開放の1979年以降、興味深い流れを形成していく。1979年には香港資本（香港長江製衣公司）との間で「補償貿易（バーター取引）」の契約を結び、香港側が機械を提供し、第一棉紡織廠側が製品で返すという形を形成した。そして、この香港側との関係は、その後もいっそう深いものになり、1984年に最初の合弁を形成し、その後、現在に至るまで6件の合弁企業を形成してきたのである。
　一連の香港企業との合弁は、全体として、香港側が54％の出資、無錫市政府側が46％の出資とされている。全体の董事長には1977年から第一棉紡織廠に勤めている農民出身の李光明氏（1952年生まれ）が就いている。農民出身でここまで登りつめた人は珍しいのではないかと思う。また、合弁の各社にはそれぞれ董事長が就いているが、うち2社は李氏の兼任、香港側が1人で2社の董事長、残りの2社はシンガポール人、中国人が就いている。
　合弁当初は、各企業の総経理、副総経理に中国側、香港側が3年交代で人を出すことが合意されていたのだが、実際には香港側が駐在したことはない。香港側は不定期に訪れてくるだけである。ほぼ完全に経営は中国側に委ねられている。現実には、中国側が管理チームを編成し、全体を統括する形をとっていた。
　香港側の長江製衣公司は縫製・販売企業であり、当方の糸を使用していない。香港側とすれば、中国の優良事業に投資したということであろう。配当するだ

の関係となっている。第一棉紡織廠の業績は良く、香港側は満足しているようであった。6回も合弁（出資）に応じるなどは、そうした事情を物語っている。

効率的な工場展開

現在の第一棉紡織廠は紡績から織布までの一連の工程を社内で行っている。機械設備はドイツ製を採用している。紡績のスピンドルは42万錘、織機は1200台、従業員2000人、年間売上額は約15億元を計上している。輸出は全体の約40％であり、輸出入額は8000万ドルに上る。なお、後にふれるが、退休工人（退職者）が4500人を数えることも興味深い。第一棉紡織廠の場合、ワーカーの定年は男性60歳、女性50歳とされていた。

工場を視察すると、ほとんど人の影は見えなかった。中国の工場は人があふれている印象からすると、意外な風景であった。この第一棉紡織廠の場合は、工場管理をドイツ企業、日本の東レの子会社、ユニチカ本社から指導を受けており、相当に効率が上がっていた。中国国内の紡績工場の場合は、1万スピンドルに対して200人が一般的だが、第一棉紡織廠の場合は30人とされていた。ほぼ国際的な水準に達していた。品質的にも、国際、国内のハイエンドのところを狙っていた。この第一棉紡織廠の製品には「太湖（TALAK）」のブランド

写真5－6　第一棉紡織廠の紡績工場

がつけられ、国内では評価の高いものであった。

　材料の綿はアメリカ産の輸入が50％、国産（新疆ウイグル）が50％であった。製品販売はかつて輸出が60％を占めていたのだが、現在では40％に低下し、国内が増加している。輸出先は日本、イタリア、韓国などが主であり、国内は中国沿海部の江蘇省、浙江省、山東省、広東省の織布メーカーが多い。近年、人民元高の傾向であり、輸出は利益率が低下していること、海外のバイヤーも中国綿糸を買うよりも、完成品である縫製品を買うことに関心を抱いている。そのような事情から、第一棉紡織廠も輸出はあまりしたくないようであった。

　現在、紡績の生産能力は42万錘だが、床面積56万 m^2 の新工場を建設中であり、2008年6月竣工のあかつきにはさらに42万錘の能力が追加されることになる。ほぼ倍になるということであろう。国有企業のまま、第一棉紡織廠はさらに拡大傾向を示しているのであった。

市政府の要請により、市街地から郊外に移転

　なお、現在の第一棉紡織廠は無錫の郊外に立地しているが、以前は市内の中心部にいた。2000年頃に、市政府が視察に訪れ、移転を促される。そのため郊外を調査し、元の工場の敷地を売却して現在地に着地している。市政府の要請であることから多くの支援を得て移転事業が実行された。資金調達は、旧工場の売却に加え、香港側の再投資を促し、さらに銀行からの借入に頼った。市政府の要請による移転であったこと、従来から香港企業と良好な関係を形成していたことが、移転後の機械設備の充実、効率的生産の実現につながったものと思える。

　また、先に退休工人が4500人いるとしたが、この点も、市政府の要請による移転ということで多くの支援を得ることができた。この第一棉紡織廠のケースで見るように、旧い国有企業の場合は、現職の従業員よりも多い退職者を抱えていることは少なくない。これまでの中国の仕組みでは、退職者に対する医療サービス、住宅の手当て、年金等の基本的サービスの全ては所属の単位（国有企業）自身が提供してきたのであった。この点が国有企業の重荷となり、そうした負担の少ない郷鎮企業、民営企業、外資企業に対して競争力に欠けていた

のであった。

　この第一棉紡織廠の場合は、市政府の要請で移転したことから、退職者の医療費、年金は市政府負担となっていた。第一棉紡織廠サイドの福利厚生部門の負担は、住宅手当とガスの取付費用とされていた。このあたりは、特殊な事情と判断される。

　また、現職の2000人の従業員については、かつてのように全員が終身雇用というわけではなく、40％は無錫出身の終身雇用の人、60％は江蘇省の北部の徐州周辺から3年以上の契約で来ている人びとであった。中国の雇用形態もかなり幅の広いものになり、また、福利厚生の取り扱いも多様性を帯びるものになってきているようである。

　民営化が急進している中国、そして無錫において、国有の紡績工場が独特の仕組みの中で興味深い展開を重ねているのであった。無錫市政府、出資している香港企業のいずれにとっても、現状を無理して変える必要性がないのかもしれない。第一棉紡織廠の現在をそのように見ていく必要がありそうであった。

2．基礎資材部門、設備機械部門での大発展

　前節で見たような繊維部門に加え、無錫では郷鎮企業を背景にした基礎資材産業、設備機械部門などで興味深い民営企業が大発展している。このような領域は設備投資の規模が大きく、資金力に乏しい民営企業がそれなりの形を形成していくことは容易ではない。その発展の背景には何か独特な要素が横たわり、さらに、関係者の必死の努力が重ねられてきたのではないかと思う。

　本節ではボイラーの錫能鍋炉集団、電線・ケーブルの新遠東集団、希土類と耐火材料の宜興新威利耐火材料、物流設備の天奇物流系統工程の四つのケースを取り上げていくが、いずれも民営化を契機に興味深い取り組みを重ねてきた。そして、その足跡をたどることにより、基礎資材部門、設備機械部門での郷鎮企業の民営化の意味が浮き彫りにされていくことになろう。

（1）　急成長ながらも、着実な歩み（錫能鍋炉集団）

1920年前後に勃興した民族工業の歴史のある無錫には、重装備型機械金属工業の歴史と基盤がある。それらは国有の重機械工業、あるいは、その後の郷鎮企業として興味深い発展を示してきた。本書では取り上げないが、タービンブレードの国有無錫葉件廠、工作機械の国有無錫機床廠[2]、あるいは、郷鎮企業ながらも船舶用、発電所用発電機で注目される無錫電機廠[3]などが知られている。また、無錫には、このような重機械工業の基盤を背景に大型ボイラー工場が集積していることも興味深い。

写真5－7　錫能鍋炉集団の本社

全国的にみると、大型ボイラー工場は、黒龍江省の哈爾濱電機集団、四川省徳陽の東方電機集団、上海の上海電気集団の3社が著名だが、無錫にも、かなりの規模の大型ボイラーを生産するボイラーメーカーが5社存在している。大型ボイラーは無錫の重機械工業を特色づける一つの大きな要素であるといってよい。

急成長企業を痛感させられる工場

無錫市濱湖区華庄鎮に立地する錫能鍋炉集団の設立は1991年、郷鎮企業としては比較的遅い時期の出発であった。当初は30数人でスタートし、小型のボイラーから始めた。郷鎮企業時代はさほどの発展を示すことができず、民営化の年の1997年の売上額は800万元にしかすぎなかった。ただし、その頃から国内のインフラ投資が急拡大したこと、また、民営化により従業員の意識が高まったことなどにより、その後、急成長を遂げ、2004年の売上額は7年前の14倍の1億1000万元を計上するほどのものになっている。2004年は納税額だけでも600万元となった。無錫の優良企業ということになろう。

この間、従前地は手狭なものになり、1997年に当地に移転、その後、拡大に

伴い周囲の土地を取得しながらここまできた。現在の敷地面積は約 8 ha、建築面積 5 万5000m²となっている。敷地の管理、工場の管理も十分なものであり、かつての国有企業中心の時代の重機械工場とはかなり趣が異なり、整理、整頓、清潔感の漂う工場になっていた。中国の工場では ISO9001 の認証を取得しているところは少なくないが、錫能鍋炉集団も当然、2000年には取得していた。

　従業員規模は約350人であった。中国ローカルの重機械工場を見慣れた目からすると1000人規模かと思われたのだが、無駄な人員もなく、整然と仕事が行われていた。350人のうち85人が技術開発に携わっていた。また、地元の人は約80％、外省人は20％であったが、地元の人はワーカーが多く、むしろスタッフが全国から集まっていた。このあたりは、電気・電子の組立系企業、繊維などの軽工業とは大きく異なるところであろう。

　現在の製品は、製材、捺染などの高温スチームを必要とする工場で使われるものが多い。市場は全国であるが、特に繊維産業発達している浙江省紹興周辺、製材業の発達している山東省あたりが中心となる。製品系列はエネルギー源によって大きく四つに分かれている。重油、ガス、蒸気、電気とされる。それを基本に数百種類の標準モデルが用意されており、カロリー換算で10万から2000万カロリーまでをカバーしている。実際の生産は完全な受注生産であり、先方の要望に応じて仕様変更などを行い対応している。国内販売が大半だが、2005年にはインドネシアへの輸出1000万元ほどが予想され、今後、輸出が拡大していくものと期待していた。

　最近、この錫能鍋炉集団は浙江大学と提携関係を結び、新たなタイプのボイラーの開発に踏み出している。3年後には現在の3倍の3億元の売上額を計画していた。現場視察、社内の雰囲気をみても発展している企業の空気が深く伝わってきた。

着実な展開に向かう大型民営企業

　この錫能鍋炉の民営化のプロセスもなかなか興味深い。1997年に民営化に踏み出す際、資産評価は総資産が259万元、純資産229万元とされた。この取得に

あたっては、当時の経営幹部が共同で対応することにし、当初、純資産の80％を取得した。当時は全部を買い取る余裕がなかった。また、鎮政府もこの企業の将来性に期待しており、売却に積極的ではなかったとされる。ただし、その後、世の中の流れが民営化に傾き、2000年に残りの20％を董事長に売却してくれた。

　これらの結果、現在の株主構成は、筆頭株主の許未興董事長が70数％、元々のスタッフである社外の自然人（一般人、法人に対する概念）数％、従業員（30数人）による持株会8％となっている。この従業員による持株会のメンバーは退職する際には、持株を董事長に売却していくことになっている。

　許董事長は50歳代の人物であり、1991年の設立当時から一般の従業員として勤務（営業）していたのだが、1995年に鎮政府の任命により工場長の職に就いていた。営業手腕が認められていたということなのであろう。1997年に民営化した頃はまだ工場長就任後2年程度であり、個人による買収の力がなかったものと推察される。そして、その後の急成長の中で、存立基盤がしっかりしたものとなり、持株比率を上げてきたのではないか。

　近年、業績も良く、配当も十分に出来る環境のようだが、むしろ、内部留保し設備投資に意欲的に取り組んでいた。極めて健全なやり方ではないかと思う。工場内外に環境改善に努め、設備を充実させ、人材を広く全国に求め、浙江大学との産学連携に踏み出し、新製品開発に努め、3年後の目標を明確に設定しているのであった。ただし、興味深いことに「5年後、10年後の目標は」と尋ねると、「そんな先のことはわからない。3年先がいいとこ」との答えであった。中国の現状を指し示す言葉として興味深い。「株式公開は」と尋ねると、「当方は、まだ小規模」との答えであった。急成長にありながらも内部の充実に努める着実な企業としての印象が深かった。郷鎮企業から民営企業への流れの中で、このような企業が育ってきているのであった。

（2）　中国一の電線・ケーブル工場を形成（新遠東集団）

　電力需要の旺盛な中国において、電線、ケーブルの市場拡大は著しい。全国の至る所で電線・ケーブルメーカーに出会うことになる。そのいずれもが、近

年、急拡大を示していた。本書においても、第4章で無錫環宇電磁綫、第6章で江蘇恒嶺綾纜の二つのローカル企業のケースを取り上げている。

この電線・ケーブル関係の企業は全中国で約6000社とも言われ、華東地域に約60％、さらに江蘇省に25％が集中しているとされる。江蘇省、特に蘇南地域は中国最大の電線・ケーブル産地ということになる。

それらの電線・ケーブル企業の中でも、ここで取り上げる宜興市に所在する新遠東集団は、8年連続で全国第1位を占めるトップメーカーとされている。2007年の年間売上額は約130億元、総資産51億元、従業員5000人強の規模となっているのである。また、この新遠東集団の董事長である蒋錫培氏（1963年生まれ）は、中国の若手民営企業経営者の代表的な一人として注目されているのである。

郷鎮企業を買い取り、国有企業から資金を導入

新遠東集団の前身は、宜興市範道郷の郷鎮企業であった範道郷塑料電工廠とされている。設立の時期等は不明だが、片田舎の郷鎮企業として、1980年代に電化製品向けのプラスチック部品等を製造していた。1990年頃の従業員は27人であった。当時の蘇南地域ではどこにでも見られた郷鎮企業であった。

他方、範道郷の出身である蒋氏は大学受験に失敗し、杭州、温州などに出稼ぎに行き、時計の修理、電線の小売などを手掛けていた。この電線の小売を通じて、将来の電線・ケーブルの市場拡大を実感していった。

1990年には、当時の範道郷の郷長から誘われ、範道郷塑料電工廠の工場長に就任していく。27歳の時であった。1990年前後の頃は、1980年代を謳歌した蘇南地域の郷鎮企業の第1回目の大きな階層分解の時期であり、意欲的な若者が、このような形で工場長にスカウトされていくなどがよく見られた。この1990年をもって、新遠東集団がスタートしたとされている。

1992年には当時の郷鎮企業の民営化の動きに呼応し、蒋氏と従業員27人で、範道郷塑料電工廠を180万元で買い取っている。電線・ケーブルに焦点を合わせ、当初は小さなケーブルからスタートしている。わずか4年後の1996年の頃には従業員は1000人を超えていた。鄧小平の南巡講話（1992年春）以降の中国

写真5－8　新遠東集団の工場

経済の急成長の波に乗り、見事な発展を勝ち取ったということであろう。

その後、1997年には事業拡大を狙い、当時の有力ユーザーであった四つの国有企業からの出資を受け、蒋氏が総経理の位置に就く。四つの国有企業とは、華能集団、中国華電、江蘇省電力などであった。これら4社が株式の68％を保有する合弁企業の形となっていく。

2000年の頃には、売上額は10億元を超えるなど、当時は年成長率40％のスピードで発展していった。

さらに、2002年には蒋氏と幹部9人を中心に四つの国有企業の保有する株式を買い取り、蒋氏が30％を保有する形に切り換わっている。発展過程の中で国有企業から出資を受け見事に事業を拡大させ、次のステージに立ってきたものとして注目されよう。

多角化と人材の確保、育成

現在の事業領域は電線・ケーブル部門、医薬品部門、不動産部門の大きく3部門から構成されている。

電線・ケーブル部門は電力用を中心としており、1000Vから220KVまでをカバーしている。大きく160品種、細かくは1万6000種の規格品から構成されて

写真5—9　新遠東集団の製品

いる。年間売上額もこの電線・ケーブル部門だけで100億元を超える。宜興の工場を視察したが、100m四方を超える巨大な工場が12棟建っていた。

　医薬品部門は内陸の青海省西寧で展開しており、青海省の漢方薬部門の最大企業となっている。

　これだけの急拡大を示したことから、人材の確保は重要な課題になっており、多様なルートで確保を図り、また、入社後は社内研修、大学への派遣等を重ねている。

　また、2008年3月の訪問の際に対応してくれた総工程師の汪傳斌氏と行政総部総経理助理の佟海燕さんの経歴も興味深いものであった。

　汪氏は以前、国有の電線・ケーブル企業の技術者として働いていたが、その国有企業が民営化されたことを契機に、2000年に新遠東集団に転職している。

　佟さんの場合は、北の哈爾浜理工大を卒業した1996年、新遠東集団自身が全国の大学生の募集を始めた年であり、それに呼応して就職したものであった。

　この2人の足跡からも、中国の人材をめぐる状況が大きく変わってきたことが痛感させられる。かつて大卒は自由に職業選択ができなかったが、1990年代中頃からは、従来の配分から自由に就職できるようになり、また、大卒人材を必要とする民営の企業が登場してきたのである。

また、汪氏の足跡は、国有企業改革、民営化の推進の中で、安定的な職場であったはずの国有企業から人材が民営企業に流れていることを象徴しているであろう。
　これだけの急拡大を示し、中国の電線・ケーブル部門のトップ企業になってきた新遠東集団としては、今後、ますます人材の問題が重要性を帯びてくることは言うまでもなさそうである。

（3）　耐火物と希土類に展開（中国希土控股／宜興新威利成耐火材料）
　21世紀の戦略物資とされる希土類については、中国が最大の埋蔵量を誇っている。現在、希土類はレントゲンなどの医療器具、自動車のエンジン、カラーTV、石油加工などに少量ずつ使われ、それらの性能の向上に重要な役割を演じている。かつては、中国から世界に輸出されていたが、近年、中国側がその重要性、戦略性を強く認識し、配給制、輸出制限などの措置をとり始めている。その希土類の世界的規模の抽出メーカーが無錫郊外の宜興に展開していた。

香港証券市場に上場
　そのメーカーは1984年創業の郷鎮企業を母体にする宜興新威利成耐火材料有限公司であり、さらに、香港証券市場上場企業の中国希土控股有限公司（China Rare Earth Holding Limited）であった。なお、中国企業で社名に「中国」という名称をつけることを許可される場合は非常に限られている。その領域の代表企業と認知されていることを意味する。この名称の価値は3億ドルの価値があるとされている。
　この企業の前身は1984年創業の郷鎮企業であった。創業時からの工場長であり、現在の中国希土控股有限公司の董事長である蒋泉龍氏（1953年生まれ）が、事実上の創業者であった。当初は3000元の資金でスタートし、耐火レンガを製造していた。1980年代の中頃までは、蘇南地域の場合、個人企業を始めることは難しく、郷鎮企業の仮面をかぶってスタートする場合が少なくなかった。この宜興新威利成耐火材料有限公司も、そのような軌跡をたどっている。
　そのような中で、1986年にはそれまで軍事物資として統制され、713工場、

写真5—10　希土類の分離設備

　907工場という軍需工場で取り扱われていた希土類の製品化が民間にも開放されることになる。この情報を得た蒋氏は旧知の上海副市長に交渉し、参入のキッカケをつかんでいく。

　1988年の頃には、当社製の希土類の精製純度は99.99％のレベルとなっていく。希土類の精製は油の中で攪拌し、沈殿させていくというものであり、当社の分離能力は世界第3位、世界シェアは20％とされている。抽出される希土類はランタン、セリウム、イットリウムなどである。製品の99％は輸出され、その多くは日本の松下電器、昭和電工などに納められる。特に、日本の需要拡大は大きく、2年に1回のペースで中国経済発展委員会と日本の経済産業省が調整のための会議を開いている。

　そして、この希土類の実績を踏まえ、また、設備投資、原料確保のための資金需要を意識し、1999年には「中国希土控股有限公司」の名称で中国の民間企業としては第2番目に香港証券市場に上場したのであった。

原材料の確保と技術の向上

　郷鎮企業の形でスタートした当社は、1999年には民営化となり、工場長であった蒋氏が個人で買い取った。当時、従業員規模は800人ほどになっていた。

写真 5－11　耐火物の生産

事業分野は当初からの耐火物生産と希土類の生産という二本柱であった。

2008年現在の状況は、年間売上額約20億元、固定資産10億元、従業員1200人を数える。売上額の構成は、耐火物20％、希土類80％ということになる。

耐火物に関しては、材料を粉砕、ユーザーの要請に基づいて調整し、1週間ほど養生してから成形、焼成ということになる。製品的にはマグネシア・レンガ、アルミナ・レンガとなり、製鉄所、電力、ガラス、石油化学などの工場に納められる。50％程度は日本などに輸出されている。

この耐火物については、1995年から日本の新日鐵、黒崎播磨と技術交流を重ねており、2008年3月現在も黒崎播磨から技術指導のための人材が2人駐在していた。希土類の比重が大きくなっているのだが、もう一つの柱として従来事業の耐火物にも深い目配りがされていた。

なお、希土類、耐火物のいずれも素材産業であり、材料の確保が最大の課題になる。この点、当社は2002年から2007年にかけて積極的に取り組み、耐火物原料確保のために、遼寧省鞍山のマグネシウム鉱山を確保している。また、希土類については、中国の場合、新疆ウイグルなどの北方鉱と広東省、湖南省等の南方鉱が知られているが、当社は広東省と湖南省の鉱山を確保している。

今後の方針としては、規模を大きくするよりも、付加価値の高いものに向か

うことが意識されており、また、5年ほどをかけて拠点を原料産地に移していくことを考えていた。耐火物、希土類といった可能性の幅の広い素材部門に展開し、輸出比率も高く、また、香港上場により、海外の情報に接する機会も多い。郷鎮企業から出発した民営企業でもこのような領域で、興味深い展開に踏み込んでいる企業が登場しているのであった。

（4） 株式上場した民営企業（江蘇天奇物流系統工程）

2001年8月、一橋大学の私の研究室の夏の現場合宿で訪れた無錫市恵山区洛社鎮の天奇物流系統工程で、しばらく話を聞いているうちに、古い記憶が蘇ってきた。社名が変わり、場所も変わり、劇的に発展してはいたが、確かに1994年2月の無錫県郷鎮企業調査に訪れた時に訪問した企業であった。かつての名前は江蘇南方集団公司と言い、簡易な天井走行式のコンベアを生産していた。私が1994年に訪れる直前に集団公司を形成したなどと言い、まだレベルは低かったが、妙に勢いのある印象が残った[4]。

長くやっていると、こうしたことがある。わずか7年ほどでこれほど発展しているとは思いもよらなかった。おそらく、無錫周辺の機械金属関連の郷鎮企業で、民営化後、これほど劇的に変わった企業は他にないのではないかと思う。現在は先進的なハイテク企業の雰囲気をまき散らしていたのであった。

郷鎮企業からハイテク物流システム提供企業へ

この天奇物流の董事長の黄偉興氏（1958年生まれ）は、地元の農民出身の金型工であったが、蘇南地域で盛り上がり始めた郷鎮企業の動きに触発され、1984年、2人の弟子を含む7人を引き連れ、1万元の借金で事業をスタートさせている。当初は金型製造に従事していたが、いま一つであり、3年ほどで天井走行式のコンベアの部門に転換していく。1989年からは事業が順調に進み始め、その後は、塗装設備、駐車場設備、郵便物自動選別機、観光用ロープウエイなどの領域にまで拡げていった。

80m²の工場でスタートした1984年の従業員はわずか7人であったが、1987年頃には30人（うち、大専以上の技術者2人）、そして、2001年には432人（う

写真5―12　天奇物流

ち、大専以上の技術者が180人）になっていた。明らか技術者集団による企業へと変身していた。現在の敷地面積は13ha、建物面積5万m²、2005年の資本金は約5700万元となっているのである。

現在の主たるユーザーは、自動車、家電、冶金、バイク、自転車、港湾関連、観光関連などであり、国内でのライバルは華北の国有企業1社しかない。外資企業の設備も請け負っており、日系の上海シャープ、重慶スズキのコンベアライン生産にも参加している。その他、IHI、ダイフクなどの日本の搬送関係設備に強い企業とは技術提携の関係を形成しているのである。

ISO9001の認証も1994年という早い時期に取得しており、製品は国内ばかりでなく、アフリカ、中東、南米をはじめ、日本やアメリカにも一部を輸出している。輸出が売上の6分の1ほどになる。いつの間にか、この天奇物流は海外をも視野に入れる無錫周辺の代表的なハイテク企業に変身しているのであった。

なお、私が1994年2月に訪問する1カ月前、シンガポールのリークアンユー首相が当時の南方集団に訪問している。リークアンユー氏の夫人は無錫の出身であった。その際、リークアンユー氏から「天奇」の名称を貰っている。「天奇」とは「モデル」とか「将来性豊か」を意味している。これを受けて、その後、企業の将来を単なる天井走行式コンベアから「物流システム」に向かうと

して、「天奇物流」に名称変更したのであった。

　民営化から株式上場へ
　郷鎮企業時代の1993年、関係する22社を集めて、当時流行りの集団公司（江蘇南方集団公司）を形成したが、その主体は南方懸掛輸送機総廠、南方塗装設備廠の2社であった。そして、この主力の2社とも、黄氏が創業したものであった。ただし、黄氏が創業した1980年代は、江蘇省の場合、個人企業、私営企業が認められにくく、また、拡大発展の中で、資金調達力が必要になるなどにしたがい、郷鎮の政府に依存していくことが多くなっていった。
　郷鎮政府の保証による金融機関からの借入、郷鎮政府の出資などもあり、所有権が次第に郷鎮政府に移っていく。このような形は1980年代中頃から1990年代初めの頃の蘇南地域で広範にみられたが、南方集団もその典型的な歩みを示していった。したがって、民営化以前の南方集団は、個人創業なのだが、いつの間にか洛社鎮鎮営企業になっていったことになる。
　その後、天奇物流は1997年に民営化に踏み込んでいく。その場合、この天奇物流は黄氏が創業し、ここまでリードしてきたことが評価され、洛社鎮政府側の持ち分を返還する（買い取る）という形でスムーズに行われた。2001年8月の段階では、黄氏が51％を所有し、他の49％は中高級幹部、一般従業員、さらに投資会社（海南省の営通創業公司、7％ぐらい）、それに科学研究院などが所有していた。株式上場を視野に入れた持株構成となっているように見えた。
　事実、すでに2000年には株式上場を内部的に決定済であった。上場の理由は内部態勢を固め、海外に進出することが指摘されていた。当初は2002年に上場の計画であったのだが、やや遅れ、ようやく2004年6月29日に深圳証券市場に上場（A株、国内のみ）されたのであった。上場後、黄氏の持株比率は約28％になっている。
　なお、2001年8月の訪問の際に説明に立ってくれた若者は興味深い人物であった。行政部マネージャーの汪国春氏（1973年生まれ）であった。安徽大学工業自動科の卒業時に、求人票を見て将来性を感じて入社したと語っていた。無錫の郷鎮企業出身のハイテク民営企業にはこうした人材が応募してくるので

ある。2001年の年収は5万元、社宅を提供され、株も1％程度貰っていた。

　数年後の上場を視野に入れ、日本円で数千万円の資金を手に入れ、自分も新たに創業すると語っていた。この時の企業訪問には私の研究室の学生数人を同行していたのだが、彼らは中国の田舎と思っていた無錫で、このような事が起こっていることに愕然とし、声も出ないのであった。

　ここまで検討したように、無錫には郷鎮企業から民営企業への転換により劇的に発展していった企業が少なくない。それは繊維などの日用品部門ばかりでなく、素材部門、設備機械部門などの技術的にも資金的にも負担の多い部門でも観察された。また、いずれのケースにおいても、優れた経営者が存在し、時代の流れを冷静に眺め、そして積極果敢に取り組んでいったことが読み取れた。1990年代以降の中国経済の飛躍的な発展の中で独特の存立基盤を確保していったということであろう。

　それは、1990年代末から開始された中国企業の民営化という新たなステージの上で起こったことであった。おそらく、2000年代から2010年代に向かう現在、さらに大きな変化が起こってくるのではないかと思う。それは、国際化、高付加価値化、独自化など、まさに、ここで検討した劇的に発展した民営企業が直面しつつあるものであり、それを乗り越えることにより、中国民営企業はさらに一段の発展を獲得していくことが期待される。

1) 雅戈爾の1990年代初期の状況は、関満博『中国市場経済化と地域産業』新評論、1996年、第5章を参照されたい。
2) 無錫葉件廠、工作機械の無錫機床廠については、一橋大学関満博研究室『中国無錫市における産業発展戦略』2002年、を参照されたい。
3) 無錫電機廠は、関、前掲『中国長江下流域の発展戦略』第3章、を参照されたい。なお、これは本書補論Ⅱに再録している。
4) 天奇物流の1994年2月調査の概要は、関、前掲書、補論Ⅱ、にまとめてあり、また、本書補論Ⅲに再録してある。ただし、当時の名称は江蘇南方集団公司であった。また、2001年8月調査の概要は、一橋大学関満博研究室、前掲、にまとめてある。

第6章　新たなタイプの民営企業の登場

　ここまで、無錫のいわゆる蘇南モデル郷鎮企業が民営化したケースを扱ってきた。社隊企業、校弁企業からの転身、郷鎮企業の多様な展開、さらに劇的な発展を遂げた郷鎮企業を見てきた。いずれも実に興味深いものであった。1980年代の末の頃から蘇南の郷鎮企業を見てきた身からすると、感慨深いものがある。おそらく、多くの郷鎮企業はこの十数年の中で消え去ってしまったのであろうが、生き残ってきた郷鎮企業は、新たな時代を的確につかみ、次のステージに立ってきたのであった。

　他方、この十数年の間に、蘇南の地で新たな動きが生じてきている。中国経済の飛躍的な発展により新たに生じてきたビジネスチャンスに的確に対応し、見事に立ち上がってきた民営企業が注目される。その担い手の多くは郷鎮企業の中でもまれ、新たな時代を見通し、果敢に一歩踏み込んでいったのであろう。彼らは中国経済の新たな担い手ということができそうである。

　さらに、このような新たに登場してきた民営企業の中には、中国経済の新たな時代を象徴するかのような事業を展開している場合が少なくない。本章の後半の部分ではそうしたケースを取り扱うが、彼らの多くは高学歴者であったり、対外関係でもまれてきた人びとであることも興味深い。中国民営企業は実に幅の広い、奥行きの深いものになってきたのである。

　以上のような点に注目し、この第6章においては、主として、1990年代中頃以降に蘇南地域で顕著にみられた独立創業による新たな民営中小企業に注目し、その足跡と、今後に目指すものを見ていくことにする。

1. 郷鎮企業をベースに独特の発展

　以上の枠組みを受けて、この第1節では、郷鎮企業に関連していた人びとが

果敢に独立創業していったケースに注目する。蘇南地域の一時代を形成した郷鎮企業は、そこに関わった人びとに多くの「希望」を与えるものであった。だが、その郷鎮企業も1990年代初めの第1回目の階層分解[1]、1990年代末の頃の第2回目の階層分解[2]を経ることにより、大きく変質し、一部に第4章、第5章で紹介したような独自の発展方向に向かった企業を生み出したものの、多くの郷鎮企業を退出させていったものと見られる。

そして、この激動の十数年を経ることで鍛えられた人びとが、新たな可能性に向かって一歩を踏み出していくのであった。そうしたことに注目し、この第1節では、かつての郷鎮企業をベースに新たな取り組みを見せる民営の中小企業に注目していくことにしたい。

（1）　郷鎮企業の元工場長が独立創業（宜興市江旭鋳造）

無錫市の飛び地の県クラスの市である宜興市の中心市街地から少し離れた宜城鎮に、江旭鋳造が所在していた。老朽化したオフィスはかつての国有煉瓦工場の跡地であった。その周辺にはいくつかの国有企業が立地していたのだが、いずれも市場経済化に対応出来ずに倒産、新進の民営中小企業の江旭鋳造が買い取っていた。さらに、現在の工場の隣の敷地には江旭鋳造が新工場を建設中であるなど、時代の流れを深く痛感させられた。

江旭鋳造のスタートは1996年8月、現董事長兼総経理の羅正良氏（1951年生まれ）が手持ちの28万元を出資し、従業員20数人で始めている。当初の設備は低圧鋳造機2台（1台12万元）であり、近くの小さな建物を年4万元の家賃で借りてスタートした。羅氏の出した資金はこれで底をつき、友人たちから120万元を借りて当座をしのいだ。

特に、1997年に国有企業から6台の鋳造機（外国製）を低価格で借りられたことが発展の契機となっていった。購入すれば800万元ほどのものであったが、年間40万元で貸してもらえた。また、金型も日本製の優れたものを知り合いの企業から安価で借りていた。当時を振り返り、羅氏は「友人たちのツテ、政策の支援のおかげ」と語っていた。

優れた設備展開と成長性魅力

現在の江旭鋳造は、中小物のアルミ、亜鉛の鋳造、ダイキャストと機械加工というスタイルになっている。この数年で周辺の土地を取得し、現在の敷地面積は10ha、建物面積は6万㎡になっており、さらに拡大の様相を示していた。主要設備は圧鋳機20台、低圧鋳造機6台、かなり大型の350～500トンのダイキャスト・マシンが3台、その他に砂型鋳造も行っている。金型職場には国産のフライス盤、平面研削盤（杭州機床廠）、ラジアルボール盤等に混じって、大型のMCが2台（FEELER、DECKELL MAHO）設置されていた。さらに、3年前から始めたとされる鋳造後の仕上加工のための機械加工職場には、国産機に混じってファナックのNCタッピング・マシン（1台70万元）が14台並んでいた。近々、このNCタッピングは6台追加されることになっていた。設備的にはかなりのレベルにあった。現在の生産能力は年間1万トンとされていた。

この数年の発展は速く、2005年3月末現在の固定資産は2億元に達している。8年前と比べて700倍以上になったことになる。現在の技術者は86人、高級幹部が16人、その他ワーカーが数十人いる。金型職場、機械加工職場を視察しても、かなり技術指向型の展開に踏み込んでいることが見てとれた。国際的な認証に関しては、ISO9000に加え、アメリカのビッグ3の認証であるQS9000も取得済であった。中国のISO認証はやや不安な部分もあるが、QSの認証を取得しているというのであれば、それなりの評価を下すことができる。

写真6—1　江旭鋳造の金型職場

現在の仕事は自動車関係が80％、その他の20％はエスカレータのステップ、医療機械関連などが多い。主たるユーザーは20数社であり、無錫の第一汽車柴油機（ディーゼル・エンジン）廠をはじめ、東風汽車、上海柴油機廠、南京汽車など長江流域の企業である。

2004年後半からは輸出にも踏み出し、アメリカ、日本（日野、岡村）、ドイツに実績を重ねている。その他、現在はおよそ30社と商談中である。キャタピラ、フォードなどとも交渉中であった。江旭鋳造の設備展開、成長力からすると、多くの自動車関連企業が関心を抱くことは間違いないように思う。

郷鎮企業からの独立創業

　江旭鋳造は当初から自動車関連を意識したわけではなかった。羅氏は「生きていくために始めた」と振り返っていた。羅氏は従来、近くの別の鋳造を行っていた郷鎮企業の工場長を18年も務めていた。羅氏は多くを語らないが、葛藤があったようである。羅氏自身「55歳なのに65歳に見えるのは、苦労してきたから」と振り返っていた。結果的には、羅氏は長年工場長を務めた郷鎮企業からの独立創業ということになる。

　自動車に関心を抱いたのは創業当時、当時の朱鎔基総理の「これから自動車産業が発展する」という発言を聞いてからであった。当初は無錫周辺のバイクの仕事からスタートし、自動車は第一汽車の解放（トラック）の部品を手がけて以来である。羅氏の認識では「中国の発展は自動車産業の発展と共にある」「国際的に見て、鋳造は中国に移りつつある」というものであり、「中国の鋳造の発展に寄与したい」と語っていた。極めて的確な認識の仕方であるように思う。

　そのためには、現在の3億元弱の売上額を5年後には倍の6〜8億元にすることを計画していた。現在、新工場を建設中であり、当面、生産能力は1.5倍になり、さらに、隣の農地（20ha）の取得にも関心を抱いていた。それらの目標を実現するためには「人材」を重視し、さらに四つの目標を掲げていた。「市場が第一」「品質は命」「管理は根本」「国際化」であり、「輝く未来を鋳造する」と語っていた。

写真6-2　江旭鋳造の羅正良董事長

また、羅氏は「無錫市私営企業協会副会長」「宜興市私営企業家協会会長」「宜興市私営企業協会副会長」の肩書を持っていた。おそらく、羅氏は無錫、宜興の範囲の代表的な私営企業家なのであろう。羅氏によると「私営企業協会への入会基準はかなり厳しい」という。現在の無錫市私営企業協会のメンバーは300社強、宜興市私営企業協会は90社強である。このような協会が出来ていることは、無錫の民営中小企業がそれなりに存在感を高めていることを示すであろう。

　無錫市、宜興市などの地方政府もそうしたことは十分に認識しており、税の優遇、金融機関との調整、海外事業のサポート、専門家によるセミナーの開催など幅広い支援を行っている。このように、民営中小企業と地方政府の間には新たな関係が生じてきているのであった。

（２）　郷鎮企業から兄弟３人が独立、グループを形成（江蘇恒嶺綫纜）

　無錫市の県クラスの市である宜興市には、中国で最初にスタート（1993年）した環境開発区である宜興環保科技工業園（計画面積約 $4 km^2$）がある。本来は環境関連企業の集積を意図したものだが、必ずしも思うような立地にはなっていない。そのため、発展性のある企業であれば、業種にあまりこだわらずに積極的に誘致している。2005年３月末の段階では、進出企業は約1000社、外資企業は約150社、日系企業は約10社とされていた。

　この開発区に電線、ケーブル生産の恒嶺綫纜が立地していた。正式名称は江蘇恒嶺綫纜有限公司と言う。この恒嶺綫纜は元々、近くの官林鎮で1996年に設立された民営の中小企業であり、2003年に開発区の用地15haを取得、2005年１月から操業開始していた。建物は事務棟の他には、電力用、建設用等の大物ケーブル工場と電子系の電線生産工場の二つから構成されていた。従業員は約200人、技術者50人、登録資本1500万元、固定資産１億5000万元、年間販売額５億元の企業であった。

郷鎮企業から独立

　この恒嶺綫纜の経営者は張建康氏（1962年生まれ）。官林鎮の郷鎮企業に

1986年から勤めていた。官林鎮は電線、ケーブルの産地として知られ、張氏が勤めていたのは非鉄金属のケーブル材料メーカーであった。この郷鎮企業には張氏の兄2人（1953年生まれ、1959年生まれ）も勤めていた。この兄弟3人は、民営中小企業の設立ブームになる1990年代中頃以降、果敢に独立創業し、いくつかの興味深い中小企業を設立している。

　大半が電線、ケーブル関係の仕事であり、3人がそれぞれ2社ずつの計6社を経営している。この3人の6社で売上額は41億元に達し、官林鎮最大の企業集団を形成している。特に、長兄の2社の売上額は30億元にも達している。この集団の特徴は電線、ケーブル関係という他に、兄弟3人で資本金の持ち合いをしていることであろう。例えば、恒嶺綫纜の場合には、資本金1500万元のうち90％は張氏が、残りの10％を2人の兄が出している。当然、兄たちは経営には口出しをしてこない。

　張氏が独立創業したのは1996年、登録資本300万元でスタートしている。当初から株式制をとり、兄弟3人が出資した。この官林鎮で設立した工場は非鉄金属の材料メーカーであるが、電線、ケーブル用材料は少なく、主として自動車のアルミホイール用材料の生産に従事するものであった。名称は宜興市恒嶺材料有限公司と言い、現在でも官林鎮で従業員約60数人、売上額1億5000万元規模の工場を維持している。

　したがって、開発区の工場は官林鎮からの移転ということではなく、新規事業を持ち込んだことになる。小物の電子関係の電線生産の部分は旧工場からの移転であるが、新工場のメインとなってきた大物電線、ケーブル関係は新規事業である。この新工場の従業員は200人強、売上額規模は約2億5000万元となる。この大物電線、ケーブル部門

写真6－3　恒嶺綫纜のケーブル生産設備

第6章　新たなタイプの民営企業の登場　209

は電力関係60％、建設（鉄道、化学工場関係）40％という構成であった。この新設部門の機械設備は長江沿いの江蘇省南京、安徽省蕪湖のものであった。

兄弟による新たな企業グループ形成

環境開発区に工場を新設したのは、「発展のための空間を確保する」「企業イメージの改善」「人材調達」を考慮してのことであった。張氏は「以前の場所は『鎮』、ここは『市』」と語っていた。地元の郷鎮企業に勤め、そこから地元で独立し、そして次のステップとしてイメージの良い開発区に進出したということであろう。

この宜興開発区は国家級の開発区であり、注目度も高く、優遇措置も少なくない。高新技術企業（ハイ・ニューテク企業）に認定されれば、企業所得税は33％から15％に軽減されていく。そうした点は十分に視野に入っているようであった。中国における高新技術企業の基準はやや甘く、ローテク部門であっても、その部門で国際的な水準に達していれば認定は受けられる。恒嶺綾纜の設備展開からすると、認定は時間の問題との印象であった。

中国の場合、鎮などの狭い範囲で特定生産物の産地を形成する場合、市場（いちば）的な専用市場を形成する場合が多いのだが、官林鎮の場合はそうした「市」は無い。そのため、恒嶺綾纜の販売の方法は、全国各地に展開している代理店（50～60店）を通すことになる。この代理店には厳しく対応しており、1カ月後に代金回収できない場合は延滞金を取ることにしている。さらに遅れるような場合には、取引停止としている。このことは、商品の力が相当にあることを示している。

このように、これら一連の事業は電線・ケーブル産地である官林鎮で育った3兄弟が、新たな時代の息吹に呼応し、積極的に独立創業を重ね、グループ企業を形成してきたというものである。兄弟3人が資金的な結合を強固なものとし、グループとしての力を発揮させながら、存在感を高めている。それは市場に対してと同時に、地方政府に対しても相当の影響力を与えているようにも見える。官林鎮の看板企業であり、さらに、開発区においても重点企業として取り扱われていた。

特に、3兄弟の長兄の企業は売上額30億元企業ということであり、その長兄の指導の下に弟たちも積極果敢に事業を推進している。兄弟による独立創業、企業グループの形成という新しい動きが、無錫郊外の宜興の地に見られたのであった。

（3）　郷鎮企業の女性医師が独立、外資利用（利安達集団）
　江陰市に展開していた利安達集団の本部棟の建物は、ヨーロッパ風の石造りのものであった。先の第4章で見た海瀾集団ほどではなかったが、建物の豪華さは目を惹くものであった。
　この利安達集団は郷鎮企業の医務室に勤めていた女性医師が独立創業し、その資金を香港に在住している妹に出させ、当初の縫製工場から、さらに現在では多方面にわたる事業展開に踏み出しているというものであった。

中国最大のレジャー服輸出メーカーに
　集団形成のキッカケとなった江陰利安達服装集団公司の成立は1994年7月、中国の民営企業化がブームになり始めた頃であった。当初は従業員40～50人ほどの縫製工場としてスタートしている。当初の出資は香港に在住していた現総裁の黄麗泰さん（1958年頃の生まれ）の妹であった。当初の合弁相手は江陰の捺染企業であった。当然、外資企業として登記している。だが、経営はうまくいかず、100万元ほどの赤字を計上、中国側は撤退し、香港独資企業に切り換わる。その頃、その中国側企業の医務室の医師をしていた黄さんが総経理に着任し、改革を進めていく。
　新たに総経理に着いた黄さんは、レジャー関係の衣服をターゲットに、輸出市場に注目して日系の大手商社に打診を重ねるが、不調に終わる。そのため、黄さんはサンプルを持参し、上海に進出している日系の中小商社等に日参、顔見知りになりながらチャンスをうかがう。ようやくある商社の目にとまり、最初の受注として10万ドルの仕事を受けた。必死に対応し、日本側から大きな評価を得ることができた。この取り組みが功を奏し、以後、順調に推移し、現在では受注先は数十社、輸出額は5000万ドルにものぼるものになっている。

写真6—4　利安達集団のショールーム

　レジャー服関係では、利安達集団は中国最大の輸出企業となった。現在では輸出主導の企業となり、年生産量はニット生地で600万m、縫製品の生産量の90％は輸出している。なお、利安達集団の傘下企業のうち6社は輸出入権を保有している。2004年の輸出は1500万点にのぼった。輸出先は日本を筆頭に、イギリス、アメリカ、オーストラリアなど19カ国地域となっている。日本の仕事は委託生産であり、豊島、ゴールドウィンなどが多い。かつてはユニクロからも受けていた。日本との関係は深く、日本人の指導員も多い。6〜7人は常駐している。さらに、毎日、日本人の関係者が3〜5人は当社を訪れてくるほどのものになっている。

利安達集団の事業多角化の方向

　なお、レジャー服の輸出企業として出発した利安達集団は、その後、興味深い多角化の方向に進んでいく。現在の集団の傘下企業は13社にのぼる。繊維関係が6社と多く、その他には、不動産、環境（生ゴミ処理）、ガス事業等にまで展開している。現在の集団の総資産は6億元、従業員数は2200人（うち、繊維関係が1500〜1600人）である。

　不動産関係は市内の36haの用地に別荘地を造成するものであり、江陰の最高の別荘地とされていた。

　ガス事業は本来、公共事業として行われているのだが、2002年に江陰市のガス供給会社を買収（90％の株所有）してスタートしている。江蘇省の常州まで来ている新疆ウイグル自治区のガスを江陰市まで引いて市内に供給するというものであり、1億1000万元を投入した。この事業は利安達集団と上海の企業の聯営（合弁）である。なお、この上海の民営企業は黄さんの親戚の投資公司と

されている。現在では、江陰市の大手企業と2万人の市民は、このガス事業の恩恵を受けている。さらに、2004年からは江蘇省政府の要請を受け、長江対岸の靖江でもガス事業を展開している。この事業にはすでに3億8000万元を投資している。

環境保護の生ゴミ処理に関しては、日本のダイトーとの共同事業として展開、採石場の緑化に取り組み、モデル事業として注目されている。

このように、輸出向けの繊維縫製品事業を展開してきた利安達集団は、現在では、不動産、ガス、環境保護などの事業にまで踏み出し、江陰を代表する企業の一つになっているのである。

家族経営と女性企業家

なお、利安達集団の総裁である黄さんは5人姉妹の長女である。他の姉妹のうち2人は在米、1人が香港在住である。当初事業の資金は香港在住の妹が提供してきたが、その後の資本関係は家族を中心とする興味深いものになっている。集団の本体の登録資本は600万ドル。香港独資である。この資本は妹を中心にした家族だけで出している。

13の子会社のうち、ガス、不動産、環境、服装の5社は中国民営企業扱いであり、黄さんと黄さんの母の2人が出資する形になっている。その他の8社は香港外資企業扱いになっており、香港の妹、黄さん、黄さんの母の出資になっている。全体的にみて、国境を跨ぎながらも緊密な家族経営が基本に据えられている。郷鎮企業をベースにした中国民営企業も、その活動の範囲は国際的なものになり、把握の難しいものになっているのであった。

なお、黄総裁は江蘇省人民代表大会議のメンバーであり、江陰市政治協商会議の副主席、江陰市工商連合会会長、2004年の中国傑出創業女性、2004年の江蘇省十大女傑、江蘇省十大優秀民営女企業家などに選ばれているのであった。

（4） 個人郷鎮企業からハイテク部門に展開（江蘇四通新源動力工程）

冷蔵庫、空調機の電磁バルブメーカーであり、最近は燃料電池の生産にも踏み出しているという説明で訪れた宜興環保科技工業園の中の宜興市四通新源動

力工程有限公司は、看板を2枚持っていた。もう1枚は宜興市四通家電配套廠であった。有限公司の方は従業員50人、家電配套廠は従業員300数十人であった。これらが開発区の一つの敷地の中で隣り合っていた。登録資本は1600万元であった。

また、社名に「四通」とあったが、これは、かつて粉末塗料が主たる事業であった時代、当時の中国最高のハイテク企業であった「北京四通」と取引があり、それにあやかって名付けたものであった。現在は北京四通との取引はない。

村出身のハイテク企業

母体となった企業は、宜興市の郊外の村に1984年に設立されている。設立者は現在の董事長（1957年頃の生まれ）であり、個人の縫製関係の企業として出発している。だが、当時の無錫周辺の事情では個人経営は難しく、創業者の父が村の幹部であったことから、名義上、「村営企業」として出発している。いわゆる「紅い帽子」郷鎮企業ということになる。無錫の大手アパレル企業の下請としてスタートした。

その後、1989年には縫製関係を止めて、粉末塗料の部門に展開している。この部門は現在も維持している。さらに、2000年には現在の主力製品の冷蔵庫用、空調機用の電磁バルブ、スイッチの部門に進出した。バルブ、スイッチの部門に転換するにあたり、人材はいなかったのだが、大学、研究所、大手の冷蔵庫メーカーなどからの指導を受けながら、ここまで来た。その結果、現在の売上額構成は、電磁バルブ40％、スイッチ10％、塗料40％、その他10％となっている。

現在の主要なユーザーは、電磁バルブ、スイッチの冷蔵庫、空調機関係では、無錫松下、蘇州三星、泰州

写真6－5　四通家用の組立職場

LG、西安東芝などの外資企業に加え、無錫の小天鵝、広東の科龍、春蘭、河南の新飛などの有力企業である。宜興の個人企業、あるいは村営企業を母体としてきた企業としては、なかなか興味深い展開というべきであろう。

董事長には面談できなかったが、新たな技術への関心の深い人物であり、特許も十数件取得済であった。江蘇省の高新技術企業として認定されていた。また、従業員の中の98人が科学技術幹部、博士が2人、修士8人、教授との兼任が5人を数えていた。

燃料電池や光触媒に展開

先進的な意識を備えている董事長は、従来から新たな動きには常に敏感に反応してきた。大学、研究機関にも積極的に出入りし、新たな可能性に挑戦している。この董事長が中央の科学院のプロジェクトにも参加し、新たな動きとして光触媒や燃料電池に関心を抱き、従来事業と一線を画するために2002年には新会社を設立している。それが「江蘇四通新源動力工程有限公司」ということになる。この新会社は次世代のエネルギーとされる「燃料電池」の量産化を視野に入れたものである。

この燃料電池は大連物理科学研究所との共同開発事業であり、すでに量産化に目処をつけ始めている。また、このようなハイテク事業に対しては、国家からある程度の研究開発補助金が提供されている。燃料を水素とするこの燃料電池は180〜200Wクラスのものであり、自転車、スクーター、さらにミニバスを視野に入れている。このミニバスは北京オリンピックの際に大量に投入される計画であり、すでにサンプルは出荷している。工場視察の際には、電磁バルブ等の組立職場の先に、燃料電池の職場が展開していた。撮影は断られたが、スクーターを数台置き、実験を重ねているのであった。

また、2003年のSARS（新型肺炎）を契機に空気清浄機が普及したが、そこに光触媒が応用された。この光触媒の技術を冷蔵庫、空調機にも適用しようという提案が冷蔵庫メーカーに採用され、当方が開発した製品が実際に採用され始めている。

以上のような新技術関連の採用の動きは、中国では活発になってきた。そこ

に、無錫の農村から立ち上がった民営中小企業が積極的にコミットしているのであった。

なお、このようなハイテク部門に展開しているため、材料や部品の調達は中国国内だけというわけにはいかない。国内で調達できない材料は、日本、イタリアなど世界各国から入れている。それらの情報収集は、インターネットでの検索、ユーザーや同業者との情報交換などによっている。無錫の郊外の宜興の地で、このような興味深い取り組みが重ねられているのであった。

（5） 2代目の後継者が事業を拡大（無錫市申錫建築機械）

経済改革、対外開放に踏み出してからほぼ30年、中国の民営企業にも2代目経営者が登場しつつある。この申錫建築機械のケースは、郷鎮企業が大発展し、その後、1997年頃に一気に民営化させていった無錫の典型的なケースとして注目される。

建設用昇降機のトップメーカー

申錫建築機械の事業領域は、ビル建設等の高所作業用の昇降機（リフト）である。数年前まで、中国の場合、高所作業の際、日本などで一般化している昇降機は利用されておらず、竹籠を屋上から引き上げるという単純なものであった。だが、中国の建築物の高層化、建築方法の改善などにより、近年、一気に現場用エレベータ、昇降機が普及し始めている。この申錫建築機械は、取り組みが早く、そのような昇降機のトップメーカーとして、近年、毎年50％増の売上額を示し、急激に発展してきた。最近では新たな参入企業も多く、競争も厳しくなってきた。地元無錫の有力家電メーカーとして知られる小天鵝も昇降機に参入してきている。なお、この昇降機の領域は全国的に見ても無錫が先行しており、国内市場の60～70％は無錫から供給されている。

昇降機は、モーター、ウエイト（重り）、一部の機械加工、ケージ（カゴ）の組立（製缶熔接）、配線から構成される。申錫建築機械の場合は、昇降機用モーターは天津の天津市永恒電機廠から購入し、ケージと組み合わせて組み立てていく。ウエイトは無錫の鋳造業者から入れている。製品自体、それほど複

写真6－6　申錫建築機械の製品

雑なものではない。ただし、安全性が問題になることから、それなりのノウハウの蓄積が求められる。

現在の申錫建築機械の従業員は約200人、設計関係に8人を置いている。2005年までは国内販売だけであったが、2006年から輸出にも取り組み、現在では25％程度は輸出に向けている。ASEAN、中東、ロシア向けであった。この輸出の増加に合わせて、マカオ、シンガポール、中東、ロシア、ヨーロッパに海外事務所を地元の業者との合作で設置している。なお、海外事務所には中国人も駐在させていた。それだけの事業になってきたということであろう。

一人息子が27歳で総経理に

なお、この申錫建築機械の前身は地元の郷鎮企業であり、当時の郷政府が20万元を投入して1988年に設立している。スタート時の従業員は10人ほどであった。簡易な製缶熔接に従事するものであった。その後、上海の企業が30万元ほど出資し、いわゆる聯営企業となっていく。このようなスタイルは蘇南では幅広く観察されている。

1997年には無錫で郷鎮企業の民営化が推進され、資産評価50万元で売りに出され、当時、工場長であった現薫事長である呉仁山氏（1951年生まれ）を中心

写真6－7　呉傑総経理（左）と呉仁山薫事長（右）

に3人で買い取っている。なお、呉氏は創業以来、勤務していた。無錫周辺の郷鎮企業の民営化の典型的なスタイルであった。その後、呉氏は他の2人の出資分も買い取っている。

　この呉氏には呉傑氏（1979年生まれ）という一人息子がいる。呉傑氏は地元の大学を卒業後、イギリスに1年半ほど留学している。近年、民営企業経営者の子弟は外国に留学することが少なくない。帰国後、2年半ほど上海、無錫の大手の国有企業、外資企業に勤めた後、2005年に呉傑氏は申錫建築機械に入社している。そして、2006年には呉傑氏は27歳でNO.2である総経理の職に就いた。その前後から、申錫建築機械は輸出などの海外業務を一気に拡大していったのであった。

中国における事業継承

　事業継承に関して、呉傑氏は「イギリス留学、上海、無錫での勤めを重ねるうちに、だんだん継ぐ気になっていった」、また、「自分自身、継ぐ能力がある。大きな貢献ができる」と語っていた。さらに、「総経理になる頃から、だんだんその重みを感じるようになった」とも振り返っていた。

この２人を見ていると、父は時代が変わってきたことを痛感し、若い息子の呉傑氏に新たなやり方で企業運営していくことを期待しているようであった。呉傑氏は「企業運営の仕方も変わってきた。父と話をしながら方向を決めていく」と語っていた。変化の著しい中国において、新たな事業継承が始まったことを痛感させられた。

　また、現在、申錫建築機械の持株は父の呉仁山薫事長は40％、息子の呉傑総経理は60％となっていた。日本の場合、事業継承の際の相続税がたいへん大きな問題になっているのだが、この点、これまでの中国の場合、親子で継いでいくなどの形は想定されておらず、まだ相続税が明確な形になっていない。そのため、この申錫建築機械の場合は、「税金は払っていない」とされていた。ただし、次第にこの種の問題が出てくることから、将来的には「課税」の方向であろうと指摘していた。

　なお、無錫ではこのような若い経営者が登場しつつあることを受け止め、若手経営者の会がいくつか組織され始めている。この無錫郊外の錫山区の場合は、区政府の指導の下に、2006年10月、「錫山青年連合会」が組織された。会員数は約80人であり、そのうち２代目は10％ほどとされていた。会員による勉強会、座談会、サロンなどを運営していた。中国の企業も民営化が推進されていく中で、新たな興味深い段階に踏み込んできたのである。

２．新たな要素を付け加える民営中小企業

　先の第１節では、無錫の民営中小企業の中でも、郷鎮企業をベースに興味深い展開に踏み出している企業を取り上げた。郷鎮企業に勤めていた人材の独立のケース、また、事実上は個人企業であったのだが、時代の制約もあり、村営企業の衣を被る「紅い帽子」郷鎮企業であったものの現在を見てきた。

　そのような郷鎮企業からの展開は無錫周辺の一つの民営化の流れではあるが、もう一つ、1990年代中頃以降の世間の民営化の動きに呼応し、当初から民営中小企業として出発した企業も少なくない。そうした動きは全国に見られる[3]。ここではそのような無錫の自立的民営化を象徴するいくつかのケースに注目し、

無錫ならではの特質を浮き彫りにしていくことにしたい。環境関連、新技術分野への展開、ソフトのアウトソーシング受託、新たなビジネスモデルの形成、輸出型企業としての徹底展開、さらに、知的エリートたちの創業などに注目していく。

（1） 環境ベンチャーの展開（無錫零界浄化設備）

中国も半導体、医薬等の先端産業部門が拡がっていくに従い、その周辺産業の必要性も高まってきた。また、2003年春のSARS（新型肺炎）以来、衛生問題、環境問題への認識も高まり、急速に環境、省エネに関連する新たな事業部門が注目され始めている。無錫市濱湖区雪浪鎮の「雪浪双新科技園」に、環境ベンチャーともいうべきニュービジネスが立地していた。

気体から液体までのトータルな展開

零界浄化設備の工場は実に管理が行き届いていた。中国の新しいタイプの環境ベンチャーであることを痛感させられた。作っている製品は気体、液体関連の浄化装置であった。特に事業所向きの製品であり、2001年頃から市場がブレークしているとのことであった。それは中国の電子産業の発展に歩調を合わせるものでもある。

零界浄化設備の創業は1998年、市内の梅園であった。当初の名称は梅華利浄化設備であった。設立以来、市場が急成長を見せ、これまで2回移転し、2002年には現在地に新工場用地を確保、建設に入っている。従業員規模も移転する度に拡大し、当初の20人から、50人、そして現在では100人規模となっている。環境ベンチャーらしく、庭園から工場内部、その他食堂等も全て環境に配慮した施設展開であった。

創業者である現董事長（1967年生まれ）は無錫の出身であり、地元の高校を卒業した後、五金（金属製品）の販売に従事し、一時期は10店舗を展開、レストランなども経営していた。そこで資金を蓄積し、1998年、31歳でこの仕事に参入してきた。なお、現在では五金販売等の仕事は止めている。

事業範囲を気体、液体の両方に置き、さらに製品の製造に加え、アフター

サービスなどを充実させ、トータルな展開に踏み込んでいるところに大きな特色がある。この領域にはライバルは少なくないものの、他社の多くは気体か液体のどちらかだけ、さらに、サービス態勢、販売態勢は十分なものではない。当社の場合は創業者自身が商売から出発しており、販売力が極めて強い。この点が、他社と差別化できる最大のポイントのようである。

販売力の強い環境ベンチャー

　事実、技術に走りがちな環境ベンチャーであるにもかかわらず、従業員約100人のうち、営業関係が30数人を数えている。董事長の方針として、営業員の採用は、25歳前後、高校卒、女性というものである。給与は歩合制になっており、営業職の方が技術職よりも実質の給料は高い。営業拠点は無錫、河北省石家荘、山東省淄博、遼寧省瀋陽、四川省成都、浙江省金華、広東省東莞とされていた。電子産業の拠点というべき都市に見事に配置されていた。各事務所には現地採用の人たちが置かれている。

　営業員は電話、インターネットでの情報収集に加え、ユーザー訪問を重ねていく。特に、浄化装置は消耗品のフィルターの交換という作業があり、それが収益源となる。当初のユーザーは十数社であったが、現在では500社以上にもなっている。1社あたりの浄化装置の設置件数は相当の数にのぼり、安定的な関係を形成することに成功している。ユーザーの多くは無錫、江蘇省、華東地域の範囲であり、売上額の半分はほぼ華東地域内である。ユーザーがいない地域はチベットと東北の奥とされていた。

　広告宣伝も意欲的であり、CIも地元の広告会社に12万元の経費をかけて依頼している。また、全国の電話帳への広告掲載、また、各

写真6—8　零界浄化設備の研修室

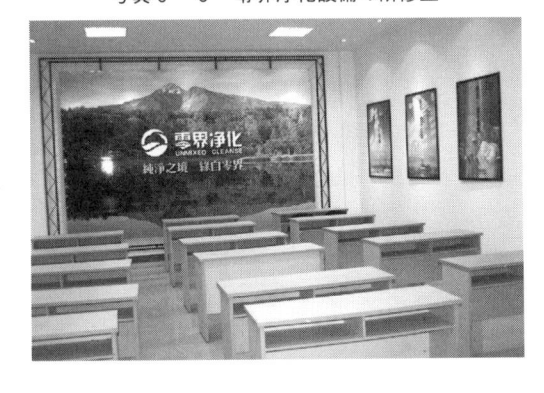

地の半導体、医薬関係の展示会には積極的に参加している。このように、技術開発に陥りがちで、販売態勢の整備が進みにくい環境ベンチャーの中にあって、当社は、むしろ、販売力に優れる興味深い展開を見せているのであった。

新たなタイプのベンチャー企業

従業員100人のうち、半数前後が大専（3年制の短大）以上のスタッフである。その中で技術者は15人を数える。従業員の出身地域別では、無錫市内が10数％、江蘇省の範囲で80％、外省人20％ということになる。人材募集は市内の人材市場で行っている。スタッフの定着は良いのだが、ワーカーの離職率が高く、募集は月に2回ほどは行う。当社の給料はワーカーで1500元／月、技術者で2500〜6000元／月の範囲である。この水準は無錫では一部の外資企業よりも高い。給料が高ければ離職率は低いとの判断であった。

面談に応じてくれた呉明亮氏（1963年生まれ）は、無錫の出身。専門学校を卒業した後に独学で大学の学歴を取得、中国最大の半導体メーカーである無錫の華晶に浄化のエンジニアとして勤めていた。この零界浄化設備には2001年に入社している。呉氏によると「華晶とここでは、待遇面は変わらない。自由度はこちらの方がある」というものであった。

環境ベンチャーなどと言うと、技術指向性が強く、販売が十分ではない場合が多いのだが、この零界浄化設備はむしろ、董事長のキャリアも影響しているのではないかと思うが、営業重視の興味深い企業であった。近年、中国も電子、精密機械、医薬、加工食品などの領域で、環境の整備改善が焦眉の課題として認識されてきた。特に、2003年春のSARS騒動はそれに拍車をかけるものであった。

そのような市場拡大により、気体、液体の浄化のニーズはますます高まり、ローカル企業を対象にしながら経験を重ねることにより、外資企業の環境整備部門にも参入の機会が高まっている。そうした認識を抱き、トータルなサービスと営業部門に力を入れる民営中小企業が登場しているのであった。このようなサービス機能の充実が、中国の産業構造に厚みをつけていくことはいうまでもない。

（2）高学歴者の独立創業（無錫瑞新汽車部件）

　北京、大連、上海、深圳などの沿海の発展している都市では、大学発ベンチャー、高学歴者の独立創業、海外留学組のＵターン創業などが大量に観察される。このような動きは程度の差こそあれ、中国のどこの都市でも認められる[4]。当然、無錫も例外ではない。この項と次の項では、まず、そのような高学歴者の創業の具体的な姿を見ていくことにしたい。

南京フィアットとアメリカのクライスラーがメイン

　無錫の多くの開発区の中でも、無錫新区がその看板の役割を演じている。松下、ソニー、シャープ、ムラタ、日立などの日本の最有力企業が大量に集積していることで知られる。その一角に瑞新汽車部件が立地していた。創業は2004年９月であり、私たちが訪問したのは、まだ半年程度しか経過していない2005年３月末のことであった。

　工場は２棟あった。１棟はプレス工場であり、6.3トンから200トンまでのプレス機が13台、シャーリング１台が置いてあった。プレスは徐州鍛圧機床廠製が中心であり、江蘇揚力集団の油圧プレスも設置してあった。もう１棟は金型工場ということであったが、簡易なフライス盤と旋盤が置いてあるにすぎなかった。当面は、金型の補修のレベルであった。全体として、まだスタートしたばかりであり、これからという印象であった。従業員は60人、うち、技術者は３人（金型１人、生産技術２人）であった。

　当面のユーザーは南京のフィアットとアメリカのクライスラーへの輸出であった。クライスラーは現在、サンプルを出したばかりで

写真６－９　瑞新汽車部件の試作

あり、2005年5月以降の受注を期待していた。したがって、現在は南京のフィアットがメインということになる。このフィアットからの受注は、乗用車の外装部品、車台周辺部品であり、中小物の領域を受け持っていた。受注はフィアット直ではなく、一次下請（組立メーカー）からの受注となる。フィアットの一次の組立メーカーは3社あり、その中の1社から受注していた。

　先方から図面が出され、見積もりし、採用が決まれば金型を起こし、サンプルを出す。その後、量産試作として200〜300個を出し、了解が出れば量産となる。この間、金型に関しては、加工図面が来る場合と、製品図が来て、当方が設計する場合もある。金型の所有は先方であり、当方は預かる形になる。このあたりは日本の仕組みと同様である。また、クライスラーへの輸出の場合は、当方は金型込みの受注となり、所有権は当方に残る。なお、瑞新汽車部件は金型とプレスとうたっているが、当面は金型製作の能力はなく、グループ企業に依存している。この点は、今後の課題とされている。

　このように、創業からまだ時間の経っていない瑞新汽車部件は、それでも地元の有力企業であるフィアットの仕事を受注しており、さらにアメリカのクライスラーへの輸出に踏み込もうとしているのであった。なお、近々、ISO9001の認証を取得する予定であった。

企業家によるネットワーク

　総経理の杜建新氏（1971年生まれ）は、地元の錫山区の出身。安徽省合肥の河肥工業大学を1992年に卒業後、無錫にある国有の電力会社に配分され、機械加工に携わっていた。当時はまだ大卒が自由に職場を選べなかった。7年ほど国有企業に勤めたが、その後、民営の自動車関連のプレス企業にスカウトされ、5年ほど勤めた。また、1999年から2002年までは民営企業に勤めながら、上海理工大学の大学院修士課程（機械工学）に学んだ。上海理工大学は社会人向けに月に1週間、2年半というコースを持っている。

　修士課程修了後、独立創業の気持ちが強くなり、同世代の友人2人と相談し、起業に踏み切ることになる。2004年9月、登録資本200万元、投資額300万元でスタートした。杜氏が44％を出資し、残りの56％は友人2人が出した。片方の

友人は民営企業時代の同僚であり、すでに3年前に金型企業として独立していた。彼は資金のみを提供し、財務担当ではあるものの、経営には口は出さない。なお、まだ金型部門が十分ではない瑞新汽車部件は、金型をその友人の企業に依存している。

もう1人の友人は、民営企業に在籍していた時の金型のサプライヤーであり、技術担当として協力してくれている。彼は独立していない。

なお、瑞新汽車部件がスタートするにあたり、現在の工場は友人の金型企業が取得し、貸与してくれている。近年の無錫では資金的な能力に乏しい人びとは、以上のような相互扶助的な形で独立創業していく。また、杜氏は友人の金型企業に出資はしていないが、副総経理の役に任じているのである。さらに、創業にあたり、前の会社の取引先と付き合わないと自らを戒めており、前の会社の取引先の紹介でフィアットとのつながりを得ていることも興味深い。無錫の企業家の間ではこのようなネットワークが形成されているのである。

若い企業家の将来展望

創業して間もない杜氏の日常的な業務は、ユーザーとの調整と工場の管理とされていた。オーダーの受け入れ、見積等のユーザーとのコミュニケーション、製品開発、アフターサービス、新しいユーザーの掘り起こしなどに関心があるようであった。現在のところ、フィアット関連の仕事の量をこなしきれない状況であり、新規ユーザーの掘り起こしは今後の課題とされていた。現在付き合っているフィアットの1次下請メーカーにもまだ相当の仕事があるとの受け止め方であった。

また、無錫新区政府も民営中小企業育成に積極的であり、ユーザーの紹介も行っている。新区招商中心（センター）の韓文豪氏によると、自分たちの仕事は外資企業の誘致に加え、誘致外資企業にサプライヤーを紹介することと語っていた。創業間もない瑞新汽車部件に対しても、新区招商中心は新区内のアメリカ系の椅子のメーカーを連れてきており、新たな可能性を模索していた。このような受発注紹介も視野に入れた支援を行っているのであった。このあたりは、集積が進む無錫の一つの大きな特質ではないかと思う。

瑞新汽車部件の当面の課題は、金型の内製化、付加価値の高い製品への展開、友人の企業とのグループ化、より広い場所への工場展開、そのための資金調達とされていた。中国の現状では、民営中小企業が商業銀行から借入することはなかなか難しい。友人たちからの投融資が現実的なものであろう。ただし、友人では資金量に限界があり、今後、発展的な中小企業に対して、新たな資金的な側面からの支援が必要になってきているようである。杜氏の希望としては、現状の工場を金型専門にし、新区の他の場所（3 ha）にプレス工場を建てたいとするものであった。このように、無錫では希望を抱く若い人が大きく一歩を踏み出そうとしていたのであった。

（3）　ハイテク・ベンチャーの外資導入（無錫富瑞徳精密機械）

　最近の中国では高学歴の若者が外資企業に勤め、その後、独立するというケースが少なくない。事業分野も多岐にわたり、商業、サービス業系から基礎的な金属加工、さらに、ハイテク部門、ソフト開発部門などがよく見られる。さらに、ハイテク部門、ソフト開発部門などでは外資企業との合弁に踏み込むケースも増えてきた。中国側からすれば資金調達、技術の高度化が意識され、外資企業側は中国市場を視野に入れている場合が少なくない。この項では、そうしたものの一つを取り上げていくことにする。

大学院卒後、外資系に勤め、独立

　無錫新区には日本の有力企業をはじめ世界の企業が立地している。その中に中国の新しい民営のハイテク・ベンチャー企業も多数立地している。富瑞徳精密機械の設立は2001年、自動車のエンジン、トランスミッション周辺の試験検査装置を得意としている。
　創業経営者の周豊偉氏（1963年生まれ）は、金属製品産地として著名な浙江省永康市出身。1981年、無錫の軽工業学院（現、江南大学）の機械工学系に入学。1988年には修士課程を修了している。当初、アメリカへの留学を希望していたが、思い通りにはいかなかった。当時は無錫にはまだ外資企業は少なかったが、とりあえず食品関係のアメリカ系企業に勤める。1991年には退職し、上

海に向かい、食品関連のイタリア系企業（2年）、さらに無錫に戻り食品のアメリカ系企業に勤めた。

　自身は食品系の経験を深めたが、上海時代以来、自動車関連の友人も増え、これからは中国も自動車の時代と認識、50万元の資本で貸工場を借り、2001年にスタートした。当初から自動車の品質チェックなどの検査機械に取り組んできた。

写真6－10　富瑞徳精密機械の総帥・周豊偉氏

　このように、1978年末の改革、開放以後に大学進学した若者たちは、特に、上海周辺の場合、国による国有企業への配分に依存せず、かなり早い時期から積極的に海外留学、あるいは外資企業に就業の場を求めていった。特に、1992年春の鄧小平の「南巡講話」以来、中国の可能性は大きく拡がり、若者に「希望」と「勇気」を与えていくことになる。周氏の歩みは、まさにその典型的なものであろう。

外資企業との合弁によりレベルアップ

　2003年末までは従前地の貸工場で事業を行っていたが、2004年、ドイツ企業のFRIEDRICHが当方に関心を示し、2004年1月に合弁した。現在の登録資本は30万ユーロ、投資額は1000万元となった。この合弁と同時に、現在地を買い取り、工場を建設した。出資比率は中国側が50％強と主導権を握っている。この合弁により、従業員32人（半数が大卒以上の技術者）と小粒ながらも、富瑞徳精密機械は同業では中国で5本の指に入るものとなった。

　この合弁には双方に明確な目的があった。ドイツ企業はすでに30年以上の経験があり、これまでヨーロッパ市場を中心に活動していた。だが、2000年代に入り、ヨーロッパ市場が頭打ちになり、新たな市場を求めていた。また、一部に、第一汽車（長春）、上海VWに部品を供給をしており、中国市場への関心を深めていた。他方、富瑞徳精密機械側は外資企業と合弁することにより、技術、管理レベルの上昇を期待した。このように双方の要求が合い、合弁に至ることになる。

中国の自動車産業の潜在力は大きく、また、世界の有力企業が参入してきていることもあり、この合弁事業の発展性はおおいに期待される。当社のユーザーは自動車メーカー、部品メーカーであり、上海から南が多く、その数は60社ほどになる。基本的には受注生産であり、相手の要望に応えて当方が設計、製作することになる。最近は受注が多すぎて対応しきれない状況が続いている。それだけ中国の自動車産業が拡大しているのである。
　当社は従業員数も少ない小規模な開発型の企業であり、一部に加工工程を持つものの、外注依存も少なくない。特に熱処理は上海、無錫の企業に依存している。その他を含めて外注先は十数社、いずれも近隣の民営企業、国有企業、外資企業ということになる。当方は個別の受注生産であるため量が出ず、いくつかの外注工程で困ることもある。
　また、人材に関しては、近年、大卒が大量に出てきているため量的には困らないが、即戦力にならず、社内での2～3年の訓練を必要としている。従来は中国では大卒の絶対量が少なく、即、幹部となっていたものだが、最近では余り気味であることに加え、会社側の要求水準が高まり、社内でのOJTなどが一般的にみられるようになってきたことも興味深い。

国の政策と金融問題の現実
　また、周氏は民営中小企業に対する「国の政策」と「金融問題」に興味深い指摘をしてくれた。
　周氏によると、近年、法律で民営企業は中国経済の重要な一部と規定され、政策としても民営企業を支持する動きが強まっており、環境は有利なものになってきた。地方政府も積極的に支援の構えを強めている。ただし、依然として、民営中小企業には大きな制約がある。表面的には国有大企業と民営中小企業は同列にされてきたが、明らかに民営中小企業が参入しようとしても入れない大きな壁がある。民営企業が参入することが制限されている業種等があり、また、特に金融において政治色が強く、民営中小企業は差別されている。
　周氏によれば「民営中小企業の発展の最大の障害は、融資の限界にある」とされる。「金融は市場経済化されておらず、中央政府が政策を出すものの、地

方では実行が困難。銀行業界に競争メカニズムを作るべき」、「このままでは、いくつかの民営中小企業が発展しても、多くは消えてしまうだろう」と言うのである。

　現実に民営中小企業である富瑞徳精密機械は銀行借入をしていない。ドイツ企業との合弁という形で資金調達できたため、当面、銀行融資がなくとも資金繰りをつけているが、銀行融資があれば「発展はもっと早い」と指摘していた。銀行借入を利用しない理由は「一つに手続きに時間がかかりすぎる、二つにコスト（保証料）が高すぎる」、「銀行にキチンと評価され、リーズナブルな融資を受けたい」と訴えていた。この中国における金融の問題は、民営中小企業をめぐる最大の問題の一つであるように思う。

　以上のような課題を抱えながらも、無錫では興味深い民営中小のハイテク・ベンチャー企業が新たな一歩を大きく踏み出しているのであった。

（4）　新しいビジネスモデルの形成（無錫市浦新不銹鋼）

　世の中、新しい産業分野には興味深いビジネスモデルが生まれてくることが少なくない。中国の場合は、改革、開放以降、世界から多様な要素が入り、受け入れる側として前例のない形を作り上げていくことがよく見られる。ステンレス薄板の世界で、無錫は興味深いビジネスモデルを形成していたのであった。

ステンレスの加工販売業のスタイル

　中国語で「不銹鋼」とされるステンレスは、それほど古い材料ではなく、アジアでは日本が最初に着手し、ごく最近の1999年の頃までは日韓が中心に動いていたとされる。その頃まで、中国は大半を日本と韓国から輸入していた。ようやく1999年に日本の日新製鋼と上海の宝鋼が浙江省の寧波に合弁の「宝新」を設立、冷間圧延技術を導入したが、これが中国におけるステンレスの本格的な国産化となった。この宝新は現在、中国一だけではなく世界最大のステンレス圧延工場となっている。

　この間、改革、開放以来、中国のステンレス市場は拡大、2003年には世界最大市場となった。この間、1990年代初期には日系の加工販売業者が中国にも進

出していた。華東地区では江蘇省太倉と無錫新区に日系のステンレス商社が進出していた。その後、これらに刺激され、中国民営のステンレスの加工販売会社が増加していった。

現在、ステンレス薄板の加工販売業者としては中国最大とされる浦新不銹鋼の創業者の郁氏（1964年生まれ）は、無錫の出身。安徽省合肥の河肥工業大学を1984年に卒業、2年飛び級していることになる。国有企業の技術者として配分された。1994年には国有企業を退職、1995年からステンレスの販売の世界に入っていった。当初の登録資本は100万元（現在、1000万元）、出資者は3人、郁氏が大半の株を保有している。1996年からは輸入品の販売にも踏み込んでいる。

現在の年売上額はおよそ20億元、ステンレスの加工と販売に従事している。浦新不銹鋼有限公司の下に四つのグループ企業を編成している。ステンレス販売の不銹鋼銷售公司（従業員150人）、切断（シャーリング加工）の不銹鋼加工剪切中心（60人）、サンドブラスト、鏡面加工の不銹鋼表面加工廠（40人）、パイプ加工の不銹鋼制管廠（80人）から構成されている。全体では330人の陣容である。

また、材料の仕入れは、現在では国内となっている。寧波の宝新、張家港の浦項（ポスコ）、山西省の泰鋼、昆山の大康、上海のコルボ（外資）などであり、当方は仕入先の代理商の位置にある。ユーザーの要望に応じて加工し、納品することになる。主たる加工は切断、表面加工、パイプ加工である。現在のユーザーの数は約2000軒、華東地区のローカル企業が多い。日系、台湾系、韓国系の企業は中国に進出しているそれぞれの国の加工センターから調達している場合が多く、当方はあまり多くない。

このような点からすると、当方はメーカーとローカルユーザーとの橋渡役であり、販売中心にして、加工もかなりの程度できるということが特徴と言えよう。このようなビジネススタイルは1990年代初期から中国に来ている日本の加工センターから学んだとされる。

アジア最大のステンレス市場

以上のステンレスの加工販売というだけであれば、特に珍しくもない。実はこの浦新が中心になり、無錫郊外にアジア最大のステンレス市場「南方市場」を形成していることが興味深い。南方市場の面積は20ha、上海〜南京の幹線道路である312国道に面し、無錫駅まで4km、高速道路無錫インターまで5kmの位置に展開している。

写真6－11　浦新の営業部門

　この南方市場には各種のステンレス製品を扱う約300の企業が集積している。ローカル企業だけではなく、台湾系、香港系も少なくない。2002年からスタートした。この市場は「全国の有力企業を集めよう」として、当社と無錫新区政府が共同で始めたものであり、当社が土地を取得し、新区政府は新区内に大きな倉庫を用意している。現状ではステンレスのあらゆる製品が揃うものになっている。

　当初から、メリットとしては「集積による補完関係の形成」「新しいユーザーの吸引」が狙われていた。またデメリットとしては「同業者の競争の激烈化」が指摘されていた。以上のメリット、デメリットはあるものの、その壮大な規模と集積はユーザーサイドからすれば非常に魅力的なものであることは間違いない。無錫の郊外にいつの間にか、これほどの市場ができていたのである。なお、この周辺には南方市場のほかにも、建設機械の中古市場、工作機械の中古市場なども軒を連ねており、地域の産業化の勢いを象徴するものになっている。

浦新と南方市場の仕組み

　浦新の場合、表面加工工場とパイプ加工工場は別に持っており、市場の中には販売部門とシャーリング部門を置いてある。浦新の建物の入口周辺の大きな

空間は商談の場とされ、その後ろにステンレスのロール材の置き場と切断加工の部分が展開している。商談は市場を訪れたユーザーと店先で行われているのである。

　販売と決済の方法は、まず契約時に売上額の10～20％（額の大きさによって異なる）の支払を求める。あとは残りの額は現金と品物の交換ということになる。長期取引により信用のあるユーザーに対しては、15日、30日、60日のランクによる売掛にしている。10年前にはいわゆる「三角債」の問題があったが、現金取引を基本にしているため、最近はそうした問題はない。

　バックヤードの倉庫には、かなりの量の材料在庫が見られた。この仕入れの資金調達は、浦新の場合は2000年以降、商業銀行3行からの借入で対応している。借入の担保は「材料在庫」であり、一般的には70％（価格が不安定な時は50～60％）の担保価値を認めてもらっていた。日本の融資の現状では、材料在庫という動産を担保に取る場合に、アメリカのように第三者対抗要件を具備できる登記制度が存在しないため、動産担保による貸出を銀行が取り上げる事例は少ない。このあたりの事情は中国でも同じであるが、第三者対抗要件を具備できなくとも、銀行からすれば、現金商売という浦新のやり方と実績を評価して融資を行っているものと考えられる。

　いわばこの「浦新と南方市場」の仕組みは、日本で考えれば、現金問屋の問屋街ということなのであろう。膨大な消費市場がありながらも、金融市場が未発達で、商品の評価機能、品揃え、供給力の安定、物流機能が不十分な現在の中国においては、この現金問屋と加工機能が集結する「南方市場」のあり方は理にかなったビジネスモデルと評価することができる。経済が安定し、商品評価も定着し、供給力・品揃えも安定してくれば、こうしたあり方も大きく変質し、また別のものになっていく可能性が高い。中国の現状ではしばらくはこのスタイルがステンレスに限らず、一つの大きな潮流になっていくことが予想される。現実に、広東省の広州周辺、上海の郊外のあたりには、最近、このような広大な専用市場が形成されつつあるが、それは中国の消費の高まり、そして、それに応えようとする供給側の動きが結集したものとして評価されていくことになろう。

(5) 輸出型企業としての展開（無錫鳳凰画材）

　中国では、ごく最近まで国内企業の圧倒的大多数は「輸出入権」を保有していなかった。海外との貿易を指向する企業は、外資と合弁して「輸出入権」を取得するか、あるいは国有の輸出入公司に依存せざるをえなかった。輸出入公司は独占的に国際貿易の業務に就いていたのであった。それは対外貿易の管理という意味が基本にあったように思う。

　その功罪は色々指摘されるが、国内企業にとってのメリットとしては、複雑な貿易業務の代行を依存できること、輸出入公司が海外から注文を取ってくれ、材料の手配、確実な支払をしてくれたことが指摘される。初期の中国企業にとっては大きな役割を果たしたとして評価されよう。

　だが、反面、国内企業が実力をつけてくるにしたがい、それは大きな障害にもなっていった。輸出入公司を通じる限り国際的な下請にすぎず、自立性が育たない、開発力や自社ブランドの形成も難しい、などが指摘されていく。

　このような事態の中で、中国政府は2000年の頃から「輸出入権」の取得の条件を緩和していく。改革、開放以後の市場経済、さらに輸出入公司を通じる国際的な下請で育った民営中小企業の中からは、「輸出入権」を取得することにより、短期間で飛躍的に発展するところが出現してきたのである。この項では、そうしたものの一つの典型を取り上げていくことにしたい。

写真6—12　鳳凰画材の陳衛宏董事長

当初から「キャンバス」「輸出」を指向

　無錫市濱湖区華庄鎮の工業区に鳳凰画材の工場が立地していた。油絵のキャンバスを生産しているとのことであった。迎えてくれた董事長兼総経理の陳衛宏氏（1973年生まれ）は、若干32歳であった。地元無錫の高校を卒業後、3年間ほど他の会社に勤め、営業の経験を重ねた。その頃、友人から「中国は軽工業品の輸出国だが、油絵用の

写真6—13　無錫鳳凰画材の生産現場

キャンバスを手掛けているところがない。これを中国で安く生産して輸出すればイケル」との話を聞き、陳氏自身、全く絵に興味はなかったが、これで行くことを決意する。

1995年10月には、高校のクラスメート8人、陳氏の出した10万元の資金でスタートした。当初から「キャンバス」「輸出」をイメージしていた。陳氏はキャンバスは元々、欧米が本場であり、生産拠点は欧米から、次第に台湾、韓国、マレーシアと移り、そして確実に1995年以降は中国、インドに向かうと受け止めていた。1995年が中国生産のスタートの年であるとの判断であった。その時の差別化は「品質」と見定めていた。時代の流れに対する感受性が優れていたのであろう。

鳳凰画材からの提供資料によると、企業の目標は「高品質」「高科技」「品牌（ブランド）化」「国際化」「多元化」となっていた。この中で、これまで特に「高品質」「国際化」を最重点に走り抜けてきたように見えた。

当初は輸出入権がなく、国有の輸出入公司に依存し、国際下請の位置にあったのだが、緩和された2001年には輸出入権を取得している。創業以来、6年を経ていることから、国際的な事情も理解できており、早速、国際的な展示会に積極的に参加し、世界の画材商社、スーパーなどの量販店と接触、高品質と低価格で一気に販路を拡げていった。抜群のタイミングであったのであろう。雌伏6年の下請から見事に脱却したのであった。その集中力と判断力、行動力は高く評価されねばならない。

輸出産業としての際立った発展

2001年に輸出入権を取得してからの鳳凰画材の躍進ぶりは著しい。以来、毎

年、前年比80〜100%増の成長ぶりである。2004年の売上額は2億元、輸出額2000万ドルに達し、従業員も2005年には約1500人を数えるものになった。キャンバスの世界市場は約13億ドルとされているが、鳳凰画材はすでに世界シェアの20%は取り、2005年は売上額3億5000万元、輸出額3500万ドル、世界シェア35%を目指していた。中国からの世界への輸出の70%は鳳凰画材が占めているのである。軽工業部門は中国製が世界を席巻しているが、これほど短期間に集中的に成果を上げたケースは他にあまり例がないのではないか。3年後の目標は、売上額10億元、輸出額1億ドルを意識しているのであった。

なお、この鳳凰画材有限公司は下に五つの公司を保有している。私が訪れたのはキャンバス生産の無錫鳳凰画材、約600人の従業員が従事していた。その他、江蘇省北部の沐陽市に800人規模のキャンバス工場（沐陽鳳凰画材）、イギリスと合弁している顔料生産の沐陽鳳凰顔料、児童用家具の晨宝児童家具、自動車関連の汽車美容の4社を傘下にしている。この5社全て法人企業であり、陳氏の100％保有となっている。現在の全体の登録資本は5000万元、総資産の規模は9000万元とされる。10万元で創業した陳氏の事業はわずか10年ほどでこれだけの発展を示したのであった。

これらを踏まえて、2005年中には集団化を進め、「鳳凰集団」を形成していくことになる。集団化により、持株会社と集団企業という関係になり、集団としての知名度を上げ、将来の上場を視野に入れているようであった。

このように、中国の現状との対応で世界的な潮流を見定め、果敢に取り組む若者が、これだけの成功を収めていくのである。それが21世紀初頭の中国ということになりそうである。

（6）エリート達の事業化（無錫西姆斯石油専用管制造）

中国の最近の民営企業の中には、①国有企業や集体企業から民営化したもの、②純粋な民営企業として立ち上がったもの、そして、③社会の特別な専門家が集められて設立されていくものの大きく三種類があるとされる。特に、この③のスタイルは、例えば、無錫では、ソフトウェア開発の代表的企業である大為科技[5]、太陽光発電の尚徳太陽能（サンテック）、そして、ここで検討する西

姆斯石油専用管制造が知られる。

　これらに対しては、政府からの支援も大きく、有能な人材が集められ、全貌は明らかではないが、特別な民営企業として扱われているようである。

輸入代替から輸出へ

　中国にとってエネルギー開発は焦眉の課題であり、各地で石油探索などが重ねられている。大慶油田、勝利油田などが中国の代表的な油田として知られている。これらの開発等に用いられる機材等の多くは西側諸国から輸入されてきた。中でも、輸送用の石油パイプに関しては、圧力が大きくかかるため、品質的に難しい部分が多く、これまで日本の住友金属、新日鐵、川崎製鉄、NKKなどの日本のメーカーから輸入せざるをえなかった。そのため、中国では石油パイプの輸入代替の必要性が大きく認識されていた。

　中国の石油パイプの国内需要は年間約23万トン。技術移転が進んだ上海の宝鋼の生産能力が年産10万トン、遼寧省の鞍鋼が数万トンとされている。数年前までは10万トン前後を依然として輸入に頼っている状況であり、10万トン分の輸入代替が急がれていた。

　このような状況の中で、無錫市は老朽化したパイプの鉄工所（無錫鉄鋼廠）の再建を含めて新たな石油パイプ工場の建設を推進していく。1990年代の後半には、当時の大慶市長が無錫出身者であることを頼って、無錫市長が石油基地の黒竜江省大慶市を訪問、企業誘致を重ねていった。そうした縁から、石油パイプのマーケティングの専門家として知られていた現在の西姆斯石油専用管制造の董事長である朴氏（1962年生まれ）が、無錫にやってくる。

　無錫市は全力をあげて朴氏を支援し、老朽化した鉄工所の再建に取り組んでいった。当初は従業員が理解できず、また資金的にも苦しかったのだが、市政府が従業員の意識改革に努め、また資金的な手当ても重ね、1998年に一部に外資を入れて、無錫鉄鋼廠の建物を借りて、西姆斯石油専用管制造を設立していく。設立当初から、朴氏は「品質を高める」こと、「技術を蓄積していく」ことに精力を傾け、徐々に品質をあげていくことに成功していく。

　設立１年目は不良も多く、利益も出なかったのだが、ようやくアメリカの

APIの認定も取れ、さらに、中国の二大石油メーカーの大慶油田と勝利油田が当社の製品に注目してくれるようになった。

再建2年目以降は、品質も上がり、利益も出てきたことから拡大の方向を探り、無錫新区の現在地（約3ha）を取得、2001年から新工場で操業している。この新工場の建設のためには、新鋭設備の調達のために日本、欧米の機械メーカーを回り、また、国内の石油パイプの専門家を招聘していった。当初は年間の生産能力4万トンであったのだが、設備も増設しながら、2002年には10万トンを達成し、ほぼ輸入代替を成し遂げることに成功している。2005年はさらに増産の計画であり、24万トンを生産していく構えである。

年々、登録資本、総資産は増加しているが、株の過半は朴氏が保有している。現在の従業員は約700人、2004年の売上額は10億元に達している。最近は輸出も増加し、北米、インド、インドネシア、ロシアなど十数カ国に輸出できるまでになった。輸出比率は50％程度に達している。当社は新工場移転後わずか4年で、輸入代替から輸出企業へと一歩踏み出しているのである。

新たな民営企業化のスタイル

このように、近年、西姆斯石油専用管制造は順調に業績を伸ばしている。5年後の目標としては、無錫新区内に約30haほどの用地を取得し、年間25万トン能力の圧延管の専用工場を作る構えであり、全体で70万トンの能力、売上額50億元、従業員2600人をイメージしていた。さらに次の5年では、製鉄所の建設も視野に入っており、鉄鋼だけではなくステンレス・パイプの領域にも関心を示していた。このように、急速な発展軌道に入り始めた西姆斯石油専用管制造は、発展的なイメージを抱き、大きく踏み出そうとしているのであった。

ただし、現在の中国の民営企業をめぐる最大の問題は、当社ほどの躍進を示していても、旧国有企業でない1998年設立の民営企業であるがゆえに、四大国有銀行からの融資を受けることが非常に難しいという点にある。そこで外国の資金、民間の資金を調達していかなくてはならない。そのため、2004年にはマレーシア最大企業の国家投資会社（UNW）と新たな合弁契約を結んだ。UNWはアフリカなどの産油国で多くの投資を実施しており、石油パイプで中国第3

写真6—14　西姆斯石油専用管制造の幹部たち

位の西姆斯石油専用管制造に関心を寄せてきたのであった。UNWは2004年末から出資を開始してきており、今後も追加的に進めていくことが期待されている。また、将来の資金調達計画として、香港等海外市場での上場も視野に入れている。

老朽化した鉄工所の建て直しから入ったこの事業は、極めて短期間のうちに、国家的課題であった石油パイプの輸入代替を実現し、さらに外貨獲得の輸出産業としても成功していった。その理由を、幹部は以下のように総括していた。

　第1は、製品の選択が適切であったこと。中国の1990年代末は不動産、ITバブルに沸き、鉄鋼ビジネスは停滞していたが、西姆斯石油専用管制造のメンバーは製品の将来性を信じて取り組んできた。

　第2に、企業を規定する三つの要素が効果的に働いた。石油市場が好調で、石油パイプの外国輸出が伸びた（マーケット）。競争力に優れる良い製品を作れた（品質）。そして、優れた人材を全国から集めた（人材）。特に、鉄鋼の本場である上海の宝鋼、山西省の太原から優れた技術者を100人近くも招聘している。その結果、従業員700人のうち高級工程師（エンジニア）は二十数人を数えているのである。

　このように、この西姆斯石油専用管制造のプロジェクトは、他の多くの民営企業と異なり、国有企業からの転換、独立創業によるなどの純粋な民営企業とは異なり、国家的な課題に応えるべく、社会のエリートといわれる人びとが結集し、スケールの大きな事業として取り組まれていることに大きな特徴がある。おそらく従来の社会主義の枠の中であれば、国家プロジェクトということになるのであろうが、市場経済化、民営化が進められている現在では、政府からの支援はあるものの、多くの専門家が集まり、知恵を絞って取り組んでいるとこ

ろに新たな意味があるのであろう。これは一つの中国の民営企業化の流れとして注目していく必要がありそうである。

(7) 専門的経営者の登場（無錫市滙光精密機械）

無錫周辺では1997年頃から民営化が一気に進むが、そうした中で、専門的経営者と言うべき存在が登場してきている。この滙光精密機械のケースはその典型であり、興味深い取り組みを重ねているのであった。

ベアリング製造自動機械の製造

滙光精密機械の前身は1998年という比較的最近に設立された集体企業であった。当時の名前は糧食機械廠と言い、食品加工機械の製造に従事していた。2000年には民営化することになり、当初は、糧食機械廠の幹部13人で取得している。その後、事業領域を現在のベアリング製造機械分野に転換し、併せて、株主の1人の友人である温州人が株式を一括して取得し、現在の滙光精密機械となっていった。この温州人は上海でソフトウェア会社を保有しており、この滙光精密機械の経営にはタッチしていない。

現在の滙光精密機械の従業員数は120人、製品はベアリングの自動製造装置

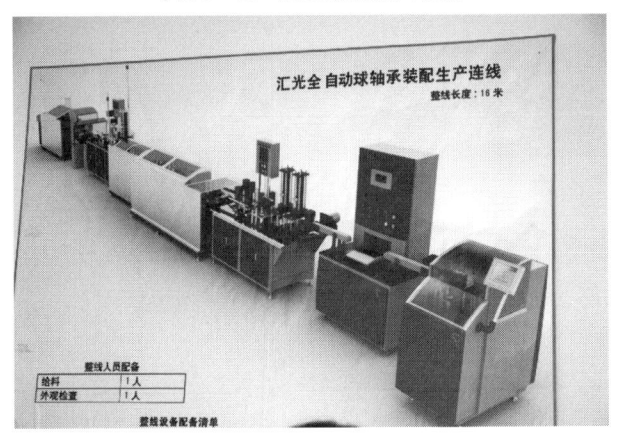

写真6—15　滙光精密機械の製品

というものであり、開発（開発スタッフ25人）から組立の一連の工程を内部化している。部品加工に関しては一部を社内で行っているが、地元を中心に、大連、北京、広州からも入れている。製品の国内市場シェア約80％であり、日本のNSKの中国工場にも納入実績がある。

　なお、地元の江南大学とは深い付き合いを重ねており、開発スタッフのほぼ半分は江南大学の卒業生であった。また、開発スタッフの中にはドイツ人の男女も加わっていた。

企業の建て直しから上場までを請け負う

　この滙光精密機械の董事長である龐震佛氏の経歴と立場がまことに興味深い。龐氏は1966年、内陸の蘭州生まれ。両親は上海出身であったが、1960年代の「三線建設」により、蘭州に転居させられていた。1989年には名門の西南交通大学を卒業、地元で4年ほど電気、管理の仕事に就いていたが、チャンスを求めて広東省の珠海に赴き、対日関係の輸出入貿易の仕事に携わっていた。その頃は三菱商事、トーメンなどと付き合っていた。

　その後、家具の輸出商社に勤務し、ヨーロッパ輸出を手掛けていた。当時は

写真6—16　龐震佛董事長

なかなか外国に行く機会がなかったが、ヨーロッパ輸出に従事していたことから、ヨーロッパの展示会に行く機会が多かった。そして、そのノウハウをベースに、1993年には展示会をプロデュースする企業を設立している。この仕事を通じて、中国国内の事情に精通していった。

1999年には、この会社を売却し、2年ほど充電していたが、次第にコンサルタント業務が多くなり、上海でソフトウェア会社で仕事をしている際に、先の温州人と知り合うことになる。そして、その温州人が保有している滙光精密機械の建て直しを依頼され、2008年8月に赴任している。私たちが訪問したのは2007年6月、龐氏が赴任して10カ月の段階であった。オーナーの温州人からは経営を完全に任されており、上場までを請け負い、成功報酬を受け取る形になっていた。最近の中国では、このようなやり方が登場しているのである。

すでにいくつかの実績のある龐氏のやり方は、会社に1人で乗り込み、6カ月から1年で劇的に変えるというものであった。2006年8月に赴任して直ぐに会社改革のプランを提示している。

一番大事なことは「人」と考えており、会社の従業員から改革推進のメンバーを掘り起こすことから始めるとしていた。彼らの集団を作り、自主的に動き出すような環境を作ることを心掛けているようであった。龐氏が赴任してまだ10カ月であるが、2007年上半期だけで、売上額は昨年1年分に達していた。

江南大学と積極的に付き合い、外国人の開発スタッフを導入し、開発力重視のスタイルを取り、加工は周囲に依存し、社内は開発、組立、検査に特化するというものであり、日本の開発型企業と共通するやり方をとっていた。中国も人件費が上昇していることから、自動化設備への要請も高まりつつある。そのような市場をターゲットに、ベアリング製造自動機械にこだわらず、広く自動化の可能性を模索していた。中国にもこのような専用機メーカーが登場してきたのであった。

(8) 対日輸出アパレルメーカーとして展開（恒田企業）

日本の繊維市場は、近年、中国からの輸入品で占められている。日本の繊維企業自身が中国に進出し、日本向けに生産している場合もあれば、中国のロー

写真 6—17　韓春董事長

カル企業に生産委託している場合もある。特に、近年、中国ローカル企業の発展ぶりは著しく、巨大な規模の繊維関連メーカーが成立し、日本ばかりでなく世界の市場に向けて突き進んでいる場合が少なくない。

日本語を学び、縫製業界に

　ここで検討する恒田企業は日本語を専攻した中国の若者が、対日本向けから出発し、現在では、欧米、国内向けにも展開するなど興味深い取り組みを重ねているのである。

　恒田企業の董事長である韓春氏（1970年生まれ）は、無錫の江南大学日本語科を1990年に卒業、無錫で地場のカットソー（ニット生地の縫製）メーカーに２年ほど勤めた後、1993年、23歳で友人と２人で創業している。この1993～94年は中国経済が急速に高まりを見せ始めた頃であり、勇気のある若者は独立創業に果敢に踏み込んでいた時期であった。

　当初は、得意の日本語を使い、サンプルを手に日系企業の上海事務所を訪れる毎日であった。最初のユーザーはテイジン商事であり、スポーツアパレルの仕事を出してくれた。

　1995年から従業員20人ほどで本格的にスタートした。韓氏と話していると、

写真6−18　恒田企業のサンプル

日本に駐在したことはなく、日本企業に勤めた経験もないにしては、実によく日本の事情に通じていることに感心する。それだけ、日本との厳しいビジネスを積み重ねてきたということなのであろう。

　創業してほぼ15年、恒田企業は従業員2300人（女性90％）、主力商品領域はカットソーのスポーツアパレル、レディスのファッション、カットソーのカジュアルであり、年間生産枚数800万枚に及んでいる。現状、日本向けが半分以上であり、アディダス、アシックス、ミズノ、ゴールドウィン、ユニクロといったスポーツアパレル、さらに、ワールド、カシヤマ、サンヨーなどの百貨店ブランドのOEM生産に従事している。

日本の厳しいビジネスに鍛えられる
　恒田企業の大きな特徴は、生地の編立、染色、縫製までの一貫体制を形成していることである。デザインはユーザーから仕様書ないしサンプルの形で投入されてくる。材料は特に指定はなく、日本の品質に達するものを調達し、確認を得ている。原糸（綿、ポリエステル）の90％は中国産、一部は日本、アメリカ、タイなどから入れている。染色は生地染（後染）が主力だが、糸の先染の場合は仕入先に染色してもらっている。

第6章　新たなタイプの民営企業の登場　243

生地の編立（丸編）は、綿糸の場合はここから30分ほど離れたローカルの協力企業に依存している。そのローカル企業は日本のフクハラ（神戸）の丸編機を1000台も保有している。ポリエステル糸については社内に装備された丸編機（国産、台湾製、ドイツ製）29台で編み立てている。社内の生産力は乏しく、2010年までには200台の増設を計画していた。日本製の編立機は「高い」との評価であった。

　ミシンは現在、1800台を保有している。JUKI（西安）、ペガ（天津）、ヤマト（寧波）といった日本メーカーの中国製を採用していた。カットソーということから、オーバーロック機が全体の半分、本縫機が全体の4分の1、その他ということになる。

　品質のチェックは欧米向けは社内だけでOKになるが、日本向けは非常に厳しい。日本の商社の品質管理部門の人が「現場」で確認するか、第三者の検査会社を通すこともある。現在、恒田企業には日本人が5人駐在しているが、1人は当社の開発スタッフ、2人は当社の合弁事業関係、そして2人は日本のユーザーから出張ベースで品質管理に来ている人である。

　日本向けは小ロット、多品種、短納期であり、最小ロットは100枚から、最大は100万枚、納期は受注から4週間で日本の店頭に入れることになる。

　このような日本との厳しいビジネスを積み重ねる中で、恒田企業は大きく成長してきたのであった。

新たな飛躍に向けた取り組み

　ただし、近年、中国の人件費の上昇、日欧米の輸入規制等などより、新たな対応を余儀なくされているようであった。韓氏の口からは「繊維は苦しい業界、ここに来てつぶれる企業も少なくない。いかに効率を上げていくかが課題」という言葉が出てきた。

　現状、恒田企業は大きく三つの事業部を形成している。製品事業部、素材事業部、ブランド事業部である。製品事業部はスポーツアパレル等の製品の製造販売、素材事業部は短繊維フィラメントの編立生地を日本、欧米、中国国内のメーカーに販売、さらに、ブランド事業部は自社ブランド（GOODIO）の販売

というものである。日本向けが次第に厳しいものになり、恒田企業としては、欧米向け、国内向けに力を入れ始めていた。

　特に、内販向けの自社ブランド品（インナー）は5年前から手掛け始めたものであり、年間50万枚ほどであるが、現在、デパートを中心に280店に供給している。最高価格1800元／枚という製品もある。日本ではインナーは実用品とされているが、中国の場合はギフトにインナーが用いられることが多く、高額品が好まれているという事情がある。これから先10年ぐらいは中国国内市場が拡大すると受け止めていた。恒田企業の5年後のイメージは、上海周辺ではカットソーでは第1位、生産枚数は現在の4倍の2400万枚、輸出半分、国内市場半分を視野に入れていた。

　もう一つの課題は、縫い子の確保が難しくなってきたという点であろう。現在の2300人のほとんどは地方から来ている。社内には2000人収容の寮を用意してある。2010年には倍の5000人を計画しており、工場増設、寮の増設が急ピッチで進められていた。上海周辺で縫製業が難しくなっていく中で、勝ち残りを目指し、規模拡大、効率化、国内市場の開拓が視野に入っている。

　さらに、この恒田企業は染色、ソフト開発、倉庫などの領域で別会社8社を保有し、さらに、日本との合弁企業2社を形成している。日本との合弁は吉田元商事との合弁の無錫吉田元制衣有限公司（開発、生産）、キューポートとの合弁の検品会社の無錫凱波特服飾有限公司である。このような幅の広い事業展開が繰り広げられているのであった。

　また、恒田企業は1993年の頃は輸出入自主権がなかったために、日本の友人の名前を借りて外資企業として登録してきた。したがって、形式上は日中合弁企業であるが、実質的には韓氏の個人保有の企業である。韓氏は「たまたま日本語を学んだ。最初に入ったのがこの業界」と語りながらも、「5年後には上場する。10年後のイメージは不明」と語っているのであった。縫製業という一番ダイナミックに動く業界に身を置いて15年、韓氏はその先を見ているようであった。

（9） 対日アウトソーシングに向かうソフト企業（晟峰軟件）

　日本のソフト産業は中国のアウトソーシング受託がない限り、成り立たないと言われている。だが、その受け皿の多くは北京、大連、上海などの発展している都市にあり、まだ地方性を色濃く残している無錫のあたりでは、これからの産業と位置づけられている。実際、ここに来て、無錫市政府はソフト産業、対日アウトソーシングに深い関心を寄せ、多方面にわたる支援の措置を用意し始めている。

　この項では、中国のソフト産業と対日アウトソーシングの基本的な構図を俯瞰し、そして、無錫を代表する晟峰軟件（ソフト）を検討し、その意味するところを明らかにしていくことにしたい。

中国ソフト産業と対日アウトソーシングの枠組み

　中国のソフト産業は近年、毎年、50％増の高成長を続けているとされている。市場的には輸出が大半であり、支払いが悪いとされる国内市場は人気がない。そして、その主力の輸出市場については、意外なことに対日輸出が3分の2を占めているとされている。そのような事情は日本には的確に伝えられていない。日中のソフト産業は実は相当濃密な関係を形成しているのである[6]

　1989年6月の天安門事件の後、真偽は定かでないが、中国国内にある噂が流れた。「大卒は5年間海外渡航を禁じられる」というものであった。これに反応して、1990年から1992年の頃まで、大量のソフト技術者が日本に向かっている。当時はバブル経済崩壊直前の時期であり、また、日本ではソフト技術者不足が言われていた。中国側は理工系の大学などが日本への人材派遣を行う会社を設立したり、また、日本企業も中国に日本向け人材派遣の会社を設立していった。単純労働者について、日本は入国を厳しく制限しているが、技術者に関してはそれほど難しいわけではない。1990年代の初めの頃、大量の中国人ソフト技術者が、大都市圏郊外のアパートに居住していたものであった。その数は数万人は下らないと思う。このあたりの状況はまだ全く解明されていない。

　日本に滞在した中国人技術者は、10年ほど経つと一つの大きな問題に直面する。子どもの教育をどうするのか、という点である。小学校4年生あたりが分

岐点になる。これ以上日本にいれば日本人になってしまう。帰国するか、残るかが家族の最大の問題になっていく。そして、残留、帰国に分かれていく。帰国する技術者たちの多くは、2000年を過ぎる頃から、北京、大連、そして上海に向かい、ソフト企業に勤め、対日関係の仕事をしていくことになる。

　その後、それは2002年であったとされるが、中国の首脳がインドのバンガロールを訪問し、対米アウトソーシングに従事する姿を見て、驚愕したとされている。中国のソフト産業の振興のためには、製造業と同様にアウトソーシング受託が不可欠と認識し、多方面にわたる検討を重ね、対日アウトソーシングを軸にしていくことを決定している。対米関係ではインドという強敵がおり、ロシア、アイルランド等とも闘わなければならない。この点、漢字の制約のある日本は中国にとって有利という判断であった。しかも、中国側の見方では、ソフト市場の規模としては日本はアメリカ並みというのであった。日本は何にでもソフトが入っているというのであった。

　ここから中国ソフト産業の対日アウトソーシングが強化されていった。そして、2003〜2004年の頃から、日本から帰国していた中国人技術者たちが、日本の経験を活かした対日アウトソーシングを中心とするソフト企業を立ち上げていくことになる。本場の大連、北京のあたりでは、数年で数百人から数千人の規模に急拡大した企業も少なくない。このようなタイプのソフト企業が大量に生まれているのである。そして、日本企業との関係を濃密にしていくに従い、中国ソフト企業は対日進出を果たしていることも興味深い。横浜や江戸川区、江東区といった家賃の比較的低い地域に中国系ソフト企業の日本支社が置かれ始めている。受注先の日本企業と作業する中国企業との間のブリッジSEとして機能しているのである。

　ソフト産業をめぐっては、日中間に以上のような枠組みが形成されているのである。

典型的な対日アウトソーシングのスタイル

　以上のような流れは、明らかに北京、大連、そして上海あたりの各地で観察される。ただし、中国においてもソフト技術者の獲得は難しいものになりつつ

あり、中国国内における次の取り組みが課題にされてきた。そして、まさに、この無錫において、興味深い取り組みが始まっているのである。

ここで検討する晟峰ソフトの創業者であり董事長である寧波出身の張松峰氏（1968年生まれ）の足跡は、先に指摘した典型と思える。張氏は天安門事件の年の1989年に日本に向かい、ソフト技術者として働いていた。10年ほど働いた後、香港をめぐり、中国に戻り、2003年11月、従業員15人で上海で対日アウトソーシングを専門にする晟峰集団を設立している。日本の会計ソフトの有力企業であるOBCをメインの顧客とし、実績を重ねていった。

その後の成長は早く、2004年の従業員数は253人、売上額4億9000万円、2005年は従業員645人、売上額9億3000万円、2006年は1016人、売上額15億5000万円、2007年は1746人で売上額25億円に達するものになっている。2008年には従業員数は4000人を数えていた。この間、2005年には中国輸出ソフト企業売上額では第15位に入り、2006年には8位にランクされている。この晟峰ソフトの歩みはまさに先に指摘した対日アウトソーシングを目指す中国ソフト企業の典型的なものだといってよい。

主要業務は、①オフショアの開発（アウトソーシング）、②BPO業務（日本のサーバーを監視するネットワーク・オペレーション・センター）、③自主製品の中国国内販売、④対日オフショア向け人材の育成、派遣業務、といったものである。さらに、先に指摘したように、晟峰集団も日本にブリッジSEのための支社を展開している。2003年には東京新宿に日本晟峰を設立している。従業員は30数人規模である。さらに、2007年には大阪にOBCとの合弁で晟峰ビジネスソフトウェアを設置している。

そして、このような展開の中で、中国サイドでの人材調達が難しいものになり、上海を起点に全国各地に拠点を設置している。北から大連、浙江省嘉興、寧波、桂林、成都、そして無錫の6カ所である。特に、上海に近い嘉興については、地元政府と合弁し、13haほどの敷地でITパークを編成していることも興味深い。このような文脈の中で、無錫にも新たな拠点が形成されていった。

無錫の可能性

写真6－19　無錫晟峰ソフトの現場

　無錫晟峰ソフトの設立は2006年3月、上海晟峰と上海 OBC に加え、地元企業の3社の合弁、従業員60人でスタートした。資本金は200万元であった。その後、地元企業の株を買い取り、現在では2社合弁の形となっている。仕事は上海晟峰経由で日本のインターネットの監視を主たる事業にしている。

　2008年3月現在の従業員は150人、2008年末までには200人をイメージしていた。150人中、日本語1級の人は15人、2級30人、残りの全員が3級というものであった。当然、級が上がるごとに手当てがつく。出身地は無錫が20％、その他の江蘇省で60％、残りの20％は安徽省、山東省、浙江省などである。

　この業界の最大のテーマは人材確保である。晟峰集団の場合は各社が独自に採用活動を行っているが、基本的には「日本向け開発の特性（協調性）のある人」「地方大学の上～中の層」を狙っていた。江蘇省、浙江省の範囲の15の大学をターゲットに説明会を開催している。卒業前の4年生を対象に11月から3カ月のインターンを行い、日本語教育を実施し、あわせて適性を確認している。

　このインターンシップについては、以下のような点を重視していた。
① 　会社理念、企業文化の徹底理解
② 　日本語講座、日本文化、ビジネスマナー、常識の徹底理解
　　 2カ月で日本語4級試験、4カ月で日本語3級試験の実施

第6章　新たなタイプの民営企業の登場　249

③ 業務知識の教育
④ 開発技術の教育

　以上のように、中国の対日アウトソーシングをメインにするソフト企業の典型とでもいうべき晟峰ソフトは、上海を起点に全国に展開し、その一つを無錫に置いていた。このスタイルはまだ無錫では少なく、3社ほどという受け止め方であった。第1位が後の第7章で見る日系の華夏計算機であり、晟峰が二番目と言われていた。

　このように、無錫においては対日アウトソーシングを主軸にするソフト企業は少ないが、今後、大きく発展していく可能性も高い。特に、無錫はここに来て日系企業の進出が著しく、中国の中では大連に次ぐ雰囲気を備えつつある。そのような日本との関係の深まりの中で、日本語人材も多くなり、新しい可能性も見えつつある。そのような可能性を切り開くものとして、晟峰ソフトのこれからの取り組みが期待される。

3．無錫における民営中小企業の特質と課題

　ここまで多くの無錫の民営中小企業の実態を見てきた。企業の紹介を無錫市政府にお願いしたため、全般的に優良企業ばかりになってしまったのかもしれない。このあたりは私たちの限界であることも十分承知している。今後、さらに実力をつけて陰の部分に接近できるようにしていきたい。本書で取り上げたケースについては、当方では特別希望はしなかったのだが、全体的に業種、出身母体等はバランスのとれたものを紹介いただけたと思う。ただし、確実に存在しているはずのソフト関連中小企業はわずか1件しかを取り上げられなかった。そうしたケースは以前に『中国無錫市における産業発展戦略』（一橋大学関満博研究室、2002年）で若干紹介してあるので、そちらを参照いただければ幸いである。

　以上のような限界はあるものの、この章の最後であるこの節では、第4章から第6章までに検討した無錫の民営中小企業の特質とでもいうものを整理し、今後の課題を提示していくことにしたい。

表6―1　郷鎮企業の諸類型

区分	軽工業		機械金属工業		
	繊維	その他	加工	材料	製品
郷鎮企業からの転換	申澄集団 海瀾集団 陽光集団 紅豆集団 第一棉紡織廠	恵源高級潤滑油 方成彩印包装	鍛圧 潤和機械 環宇電磁線 立覇実業 華特鋼帯 新遠東集団	希土控股	雪桃集団 太湖鍋炉 環保工程集団 錫能鍋炉 天奇物流 四通新源動力程 申錫建築機械
純粋に民営独立	利安達集団 恒田企業	鳳凰画材 晟峰軟件	江旭鋳造 恒嶺綾纜 瑞新汽車部件 西姆石油専用管	浦新不銹鋼	霊界浄化装置 富瑞徳精密機械 滙光精密機械

豊かな工業集積の形成

　表6―1で、ここまでに取り上げた民営中小企業を分類してみた。縦軸（表側）は出身母体別に「郷鎮企業からの転換」「純粋に民営独立」の二つに分けた。ただし、1980年代の頃には、江蘇省の場合、個人経営は難しく、形式的に郷鎮企業の形式をとっていたいわゆる「紅い帽子」といわれる企業は、とりあえず「郷鎮企業からの転換」に入れてある。海瀾、天奇物流などはそうしたものの典型である。また、横軸（表頭）は業種別に分類した。大きく「軽工業」「機械金属工業」に分け、さらに「軽工業」は「繊維」「その他」、「機械金属工業」は「加工」「材料」「製品」に区分してみた。そして、これらのことからいくつかの興味深い点が浮かび上がってくる。

　第1に、「軽工業」「機械金属工業」のいずれにおいても、「郷鎮企業からの転換」「純粋な民営独立」が豊富にみられた点に関連する。このことは、無錫の地域としてのポテンシャリティが高く、事業展開の可能性の拡がりが大きいことを示しているように思う。すでに事業基盤のある郷鎮企業からだけではなく、新たな独立創業の機会が豊富に存在しているということであろう。

　また、郷鎮企業からの転換がベースになっている無錫の場合、それを目にす

る個人が果敢に多方面にわたる事業領域に取り組んでいることも興味深い。無錫は郷鎮企業の民営化が進められる中で、周囲の人びとに大きな「希望」と「勇気」を与えてきたのであろう。郷鎮企業の民営中小企業への見事な転換が、周辺に大きな刺激を与え、新たな民営中小企業の独立を促したとして評価できよう。この点が、無錫における民営中小企業の一つの大きな特徴であろう。

　第2に、第1と深く関連するが、私たちの訪問した限られた企業を眺めるだけでも、その業種の多様性が注目される。特に「機械金属工業」の部門では、「加工」「材料」「製品」の各部門に注目すべき中小企業が並んでいる。独自の「製品」を保有する企業は、これからの無錫の産業化の牽引役となることが期待される。また「加工」「材料」部門に積極的に企業が進出していることは、地域の工業集積の充実を示すものである。工業集積が充実していくためには、牽引役の「製品」メーカーと、それを支える「加工」「材料」部門の相乗的な集積が不可欠だが、無錫は明らかにそれらの上昇するスパイラルの中にあることを示している。「製品」メーカーだけでは、工業集積はイノベーティブなものにならない。無錫の工業集積は確実に一つの階段を登っていると言ってよさそうである。

　そして第3に、この数年で劇的に発展した企業が少なくないという点である。特に、海瀾、陽光、紅豆のようなアパレル部門は世界的な供給力を備えるところまできている。すでに、これまでの海外からの受託加工から、デザイン力、ブランド力の形成という次の段階へ進む時期に来ている。また「機械金属工業」でも、いずれの企業においても供給力の拡大は目覚ましく、次は世界を目指すための品質の向上が意識されていたことも興味深かった。明らかに、無錫の民営中小企業は、すでに発展のための基礎は形成され、次のステージに向けての内面の充実の時期に踏み込んでいるのである。

　このように、無錫には新たな発展的な民営中小企業が大量に登場している。それがまた、周囲に大きな刺激を与え、新たな独立創業を促すという好循環を作り上げている。集積が刺激を与え、また集積が充実していくということなのであろう。21世紀初頭の現在、かつて「蘇南モデル郷鎮企業の故郷」と言われた無錫は、中国の地域産業発展の新たなモデルを形成しているといってよい。

無錫の民営中小企業の発展課題

　以上のように、無錫の工業集積の充実、民営中小企業の多様かつ飛躍的な発展はまことに興味深い。最後にここで、今後の無錫の民営中小企業の発展課題というべきものをいくつか指摘しておくことにしたい。

　まず第1は、無錫に進出している外資企業との交流を深めていくべきという点である。繊維系企業は外資（特に、日本）との関連も深く、外国からの受託を重ねながら実力を高めてきた。むしろ、繊維系企業の課題は、今後、いかに独自のデザイン力、ブランド力を身につけるかであろう。これに対し、機械金属系企業では外国機械の導入、一部の外資との技術提携は認められるものの、無錫に進出している外資企業と事業的なつながりは極めて乏しいものであった。一部に自動車関連が認められたにすぎない。

　個々の民営中小企業の実力を高め、工業集積の内面を充実させていくには、高いレベルの技術を保有している進出外資企業との関係の形成は不可欠である。特に「機械金属工業」の中でも、「加工」「材料」系の中小企業のレベルの上昇には外資企業の高い要求に応えていくことが基本になる。無錫には近年、外資企業が大量に進出している。日本企業だけでも1000社を超えるとされる。それらに積極的にアプローチをかけ、厳しい要求に応えていくことが世界的なレベルの民営中小企業、工業集積を形成していくための不可欠な道筋だと思う。

　この点は、外資企業の進出の早かった大連に一日の長がある[7]。無錫はこれからなのであろう。意識的に取り組んでいくことが必要であろう。外資企業との深い交流の中で、より専門化され高度化された民営中小企業が拡がっていくならば、無錫の工業集積のイノベーティブな部分はさらに充実していくことは間違いない。

　第2は、近年の企業訪問の際に、常に指摘されていたことだが、金融支援をはじめとする中小企業支援のあり方をさらに充実させていく必要がある。これらの支援の基本的な方向は終章で詳述するが、地域中小企業振興の基本的な支援は、新規創業の環境づくり、そして、金融、技術、経営の三つの側面からの幅広く、具体的なものであることが求められる。このあたりは、日本の第2次

世界大戦後の経験が参考になるかもしれない。近年、中国は全体として、形だけは日本の経験を取り入れているようだが、無錫は独自に研究を重ね、具体的で実行性のあるものとして新たな仕組みを作り上げていくことが求められているように思う。

　そして第３は、中小企業の経営者、独立予備軍などの新たなネットワークを形成していくことである。中国の場合、どこでも痛感することだが、独特な人的ネットワークがある。非常に幅広く強力に見えて、他方で実に狭い。特定の血縁、地縁を媒介にしており、極めてクローズな性格のものになっている。新たな市場経済の下でさらに可能性を拡げていくためには、より開かれたリーズナブルなネットワークの形成が不可欠のように見える。現状の地縁、血縁に依拠していくならば、大きな壁にぶつかってしまう懸念がある。それは、中国産業社会の構造的な問題であるように見える。かなりの所まで発展しても、そこから先に行けないであろう。ある程度の事業になると、他の儲かる不動産などに関心が向いてしまうなどは、こうしたことを象徴している。それではまともな産業集積になっていかない。

　この点、幸いなことに、21世紀に登場してきた民営中小企業の多くは、合理的な考え方が強く、これまでの奇妙な人的ネットワークを超えていく可能性を示しているように思う。この人びとを糾合した新たなネットワークを形成し、世界標準で闘える民営企業を育成していくことが、無錫のこれからの最大の課題ではないかと思う。改革、開放以来、すでに30年を超え、中国の産業社会も相当に充実してきた。無錫はその先頭に立ち、新たな可能性に向かっていくことが求められているのである。

1) この1990年代初頭の蘇南地域の郷鎮企業をめぐる階層分解については、関満博『中国長江下流域の発展戦略』新評論、1995年、補論Ⅳで取り扱っている。なお、この論文は、本書補論Ⅳに再録してある。
2) この第２回目の階層分解の契機となった1990年代末の民営化の動きについては、関満博「中国無錫市の郷鎮企業の現在」（「太田進一編『企業と政策策』ミネルヴァ書房、2002年」で論じている。なお、この論文は、本書補論Ⅴに再録してある。
3) 1990年代中頃以降の中国の民営中小企業の動きについては、関満博編『現代中国

の民営中小企業』新評論、2006年、を参照されたい。
4) 中国の大都市における大学発ベンチャー、高学歴者の独立創業、海外留学組のUターン創業などについては、関編、前掲書、第4章、第7章、関満博編『中国の産学連携』新評論、2007年、を参照されたい。
5) この大為政科技のケースについては、一橋大学関満博研究室『中国無錫市における産業発展戦略』2002年、を参照されたい。
6) このような日中のソフト産業をめぐる動きについては、関編、前掲『現代中国の民営中小企業』第7章、同編、前掲『中国の産学連携』を参照されたい。
7) 大連への外資進出をめぐる状況等については、関満博『日本企業／中国進出の新時代』新評論、2000年、同編『メイド・イン・チャイナ』新評論、2007年、第2章、を参照されたい。

第Ⅲ部　無錫に展開する日本企業

第7章　低コスト生産で日本に戻す

　中国の産業発展を語る上で、広東省の珠江デルタと二眼レフの関係を形成しているのが、長江デルタということになろう[1]。この長江デルタの範囲は、上海を基点にして、長江沿いの蘇州〜無錫〜常州〜鎮江〜南京といったラインと、嘉興〜杭州〜紹興〜寧波といった浙江省北部に展開するラインに囲まれた地域を指す場合が多い。上海から無錫に至る範囲にはほとんど山もなく豊かな蘇南（江南）の穀倉地帯が続く。さらに、上海から浙江省に向かっても杭州に至るまで広大な田園地帯が続いていく。このエリアは中国の中でも最も豊かな地ということになろう。
　この長江デルタの産業化は、国有企業主体の1980年の頃までは上海、南京、杭州といった大都市に顕著に見られた。古いタイプの国有企業が市街地に拡がっていたものであった[2]。
　だが、1980年代の中頃以降、このエリアが注目され始める。上海郊外から蘇州、無錫といった蘇南の中心的なエリアに、その後「郷鎮企業」と言われる存在が大発展を示してきた[3]。1980年前後から開始された中国の「経済改革」により、蘇南の農村地帯が急激に変化していく。人民公社の解体による自営農の復活、自由な商品作物生産の開始などにより、蘇南の農村は活性化し、万元戸といわれる豊かな農民が出現していった。
　他方、厳しい戸籍制度により移動の自由の乏しい農村では、余剰人口を吸収するために、郷鎮の政府が果敢に新規の事業に踏み出していく。当時の「モノ不足」経済を焦点に簡易な消費財等を生産し、上海市場に投入していくのであった。中国の郷鎮企業の中でも、蘇南は地方政府主導型の「蘇南モデル郷鎮企業」と言われる存在を大量に生み出し、世界の耳目を惹きつけていったのであった。まさに、1980年代中頃から1990年代の初めの頃の長江デルタは「蘇南モデル郷鎮企業の時代」であったと言ってよい。

そして、1992年春の鄧小平の「南巡講話」以降、やや外資企業の進出の遅れていた長江デルタが急速に注目されていくことになる。中国の沿海地域の主要都市を見ると、大連は日本企業[4]、天津は日本企業と韓国企業[5]、青島は韓国企業[6]、そして、南の広東省は香港企業と台湾企業が目立っている[7]。この点、長江デルタの中心である上海は、欧米企業、日本企業、台湾企業が入り混じり[8]、国際色豊かなものになっていった。さらに、上海の背後地を形成する蘇州は台湾企業[9]、無錫は日本企業の優越する興味深い展開となってきた。そして、長江デルタ全体としては、外資企業に加え、新たな民営企業が重なり、広東省と並ぶ中国の中心的な工業地域を構成するものになっているのである。

　特に、中国沿海の中心に位置する長江デルタは、中国全体を視野に入れようとする場合、その位置的優位性は際立ち、交通、物流、学術の中心としても興味深いものであろう。このエリアには、中国の理工系の代表的な大学である上海交通大学、同済大学、浙江大学、南京大学、東南大学等が展開し、人的な資源も豊富であることが指摘されている。まさに、長江デルタは中国の産業活動の中心として、日に日にその内面の充実を図っていると言ってよい。

　本書第Ⅱ部では、このような長江デルタの中でも無錫に注目し、日本企業はどのような活動をしているのか、特に、2000年代に入りどのような取り組みをしているのかに注目していくことにしたい。特に、本章においては、日本企業の中国進出の最も一般的なスタイルであった低コスト生産のための進出に焦点を合わせていくことにする。

1．低価格輸出生産拠点を形成する大手企業

　日本の大手企業の中国進出は、1980年代に入ってから開始されている。当初の進出の仕方の多くは中国側企業に対する技術供与という形が多かった。TV、冷蔵庫、洗濯機、バイクなどの技術、生産設備、部品などを供給していくというものであり、家電、バイク各社が経験を重ねていった[10]。あるいは、通信、エネルギー等の領域で機械設備を提供し、運用、メンテナンス等に従事するというものであった。

このような経験を重ねる一方、1985年のプラザ合意以降の急激な円高に対して、「安くて豊富な労働力」を求めた中国進出が開始された。繊維、日用品、家電、音響、電子部品などの領域で顕著に見られた。これらの多くは当初は日本から資材を持ち込み、中国で加工、組立して日本に戻すという「持ち帰り型輸出生産」を意図していた。1980年代末から1990年代中頃までの日本の大手企業の中国進出は、ほぼこのようなものであった。

　その後、2000年前後から、中国は「世界の工場」から「世界の市場」に向かい、日本の大手企業の中国認識も変わっていく。「持ち帰り型輸出生産拠点」形成を意図していた企業においても、輸出に加え、中国国内販売が死活的な意味を帯びていくのであった。

　2000年代の終盤にかかってきた現在、日本の中国進出の大手企業は、このような新たな枠組みを深く意識し、興味深い取り組みを始めている。この節では、「持ち帰り型輸出生産拠点」の形成を意図してきた日本の大手企業の現在を追い、次の課題を明示していくことにしたい。

（1）　コピー機の世界への輸出拠点を形成（コニカミノルタ）

　1873年に創業し、日本の写真材料のトップメーカーとして歩んできたコニカと、1928年に創業し、日本の代表的なカメラメーカーの一つとして歩んできたミノルタは、2003年10月に経営統合し、コニカミノルタとなっていく。1985年、α7000によりカメラ界に衝撃を与えたミノルタのカメラ部門は2006年にソニーに移管されるなど、時代は大きく変わってきた。現在のコニカミノルタの主要事業部門は、材料、光学、微細加工、画像の四つのコア技術を軸に、情報機器、オプト（光デバイス）を中心とし、医療、印刷、計測機器などを目指すものになっている。

　コニカミノルタホールディングスの2008年3月期の連結売上額は1兆0715億円、従業員数は連結で3万1717人、単体で6412人となっている。製造部門の事業所の配置は、旧コニカ関連は東京の八王子から山梨にかけて、旧ミノルタは愛知県を中心に配置されている。この項で扱う複写機との関連では、日本国内の工場は現在では複写機用資材、レーザープリンター用資材を製造する甲府市

のコニカミノルタサプライズぐらいしかない。コニカミノルタの複写機製造はほぼ完全に中国に移管されているのである。

日系複写機メーカーの長江デルタ進出

　乾式複写機はアメリカのゼロックスが1960年代に商品化したものだが、いつの間にか、日本メーカーが世界のシェアの約90％を握っている。IT関連製品の大半が、韓国、台湾、中国勢に浸食されているが、この複写機の部門は日本勢の独擅場とされている。特に、温度、湿度に敏感に反応する紙を送る技術が難しい。微妙なノウハウの積み重ねを必要とし、高精度な金型をベースにする金属、樹脂の精密部品が必要とされる。このあたりは日本企業の最も得意とする領域であろう。

　特に精密部品を必要とするため、日本メーカーのアジア、中国進出は遅かった。日本メーカーのアジア進出の最初は、1979年の三田工業（現、京セラミタ）の香港進出であった[11]。その後、しばらく間が空き、有力各社が進出するのは1990年代初めの中国華南ということになる。三田工業がベースを作り、各社がそれに乗っていったとされている[12]。華南の深圳から東莞にかけて、日本の複写機メーカーが出揃っていったのであった。旧ミノルタは1994年に東莞の石龍鎮に[13]、旧コニカは同じ1994年に深圳郊外の布吉鎮の台湾メーカーへの委託加工の形式で入っていった。

　このような枠組みの中で、その後、中国のもう一つの拠点として長江デルタが注目されていく。無錫へのコニカミノルタの進出は2005年9月だが、現在では、日系の有力複写機メーカーは東芝、京セラミタを除いて大半が長江デルタにも進出している。キヤノンが蘇州、シャープが常熟、リコーが上海、さらに富士ゼロックスも進出している。この複写機、先に指摘した紙送り技術に加え、読取部分の画像形成、静電気制御などが難しく、台湾勢、中国勢は参入できていない、わずかにローエンドのモノクロのものに韓国の三星が進出しているにすぎない。

　以上の枠組みの中で、コニカミノルタは長江デルタへの進出を構想、無錫、蘇州、上海松江を調査し、最終的に無錫に決めていく。2004年12月、現地法人

柯尼卡美能達商用科技（無錫）有限公司を設立していく。資本金は3500万ドル、出資は、中国の統括会社であるコニカミノルタ（中国）投資有限公司が85％、日本のコニカミノルタテクノロジーズ15％であった。総投資額は9000万ドルにのぼった。操業開始は2005年12月であった。場所は日本の有力企業が立ち並ぶ無錫新区である。

雰囲気の良い職場の形成

現在、第１期分だけだが、工場は１号棟（100m×100m×３F）、２号棟（100m×100m×３F）、３号棟（100m×45m×３F）から構成されている。敷地は13.2haであり、今後、第２期工事も計画されている。１号棟は複写機本体の組立、２号棟はイメージリーダー等のユニットの組立、３号棟は成形などに従事している。

2008年２月現在の従業員数は3318人（男性1117人、女性2201人）、うち、正社員は990人、派遣社員2328人を数えている。また、日本からの出向者は38人であった。中国人スタッフ（568人）の出身地は、無錫53％、江蘇省26％、外省人21％の構成であった。ワーカーの大半は派遣会社に任せてあるが、実際には江蘇省26％、四川省25％、山東省14％、その他35％であった。年間の流動は

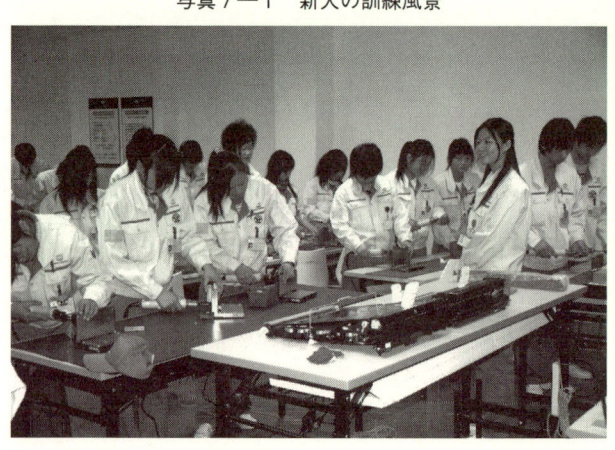

写真７－１　新人の訓練風景

写真7—2　コニカミノルタの組立現場

5％程度であり、毎月40～50人を補充していた。

　特に、スタッフの場合は、当初はインターネットで募集をかけると、30人募集に対して700人ほどの応募があった。最近は、かなり難しい。彼らは「自分たちが成長できるか」を考えているようである。進出企業はそうした点に深い配慮を必要とされているのである。

　また、日本人の出向者が38人いるが、半分にしたい意向であり、しかも現行の管理系よりも技術職を中心にしていく構えであった。工場内を視察すると、在庫は極力排除しようとする努力の跡がみられ、埃の元となるダンボールは持ち込まないなどが徹底されていた。全体として雰囲気の良い職場が形成されていた。

生産と販売

　金型の内製は一部であり、進出している日系企業や金型産地で知られる寧波の周辺のローカル企業に依存している。鈑金の80％は江蘇省、20％は華南に依存しているが、いずれもローカル企業が中心である。

　資材全体の現地調達率は約85％程度、華南からのものが半分を占める。コニカミノルタの場合、香港に資材調達拠点（IPO）を置いてあるが、華南でなけ

ればできないものは限られてきた。コンパウンドの混ぜ方、難しい生産技術は華南に頼っている状況である。どうしても日本に依存しなければならないのは、特殊な材料等であり、また、プリント基板は落ち着くまでは日本から入れ、その後、現地調達に切り換えている。

　コニカミノルタの複写機は、現在、全て中国製となっている。無錫と東莞が主力である。なお、プリンターが主力になってきた東莞の工場は以前は来料加工（広東型委託加工[14]）であったのだが、現在では独資に切り換えている。

　そして、コニカミノルタ製の複写機は、ヨーロッパ30％、アメリカ30％、日本20％、その他の国が15％程度、そして、ローエンドのものを一部に中国国内に販売しているのであった。

　このように、日本のお家芸とされた複写機部門もほぼ完全に中国に移管されている。中国が最大の生産拠点、輸出拠点となっているのである。出向者の中に、1994年の東莞の立ち上げに従事していた人がいたが、無錫は華南に比べてやりやすいとの評価であった。この無錫工場の5年後のイメージは、売上額で1.5倍、従業員数で5000～6000人というものであり、さらに、技術レベルを上げ、独自に新機種を立ち上げられるようになりたいというものであった。日本のモノづくりの良さが集約されている複写機の部門で、日本と中国の間に興味深い関係が形成されているのであった。

（2）　日本へのミニチュアベアリングの輸出拠点（ジェイテクト）

　日本の産業界の再編は急ピッチで進んでいる。ここで検討するジェイテクトも2006年1月に、ベアリングの光洋精工と工作機械の豊田工機が合併したものとして注目される。旧光洋精工の設立は1921年、以来、ベアリングを中心としてステアリングの部門で興味深い足跡を残している。国内の主力工場は東京（羽村）、豊橋、亀山、徳島、国分などであった。旧豊田工機の設立は1941年、トヨタの工機部門として独特の発展を示し、日本の代表的な工作機械メーカーの一つとして歩んできた。国内工場は中京地区が中心であり、刈谷、岡崎、幸田、田戸岬、花園などに展開している。

　2007年3月期の売上額は連結で1兆0252億円、単体で6348億円、従業員数は

連結で3万1355人、単体で9919人であった。事業内容としては、ステアリングシステム、駆動系部品、ベアリング、工作機械、電子制御機器、住宅付属設備品などとされている。

旧光洋精工グループの小型ベアリング工場の展開

両社とも自動車関連が中心であることから、海外展開にも積極的であり、トヨタの向かうところアメリカ、ヨーロッパにも早い時期から進出してきた。中国展開も積極的であり、北京の統括会社である捷太格特（中国）投資有限公司を中心に18件のプロジェクトを推進している。ベアリング関係が大連（2社）、無錫（2社）、広東省仏山の5カ所、ステアリング関係が長春、厦門（2社）、天津、仏山、河南省新郷、大連の7社、工作機械が大連、工作機械技術センターが大連、関連企業が4件とされている。特に、関連会社は旧光洋精工グループのものであり、結果的に、無錫にはジェイテクト関係企業は8社進出していることになる。ベアリング2社（蠢園開発区、無錫新区）、光洋機械関連2社（工作機械、ソフト）、光洋電子関連3社、ベアリングシール1社となっている。なお、旧光洋精工グループが無錫に大量進出しているキッカケとなったのは、1988年に進出した光洋電子であった。地元国有企業との合弁でプログ

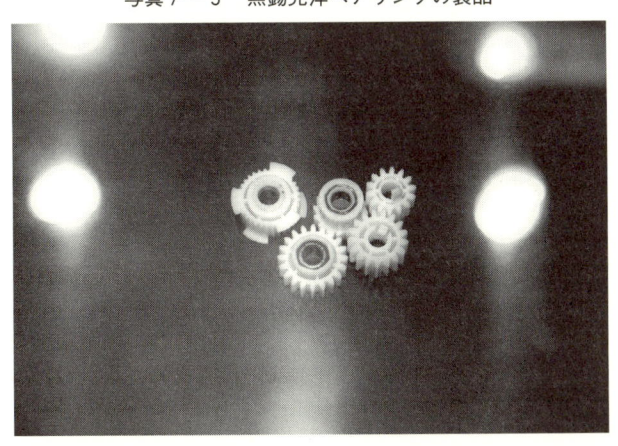

写真7—3　無錫光洋ベアリングの製品

ラマブル・コントローラを生産していた[15]）。

　ここで検討するベアリング部門の無錫光洋軸承有限公司（WKB）の設立は早く、1995年に地元有力企業である研削盤の無錫機床廠[16]と合弁している。1996年7月、蠡園開発区の現在地でスタートした。無錫機床廠の研削盤を使い、小型ベアリングの研磨、組立までの一貫工場を形成した。2002年からはミニ一方クラッチ、2004年からは一方クラッチ、2005年からはタイミングベルト用テンショナー、2006年からは自動車用変速機の生産を開始している。生産品目の中では小型ベアリングが中心であり、80％の比重を占めている。

　この間、2005年3月には無錫機床廠との合弁を解消し、独資に切り換えている。現在の資本金は24億円、ジェイテクト（80％）、捷太格特（中国）投資有限公司（10％）、豊田通商（10％）の構成となっている。敷地面積2万9100m²、建物面積1万8152m²である。2008年3月現在の従業員数は676人、男性37％、女性63％であり、全体の平均年齢は30.4歳となる。これだけの事業に対して、日本人の駐在は3人であった。かなり成熟し、軌道に乗っていることが痛感された。製品の大半は日本に輸出され、中国国内市場には4～5％を投入しているにすぎない。

　なお、上海から無錫にかけては、ミネベアや日本精工などの日本の有力ベアリング・メーカーの大半が進出している。そのため関連の日本の中小企業の進出も多く、保持器、シールなどの部品の調達も容易であり、メリットが大きいと受け止められていた。なお、主材料のベアリングの内外輪は日本から入れていた。まさに、このケースは持ち帰り型の輸出生産拠点の典型と言えそうである。

関連企業の展開

　先に無錫地区には旧光洋精工グループの企業が数多く進出していることを指摘したが、そのいくつかは以下のような状況であった。

　2004年10月に営業許可を受け、2006年3月から無錫新区の工場で量産開始している光洋汽車配件（無錫）有限公司（KAW）は、先のWKBの分工場的な存在であり、自動車関係の部門を切り離したものである。資本金28億5000万円、

ジェイテクト（13%）、捷太格特（中国）投資有限公司（87%）の構成である。敷地面積10ha、建物面積1万2000m^{2}である。従業員数は290人、男性56％、女性44％、平均年齢25.5歳であった。日本人の駐在は3人であり、総経理は先のWKBと兼任になっていた。

ステアリング用、テンショナー用の玉軸受、円錐コロ、水ポンプ用軸受などを生産しているが、これらは全て中国国内のトヨタ系を中心にする日系企業に納入されている。例えば、天津トヨタ、一汽トヨタ長春、ジェイテクト、唐山愛信、愛信宏達、広州日立ユニシアなどである。

もう一つの旧光洋精工グループの企業として、研削盤と自動車部品製造の光洋機械工業（本社大阪）のソフト開発部門が無錫に進出している。設立は1996年とかなり早く、資本金は5000万円（投資額7000万円）、日本の光洋機械工業100％出資の独資企業であった。事業の性格上、立地は無錫市街地のオフィスビルの19階であった。

事業内容は、工作機械とその関連分野へのIT活用の支援と販売とされていた。実際の業務は工作機械の設計であり、従業員19人で行われていた。駐在する日本人は専従1人と、1年間限定の人が1人の計2人であった。19人の中国人従業員は全員、日本で研修を終えている。原則無錫出身者を採用しているが、近年は人材を集めることに苦慮しているようである。能力的にはこの2～3年うまくできるようになったとの評価であった。

また、近年は最低賃金も上がり、人材調達も難しくなってきている。無錫の場合は2007年夏までの最低賃金は740元であったのが、2008年には850元になってきた。ホワイトカラーはインターネット等で採用しているが、ワーカーについては、人材市場をメインにしている。WKBの場合は平均7年ほどの在籍だが、最近、採用した若者の定着しないことが悩みとされていた。これは当社に限らず、最近の中国の一般的な傾向であろう。

そして、このような課題を抱えながらも、旧光洋精工グループは日本の有力企業の中では、無錫の地に最も早い時期から進出し、興味深い展開を重ねているのであった。

(3) 急激に拡大する中国国内市場に対応(富士通テン)

　カーオーディオ、カーナビゲーション、タクシー無線、バスロケーションなどのカー・エレクトロニクスのメーカーとして知られる富士通テンの前身は、1920年に神戸で創業した川西機械製作所である。戦後の1949年には財閥解体の一環で解散させられたが、一部を神戸工業として再スタートさせた。1955年にはトヨタのクラウン用カーラジオを納入開始し、以後、カー・エレクトロニクスを中心に歩んできた。1956年にはタクシー無線の生産開始、1967年には日本初の8トラック式カーステレオの発売など、自動車産業の発展と共に歩んできた。

　1968年には神戸工業が富士通と合併、さらに1972年、富士通からラジオ部門が分離・独立、現在の富士通テンが神戸に設立された。その後、1973年にはトヨタチとデンソーの資本参加を得て、資本構成は、富士通：トヨタ：デンソー＝55：35：10となった、1975年には国内の主力工場である中津川工場(岐阜県)を設立、国内の生産基盤を確立した。現在の国内の配置は、神戸本社を中心に、工場は中津川工場、栃木富士通テン、開発センターは中津川テクノセンター、そして、神戸物流センターからなっている。国内の従業員数は約3000人である。いわばトヨタ系のカー・エレクトロニクス企業ということができる。

　天津と無錫に展開
　海外展開も積極的であり、1987年にはアメリカのインディアナ工場を完成させ、自動車用オーディオを生産、1991年にはフィリピン工場、1996年にはヨーロッパにカーオーディオ工場、そして、1997年には中国天津工場(天津富士通天電子有限公司)をオープンさせている。

　この天津工場については、中国電子工業部からの要請もあり、生産拠点の形成、さらに将来の中国市場を視野に入れてスタートさせている[17]。資本金722万ドル、資本構成は富士通テン：天津真美：豊田通商＝60：35：5であった。カーオーディオのデッキ生産工場として1997年5月に操業開始した。私自身、1999年夏に天津工場を訪問しているが、100％輸出であり、従業員規模は1000人ほどであった。なお、この天津工場は2008年現在では従業員3000人規模と拡

写真7—4　無錫富士通テンの組立職場

大している。また、生産されたデッキの一部を無錫工場が購入する関係にもなっているのである。

　以上のような枠組みの中で、グループのトヨタの中国進出が活発化し始めたこと、カーナビゲーション、カーオーディオの海外生産拠点の必要性が生じたこと、中国経験を深めたことなどから、第2番目の拠点を目指し、無錫に着地している。設立は2004年2月、操業開始は2004年11月であった。資本金は1700万ドル（当初は1000万ドル。最近700ドルの増資を行った）、総投資額は4250万ドル、資本構成は富士通天（98.2％）、地元の無錫新区経済発展集団総公司（1.8％）である。GPS生産については、外資100％は認めないということから、パートナーとして総公司に入ってもらった（当初は3％）。

　敷地面積は6 ha、建物面積は6600m^2だが、2008年3月現在、10000m^2の工場を増設中であった。現在の従業員数は830人、90％以上が女性であった。また、外省人が半分程度を占めている。今後、工場も増設されることから、2011年には従業員数は1500人が予定されていた。なお、日本人の駐在員は12人であった。

全量輸出から国内販売に

　富士通テンの場合、全社的な研究開発は中津川のテクノセンターで行われて

おり、天津工場は一部手掛けているものの、無錫工場は研究開発機能を全く保有していない。資材が投入され、組立されていくことになる。無錫工場のスローガンは「三最通天運動」とされていた。「最高の品質」「最適な生産性」「最良の人材」が掲げられていた。天津工場を立ち上げ、また、無錫工場立ち上げている経験の深い鈴木滋総経理は「日本人が帰っても大丈夫な工場を目指す」としていた。

資材調達に関しては、一部の半導体部品は日本から支給され、デッキは天津工場から購入している。全体としての現地調達率はデッキを除けば70％、デッキを入れれば80％となっていた。ただし、現地調達といっても中国製は少なく、ASEAN製が多いのが実態である。

販売先は日本に輸出するものが60％、中国国内向けは次第に増加し、現在では40％となっている。2006年までは全量を輸出していたのだが、事情が急速に変わっている。中国国内向けはほとんどトヨタ向けであり、天津、広州、成都に送られている。現状、急速に中国においてもカーナビゲーションの装着率が高まっているようである。今後は、トヨタ以外にも拡大したい意向であった。

立ち上げ時、無錫市政府からは「地元の人材を採用して欲しい。寄宿舎は認めない」と指導されていた。ところが、人材センターに頼んで採用を重ねてい

写真7－5　無錫富士通テンの新人訓練所

くと、結局、外省人となってしまう。この立ち上げ期の採用には苦労はなかった。だが、最近では人手不足傾向が強まり、特に無錫新区では「人材獲得競争」が激しくなっている。新区の場合には有力な日系企業が多く、特に、ソニー、ムラタ、松下電器等の大手の動向をにらみながら、対応せざるをえない。

　最低賃金の上昇、さらに、2008年1月1日に公布された労働契約法などが加わり、新たな対応を余儀なくされているようであった。富士通テンの場合、天津で10年以上の実績を重ね、無錫も無理なく展開している。事業的には当初の持ち帰り型の輸出から、次第に中国国内市場が開け、新たな可能性の輪も拡がってきている。当初の持ち帰り型輸出生産拠点の形成から、現在では国内市場向け生産が課題となってきたようである。そうした典型をこの富士通テンの中国展開にみることができる。

（4）　中国市場を目指すが、当面日本に輸出（NOK）

　独立系のオイルシール（密封）製品で著名なNOKは、1941年、神戸に日本ベアリング製造株式会社を設立するところから始まる。1951年には日本オイルシール工業株式会社に社名変更。さらに、1985年に現在のNOKに変更している。このNOKが日本で初のオイルシール専業メーカーであり、自動車業界を中心に多方面にわたる事業分野に関連している。日本を代表する特殊領域の世界的企業の一つということになる。

NOKの概要と海外展開

　主要製品は、オイルシール、パッキン、Oリング、メカニカルシール、リップシール、セグメントシール、メタルガスケット、シールワッシャー、磁性体シールなどの「シール製品」、フレキシブルサーキット、フレクスボード、フレキベースパネルキットボードなどのフレキシブル回路板関係の「エレクトロニクス製品」、自動車用などの「防振・防音製品」、合成ゴム原料、工業用ゴム製品、アイアンラバー製品、エンジニアリングプラスチック製品、フェノール樹脂成形材料などの「工業用ゴム・樹脂製品」、金属ベローズ製品、ダイヤフラムカップリングなどの「プラント機器」、住宅設備関連機器、ソレノイド、

アクチュエータ、センサ、吸気制御バルブ、リードバルブ、高分子中空糸膜モジュール等の「工業用機能部品」、アキュムレータ等の「フルードパワー機器」、さらに「オプトエレクトロニクス製品」などから構成されている。いずれも、ゴム、樹脂をベースにした工業用機能部品ということであろう。

神戸を発祥に地としているNOKは、その後、本社を東京の大田区（1954年）、中央区（1961年）、港区芝（1966年、現在地）と移してきた。この間、多くの企業との吸収、合併を重ねて現在に至っている。国内の関連グループ企業としては、メカニカルシール等のイーグル工業株式会社、オプトエレクトロニクス製品のネオプト株式会社、合成ゴムのユニマテック株式会社、フレキシブルサーキットの日本メクトロン株式会社、特殊潤滑剤のNOKクリューバー株式会社などがある。なお、このNOKの場合、1960年に資本提携したドイツのフロイデンベルグ社との交流が非常に大きな要素になっているようである。NOKに対するフロイデンベルグの持株比率は22.2％になっている。

また、国内事業所としては、藤沢の湘南開発センター、福島事業所、二本松事業所、静岡事業所、東海事業所、鳥取事業所、佐賀事業所、熊本事業所が設置されている。これらの結果、NOKの2008年３月末の連結の売上額は5263億円、連結の従業員数は３万35889人、単体では3278人となっているのである。

また、海外展開も積極的であり、1973年にシンガポールに初めて子会社を設立して以来、韓国（1977年）、アメリカ（1989年）、ブラジル（1958年、ドイツのフロイデンベルグ社との合弁）、タイ（1988年）、インドネシア（1996年）の他に、中国については、長春（1992年）、無錫（1995年）の２大拠点に加え、販売部門として、香港（1996年）、上海（2005年）を設置している。

ダンパーの生産を無錫に展開

以上のような基本的な枠組みを前提に、実は、NOKは無錫に自身の７事業部を進出させている。無錫への進出の突破口を開いたのは、パートナーのフロイデンベルグとの合弁による無錫恩福油封有限公司（WNF）であった。オイルシール用のゴムの生産を主力としていた。この早い時期からのWNFの進出により、足場を築いたNOKは、その後、関連部門を無錫に集中させていく。

ここで検討する防振ゴム製品を生産する恩欧凱（無錫）防振橡膠有限公司（NOK ビブラコースティク）は、2002年4月に資本金34億円、NOK100％出資の独資企業として無錫市錫山経済開発区に設立されている。操業開始は2003年6月であった。

　ビブラコースティクとは、Vibration（振動）と Acoustic（音響）から成る「防振防音」を意味する造語である。NOK のビブラコースティク事業部は鳥取県米子にあり、トーショナルバイブレーションダンパー（クランクシャフト捩り振動低減部品）を生産する専門工場として設立されている。このトーショナルバイブレーションダンパーに関しては、NOK は日本のシェアの70％を握っている。ライバルとしては、フコク、東海ゴム工業がある。

　このダンパーは金属部品とゴムから構成されるが、中国進出の目的は、近年の金属の価格の高騰を回避しようとするものであった。基本的には生産されたダンパーの半分は日本に戻し、半分は海外に送ることが計画されていた。ただし、近年、中国市場の伸びが大きく、中国国内販売が全体の10％程度になっている。日本向けは鳥取の事業部に送り、その他の海外向けは NOK の各事業部に売ることになる。2007年1月現在、無錫工場の生産は月産30万個と考えていたのだが、要望が大きく、現状、3交代のフル稼動で月産60万個を生産してい

写真7－6　無錫 NOK の製品群

写真 7―7　無錫 NOK の鋳造職場

る状況であった。

3　交代のフル生産

　2007年1月現在の従業員数は1200人（男性60％）、日本人の駐在は12人を数えていた。工場の編成は、鋳造工程2ライン（約200人、鋳造能力月3000トン）、機械加工工程23ライン（約400人、オークマ、日立精機などの NC 旋盤を基本に工作機械は約60台）、組立ライン15ライン（約300人）の三つであり、完全な3交代で操業している。生産品目は約40種類にのぼる。
　鋳造部門は電気炉4基で対応しているが足らず、一部を無錫に進出している日系鋳造業者（LMP 社、東芝の洗濯機のコンプレッサーが主力）、蘇州の台湾企業に依存している。材料の銑鉄は日中であまり差はないが、スクラップに関しては中国ものの品質が安定していないため、日系のものを採用している。鋳物の型は無錫の日系企業、ゴムの型は NOK の資本が入っている無錫の金型企業に依存している。このように、無錫周辺で一通りの対応が可能な状況が形成されているのである。
　従業員に関しては、地元の人が多く、寮は用意していない。一部に派遣人員を使っている。ワーカーに関しては、入れ替わりが激しいことを前提にかなり

多めに採用している。スタッフは日系企業どうしの取り合いが激しく、苦慮しているようであった。無錫の錫山経済開発区から蘇州新区まではクルマで30分ほどの距離であることから、新区の日系企業から取られることも少なくない。

そのため、スタッフの取り扱いにはかなり気を遣っており、人材の登用に心がけていた。職制からすると、工場長―本部長（4人）―部長（7人）の流れだが、既に部長職に中国人スタッフが2人就いている。駐車場をのぞくと、中国人スタッフの自家用車4台が並んでいた。また、立ち上げ期には、特に鋳造部門に関して、100人ほどを半年から1年、鳥取に研修に出した。なお、日本の鳥取では鋳造部門は保有しておらず、島根のヒラタ工業に依存している。研修生もそこで技術を学んだ。

日本人常駐者が12人という数字は「多過ぎる」との判断であり、減らして、中国人スタッフに任せられる形を模索していた。

最近の中国の印象は、「増え方が、当初の予想よりかなり早い」というものである。また、人件費の上昇も気になるところであり、今後は機械化していくことが不可欠との判断であった。

このように、NOKビブラコースティクはダンパー部門の主力工場になりつつある。当面は日本向けと海外向けが半々であるが、特に中国市場の拡大が著

写真7―8　中国人従業員4人がマイカー通勤

しく、新たな対応を必要とされているように見えた。生産能力の拡大、中国人スタッフの登用等がさらに求められているのであった。

（5） ソフト開発拠点の形成（NEC ソリューション）

1972年の日中国交回復後の NEC の中国事業は、調印式に使用された移動型衛星地上局設備の受注からスタートしている。その後、1980年には北京事務所開設、1989年には天津に電話交換機据付保守のための現地法人を設立している。その後の大型投資としては、1991年の北京における半導体事業として首鋼日電電子有限公司の設立、同じく1997年の上海における上海華虹 NEC が知られている[18]。その他、NEC の対中投資としては、電話交換機等があり、その対中投資額は日本企業の中でも最大級とされているのだが、産業の基礎資材、事業所用設備であり、一般の人びとの目にふれることは少なく、NEC の中国における知名度は意外なほど高くない。

そのような中で、NEC のソリューション事業やソフト開発事業が、深く進行しつつある。1996年11月には北京に NEC 系統集成（中国）を設立。以来、上海事務所（1997年）、大連分公司（2001年）、広州事務所（2002年）、広州分公司（2004年）、NEC 信息系統（中国）設立（2004年）、蘇州システムセンター（2005年）、大連システムセンター（2005年）、成都分公司（2006年）、そして、2007年2月、ここで検討する無錫分公司が設立されている。

NEC の対中ソリューション事業、ソフト開発事業

対中関係のこの領域で NEC が目指すところは、大きく四つに分けられている。

第1は、IT ソリューション事業であり、先進的なソフト、ハード技術を組み合わせ、政府、団体、企業に効率的な IT ソリューションと構築サービスを提供するというものである。製造業市場向けの ERP ソリューション、流通小売業市場向けソリューションなど、パッケージされたもの、あるいはカスタムメイドのものを提供していく。さらに、IT プラットフォーム構築、保守サービス、IT マネージメントサービスを提供する。

写真 7 — 9　無錫分公司の入口

　第 2 は、IT・ネットワークプラットフォーム事業であり、サーバー、交換機、ストレージ製品の提供、企業通信システムの構築サービスなどを行う。

　第 3 は、量販事業とされ、中国市場向けにノートパソコン、プロジェクター等の量販製品を販売していく。

　第 4 は、システム開発事業とされ、主として海外からの委託を受けて、ソフトウェア開発アウトソーシングサービスを提供する。

　以上のような事業領域を意識し、本社である NEC 信息系統（中国）を軸に、地方拠点としては、上海、大連、広州、成都、無錫に分公司を展開しているのであった。資本金は 630 万ドル、2008 年 3 月現在の従業員数は 1300 人を数えている。このうち、システム開発要員は 800 人ほどである。なお、各分公司の規模は上海 150 人、大連 150 人、成都 30 人、広州 30 人、無錫 15 人であった。

無錫事業の意義

　無錫への進出の背景には、一つに、無錫市政府がソフト産業の開発に意欲的になり始め、強く勧誘されたこと、他方で、無錫に日系企業が大量に進出していることなどがあった。NEC サイドとしても、華東地域を重視しており、上海分公司、無錫分公司に加え、杭州システムセンター、蘇州システムセンター

を形成、華東4拠点としている。設立後、まだ1年の無錫分公司の計画はやや遅れており、3年後ぐらいには150人体制を考えていた。日本人の駐在は1人だけであった。2008年3月の体制は、マネージャー1人（日本人）、ソリューション営業1人、ソリューションSE1人（非常勤）、システム開発要員13人、財務・会計1人であった。なお、総経理は上海分公司と兼任であった。

　スタートして1年の段階で、実際の仕事はソリューション事業30％、アウトソーシング事業60～70％というものであり、ハードの販売は少ない。ソリューション事業は無錫に進出している日系企業、ローカル企業、地方政府に営業をかけている。特に、進出日系企業に関しては、日本のNECの営業と連携している。

　アウトソーシング事業については、当面は上海分公司経由となっているが、将来的には独立的に日本から直接受注できるようにしていく構えであった。無錫のソフトをめぐる全体の印象としては、まだ政府が期待するほどのうねりは生じていないようである。日系のソフト会社の進出は12～13社というレベルである。上海、大連のコストが高くなってきたことから、無錫はこれからということであろう。

　人材の確保が最大の課題になるが、次第に難しいものになりつつある。現状、南京の大学の新卒を採用して、その後、トレーニングしているが、近年、無錫でもソフト人材育成のための専門学校ができており、それにも期待している。現状の15人のスタッフの出身地は、無錫4人、江蘇省10人、広西省1人の構成であった。まだ1年だが、退職者は出ていない。

　なお、駐在する徳増孝夫氏は、日本のNEC本社に11年勤務後、無錫分公司の駐在の社内公募に応じ、NEC信息系統（中国）に移籍、2007年7月に夫人帯同で着任している。初めての中国だが、無錫の印象は「おっとりしている」「日本人に近い」「治安が良い」「気候も似ている」というものであり、新しい事業を立ち上げていく「希望」を感じさせてくれた。このような事業領域は、すでに北京、大連、上海で一定の経験を重ねている。今後、次第に内陸に向かっていくことが予想され、無錫はその一つの突破口となっていくことが期待される。

2．中小企業も低価格輸出生産拠点を形成

　日本の中堅・中小企業の中国展開は1980年代の末の頃から開始されている。当初のケースは、日中友好を意識するものか、あるいは、日本の人件費の高騰、人手不足に起因するものであり、低コスト生産を求めての進出であった。特に、低コスト生産では、衣服・繊維系の中堅・中小企業に顕著に見られた。

　この長江デルタへの日本の中堅・中小企業の進出は、上海の場合は、中條電機製作所[19]（1984年、上海市内、水道管モルタルライジング）、三和化研工業[20]（1987年、嘉定、医療用マット）、江蘇省の場合は、力王足袋（1981年、南通、足袋）、スワニー[21]（1985年、昆山、手袋）、セルタン[22]（1986年、昆山、ウレタンフォーム）などが早いものであった。1990年前後の頃、これらの中小企業は必死の対応を示していたことが思い起こされる。

　その後、鄧小平の南巡講話を過ぎた1990年代の中頃になると、事情はかなり変わっていく。市場としての中国への関心が深まり、上海を中心とする長江デルタがその最大の焦点として登場してくることになる。対日輸出拠点としては大連、世界への輸出拠点としては広東省、そして、長江デルタは中国市場を視野に入れるものに変わっていった。

　以上のような点は、本書全体を通じて明らかになるが、長江デルタは中国の国内市場へ向かおうとする企業の最大の着地点となり、人材調達拠点、研究開発拠点として、さらに、中国のもう一つの側面である低コスト生産の拠点として幅の広い受け皿を形成していくのであった。以上の中から、この節では、無錫を焦点に、低コスト生産と日本への輸出拠点を形成しているいくつかの中堅・中小企業の動きを見ていくことにする。

（1）マッサージチェアの半製品を日本に戻す（ファミリー）

　マッサージチェアのリーディング企業として知られるファミリーは、1962年、稲正万能工芸社として創業している。1966年、東大阪市で法人化し、株式会社中央物産となり、さらに、1971年には現在のファミリー株式会社に社名変更し

ている。

　現在の日本の布陣は、本社・営業本部が大阪市淀川区、メイン工場は創業社長の稲田二千武氏の故郷である鳥取県米子市に展開している。その他、全国の主要都市に支店、営業所が展開している。日本国内の従業員数は約400人、2005年3月実績の売上額は166億円を計上している。

　社長の稲田氏は「マッサージチェアの父」と言われ、「日本が生んだ唯一の文化的健康商品『マッサージチェア』を世界の家庭に届けたい」としており、海外展開にも積極的に取り組んできた。1998年には中国上海に発美利健康器械（上海）有限公司を設立、2001年にはニューヨークに Family Inada Inc. を設立している。さらに、2004年にはここで検討する無錫の福夢来健康器械（無錫）有限公司を設立、2005年にはイタリアのミラノに Inada Italia S.p.A を設立しているのである。

中国の第2工場を上海から無錫に展開

　上海工場は上海の閔行区に立地しており、従業員1700人規模で半製品までの組立を中心として、一部にカバー、金属部品、プラスチック部品の加工も行っている。そして、この上海工場が軌道に乗ってきたことから第2番目の中国工場の構想が浮かび上がり、当初は安徽省への進出を計画していた。

　だが、稲田氏は京セラの稲森和夫氏が主催する「盛和塾」の塾生であり、そこで知り合った無錫出身の曹岫雲氏との交流の中から無錫への関心を寄せ、2004年には無錫進出の意思決定を下している。場所は無錫市の錫山経済開発区の中であった。

　福夢来健康器械（無錫）の出資者は日本のファミリーと上海の発美利健康器械（上海）であり、実質的には日本の独資企業ということになる。董事長は稲田二千武氏、総経理には中国人の銭浩民氏（1952年生まれ）が就いている。計画では従業員規模は約1000人、将来的には上海工場と同様に一部の部品加工と半製品までの組立を視野に入れていた。

　私たちが訪問した2007年1月現在は、工場の立ち上げ準備中の段階であり、2007年3月から実質的にスタートすることになる。2007年1月現在、従業員数

写真7—10　無錫ファミリーの製品

はスタッフ38人、ワーカー32人の計70人で、上海工場で生産されたものの検査を行っていた。このマッサージチェアの場合、組立にそれなりのスキルが求められることから、当面、検査などを通じて従業員の訓練を行っていた。2007年末には従業員200～300人体制が期待されていた。

立ち上げ期の微妙な展開

　従業員1700人規模の上海工場には、日本人の常駐者が5人を数えるが、立ち上げ中の無錫工場には手伝いの日本人が6人、出張ベースで来ていた。将来的に日本人の常駐者を置くかどうかは、日本とのコミュニケーションの問題を考慮し、検討中とされていた。日本からは役員クラスが毎月訪れているが、稼動後は稲田氏の子息である稲田壮秀氏が責任者として就くようであった。

　現在、無錫出身の銭浩民氏が総経理として立ち上げを指揮していることも興味深いものであった。銭氏は名古屋のスキー、ゴルフ用品メーカーであるアルペンの無錫工場（無錫ジャパーナ体育用品有限公司）に立ち上げの頃（1992年）から勤め、生産管理、人事管理部門の責任者として14年ほど従事していた経験がある。そのような実績が買われてファミリーにヘッドハンティングされたことになる。銭氏は半年ほどファミリーの上海工場に勤務した後、無錫工場

の立ち上げに入っていった。それなりの上海経験のあるファミリーの興味深い人選ということになろう。

　当面の計画では、無錫工場も上海工場と同様にマッサージチェアの半製品の組立と部品加工というものであり、上海工場の生産力拡大の受け皿として位置づけられている。地元での経験の深い銭氏を前面に立て、地元との調整、従業員の確保等の環境整備を進め、次のステージに向かうことになりそうである。当面は日本への輸出となるが、当然、将来的には中国市場も視野に入っている。その場合は、シンガポールの代理店が中国への販売権を握っているため、そこから投入されることになる。敬老精神の旺盛な中国で、ファミリーのマッサージチェアは興味深いものになっていくことが期待される。

　この無錫ファミリーは、日本向けの生産力拡充に加え、将来的には中国国内市場を視野に入れるものになっていくように思う。

（2）　全量日本輸出のアパレルメーカー（ナカノアパレル）

　日本の衣服・繊維企業多くは、1980年代の頃から低コスト生産を求めて東アジアの各地に進出していった。この点、長江デルタは1990年代初めの頃から注目され、上海の郊外に特に岐阜県のアパレルメーカーが大量に進出していったことが知られる。その後、上海周辺の賃金の上昇等により、2000年の前後からはさらに外延化していることが注目される。

　ここで検討するナカノアパレルは、日本でも比較的新興のアパレルメーカーであり、1990年代後半の時期に上海進出、その後、国内生産の停止、そして、上海からの2次展開として無錫郊外の宜興市に新たな生産拠点を形成しているのであった。

上海から無錫の宜興に展開

　ナカノアパレルは20年前の1980年代後半、アパレル業界にいた中野憲司氏（1947年生まれ）が奈良県で独立創業している。ニットのカットソーを得意とし、最終的な販売先はデパートであり、40～50歳代のミセスを対象にしている。カミソールで上代5900円、ワンピースで2万円、平均で上代価格8000～9000円

あたりの層を対象にしている。

　日本国内の工場は奈良県と福井県に展開していたが、日本での生産が難しいものになり、10年前の1990年代後半には上海に工場進出している。その後、さらに日本での生産は難しいものとなり、日本国内では協力工場を2工場ほど確保し、生産の25％程度は確保しているものの、5年前には日本の自社工場は閉鎖し、完全に中国に生産拠点を移行させている。この間、10年ほど前に本社を奈良から繊維流通の本場である東京日本橋の堀留に移している。

　現在地の宜興の工場（無錫奈加野時装有限公司）は2005年6月にスタートしたが、上海に近い割には人件費が安いと評価されていた。事実、この宜興のあたりは無錫とは言いながらやや隠れた場所であり、日本企業の進出は少ない。ただし、元々、繊維産業の基礎のある地域であることから、比較的技術レベルが高いことが指摘されていた。そして、すでに上海工場は閉鎖され、上海には事務所だけが残されている。

　宜興工場の従業員は320人、女性の比重が90％であった。ワーカーの出身地は20％は地元だが、その他は安徽省、河南省あたりとなる。自前の従業員寮は550人用が確保されていた。

完全に生産は中国に移行

　その結果、ナカノアパレルの布陣は、東京の堀留の本社が20人、上海事務所（日本人4人）、宜興工場（日本人1人）というものになっていた。商社を通じてオンワード、東京スタイル等のアパレルメーカーからデザインが寄せられ、東京でパターンニング、グレーディング（サイズ出し）を行い、宜興工場に送られてくる。

　主材料のニット生地の60％は中国で調達している。この中国調達の3分の1は日系のニッターからであった。宜興のナカノアパレルの隣にローカルのニッターが立地しており、そこからも調達していた。副資材に関してはほとんど日本から入れていた。就業時間は8時間が基本だが、忙しい時には11時間ほどに拡げていた。本縫いは12ライン、200台のミシンが稼動し、その他のミシンも100台ほど設置されていた。ミシン類は当初は日本から輸入していたが、現在

写真7—11　宜興ナカノアパレルの縫製職場

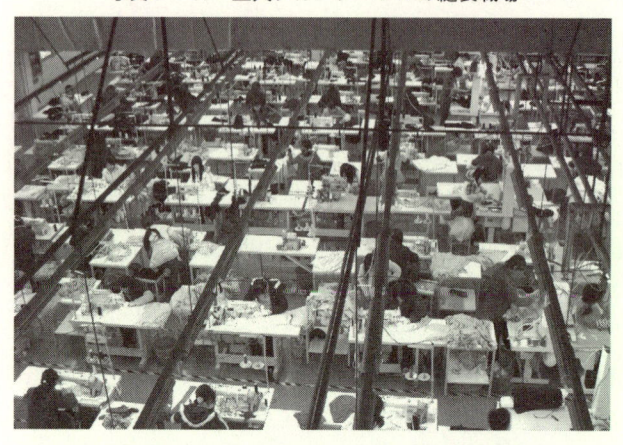

写真7—12　宜興ナカノアパレルの検査職場

ではJUKI、ヤマトの中国製を利用している。中国製のミシンはやや緩みがあるとの評価であった。

出来た製品は全量日本に輸出している。船便が中心だが、急ぎの場合は航空機を利用していた。

駐在するシニアの日本人

このアパレル業界では、かなり早い時期から海外展開が進められ、海外経験の深い人材が多い。そのようなベテランの技術者が、中国の各地の工場を取り仕切っている場合が少なくない。このナカノアパレルの宜興工場の場合は、赤井春樹氏（1848年生まれ）が1人で駐在していた。

　赤井氏は大阪のヤマキワイシャツに勤め、技術と営業に従事していた。その時代にはブラジルとタイに駐在した経験を持っている。ナカノアパレルには5年前に移籍し、宜興工場の立ち上げの前から駐在している。すでに宜興に駐在を始めてからほぼ3年になっている。

　赤井氏の日常は、金曜日の夕方から水曜日までが上海事務所、水曜日に上海を発ち、金曜日までが宜興というローテーションになっていた。月に1度は日本に帰国していた。このように、中国のアパレル業界の生産現場では、日本の経験の深いシニアが前線に立ち、興味深い活動を重ねている。

　世界を見てきた赤井氏によると、「この場所（長江デルタ）は、将来、上代価格の高いものか、品質の高いものしか残れない。ウチはデパート向けのみでやっているので、しばらくは残れそう。量販店向けは難しいだろう」と言うのであった。上海の郊外のあたりに日本のアパレル関係企業がやってきたのが1990年代の初め。2000年代に入ってからはさらに郊外の蘇州～無錫に転じてきたが、時代はすでに次の段階に移行しつつあるのであった。

（3）　75歳のベテランが責任者として駐在（サンヒル）

　無錫の太湖のほとりの濱湖経済技術開発区に、真新しいベアリング製造の無錫勝喜路機械有限公司が立地していた。本社は伊勢松坂であり、駐在している総経理は75歳の松田逸雄氏（1932年生まれ）であった。ベアリングは日本の得意とする分野であり、日本精工、NOK、光洋精工（現、ジェイテクト）、ミネベア等の世界的企業が知られているが、その他にも特殊領域をカバーする興味深い中小企業も存在している。

　そうした中小企業の一つが伊勢松坂のサンヒルであり、その中国工場が無錫に進出していたのであった。

国内外注依存から、中国進出へ

　サンヒルの創業は1985年、三重県の松阪市であった。当初は物流軸受事業部でスタートしている。その後、1988年にハーネス工場、1989年に長岡京市に京都工場などを展開してきたが、1993年、松阪市に新社屋を建設し、各工場を本社工場に集約している。

　創業者の時代には日本でもベアリングを製造していたのだが、2代目の松本修一社長になってから外注に切り換え、さらに、中国生産に向かっていった。取扱製品はベアリングが主体であり、そのアッセンブルしたものを販売している。ターゲットは大手企業がやらない隙間の部分であり、「ユーザーの本当の要望に応える」としている。大手企業がやる JIS 規格以外のカスタム的な要請に応えてきた。営業がユーザーと調整し、設計部隊がものにしていくという形をとっている。日本のサンヒルは現在では従業員30人ほどの従業員規模である。

　国内外注から次第に中国への関心が高まり、1998年12月には、無錫市に名古屋の物流機器メーカーのマキテックスと共同で M&S と言う現地法人を設立し、2000年の頃に操業に入っていった。10人ほどの規模であった。その後、2002年9月には、マキテックスと分離し、サンヒル側は独資企業の無錫勝喜路機械有限公司を設立していく。その当時は従業員数100人ほどになっていた。

　だが、当初の場所は太湖のほとりであり、元は工業地域であったのだが、リゾート地域に変更になり、転出を余儀なくされ、2006年4月に現在地に着地している。その後、事業は順調に進み、2007年3月現在では従業員数200人、月に45万ドルの輸出をできるまでになっている。当面は全量輸出であり、日本向けが94％、アメリカ向け6％である。なお、アメリカには2005年設立されたアメリカ法人があり、営業活動に専念している。

　現在では、日本国内の生産は全て停止し、生産は無錫工場に依存している。ただし、無錫工場はこれまでベアリング製造設備は保有せず、全て中国ローカル企業に外注していた。日本から来る図面を調整し、寧波から上海、蘇州に展開するローカル企業約40社に依存している。

　無錫サンヒルの役割は品質保証であり、検査、選別が仕事になっていた。納入されたベアリングを最初の入口で抜き取り検査を実施し、合格したロットの

写真7—13　無錫サンヒルの検査職場

みを受け入れる。不合格部分は外注先にロットごと返却する。さらに、その合格ロットは全数検査にかけるが、通常2〜3％の不良が出てくるが、その部分は外注先に返却するというものである。

67歳で志願して無錫に駐在

　日本企業の仕事は、次第に開発と最終の検査に集約されている部分が増えているが、無錫サンヒルの仕事は、まさにそのようなものであった。そして、このような仕事の取りまとめ役の総経理には75歳の松田逸雄氏が就いている。

　松田氏は松阪市の出身。大学の生産技術を卒業してから東レに入社し、繊維一筋に歩んできた。東レ滋賀工場がスタートであり、その後、大阪本店、北陸支店などを経験してきた。長男であったことから、定年後は松阪にUターンすることにした。松田氏は東レの滋賀時代にはボート部に所属し、50歳代の福井勤務の時代には10年間ほど陸上競技の短距離をやり、50歳代で100メートル13.5秒の記録を持っている。体は頑健であり、地元に戻ってからも何かモノづくりの仕事をしたいと求職し、縁あって1989年に60歳でサンヒルに入社している。サンヒルがスタートして数年の頃であった。

　1999年末の頃には、サンヒルが無錫に進出することになり、会社としては若

第7章　低コスト生産で日本に戻す　287

写真7—14　無錫サンヒル総経理の松田逸雄氏

手を投入したかったのだが、皆しり込みしたことから、松田氏が「私が行きましょう」として、海外経験もないまま67歳で赴任した。以来8年、単身赴任のまま駐在を重ねている。主たる仕事は工場の管理であり、「中国だからといって、何も特別な管理はしていない。日本式の管理をしている」と語っていた。また、日常については、太湖マラソンの5kmの部に毎年出場している。

給料はスタッフについては日本式の人事考課制を採り、年に2回給与査定している。ワーカーに関しては出来高制も併用している。ボーナスは年1回（2月）、2ヵ月分ほどを出している。現場管理では日本の5Sに加え、Safty を加えた6Sにしていた。

無錫サンヒルの新戦略

また、無錫サンヒルは2006年から大きな方向転換を行っている。従来は日本本社の検査工場としての位置にあったが、無錫工場が新しくなったことから、今後は新たに三つの方向を目指そうとしている。

一つは、ベアリング以外の部門の内製化を図ろうとするものである。特に、技術者を育成し、転造ボールネジとナットの切削加工に踏み出すことになる。

すでに設備投資は終わっている。これらは日本のボールネジのメーカーに供給していくことを考えていた。

　二つ目は、自動車産業用の樹脂巻ベアリングを内製化していく。すでに射出成形機が4台用意されていた。

　そして、三つ目として、2007年3月以降には、プレス機7台を導入し、金属、樹脂のキャスター（車輪）の製造にも踏み込むことになる。

　さらに、これまでのユーザーは日本国内であったが、アメリカにも販売拠点があることから、対米向けの簡易な搬送用ベアリングの生産を本格化していくことになる。2007年3月現在、アメリカ人技術者が常駐しており、具体的に進み始めている。そして、中国国内営業にも2006年から取り組み始めており、当面は日系企業を焦点に売り込みをかけていく構えであった。

　このように、無錫に進出して実績を重ねてきた無錫サンヒルは、次のステップに向けて新たな一歩を踏み出そうとしているのであった。

（4）　対日アウトソーシング基地の形成（華夏計算機）

　先の第6章—2—（9）、第7章—1—（5）で見たように、中国は日本のソフト産業のアウトソーシング基地として不可欠なものになってきた。最近までは北京、大連、上海がそうした受け皿として機能してきたが、次第に人件費が上昇するなどにより、人材と低コストを求めて内陸に向かいつつある。この無錫で日本と中国をつなぐ興味深い取り組みが重ねられていた。そして、そこには、興味深い日本人と中国人が関わっていた。

BNIの成り立ち

　それは、日本のビー・エヌ・アイ・システムズ（BNI）と無錫の華夏計算機技術有限公司が舞台になっていた。

　BNIの会長であり、華夏計算機技術の董事長である中村俊一氏（1949年生まれ）は、日本能率協会のコンサルタントを経て、総合商社の兼松に入社、主として台湾を担当してきた。その後、兼松の経済研究所の所長を経験した後、1990年に独立し、JMAシステムズを創業している。その後、1998年には中村

氏が筆頭株主となり、その他の現役員が資本を出し合ってBNIを東京五反田に設立している。また、その他株主には能率協会系のジェーエムエーシステムズ（5％）、日本システム技術（12％）が参加し、現在の資本金は9300万円となっている。

このBNIはNTTデータグループと日本システム技術、ジェーエムエーシステムズを主要な顧客とし、システム開発等の受託業務を行っている。この3社で仕事量全体の3分の1ほどの比重を占めている。現有の陣容は60人ほどであり、現在の仕事は受注の窓口、ブリッジSE（BSE）というものである。日本人の営業が5～6人、技術者の60％は中国人である。留学生や東京での勤務経験のある中国人技術者から構成されている。日本のBNIが受注し、無錫の華夏計算機技術に投げてくるという形になる。

1990年代の末の頃に、無錫新区の投資説明団が東京を訪問。説明会に参加していた中村氏が関心を寄せ、様子見の気分で2000年にソフトウェア開発拠点として無錫華夏計算機技術有限公司を設立している。当初はインターネット・ビジネスであり、3年ほどの間にかなりの損失を計上した。閉鎖するかが議論されたが、従業員が数十人在籍し、再就職の機会も乏しいことから、オフショア開発をテーマに2003年に実質的な再スタートを切ることになる。

高永東氏と華夏計算機技術の再スタート

ここで、BNIの副社長、華夏計算機技術の総経理である高永東氏（1964年生まれ）が登場してくる。高氏は中国の改革・開放後の大学の再開の統一試験の一期生として、1978年に14歳で長春工業大学に入学している。1982年に18歳で大学を卒業、吉林省の従業員1万人規模の鉄合金メーカーに配分された。当時は大卒は自由に職業選択をできなかった。この鉄合金メーカーでは、電気炉のシステム設計に従事していた。1992年には国家冶金工業省からの派遣で日本を訪れ、3年間、富士通の横浜、沼津で研修していた。この時に、中村氏と出会うことになる。

1995年には中国に戻り、鉄合金メーカーの子会社の経営などに従事していた。その後、1997年に鉄合金メーカーに籍を置いたまま日本に向かい、2002年まで

写真7—15　高永東氏

技術者として働いていた。そして、2003年1月、再スタートを切ることになった華夏計算機技術の経営を引き受けることになる。以後、華夏計算機技術の主要な業務はオフショア開発となっていくのであった。高氏の家族（夫人は中国人、2人の子ども）は神奈川県に在住しており、高氏は2カ月に1回、1週間ほど日本に滞在している。

華夏計算機技術は資本金50万ドル、出資者はBNIの役員、BNI（50%）さらに、NTTデータ（2004年資本参加、20%）という構成になっている。さらに、2008年6月には増資を行い、資本金は280万ドルになる計画であった。従業員数は2007年10月は300人、そして、2008年3月には450人に拡大していた。2006年CMMI L3認証取得、2007年CMMI L4の認証を取得している。2009年にはCMMI L5の認証取得を目標にしていた。

現在の華夏計算機技術の主たる事業は日本からのアウトソーシング受託と中国の日系企業からの受託開発からなる。2007年は日本からのアウトソーシング受託が全体の90%を占めた。今後はこれを80〜90%にしながら、中国国内向けを増やしていく構えであった。2007年までは日系企業に限定していたが、2008年からは中国の地方政府、ローカル企業も視野に入れていた。

2005年の頃までは、無錫市のリーダー達は誰も訪れてはくれなかったが、

第7章　低コスト生産で日本に戻す　291

2006年には江蘇省の共産党書記が訪れ、一気に脚光を浴びてきた。2008年現在では、毎月15人ほどの視察者を受け入れている。さらに、日本からの訪問者も増えてきているのが実情である。中国におけるこのような事業領域が、次第に沿海の上海、大連などから内側に進んでいる事情が読み取れよう。地方政府の側もそれに敏感に応えているのである。無錫市政府もソフト産業の育成に乗り出し始め、補助金、家賃補助などの政策を実施し始めているのである。

採用と人材育成

2007年10月段階の従業員300人のうち、日本経験が不可欠とされるPM／PLレベルの技術者は50人を数えている。現状、従業員数が急増しているが、高氏によれば「新人はいくらでも採れる」とのことであった。採用の基本的な考え方は、飛び切り優秀な新卒は留学などしてしまうため、採用しない。理工系大学の普通の学生を採用するというものである。

毎年11～12月にかけて半径200kmの範囲の20大学で説明会を開き、内定者を決め、半年ほど社内の研修センターに入れる。翌年の6月末に卒業、7月1日に入社という段取りになる。インターネットを通じて入社してくる若者も10％ほどいる。当社の定着率は相当に良いという判断であった。ただし、この仕事は数年前までは人気職種であったのだが、3K的色合いも濃いことから、以前ほど人は集まらないものになっている。

なお、社内の研修センターは、ハイレベルな日本向けオフショア開発人材を養成するために、以下のような点を主眼にしていた。

① 日本文化、企業文化、ビジネスマナー等、社会人常識を身に着ける。
② IT（ソフト）日本語の運用を始め、日本語能力教育を強化する。
③ 主流開発技術・技法を研修し、身に着ける。
④ 現場経験豊富なマネージャーが講師に立ち、本番の開発プロセスに沿い、今まで蓄積した開発ノウハウを活かしていく。

このように、BNIと華夏計算機技術は、日本経験の深い高永東氏という人材を媒介に、無錫という地で対日アウトソーシング受託のための興味深い取り組みを重ねているのであった。

ここまで検討してきたように、日本の大手企業も中堅・中小企業も、日本の人件費高騰、人材不足を回避することを目的に、多様な業種で中国依存に踏み込んでいることが理解されたであろう。当初は日本から資材を持ち込み、加工、組立して、日本に戻すという「持ち帰り型輸出生産拠点」の形成が意図されていた。だが、経験を重ねるうちに、資材等の現地化が進み、また、中国市場が開けてきたことを痛感し、輸出に加え、国内市場に向けた取り組みにも積極的になってきた場合も少なくない。

　「持ち帰り型輸出生産」から「中国国内市場向け」は一つの大きな流れであり、進出した日本企業に新たな可能性を付け加えていくことになろう。中国も変わり、そして、進出日本企業も変わっていかなくてはならないのである。2000年代も後半になり、2010年代にはさらに新たな可能性の幅は拡がっていくことは間違いない。その新たな可能性に積極的になっていくことを期待したい。

1) 長江デルタに関しては、関満博『中国長江下流域の発展戦略』新評論、1995年、同『中国市場経済化と地域産業』新評論、1996年、同『上海の産業発展と日本企業』新評論、1997年、同編『台湾IT産業の中国長江デルタ集積』新評論、2005年、同編『現代中国の民営中小企業』新評論、2006年、同編『メイド・イン・チャイナ』新評論、2007年、を参照されたい。
2) このような事情は、関満博『現代中国の地域産業と企業』新評論、1992年、を参照されたい。
3) 郷鎮企業に関しては、関、前掲書、および同編、前掲『現代中国の民営中小企業』を参照されたい。
4) 大連と日本企業の状況については、関満博『日本企業／中国進出の新時代』新評論、2000年、を参照されたい。
5) 天津の状況については、関満博『北東アジアの産業連携／中国北方と日韓の企業』新評論、2003年、を参照されたい。
6) 青島と韓国企業の状況については、関、前掲書、第3章を参照されたい。
7) 広東省の香港企業と台湾企業については、関満博『世界の工場／中国華南と日本企業』新評論、2002年、同編『中国華南／進出企業の二次展開と小三線都市』新評論、2008年、を参照されたい。

8) 上海の事情に関しては、関、前掲『上海の産業発展と日本企業』を参照されたい。
9) 蘇州の台湾企業については、関編、前掲『台湾IT産業の中国長江デルタ集積』を参照されたい。
10) このような事情については、関満博『中国開放政策と日本企業』新評論、1993年、を参照されたい。
11) 京セラミタの香港進出については、関満博「香港、シンガポールの工業ビルの展開」(関満博・吉田敬一編『中小企業と地域インキュベータ』新評論、1993年) を参照されたい。
12) この間の事情については、関、前掲『世界の工場／中国華南と日本企業』第3章を参照されたい。
13) 旧ミノルタの石龍工場については、関、前掲書、第7章を参照されたい。
14) 来料加工(広東型委託加工)に関しては、関、前掲書、第2章、関『「現場」学者中国を行く』日本経済新聞社、2003年、第2章を参照されたい。
15) 当時の状況については、関、前掲『中国長江下流域の発展戦略』第3章を参照されたい。
16) 無錫機床廠については、一橋大学関満博研究室『中国無錫の産業発展戦略』2003年、を参照されたい。
17) 富士通テンの天津工場については、関、前掲『北東アジアの産業連携／中国北方と日韓の企業』第2章を参照されたい。
18) NECの中国展開の概要については、関満博・範建亭編『現地化する中国進出日本企業』新評論、2003年、第3章を参照されたい。
19) 中條電機製作所に関しては、関、前掲『上海の産業発展と日本企業』第8章を参照されたい。
20) 三和化研工業に関しては、前掲書、第8章を参照されたい。
21) スワニーに関しては、関満博『アジア新時代の日本企業』中公新書、1999年、第2章、を参照されたい。
22) セルタンに関しては、関、前掲『上海の産業発展と日本企業』第8章を参照されたい。

第8章　中国市場に向かう大手企業

　振り返るまでもなく、中国は1978年末に経済改革、対外開放に踏み出し、この30年の間に劇的な発展を経験してきた。多方面にわたる格差を内包しながらも、人びとの生活水準は大幅に改善され、人びとの目線は高くなってきた。私自身、この二十数年、中国の「現場」に身を置いてきたが、その変貌ぶりには感慨深いものがある。

　明らかに、中国をめぐる事業環境は新たなステージに変わってきたのである。それを促したのは中国の人びとであることは言うまでもない。そして、そのような点を受け止めた日本の大手企業は、そこに新たなビジネス・チャンスを見出し、興味深い事業を展開しつつある。それは日中の双方に新たな可能性をもたらすことは間違いない。

　この章では、明らかに中国市場を視野に入れて、進出してきた大手企業に注目していく。いずれも独自な製品を持ち、中国に新たな可能性を求めようとしているところに注目すべき点があるように思う。なお、本章の第1節では、すでに進出している日本企業に資材、部品等を供給することを目的に進出している大手企業に注目し、第2節では、中国市場の高まりに注目し、独自に新たな可能性を求めて進出している大手企業注目していくことにする。

1．進出日本企業への供給を目指す大手企業

　大連や珠江デルタからはやや遅れたものの、長江デルタ、あるいは蘇州、無錫への日本企業の進出は1990年代の後半から活発化し、現在、蘇州〜無錫のエリアは日本企業の集積する地域となっている。その数は2000件前後となっているもようである。しかも、もう一つの特徴は、自動車系の集積はやや薄いものの、繊維、日用品、電気・電子、IT関係から始まり、機械設備、ソフト、環

境系、医薬品分野などにまで拡がってきたところにある。

　海外進出や新たな産業集積は、当初は労働集約的な組立部門から開始される場合が多いが、その後、加工部門、そして、素材部門、さらに多様なサービス部門へと進み、集積の内面を充実させていく。無錫の場合は、明らかにそのような流れを形成しつつあり、集積の内面は実に興味深いものになってきた。

　そのような点を受け止めながら、この節では、進出日本企業への供給を視野に入れている素材メーカー、電子部品、そして、自動車部品の大手企業に注目していくことにしたい。

（1）　長江デルタの液晶集積に対応（住友化学）

　日本のIT産業の加工、組立の現場が中国に移行していく従い、原材料部門も次第にそれに追随していかざるをえない。2000年を過ぎる頃からこうした傾向が深まり、特に、長江デルタには日本の有力素材メーカーが目立つものになってきた。ここで検討する無錫の住友化学のケースは、長江デルタが液晶ディスプレーの有力企業が集中することにより、進出してきたケースとして注目される。

　住友化学の創業は1913年、住友総本店の直営事業として愛媛県新居浜に肥料製造所を設置したところから始まる。1925年には住友肥料製造所として独立新発足（現在の愛媛工場）。戦後は千葉工場（1965年）、三沢工場（1978年）などの国内工場に加え、インドネシア（アルミ、1982年）、シンガポール（石油化学コンビナート、1984年）、韓国（東友STI、液晶用カラーフィルター、2003年）、中国大連（農薬中間体、2003年）、台湾（偏光フィルム、2004年）などの海外の大型事業にも踏み出している。

　事業部門としては、基礎化学部門、石油化学部門、精密化学部門、情報電子化学部門、農業化学部門、医薬品部門、その他に分かれている。ここで検討する無錫の事業は情報電子化学部門に属する。

　2008年3月末の連結の売上額は1兆8965億円、連結の従業員数は2万5588人、単体では6039人を数える。部門別売上額構成は、基礎化学部門（17.5％）、石油化学部門（30.1％）、精密化学部門（5.1％）、情報電子化学部門（14.9％）、

農業化学部門（11.1％）、医薬品部門（13.1％）、その他（8.2％）となっている。日本を代表する石油化学メーカーということができる。

無錫最大級の外資投資

以上のような事業展開の中で、情報電子化学部門が手掛ける液晶ディスプレー表示関係の世界のメーカーが中国、特に上海から無錫、さらに南京にかけての長江デルタに集積を開始したことから、偏光板、拡散板の加工工場を展開していくことになる。

事実、長江デルタには、NEC・上海広電（上海）、フィリップス（上海）、エプソン（蘇州）、日立ディスプレー（蘇州）、シャープ（携帯電話用、無錫）、シャープ（TV用、南京）、LG（南京）が集積している。また、南の珠江デルタには長江デルタほどではないが、シャープ（東莞）、エプソン（深圳）、ソニー（恵州）、さらに、香港、台湾勢が展開している。また、中国の北の方は少ないが、それでも、BOE（ローカル、北京）、アルプス（天津）、大顕（ローカル、大連）、聯信光電子（ローカル、長春）が展開している。中国、特に、長江デルタと珠江デルタは液晶ディスプレーに関する世界最大の集積を形成しているのである。

この点、これより先、住友化学は上海浦東の外高橋保税区に小規模な偏光板の加工、ガリウム精製の事業所（住化電子材料科技有限公司）を出していた。だが、事態が急進する中で、長江デルタに本格的な偏光板、拡散板の加工工場の必要性が生じ、蘇州、無錫を検討、最終的に無錫高新技術開発区に40haの用地を取得し、2004年7月に住化電子材料科技（無錫）有限公司を設立している。無錫に決めたのは、シャープが進出していたこと、蘇州は開発が進んでおり、広い用地が取得できなかったことによる。

当初の資本金は7000万ドル、第1期の工場は4万m^2、従業員1099人でスタートした。偏光板、拡散板の加工に従事するものであった。操業開始は2005年8月、さらに、2007年1月には第2期工事を意識して増資を行い、現在の資本金は1億4600万ドルとなっている。無錫における最大級の外資投資ではないかと思う。

液晶ディスプレーの世界と無錫工場

　2008年3月現在、無錫工場の敷地には、偏光板加工工場（2万m²）を中心に拡散板加工工場などが設置されている。さらに、もう一つ2万m²の偏光板加工工場が第2期として2008年後半稼働が予定されている。住友化学の愛媛工場で生産された偏光板の原反コイル材を持ち込み、カットと貼り付けを行う。無錫工場では化学反応を必要とする事業は行われていない。このカットは直角度、精密さが要求されるため、スーパーカット、チップパイラー、ラミネーター（貼り付け）の設備は日本の最新鋭のものを持ち込んでいる。2万m²の工場建屋のうち1万m²はクラス10000の規格のクリーンルームとなっていた（実質的にはクラス1000ほどで稼働）。このクリーンルームに使用される電気代が日本並みにかかることが悩みとされていた。愛媛では自家発電で行われている。

　現在の生産能力は、偏光板小型が月8000万枚、32インチ用の大型は180万枚、拡散板は9000トン（1万1000トン可能）とされている。この拡散板の9000トンは現在の中国での需要をカバーできる規模である。32インチ換算で月125万台分となる。現在の液晶TVの世界の市場は年間800万台ほどだが、3年後には3000万台が予想されているのである。

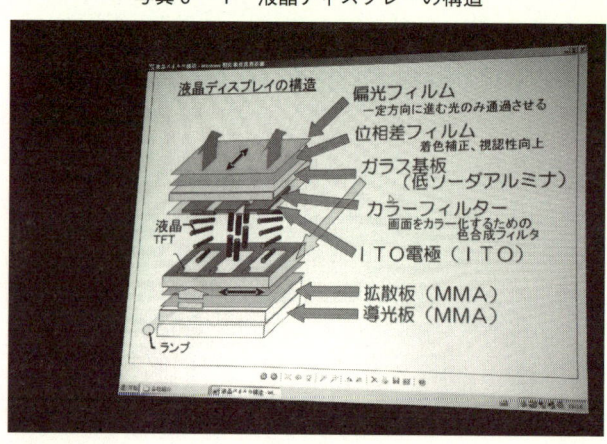

写真8—1　液晶ディスプレーの構造

なお、この液晶ディスプレーの領域、偏光フィルム、位相差フィルム、ガラス基板（低ソーダアルミナ）、カラーフィルター、拡散板、導光板などが張り合わされている。偏光フィルムのメーカーは世界的に日本が圧倒的であり、日東電工が世界のシェアの50％強を握り、次いで住友化学が30％を占めている。拡散板については日本の世界シェアは80％と圧倒的であり、住友化学が50％を占め、その他としては旭化成、韓国の第一化成、台湾の奇美などが続いている。このような構図である限り、供給責任は大きいことはいうまでもない。

素材メーカーの中国事業
　工程的には原反をカットし貼り付けるというものだが、精密度が強く要求され、目視の検品が不可欠とされる。この部分に大量に人が必要とされる。従業員のうち70％はこの部分に投入されている。これは日本も変わらない。無錫工場の場合は平均年齢23歳の若い女性たちが就いていた。日本人の駐在者は7人、管理（2人）、製造（1人）、品質保証（1人）、建築工務・エンジニア（2人）の構成であった。
　販売先は大半が中国国内であり、シャープ、ソニーなどに供給されていく。また、この場合、保税扱いにされており、輸出されていくことになる。

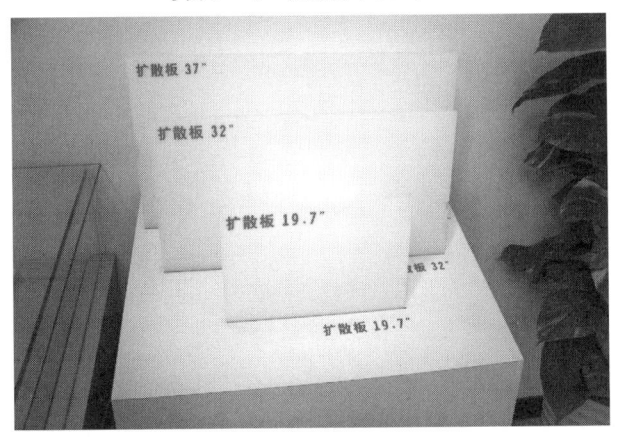

写真 8－2　拡散板のサンプル

住友化学の中国液晶関係事業は、上海営業所（企画、営業、品質保証）を中心として、偏光板、拡散板の加工に従事する無錫工場、偏光板、プロジェクター、ガリウム精製の上海工場、偏光板の委託加工をしている深圳工場（台湾系）、そして、貿易業務に就いている香港事業所から構成されている。上海営業所が中国国内のユーザーに営業をかけ、無錫工場に投入してくることになる。
　無錫工場の場合、当面は偏光板の加工の能力拡大が計画されているが、今後はさらに、液晶の電圧のかかる所に用いられるATG（アルミニウムターゲット）材の加工、マザーボードにCPUを入れる部分の温度変化に強いプラスチック材（LCP）の加工も2008年中に着手することを目指していた。
　このように、世界の液晶関連メーカーが集積する長江デルタの無錫に、日本の有力素材メーカーが大規模に進出してきた。まだ加工のみであり、基幹の化学反応を必要とするような部門の進出ではないが、長江デルタの産業集積の充実を物語るものとして注目していく必要がある。進出の流れとしては、組立から入り、加工に進み、そして素材生産、研究開発と向かっていくことも考えられる。そのような流れの一つの契機として、この住友化学の無錫への展開を見ていく必要がありそうである。

（２）　進出日系企業に供給（エプソントヨコム）
　水晶デバイスは産業の塩「塩」とも言われ、「米」と言われる半導体と共に、パソコン等のIT製品、携帯電話、基地局、デジタル家電製品、カー・エレクトロニクスなどのほとんどあらゆる製品に使われている。そして、この領域は日本がほとんど独占（世界シェアは60〜70％）していることでも知られている。日本の有力メーカーとしては、エプソントヨコム、日本電波工業、京セラキンセキ、大真空、東京電波が知られ、世界の上位を独占している。
　業界トップとなったここで検討するエプソントヨコムは、セイコーエプソンの水晶デバイス事業部と東洋通信機が、2005年10月に事業統合したことによって成立した。相互の弱点を補い合う事業統合とされている。これにより、エプソントヨコムは水晶デバイス事業の総合的な力量を身に着けることになった。
　統合後のエプソントヨコムの資本金は108億円、2008年3月期の連結の売上

額は967億円、従業員数は連結で7340人、単体1422人となった。本社は東京の日野市に所在し、国内工場は福島県保原工場、福島県小高工場、神奈川県寒川町の湘南事業所、長野県伊那郡箕輪町の伊那事業所、そして、宮崎県清武町の宮崎事業所からなっている。また、海外生産拠点としては、アメリカのワシントン州、マレーシア、インドネシア、フィリピン、そして、中国は蘇州と無錫に展開している。

東洋通信機とエプソンの水晶事業の統合

　前身の一つである東洋通信機の創業は1891年、東京芝で通信機器の製造販売からスタートしている。1960年には人工水晶の量産化に成功、1971年には東証一部に上場している。1988年タイに合弁企業設立、1996年にはインドネシア工場の設立、さらに2001年7月には中国無錫に現地法人東洋通信機（無錫）有限公司を設立している。ここで検討するエプソントヨコム（無錫）有限公司の、前身は、この工場である。

　他方、セイコーエプソンの創業は1942年。1964年の東京オリンピックの際、公式計時を担当、卓上小型水晶時計、プリンティングタイマーが活躍したことで知られる。さらに、1969年には世界初のアナログクォーツウオッチを発売した。1971には水晶振動子の生産にも入っている。その後、プリンター等の領域でも目覚ましい活躍を重ねている。2008年3月期の連結の売上額は1兆3478億円、連結の従業員数は8万8925人、単体で1万3000人を数えている。主たる事業分野は情報画像、映像機器等の情報関連事業（65％）、ディスプレー、半導体、水晶デバイス等の電子デバイス事業（29％）、ウオッチ、光学、FA機器などの精密機器事業（6％）の三つから構成されている。なお、ここでの焦点となる水晶デバイス事業はオールエプソンの4％弱の事業ということになる。

　エプソンの中国への進出は早く、1980年には香港、1985年には深圳経済特区に進出（プリンター）していた。現在ではエプソンの中国製造拠点は11を数えるものになっている。なお、中国工場の中で水晶デバイスを生産しているのは、旧東洋通信機の無錫工場と旧エプソンの蘇州工場ということになる。現在では、この無錫工場と蘇州工場は1人の総経理（志野英男氏）が兼任している。両者

の関係は「競争と協力」とされている。なお、蘇州工場の規模は従業員数で1700～1800人、以前は中国のモトローラ、ノキアに直接納入していたのだが、移転価格の懸念が生じ、現在では、大半はいったん日本に戻して送っているものが多い。

　なお、蘇州工場と無錫工場の総経理を兼任している志野氏からは、蘇州の方が物価が高く、賃金水準も少し高め、蘇州はある程度出来上がっており、今後は無錫の方が伸びる、当局も無錫の方がフレンドリーという感想が聞こえた。

中国進出日系企業に納入

　無錫のエプソントヨコム（愛普生拓優科夢水晶元器件［無錫］有限公司）の生産開始は2003年4月、親会社の統合により、2006年1月に社名を変更している。資本金は1000万ドル、日本のエプソントヨコム（85％）、タイのエプソントヨコム（15％）の出資比率であった。敷地面積5万2342m^2、建物面積7637m^2であった。2008年3月の従業員数は1032人（男性397人、女性635人、平均年齢23歳）、日本人の駐在は7人（うち、元エプソンの社員は2人）であり、水晶デバイスの中でも、オプトデバイス（60％）、タイミングデバイス（水晶振動子、40％）を主力にしている。月間の生産個数は約1500万個を数える。精

写真8－3　クリールームでの検査工程

製された人工水晶の切断（ワイヤーソー）から始まり、研磨（ラッピング）され、さらに表面の蒸着がなされる。ラッピング、蒸着などに高額の機械設備が使われるが、生産工程は比較的単純である。なお、現在、増資が計画されており、従業員数、事業規模も倍になることが予定されている。

材料の人工水晶は日本で作られたものが送り込まれてくる。中国製の原石も場合によって使用される。資材で現地調達されるものは梱包材程度である。無錫工場から外注は出していない。

販売先は長江デルタに進出している日系を中心としたセットメーカーとなる。シャープ（液晶）、ソニー（デジカメ、電池）、松下電器（冷凍機、電池）、ニコン（デジカメ）、コニカミノルタ（複写機）、富士通テン（カーナビゲーション）をはじめ、アルプス電気、ムラタ、デンソー、さらに、シーメンス、ボッシュ、シーゲートなどにも入れている。

この水晶デバイスは日本が先行しているものの、近年、台湾と競合するものも出てきた。現状では台湾製は一つ前の世代のもの、価格で勝負するものなどだが、日本の機械設備の償却が10年であるのに対し、台湾、韓国は5年とされており、今後急接近してくることが懸念されている。

また、2007年7月に初めて大卒の募集を始め、南京大学、四川大学、哈爾浜大学、西安交通大学、浙江大学で面接し、120〜130人の合格を出した。40〜50％程度の歩留りと見ていた。日本研修を3〜6カ月を計画しており、志野氏は「入社して面白いと思えるか」がポイントと述懐していた。「頑張れば給料が上がる仕組み」「目標を評価、結果を評価し」「良い人材が集まり、定着していく仕組み」を作っていくことを目標にしていた。

産業の「塩」とされ、日本企業が世界の主導権を握っている水晶デバイスの領域のトップメーカーとして、エプソントヨコムは無錫と蘇州の地で新たな取り組みを開始し始めているように見えた。

（3） 電子部品で中国市場を視野に（ニチコン）

ニチコンは日本ケミコンと共に、日本を代表する世界的なコンデンサ・メーカーとして知られている。創業は1950年、京都出身の企業であり、現在でも本

社は京都に置かれている。営業品目は、電子機器用・機器用・電力用各種コンデンサ、機能モジュール、正特性サーミスタ、スイッチング電源、コンデンサ応用関連機器等からなっている。2008年3月期の連結の売上額は1195億円、従業員数は連結で5437人、単体で873人である。

ニチコンの国内事業と海外事業

事業部は大きく分けて、アルミ電解コンデンサ事業部、回路事業部となっている。日本国内のアルミ電解コンデンサ事業部の生産工場は、長野工場（安曇野市、大型アルミ電解コンデンサ）、穂高工場（安曇野市、アルミ電解コンデンサ用箔）、大町工場（長野県大町市、アルミ電解コンデンサ用箔）、富田工場（福井県大野市、アルミ電解コンデンサ用箔）、ニチコン草津（滋賀県草津市、電力・機器用コンデンサ、フィルムコンデンサ、コンデンサ応用関連機器）、ニチコン大野（福井県大野市、小型アルミ電解コンデンサ）、ニチコンタンタル（滋賀県高島市、タンタル固体電解コンデンサ）、ニチコン朝日（岩手県紫波町、小型アルミ電解コンデンサ）、ニチコン岩手（岩手県岩手町、チップアルミ電解コンデンサ）、ニチコン福井（大野市、アルミ固体電解コンデンサ）、ニチコン滋賀（草津市、タンタル固体電解コンデンサ）から構成されている。近畿地方と、長野県、岩手県への進出が顕著に見られる。

回路事業部他は、電源センター（東京港区、スイッチング電源の設計・開発）、ニチコン亀岡（京都府亀岡市、機能モジュール、正特性サーミスタ）、ニチコンワカサ（福井県小浜市、スイッチング電源）、西島電機製作所（草津市、リアクトルの製造）などからなっている。

海外への製造工場の展開も早く、1969年には台湾、1973年韓国、1978年シンガポール、1990年マレーシア、2001年中国無錫、2002年中国天津と続けてきた。その他に、中国東莞には委託加工工場がある。これらの中で、シンガポール工場は2002年頃に閉鎖している。また、韓国工場は現地資本との合弁だが、天津工場は韓国からの進出となっている。また、台湾工場は別系統で蘇州と東莞に進出している。コンデンサのような電子部品は早い時期から韓国、台湾に進出しており、さらに、そこから中国の各地に2次展開している場合が少なくな

い[1]。

　ニチコン全体としては従業員数は約7000人を数えるが、日本は約4500人に対し、無錫1500人、天津（タンタルコンデンサ）500人、東莞（スイッチング電源）、400～500人、マレーシア500人というものになっている。

縮む日本から急成長する中国市場へ
　この無錫工場の設立は2001年、操業開始は2002年8月であった。場所は無錫の国家高新技術産業開発区内であり、資本金は3800万ドル、投資総額は9000万ドルにのぼった。敷地面積は約5万8000m^{2}という広大なものであり、4期工事までが計画され、2期工事分の操業開始が2007年4月が予定されていた。各期とも床面積1万3000m^{2}とされている。基本的な立場として「中国内での需要に対しては、全て当工場よりの供給を可能にする」がうたわれていた。
　生産能力、拡大計画については、以下の三つの方針が示されていた。
① デジタル家電需要拡大に伴う電源ユニットのハイスペック化、小型化に対応したコンデンサの供給体制を整える。
② 急成長する中国では今後、エアコンの需要が伸びることが予測される。また、世界的な環境意識の高まりによりエアコンのインバータ化も同時に進むと考えられる。さらに、FA機器のインバータ化も進むと考えられることから、この需要に対応したコンデンサの供給体制を整える。
③ 電子機器の小型化と車載向けとして需要増加が考えられる面実装品（チップ品）の供給体制を整える。
　このような認識を背景に、無錫工場の拡大が計画されていた。
　小型アルミ電解コンデンサは、2006年10月の月産能力は1700万個であったが、2007年6月以降は3810万個、大型アルミ電解コンデンサは250万個から450万個、チップ型アルミ電解コンデンサは2000万個から5300万個となる。もう一つの生産品目であるスイッチング電源は、25万個から45万個に拡大されることになる。
　ニチコン側の認識としては「日本は人口が減り、消費も減少していく」「中国は大きい、世界の3分の1はここで使われるであろう」「ニチコンの3分の1は、ここで作って、ここで消費される」というものであった。このように、

ニチコンの無錫工場は中国市場の拡大を視野に入れた本格的な工場として推進されているのであった。

中国で売るものは、中国で作る

無錫ニチコンのユーザーは、コンデンサの場合は中国に進出している世界の各社、スイッチング電源の場合は、日本時代から付き合いのあるキヤノン（蘇州）、富士通ゼネラル（上海）、シャープ（常熟）である。ライバルは以前は日系企業であったのだが、現在では台湾、韓国勢となり、近い将来は中国ローカル企業ということになりそうである。現在では品質水準の差はあまりなくなったとされている。中国で売るものは、中国で生産することが基本となってきた。低コストに加え、何かの付加価値を付けていくことが問われている。さらに、人件費の安い中国でも、機械化、装置化が求められ始めているのである。

アルミ電解コンデンサの場合、材料は限られている。陽極、陰極のアルミ箔は日本の自社工場から供給される。世界的に見て、日本のコンデンサ・メーカーのアルミ箔は大きな差別化要因になっているとされる。電解紙は日本の日本高度加工紙（高知県）から入れている。電解液は日本からである。その他のリード棒、アルミケース、ゴムパッキン、樹脂チューブは中国内の台湾系、韓

写真8—4　無錫ニチコンの幹部たち

国系、ローカルから入れているのであった。

　これだけの事業に対し、4部門で日本人が15人駐在している。ニチコン側の印象では、無錫地区の日系企業で日本人が二桁の数駐在しているケースは一桁であろうとされていた。今後はローカル人材を登用していくことが必要であろう。現在、課長級には10人以上の中国人が登用されていた。

　現状、人材調達に関しては、管理人材は豊富だが、技術人材が不足との指摘であった。そのため、現地での研究開発がなかなか難しい状況であった。特に、スイッング電源はユーザーの近くで開発したいのだが、思うようになっていない。

　このような課題を抱えながらも、無錫ニチコンは急速な拡大路線に乗っているのであった。

(4) 日産系部品メーカーの進出（大井製作所／三井金属）

　日本の自動車業界は近年、大きく揺れ動いている。一つは中国進出が本格化してきたこと、もう一つは日産のゴーン改革以来のコスト競争が部品メーカーに重大な影響を与えていることが指摘される[2]。ここで検討する無錫大昌機械工業有限公司は、日産の協力工場としての道を歩んできたが、その後、三井金属の完全子会社となり、独立系自動車部品メーカーとして再編、新たな興味深い対応を示している。

大井製作所と信昌機械

　大井製作所は神奈川県で日産自動車のドア関係の金属部品製造企業として歩んできた。1990年前後のバブル経済の頃は主力の日産も好景気に沸き、大井製作所も絶好調であり、店頭公開にまで至っていた。

　大井製作所の創業者である大井寿郎氏は台湾への関心が深く、台湾のアイシン精機と言われる信昌機械（プレス、組立）との交流も深く、その総帥の呉傑氏とは40年の交流であった。大井製作所は一時期、台湾で信昌機械と合弁事業を行っていたが、その後解消、信昌機械への10%程度の出資に切り換えていた。

　この間、信昌機械は自動車市場の小さい台湾から中国への展開を図り、いく

つかの合弁事業を実施している。その最初の事業は1992年のクルマのシート関係の上海明芳のケースであった[3]。

　他方、日産のゴーン改革の推進以来、系列の解体により日本国内の協力企業は3分の2に減らされ、また、3年間で18％のコストダウンを要求されることになった。そのため、大井製作所は国内で活路を見出すことはできず、台湾の信昌機械との合弁により中国進出に踏み出すことになる。

　上海から無錫を模索して、奚氏（無錫市名誉市民）の出身地が無錫であること、信昌機械の独資企業である無錫明芳が近くにあることなどを考慮し、2000年11月に合弁契約、2002年4月工場竣工、同5月から大井製作所向けのドアロックの量産を開始した。合弁企業の名前は無錫大昌機械工業有限公司と言う。信昌機械が中国で合弁事業を立ち上げる際には、社名の「昌」を入れる場合が多い。信昌機械は台湾の自動車部品メーカーとしては対中進出に最も意欲的な企業と言えそうである。

　合弁の形態は当初は大井製作所46.5％、信昌機械（英領バージン諸島からの投資）48.5％、地元の錫山市（現、錫山区）の第3セクターである錫山市通達実業公司（現、中国無錫通達実業公司）5％の構成であり、濱湖区華庄鎮の現在地に着地している。その後、三井金属が大井製作所を子会社化した直後の

写真8－5　無錫大昌機械工業の正面

2003年8月に増資し、現在では出資構成は大井製作所55%、信昌機械40%、無錫実業5%となり、三井金属が主導権を取得していった。

三井金属が大井製作所を買収

　三井金属の創業は1950年、資本金421億円、2007年3月末の連結の売上額5915億円、従業員数1万0040人、単体の従業員数2215人を数える日本を代表する金属素材系の企業の一つである。事業領域は大きく五つに分かれている。電子材料事業、金属事業、環境事業、部品事業、関連事業とされている。特に、部品事業に関しては、自動車やデジタル機器に利用される機能部品やダイキャスト品を提供している。

　その中でも部品事業の中の自動車機器事業部は、三井金属が扱っている素材を部品の形で供給しようというものであり、自動車用のドアロック、サンルーフ、ウインドレギュレータなど、主にドア周りに用いられる機能部品の開発・製造を行っている。特に、ドアロックにおいては、大井製作所を買収した以降、世界市場の約20%のシェアを占めるに至っている。

　バブル経済崩壊後、経営の悪化した日産はゴーン氏により際立った改革が進められていく。特に、協力企業の大整理が行われ、系列の解体が宣言されていく。ドアロックに関しては、シェアがアイシン精機、大井製作所、三井金属の順になっていたのだが、独立系の三井金属がシェア拡大を意図し、大井製作所を買収することになり、2003年4月、株式譲渡の形で大井製作所は三井金属の完全子会社となっていった。

子会社化による役割の変化

　その結果、それまで信昌機械に任せる形になっていた大昌機械については、三井金属の意向はマジョリティを取るというものになり、2003年8月、増資、持分の調整が行われていった。以後、董事会の編成は、日本側4人、台湾側3人に加え、監事が中国側となっていった。そして、従来、総経理は信昌機械が出し、日本側は出張ベースで対応していたのだが、その後は総経理、副総経理は日本側が派遣することにり、大井製作所から5人の現地駐在が派遣されてい

る。なお、現在では日本からの5人に加え、台湾が常駐者を4人派遣している。

　大井製作所は1990年代の初頭には従業員1800人を数えていたのだが、1998年に300人のリストラを実施して以降、漸減し、現在では700人となり、また、三井金属への出向者が約300人にものぼるものになっている。日産の系列解体の最後の仕上げが大井製作所と言われているが、自動車部品の世界で、このような再編が繰り広げられたのであった。

　その結果、2007年1月末の無錫大昌機械の従業員数は約700人（女性60％）、主要製品はドアロック、チェックリンク、ウインドレギュレータであり、中国国内向け（東風日産、長安フォード）が50％、日米への輸出が50％の構成になっていった。近年の自動車産業をめぐる流れとしては、日米の量産部品は中国生産への移行の動きをみせており、三井金属の子会社化以前の枠組みであった大井製作所関連が東風日産向け、信昌機械関連が長安フォード向けという構図に大きな変化が生じようとしている。

　今後の自動車生産の全体の流れを推し量ることは難しいが、中国に進出している日産、フォードの1次協力企業としての役割を意識していた無錫大昌機械は新たな役割を担うことが期待されているのである。

（5）　点火コイルで中国自動車市場に入る（デンソー阪神）
　無錫の高新技術産業開発区に立地している無錫電装阪神汽車部件有限公司は、日本ではライバル関係にあるデンソーと阪神エレクトリックの合弁により設立された自動車用点火プラグを生産する企業である。

国内ライバルの無錫合弁
　デンソーは1949年にトヨタ自動車から分離独立して独自な発展をなし遂げた日本を代表する自動車部品メーカーであり、そのカバーしている領域は広い。本社は愛知県刈谷市にある。主要な事業領域は、自動車関連では、パワトレイン機器事業（エンジン関連の制御システム）、電気機器事業（オルタネータ、スタータなどの電源供給・始動システム、ハイブリッド車製品等）、電子機器

事業（半導体センサ、エンジン制御コンピュータなど）、熱機器事業（カーエアコンシステム、ラジエタ等）、情報安全事業（カーナビゲーションシステム、ETC、エアバック用センサ等）の自動車関連事業に加え、自動認識機器、FAロボット、プログラマブル・コントローラなどの産業機器部門にまでも展開している。

2008年3月末現在の資本金は1874億円、売上額は連結で4兆0250億円に達した。従業員数は連結で11万8853人、単体で3万5557人であった。国内の工場は刈谷の本社工場に加え、池田工場（刈谷市）、安城製作所（安城市）、西尾製作所（西尾市）、高棚製作所（安城市）、大安製作所（三重県いなべ市）、幸田製作所（愛知県幸田町）、豊橋製作所（豊橋市）、阿久比製作所（愛知県阿久比町）、善明製作所（西尾市）、広島工場（広島市安芸区）に加え、基礎研究所が愛知県日進市に設置されている。ここで検討する無錫の点火プラグに関連する日本国内工場は三重県の大安製作所である。なお、この大安製作所は1982年に設立され、点火装置、走行安全関係製品、O2センサ、各種アクチュエータなどを生産し、従業員数は3851人を数えている。

これに対し、阪神エレクトリックは戦前の1939年に神戸市に設立された企業であり、主たる事業は自動車用イグニションコイル、自動車用電子機器、住宅設備用電子機器などに展開し、従業員数は370人ほどの企業である。なお、この阪神エレクトリックの最大株主は日立製作所であり、出資比率は34.5％となっている。

このように、この無錫の事業は巨大自動車部品メーカーのデンソーと点火プラグを主体とする中堅企業の阪神エレクトリックとの合弁として形成されていった。

デンソーの中国展開

デンソー自身の中国展開は日本の自動車関連部品企業としては比較的早い1994年、カーエアコン、コンプレッサー工場を中国の首鋼との合弁で烟台に設立している。その後のデンソーの中国展開は以下の通りである。

1994年	烟台首鋼電装有限公司	カーエアコン、コンプレッサー等
1995年	天津電装電機有限公司	オルタネータ、スタータ
1996年	重慶電装有限公司	マグネト、CDIアンプ、イクセニッショナルコイル
1996年	天津阿斬莫汽車微電機	ワイパシステム、ウオッシャシステム、電動ファンモーター
1997年	天津電装電子有限公司	自動車用電子制御部品
1997年	天津電装空調有限公司	カーエアコン、ラジエータ等
2002年	上海電装創智信息技術有限公司	ソフトウエア
2003年	電装（中国）投資有限公司	傘型企業、中国法人の統括
2003年	広州電装有限公司	カーエアコン、バスクーラ、ラジエータ
2003年	上海電装燃油噴射有限公司	ディーゼル噴射ポンプ
2003年	天津富奥電装有限公司	カーエアコン
2004年	天津豊田紡汽車有限公司	エアクリーナ、オイルフィルタ
2004年	電装（広州南沙）有限公司	自動車用燃料噴射装置
2004年	天津吉愛希（GAC）空調有限公司	カーエアコン用ホース、配管
2005年	電装（天津）空調部件有限公司	カーエアコン用熱交換器、ラジエータ
2005年	無錫電装阪神汽車部件有限公司	自動車用点火コイル
2005年	仏山豊田紡織汽車零部件有限公司	オイルフィルタ
2005年	電装（天津）汽車導航系統有限公司	カーナビゲーション
2005年	豊田工業電装空調圧縮機（昆山）有限公司	コンプレッサー
2005年	阿斬莫（広州）微電機有限公司	ワイパシステム、ウオッシャシステム、電動リアシェード等
2006年	天津豊星電子有限公司	メータ

　全体的な傾向として、トヨタが進出している天津、広州を中心に、さらに上海、無錫などの華東地域にも関心を深めている様子がうかがえる。この節で扱われる無錫電装阪神汽車部件は、以上のようなデンソーの広範な中国展開の中

で、生産拠点としては第14番目のものとして位置づけられている。

立ち上がり期の点火プラグ事業

　無錫電装阪神汽車部件有限公司は2005年3月、資本金1300万ドルで無錫の高新技術産業開発区の中に設立された。デンソーの中国統括会社である電装（中国）投資有限公司が75％、阪神エレクトリック25％の出資比率であった。事業内容は点火コイルの製造であり、投資額は約21億円にのぼった。敷地面積4万m^2、建物面積9500m^2である。2007年1月現在の従業員数は200人、2008年末には500人、売上額は2010年に50億円を目指していた。2006年10月から量産に入っている。

　デンソーと阪神エレクトリックは点火プラグの世界ではライバル関係にあるが、中国展開にあたってそれぞれ単独で進出してもメリットが乏しいとして、デンソー側が阪神エレクトリックに合弁で出ることを提案して、この事業がスタートしている。阪神エレクトリックにとっては初めての海外事業となった。

　点火プラグについて、デンソーと阪神エレクトリックでは設計、考え方、設備が違い、また、ユーザーもトヨタが中心のデンソーに対して、阪神エレクトリックはGM、マツダを中心にしてきた。製品のスタイルもデンソーは磁気回

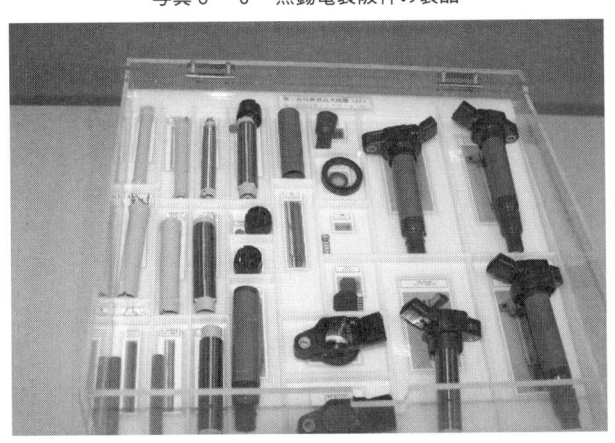

写真8－6　無錫電装阪神の製品

路部分が円柱型のスティクコイルであり、阪神エレクトリックは四角型のプラグトップコイルというものであった。

この二つの製品領域を無錫で共同して生産していこうというのであった。ユーザーはトヨタ関連の一汽トヨタ（長春、天津）、広州トヨタ、そして、南京マツダ（フォード）、上海GM、広州ホンダというものであり、全体の真ん中を意識して華東地域を調査し、コストが蘇州よりもやや低い無錫の現在地に着地している。

2007年1月現在、日本人の駐在は7人、デンソーから6人、阪神エレクトリックからは1人が出てきている。デンソー中心に物事が進んでいた。200人の従業員のうち女性は80％を占めていた。すでに現場の班長候補の20人ほどは日本に3カ月ほどの研修に出していた。無錫周辺の人材に関しては「良い人がいる」「勤勉」との評価であった。

また、立ち上がり期の現在、高校3年生を65人ほど実習生として半年から1年間のスケジュールで預かっていた。中国の場合は、高校3年生をこのような形でインターンに派遣することは広く行われている。卒業時に優秀な人を採用していくことになる。

現状、材料は基本的には日本から入れ、日系の加工業者に部品にしてもらっている。銅線は日系企業。樹脂成形ものは上海に進出している第一精工に金型込みで任せている。これらの日系企業とは日本でも付き合いがある。当面は日系企業に依存していくが、将来的にはローカル企業も視野に入っていた。現在、すでにローカル企業が営業に訪れており、一応、話は聞いている。

無錫デンソーの印象では、中国はどのように展開していくか「さっぱりわからない」というものであり、しばらくはユーザーの日系を中心とした外資系、材料は日本製、外注先は日系企業でいくようであった。

工場の内部は、デンソーの「3キリ」、つまり「ハッキリ、スッキリ、クッキリ」が徹底されており、「朝一」という現場の会議が毎日開かれ、前日の不良のチェックをしていたことも興味深いものであった。デンソー自身が中国に進出して十数年、また、無錫が外資企業を受け入れ始めて十数年、モノづくりの現場はかなりの集中力のみなぎるものになっているのであった。

で、生産拠点としては第14番目のものとして位置づけられている。

立ち上がり期の点火プラグ事業

無錫電装阪神汽車部件有限公司は2005年3月、資本金1300万ドルで無錫の高新技術産業開発区の中に設立された。デンソーの中国統括会社である電装（中国）投資有限公司が75％、阪神エレクトリック25％の出資比率であった。事業内容は点火コイルの製造であり、投資額は約21億円にのぼった。敷地面積4万m^2、建物面積9500m^2である。2007年1月現在の従業員数は200人、2008年末には500人、売上額は2010年に50億円を目指していた。2006年10月から量産に入っている。

デンソーと阪神エレクトリックは点火プラグの世界ではライバル関係にあるが、中国展開にあたってそれぞれ単独で進出してもメリットが乏しいとして、デンソー側が阪神エレクトリックに合弁で出ることを提案して、この事業がスタートしている。阪神エレクトリックにとっては初めての海外事業となった。

点火プラグについて、デンソーと阪神エレクトリックでは設計、考え方、設備が違い、また、ユーザーもトヨタが中心のデンソーに対して、阪神エレクトリックはGM、マツダを中心にしてきた。製品のスタイルもデンソーは磁気回

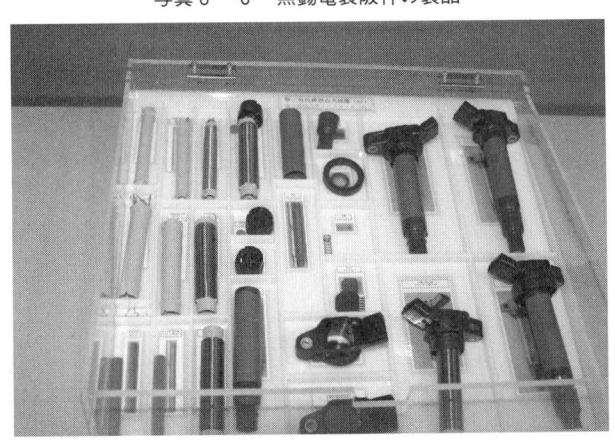

写真8－6　無錫電装阪神の製品

路部分が円柱型のスティクコイルであり、阪神エレクトリックは四角型のプラグトップコイルというものであった。

　この二つの製品領域を無錫で共同して生産していこうというのであった。ユーザーはトヨタ関連の一汽トヨタ（長春、天津）、広州トヨタ、そして、南京マツダ（フォード）、上海GM、広州ホンダというものであり、全体の真ん中を意識して華東地域を調査し、コストが蘇州よりもやや低い無錫の現在地に着地している。

　2007年1月現在、日本人の駐在は7人、デンソーから6人、阪神エレクトリックからは1人が出てきている。デンソー中心に物事が進んでいた。200人の従業員のうち女性は80％を占めていた。すでに現場の班長候補の20人ほどは日本に3カ月ほどの研修に出していた。無錫周辺の人材に関しては「良い人がいる」「勤勉」との評価であった。

　また、立ち上がり期の現在、高校3年生を65人ほど実習生として半年から1年間のスケジュールで預かっていた。中国の場合は、高校3年生をこのような形でインターンに派遣することは広く行われている。卒業時に優秀な人を採用していくことになる。

　現状、材料は基本的には日本から入れ、日系の加工業者に部品にしてもらっている。銅線は日系企業。樹脂成形ものは上海に進出している第一精工に金型込みで任せている。これらの日系企業とは日本でも付き合いがある。当面は日系企業に依存していくが、将来的にはローカル企業も視野に入っていた。現在、すでにローカル企業が営業に訪れており、一応、話は聞いている。

　無錫デンソーの印象では、中国はどのように展開していくか「さっぱりわからない」というものであり、しばらくはユーザーの日系を中心とした外資系、材料は日本製、外注先は日系企業でいくようであった。

　工場の内部は、デンソーの「3キリ」、つまり「ハッキリ、スッキリ、クッキリ」が徹底されており、「朝一」という現場の会議が毎日開かれ、前日の不良のチェックをしていたことも興味深いものであった。デンソー自身が中国に進出して十数年、また、無錫が外資企業を受け入れ始めて十数年、モノづくりの現場はかなりの集中力のみなぎるものになっているのであった。

そして、見えにくいものは、中国の市場の展開方向、ローカル企業の急成長が予想される中での競争のスタイルというものであろう。2000年代に入り、中国自動車産業、市場がブレークし始め、事態は興味深い方向に向かっているのであった。

　ここまで検討してきたように、主力ユーザーの中国進出により、大手の部品メーカーはその協力企業として特殊な役割を期待されていく場合が少なくない。進出することにより、新たな可能性を見出すところもあれば、新たな難しい問題に直面していく場合もある。それは日本国内という狭い枠組みからグローバルへの展開による新たな局面と言うこともできる。そこをチャンスと思えるかどうか、そして、新たな一歩を踏み出すことができるかどうか、その必死な取り組みが将来を決することはいうまでもなさそうである。

２．独自に中国市場を目指す大手企業

　人口減少社会、高齢社会に突入している日本は、明らかに既存の全ての産業領域で市場が縮小している。既存事業のまま、日本に留まっている限り、その企業には将来はない。私たちは、日本の新たな枠組みを受け止めた新たな事業の創出か、あるいは、世界の拡大する市場に向かうかの選択を迫られているのではないかと思う。そのような意味で、現在は創造性を問われる実に興味深い時代と言うことができる。果敢に取り組まれることを期待したい[4]。
　この節では、縮む日本に留まることなく、拡大する中国に新たな可能性を求めて進出していった日本の大手企業に注目していく。果敢に踏み込んでいった彼らは、その地で新たな可能性を確信し、よりいっそう踏み込んだ取り組みを見せているのである。それは、日本企業のこれからに重大な示唆を与えることになりそうである。

（１）　中国でクレーン、ホイストのトップメーカーに（キトー）
　中国では、経済活動の活発化に伴い、搬送・物流関係の事業が急拡大してい

る。高速道路の充実に伴い、物流システムの充実が進み、また、工場内外の搬送システムも興味深い方向に進んでいる。このような中で、日本のチェーンブロックのトップメーカーとして知られるキトーが、かなり早い時期から無錫市郊外の江陰市に進出している。そして、現在ではクレーン、ホイスト関係では中国で約20％のシェアを占めるものとなっているのである。

中国進出10年で完成度の高い工場を建設
　キトーの創業は1932（昭和7）年、東京の大森に鬼頭製作所としてスタートしている。1947（昭和22）年には万能牽引機「レバーブロック」を開発、1958（昭和33）年には電気チェーンブロックを開発していく。その頃から、キトーはチェーンブロックの世界で先端を走り抜いてきた。
　1970年には社名を現在キトーに改称、さらに、1983年には本社工場を川崎市から現在地の山梨県昭和町の工業団地に移転した。この移転については、当時、中堅企業が本社から工場まで一括して地方移転したものとして注目された。現在では国内拠点は山梨の昭和町、東京本社が新宿の東京オペラシティビルに設置されている。
　製品領域は電気チェーンブロック、レバーブロック、クレーン・サドル、ロープホイスト、ホイールブロック、ロープバランサー、バキュームハンド、バキュマスター、リフティングマグネットなどとなっている。日本国内の従業員数は約650人とされている。
　以上の枠組みの中で、キトーは中国ビジネスと日本に安い部品を持ち込みたいとの意向の下で中国進出を模索していく。中国の各地の中から華東地域に注目し、最終的には環境衛生都市として知られていた現在地の無錫市郊外の県クラスの市である江陰市に着地している。現地企業との合弁事業であり、1995年に江陰凱澄起重機械有限公司を設立している。合弁の相手方は50年の歴史のある国有のホイストのメーカーであった。出資比率はキトー80％、中国側20％であった。当面は、相手側の企業の中に入るというものであった。董事会メンバーは9人、日本側6人、中国側3人であり、マテハン全般の設計・製造を目的に設立された。

写真8—7　江陰キトーの製品

　だが、キトーが最も得意とするチェーンブロックについては、中国ではいまだ概念が浸透していない。現在でも中国ではワイヤロープの世界である。このため、キトーの中国国内販売事業は、ホイスト（80％）、クレーン（20％）の構成であり、チェーンブロックは一部の日系企業が入れてくれる程度である。それでも、進出10年以上を経過する江陰キトーは、2006年の売上額2億8000万元、販売台数も2万5000台に達した。中国の同業百数社の中でナンバー1になり、中国国内市場の20％のシェアを獲得している。
　このような拡大の中で手狭になったことから、2005年5月に新工場を竣工させている。新工場は敷地面積13万8000m^2、工場はホイスト、クレーンの各工場がそれぞれ1万5000m^2となっている。中国進出して10年にして、完成度の高い工場を設置したということである。

10年の経験が成果となってきた
　江陰キトーの従業員数は約680人（正社員500人、パートタイマー180人）、それに対し、日本人は4人駐在している。薫事長は日本側だが、総経理は中国側、日本人の4人は、生産管理・品質管理、営業・財務、設計、生産技術から構成されていた。

写真8―8　江陰キトー製の大型クレーン

　材料は中国国内調達。外注先としては鍛造、鋳造、熱処理、電装品となるが、これらの大半は半径5キロ程度範囲に入るローカル企業が中心である。無錫周辺は重機械金属工業の蓄積があり、それらに依存することになる。この点はパートナーがローカル企業であることから、幅の広い外注先を掘り起こすことに成功している。

　中国の国内販売が90％、残りの10％程度は金属部品として日本の本社工場に輸出している。また、国内販売の中の日系企業の比率は35％程度であり、クレーン（走行、Z軸））とホイスト（XY軸）の組み合わせの3次元のスタイルが多い。また、2004年の頃から日系企業の進出が目立ち、またクレーンを大きくしていこうとする動きも強く、江陰キトーは中国の国家規格である「GB規格」を日本製の高級機種も含めて全製品で取得している。

　中国では、チェーンブロックの市場は小さく、中期的にはミドルエンドのホイスト、クレーンを軸にブランド力を形成していくことを目標にしていた。ただし、長期的にはユーザーとなりうる日系、欧米系メーカーが進出していることから、品質を上げ、中国でもチェーンブロックの市場を形成していくことを狙っている。

　販売体制は、全国の主要拠点都市に代理店を置いている。ホイスト販売の代

理店は、江陰、上海、無錫、常州、杭州、広州、福州、済南、瀋陽、昆明に配置されていた。この点、クレーンは大型に加え工事があるため、市場を江蘇省周辺の範囲に限定していた。日本の場合は、クレーンは22～23m程度が最大なのだが、中国では32mの巨大なものもある。

　以上のように、キトーは地元江陰の国有企業との合弁のスタイルで進出し、10年をかけた信頼関係の形成により、見事な成功を勝ち取っている。当面、主力のチェーンブロックの市場は小さいが、中国の工場設備の改善が進むうちに新たな市場として登場してくる日もそう遠いものではない。現在、すでにホイスト、クレーンの領域では一定の評価を得ており、また、新たな工場を整備したことから、次の飛躍が期待される。国有企業との合弁はなかなか難しいとされる中で、キトーは興味深い成果を勝ち取っていたのであった。

（２）　大型ポンプメーカーの本格参入（日立ポンプ）

　総合電機メーカーの日立製作所は実に多様な領域の事業を手掛けているが、オール日立の売上額の１％にも満たないポンプ関係もその一つの事業である。このポンプ事業は、2006年に事業統合された日立プラントテクノロジーの中に入っている。日立プラントテクノロジーの成り立ちは、日立プラント建設が日立製作所から電機グループの一部を継承すると共に、日立機電工業、日立インダストリイズと合併したものである。資本金は120億円、従業員数は約7300人、主要拠点は国内77カ所、海外10カ所とされている。主たる事業分野は、社会・産業インフラ機械、メカトロニクス、空調システム、産業プラント、エネルギープラント等の開発、設計、製造、施工などとされている。この旧３社の成り立ちを概観すると以下のようになる。

　日立プラント建設の創業は1929年、1935年には日立系列に入り、1971年には東証第一部に上場している。

　日立機電工業は、1915年、兵庫県の安治川鉄工所として創業している。その後、1937年に日立製作所尼崎工場となり、1956年にはそこから分離独立し日立機電工業となった。1998年には東証第一部に上場している。

　日立インダストリイズは東京佃島機械製作所として、1907年に創業している。

1918年には日立亀有工場となり、その後、土浦工場を主力とし、今日に至っていた。

中国市場を狙って無錫に進出

　以上のような枠組みの中で、大型ポンプ事業は政府関係、上下水道、水利、発電所などに限られており、日本国内の公共工事減少の中で将来が見通せず、市場拡大の著しい中国に注目していった。また、ポンプ事業のライバルである荏原とは1977年の頃はほぼ互角であったのだが、その後、大きな差をつけられている。このような状況の中で、「大型ポンプで世界のトップ3」「中国市場参入」「コスト競争力の強化」の三つの課題を克服していくために中国進出に踏み込んでいった。日立の大型ポンプにおける初めての海外事業となった。

　なお、ポンプの世界における有力企業とは、アメリカのITT、日本の荏原が大型から小型にかけての総合力では抜け出ていて、3番目以降が混戦と言われている。大型ではKSB（ドイツ）、ウェア（イギリス）、アントリッツ（オランダ）等が並び、日立ポンプは15位程度に位置している。何としてでも荏原の大型に並び第3位につくことが悲願とされていた。

　また、中国市場を調査する限り、水利、都市排水、火力発電所、さらに、長江の水を黄河に引くという「南水北調」の壮大さが目を惹いた。また、火力発電所建設も、世界で残っているのは中国のみとされている。事実、日本では年間1件ほどで推移しているが、中国は60万KW級換算の発電所が年間に42プラント計画されているのである。

　こうした事情を受けて、中国進出が構想され、最終的に無錫進出が決定していく。日立の中では「無錫に重機械工業のベースはあるのか」との疑問も出たようだが、無錫市水利局傘下の無錫泵廠に出会い、合弁事業を形成していく。独資よりも合弁の方がやりやすいだろうという判断であった。2006年に日立泵制造（無錫）有限公司を設立、2006年9月には操業開始している。資本金1億0500万円、資本構成は日立プラントテクノロジー（45%）、中国統括会社の日立（中国）（25%）、無錫泵廠が30%となった。敷地面積は第1期分7万6000m²、第2期分3万2000m²、建物は第1期分3万3000m²、第2期分2万5000m²

写真8－9　日立泵制造（無錫）の製造現場

となっている。

計画を50％以上上回る滑り出し

　合弁相手の無錫泵廠は、従来、従業員1000人規模の国有企業であったのだが、2004年には民営化され、従業員は400人にまで縮小していた。また、無錫泵廠は以前は無錫市街地の中にあり、移転を要請されていた。その代替地として現在地が提供され、全面移転のつもりで工場建設に入っていた。その工場が提供され、スムーズにスタートを切ることになった。従業員も当初の230人は無錫泵廠から来ている。工場レイアウトや機械設備にやや不満もあるが、まずは順調な立ち上がりをみせている。従業員規模は2008年3月段階では306人になっていた。これに対し、駐在する日本人は4人であった。この間、無錫泵廠は従業員規模100人ほどに縮小し、別の場所に移っていった。合弁会社の事業領域は1200mm以上の大型ポンプの受注生産だが、無錫泵廠は汎用のポンプを生産することで棲み分けている。

　合弁会社のラインは中国側が見ており、日本側は特命部長としてラインの外側から指導する形をとっている。董事会メンバーは7人、日立側5人（常勤2人）、中国側2人である。董事長は日本側、総経理は中国側、副総経理は日中

第8章　中国市場に向かう大手企業　321

写真8―10　日立泵製造（無錫）の加工品

　1人ずつであり、日本側副総経理は品質保証と財務、中国側副総経理は資材、製造、営業を担当している。また、中国側の総経理は無錫泵廠の董事長を兼任している。
　2006年9月にスタートし、2007年の業績は計画を50％も上回るものであった。水利部門から入り、電力部門に向かったが、予想以上に受注を確保できた。あまりにも伸びが大きすぎ、設備が間に合わない状況が続いている。2011年度の頃には売上額は150億円にも達しそうな勢いである。日本の基幹工場である土浦工場の場合、付属のモーター部分を入れても月に20億円程度であり、しかも年々、減少傾向を深めている。日中の売上額が逆転するのは時間の問題となりそうである。
　この大型ポンプの場合、受注から納品まで1年～1年半ぐらいかかる。売上の回収が遅れ気味だが、2008年には黒字化が予定されている。なお、売上の回収は、契約時15～30％、納品時40％、据付け完了後20％となり、残りの10％は1年後となる。こうした形は中国における設備産業の支払いの一般的なものである。合弁相手の無錫泵廠に営業力があり、そこからの委託分がかなりの量を占めていることも興味深い。

中国を基点にしての世界展開の可能性

すでに第2期工事の了解もとれており、機械設備も東芝のターニングセンター（直径5m）、三菱重工の3軸のNC平面加工機を発注済である。低圧ポンプの場合は、それほどの精度は要らないのだが、高圧ポンプの場合は、厳しい精度が必要とされ、日本製の加工機械が必要になってくる。

今後の課題としては、日本と無錫をどのように棲み分けていくのかが意識されていた。日本の仕事は明らかに減少していく。また、これからの市場であるASEAN、中東、アフリカ、ラテンアメリカなどの場合、性能は良いが価格の高い日本製は敬遠され、品質がそこそこで価格の低い中国製が圧倒的になっていくことが予想される[5]。すでに、発電所等の重電部門ではASEANで中国のODA付きの案件を、当然、中国企業が受注している。今後、ますますこのような傾向が深まっていく。中国に進出し、中国企業と合弁している日立泵制造（無錫）の場合は、当然、そうした可能性の枠の中にいる。このあたりから、新たな可能性を模索していくことが必要ではないかと思う。重電を得意としてきた日立としても、全体で取り組んでいくべき課題のように思える。

（3） 包装用フィルムで中国市場に参入（大倉工業）

日本の地方圏には、その地域の事情を反映して成長してきた興味深い中堅・中小企業が少なくない。ここで検討する大倉工業は、戦後、焼け野原になった香川県高松市で、「高松市民に必要不可欠な住宅を供給する」というところから生まれていった。その後、大倉工業はポリエチレンフィルム、ラワン合板、パーチクルボード、液晶用フィルム等の領域に進み、さらに地元にビジネスホテルが必要ということからホテル事業にまで進出していった。

1970年には東証第一部に上場し、地域から生まれた企業として興味深い歩みを重ねている。

大倉工業の発展方向

大倉工業の創業は1947年、高松市で旧倉敷飛行機高松製作所の役員、従業員の一部が住宅業の四国住宅株式会社を設立していくところから始まる。1956年

には名称を現在の大倉工業に変更している。この名称は、倉敷飛行機の「倉」と世話になった倉紡の大原社長の「大」を取ったものとされている。

1956年にはポリエチレンフィルム加工工場を立ち上げ、1957年にはラワン合板の生産、1981年にはパーチクルボードの生産にも踏み出している。1982年には本社を丸亀市に移し、1983年には「オークラホテル高松」の営業も開始している。1987年には、新規材料事業部を設立し、合成樹脂による機能性材料の開発に大きく踏み出していった。

2008年3月期の売上額は連結で1059億円、単体で965億円、従業員数は連結で1904人、単体で1132人となっている。

現在ではホテル事業などは分社化されており、本体の主要事業は三つの事業部と研究所から構成されている。

第1は「合成樹脂事業部」であり、包装用プラスチックフィルムを提供している。これらは、さらに産業資材・一般製品、ラミネート製品、シュリンクフィルム、リキッドパック、アグリマテリアルなどに分類されている。これらの中でも、シュリンクフィルムはカップ麺や乳酸菌飲料などの食品や文具・玩具・化粧品などを収縮包装する製品であり、大倉工業の代表的な製品の一つとなっている。

第2は「建材事業部」であり、化粧板、パーチクルボード、その他の住宅資材を提供している。

第3は「新規材料事業部」であり、これまでのフィルム加工技術、木材加工技術を基盤に技術を進化させたものであり、自動車関連、医療・福祉関連、電子情報材料関連などの分野に向かっている。パソコン、デジカメなどの液晶画面の偏光フィルム、位相差フィルムなどの光学フィルム、自動車のヘッドレスト、アームレストなどの内装材のウレタンフィルム、プリンターなどの用紙送りに使われるシーレスベルト、その他、先端複合材料を提供している。

そして、以上の各部門は個々に研究開発部門を備えているが、さらに、基礎研究から製品開発まで分野にとらわれない広い視野を確保するために独立の研究所を設置している。この研究所の開発事例としては、多様な機能性フィルム、機能性モノマー・ポリマーによる接着剤技術、機能性薄膜形成技術、押出成形

可能なPPC（ポリマー・セメント複合多孔質材料）の実用化などが注目されている。

　この大倉工業の生産工場は、地元の丸亀を中心とした香川県の他に、北は埼玉県東松山市、静岡県菊川町、滋賀県八日市市、岡山市、熊本県植木町などに広く展開しているのである。

1996年に中国市場を意識して進出

　以上のような枠組みの中で、合成樹脂事業部のシュリンクフィルム事業が中国展開を進めていくことになる。このシュリンクフィルムはポリプロピレンによる収縮性フィルムであり、カップ麺、乳酸菌飲料、お酒パックなどに広く使われている。製品の保護と見栄えを良くするものとされる。日本国内の主たるユーザーは日清食品、東洋水産、ヤクルト、酒造メーカーであり、日本では塩ビは使用できないことから、一気にポリプロピレンフィルムに換わった。

　この業界、日本国内では積水化学なども参入し、大小300社が入り乱れているが、大倉工業がシェア13〜14％を占めるトップ企業である。この収縮フィルムの領域では、大倉工業に独自のノウハウが蓄積されており、多くの特許で守られている。

　この点、中国の場合はいまだに塩ビのフィルムが使われているが、1993年の頃から住友商事がタバコの包装用として中国に輸出していた。明らかに中国市場の拡大が見通せ、住友商事の勧めもあり1996年に中国に進出する意思決定を下す。この無錫のエリアには香川県白鳥の手袋企業なども進出しており、縁あって現在の無錫国家高新技術産業開発区に着地した。大倉工業、住友商事、住友化学、仏山市塑料工貿集団の合弁事業としてスタートした。1996年から生産開始している。

　1996年当時の無錫と言えば、高新区は事実上スタートしたばかりであり、道路も十分ではなかった。上海の虹橋空港からクルマで5時間もかかったとされている。当時、無錫に進出していた企業とは、光洋精工（現、ジェイテクト）関連の光洋電子、愛知県の東海鍛造、さらに、香川県白鳥の手袋のウインスぐらいであった。隔世の感がする[6]。1996年3月から赴任している総経理の原井

写真8—11　無錫大倉工業

川和男氏（1945年生まれ）は「どうなることかと思った」と振り返っていた。
　だが、この無錫、2000年代に入った頃から大躍進を始め、2007年現在では日系企業が約1100社も集積する大連に次ぐ日系企業の集積地となっている。原井川氏によると「この3～4年で劇的に変わった」とされている。2001年8月には、私の大学のゼミナールの合宿を無錫で行ったが[7]、当時と比べても近年の無錫の発展ぶりは著しい。
　この大倉工業の場合は、独自に中国の市場を意識して長江デルタに進出してきた先駆的なものであったと言ってよさそうである。

中国市場を深く睨む

　収縮フィルムの材料で中国産で使えるものはなく、日本の住友化学、三井化学のものを輸入している。今後は、シンガポールの住友化学のものを入れる計画であった。この原材料を大倉工業が開発した生産設備で加工を行うことになる。この設備に多くのノウハウが詰め込まれている。ロール状の材料を引き伸ばし、12ミクロンの厚さで平らにするものである。設備は完全に大倉工業のオリジナルのものであり、本社のエンジニアリング部が開発設計したものであった。また、現状、設備は2ラインだが、敷地（1万2000坪）は8ラインまで入

れられる余裕があった。

　中国国内の販売が70％、ASEANなどへの輸出が30％の構成であった。用途はカップ麺関係が70％、残りの30％は乳酸菌飲料、洗剤などであった。具体的な販売先は、上海、広東（順徳）の日清食品、台湾の統一、康師傅などが主力であり、日清食品が出資しているローカルの華龍にも提供している。

　現在の従業員数は約100人、今後、中国でも塩ビからポリプロピレンへの転換が進むものと見られ、さらに中国市場、ASEAN市場が拡大すると見ていた。日本に持ち帰る考えはなかった。

　10年の現地勤務を重ねる原井川氏は「特に、課題はない」としながらも、元々、価格の低い商品であることから、日本の材料を使い、日本人（2人）が駐在していることがコスト高になることが懸念されていた。そのため、スタッフの現地化にも意欲的に取り組んでおり、南京大学出身の若者（33歳）を副総経理に抜擢していた。従業員のうち大卒が10％ほどだが、退職者はおらず、定着率は極めて良好とのことであった。

　独自に中国市場を睨み、早い時期から無錫に着地してきた大倉工業は、長い経験を踏まえながら興味深い方向に向かっているのであった。

（4）　環境機器の領域で中国進出（日立プラントテクノロジー）

　世界的に環境への意識が高まっているが、中国も例外ではない。特に、2007年からスタートした国家の第11次5カ年計画（11次5計）では、環境対応が鎮のレベルの課題とされ、小規模分散型の対応が課題とされている。このような状況の中で、中国唯一の国家レベルの環境開発区である宜興市環保科技工業園の標準工場に、日立プラントテクノロジーが進出し、小規模バッキ装置であるSparotor Ace（商品名）の生産を開始していた。

　日立プラントテクノロジーは、日立プラント建設（創業、1929［昭和4］年）が日立製作所から電機グループの一部を承継すると共に、日立機電（創業、1915［大正4］年、安治川鉄工所が前身）、日立インダストリーズ（創業、1907［明治40］年、東京佃島機械製作所が前身）と合併し、2006年4月1日に成立している。水処理システム・機器、産業機械、水力・変電設備、エレクト

ロニクス関連製造装置、搬送システム、クレーン、医薬・食品、化学プラント、発電プラントなど、多方面にわたる産業・社会インフラに関わる企業として再編成された。

企業としての創業は、日立プラントが基幹であることから、1929（昭和4）年とされている。資本金は120億円、グループ全体の従業員数は約7300人を数える。主要拠点は国内77カ所、海外10カ所とされている。

中国の小規模処理施設に関心

この新たな日立プラントテクノロジーが成立する少し前の2001年の頃から、兵庫県尼崎市を拠点としていた日立機電工業は中国の水処理の領域に関心を深めていた。2001年の北京の環境展（CITEC）にパネルを展示したものの、反応は乏しいものであったが、2003年12月の北京のCITECは一気に大盛況になっていた。特に、2003年の春はSARS騒ぎがあり、環境への関心が一気に高まったようであった。

2004年4月には、日立機電工業内の海外事業企画部と環境装置事業部が、下水処理関係の中国の市場を調査することになる。中国の下水処理関係のカタログを収集し、分析を重ねた結果、中国では大規模下水には手を出せないこと、5000～1万トンクラスの中小規模のバッキ処理装置であれば可能という判断になった。また、将来のパートナーとなりうるバッキ（曝気）処理装置、汚泥処理装置のメーカーは大連、唐山、済南、宜興、南京、紹興、広州、深圳にあることも判明した。

日本の場合には、全国に約2000カ所の大規模公共下水道施設があるが、中国の場合は鎮レベルの対応とされている。この点、華北、華東、華南だけをみても約2万の鎮が存在している。これらは5000トン程度の中小規模であり、今後、10年をかけても十分にマーケットはあるとの判断となった。

さらに、各地のユーザーに日立のバッキ装置を紹介すると3分の2は関心を示すものの、日本の価格を提示すると拒否された。日本で作ったものを中国で売ることは無理と判断し、中国で作ることを決意する。そして、中国で販売していくには華北、華東、華南の主要3地域に販売パートナーが必要との結論に

達する。2005年11月には日本の日立プラントテクノロジー本社と済南、宜興、深圳の三つの企業と委託販売契約を締結している。

宜興の環境開発区の標準工場に入る

生産拠点の候補地としては、最終的には済南と宜興が残った。済南には環境系に優れる山東大学があり、また、済南高新区の中に環境開発区を作っており魅力的ではあったが、初期投資の大きいことが障害になった。この点、宜興は国家レベルの環境開発区であり、初期投資の少なくてすむ標準工場が用意されていた。

さらに、日立側の判断として、以下のような点が考慮された。

① 中国のマーケットが不透明であり、いつでも撤退できる形を選択。
② 中国全体を視野に入れてバランスの良い所。特に、宜興の販売パートナーは中国の水処理の草分けであり、さらに、会社設立のサポートも期待できた。
③ 無錫の奥に位置する宜興の場合、外来人口が少なく、従業員の定着の良さが期待できた。さらに、無錫よりも人件費水準が低かった。
④ 地元が誘致に熱心であった。

写真8―12 宜興日立プラントテクノロジーのバッキ装置

さらに、環境開発区を推進している宜興は、全国の水処理関係の市場の10～15％のシェアを持っていることも注目された。また、宜興は華東地域の比較的奥まった場所だが、すでに圧力容器メーカーの北海、埼玉の東浜工業が進出しており、成功を収めていることも好材料であった。

　2006年2月16日に日立プラントテクノロジー100％の独資企業として日立環保技術（宜興）有限公司を設立、資本金60万ドル、投資額85万ドル、標準工場4000㎡で、2006年12月に操業開始している。

　私が訪問したのは2007年1月末であり、日本人駐在2人、現業4人、管理・営業6人、運転手、守衛などの業務委託4人の小規模なものであった。当面は日本から部品を受け取るKDのスタイルを取るようであった。日本本社からは毎月100台の生産を求められているが、現業4人の生産能力は月50台程度、初年度は月30台を見込んでいた。処理場との関連からすると、当社のバッキ装置は200トンで1台程度の換算となる。

　今後は当然に部品の現地調達に向かうが、現地化しても価格で55％程度は日本から入れざるをえない。特に、基幹部品であるパイプの引き抜き加工が難しく、シャフトは日本から入れることになる。この引き抜き加工は日本でもできるところが2社しかないとされているのである。

予想の立てにくい中国の環境保護

　中国では今後、環境関連の市場が拡大するものと見られているものの、どのような方向に向かうかは予想が立たない。これに対し、日本の企業は手探り状態を続けている。水処理部門に関しても、日系企業で動きが見えるのは、オルガノ、栗田工業、石垣工業ぐらいであり、旭化成、住友重機あたりも中国で広告を出している程度である。

　第11次5カ年計画がスタートし、環境保護が重要な課題になっているものの、具体的にどのような方向に動くかはなかなか見えない。水処理に関しても鎮レベルの5000トン程度の小規模なものが想定されていたが、さらに小規模な村レベルとの情報もある。実際、青島では先行的なモデルケースとしてすでに七つの村で200～300トン程度の分散処理の実験に入っており、青島だけて5年で

3000カ所が計画されている。

　200〜300トン規模とすると、当社のバッキ装置は1台程度ということになる。市場は大きいものの、小規模分散型の対応を余儀なくされていくことになる。

　2007年5月には、お膝元の無錫の太湖の水が汚染されているということで大きな騒ぎになった。急速に都市化の進む中国において、環境保護、水処理の必要性は急速に高まっているが、どのような形で対応が進められていくのか、今後の動きを冷静に判断していくしかない。このような枠組みの中で、日立プラントテクノロジーの宜興工場が位置づけられていくことになる。

（5）　血液検査の試薬を中国市場に投入（シスメックス）

　急速に豊かな社会、長寿社会、高齢社会に突入しつつある中国では、健康、医療に対する関心が高まり、医薬品、医療器具などの市場が急拡大している。ただし、このような領域は政府の厳しい管理下にあり、認可の条件も厳しく、外資企業が参入していくことは簡単ではない。

　この無錫に「ヘルスケアテスティング」を掲げる神戸のシスメックスが進出していた。シスメックスは血液検査の装置、試薬の日本のトップメーカーであり、医療産業都市を目指す神戸市のリーディング企業としても知られている。中国で試薬を製造し、国内販売していこうというのであった。

事業領域と世界展開

　シスメックスの事業領域は、「血液、尿などを調べる『ダイアグノスティックス（検体検査）』の分野を事業領域とし、その検査に必要な機器や試薬はもちろん、検査情報サービスやサービス＆サポートまでを総合的にお届けします」としてあった。

　このシスメックスは、神戸の電機メーカーの東亜特殊電機（現、TOA）が医療用電子機器分野への進出を決定し、1961年、社内に研究室を新設し、3人の技術者を配置したことから始まる。1967年には開発した試薬、希釈液、溶血剤を発売、1968年には医療用電子機器の販売会社として東亜医用電子を設立している。この時をもって、シスメックスの創業とされている。

1973年には機器生産用の加古川工場を建設している。1973年には「シスメックス」ブランドを制定、以後、臨床検査装置のメーカーとして世界に向かっていく。1979年にはアメリカ、1980年にはヨーロッパ、1990年イギリス、1995年ドイツ、1997年ベルギーなどに現地法人を設立していく。

　アジア展開も積極的であり、1995年、中国済南に試薬工場設立、その他アジアの現地法人としては、シンガポール（1998年）、マレーシア（1998年）、インド（1998年）、タイ（1999年）、上海（2000年）、インドネシア（2002年）、そしてここで検討する無錫（2003年）に展開している。

　これらの結果、シスメックスの生産拠点は、日本国内は小野市（試薬）、神戸市西区（試薬）、加古川（機器）の3カ所であり、海外はの試薬生産工場としては、アメリカ（シカゴ）、ドイツ、インド、中国（2カ所）、シンガポール、ブラジルの7カ所となっている。

　2008年3月末の連結の売上額は1107億円、連結の従業員数は3333人、単体では1310人となっているのである。主な販売先は、国公立病院、一般病院、大学、研究所、その他の医療機関であり、輸出も世界の150カ国地域ということになる。

中国で2工場を展開

写真8―13　シスメックスの入っている標準工場

シスメックスの最初の中国進出は、1995年の山東省済南であった。当初は現地のパートナーとの合弁でスタートしたが、現在では解消し独資企業として展開、従業員51人で試薬の生産をしている。また、上海に販売会社を設立してあり（2000年）、中国市場で販売している。

　無錫の希森美康生物科技（無錫）有限公司の設立は2003年8月、無錫新区の標準工場を借りてスタートしている。資本金340万ドル、建物2棟（7000m^2）、従業員44人で構成されていた。日本人の駐在者は3人、総経理、製造（生化学）、技術顧問である。当初は「体外診断用試薬」で認可されていた。生産品目は「血液測定用試薬」「血液凝固試薬」「免疫系試薬」の生産を行っている。

　原材料は塩、工業化学薬品、動物血清（生物原料）であり、現地調達が原則だが、安定確保が難しく、実質、金額ベースでは60％は日本から輸入しているのが実態である。

　販売は上海の販売会社が担当し、全国の代理店（検査薬を扱っている業者）を通じて、病院に供給している。現金を受け取った確認ができてから納品している。売上の回収は問題ない。

　人材の募集に対しては、生物系、生物化学系の大学院卒などが予想以上に応じてくる。給料は本人との交渉によって決めている。一般的には無錫で生活をしたいと考えている若者が応募してくるようである。現在のところ、人材確保に問題はない。

　2007年4月には、新たに「医薬品生産企業」としての認可も取得した。今後は生化学医薬の部門の拡大を意識していた。このように、試薬、医薬品の領域でも、日本の企業が中国市場を視野に入れ、興味深い取り組みを開始しているのであった。

　ここまで検討してきたように、日本の大手企業も中国市場の可能性を痛感し、新たな対応を見せるようになってきた。ただし、まだ中国市場を意識しての進出の経験は浅く、本格的な活動はこれからのようであった。事実、本格的な研究開発部門を中国に設置しているケースは少ない。日本で開発されたものを持ち込んでいるにすぎない。おそらく、次のテーマは「現地の環境の中での開

発」ということになろう。

　市場が中国である限り、中国の制度的な環境、中国の人びとの嗜好などを受け止めた現地での開発は不可欠であり、また、原材料・部品環境の整っていない状況での開発能力の向上も大きな課題になっていくであろう。中国やアジアの「現場」に駐在している人びとから指摘されることがある。「日本の開発技術者はひ弱だ」というのである。恵まれた原材料・部品環境、整った研究室が普通になってきた日本で育ってきた開発技術者たちは、劣悪な環境に耐えられるのかどうか。

　拡大、発展するアジア、中国を意識していくならば、開発のあり方を含めた進出、現地化が次の課題になっていくように思う。

1) このような韓国に進出した日本企業が、その後、韓国から中国に2次展開するという事情は、関満博『北東アジアの産業連携』新評論、2003年、第3章の青島のホシデン、第7章の瀋陽の光電子、などと同様である。日本の電子部品産業の一つの展開パターンとして興味深い。その他の同様のケースとして、青島の日本ケミコン、大連のロームなども指摘される。
2) これらについては、関満博・範建亭編『現地化する中国進出日本企業』新評論、2003年、関満博編『中国自動車タウンの形成』新評論、2006年、を参照されたい。
3) 上海明芳については、関満博『上海の産業発展と日本企業』新評論、1997年、第6章を参照されたい。
4) このような問題の構図については、関満博『地域産業の「現場」を行く第1集地域の片隅から』新評論、2008年、同『地域産業から学べ！モノづくりとひとづくり』日本評論社、2008年、を参照されたい。
5) このような問題については、関満博『アジア新時代の日本企業』中公新書、1999年、第6章を参照されたい。
6) 当時の無錫の事情については、関満博『中国長江下流域の発展略』新評論、1995年、を参照されたい。
7) 2001年8月の関研究室の無錫合宿の成果は、一橋大学関満博研究室『中国無錫市における産業発展戦略』2002年、として公刊している。

第9章　中国市場に向かう中小企業

　先の第8章で検討した大手企業と同様に、日本の中堅・中小企業も果敢に中国に進出している。むしろ、中国・中小企業の場合は、意思決定が早く、意外な進出の仕方をしていることも少なくない。日本国内では下請中小企業であったものが、新たな可能性を求めて中国に向かうなども観察される。振り返るまでもなく、日本の企業の圧倒的大多数は中小企業なのであり、日本国内の閉塞状況を突破しようとして独自に中国進出している場合も見られるであろう。

　この章では、明らかに中国市場を視野に入れて、進出してきた中堅・中小企業に注目していく。いずれも独自な製品を持ち、中国に新たな可能性を求めようとしているところに注目すべき点があるように思う。なお、本章の第1節では、すでに進出している日本企業の協力企業として進出している中堅・中小企業に注目し、第2節では、中国市場の高まりに注目し、独自に新たな可能性を求めて進出している中堅・中小企業注目していくことにする。

1．ユーザーの要請により中国進出

　日本の大手企業のアジア、中国進出を観察すると、一つには低コスト生産を求めて「輸出生産拠点」を形成しようとす場合と、もう一つはその国地域の市場を求めてという場合がある。いずれの場合も、初期的段階では、日本から原材料部品を持ち込み、組立するところから始める場合が少なくない。そして、次第に経験を深めるうちに、原材料や部品の現地化を考えるようになる。その場合、一つの流れとして現地材の採用、現地の加工業者の掘り起こしが進められていくが、多くの場合、日本の加工業者の進出を促していくことになろう。

　そのような要請が日本の下請中小企業に寄せられていく。また、下請中小企業の中には、新たな可能性を求めて自主的に進出していく場合もあるが、優れ

た加工業者であることから、現地で進出大手企業に注目され、新たな関係を形成していくこともある。集積が進むほどに多様な可能性の芽が拡がっていくのである。この節では、そうした中堅・中小企業に注目し、もう一つの中国進出のあり方を見ていくことにしたい。

（1） シャープの協力工場として進出（ミナミ製作所）

　液晶部門はTV、パソコン、カーナビゲーション等の領域に深く浸透し、現代エレクトロニクス産業の花形部門として注目されている。この液晶は液晶セル、バックライト等のユニットから構成される。この世界、急速な技術進歩の過程にあるが、シャープが液晶モジュール生産の先頭を走っているとされる。また、シャープの場合、先端的なものは日本で生産しているが、安定してきたもの、世代がやや古くなってきたものは台湾、中国に移管している。特に、中国に関してはサイズの大きいTV用は南京工場、パソコン、カーナビゲーション等の中小型のものは無錫工場で生産されている。

　また、シャープは液晶パネルそのものの完成品生産を中国では行っていない。中国で生産された液晶モジュールをTV、パソコン各社に販売していくことになる。

　そのような枠組みの中で、液晶モジュール生産のための部品メーカーがシャープに追随して無錫、南京等の長江デルタに進出していくことになる。ここで検討するミナミ製作所の場合は、液晶パネルのプラスチック・シャーシの射出成形加工業者であり、カーナビゲーション用の6.5インチから、ノートPC用の13.3インチから15.4インチまでのものを生産している。

無錫シャープに追随して、無錫新区に着地

　ミナミ製作所の本社は山梨県甲府市にあり、プラスチック射出成形企業として1961年に創業している。当初はスタンレー電機関連の仕事が多かったが、その後、より付加価値の高いものを目指し、カーナビゲーション用の中小型のプラスチック・シャーシがシャープに採用され、以後、シャープ（モバイル事業部、AV事業部）が主力になっていった。現在の日本本社のユーザーはシャー

プの他には、コピー機のテンキー、スキャナーの導光板のキヤノンが目立ち、さらに、一部に水性ペンのオート、また、昔からの付き合いのスタンレー電機がある程度である。

　日本の生産拠点は山梨県内に2カ所、さらに、金型専門工場が埼玉県川越市に配置されている。金型に関しては中小物は社内で生産しているが、サイズの大きいものは外注に依存している。日本の従業員数は全体で150～200人程度である。

　動きの鋭いシャープの液晶関連が主力になるに従い、海外進出が不可欠なものとなり、台湾工場（2001年）を展開、そして、2006年には無錫にも進出してきた。ミナミ製作所の海外工場はこの2カ所ということになる。いずれも対シャープ専用工場である。なお、シャープの液晶モジュール工場としては無錫シャープが最大規模であり、ノートPCからカーナビゲーション、さらに携帯電話用までに対応している。南京シャープのTV用には、ミナミ製作所は対応していない。

　ミナミ製作所は中国進出にあたり、無錫シャープが展開している無錫を中心に4カ所ほどを検討したが、最終的には無錫新区内のかつての旺庄鎮が建設した旺庄工業園の標準工場（貸工場）に着地した。無錫市政府が山梨県に企業誘致に訪れ、面識があったこと、工場のスペース、賃貸料が適当であったことが判断材料になった。2005年5月に営業ライセンスを取得、2006年8月には操業を開始している。現地法人の名称は美南電子元件（無錫）有限公司と言う。なお、この現在地は旺庄工業園の第3期分であり、30棟が建設されており（2タイプ）、ミナミ製作所は事務所と工場部分で3700m^2を借りている。

可能性の拡がりを痛感

　2007年6月現在、まだ操業開始1年に満たない。射出成形と後加工、検査に従事していた。従業員数は70人（女性55人）、日本人駐在は副総経理と成形の技術担当の2人であった。導入されているプラスチック射出成形機は7台、110トンから350トンまでが導入されていた。

　なお、成形機のメーカーは小物加工用は日精樹脂、その他はファナック、日

写真9−1　無錫ミナミの射出成形職場

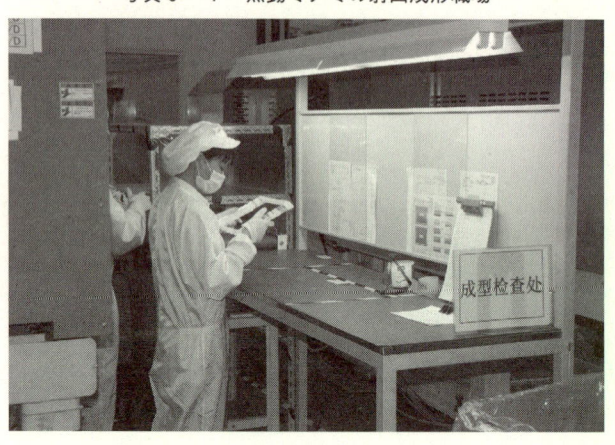

本製鋼所製が導入されていた。本来、同一メーカー製の方がメンテナンス等の都合が良いのだが、急遽必要になり、たまたま現品のあったファナック製を入れたなどの事情であった。ただし、日本の射出成形機メーカーはいずれも上海などの長江デルタにメンテナンス部隊を置いてあるため特に不都合はない。工場のスペース的には今後、15〜20台程度を導入することが計画されていた。

　今のところ、無錫ミナミは間接的な無錫シャープの専属工場であり、長江デルタに進出しているバックライトの組立メーカーに納められることになる。設計、購買は日本のシャープにあり、日本のミナミ製作所の営業が担当し、仕事が決まっていく。無錫ミナミが無錫シャープとの間でやりとりしているわけではない。無錫ミナミは完全な生産工場として位置づけられている。仕事は日本からの移管のものであり、日本のミナミ製作所は日本のシャープの次の世代のものを手掛けていくという流れになっている。

　使用材料はポリカーボネートが主力であり、日本製かあるいは日本製の生産プラントを使用している中国工場製ということになる。純粋なローカル材は使用していない。主力の輸入材料は保税されて入り、無錫ミナミが加工、バックライト・メーカー、無錫シャープに転廠され、そしてほぼ90％は液晶モジュールの形で輸出されていく。長江デルタのノートPC、モバイルのメーカーに供

給する部分も基本的には日本ないし香港にいったん輸出され、再輸入されることになる。

　金型は上海から蘇州、無錫の範囲の日系企業が中心であり、簡単なもの、間に合わないものについては近くの韓国系、ローカル企業に依存することもある。調達している実感では、日系と韓国系は品質はほぼ同じ、価格は日系を100にすると、韓国系は90ぐらい、ローカル企業は60～70ぐらいとのことであった。金型調達についてはできるだけ近くが模索されていた。ユーザーからの品質要求は日本よりも厳しい場合が多く、工具は日本から入れざるをえず、価格だけで頼むわけにはいかない。そのため、意外にコスト高になることが実感されていた。

　操業開始後10カ月、長江デルタには仕事はいくらでもあり、シャープからの仕事でも断っている状況である。他のメーカーの仕事を取る余裕もない。本来、射出成形部門は2交代にしたいのだが、現状では機械の台数が少なく、3交代で対応している。人材調達も特に困ることはなく、良い人材が採れているとの認識であった。今後は機械台数の増加、さらに、金型のメンテナンス部門の設置が意識されていた。

　このように、無錫ミナミは操業開始して間もないが、シャープの液晶部門の鋭い動きに追随し、長江デルタでの事業拡大の手応えを感じている。世界のTV、ノートPC、モバイル等のセットメーカー、さらに部品メーカーの多くが長江デルタに進出している現在、将来的にはさらに新たな領域に踏み込んでいくことが期待される。

（2）　建機メーカーをサポートする進出（水登社）
　建設需要に沸く中国では外資系の建設機械メーカーが大活躍している。アメリカ系のキャタピラ、日系の神戸製鋼所、コマツ、日立建機などが進出し、興味深い成果を上げている。この建設需要は2008年の北京オリンピック、2010年の上海万博までという説もあるが、他方で中国内陸開発が控えているという見方もある。若干の不安を感じながらも、各社は増産体制を形成しつつある。そして、それに伴って部品メーカーの進出が活発化している。

ここでは、新キャタピラ三菱明石事業所の協力企業として油圧配管加工に従事している水登社の無錫進出を見ていくことにしたい。

中国建機市場の高まりに対応

　建機用油圧配管加工、プラント製作を主としている水登社の創業は1938（昭和13）年、神戸市長田区であった。近くの三菱重工神戸造船所の協力工場としてスタートしている。戦後の1963年には明石工場を建設、一時期、本社も明石に移した。その後も兵庫県内にいくつかの工場を建設したが、現在では本社及び本社工場を兵庫県加古郡播磨町に置き、明石工場、さらに2006年建設の稲美工場（兵庫県加古郡稲美町）の国内3工場体制をとっている。

　日本国内の事業領域は、一つの柱が量産の建機油圧配管加工、配管ユニットであり、もう一つの柱が非量産の火力・水力発電用装置及び配管などとされている。国内3工場合わせての従業員数は150人ほどである。日本国内の主力のユーザーのメインは、新キャタピラ三菱の明石事業所、相模原事業所であり、その他としては、三菱重工神戸造船所・高砂製作所、三菱電機、川崎重工、神戸製鋼所などがある。特に、油圧配管の熔接を得意として展開してきた。

　2000年の頃から、中国の建機市場が拡大し、ユーザーの建機メーカーはいっせいに進出していったが、水登社はしばらくは輸出で対応していた。特に、2002年に入ってから建機需要が爆発的に拡大し、中国視察に訪れた水登社の平井良治社長は中国進出を意思決定、大連、華東地域、華南地域を調査し、日本人が駐在しやすい、上海よりも賃金が低いとして現在地の無錫の国家高新技術産業開発区に進出していく。

　2002年11月には設立登記、2003年10月から操業開始している。現地法人名は無錫水登機械有限公司とされている。当初は水登社の独資企業であったのだが、その後、日本でのユーザーである山口県光市の富士高圧フレキシブルチューブが資本参加し、2007年6月現在では資本金344万ドル、水登社85.5％、富士高圧フレキシブルチューブ14.5％の構成となっている。敷地面積は7800m^{2}であったのだが、2006年には隣地の6200m^{2}を取得し、第3期工場を2007年に建設していく計画であった。操業開始以後、まだ4年であったが、順調な拡大基

写真9－2　無錫水登機械の製品

調の中にあった。

新キャタピラ三菱を追跡して進出

　主要事業は建機の油圧配管加工というものであり、パイプ材の切断、曲げ、熔接、塗装が主要工程であり、特に、熔接工程が最大のポイントになっている。主力の取引先は日本の新キャタピラ三菱の中国合弁企業である徐州キャタピラということになり、40％程度を依存している。徐州には中国最大の建設機械メーカーである徐州工程機械集団があり、新キャタピラ三菱が早くから合弁している。その他のユーザーは、中国進出してから付き合いが生じたコベルコ建機の成都工場[1]と杭州工場である。このコベルコ建機関係が25％となる。その他の35％は輸出であり、日本本社が大半、一部がインドネシアに輸出されている。今のところ、売上回収の難しいローカル企業には販売していない。

　コベルコ建機とは日本では直接の取引はなく、水登社～富士高圧フレキシブルチューブを経由して一部が納められていた。富士高圧フレキシブルチューブも2004年に中国進出を模索したのだが、すでに水登社が進出していたことから、無錫水登機械に出資する形にとどまっている。この流れから中国進出のコベルコ建機との付き合いが生まれた。

従業員数は84人、うち男性が約70人を占める男性型の職場であった。従業員は地元が多かったのだが、その後、外省人が増え、現在では地元70％程度になっている。立ち上げ期には日本人が5人ほど出張ベースで来ていたが、駐在は最初から1人である。現在の日本人駐在の井上貴司氏（1976年生まれ）は副総経理であり、総経理には中国人の李桓氏が就いていた。李氏は以前は無錫市政府の日本企業誘致担当であり、水登社の進出担当でもあった。平井社長に信頼され、誘われて2年前に無錫市を退職し、無錫水登機械の総経理に任じていた。「やりがいがある」との応えであった。

日本並みの品質を提供

　基幹材料のパイプはユーザーの要請により日本から輸入、その他のフランジ、継ぎ手等は中国進出している日系企業から入れている。ローカル材は材質、加工精度、管理等に問題があり、採用していない。また、加工設備に関しては、中国製も購入しているが、思うようにいかず、日本から持ち込んできた設備が多い。ただし、中国製もこの2〜3年で格段に良くなっているとの判断であった。

　この油圧の配管業務の最大のポイントは熔接にあり、技能者の養成と定着が

写真9—3　無錫水登機械の加工現場

問題になる。立ち上げ期には日本の技術者が5人ほど出張ベースで対応していた。その後は、中国人を継続的に日本に1年間の研修に出している。2007年6月現在、熔接工2人、鈑金工（曲げ）1人を出していた。

　従業員の定着率もかなり良く、退職は数カ月に1人程度である。工場の中を視察すると、日本の雰囲気の良い工場と同様に各部門の従業員は全員一人ひとり笑顔で挨拶してきた。私の中国の工場視察20年、約2000工場の経験で初めてであった。李総経理、井上副総経理に尋ねると、教育に「1年かかった」と語っていた。

　加工治具は手作りで工夫されたものが多く、着実に使用されていた。工場の「臭い」、従業員の動きのいずれも日本国内の良質な工場と同質なものであった。日本の工場並みの品質が実現されていた。

　2006年からは中国の金城のERPソフトをカスタマイズさせ、財務管理、生産管理、人事管理に導入している。さらに、徐州キャタピラから勧められて、「6ジグマ管理」を導入している。100万個で不良が数個までという厳しいものであった。

　現状、徐州キャタピラ、コベルコ建機が主力だが、将来的にはコマツ、日立建機からの受注も狙っている。ただし、現状では手一杯に加え、主力のキャタピラが無錫、蘇州にも工場建設の計画であり、新たな見積依頼が殺到しており、新規受注に踏み出す余力もない。中国の建機市場はこのような流れを形成している。2010年の上海万博以後に懸念を残しながらも、内陸開発の可能性も高く、しばらくは強気の流れを形成していくものと見られる。縮む日本とは異なる新たな可能性が拡がっているのである。

（3）　NOKの要請で進出した金型メーカー（フガク工機）

　金型は現代工業技術の中核に座るものであり、独特の位置を占めている。日本は金型大国と言われ、専門的な金型企業が大量に生まれている。その設計、製作から熱処理、表面処理、メンテナンスに至るまで興味深い拡がりを示してきた。

　そして、近年、ユーザーの中国進出が進む中で、多くの日本の金型企業が中

国に進出していった。ここで検討するフガク工機の場合は、オイルシールで著名なNOKの工作課を中心に生まれたものであり、中国無錫進出に集団的に進出しているNOKグループの要請により、進出したものである。

NOKグループの金型企業

フガク工機の登記上の本社は東京都港区芝大門にあるが、事実上の拠点は静岡県掛川市のNOKの工場の中にある。元々あったNOK静岡工場の中の工作課を中心に関連する部門を集約し、1977年に独立させたものである。その後、この静岡工場に加え、九州工場（福岡県三井郡大刀洗町）、東北工場（福島県田村郡三春町）を設立し、日本国内3工場体制を形成している。

いずれもNOKの全国への工場展開をサポートするものとして位置づけられている。静岡工場はダストカバー、シール関係、九州工場はOリング（シール）、福島工場はオイルシールの金型がメインになっている。

日本国内の従業員は約300人、そのうちの半数はNOKからの移籍である。資本関係（75億円）はNOKが50％、そして、NOKグループの日本メクトロンが50％となっている。主力のユーザーはNOK、イーグル工業、日本メクトロンに加え、ミネベア、住友ゴム工業、日乃出ゴム工業などNOKグループ以外にまで拡がっている。

このフガク工機は金型がメインなのだが、現在では設備機械の領域にも踏み出し、油圧タンクを上に乗せた省エネ型のプレス機械を開発（FKプレス）、特許を取得してNOK以外にも販売している。例えば、上海ミネベアには60～70台ほどを納入している。

安定的な金型工場を展開

NOKグループの中国進出は1990年代の中頃からであり（本書第7章1─(4)）、無錫の錫山周辺に集中している。2007年3月現在、フガク工機を含めて6社が立地している。当初はNOKが技術提携しているドイツ企業と一緒に進出したものであり、2000年の頃にオイルシール用の金型部門も内部に設立、その後、2003年には金型部門を独立させていた。

だが、技術的な問題が生じ、メンテナンスの要請も深まってきたことから、フガク工機への進出要請が出てきた。2002年には進出を決定、当面、無錫NOKの中で従前の従業員37人を引き取り、富岳精密模具（無錫）有限公司の名称でスタートした。その後、2006年8月には現在地である無錫シンガポール工業園の貸工場に移転している。金型生産の場合、電気が問題になるが、無錫シンガポール工業園の場合は自家発電が用意されており、問題はないなど基本インフラはしっかりしている。
　現在の従業員は94人、仕事の99％は無錫にいるNOKグループの金型製作とメンテナンスということになる。
　金型の母材は日系の現地企業から調達、熱処理は近くのローカル企業、メッキも無錫郊外のローカルに依存している。特に、メッキに関してはローカル企業に硬質クロームの専用漕を作ってもらっている。技術的には問題はないが、金型材の価格は日本の1.2～1.3倍、メッキの加工費は日本の1.5倍になる。特に、蘇州～無錫といった長江デルタはメッキの規制が厳しく、それなりの技術レベルの企業も少なく、相対的に価格が高いものになっている。
　従業員のうち、元々の無錫NOKから引き継いだ37人のうち30人は定着しているが、他の従業員は毎月2人程度辞めて、また、補充に2人程度入れるとい

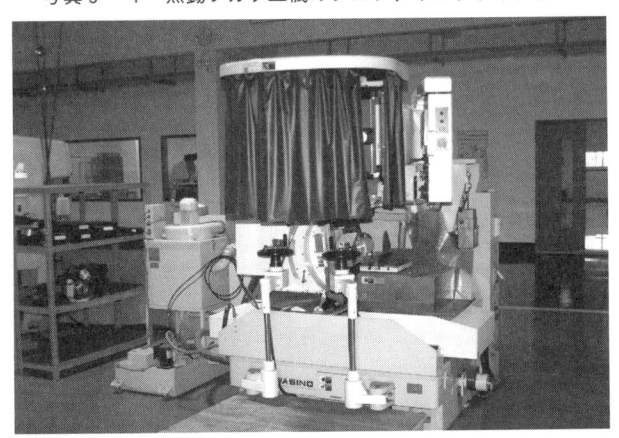

写真9－4　無錫フガク工機のプロファイルグラインダー

う流れになっている。人材は人材市場から調達しているが、無錫地区は相対的に豊富であり、困ることはない。また、賃金も技能職であることから比較的高めに設定してある。

　この事業に対して日本人の駐在は、2人（総経理、技術担当）。副総経理は40歳のローカル人材を起用している。新しい機械を導入すると、日本から1週間ほど技術指導が訪れる。また、日本への派遣研修も2週間ほどの単位でこれまで3人を送り込んだ。

　進出してから5年を経過するが、現在の悩みは「安定した同じものをなかなか作れないこと」「従業員が1工程しかできないこと」とされていた。

　以上のような課題はあるものの、有力企業のグループ企業として無錫フガク工機は、安定した仕事の確保、機械設備の充実などにより、着実に力をつけているのであった。今後はさらに力をつけ、長江デルタで幅の広いユーザーに機能を提供していく金型企業として発展していくことを願う。

　ここまで検討してきたように、主力ユーザーの中国進出により、中堅・中小企業の中にはその協力企業として特殊な役割を期待されていく場合が少なくない。進出することにより、新たな可能性を見出すところもあれば、新たな難しい問題に直面していく場合もある。それは日本国内という狭い枠組みからグローバルへの展開による新たな局面と言うこともできる。そこをチャンスと思えるかどうか、そして、新たな一歩を踏み出すことができるかどうか、その必死な取り組みが将来を決することはいうまでもなさそうである。

2．独自に中国市場を目指す中小企業

　日本の中小企業の中国進出は、実はかなり早い時期から行われている。上海、大連、広東省あたりには、1980年代の中頃にはかなりの数が認められる。その進出の仕方は、一つは低コスト生産を求めてというものだが、もう一つは、隣国中国への多様な思いからの進出というものである。それは社長の個人的な思い入れという場合が少なくない。この節で検討する沢根スプリングや東浜工業

の場合は、そうした色合いが濃い。中国の発展への何らかの貢献が意識されている。

　また、この節で検討する六つの中小企業を眺めると、いくつかの注目すべき点が浮かび上がる。まず、沢根スプリング、東浜工業、北海、田中亜鉛鍍金の場合は、日本人は誰も駐在していない。これに対し、日塑電子とマイクロリサーチの場合は、経営者自身がほぼ現地に駐在している[2]。日本の中小企業の中国進出の場合、大半は日本人サラリーマンが駐在しているのとは対照的である。独自に中国市場に向かおうとする中小企業は、なかなか興味深い取り組みをしていることになる。

　二つ目の注目すべき点は、北海と田中亜鉛鍍金の場合は、日本の事業縮小を意識しながら、中国の可能性を模索していることが指摘される。あまり大きく踏み込むことなく、次の可能性を模索しているのであろう。

　これに対し、日塑電子とマイクロリサーチの場合は、重心がすでに中国に移り、全く新たな可能性に果敢に挑戦していることが読み取れる。

　このように、中国市場に独自に向かおうとする日本の中堅・中小企業の場合は、低コスト生産を目指すなどの意味で進出している場合とは、かなり異なった興味深い対応を示しているのである。むしろ、縮小する日本に閉じ込められている多くの中堅・中小企業にとって、ここで紹介する中堅・中小企業の取り組みは、相当に刺激的なものとなろう。

（1）　自動車用スプリングで中国に貢献（沢根スプリング）

　バネは機械要素の中でも重要な位置を占めており、多方面にわたって使用されている。特に、自動車には圧縮バネ、引っ張りバネ、板バネなどが大量に用いられており、バネに対する需要の60％は自動車関連とされる。日本の自動車産業の成長に伴い、バネの市場も右肩上がりに拡大してきた。

　日本の自動車、バイク産業のメッカの一つである静岡県浜松市には有力なバネ・メーカーが少なくない。有力3社がいるとされている。そのような枠組みの中で、後発の沢根スプリングが興味深い取り組みを重ねていた[3]。

バネのカタログ販売に取り組む

　沢根スプリングの創業は1966年、先発3社からは相当に遅れをとっていた。だが、幸い、モータリゼーションという追い風があり、沢根スプリングは順調に業容を拡大していった。1990年には創業者が60歳で引退し、その後を2代目の沢根孝佳氏（1954年生まれ）が継いでいく。沢根氏は大学卒業後、NECでオフィスコンピュータの営業企画に携わっていたが、4年で退社し、創業者の要請により、アメリカのバネ業界の調査に赴き、メールオーダー・ビジネスの存在を知る。ここから、沢根スプリングは興味深い展開に入っていった。

　1987年には別会社としてサミニを設立、日本のバネ業界では初のカタログ販売に乗り出していった。沢根スプリングのカタログ販売の特徴は「速い、種類が多い、バラ売り」というものである。約3000種のバネがカタログ化されている。社内にキチンと在庫されており、急な要請にスムーズに対応できる仕組みを形成している。カタログの改訂は毎年行われ、約7万部が全国の関連企業に配布されている。

　沢根スプリングの従業員数は約50人だが、バネという機械要素の世界で興味深いビジネス・モデルを形成してきたのであった。2002年には第3回日本IT経営大賞の「審査委員長特別賞」を受賞するなど、独自性の強い会社として注目を集めている。

　この沢根スプリング、もう一つ、日本のバネ業界としては初めて中国で合弁企業を形成していることも興味深い。

第一汽車集団と合弁

　沢根氏は早い時期から中国の発展に関心を寄せ、バネの世界で中国の産業発展に貢献できることを考えていた。1990年前後から度々中国を訪れ、交流のあり方を模索し、1993年に江蘇省無錫市の中国電子機械工業局無錫燃料噴射装置研究所と合弁していくことになる。現地法人の名称は無錫沢根弾簧有限公司と言う。当初の出資比率は、沢根スプリング30％、中国側70％であった。場所は研究所の中であった。

　当初から日本人駐在は置かず、沢根氏が2～3カ月に1回程度訪れ、工場管

写真9−5　無錫沢根スプリングの組織

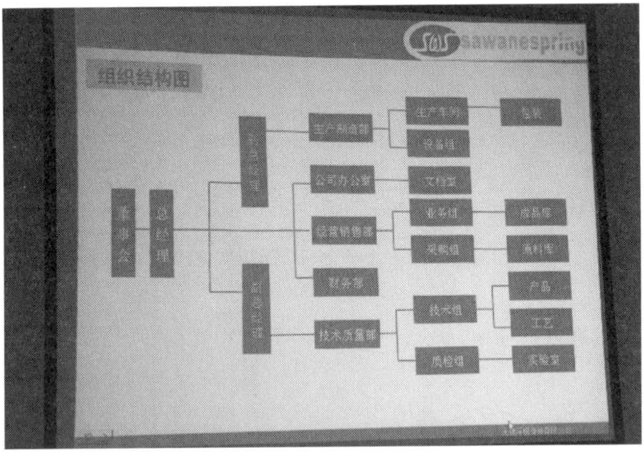

理、5S（整理、整頓、清掃、清潔、躾け）の指導を重ねてきた。現場の印象でも、国有の研究所の中に日本の技術を提供し、中国側の自主運営に任されているという趣であった。合弁企業のトップには中国側が就いている。

　設立以来、主として日本製の自動コイリングマシン、NCコイリングマシン、バネ端面研削機、ショットブラストなどの設備を導入し、年産5000万本の生産能力を形成している。主要製品は自動車用の燃料噴射バネ、エンジン弁バネである。ユーザーは第一汽車関係の企業が多く、販売は中国国内に限られている。なお、沢根スプリングが日本国内で行っているカタログ販売は中国では実施していない。将来の課題とされていた。

　その後、中国側の組織改革があり、中国第一汽車集団公司グループに再編され、中国側の株主は、2007年1月から中国第一汽車集団公司に変更になっている。また、それより少し前の2006年には持株比率が少し変わり、沢根スプリング40％、中国側60％となった。この無錫沢根スプリングは、第一汽車としては最小規模の中日合弁事業とされていた。2007年1月現在の従業員数は88人、2006年の売上額は2600万元であった。

　スプリングの材料は80〜90％は日本、韓国、スウェーデンから輸入している。他の中国国内のスプリング・メーカーとの違いは、第一汽車集団の中にあるこ

と、日本式の経営管理を行っていることなどであろう。工場には7Sと言う標語が貼りだしてあったが、残りの2つは「節約」と「安全 (Safty)」とされていた。

このように、無錫沢根スプリングは沢根氏のバネの世界から中国の自動車産業の発展に貢献したいとする思いから形成されている。そのような意味もあり、事業活動は中国側のペースで進められ、販売の80％は中国ローカル企業となっている。そして、その十数年の実績から沢根氏と現地側との信頼は厚く、時間をかけながら、次のステップに踏み込んでいくことが期待された。沢根氏自身「中国でバネのカタログ販売をやってみたい」と将来を見据えているのであった。

(2) 送風機の領域で現地化を推進（東浜工業）

内外の環境関連企業を集積させようとする宜興環保科技工業園には、先の日立プラントテクノロジー以外にもいくつかの日系企業が立地している。ここで検討する東浜工業は、1994年というかなり早い時期に進出し、さらに、徹底した現地化を進めている企業として注目される。

多方面わたるブロワー生産体制の形成

東浜工業は埼玉県久喜市に本拠を置く送風機関連の中小企業である。創業は1948（昭和23）年であった。主たる事業領域は浄化槽のバッキ装置、燃焼機の噴霧用のロータリーブロワー等のエアポンプの設計・製作であり、その他、オイルバーナー、携帯用バーナー、業務用バキュームクリーナー、オイルミストコレクター、超低温空気発生器エアクーラーなどにまで至っている。

久喜市の東浜工業の従業員数は約90人、売上額20億円だが、その他に販売会社の東浜商事（本社、東京）が編成されている。この東浜商事の売上額は29億円、従業員は30人となっている。販売先は日本全国の水処理プラントメーカー、浄化槽メーカー、燃焼機メーカーなどである。

社長の浜崎泰史氏は早くから中国への関心が深く、中国で初めての国家レベルの宜興環保科技工業園に関心を抱き、1994年12月には資本金7000万円で地元

写真9－6　宜興東浜工業の製品

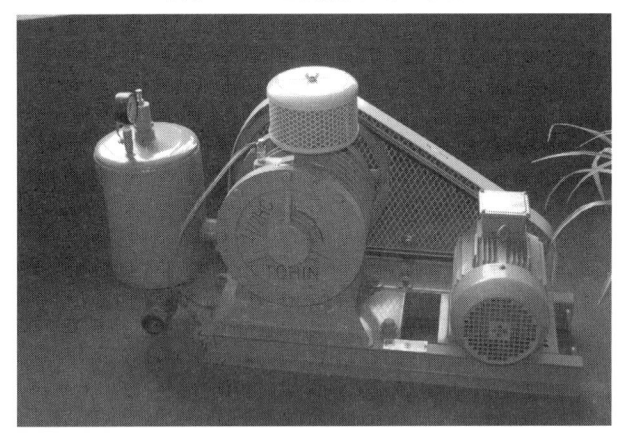

の企業との合弁により宜興鵬徳機械有限公司を設立している。当初は合弁相手の工場に所在していたが、1995年11月、現在地の宜興環保科技工業園内に移転している。1996年1月には1億円に増資し、さらに、1996年6月には中国側パートナーの株を買い取り、日本独資企業となった。その名称が百事徳機械（江蘇）有限公司である。なお、この日本独資企業の出資は東浜工業80％、住金物産20％というものである。

　さらに、1999年12月、アメリカの送風機メーカーのタットヒル（Tuthill）社と百事徳機械が50：50で合弁し（無錫東泰機械有限公司）、百事徳機械の敷地の中に新たな工場を建設している。また、2002年5月には、鋳造工場の常州邦徳鋳造有限公司が設立されるが、百事徳機械も一部を出資し、鋳造品の調達先としていった。

　このように東浜工業は、自社が得意とするロータリーブロワーに加え、アメリカのタットヒル社のルーツブロワーを引き入れ、さらに主要部品の鋳物工場に出資するなど、興味深い展開を重ねているのであった。

徹底した現地化の推進

　主力のロータリーブロワーの技術は全て日本の東浜工業から投入され、品質

が良く、競争力も高いことから知名度も上がり、売上額は順調に増加している。創業当時の売上額は500万元程度であったが、2006年には1億5000万元に達し、中国の業界では第3位の位置につくまでになった。従業員数は日本の独資の百事徳機械が126人、東泰機械42人の計168人で構成されている。

　また、この一連の事業に対して、当初から日本人、アメリカ人の駐在を置いていないことが興味深い。この二つの事業の董事長はいずれも浜崎泰史氏であり、総経理は謝維民氏である。謝維民氏は広島大学への留学経験がある。浜崎氏は年に1～2回来る程度であり、アメリカ側は時々技術者を送り込んでくる程度である。逆に総経理の謝維民氏はしばしば日本を訪れている。また、技術者の日本への派遣は2～3年に1回程度、2週間ほどである。

　工場内は機械加工部門が比較的充実しており、オークマの横型MCが導入されていた。良き機械加工職場が形成されていた。主要機械加工部品は内作、ケースの鋳造は常州の邦徳鋳造、モーターは買い入れとなっていた。開発要員も5～6人を抱え、大学との連携もこの領域で評価の高い西安交通大学と行っている。

　販売は国内が中心であり85％を占めている。販売方法は全国8カ所の営業所（各2～3人）に加え、代理店を全国に配置してある。残りの15％は輸出だが、

写真9－7　宜興東浜工業の組立職場

百事徳機械の部分は日本に本社に輸出、東泰機械の部分はオーストラリア、ASEANに輸出している。

希望プロジェクトへの寄付

中国では内陸の貧困地区への支援が広く行われている。その代表的なものの一つとして「希望プロジェクト」が知られている。貧困地区の小中学校を支援しようというものである。

東浜工業側の判断では、百事徳機械の業績が良いことから社会に貢献しようとの気運が起こり、2004年1月、江西省弋陽県の清湖中学校に対して第1期として50万元を寄贈している。中学側はこれを受けて、中学校の名前を「清湖百事徳中学」に改名し、校舎の建設、寮の改造、コンピュータ、書籍の充実を図った。

さらに、これを契機に、百事徳機械の従業員40〜50人が経済的に苦しい中学生とペアを組み、経済的援助を行っている。

このように、日本の中小企業にも、先に見たような「現地化」の徹底、さらに社会的な貢献に踏み出している場合が見られるようになってきた。それは日本の中堅・中小企業の中国進出が経験を深めてきたことを象徴しているように思う。

(3) 大型鏡板製造に従事（北海）

大阪の岸和田に本拠を置く北海グループは、㈱ホッカイを中核とし、圧力容器用の鏡板を製造する㈱北海鉄工所、特殊な鏡板やモニュメントなど多様な製品を製作する㈱北海製作所、ステンレス鋼板の切断加工販売を行う㈱関西ステンレスセンター、そして、中国での生産拠点である宜興北海封頭有限公司から構成されている。

北海グループの創業は1946年、大阪市西成区で林溶接工業所としてのスタートであった。当初、鏡板は専門業者に委託していたが、当時は手加工であったため、納期、品質共に満足のできるものではなかった。そのため、1955年、新たに㈱北海鉄工所に組織替えして、自ら鏡板製作に着手することにし、1961年

には冷間による鏡板製作の加工方法を開発、以後、鏡板専業メーカーになっていった。1961年には、世界初の鏡板専用の6000トン大型複動油圧プレスを完成させ、鏡板製造販売に入っていった。

以来、日本国内の60％のシェアを維持し、ユーザーの数は3000社、累積の納入実績は700万枚以上を数え、オーストラリア、ASEANなどにも輸出している。岸和田の従業員数は約150人である。

世界最大の鏡板メーカー

北海グループの総帥である林泰俊氏は、1979年の頃から中国に視察を重ねており、中国の可能性を深く痛感していた。各地を模索するうちに、無錫の郊外である宜興市の万石鎮が鏡板の産地であることを知り、進出を決定。1994年3月には地元企業との合弁で、宜興北海封頭有限公司を設立、1995年10月に操業開始している。資本金は1384万元、投資額は2998万ドルであった。当初は合弁であったが、徐々に買い増しし、現在では北海グループの100％独資企業となっている。工場建屋面積は2万8000m²、従業員数は500人を数える。

生産量は毎月2200トン、月の生産個数は1万2500個とされていた。工場を視察すると、北海製の冷間の6000トンプレス、2000トンプレスをはじめ、熱間プ

写真9—8　宜興北海の製品（鏡板）

写真9-9　宜興北海の加工職場

レス機、大型絞り機（哈爾浜建成機械廠）など、多様な機械設備が揃えられていた。現在では、当社が中国最大の鏡板メーカーであり、生産額は日本の北海を超え、世界最大になっているのである。

なお、万石鎮は人口2万7000人、面積44km²の田舎町だが、鏡板の産地を形成しており、全国シェアは30％と言われている。北海の周り中、鏡板専業の企業の看板が観察された。また、日系企業も8社ほど進出しており、鎮の工業生産額の4分の1を占めるなど、日本企業の存在感は大きい。辺境と思える田舎町で、意外な思いがした。

北海が立地した理由については、以下の3点が指摘されていた。

① 長江デルタの中心にあり、上海まで2時間、南京まで1時間30分、杭州まで2時間の位置にあること。
② 地元に鏡板メーカーが沢山あった。鏡板製造の雰囲気、人的資源の存在が感じられた。
③ 鏡板に関して、中国全体のバイヤーの50％が江蘇省にいること。

現地化の推進

当初は地元企業との合弁で出発したが、徐々に独資企業に切り換えてきた。

現在の従業員500人のうち、当初の100人ほどは合弁のパートナーから移籍してもらった。現在では、パートナーであったローカル企業は存在していない。パートナーを吸収した形になっている。従業員のうち60～70％は地元の人、30％程度は外省人である。男性型企業であり、女性は60～70人であった。

　なお、合弁当初は一時期日本人が30人ほど来ていたが、2004年からは日本人駐在はいない。完全に現地化している。月に1回、中国側が日本に報告に訪れている。日本側は不定期に技術指導に来るだけの関係になっている。ほぼ完全に日本式の生産方式、設備、管理方式をとっており、この5～6年は中国の経済発展を上回る毎年35％増の急成長を重ねている。

　当初は標準品の在庫を抱え、受注生産はわずかなものであったが、現在では在庫は持たず、全て受注生産の形となり、しかも受注から納品まで4日で対応できるものになっているのである。材料の調達は現地が基本だが、一部は日本、欧米から入れている。販売は90％以上は中国国内、一部はアメリカ、韓国、シンガポールなどに輸出している。

　売上の回収は、基本的には頭金を取り、さらに出荷前に100％貰う形をとっている。一部には信用取引の部分もあるが、その場合も頭金は取っている。この北海の場合、10年以上の経験を重ねており、現地化も相当に進んでいる。中国国内での知名度も高まり、安定的な経営になっているのであろう。

　日本人の駐在はいないが、日本語の達者な総経理がいた。王健氏である。王氏は、以前は同業者に勤めており、中国の国家プロジェクトで日本に3年派遣された経験がある。1999年に当社に入社し、今日に至っている。日本の事情に詳しく、日本のやり方が身に着いている人材にみえた。

　このような人材が現地の柱となり、対日本側対応、そして、中国の新たな市場の動きを確かめながら、興味深い活動を重ねているのであった。日本の中小企業の中国進出も、ここまで来たのである。

（4）　溶融亜鉛メッキの領域で進出（田中溶融亜鉛鍍金）

　建設需要の拡大する中国では、建設関連の多様な領域が興味深い発展を見せている。特に、高速道路、橋梁、高圧線の鉄塔等では、溶融亜鉛メッキを必要

としている。大型のメッキ漕に鉄の構築物を浸けるものであり、日本でもその業者の数は多くない。先の宜興の万石鎮に、大型のメッキ漕を保有する企業があった。日本との合弁と言うのであった。

中国側事業に技術協力、一部の出資

合弁企業の名前は、宜興太平杆塔制造有限公司と言う。中側の代表で董事長、総経理を兼任していたのは袁海中氏であった。袁氏は元々、地元の石材関係の郷鎮企業（万石石材廠）の工場長であり、民営化の中で30万ドル買い取っている。そこに、さらに日本の太平建設が20万ドルを追加し、社名を太平石材有限公司としていった。従業員30人規模で大理石や御影石の加工を手掛けている。宜興には巨大な石材市場があり、太平石材も市場の中に加工場を保有している。

袁氏のパートナーで合弁企業の副総経理を務める方士君氏は、かつて日本に滞在し、東京池袋の太平建設の中国語通訳に任じていた。方氏が日本側にパイプを持っていたということである。事業家の袁氏は発展する中国で新たな事業を構想し、方氏の仲介により、さらに、太平建設との合弁を構想、鉄塔などの大型構築物の溶融亜鉛メッキに関心を抱いていく。

この合弁企業は2003年9月にスタートしていくのだが、メッキ技術がなく、

写真9—10　太平杆塔制造の加工品

日本の企業に技術指導を受けることを考え、日本の溶融亜鉛メッキ最大手の田中亜鉛鍍金（大阪）に依頼する。これに応じた田中亜鉛鍍金は、技術指導に加え、合弁事業にも一部に参加してくる。投資総額180万ドル、敷地面積4万8000m^2、メッキ漕の長さ15.8mの本格的溶融亜鉛メッキ工場が建設された。

出資者は袁氏（47％）、外資側の太平建設、田中亜鉛鍍金、台湾の企業を合わせて53％という構成になっている。従業員数は140人、ほとんど男性であり、女性は25人ほどである。地元の人は30人程度、他は江蘇省、河南省、四川省の人が多い。なお、日本人の駐在は置かれていない。時々、技術指導に来るだけである。現地の事業に技術協力し、一部の出資をしたという趣であった。

日本企業との興味深い組み合わせ

近年、中国ではメッキ工場の規制が厳しく、なかなか新たに認可されない。万石鎮においても、メッキ工場はここだけであり、また宜興市の範囲でも、ここだけであった。日本の田中亜鉛鍍金の指導を受けて、技術、管理のレベルを上げ、江蘇省、浙江省、安徽省の電力関係から送電線の鉄塔などに採用され、急激に成長している。2007年の売上額は1億元、2008年には1億3500万元を予想していた。全国の同業の中でも上位に位置している。公的な機関が販売先で

写真9—11　太平杆塔制造のメッキ職場

あることから売上の回収は安定しているというが、回収率は95％程度であった。日本であれば危険な水準と思うが、中国では良いほうなのかもしれない。

なお、現場視察では、北京～上海の新幹線の路線基盤の構築物の溶融亜鉛メッキを手掛けていたことも興味深いものであった。

また、2007年には、福岡の建設現場の足場メーカーである和新工業との合弁企業も設立している。資本金は258万ドル、日本側には田中亜鉛鍍金も参加し、資本構成は日本側60％、中国側40％であった。足場用のパイプとジョイントの溶融亜鉛メッキを行うことになる。2007年9月に設立、スタートは2008年5月が予定されていた。年間生産1万5000トン、売上額1億6000万元が計画されていた。アメリカ、ヨーロッパに輸出されていくことになる。

この合弁事業の周辺には、太平建設、田中亜鉛鍍金、和新工業など興味深い企業が関わっている。いずれも公共工事と関係の深い建設系の企業であることが注目される。今後、日本では公共工事が激減すると予想され、日本の建設関連の企業は新たな対応を求められている。その一つの道筋として、この万石鎮で行われている取り組みが注目される。

太平建設、田中亜鉛鍍金、和新工業のいずれも出資が主体であり、技術指導はするものの、人を駐在させていない。事業が軌道に乗れば配当金を受け取る関係になる。また、太平建設の石材、和新工業の足場金属のメッキは、低コスト生産基地としての意味を帯びている。安定かつ安価な調達基地を確保したということであろう。田中亜鉛鍍金にすれば、日本国内の市場は確実に減少する中で、中国市場の可能性、あるいは、輸出拠点としての可能性を確認していく場として、この合弁事業を位置づけることができる。このような枠組みの中で、宜興の万石鎮で興味深い取り組みが重ねられているのであった。

（5） 香港資本の日系企業が中国で大展開（日塑電子）

日本企業がアジア、中国に進出して相当の時が経ち、これまでとは全く異なった興味深い取り組みを見せる企業が登場している。ここで検討する日塑電子は、アジア、中国経験の深い日本人が香港で創業したものであり、その後、中国に8工場、従業員8000人を展開、プラスチック射出成形の部門で進出日系

企業を支えているのである。さらに、注目すべきは、日塑電子は日本人スタッフが80人を数えていることであろう。

　特に、日本の電気・電子、音響、OA機器等の企業が中国に大量進出し、中国ローカル企業に近い価格、日本並みの品質、サービスを求めるという時代状況を見事に受け止めたビジネス・モデルとして注目される。

華南を中心に広く工場を展開

　日塑電子の創業者は川村順一氏（1942年生まれ）。1975年頃、日本企業の台湾工場の責任者として働き、その後、関係していた商社の勧めにより、香港に進出し、1990年に日塑（香港）有限公司を設立している。同時に深圳の布吉鎮に布吉日塑製造廠を設置し、来料加工によりOA機器、家電、空調機器のプラスチック成形、組立、完成品生産工場を展開する。この1990年の頃というのは、日本の電気・電子メーカーが大量に中国進出していく前夜というべきものであった[4]。

　その後の日塑グループの中国、アジア展開には目を見張るものがある。経年的に見ると、以下のようである。

1990年3月	日塑（香港）有限公司の設立。布吉日塑製造廠（深圳）の設立。
1991年1月	新成電子企業有限公司（中山市）の設立。音響機器。
1991年7月	珠海進成電子有限公司の設立。開発、コイル、振動板の製造。
	1994年5月　新日力有限公司（深圳）の設立。基板実装、組立。
1994年11月	日栄工業股份有限公司（深圳）の設立。プレス、ダイキャスト、金型、組立。
1997年4月	新日模製造有限公司（深圳）の設立。金型、組立。
1997年4月	テクノプラスジャパン（日本）の設立。
2001年1月	日科精密（香港）有限公司の設立。
2001年9月	高進電子有限公司（深圳）の設立。成形、組立。
2002年3月	日塑科技股份有限公司（台湾）の設立。金型、成形。
2003年1月	無錫日塑電子有限公司を設立。金型、成形。

2004年5月　日塑（タイ）有限公司を設立。

　これだけの工場展開に対し、日本人は80人、中国人従業員数は8000人を数えている。当初は香港を基点に深圳に来料加工工場を設置して始めたが、1994年の頃からは深圳に4工場を展開していく。特に、拠点の深圳市布吉鎮では、ブラザー、コニカ、ゼロックス等の有力企業からの仕事を同じ工場内で行うことは難しく、工場をそれぞれ専用化していったという事情がある。
　実際、日塑グループの受注先を眺めると、日本の電気・電子の有力企業が目白押しとなっている。例えば、ホシデン、シャープ、松下電工、三菱重工冷熱機材、セイコーエプソン、キヤノン、コニカミノルタ、オリンパス、ニコン、日立工機、長瀬産業等の有力企業が並んでいる。中国進出の有力企業にとっての欠かせないパートナーになっている事情がうかがえる。

日本人技術者が80人

　日塑グループの会社案内には、「日本の工場管理方式をベースに中国に最も適したテクノ（日塑）独自の工場管理方式を構築し、海外工場管理歴数十年の優秀な日本人スタッフが生産、品質管理、納品管理を行っています。また、お客様のご要望により、企画、開発、設計、金型製作、部品調達、試作、量試、量産、検査、品質保証、日本におけるアフターフォローまで、一貫して対応致します」と記されている。
　事業領域は、OA機器、家電、音響、携帯電話などであり、特に、携帯電話のスピーカーについては、月産800万個を数え、世界のシェアの10％程度を占めている。
　さらに、日本には1997年にテクノプラスジャパン（東京）を設立しており、営業拠点を大阪、福岡、奈良（大和郡山）に設置してある。奈良はシャープ対応であり、組立部門も所有している。華南地域に進出している日系メーカーをサポートするところからスタートし、その後、事業の拡大によって日本にも拠点を形成してきたのであった。
　ユーザーに関しては、日系、台湾系ぐらいまでを視野に入れており、ローカ

ル企業とは付き合っていない。日系企業からは台湾系に比べ20〜30％高いと言われるが、品質管理、レスポンスの良さを重視して差別化を図っている。ユーザーからすれば、日本人が管理しているという安心感を買うのであろう。

　日本人の採用は東京（日本採用ベース）と香港（現地採用ベース）で行っている。年齢的には大学新卒のレベルから66歳のベテランまでいる。定年制はしいていない。66歳のベテランは日本で金型企業を経営していたのだが、会社を畳んで金型設計者として赴任している。全体的には金型、基板、生産技術といった技術系の人が多い。従来は大手企業にいて、海外で働きたいとして退職してかけ参じる場合が多かったが、近年は毎年2〜3人の大学新卒を採用している。全体の傾向としては40〜50歳代の人が多いようである。

華南地域から華東地域への展開

　以上のような枠組みの中で、シャープの常熟工場（OA機器、コピー機）からの要請を受け、華東地域を模索し、2003年1月、錫山区政府の紹介から錫山経済開発区の現在地（貸工場）に着地した。上海に比べコストが低いとの判断であった。資本金は750万ドル、敷地は8600m²、従業員310人で経営している。事業領域はプラスチック射出成形（24時間、2交代）、金型（一部24時間）、そして、組立から構成されている。なお、この無錫日塑の主力のユーザーはシャープ、三洋電機、松下電器などであった。

　日本人の駐在は5人、総経理に加え、営業、生産、財務等の責任者からなっている。元々、深圳からの進出の形をとっており、立ち上げ期には華南から応援が来ていたが、安定したことから帰っている。なお、日本人5人中、2人の方は中国人と結婚されていた。また、1人は無錫での現地採用であった。

　この錫山経済開発区の位置については、常熟、蘇州、昆山、常州といったユーザーの工場に1時間以内に着けるものとして評価していた。

　無錫日塑の主力の機械設備は、射出成形機が30トンから650トンまでの43台、三菱重工、FANUC、東芝機械、住友重機からなっている。その他の成形機としてはブロー成形機、押出成形機がそれぞれ1台ずつ用意されていた。大半が精密加工が可能な電気式になっていた。金型製造設備としては、森精機のMC、

写真9—12　無錫日塑の金型職場

　ソディックの放電加工機（2台）、ワイヤーカット（1台）などを中心に必要な設備が用意され、測定機類も東京精密の三次元測定機をはじめ一通りが設備されていた。
　日塑グループは深圳などの華南地域の経験が豊富だが、華東地域は「治安は良いが、従業員の集中力がやや劣り、スピートが遅い。中国人がリーダーシップを握っている印象」というものであった。
　無錫日塑の総経理である秋山博之氏は、1997年に日塑グループに入社。前職は社長の勤めていた企業のタイ工場に勤務していた。このような経験豊富な方々が、中国の地で、さらに無錫の地で興味深い仕事に従事しているのであった。日本企業のアジア、中国進出の経験が深まるほどに、このような興味深い企業の活動の場がさらに拡がっていくのであろう。

（6）　中国が主要拠点となり、上海上場を視野に（マイクロリサーチ）
　日本の金型技術は世界一と言われているが、金型メーカーの中国進出はそれほど活発なものではない。そのような状況の中で、無錫に展開するマイクロリサーチは、進出時期も早く、展開の仕方も本格的なものとして注目される。おそらく、日本金型メーカーの中でも中国展開という点では最も先鋭的なもので

はないかと思う。中国に進出して十数年、次のステップとして上海証券市場への上場が意識されていた。

韓国から中国に転進

マイクロリサーチとは、東芝の東京青梅工場に勤めていた金型技術者たち5人が、1974年に退職し、独立創業したものである。1978年には現在地である東京八王子市郊外の恩方に拠点を移した。事業領域は、半導体製造金型及び装置製造販売、半導体製造用消耗部品製造販売、超精密加工部品製造販売、微細放電加工機製造販売とされている。

要は、半導体関連（リードフレーム）の金型製造をコアに、その消耗部品製造から、さらに装置類まで扱っているということになる。それら自社製品の装置類は、半導体製造用自動搬送機付オートプレス機、簡易なマニュアル超微細放電加工機、ICリード修正機などの領域まで扱っている。

以上のような事業展開との関連で、従来から金型の前工程の一部を韓国に出していた。ところが、1990年代に入ってからウォン高になり、韓国からの輸入が不利になり、その代替として「中国はどうか」ということになった。そして、それより少し前の1985年の頃には、中国を代表する半導体工場である無錫の華晶にリードフレームの金型を納入した経験があり、無錫に知人ができていた。そのような事情から無錫への進出を模索し、結果的に無錫市の市街地の近くの蠡園経済開発区に着地していく。1995年5月に無錫微研有限公司を設立、1995年9月に操業開始している。

当初計画では、韓国と同様に前工程のみの進出を考えていたのだが、中国の場合、短納期で日本に持ち込むことは無理との判断になり、当初から思い切って最終工程までの投資を実施した。第1期の投資額は4億5000万円の投資となり、従業員50人でスタートしている。その当時の日本の従業員数は120人ほどであった。当時の日本の関係者の間からは「どうして金型を中国でやるのか」との疑問をぶつけられていた。無錫マイクロリサーチの船出に対しては日本の金型業界の中では、首をひねる向きが多かった。

果敢に地元受注に向かう

　工場が立ち上がった直後から、日本の技術者を派遣し、半年程度、基礎教育を実施した。日本側の受け皿が小さく、日本に派遣をすることは難しいとの判断であった。以来、無錫マイクロリサーチは一度も従業員を日本に研修に出したことはない。当初は設備能力に対し、半導体関係の金型の需要は少なく、やむなく、半導体以外の金型にまで手を伸ばしていった。当初の2年間は、ほとんど現地での仕事はなく、半導体の金型部品を製造し、日本本社に輸出する毎日であった。

　ようやく1996年には、中国のTVブラウン管メーカーとして著名な大連の大顕の電子銃の金型を受注し、中国の国産化に貢献、さらに、1997年のアジア通貨危機に直面して、日本の仕事だけではやっていけないことを痛感、以後、中国市場の本格的開拓に力を注いでいく。

　1998年からは、エアコンのフィンの金型に注目していった。それまでの中国のエアコンのフィンの金型は日米の金型メーカーから輸入していた。特に、アメリカに発注していく場合、納期が1年もかかることが悩みとされていた。そのような状況の中で、ローカル企業の珠海の格力から国産化提案がなされ、無錫マイクロリサーチはそれに向かっていった。さらに、2002年からはモーターのコア（鉄芯）の金型の国産化にまで踏み込んでいった。このような中国サイドの事情を受け止め、早い時期から無錫マイクロリサーチは興味深い展開をしてきたのであった。

　その後、無錫マイクロリサーチは劇的な発展を遂げていくが、進出が早く、時代に先行していたという点に加え、社長の山本篤氏（現、会長）が基本的に現地に駐在してきたという点が評価されるべきと思う。台湾の中堅・中小企業の場合には、大半が社長、ないしは弟、子弟が現地駐在しているのに対し、日本の中堅・中小企業でそうした立場の人が駐在しているケースは皆無に等しい。1990年代中盤というまだ無錫の生活環境が十分ではない時期から、山本氏が率先して駐在してきたことの意味は大きい。この点が、無錫マイクロリサーチの成功の最大の要因ではないかと思う。

　1997年には1億5000万円の追加投資。その後も建物や機械設備の増強を続け、

写真9—13　無錫マイクロリサーチのハウザーのジググラインダー

さらに、利益を資本金に組み入れ、2007年1月段階の資本金は13億2000万円、投資額累計もほぼ13億円にのぼっている。

中国でしっかりと基盤を形成

現在の無錫マイクロリサーチの機械設備を眺めるとため息が出てくる。ハウザー（スイス）のジググラインダー4台、安田工業のMC2台、東芝のMC3台、プロファイルグラインダー（ワシノ8台、ワイダが2台）、平面研削盤（岡本5台、三井ハイテック2台、ワシノ6台、ブラウンシャープ2台など）、放電加工機（シャルミー10台）、ワイヤーカット放電加工機（シャルミー8台、FANUC2台）など第一級の工作機械群が並んでいる。日本でもなかなかこれだけの機械設備を入れている金型メーカーはない。

2007年1月現在の従業員数は約300人、男性が80％を占めている。2003年からはプレス機械4台（アイダの110トン、山田ドビーの30トン、20トン2台）を導入し、ボッシュ、東海理化の仕事はプレス製品で納入している。さらに、射出成形機も5台導入し、製品を東海理化に納入している。日本の金型メーカーの場合は、加工製品をユーザーに直接納めるケースは少なく、金型を納める場合が普通なのだが、無錫では新たなビジネスのスタイルが少しずつ始まっ

ているようであった。

　現状の無錫マイクロリサーチの販売先は中国国内が90％に達し、輸出は日本のマイクロリサーチ向けが10％程度になっている。ほぼ完全に中国の現地で事業化されているということであろう。中国の現地の仕事はエアコンのフィン関係が30～40％となる。ユーザーは日系の日立、松下電器、シャープ、富士通テンに加え、ローカルの格力、美的、海爾、春蘭などである。半導体関係は全体の20～30％程度であり、上海松下、セイコーエプソン、ムラタ電子等である。それ以外は多様だが、モーターコアが10％程度になってきた。さらに、今後はコネクターにも関心を寄せていた。

　以上のように、十数年の経験を重ね、無錫マイクロリサーチは興味深い展開に踏み込んでいたのであった。この間、日本は付加価値の高いものに転じながら縮小し、現在の従業員規模は60人ほどになっているのであった。

上海証券市場上場に向けて

　これだけの事業に対し、駐在する日本人は董事長（会長）の山本氏をはじめ4人である。副総経理、製造担当、品質管理担当であった。

　この無錫マイクロリサーチからは多くの独立創業者が出ている。彼らは無錫の周辺で独立創業しており、その数は50は下らない。最大規模は従業員200人規模までにもなっており、ユーザーの見積ではバッティングすることが多くなっている。まるで「当社は学校」と言う言葉が聞こえたが、それは先駆者の悩みというべきであり、むしろ、地域の金型技術が厚みをもってきたと評価すべきではないかと思う。無錫マイクロリサーチはそれに大きく貢献したということになる。彼らと新たな関係を形成していくことが期待される。

　また、2007年1月の訪問時には、談渕智氏という40歳前後の若い中国人総経理を紹介された。着任して7カ月ということであった。日本語は全く解していなかった。事情を確かめると、信託関係の会社からスカウトしたとされていた。無錫マイクロリサーチの次の課題は上海証券市場への上場であり、そのための人材として位置づけられていた。

　早い時期から無錫に着地し、経営者自らが駐在しながら、中国の国内の可能

性を模索してきたマイクロリサーチは、十数年の経験を積み重ねながら、新たな階段を登ろうとしているのであった。日本の金型企業としては、対中関係において際だった取り組みというべきであろう。

以上のように、日本の中堅・中小企業の長江デルタへの進出も十数年の経験を重ねる中で次第に部厚なものになりつつある。そのような経験を振り返りながら、後に続く中堅・中小企業は、新たな可能性を求めて一歩を踏み出していくことが必要ではないかと思う。長江デルタはとりわけ懐が深い。そこにどのような可能性を見出せるのか、それは日本の中堅・中小企業に課せられた一つの現代的課題と言えそうである。

1) 成都のコベルコ建機については、関満博・西澤正樹編『挑戦する中国内陸の産業』新評論、2000年、第4章を参照されたい。
2) この現地駐在の問題については、関満博編『メイド・イン・チャイナ』新評論、2007年、第5章を参照されたい。
3) 沢根スプリングについては、関満博『小さな会社のIT活用法』PHP研究所、2001年、同、前掲『ニッポンのモノづくり学』日経BP社、2005年、を参照されたい。
4) このような事情と当時の華南地域については、関満博『世界の工場/中国華南と日本企業』新評論、2002年、を参照されたい。

第10章　進出日系企業をサポートするための進出

　第8章と第9章を通じて、中国市場に向かう日本の大手企業と中堅・中小企業の進出のスタイル等を検討してきた。そこには、特定ユーザーの要請によるものから、独自に中国市場にビジネス・チャンスを見出しているものまで様々であった。もちろん、進出してから新たな可能性に気づき、当初の目的とは異なった方向に転じていく場合も少なくない。現在の中国には多様な可能性が横たわっているのである。そうした可能性に気づくかどうか、それは個々の企業のあり方と深く関わってこよう。

　ところで、現実の日本企業の進出の仕方の中に、日本企業の集積が進み、その集積の中身を充実させていくものとしての新たな進出というケースが見られるようになってきた。集積が進むにつれ、日本並みのサービスが求められ、それが一定の市場規模を形成して初めて進出できる機能がある。むしろ、そうした機能がどれほど進出しているかにより、産業集積の充実度が分かることになろう。

　そのような観点で現在の無錫を眺めると、実に興味深い地点に立ちつつあるように見える。本章で検討するように、コイルセンター事業、総合給食サービスや木目の細かい物流サービス、上質な化粧箱や通い箱の提供、さらに、専用機・治工具の提供などは、明らかに無錫の産業集積が一定のレベルに来たことを象徴している。そして、これらの機能の現状と直面している課題を見ることにより、私たちは集積全体の未来を見通すことができるであろう。

　この章では、以下に検討する八つのケースから、「集積の充実」の現実と、そこに横たわる可能性と諸問題を見ていくことにする。

1. 多様なサービスを提供する大手企業

　まだ事業環境が整っていない段階に進出した外資企業は、たいへんな思いを重ねていく。進出の諸手続き、土地の取得、工場の建設、従業員の雇用、駐在者の生活環境整備、材料部品の輸入・調達、環境問題への対応等の生産環境の整備、販売網の整備、輸送手段の確保、製品輸出、資金繰り、利益の送金等、事業活動の全てにわたってたいへんな苦労を重ねていく。

　そして、個々の進出企業の経験が重なり、集積の密度を濃くしていくにしたがい、関連するサービス部門の進出が促されていくであろう。資金面でのサポートとしての銀行、進出に伴う諸般の手続きを指導するコンサルティング部門、工場建設を請け負う建設会社、人材調達を支援する人材派遣会社、ホテルや和食レストラン、シュッピングセンター、材料供給機能、物流会社などまでが、段階的に進出していくことになる。集積は次第に豊かなものになり、事業活動の環境は飛躍的に整備されていくであろう。

　そして、このような流れは地元の人びとを刺激し、地元の新たな事業としても認識され、参入が活発化していくことになる。それは、中国の産業集積全体を豊かなものにしていくであろう。

　この節では、そのようなサポート機能のいくつかに注目し、日本の大手企業の取り組みから、新たな可能性と課題というべきものを探っていくことにする。

（1）　華東地域のコイルセンターとして展開（JFE商事）

　中国が世界の工場となって以来、電気・電子、OA機器、自動車などの部門の日本企業の進出は著しい。これらの加工組立産業の場合、原材料調達が問題になるが、中国の材料環境は十分なものではない。そのために、日本の材料各社は進出日本企業をサポートするために中国に向かうことになる。

　それらの中でも鉄鋼材料、特に薄板に関しては要求水準が高く、日本の鉄鋼メーカー（あるいは関連部門）が各地にコイルセンターを展開し、地元に進出している各メーカーを支えるという構図になっている。むしろ、これらコイル

センターと付き合うことにより、私たちはその周辺に進出している日本企業の動きを知ることができる。

コイルセンターの中国展開

ここで検討する江蘇川電鋼板加工有限公司は、日本のJFE商事のコイルセンターである。JFE商事とは、川崎製鉄と日本鋼管が合併して設立されたJFEスチールの販売会社として位置づけられている。JFEスチールの国内の製鉄所は旧川鉄（倉敷）と旧日本鋼管（福山）の西日本製鉄所、旧川鉄（千葉）と旧日本鋼管（川崎）の東日本製鉄所に編成され、年間生産量（粗鋼）は2800万トンとされている（新日鐵は3200万トン）。

JFE商事は親会社の合併に伴い旧川鉄商事と旧エヌケーケートレーディングが2004年8月に合併したものである。資本金145億円、従業員1241人を数え、日本国内の事業所18カ所、海外事業所14カ国31カ所を編成している。ユーザーの向かう場所に進出している。

中国進出は川鉄商事時代から活発化し、1992年に広東省東莞、以後、浙江省平湖（1994年）、青島、江蘇省江陰（2005年）、さらに、2006年末には広東省広州の番禺にも進出している。まさに、日本のユーザーの進出の軌跡に沿うものであった。

華東地域に関しては、1994年の浙江省平湖が最初であった。進出日本企業のサポートを意識し、その他、台湾、アメリカ、ローカル企業にも供給している。電磁鋼板、表面処理鋼板、ステンレス、ブリキなどをジャスト・イン・タイムで供給している。生産能力は月1万トンのレベルに達している。本格的なコイルセンターということになる。

その後、1995年春には円高が急速に進み、1ドル＝70円台に達し、日本企業の中国進出が加速し、ユーザーの数も増えたことから華東地域にもう一つのコイルセンターを設置する必要が出てきた。特に、昆山〜蘇州〜呉江〜無錫のエリアには2000年前後に台湾企業が大量に進出してきた[1]。しばらくは平湖で対応していたものの、能力に限界が出てきたことからもう一つの拠点を模索する。2003年には各地を模索し、平湖への一点集中のリスクヘッジ、華東地域の南に

位置する平湖からは蘇州〜無錫へは地理的に問題があることから、蘇州、無錫を調査し、最終的には現在地の江陰に決定していった。

急拡大する中国市場への対応
江陰に決定していった要因は以下のように指摘されている。
① 江陰は長江に面し、河川港が年間400万トンの能力を備えていた。
② 長江をわたる橋（江陰大橋）があった。当時は、このあたりでは、江陰大橋だけであった。その後、鎮江にもできる。
③ 昆山、蘇州、無錫、常州、南京、さらに川向こうの泰江にも1時間から1時間30分で供給できる場所であった。
④ 土地代等のコストが周辺に比べて安かった。
⑤ 将来的には、長江の北側、南京の先の発展も期待できた。
⑥ 地元の熱意が旺盛であった。

以上のような点を背景に、2004年3月に営業許可証の取得、建設と続け、2005年3月操業開始している。生産能力は月5000トンであるが、2007年1月現在、3班、24時間稼動でも目一杯であり、さらに、2008年以降のユーザーの拡張も見えることから、第2期工事に入っていた。完成は2008年3月、能力は現状の1.5倍の月7000〜8000トンに達するものと計画されている。

現状の設備はスリッター2基（大、小）、レベラー2基（中小が2基）、プレス2台（25トン）から構成され、従業員数は138人、日本人駐在は5人（うち1人は中国人の日本採用、1人は定年退職者）であった。

ユーザーは江蘇省をエリアとして60〜70社。うち、日本企業は10社、ローカル企業6〜7社、残りの50社前後は台湾系企業であった。業種別には電気・電子が75％、重電15％、事務機10％の構成であった。このエリアに多いノートPC関連は割に少ないとされていた。

材料の99.9％は日本から入れている。韓国、台湾、あるいは中国の宝山のものも少し扱っている。特に、台湾、韓国メーカーの場合は自国のものを使いたがる場合もある。なお、自動車用に関しては現在では平湖が対応しているが、江陰も第2期、第3期の増設ではやる気であった。

基本的な考え方としては、「中国メーカーとは競合しない付加価値の高い、中国では出来ないものを持ってくる」「中国では高級鋼の生産はまだまだだが、いずれ出来るようになる。その場合はさらに高級鋼を追い求めていく」というものであった。1990年の頃の中国の粗鋼生産は年間3000万トン程度であったのが、急拡大が続き、2006年には4億トン（日本はほぼ1億トンで推移）に達している。それでも足りなく、毎年6000万トンずつ増加している。この6000万トンという数字は、日本の新日鐵とJFEスチールを合わせた数字となる。

　中国に進出している日本のコイルセンターの場合、在庫は3～4カ月分が普通なのだが、2007年1月現在の江蘇川電鋼板加工は1カ月半程度の6000トンとうタイトなものであった。華東地域の鋼板需要はそうしたものであった。

中国経験の深い駐在者

　なお、この江蘇川電鋼板加工には総経理として加藤尊也氏（1961年生まれ）が家族4人を上海に置いて駐在していた。加藤氏は江陰のアパートに単身で住まい、月に1回、上海の家族の下に帰っていた。

　加藤氏は大学卒業後、川鉄商事に入社。1986～87年には台北に駐在している。その後は、大陸のコイルセンターの立ち上げ役としての道を歩んできた。1988年に結婚した翌日から台湾の高雄のコイルセンターを立ち上げ、1991年に一度日本に戻ったが、1992年末には東莞を立ち上げ、そのまま1994年末には平湖に移っている。

　その後、2000年には日本に戻ったものの、2004年からは江陰に来てい

写真10—1　江蘇川電鋼板総経理の加藤尊也氏

る。これまで4カ所のコイルセンターを立ち上げたことになる。1990年代にはまだ日本人の駐在の方々の中国経験は乏しいものであったが、近年、加藤氏のような中国専門の経験豊かな方が増えてきている。それは日本企業の中国経験の深まりということであろう。このような方々により、日本企業の中国進出が支えられているのである。

（2）　進出企業へ給食総合サービスを提供（魚国総本社）

　日本企業の進出が重なる中国、特に上海から蘇州、無錫と連なる長江デルタには壮大な産業集積が形成されてきた。大半は製造業の事業所であるが、先の項で見たJFE商事のような原材料供給を担う企業の進出も進み、集積の内面が豊かなものになってきた。いわば周辺的な機能が充実しつつあるということであろう。ここで検討する魚国総本社とは日本を代表する集団給食請負業であり、日本での経験を活かしながら、新たな可能性を求めて無錫に進出してきたのであった。

集団給食請負業のトップ企業

　魚国総本社（本社、大阪市）の創業は1914（大正3）年、大阪市南区で「魚国商店」としてスタートしている。1927（昭和2）年には、出張賄業に進出するが、これが今日の集団給食の草分けとなった。戦後の1953年、㈱魚国を設立し、集団給食専業となっていった。当初は出張賄業からスタートしたが、次第に食堂運営に進化していった。

　現在の事業形態は、各種施設の集団給食請負、レストラン・割烹・喫茶・売店の経営、ホテル・保養所・研修所・宿舎の運営管理、食品の加工及び販売、食堂計画及び運営コンサルタント業務等である。2007年3月現在、請け負っている事業所の数は2364カ所、売上額は598億円、従業員数は1万5802人（約40％はパートタイマー）となっている。日本全国に支社（10支社）と食材供給基地3カ所を配置し、興味深いビジネス・モデルを形成してきた。業界のリーディング・カンパニーとされている。会社の基本方針は「利用者の満足度をいかに上げるか」とされていた。

歴史が長いことから、各地で暖簾分けなども行ってきたが、代金回収が確実で、日銭を稼げることから参入が多く、競争条件が厳しいものになっている。特に、シルバー関係の市場が開ける中で、商社がフードビジネスへの参入を図るなど、契約条件等は年々、厳しいものになってきた。現実に、コンペが行われると、参加企業は20社も集まるのが実態である。

新たなビジネス・モデルを中国で展開

以上のような枠組みの中で、本社サイドでは中国進出の可能性が模索され、日系企業の集積している上海から無錫のあたりでテスト的にスタートすることを考えていた。最初のユーザーが無錫のソニー電子になることから、2004年6月、魚国飲食服務（無錫）有限公司として設立した。資本金60万ドル、無錫新区のオフィスビルの一室を借りてスタートしている。

ソニー電子は以前はケータリングに依存していたが、新しい独自の施設を作りたいとのことで、コンペが行われた。その時のコンペへの参加者は3社、当社、欧米系、そしてローカル企業であった。1日1万1000食、1食ドリンクも含めて7〜9元の設定であった。このコンペを競り落とし、魚国としては初めての中国事業に踏み出すことになる。ソニー電子の仕事は2004年10月からスタートしている。

当初、政府当局からは「人材派遣」と受け止められたが、この魚国のビジネス・モデルでは、ユーザーの要望を受けて施設、配置などまで全ての食堂管理を請け負うというものであり、そこに従業員が出勤するというものである。当局からは十分な理解が得られなかった。中国には「給食」という概念はないようであった。依然、ケータリングとして理解されているようである。日本では「給食事業」でライセンスをとっているのだが、中国では一般の食堂と同様の「飲食服務」のライセンスであり、当方の場合は、それに加えて「飲食管理」、さらに「衛生・環境ライセンス」も取得して対応している。当面、三つのライセンスをとらなければ難しそうである。

その後、次第にユーザーの獲得が進み、2008年3月現在では、ニコン（無錫）、ソニー（上海）、ソニー物流（上海）、日本板ガラス（蘇州）の5社と契

写真10—2　魚国（無錫）の人びと

約している。2007年の売上額は3450万元、従業員数は270人である。また、日本人の駐在は総経理を入れて6人である。従業員のうち60～70％は外省人であり、自前で住まいを調達してもらっている。

　なお、五つの現場に日本人を1人ずつ貼り付けている。顧客満足（CS）、衛生、サービス、接客などの日本式のノウハウを教育していくことになる。特に、各現場には日本製の設備を入れており、現状では日本人スタッフがいないと動かせない状況である。この点は、徐々に中国人スタッフに移行させていく構えであった。

中国での食堂運営の難しさ

　日本では十分な蓄積とノウハウのある魚国でも、中国で初めての集団給食事業は、多くの困難を伴っているようであった。それが先駆者に与えられる試練ということなのかもしれない。

　まず、未経験者ばかりであり、全てをイロハから教えなければならない。特に、サービスの概念を理解してもらうことがたいへんである。特に、中国の場合は、飲食業は勤務時間が長く、作業はきつく、賃金不安定であり、一般的には保険にも入っていない。3K職種の代表的なものでもある。この点、当社は

就業規則を提示し、雇用契約もキチンと結んでいる。また、勤務シフトをキチンとし、残業はさせず、有給休暇も認めている。そのため、定着は比較的良いと受け止めていた。

スタート時は独自に募集広告を打ち、人材派遣会社からも派遣を受けた。現在では、定期的に人材センターを通じて採用している。設立時に採用した100人のうち20人が残り、中核的な役割を演じるようになってきた。また、女性が85％であり、平均年齢も35〜36歳に上がり、安定してきたとの判断であった。

第2の問題点は、材料調達であり、日本のようにスムーズにいかない。各現場の地元で業者にあたり、契約を交わしながら調達をしている。将来的には日本並みのセントラルキッチンを持つことが課題とされていた。また、お客用の日本食なども提供するが、与えられた価格設定の中で調味料を用意することが難しい。ローカルの調味料を組み合わせ、近いものにしていくなどを余儀なくされている。

第3は、中国人スタッフの使い方とされている。目を離すと意外なことが起る。作業手順の途中が抜かれたり、調味料がいい加減になってしまう。このあたりの意識改革はまことに難しい。

そして第4は、人件費は低いものの、食材費が70％を占めるなど相対的にかなり高い。価格設定との関係の中で、苦しいものになっている。

以上のように、集団給食業という、中国では経験のない世界に踏み込んだ魚国は、多くの課題に直面しながら、新たな可能性を模索しているのであった。もうすでに真似をしたローカル企業も登場し始めており、企業の集積を支える重要な事業として、この種の産業も拡大し、新たなノウハウを身に着けていくことになるのであろう。魚国は先駆者に与えられる困難を乗り越えていかなくてはならないのである。

（3） 進出企業に物流サービスを提供（住商物流）

世界の工場となってきた中国では、物流需要が飛躍的に拡大している。この点、中国の場合は伝統的に省別フルセット主義と計画制・配給制が基本にあり、長距離輸送や小口のスピード感のある輸送は発達しておらず、また、流通を軽

視するマルクス理論の影響もあり、物流軽視で来ていた。そのため、各方面で齟齬が生じてきた。日系の物流企業も1990年前後から進出してはいるものの、規制が多く、思うような事業を組み立てていくことができなかった。

このような中で、総合商社の住友商事が無錫の地で興味深い事業を展開していた。基本的な理念は「絶対にメーカーのラインは止めない」というものであった。

従来、日本の総合商社は日本と外国との間の輸出入業務を中心としていたが、近年の流通革新の中で、単なる委託代行業務では生き残ることはできず、この二十数年ほど、新たな多様な取り組みを重ねてきた。一つは原材料産出国における開発輸入であり、また、海外における工業団地造成・販売・運営業務、物流業務などにまでその業務を拡げてきている。

住友商事の場合、インドネシア、ベトナム[2]で工業団地業務を成功させており、その経験の中で、物流業務や通関サービスの需要が大きいと判断、ASEANでの物流会社の経験も重ねていた。

地元政府と合弁で、自前のトラック、運転手を用意

この点、長江デルタでは、上海に日本の物流企業、例えば日新[3]や山九、佐川急便はかなり早い時期から進出していたが、なかなか思うような事業になっていなかった。この点、ASEANで物流会社の経験を重ねていた住友商事は、日本企業の集積する蘇州〜無錫地域に注目、無錫新区の要請もあり、新区内に興味深い総合物流会社の無錫住商高新物流有限公司を設立している。設立認可は2003年7月、同11月に事業をスタートさせている。

現在では100％外資の物流会社の設立も可能なったが、当時は合弁が条件であった（2006年以降、外資企業100％が可能になっている）。そのため、資本金500万ドルに対して、日本側の住友商事、中国住友商事で50％、中国側は無錫新区保有の無錫高新物流中心50％ということになった。無錫側は土地（2.75ha、）に建設中であった倉庫（7200m^2）、そして現金を投入してきた。その結果、この住商物流は日系の物流会社で無錫に本社を置く唯一の会社となった。他の日系の物流会社の場合は、上海に拠点があり、無錫は分公司の形になって

写真10—3　住商高新物流のトラック

いる。地元政府との関係は密接であり、業務がスムーズに遂行されることが期待されている。

　一般に、商社が物流業務に参入していく場合、自らトラック、倉庫等を保有することは少なく、物流専門業者に委託していく場合が多い。また、運転手も契約であることが少なくない。そのため、必ずしも十分な意思疎通を図ることができず、随所に齟齬が生じてくる。住友商事自身、ASEANでトラックを保有して業務を重ねてきた経験もあることから、無錫プロジェクトは自前のトラック（5トン以上のウイング車24台）、自前の正社員の運転手（35〜36人）を抱えて出発している。事業の空間的な広がりは、長江デルタを中心に北は天津、南は広州の範囲を視野に入れていた。2008年3月の従業員数は109人（日本人駐在は2人）であった。

進出企業に高付加価値サービスを提供する

　日本の総合商社が中国無錫の地で物流会社を運営していくには、高付加価値サービスの提供しかないと判断、以下のような興味深いサービスを提供している。

　第1は、スーパー・ナイト・エクスプレス（夜間定期便）と称し、無錫〜上

写真10—4　住商高新物流の保税倉庫

海間で小口貨物を夜間に集荷し、翌朝までに上海空港まで持ち込み、航空機に乗せるという業務である。この業務は住商高新物流以外には手掛けられていない。

　第2は華南からの鉄道輸送であり、華南地域から華東地域までの長距離輸送貨物に関し、トラック輸送ではなく高速鉄道を採用することにより、小ロット、定時での長距離輸送を実現している。深圳周辺で夕方までに集めたものを夜10時発の貨物列車に載せ、上海に翌日の午後4時に到着するという定時運行に注目すべき点がある。

　第3は保税VMI（ベンダーズ・マネジメント・インベントリー）と言い、サプライヤーの保税倉庫として一定期間機能し、必要に応じてJITで生産ラインに投入していくというサービスである。そのためユーザーは倉庫が要らず、キャッシュフローも改善されることになる。

　第4はミルクラン（牛乳配達）というものであり、自前の小型車で小口のベンダー回りをし、必要な部品をかき集め、メーカーに納めていくというサービスである。例えば、現実的には、無錫のコニカミノルタが採用しており、無錫を中心に蘇州〜昆山の範囲の小口のサプライヤー11社を組織している。これも定時に届けるがポイントになる。

第5は部品のキッティング（Kitting）であり、部品倉庫のスペースが十分でなく、また、要員も乏しいベンダーの部品を当方の倉庫で預かり、必要に応じてまとめて（キッティング）指定時にラインに投入するというものである。
　第6は、住商高新物流自身が貿易権を取得しており、輸出入業務を引き受けることができる点であろう。
　いわば、メーカーのJITに対応するフルライン総合物流業務に加え、通関、貿易業務までが可能な形を形成しているのである。高付加価値化に向けて「確実に時間に入れる」「絶対にメーカーのラインは止めない」が深く意識されていた。
　無錫空港が2007年に改修され、滑走路は3200mになった。無錫市政府は国際線の開通を望んでおり、2008年春現在、無錫と日本の関空との路線を申請中である。無錫と上海国際空港（浦東）では約150kmの距離がある。また上海付近では渋滞も多い。無錫市街地の東側にある無錫空港の場合は蘇州との距離感も良い。日本との直行便が開設されれば、あらゆる意味で、日本と無錫～蘇州の関係は密接化してくることが期待される。
　そのような新たな枠組みも意識しながら、住商高新物流は進出日本企業を支えるための興味深い取り組みを重ねているのであった。

（4）　進出企業を金融サイドからサポートする（みずほコーポレート銀行）

　中国進出企業が事業活動を行っていけば、当然、金融が必要になってくる。給料や購入した資材のためには短期の資金が必要になり、設備投資をするならば長期の資金も必要になってくる。初期の段階では、これらの多くは日本の親会社に依存せざるをえなかった。その後、日本の銀行が進出し、資金需要に応えようとしてきたが、中国の土地、建物の評価は難しく、日本の親会社の保証を必要としていたのであった。また、中国国内では人民元が必要となるが、外資系銀行の人民元取引が可能になるのは1997年まで待たねばならなかった。

無錫で初の外資系銀行の支店の開設
　このような枠組みの中で、みずほコーポレート銀行（旧、日本興業銀行）は

写真10—5　無錫新区への日系銀行の展開

　中国展開は早く、1981年9月には北京に駐在員事務所を開設、その後、上海（1982年）、広州（1984年）、大連（1985年）、深圳（1985年）と次々に中国の産業化の拠点となっていった都市に駐在員事務所を設置し、可能性を模索していった。

　そして、金融業務が可能な支店は、1987年4月、深圳で設立されていくことになる。その後は、上海（1991年）、大連（1992年）、北京（1996年）と次々に支店を設立していくのであるが、1997年アジア通貨危機に直面し、事業を縮小していった。この間、日本側の本体も大きな再編の波に飲み込まれ、国際業務は縮小していった。

　だが、アジア通貨危機からほぼ10年を経過した2005年、みずほコーポレート銀行は改めて「グローバル宣言」を発し、2006年から再び国際業務に打って出ることになる。そして、その場合の最重点地域として中国が注目されていくことになった。その前後から新たな拠点を模索し、日本企業の進出が著しい長江デルタ、その中でも無錫、蘇州が浮上してきた。ただし、蘇州にはすでに1997年に進出していた三井住友銀行をはじめ外資系銀行が4行あったのに対し、無錫には1行もなかった。そうした事情から無錫に決定、2006年6月に無錫で最初の外資系銀行の支店をオープンさせた。特に、製造業の集積が著しい地元無

錫政府はバランスのとれた発展を目指しており、みずほコーポレート銀行の誘致を積極的に行っていたことも進出の決定に大きく影響している。なお、その後、三菱東京 UFJ 銀行は2006年12月に無錫に支店を開設している。

無錫支店の業務内容

スタート時、26人で立ち上がったが、2008年3月現在、従業員数は60人（日本人の出向者は4人）に膨れ上がっていた。それだけ事業が拡大しているのであろう。また、みずほコーポレート銀行は約600億円の資本金を投入し、2007年6月に上海を本店にする瑞穂実業銀行（中国）有限公司を設立した。その結果、それまで日本のみずほコーポレート銀行の支店であった無錫支店は、改めて現地法人化し、日本の本部の管轄から外れ、瑞穂（中国）の下で活動していくことになった。

現在の無錫支店の主な取扱商品とサービスは、以下のようなものである。
① 預金業務……外貨預金、人民元預金。ただし、個人は対象にしていない。事業所のみ。
② 貸出業務……外貨貸出（短期、長期）、人民元貸出（短期、長期）
③ 決済…………送金（国内、海外）、貿易（LC 開設、輸出手形買取等輸出入全般）、為替取引（人民元を含む主要通貨）、保証業務（契約履行保証、入札保証）、インターネットバンキング）等

現状と課題

以上のように、無錫支店は銀行業務の基本的なものは一通り行えることになった。ただし、いずれにおいても、個人ではなく事業所を対象にしているところに大きな特徴がある。

2008年3月現在の取引先数は約300社、95％以上が製造業である。大半は日系企業である。資産残高は3億ドルにのぼる。口座開設は日本で取引のあることが前提とされている。ない場合には、日本でも口座を開設してもらっている。貸付については、先に指摘したように、中国では土地建物の資産価値を評価することは難しく、大半は日本の親会社の保証を求めているのが実態である。

現在、中国の地場銀行も力をつけており、外為までの一通りの業務ができるようになってきた。台湾系企業などは地場銀行を利用している場合が少なくない。近い将来、地場銀行が外資系銀行の強力なライバルになってくることが予想されている。日系企業の中でも、預金、決済は地場銀行を使い、借りる際には日系と振り分けてくる場合も見られるようになってきた。外資系銀行としては木目の細かいサービスの提供が不可欠になってきているようであった。
　また、この規模で従業員数60人は過剰との評価だが、テリトリーが広いこと、手続きの際の書類が多いこと、さらに、人民元取引には手作業が多いことなどによっている。
　このように、多くの課題を抱えながらも、日本の金融機関も改めて中国事業の拡大に意欲を燃やしている。当面は日系の事業所を対象にしているが、将来的には個人やローカル企業との取引も課題になってこよう。現在は、その前夜ということかもしれない。

　以上、この節では、多くのサポート機能の中でも、材料供給のコイルセンター事業、集団給食請負業、物流サービス、金融というわずか四つの部門をのぞいたにすぎない。それでも、個々の企業の取り組みの中から、無錫の産業集積の状況、当面する課題が浮き彫りにされたのではないかと思う。そして、これらの取り組みの中から、新たな可能性の芽が生じていることも深く認識されたであろう。今後、さらに多くのサポート機能の内面を探ることにより、無錫の産業展開の将来が明確になっていくことが期待される。

２．進出日系企業を広くサポートする中小企業

　先の節では、無錫の産業集積を充実させるものとしての大手企業の進出のいくつかのケースを見てきた。大手企業の場合は、多少の余裕もあり、長期的な視野からテスト的に進出てくることも可能であろう。
　この点、中堅・中小企業の場合は、新たな市場を認識しての進出もあるが、中には、日本国内市場の縮小を痛感し、必死の思いで進出していく場合も少な

くない。事業所へのサポート機能は、対象となりうる相当の数の事業所がなければ成り立たない。それは一定の地域の産業集積の度合いにより規定されていくことになろう。多様なサポート機能を保有する中小企業が集まってくることは、産業集積そのものの充実を意味していることはいうまでもない。

　この節では、四つのケースから、無錫の産業集積の充実と、その中で新たな可能性を模索しようとしている日本の中小企業の一つの側面に注目していくことにしたい。

（1）　進出日本企業に化粧箱を提供（オカハシ）

　製品を作るとパッケージが必要になる。この領域をカバーする代表的な存在が紙器メーカーである。日本の紙器は以前は化粧箱と言われ、ボール紙を貼り合わせ、さらに化粧紙を貼り付けていた。

　その後、ダンボール箱や組立型の箱が生まれ、そのまま印刷される方法も普及していった。貼箱の頃は「空気を運ぶ」と言われ、需要者の近くに立地することが不可欠であったが、印刷紙器になってからはそれほど立地に左右されなくなった。それでも、付加価値の低いものであり、化粧箱の時代ほどではないが、需要者の近くに立地することが必要になっている。

新たな市場を痛感して無錫に進出

　ここで検討するオカハシは、1953年に奈良県橿原市で岡橋紙器工業所として創業している。1969年には業務拡大につれオカハシに改称した。1974年には西ドイツ製の印刷機械を導入し、一貫生産の出来る印刷紙器工場となった。その後、1999年には中小企業経営革新支援法の奈良県第1号の承認を受け、PPペット材によるクリアケースの生産に入っていった。

　現在の日本の従業員数は約150人、売上額は約30億円を計上している。事業領域は各種パッケージの製造販売とされ、印刷紙器、クリアケース、パッケージ、美粧ケース、パンフレット、ポスター、POP等を事業領域に、大手化粧品メーカー、薬品メーカー等と取り引きしている。印刷紙器、クリアケースの部門が売上額全体の80％、残りが20％である。また、ケースの中では印刷紙器

写真10—6　無錫オカハシの製品

写真10—7　無錫オカハシの検査職場

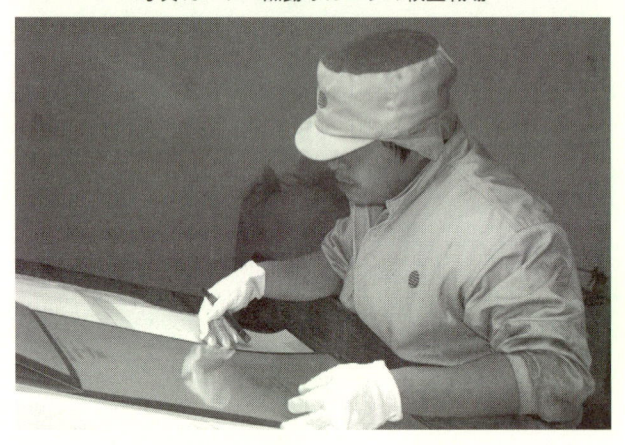

が60％、クリアケースが40％となっている。

　以上の枠組みの中で、オカハシはクリアケースの経験は10年ほどしかないのだが、自社のクリアケースが中国に送られ、製品を詰めて日本に輸出されていることを知る。2003年頃に中国を調査してみると、PPペット材によるクリアケースを作れる所が無いことが判明した。

　また、オカハシは2000年頃から大連からの研修生を3年の期間で二十数人受

け入れていた。彼らが中国に戻るタイミングもあり、中国工場を展開することを意識していった。早速、大連、長江デルタを調査し、市場は長江デルタであることを確認、たまたま出会った無錫市錫山区の熱意にほだされて進出を決意する。さらに、それまでクリアケースを蘇州に納入していたこともあり、錫山から近いこともプラスに働いた。

そして、印刷業は中国では制限業種なのだが、包装資材ということで認可になった。また、印刷機は一式で2～3億円もするが、錫山区の配慮により輸入関税の優遇を受けることができた。

ビジネス・チャンスは拡がる

無錫岡橋包装有限公司は、2004年7月に操業開始している。日本のオカハシに研修生で来ていた大連の人びとも現在でも9人が在職している。この無錫オカハシはオカハシの製品構成の中で印刷紙器とクリアケースを扱っている。だが、今のところクリアケースは日系企業2社だけが採用してくれているにすぎず、大半は印刷紙器の仕事となっている。そのためクリアケース用の機械の操業度が低く、やむなく印刷紙器の機械を増設し対応を重ねている。それでも工場は24時間操業している。2007年1月現在の従業員は130人であった。

デザインは資生堂などのユーザーから出てきて、印刷に適したサンプルを製作し、調整を重ねて決定する。材料は紙の場合はローカル企業製を採用、PPペット材は全量日本から入れている。当初は本社経由であったが、現在では商社を経由して調達している。インキは上海、杭州に進出している日系メーカー製を主体とし、一部は日本から輸入している。印刷機は三菱重工製の菊全版5色機と菊半版4色機をそれぞれ1台ずつ入れている。

無錫オカハシの販売先は90％は中国国内販売、20％は日本への輸出であった。また、ユーザーの90％は日系企業、その他の外資企業10％である。中国ローカル企業に対しては、見積を出しても通らない。50％も違うとされていた。

中国国内ユーザーは約60社、上海、蘇州、杭州といった長江デルタに多く、その他では大連のオムロン、北京の資生堂などもあった。また、60社は日本では付き合いのない所が半数以上であったのだが、中国進出後に獲得したもので

あった。日本ではアポイントも取れない有力企業ばかりだが、中国では「取りあえず、話を聞こう」ということになる。そして、中国での付き合いを契機に日本でも取り引きが開始されることも少なくない。資生堂などはその典型であった。

現在日本人の駐在は無錫オカハシに4人、上海の営業所に3人の7人体制となっている。また、大連にも連絡事務所を置いてあるが、日本人の駐在はいない。総経理の石亀和彦氏は日本では製造部長をしていたのだが、開業3月目に声がかかり、2004年末に赴任している。石亀氏は「工場のことはわかるが、財務、人事まで見なければならずたいへん」とし、「ビジネス・チャンスが拡がっている」と語っていた。

1年前には日本の上智大学に留学し、その後8年間ほど上海の日系企業に勤めていた唐立明氏をヘッドハンティングし、財務の責任者に就けている。上海オカハシの営業員の友人であった。ようやく体制も整いだし、無錫オカハシは中国の新たなビジネス・チャンスに向かい着々と歩を進めているのであった。

(2) 進出靴下メーカーをターゲットに(マエダ繊維工業)

日本の繊維産業、特に縫製などのアパレル企業は1990年前後からいっせいに中国に進出していった。特に、上海を中心とする長江デルタが多く、その他には青島などの山東省、天津、さらに大連などの遼寧省に顕著に見られた。進出した日本の衣服産業は中国材の採用に踏み切っているが、中には日本企業製の材料が不可欠な場合もある。そして、材料メーカーもユーザーは中国にいることを受け止めて進出に踏み込むことになる。日本にだけ固執するならば、ユーザーを失うことになってしまう。

多くの産業ではそうした傾向がみられるが、特に、繊維産業は問題が先行しているものと見られる。

中国に幅広く展開

マエダ繊維工業とは、京都市上京区に本社を置く1944年創業の靴下用カバーリング糸の日本のトップ・メーカーとして知られている。京都の南丹市(旧、

美山町）に工場を配置し、従業員約50人、売上額約50億円の企業である。元々、ゴム糸に繊維を巻き付けで女性のヘアネットに従事していたのだが、1965年に合成繊維のスパンテックスが登場し、これを応用した撚糸のカバーリング糸を開発、靴下、セーターなどに幅広く採用されていった。

　材料を購入し、染色、撚糸を重ねて糸を販売する。ユーザーはグンゼなどのストッキング・メーカー、さらに奈良県に広く展開している靴下メーカーである。日本国内の工場は先の南丹市の自社工場に加え、北陸から滋賀にかけて5社の協力工場を組織し、国内生産の80％を依存している。

　現在、日本の靴下の85％は輸入になり、その内の90％は中国からとされている。靴下用糸を生産するマエダ繊維工業としても、ユーザーは中国ということになり、早い時期から中国進出に踏み出していた。最初の進出は上海であり、日本の靴下メーカーからの強い要請で踏み込んだ。この最初の1994年の進出は上海の地元国有企業との合弁であり、上海華愛繊造有限公司と言う。

　2番目の進出は靴下産地として知られる広東省南海であり、台湾企業との合弁で進出している（南海日興繊維有限公司）。マエダ繊維工業の出資は20％に過ぎず、台湾側が経営している。

　3番目は浙江省の義烏の近くであり、ストッキング用のスパンテックスに細い糸を巻き付ける工場である。出資者はマエダ繊維工業に加え、日本の商社、台湾企業、ローカル企業の4社であり、総経理にはマエダ繊維工業が就いている。

良質な撚糸、染色工場の展開

　以上の経験を踏まえたマエダ繊維工業は、①長江デルタに生産拠点を持ちたかった、②独資企業でやりたかった、ことを背景に各地を模索し、知り合いの裁判所の判事に紹介してもらい現在地の宜興経済開発区の化学工業園に着地した。この化学工業園は廃水を集中管理していることから、染色業の立地を受け入れてもらった。名称は無錫馬愛達繊維化成有限公司と言う。周囲には化学工場、繊維工場が建ち並んでいる。

　2003年8月に設立、2004年11月から操業開始している。従業員は52人、日本

写真10—8　宜興マエダ繊維工業の撚糸職場

写真10—9　宜興マエダ繊維工業の染色職場

　人駐在は3人、事業内容は、ソックス用染色カバーリング糸、パンスト用カバーリング糸、高級セーター用カバーリング糸の製造である。
　機械設備は、シングルカバーリング機25台、ダブルカバーリング機4台、ソフトリワインド機4台、綛上げ機2台、コーンワインダー機8台、染色機（高圧のチーズ染色機）10台（50トン）であった。染色機は中国製であったが、それ以外は日本製であった。3万6652m^2の敷地に5587m^2の工場が建っていた。

主要材料のスパンテックスは日本からの輸入が主体で、一部に中国製を採用している。ナイロンは大半が中国製、染料はドイツ製を中国の日本のディーラーから購入している。ローカル企業製の染料は使用していない。また、中国の場合は水に問題があるが、意外にダクトは少なく、イオン装置で濾過して使用している。

　販売先は山東省済南に立地しているグンゼ（済南冠世時装有限公司）、上海の丸紅系（上海通暖紅針織有限公司）の「靴下屋」ブランド用が主体であり、その他、日系の靴下メーカーに販売している。中国ローカル企業とは競争をしないようにしているが、ユーザーからは「価格はローカル企業に近いこと」が要求されている。

　現在、マエダ繊維工業は、日本国内生産と中国生産の比重は半々だが、中国に進出しているので「なんとかやれている」状況であった。日本国内ではこのような撚糸、チーズ染色工場を見ることが少なくなっているが、良質な工場が宜興の化学工業園に展開しているのであった。

（3）　華東地域の片隅に28歳の若者が責任者として駐在（トライウォール）

　経済活動が活発化し、グローバル化が進むに従い、物流システムや物流資材も豊かなものになってきた。ここで検討するトライウォール（Tri-Wall＝三層ダンボール）は木箱に代わる重量物梱包資材を提供する企業として知られている。特に、梱包資材の場合は付加価値が低く、容積もかさばるためユーザーの近くに立地する必要があるが、トライウォールは中国の発展の道筋を的確に見通しながら興味深い展開を重ねているのであった。

物流資材の供給とサービス

　トライウォールの社長の鈴木雄二氏は、1970年にシカゴ大学大学院修了後、重量物包装資材の国際産業化を目指す米トライウォール社が日本展開する経営者として誘われ、1972年に入社している。同社の東アジア戦略拠点を意味する合弁会社を1974年に設立し、社長に就任している。1996年には合弁契約を解消し、東アジアの商権を買い取り、独自資本でアジア地域におけるグループ形成

に着手、中国を中心に東アジア各国に幅の広い製造・販売ネットワークを形成していく。

日本の本社は東京の千代田区に所在し、国内には大阪営業所、名古屋営業所、西日本営業所（尼崎市）、関東物流センター（埼玉県久喜市）、近畿サービスセンター（神戸市）、九州サービスセンター（福岡県直方市）がある。その他に、ファブリケーター・ネットワークとして各地に製造業者、販売代理業者が幅広く組織化されている。

主要営業品目は、重量物梱包資材、トライウォールパック（三層ダンボール）をはじめとして、ユニパック（リターナブル・コンテナ）、特殊包装、梱包資材及びこれら製品の包装・梱包用副資材の製造、加工、販売、包装・技術コンサルタント及びサービスとされている。いわば、ハードとソフトを兼ねた「物流資材の供給とサービス」ということになろう。

中国、アジアに幅広く展開

中国アジア展開も活発であり、中国には27の子会社、関連会社等を展開している。北から北京、大連、天津、烟台、上海、蘇州、江陰、無錫、常州、平湖、杭州、寧波、厦門、福州、広州、東莞、深圳、中山、武漢、重慶、香港などに展開している。経済活動が活発化している地域に見事に配置されている。

他のアジア地域については、韓国、台湾、フィリピン、シンガポール、マレーシア、タイ、インドネシア、インド、さらに、イスラエル、アメリカ、イギリス、オランダ、オーストラリアにも展開している。

これらの中で、2007年1月、江蘇省江陰市に展開している特耐王塑料製品（江陰）有限公司を訪れた。この江陰トライウォールは、日本のトライウォールの独資企業であり、2006年にスタートしている。江陰市申港鎮の申港工業園の中の標準工場を借りている。トライウォールの中国の工場は原材料を生産するシート工場、それを加工する加工工場などからなるが、江陰トライウォールはダンボール製品は出掛けておらず、プラスチックの梱包材（通称、プラ段）を生産していた。長江デルタでは常州で国有のダンボール工場を買い取って、ダンボールの生産を行っている。

写真10—10　江陰トライウォールのシート成形

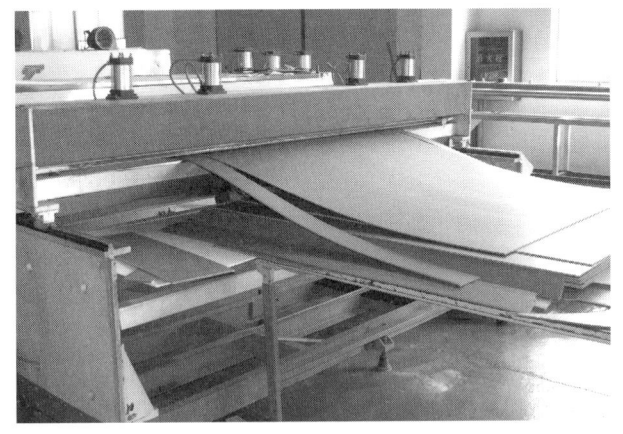

　原材料の樹脂は中国ローカル企業製を採用し、押出機を通すと製品ができる。主として自動車部品等の梱包材、通い箱などに使用されている。製品の多くはシート状のまま中国国内の外資、ローカルのいずれの企業にも販売している。大半はシート状のままだが、一部は印刷、組立までを行っている。トライウォール全体として、通い箱に関しては、日本国内のシェア30％、中国では70％という高いシェアを保有している。

　このプラ段の製品性能は、軽量（空芯構造）、無毒、無味、汚れにくい、防水、防湿、断熱、防虫、耐衝撃性、耐老朽化、静電防止、導電性、色彩が豊富、表面印刷が鮮明などが指摘されている。実際、このトライウォール製の通い箱は、各地の工場の中で見かけることが少なくない。

　産業活動が活発化していくに従い、このようなサービス的な機能の充実が進められていくのであろう。

28歳の若者が1人で工場長を務める

　この江陰トライウォールに駐在する日本人は1人（工場長）であり、中国全体の総経理が時々巡回してくる。この総経理は十数年の日本滞在経験のある中国人である。そして、この江陰トライウォールに駐在する日本人は若干28歳の

写真10—11　江陰トライウォール工場長の高田聖大氏

若者であった。しかも、トライウォールに入社して3週間後の2006年12月末に江陰に着任したばかりというのであった。

　この若者は高田聖大氏（1979年生まれ）であった。北海道士別市出身。歳の近い従兄弟が一家でシカゴに駐在し、帰国後、英語が流暢になっていることに衝撃を受け、中学生の頃から自分も海外に出たいと強く意識していく。従兄弟と同じことをするのは嫌であり、高校を卒業する1997年の香港返還に関心を抱き、高卒後、上海に留学することを決意する。高田氏の父は拓大柔道部出身で、柔道家として海外経験も豊富なことから理解を示してくれた。

　高卒後、即、上海に飛び、復旦大学と上海外語学院に留学、5年で卒業している。

　大学卒業後は上海で家具のニトリの現地採用試験を受け、2時間の面接で即、採用が決まった。採用5日目には深圳に赴任。その後、深圳4カ月、ベトナム10カ月、マレーシア1年2カ月、深圳4カ月、インドネシア10カ月、ベトナム10カ月と短期で各地を異動した。ニトリは日本国内では1年8カ月で配置転換、海外は1年以内で動くことが原則とされている会社であった。

　ニトリには4年ほど勤め、海外が長過ぎて日本とのズレを感じ、一度、日本で働くことを意識して帰国する。日本で3カ月間ほど就職活動をしているうちに貯金を使いすぎ、急遽、就職を決めようとして、たまたま巡りあったのがトライウォールであった。3週間ほど研修を重ね、赴任先は江陰ということになっていった。本人は別にめげている風でもなく、淡々と工場長の職をこなし

ていた。

　課題は5Sの徹底としていた。高田氏は流暢な中国語を駆使して、年齢の割には深い経験を重ねてきた雰囲気を漂わせ、江陰の地で興味深い取り組みを重ねているのであった。先の無錫サンヒルの75歳の松田逸雄氏とは対照的だが、、シニアに加え、若い世代でも中国の地で興味深い取り組みを重ねる若者が登場してきたことに深い感銘を受けた。このような人材が登場してくることは、日本の中国、アジア展開の深まりを示していることは言うまでもない。

（4）　進出企業の治工具、専用機を製造、メンテする（マルゴ工業）
　日本の機械工業の中には、専用機械、治工具などの設計、生産、メンテナンス等を担う独特な中小企業が存在している。専用機メーカー、治工具メーカーなどと呼ばれている。特に、このような領域で専業化していくには、空間的な制約の大きかった少し前の時代には、かなりの規模の地域機械工業集積を必要としていた。そのため、従業員20〜50人規模の機動力に優れる専業的な専用機・治工具メーカーは、東京の大田区、関西の東大阪といった機械工業集積の密度の濃いところで成立、発展していく場合が顕著に見られたのであった[4]。
　ここで検討するマルゴ工業は長野県岡谷市に本拠を置く専用機・治工具メーカーだが、岡谷を含む諏訪圏域は日本を代表する精密機械工業集積で知られており、専用機、治工具のメーカーを輩出していることでも興味深い[5]。
　他方、時計、カメラで一世を風靡した諏訪圏は、1980年代の中頃には、地域の指導的立場にあった有力企業のアジア、中国への生産移管という事態に直面し、新たな対応を迫られていった。特に、小物の精密プレスなどに従事していた中小企業の場合は、シンガポール、マレーシア、中国進出は不可避なものとなり、多くの中小企業が進出していったことで知られる。

専用機、治工具メーカーとしての展開
　マルゴ工業の前身の林製作所の設立は戦後の1946年、部品工場としてスタートしている。1970年にはマルゴ製作所を設立、1981年、岡谷の現在地に移転し、マルゴ工業㈱となる。ニクソンショック（1971年）、第1次オイルショックの

頃までは諏訪地域は時計、カメラで沸いていた。だが、その後、地域の有力企業であったセイコーエプソン、ヤシカ（現、京セラヤシカ）、オリンパス、三協精機（現、日本電産サンキョー）などは低価格量産の輸出生産拠点を求めて、アジア、中国に進出していった。

マルゴ工業は1982年に開発設計部門を開設し、その頃から治工具、専用機の世界に入っていった。しばらくは海外生産向けの治工具、専用機の需要は大きなものであり、マルゴ工業の事業領域は、プリンターヘッド組立ライン、水晶発振器製造関連装置、時計・カメラ・電池自動組立ライン、レーザーマーキング装置、各種半導体組立検査機、ICマウンターなどの領域に広がり、業務内容は、FA関連自動機、専用機等の設計、加工、組立、調整、保守といったものになっていった。その他に、一部、卓上半田ボール盤、半自動レーザーダイボンダー、マイナスイオン発生機などの自社製品分野にまで拡がっていった。

岡谷本社の従業員数は55人、国内の主要取引先は、セイコーエプソン、オリンパス、京セラ、富士写真フィルム、デンソー、横河、日立製作所、ソニーケミカル、ソニー電池など、有力企業が連なっている。このような有力日本企業を生産設備の面で支える中小企業ということになる。

そして、このマルゴ工業は、2000年に入る頃から興味深い動きを重ねていく。2000年にシンガポール・オフィスの設置、2001年フィリピン工場（従業員20人）の設立、そして、2003年には中国無錫に、全額出資の無錫利美科技有限公司（従業員60人）を設立していった。

2000年代に入り、アジア、中国展開

当初は、日本のマルゴ工業で生産し、ユーザーが海外に持ち出すという構図であったが、その後、1990年代の中頃以降になると、アジア、中国に進出している日系有力メーカーの体制も充実し、専用機、治工具等の現地での生産、メンテナンス体制の整備が要求されるようになってきた。年々、現地に進出していない専用機、治工具メーカーには発注しないなどと言われるようになってきている。マルゴ工業が2000年代に入ってから一気にアジアでの生産体制を整備していった背景には、そうした流れがある。

写真10—12　無錫マルゴ工業の加工職場

写真10—13　無錫マルゴ工業の検査職場

　特に、2001〜02年の頃には、中国進出の必要性が痛感され、上海を起点に長江デルタの蘇州、無錫、杭州、さらに、天津、青島、広東省まで調査を重ねた。特に、諏訪地域の有力企業であるセイコーエプソン、京セラなどが進出している地域に関心を寄せ、長江デルタに絞っていった。だが、上海は人件費が高いこと、昆山はインフラが十分でないこと、セイコーエプソンから無錫を勧められたことなどから、SARSが猛威をふるった2003年に無錫に進出することを決

定する。2003年6月営業許可証の取得、7月から8月にかけて機械の据えつけ、そして、2003年9月に操業開始している。

資本金140万ドルの独資企業。場所は無錫高新技術開発区の標準工場、1500 m^{2}の床を借りてスタートした。この場所は、以前は第8章で検討した東洋通信機（現、エプソントヨコム）が操業していたところであった。

良質なモノづくりの現場を形成

許可されている事業領域は、電子専用設備、検査機器、治具等の設計、製作、販売及びメンテナンスとされている。主要設備としては、マシニングセンター（3台）、NCフライス盤（2台）、NCワイヤーカット（1台）、治具フライス盤（4台）、三次元測定器（1台）などからなっている。日本人駐在者は3人（総経理、副総経理、技術部長）、現地スタッフは、営業総務（10人）、電気・機械設計（9人）、組立・調整（13人）、製造・加工（16人）から構成されていた。良質なモノづくりの現場が形成されていた。

中国での有力な取引先は、シャープ（蘇州）、ソニー電子（無錫）、デンソー（天津）、富士写真フィルム（蘇州）、キヤノン（蘇州）、松下電池（無錫）、京セラ（上海）、ニチコン（無錫）、エプソントヨコム（無錫）などとなっている。

この専用機、治工具の世界は、機械工学を学ぶ者にとって最も魅力ある事業分野であろう。受注生産とはいえ、身に着けた機械技術を駆使してモノを完成させていく。極めて創造的な仕事なのである。人材の採用は、人材センターや専門学校が中心となるが、新卒の場合は、インターンとして6カ月ほど様子を見てから採用している。インターンの時期は月800元ほどを支払い、採用後は1500～1700元程度に上げている。大学卒の場合は、初任給1800元、1年後には能力により、2000～2300元にしている。技能や機械技術が必要なため、若干高めに設定している。定着率はかなり良く、創業時の5年前に入社した15人のうち、半分は残っている。

いずれにしても、この専用機、治工具の領域は、機械工業集積が相当に進まない限り、成立しにくい領域である。そうした点からすると、無錫～蘇州の集積は一定レベルのところにきており、今後、ますます充実していくことが予想

される。そのような枠組みの中で、マルゴ工業の意義を見ていかなくてはならない。

　先の節で見た大手企業のサポート機能の進出に加え、細やかなサポート機能に従事する中小企業の進出も見られるようになってきた。それは、日本と中国の産業展開が密接化してきたことを意味するであろう。この節で検討した個々のケースで見られたように、異国の地で中小企業が新たな事業に取り組んでいくにはたいへんな努力を必要とする。そして、その努力の先には、中国事業にとっても、さらに日本国内事業にとっても、新たな可能性が拡がっていくのであろう。
　日本の中小企業が中国に本格的に踏み出してからほぼ20年、当初の低コストを求めた加工・組立拠点であった中国には、幅の広い可能性が拡がり始めているのである。

3．幅を拡げる進出日本企業

　大連、華南の珠江デルタに比べやや外資企業の進出の遅かった華東地域の長江デルタは、1990年代の後半以降、劇的な変化を遂げていく。華東地域のショーウィンドと言うべき上海浦東新区の金橋輸出加工区や張江ハイテク区には世界の有力企業が並び、訪れる人びとに大きな衝撃を与えることになる。特に、1990年代の後半の頃から、中国は「世界の工場」に加え「世界の市場」としても注目され始め、世界の企業を惹きつけできた。
　大連や深圳、東莞といった早い時期から外資企業を引きつけた地域は、むしろ、世界への輸出拠点としての性格が強かったのだが、中国国内市場を見渡す場合、上海を軸にする華東地域の長江デルタの優位性は際立っており、1990年代に入ってから世界の企業を惹きつけていくことになる。
　この点、日本企業は1990年前後から上海周辺の嘉定、閔行のあたりへの進出から始まり、その後、1990年代前半からは昆山、松江、杭州へと拡がっていった。さらに、1990年代の後半に入ると、蘇州、無錫への大量進出が目立ってい

くことになる。特に、蘇州には台湾のIT関連産業の集積が2002年頃から顕著に進み[6]、他方、日本企業の多くは無錫に向かったことも興味深い。2007年春の無錫市政府主催の東京のホテルで開かれた「『無錫旅情』20周年の集い」には、1000人を超える人びとが集まったとされている。

　上海から、蘇州、無錫、そして杭州に至る長江デルタの地は、世界の有力企業を惹きつけ、巨大な産業集積を形成し始めているといってよい。そのような中で、日本の中堅・中小企業がどのような方向に向かって進むべきかが問われていかなくてはならない。その場合、特に注目すべきは、長江デルタは中国国内市場を視野に入れた進出拠点の意義をさらに高めていることであり、もう一つは、自動車から電機、産業機械、食料品に至るまでの実に幅の広い産業が形成され、集積の内面を厚いものにしているという点であろう。さらに、もう一つ付け加えるならば、日本の若者からシニアまでの多様な人材が活躍し始めているという点が指摘されよう。

中国国内市場に向けた拠点

　上海はあらゆる意味で、中国の経済活動の中心地であり、世界の有力企業を惹きつけてきた。しかも、上海を扇の要とする長江デルタ、華東地域には広大な平地が拡がっている。上海から西に約130kmの無錫に至るまでほとんど山らしい山もない。南の杭州に180kmを進んでも同様である。広大な平地が拡がり、無数の運河が張りめぐらされている。都市の規模は「水」によって決まるとされているが、長江デルタの可能性は際立っているであろう。

　現状では高速道路体系はかなりの水準に達しているが、まだ軌道交通は十分なものではなく、今後の発展可能性はさらに高い。また、長江デルタには上海を中心に蘇州、無錫、常州、鎮江、南京、揚州、さらに、嘉興、杭州、紹興、寧波などの拠点都市が連担し、激しい競争を演じていることも興味深い。この点はさらに一つ下のランクの県レベルの都市間、例えば、嘉定、安亭、昆山、呉江、相城、張家港、江陰、宜興、大倉、松江、青浦、蕭山などにおいても同様であり、関係する人びとが「希望」を抱いて取り組んでいる姿に感動させられる。同じ蘇州市内などにおいても、蘇州工業園区と蘇州高新区は激しいライ

バル意識を剥き出しにしているのである。いずれの都市も訪れる度に環境整備が劇的に進んでいることを痛感させられる。

このような発展を実感できる限り、人びとも大きく変わり、上海をはじめとする主要都市の人びとの目線が高くなっていく。上海の中心市街地の人びとのファッション、行動パターンなどを観察すると、先進国の大都市と変わらないものになってきた。わずか十数年前を思い起こすと隔世の感がする。

このようなダイナミックに変化する上海をはじめとする華東地域の市場に深い関心を寄せる必要があるのではないか。縮む日本で内面の高度化をどう進めていくかという課題も重要だが、私たちが自らをエンカレッジしていくためにも、「希望」にあふれている上海から長江デルタ、華東地域のダイナミズムの「現場」に参加していくことが求められている。上海、長江デルタの「現場」の「熱気」からエネルギーを貰い、中国からアジアの広大な「拡がり」を痛感し、さらに、日本の「深さ」を改めて確認し、次に踏み出していくことが求められているように思う。

上海、長江デルタ、華東地域を基点に中国国内市場に向かうことは、人びとの開拓魂に火を点け、さらに、その活動を通じて日本を「深く」認識していくことにもなろう。まさに、現在の中国は「日本の鏡」ということにもなりそうである。

幅の広い、厚みのある産業集積を形成

本章のケースを眺めてみると、実に多様な業種、業態の中堅・中小企業が進出していることを改めて痛感させられる。当初の進出の目的は、「持ち帰り型の輸出生産拠点の形成」から、「中国市場を目指す」「進出企業を広くサポートする」「ユーザーを追跡しての進出」まで実に多様だが、いずれもしばらく経つと、華東地域ばかりでなく、中国全体の可能性を深く痛感していくことになる。

特に、中国国内市場に注目するならば、材料、部品も含めた現地化が不可欠となっていく。「中国価格」と「日本の品質、サービス」が求められていく。そして、当面は材料、部品を生産する日本企業の進出が求められていく。現状

は、ほぼこの段階にあるといってよさそうである。本書で見た JFE 商事、オカハシ、ミナミ製作所、フガク工機、水登社、日塑電子、トライウォールなどは、その典型と言えるであろう。

他方、珠江デルタほどではないが、長江デルタにも新たな民営中小企業が大量に登場しつつある[7]。その担い手の多くは25歳から40歳ぐらいまでの若手経営者であり、拡大する中国経済に「希望」を抱き、積極果敢にビジネスを展開している。特に、進出外資企業は彼らの目標になり、その追跡するスピードは際立って速い。

従来、長江デルタについては「蘇南モデル郷鎮企業の故郷」と言われ、1980年代中頃から1990年代の中頃までは、非国有の郷鎮企業が発展していた。だが、その後、純粋民営の中小企業が大量に登場するに至り、1990年代の末の頃には、「蘇南モデル郷鎮企業は第2の国有企業」などと言われ、構造改革が課題となっていった[8]。その後、長江デルタの郷鎮企業の民営化が急ピッチで進んでいる。純粋民営の中小企業の多くはソフト開発、軽工業部門などに顕著に見られるのだが、蘇南モデル郷鎮企業からの転換民営中小企業の場合には、本書第4章～第6章のケースで見たように、重工業部門にも幅広く見られ、地域の産業集積上、興味深い役割を演じていくことが期待される。長江デルタでは、軽薄短小部門だけでなく、重厚長大部門においても興味深い産業集積が形成されていくことが期待される。

そのような枠組みの中で、日本の中堅・中小企業も新たな可能性を求めていかなくてはならない。この長江デルタは幅の広い、深みのある産業集積の形成という点からして、中国でも最大の可能性を秘めているのである。

多様な人材が活躍

最近の進出日系企業では興味深い日本人が活躍している。長江デルタも例外ではなく、実に多様な人材が活躍していた。本書で取り上げただけでも、相当の数の人びとがいた。

日本本社の経営陣でありながらも、中国工場に長期駐在している方としては、マイクロリサーチの山本篤氏がいた。当然、このような会社の事業は実に興味

深い方向に向かっていた。

　また、シニアの方の駐在としては、ナカノアパレルの赤井春樹氏、サンヒルの松田逸雄氏がいた。さらに、若手の生きの良いところでは、JFE商事の加藤尊也氏、水登社の井上貴司氏、トライウォールの高田聖大氏などが印象に残った。

　これらの人びとは自分の意思で日系の進出企業に馳せ参じてきたという場合が多く、いずれの方も活き活きと活動していた。特にシニアの方は中国経験の長い場合が多く、中国の仕組み、生活の楽しみ方も十分に体得されており、進出日本企業のあり方に多くの示唆を与えてくれた。また、若い駐在の方々は、日本に比べた中国のエネルギーに惹きこまれている場合が多く、目が輝いていることが印象的であった。このような人材の増えていくことが、日本と中国との間の可能性を拡げていくことは言うまでもない。

　このように、長江デルタは日本企業の進出が深まるにつれ、人材の側面においても興味深い流れを形成しつつある。産業集積の幅が拡がり、深みを増していくに従い、人材の幅も拡がり、長江デルタはさらに輝いていくことは間違いないようである。中国発展の焦点とされている長江デルタは、日本企業、日本の人びとにとっても、今後、さらに興味深いものになっていくことが期待される。

1) 台湾企業の華東地域への進出については、関満博編『台湾IT産業の中国長江デルタ集積』新評論、2005年、を参照されたい。
2) 住友商事のベトナムでの工業団地事業に関しては、関満博・池部亮編『増補版ベトナム／市場経済化と日本企業』新評論、2006年、第3章を参照されたい。
3) 上海の日新については、関満博『上海の産業発展と日本企業』新評論、1997年、第8章を参照されたい。
4) このような問題については、関満博・加藤秀雄『現代日本の中小機械工業』新評論、1990年、関満博『空洞化を超えて』日本経済新聞社、1997年、を参照されたい。
5) 岡谷の機械工業集積については、関満博・辻田素子編『飛躍する中小企業都市』新評論、2001年、を参照されたい。
6) 蘇州への台湾IT産業の集積は、関編、前掲『台湾IT産業の中国長江デルタ集

積』を参照されたい。
7) 中国民営中小企業については、関満博編『現代中国の民営中小企業』新評論、2006年、を参照されたい。
8) 蘇南モデル郷鎮企業の問題については、関、前掲書、第5章を参照されたい。

終章　長江デルタ、蘇南の中心都市へ

　戦前の1920年前後の民族工業化をスタートに、1980年代には蘇南モデル郷鎮企業の故郷として注目を浴びた無錫は、1990年代の中頃から現在にまで続く外資企業の進出、特に日系企業の大量進出、そして、1990年代末からの郷鎮企業の民営化が重なり、興味深い産業集積を形成しつつある。

　それをあえて表現するならば、「民営企業×外資企業の高度化するスパイラルな産業集積」と言えるかもしれない[1]。元々、無錫の産業は繊維・日用品部門から、半導体製造関係、そして、重機械までの幅の広い業種で構成されていた。意外に「モノづくり」の基盤が整っている。むしろ、少し前の無錫に欠けていたのは、電気・電子、ソフト産業などの現代型産業部分であった。さらに、伝統的な産業分野においては新たな流れを形成するほどの研究開発力はなく、また、進出している外資企業も、単純な加工・組立に終始している場合が少なくない。

　つまり、無錫の場合には、基礎的産業部分は発展し、外資企業が大量に進出してはいるものの、いずれにおいても、次の時代を牽引するための頭脳部分が欠けている点が指摘される。研究開発部門、人材教育部門の充実が将来に向けての最大の課題となっている。そのような意味では、長期にわたる人材育成、企業の研究開発力の充実が課題とされるであろう。

　そして、こうした点にインパクトを与えるものとして、近年の日系企業を中心とする外資企業の進出が新たな意味を帯びてくることが期待される。外資企業も当初は、頭脳部分を持たない加工、組立部門から進出してきている。だが、多くの場合、電気・電子、ソフト、あるいは新たなサービスといった無錫に欠けていたものであり、無錫産業の幅を拡げていることは間違いない。

　おそらく、時間が重なるうちに、ここが一つの突破口となり、外資企業、民営企業が相互に刺激しあい、さらに、新たな人材育成の仕組みも考えられ、次

の時代を作り上げていくことのできる産業集積の形成、研究開発力の内面化、そして、人材育成に至る新たな流れが形成されていくことが期待される。無錫の現在は、その前夜というべきではないかと思う。

本書を閉じるこの章では、無錫が長江デルタ、蘇南の見事な産業都市を形成し、中国経済、あるいは東アジア経済の一つの焦点となっていくためのあり方を描いていくことにしたい。

1．展開力に優れる産業集積の形成

まず、無錫が目指すべきは「展開力に優れる産業集積」を形成していくということであろう。その場合のプレーヤーは何よりも若くて「希望」に燃えた企業であることは言うまでもない。無錫の場合にはそのための基礎的条件が整い始めている。郷鎮企業から転換してきた民営企業、新たな登場してきた民営企業、そして、中国市場を視野に進出してきた外資企業が重なってきた。これらが刺激的な関係を形成していくことが基本になろう。

1990年代中頃までの中国「企業」

1990年代の中頃、温州モデル郷鎮企業に代表される「私営企業」に圧倒されていた蘇南モデル郷鎮企業も、1990年代末からの民営化の取り組みの中で、市場経済に対応できるものに大きく変わってきた。いずれの民営企業を訪れても、経営者は若く、エネルギーに満ちあふれていた。近年の中国経済の拡大を受けて、果敢に事業を拡大し、内面の充実に力を入れていた。このような企業家が登場してこない限り、地域も産業も将来が見えない。そのような意味では、無錫には新たな可能性が生じている。

振り返るならば、1990年代の中頃までの中国企業は、国有企業、郷鎮企業に関わらず、社会主義中国のある制約の中で生きてきた[2]。まず、所属の上部機関があり、その指示に基づいて、決められた製品の生産をするだけというものであった。どのような製品を作るべきか、どのように売るべきかなどは上部機関の決めることであった。また、中国の企業は研究開発力というものを備えて

いなかった。これも上部機関に帰属していた。国有企業の場合などは、上部機関が自らの傘下の研究院と大学を組織し、製品化の目処がついてはじめて生産する企業（廠）を決めるというものであった。また、郷鎮企業には元々、研究開発力など必要とされていなかったのである。

　実際、国有企業の場合は、原材料の調達から販売まで上部機関の枠の中で行われていた。この点、郷鎮企業はそれほど厳しいものではなかったために、郷鎮の政府（形は、郷鎮の実業公司など）が必死に原材料を調達し、販売先も開拓していかねばならなかった。そのような意味で、国有企業に比べ、郷鎮企業の方が市場に影響される部分が多かったことも指摘できる。

独自性と自主技術の獲得の課題
　この点、1990年代の中頃以降になると、市場経済の仕組みが次第に整い、国有企業、郷鎮企業のいずれも、市場経済に対応できる「企業」になっていかなくてはならなくなってきた。本書の各ケースを見ても、そうした努力の跡がうかがえる。例えば、自主的に外国技術や設備を導入する、環境などの新分野に進出する、多角化に向かう、販売先を開拓する、輸出に向かうなどが見られた。従来はこうしたことはありえなかったのであった。無錫の企業も大きく変わってきたということであろう。そして、いずれも新たなタイプの経営者が登場し、自らの判断で行動を起こしていることが興味深い。中国の「企業」もようやく市場経済型の「企業」となってきたのである。

　ただし、無錫に限ったことではないが、現在の民営企業には、若干の懸念を抱かざるをえない。本書のケースでも多く見られたことだが、民営企業が一定の規模に達すると、いずれも多角化に踏み出すが、その多くは不動産関係であることが興味深い。土地価格が急上昇している中国の現状からすれば、不動産業は大きなビジネス・チャンスであろうが、本業がその分、おろそかになる懸念もある。中国民営企業が急成長を遂げているといっても、市場の急拡大に乗っているだけであるのかもしれず、また、技術的には後発の利益を享受しているだけなのかもしれない。

　郷鎮企業からの転換の場合、1990年末以降、民営化を焦点に「第2回目の階

層分解」が生じていると指摘したが、次の「第3回目の階層分解」は目の前に来ている。おそらく、「第3回目の階層分解」は「独自性」「自主技術」などを焦点としていくであろう。市場拡大と後発の利益に依存していた中国民営企業は、そこで新たな試練に直面していくことになろう。

このことは、民営企業個々の問題であると同時に、地域産業全体の問題でもあろう。中国の仕組みからすれば、地域の将来に対して責任ある立場にある地方政府が、個々の企業が独自化し、自主技術を蓄えていき、地域の産業集積全体が、独自かつ自立的な展開力を備えたものになっていけるよう、多方面の支援的措置を用意していくことが必要となろう。それは、後に詳述するが、技術的支援、経営的支援、そして金融的支援ということになろう。

また、無錫の民営企業の経営者たちと接すると、多くの経営者は近代的経営技術に対しての関心が非常に深く、夜間のMBAコースなどに通っている場合が少なくない。これに対し、無錫の基幹的な大学である江南大学は広大な面積の無錫市の各地で「出前型のMBAコース」を提供していることも興味深い。新たな産学連携のスタイルとして注目される。

いずれにしても、「第3回目の階層分解」は、近い将来、中国経済の発展の中で確実に起る。真に市場経済型の世界で通用する企業となっていくためには、何よりも「自主技術」の獲得が不可欠であり、さらに、現在のインサイダー取引ではないかと思わせる妙な人間関係を乗り越えたビジネスのあり方を目指していくことが求められよう。

現地の新たな可能性に飛び込む

本書を通じて何度も指摘してきたように、外資企業、特に日系企業の中国への進出は、1990年代中頃までは、圧倒的大多数は、低コスト生産の「持ち帰り型輸出生産拠点」か、あるいは、世界への「輸出生産拠点」の形成というものであった。このような場合、日本並みの品質が要求されることから、原材料部品を日本から持ち込み、加工・組立して、輸出するということになる。それはあたかも、人と場所を中国に借りたというにすぎない。東京の企業が人件費等が高くなり、地方に工場を展開したが、そこも高くなり、海外に場所を求めた

というにすぎない。地方工場の延長に海外工場があるという構図であろう。それは、地方工場が海を渡って「平行移動」したというにすぎない。

このような場合は、進出地域には雇用を生み出すなどの効果はあるものの、それ以上にはなりにくい。進出日系企業は何も変わらず、また、進出地域に寄与するものも少ないであろう。

無錫には伝統的に繊維日用品産業があり、1920年代以来の重機械工業の蓄積、さらに、中国の半導体基地としての機能もある。そして、1990年代中頃以降には、大量の外資企業が進出し、さらに多様性の幅を拡げている。ただし、現状では、外資企業の無錫経験は乏しく、地元の産業集積との接点を見出しているようではない。地元の産業集積と切り離された「租界」のような形で、進出外資企業の多くは個々に孤立的に存在している。

そして、無錫が繁栄し、人件費、土地価格などが上昇すれば、低コスト生産を求めて「持ち帰り型輸出生産拠点」「輸出生産拠点」を意図してきた外資企業は足早に通りすぎていくであろう。

この点、中国国内市場を視野に進出していく場合は、多くの新たな経験を重ねていくことになろう。現地の仕組み、人びとの好みを受け止めていかなくてはならない。そのためには、まず、原材料の現地化、部品の現地化から始まり、現地での開発、経営の現地化にまで進んでいくであろう。現地のあらゆる可能性を引き入れていかなくてはならない。その国地域に進出するということは、その国地域の企業になるということなのである。

そして、このような方向に向かう進出企業は、当然のこととして現地企業との交流を深めていくことになろう。それは販売先であり、協力してもらう関係であり、さらに、新たなものを生み出していくための関係となろう。それは、現地の産業集積の中に溶け込み、それを豊かなものにし、さらに、新たなものを生み出していく展開力に優れる産業集積を作り出していくための道筋となっていくであろう。それを「民営企業×外資企業の高度化するスパイラルな産業集積」と呼ぶことにしたい。

当初、「持ち帰り型輸出生産拠点」「輸出生産拠点」を意図して進出した日系企業も、現地の環境や可能性を積極的に見つめ、日本の制約を乗り越えた新た

な可能性の場として現地に溶け込んでいく必要があろう。新たな可能性に敏感であることが、企業の基本である。そうした個々の取り組みが、無錫の産業集積を豊かなものにし、さらに展開力に優れたものにしていくことが期待される。

2．人材育成こそ最大の課題

　無錫の産業展開の最大の課題は、展開力に優れる産業集積を形成していくことである。すでに、そのためのプレーヤーは揃い始めている。あとは、いかにそこに「命」を吹き込むかである。見掛上の産業集積が形成されても、その内面に求心力のある刺激的な要素が加わらなければ、何も起らない。人件費と土地価格が上昇すれば、そこにしか関心を寄せない企業群は通りすぎていくであろう。

　そのような事態をくい止め、集積がより豊かなものになり、展開力に優れたものになっていくには、「人材」が最大のポイントになるであろう。その場合の「人材」とは何か。その点を明確に受け止め、そのような「人材」を育成し、活躍できる場を形成していくことが求められているのである。

最重要な「人材」は企業家

　市場経済において最も重要な「人材」とは、企業家である。企業家がいなければ何も起らない。新たな可能性に挑戦し、事態を切り開いていくのが企業家ということになろう。中国の場合、計画制の時代には企業家は存在していなかった。工場長（廠長）と言われていた人びととは、決められた製品を、決められた数量だけ作れば終わりという「管理者」にしかすぎなかった。

　ただし、中国が改革・開放に踏み出して30年、ものごころがついた時には市場経済、あるいは生まれた時から市場経済という世代が育ち始めている。また、努力すれば「豊か」になれることもよくわかってきた。このような世代が登場し、中国が豊かになる過程で多くの経験を重ねてきた。世界的なレベルの電子製品を日常的に使い、高価な化粧品も当たり前になってきた。また、海外留学経験者も増えてきた。このような世代の目線は高く、世界の情報に接しながら、

新たな事業に踏み込もうとする場合も増えてこよう。彼らは、明らかに現在から将来にかけての中国の可能性を痛感し、一歩踏み込んだ取り組みを重ねていくであろう。

事実、現在の活発な中国民営企業のオーナー経営者の多くは、30歳代中盤から40歳代初め頃の世代が目立つ。彼らは世界の情報を背景に、精力的に活動している。だが、北京、上海、深圳あたりに比べて、無錫にはこの層は薄い[3]。全中国のこのような意識の若者は、北京、上海、深圳に向かってしまうのかもしれない。このような層の若者を見出し、育成し、無錫の地で新たな可能性に向かえるような環境づくりをしていくことが必要ではないかと思う。また、究極には、そうした若者が無錫に向かってやってくるという環境が求められる。「無錫では事業を起こしやすい、成功しやすい」という雰囲気と環境づくりが求められる。この点が、新たな高度化した産業集積を形成していくための最大の課題となろう。

この意欲的な若者が上海、深圳などに流れていることをどう受け止めるかという点に加え、もう一つ、今後、無錫が取り組んでいくべき課題がある。それは、外資企業が大量に進出してきているという点に関連する。全体としては無錫における外資企業の歴史は浅く、これからだとは思うが、外資企業に勤めた若者の中から、独立創業しようとする人びとが確実に登場してくる。大連、上海、深圳あたりでは、そうした人びとが大量に生まれ始めている。このような人びとが無錫の地元で独立創業できる環境を用意しておく必要がある。

彼らは外資企業の中でもまれ、世界標準の経営のやり方を身に着けている。このような人びとが独立創業していくことが、無錫の産業集積を豊かなものにしていくことは言うまでもない。

また、現状、無錫で目立つ民営企業の多くは、郷鎮企業からの転換という場合が少なくない。事実上、創業者であるのだが、時代の制約から郷鎮企業の冠を被っていた場合もある。当然、彼らには創業者としてのエネルギーがある。早い時代から事業的な可能性を見極めていたのであろう。彼らはカンも良く、事業経験も深いことから、自然に経営の力を身に着けている。こうした人びとに対しては、さらに近代的な経営技術を身に着けていけるような環境づくりが

必要であろう。その意味では、先に指摘した江南大学が実施している「出前型のMBAコース」の提供などは非常に興味深い。自らを高めようとする経営者サイドからの要請が、このような形を発展させているのではないかと思う。

スタッフの育成の課題

　この20年の中国を眺めての印象なのだが、かつての計画制の時代には、特に大学卒業者は国家の配分によって勤務先、勤務地が決定されていた。そのような事情から、知識人は特定地域にこだわることなく、どこにでも赴任したものであった。そうした意味での中国の知識人の流動性は高かった。だが、1990年代の中頃から、自由に就職ができるようになり、現在では、上海、深圳の外資企業に勤めることが人気となっている。

　この点、一方で、中国の地方都市も豊かで生活しやすくなり、しかも家族は一人っ子であることから、地元就職を願う層も増えてきた。無錫あたりでも、そうした傾向が強まりつつある。このような層は、企業家に向かうというよりは、企業組織の良きスタッフとして機能していくことが期待される。中国が豊かになるに従い、かつてのように、1元でも給料の高い方に流れるということも少なくなり、安定した生活を好む層も確実に増えている。住宅やクルマのローンが、そうした傾向を促している。

　中国経験の深い大連あたりの日系企業では、スタッフの定着率がかなり高い所も出てきた。その多くの場合は、住宅やクルマの取得を企業が支援しているなどが観察される[4]。中国もそうした時代となってきたのである。

　そして、このような持続的な企業として発展していくためには、身分的に安定しながらも、職場で生きがいを感じられ、自分が成長していることを実感できるものにしていくことが必要であろう。中国民営企業も進出している外資企業も、そうしたことが、重要な経営課題となってきたのである。そうしたことに目配りできる企業であることが求められている。振り返るまでもなく、「人材」がいなければ事業など成り立つわけがない。企業家が最たるものだが、もう一つ、組織の中の「人材」が事業展開の基礎となることは言うまでもない。

地域の産業集積を牽引する大学

　江蘇省においては、省都の南京は別格にして、無錫は蘇州と同格か、その次のランクの都市とされてきた。中国においてはこうしたことの意味は大きい。例えば、大学について、日本は東京を中心にする首都圏に200大学も集まり、地方の県庁所在地には2大学程度しかない場合があるのに対し、中国の場合は、首都北京の約70大学に対し、省都というべき都市にはほぼ確実に30大学程度が設置されている。事実、南京には南京大学、東南大学といった名門校に加え、理工系大学、語学系大学、師範大学、財経大学、芸術大学、体育大学等、一通りの大学が用意され、江蘇省全体の人材供給の役割を担ってきた。だが、蘇州、無錫といった都市は近年、急速に発展しているものの、人材供給といった側面では、まだ十分ではない。

　発展する無錫には、近年、他の地方の分校がいくつか進出してきているようだが、まだ、十分ではなさそうである。他方、この10年ほどの中国では、各地に興味深い大学が開校されていることが注目される[5]。例えば、遼寧省の大連には、瀋陽の東北大学を母体にした東軟集団（Newsoft）という民間企業が、学生数1万5000人規模の情報系の私立大学（東軟情報技術学院）を形成している（2001年7月）。大連のソフト産業の発展を人的側面から支えるというものである。また、広東省広州の花都区では、ある1人の地元資産家の資金で、やはり学生数1万5000人規模の自動車技術を専門にした大学（華南理工大学広州汽車学院）が開校した（2006年9月）。これは広東省の自動車産業の高まりに対して、人材供給をしようというものであった。

　中国では1民営企業が、あるいは1資産家が、このような大学を設立していくのである。無錫の場合は、これだけの産業集積、外資進出がみられるのであり、特に、電子技術、情報技術、さらに、機械技術のあたりを焦点とした新たな大学を地域の総力をあげて設立することができないのであろうか。

　先の大連の東軟情報技術学院や花都の広州汽車学院の場合は、いずれも地域に集積している外資企業を中心に、4年生を1年間インターンに出すなどが行われている。卒業した彼らの大半は、そうした企業に就職していくのである。全国からの人材の吸収、地元への就職を通じて、地域産業の集積の中身は、人

的な側面からさらに充実したものになっていくことが期待される。

　地域の産業集積が豊かなものになっていくためには、人材の育成が不可欠である。企業家、スタッフの育成、次の時代を担う学生などは、その最大の焦点となろう。そして、その先には、さらに、優れた技術者の招聘、リタイアした高級人材の活用、子どもたちへの科学技術教育など、より幅の広い課題が横たわっているのである。

3．産業発展に向けての政府の役割

　2008年になり、無錫市政府は将来に向けた「新たな産業発展戦略」を発表した。将来充実させていくべき産業領域を明示し、戦略的な展開を進めていこうとする意図がよく伝わってくる。特に、従来の中国の各政府で見られたハード中心、特定産業への思い入れの強いものから、ソフト、そして、具体性のあるものに踏み込んでいることを強く感じさせられた。中国の「産業発展戦略」も新たな時代に入ってきたのであろう。

　ここでは、無錫市サイドの発展戦略も意識し、多少、日本の経験を踏まえながら、地方政府の果たすべき役割について論じていくことにする。

企業誘致の次は「地域技術」の充実

　無錫に誘致されて進出してきた外資企業は、輸出拠点、中国国内販売拠点のいずれにおいても、低コスト生産は一つの基本的な要件であろう。低コスト生産が基本にあり、その他の要件と調整しながら、無錫に着地したのであろう。そして、現実の外資企業（日系企業）を見ると、明らかに低コスト生産の条件が崩れれば、通りすぎていくことが懸念される。

　それを食い止め、産業集積をより充実したものにしていくには、どうすればよいのか。それは、大きく二つの要素が規定要因になると思う。一つは、「人材」の問題であり、もう一つは「技術の地域化」あるいは「地域技術の充実」であろう。

　「人材」の問題については、先の節で詳述したことから、一つだけ指摘して

おく。それは、余人をもって代え難い「人材」を大量に供給していくことである。優れた人材が豊富な地域であれば、新たな企業の進出はあっても、退出はない。このことを銘記し、「人材」の育成には最大の努力を重ねていく必要がある。世界は「人材のいるところに、企業が動いていく」、まさに「人材立地」の時代になってきたのである。

　二つ目の「技術の地域化」「地域技術の充実」は、これからの無錫の現実的な課題となる。どれほど有名で魅力的な外資企業でも、中国、あるいは無錫に進出している企業は、組立が中心である。実は無錫でなければならない理由は特にないと思う。ならば、先に指摘した低コスト生産の条件が大幅に変われば、通りすぎていくであろう。特に、引き止めるものがないであろう。

　その場合の引き止めるものは、一つは先に指摘した「人材」でありうる。そして、もう一つが「地域技術」ということになろう。そして、その「地域技術」の多くは、民営、外資に関わりなく、中小企業が担っていくことが予想される。特に、日本の経験ではそうであった。

　無錫は確かにモノづくりの基盤的技術にみるべきものがある。ただし、現状では世界レベルの要請には応えられるほどではない。外資企業を食い止めていけるだけのものとは思えない。この地元の民営中小企業の部分の強化は、これからの無錫産業の最大の課題となりうるであろう。

　であるならば、これからの外資企業誘致のターゲットは、日本や韓国、台湾の中小の加工企業に置くべきであろう。これらの国地域の中小の加工企業の実力は世界的なものである。特に、日本の中小企業のレベルは高い。ただし、彼らは資本力に乏しく、自力で中国に進出することは難しい。この層が進出できる受け皿を用意していくことが肝要だろう。誘致の時だけでなく、その後のケアを十分に行っていくことが求められる。それができるかどうかが問われていこう。

　仮に、日本のレベルの高い中小企業が進出し、周囲の民営中小企業に刺激を与え、幅の広い、深みのある地域技術が形成されていけば、大手の進出外資企業も無錫に根をおろしていくことになろう。それは、さらに「地域技術」を充実させ、産業集積の高度化がさらに深まっていくことを意味しよう。

技術、経営、金融の支援の課題

　先に指摘したように、「地域技術」の中心的な担い手は中小企業である。特に、無錫の場合は民営中小企業の充実が重大なテーマとなる。一部に劇的に発展している民営中小企業が注目されるが、地道に基礎的な技術に取り組んでいる民営中小企業も少なくない。その層に新たな可能性を感じられる取り組みが求められる。優れた基盤技術の中小企業が地域に深く拡がることが、確実な地域産業発展の基礎となる。

　この点、第2次世界大戦後の日本の経験が参考になると思う。戦後の日本の中小企業政策は、その近代化、高度化を視野に進められた。その場合、三点セットというべきものが用意された。「技術支援」「経営支援」「金融支援」というものであった。

　「技術支援」は、全国47の都道府県に工業試験場、あるいは工業技術センターを配置し、技術指導、依頼試験を行ってきた。技術力、資金力の乏しい中小企業は、相談、セミナー、現場指導を通じて技術レベルを高めていった。また、日本ではしっかりしたデータの付いていない部品は流通しないが、試験場は幅広く依頼試験を受け、データを提供してきたのであった。このような地道な取り組みが、日本の中小企業の技術レベルの底上げにつながったことは間違いない。

　「経営支援」は、試験場と同じように、「中小企業指導センター」などの名称の下に全国の都道府県に配置された経営指導機関によって行われてきた。当初は記帳指導から始まり、管理技術の指導、さらには経営戦略作成の指導まで行った。また、情報の乏しい中小企業に対しては取引の斡旋、異業種交流組織の支援までを行い、中小企業の企業間のネットワークづくりにもおおいに貢献していった。日本には中小企業診断士という公的な資格があるが、都道府県の担当職員は、基本的には中小企業診断士の資格を保有し、地域の中小企業の指導、さらには地域中小企業の情報を政策の場に持ち上げるなどの役割を担ってきたのである。日本の中小企業政策は世界一と言われるが、この各都道府県の「中小企業指導センター」の果たした役割は大きい。

　もう一つの「金融支援」は、特に、信用保証制度を充実させ、信用力に乏し

い中小企業に対して、低利の短期、長期の資金を提供していった。また、このような資金を貸し付ける際には、先の中小企業指導センターなどが、継続的に経営指導を重ねていったことも重要である。多方面の機関が関わり、深い信頼関係を形成し、日本の中小企業の底上げを実現してきたのであった。

この点、中国政府も、日本の経験を踏まえ、基本的には同じような枠組みを提供しようとしている。だが、それらしい機関が生まれているものの、まだ、十分機能しているようには見えない。むしろ、無錫市程度の範囲で、独自的に取り組んでいったほうが、実効性が上がるのではないかと思う。無錫において、「地域技術」の充実を視野に入れた、このような取り組みが重ねられていくことを期待したい。

この15年の無錫の産業を見続けてきた身からすると、無錫のこれまでの取り組みは称賛に値する。蘇南モデル郷鎮企業の劇的な民営化の推進、日系企業を中心にした見事な外資企業誘致、このことだけでも目が眩むほどである。次の課題は「地域技術」の充実、「産業集積」の充実であり、地元の民営企業と外資企業の深い交流によるスパイラルな産業集積の高度化が求められていくことになろう。そして、このような課題に応えるに、中国の都市で最も近い位置にいるのが無錫ということになろう。

1) このような概念形成の背景としては、関満博『フルセット型産業構造を超えて』中公新書、1993年、同『地域経済と中小企業』ちくま新書、1995年、同『空洞化を超えて』日本経済新聞社、1997年、を参照されたい。
2) 中国の基本的な枠組みに関しては、関満博『「現場」学者中国を行く』日本経済新聞社、2003年、を参照されたい。
3) こういった点の北京、上海、深圳の事情は、関満博編『現代中国の民営中小企業』新評論、2006年、を参照されたい。
4) このようなケースは、関満博編『メイド・イン・チャイナ』新評論、2007年、第2章を参照されたい。
5) 中国の大学、特に産学連携を深く意識した大学の動きについては、関満博編『中国の産学連携』新評論、2007年、を参照されたい。

第Ⅳ部　補論／無錫産業調査のトピックス

補論Ⅰ　1993年／無錫産業の発展動向

　無錫は3000年以上の歴史を有する中国を代表する古都の一つであり、殷商末年頃には現在の無錫県梅園に城が築かれ、「勾呉国」と呼ばれていた。錫山に錫が採れることから、争奪の対象となっていたが、西漢高祖5（紀元前202）年、県が置かれた。錫山の錫は枯渇したことから、「無錫」と呼ばれるようになったといわれている。

　この無錫は長江下流域南岸に位置し、東は上海に128km、西は南京に183km、南は太湖に臨み、浙江省に接し、北は長江に河岸線を展開する。気候は亜熱帯季節風海洋性気候に属し、温暖湿潤であり、農業にも適している。総面積4650km^2、1993年の人口は426万人を数える。市内には京杭大運河が貫通し、上海～南京間の濾寧鉄道、国道312号線が走っている。さらに、市街地から20kmのところに無錫空港が展開、また、43kmのところには長江に面する国際港の張家港港が位置し、香港、日本への定期航路が用意されている。

　また、無錫市は崇安区、北塘区、南長区、馬山区、郊外区の五つの市区と、市区を取り囲んで県レベルの江陰市、宜興市、無錫県の三つの県（市）を展開している。そして、この無錫は、全国15の経済中心都市の一つであり、10大旅遊観光都市の一つ、全国都市総合実力評価50都市の一つ、投資環境優秀都市の一つでもある。そして、1992年の無錫の国民総生産額は全国都市別では第7位の288億元（91年比55.9％増）を数え、1人当たりの国民総生産額6819元を示すなど、2000年の目標であった倍増計画は8年早く達成された。

　以上のようなドラスティックな歩みをみせている無錫で特に注目すべきは、中国を代表する十大観光都市の一つでありながらも、中国でも有数の「工業都市」としての歩みをみせている点であろう。1992年の工業総生産額は897.7億元（当年価格）に達し、全国都市別工業生産額の順位で、上海、蘇州、北京、天津に次いで第5位に位置するものになっている。無錫は従来から「小上海」

といわれ、一定の工業基盤を保有していたとされているが、経済改革、対外開放以後の発展は劇的なものであり、発展する江蘇省南部の中でも、蘇州と並んで特に注目されている。太湖を中心にする自然環境資源と、古都の歩みを反映する歴史文化資源による観光都市と思われていた無錫は、極めて短期間の間に、実は中国を代表する工業都市へと変貌していたのである。

そして、このドラスティックな変貌を促したのが、郷鎮企業の大発展であったことはいうまでもない。中国農村の工業化の担い手として注目されている郷鎮企業の「故郷」として、無錫は新たな可能性を切り開いてきたということであろう。さらに、こうした郷鎮企業の発展によって工業発展の基盤を形成してきた無錫は、近年、大量の外資企業を引き寄せ、さらに、次の段階に向けて新たな一歩を踏み出しつつある。ここでは、そうした無錫の工業化の歩みと現状、そして、今後の発展方向を概観し、中国の地域経済発展の一つの可能性を探っていくことにしたい。

発展の成果と今後の目標

無錫の産業インフラをみていく場合、何よりも現在、発展、拡大の著しい上海の外延部に位置しているという点が最も重要であろう。無錫から上海までは128km、滬寧鉄道で約2時間の距離であり、1996年開通予定の上海〜南京間の高速道路が完成すれば1時間強の時間距離に短縮される。こうした点を含めて、まず、1990年代の無錫の重点的な整備方針をみておこう。

1990年代発展の総合的な目標は「2000年までに、初歩的に開放的で機能的な現代都市を建設する」というものであり、「経済の発達し、文化が高く、文明的な観光都市化を進め、住民の生活をマズマズのレベルにアップさせる」というものである。そのためには、1995年の国民総生産額を375億元（1990年の倍、8.5計画中の年平均増加率は18％）、2000年には666億元（10年間の年平均で15％増）を達成させることを第1の目標にする。この目標が達成されるならば、1人当たりの国民総生産額は1995年には全市平均で8000元、2000年には1万4000元となる。さらに、市区だけについてみれば、1995年に1万元、2000年には2万元強になる。なお、1993年統計によれば、全市の1人当たりGDPはす

表補Ⅰ-1　無錫市の国民経済主要指標（1952—92）

区分	単位	1952	1980	1985	1990	1991	1992
年末人口	万人	249.76	376.90	390.95	417.72	421.22	423.90
社会労働者数	万人	104.96	205.67	236.78	244.99	245.61	245.57
職工人数	万人	17.51	59.20	74.01	79.86	80.53	80.42
国有企業職工	万人	10.77	38.03	45.20	48.09	49.64	49.90
城鎮集団企業職工	万人	0.79	21.17	26.56	26.94	25.52	24.52
社会総生産額	億元	8.43	90.04	219.43	534.10	625.10	1005.02
工農業総生産額	億元	14.21	109.99	250.31	495.01	583.08	974.18
農業総生産額	億元	9.05	16.23	21.91	29.22	27.58	33.31
工業総生産額	億元	5.16	93.76	228.40	465.79	555.50	940.87
郷営工業生産額	億元	—	14.26	53.79	147.67	190.11	342.39
村及び村以下生産額	億元	0.02	10.67	53.14	140.86	171.80	340.23
郷以上工業生産額	億元	5.14	83.09	175.26	324.93	383.80	598.54
軽工業	億元	4.97	48.42	93.81	165.93	197.86	283.50
重工業	億元	0.17	34.67	81.45	159.00	185.94	315.04
国民収入	億元	3.40	31.33	71.33	134.74	158.30	254.57
国民総生産額	億元	4.27	35.55	79.85	160.44	184.82	288.14
主要製品生産量							
鋼	万トン	—	16.69	27.27	48.18	59.96	74.70
鋼材	万トン	—	37.78	48.72	52.50	63.35	128.87
石炭	万トン	—	2.04	74.31	40.39	61.48	59.52
農業用化学肥料	万トン	—	5.90	4.64	5.63	4.80	4.38
セメント	万トン	—	68.06	129.74	158.60	199.47	267.03
金属工作機械	台	182	2,293	2,105	1,948	2,160	2,759
自転車	万輛	—	47.41	145.68	132.25	139.07	133.10
テレビ	万台	—	9.38	63.64	103.93	104.78	101.76
テレコ	万台	—	4.30	48.86	46.15	39.36	25.78
扇風機	万台	—	59.02	122.18	207.08	207.54	211.57
洗濯機	万台	—	0.32	23.19	5.77	14.40	25.14
紗	万トン	2.63	6.95	7.49	6.69	8.58	8.24
布	億m	1.51	3.91	3.97	4.72	4.39	4.53
絹	トン	1,327	1,567	2,179	1,814	1,934	2,527
板紙	万トン	0.19	2.83	4.70	8.80	9.93	10.97
主要農産物							
糧食	万トン	85.36	146.68	146.97	153.95	138.65	150.80
油料	万トン	0.24	1.85	4.14	4.17	4.37	4.29
水産品	万トン	0.68	1.92	4.41	6.64	5.67	6.77
茶	トン	327	2,023	3,611	5,870	5,657	5,898
養蚕	トン	5,646	5,658	4,132	2,304	2,324	2,980

注：生産額は、1990年不変価格
資料：『無錫統計年鑑』1993年版

でに1万0348元に達している。

　また、現在の国民総生産額における産業別構成は、第1次：第2次：第3次＝7.1：67.1：25.8だが、1995年には、第3次産業の比率を30％、2000年には37％を目標としている。そのためには、1995年までの第3次産業の年平均伸び率は26％、2000年までの平均伸び率は22％が求められる。

　対外貿易買付総額（輸入額）は、1995年は90年の倍の160億元、2000年には400億元を見込んでいる。この間、1995年までの年平均伸び率は30％、2000年までの平均伸び率は25％となる。

　以上のように、無錫市の計画では、これまでの工業化の実績をベースに、産業構造の高度化と開放型経済を強く意識し、住民生活の向上、サービス経済化、国際経済化を目標にしているようにみえる。経済改革、対外開放以来、外資導入と近代工業化に集中してきた意識が、経済力の増大の中で、少し落ち着き、バランスのとれた発展といったところに、次第にシフトしつつある事情がうかがえる。中国も、発展の著しい長江下流域では、以上のような意識の変化が読み取れるということであろう。

今後の発展の重点

　そして、以上のような目標を達成するために、発展の重点として、以下の五つの事業を推進していく構えである。

　まず、第1に、さらに開放を推進していくために、インフラ整備を拡充する。特に、交通、エネルギー、郵電、通信、ガスなどの整備を重点に置く。

　交通に関しては、市内の幹線道路、橋、港の整備、大運河の拡幅等を促進すると同時に、上海〜南京の高速道路（無錫分47km^2）は1992年に着工、1996年には完成させる。江陰揚子江大橋を1993年に着工、1997年完成を目指している。また、江陰市の黄田港に2万トン級バースを2カ所建設、空港の改造、徐州〜無錫〜浙江省の鉄道の敷設も計画されている。

　エネルギー関係では、江陰市の利港発電所の1期工事が1993年に完成し、70万kwh（35万kwh×2基）が稼働しているが、今後、8.5期間中に第2期工事として70万kwh（35万kwh×2基）、9.5期間中に第3期として120万kwh（60

万 kwh×2基）を計画している。さらに、市内の配電設備の拡充として、変電所を1995年までに7カ所を新設、3カ所の改造、2000年までに、8カ所新設、7カ所改造を計画している。その結果、2000年までに、市内の変電所は18カ所になる。

　通信関係では、1995年までに市内の電話はデジタル式に切り替わる。また、1995年までに、市内通信設備は27.3万台、農村容量は21.9万台となり、市全体で平均電話台数は10.2台／100人、市内平均電話台数は25.3台／100人となる。また、移動電話も1990年の倍の5,000台を計画している。

　その他、浄水場の能力拡大、新設、都市ガス、排水処理施設の大幅な拡充等も計画されている。

　第2の事業は、工業の枠組みを強化し、大規模企業の導入を図るとしている。この点、例えば、新素材利用のオイルポンプ、冶金部門では鋼材、ワイヤーの高級化、電子工業では液晶、石油化学では有機化学工場の拡張、レントゲンフィルムの生産、全自動の洗濯機、紡績関連では、高強度繊維、ポリエステル材料の生産、薬品では抗生物質の生産などが期待されている。特に、液晶については、現在、シャープと調整中であり、全自動洗濯機は松下との提携に向けて調整中である。

　第3の事業は、特に、開発区の計画を発展させ、既存の合弁、新規の合弁の質を高めること。

　第4の事業は、流通業やサービス業の発展に力を入れる点である。特に、太湖に計画されているリゾート開発に関連して、外資の積極的な誘致を図る。

　第5の事業は、コアとなる技術を導入し、全体のレベルアップを図るとしている。

　以上のような五つの事業を推進することにより、都市と産業の発展的な基盤を形成し、住民の生活水準の上昇を狙っているのである。

無錫工業の特質

　当初、紡織などの繊維工業を主体としてきた無錫市の工業構造は、改革、開放以後の急速な発展過程の中で、次第にバランスのとれたものになってきてい

る。現在の無錫の主力となる業種は、紡織、機械、電子、軽工業であり、冶金、石油化学、建材、シルク、医薬品、工芸美術を合わせた10業種が中心とされている。さらに、無錫工業を特色づける最大の要因は、後にふれる郷鎮企業の大発展であろう。事実、無錫工業の中で郷鎮企業の占める比重は70%前後となっているのである。

生産額を企業の経済類型別でみた場合、1980年段階では郷営工業と村及び村以下工業を合算した狭い意味での郷鎮企業の生産額は全体の26.6%であったが、1992年には72.6%へと飛躍的な拡大を示した。さらに、軽重工業比率(郷以上工業について)は、1980年は軽:重=58.3:41.7であったのだが、1992年には、47.4:52.6へと逆転している。無錫工業は1980年から1992年にかけて、生産額レベルで約10倍という飛躍的な発展を示したが、その間、郷鎮企業の目覚ましい発展と重工業の充実を同時的に推進してきた。その結果、無錫は発展する長江下流域の中でも、比較的バランスのとれた工業構造を形成することに成功し

表補 I-2　無錫市の全部工業の企業数、生産額 (1992)

区分	全市	市区	江陰市	宜興市	無錫県
工業企業単位数 (個)	30,354	5,860	11,260	4,536	8,698
郷営及び郷以上工業	4,293	1,028	1,129	1,031	1,105
郷(鎮)営工業	3,038	220	949	886	983
村営工業	9,661	834	2,471	2,255	4,101
城鎮合作工業	325	325	—	—	—
城鎮個体工業	3,734	3,549	185	—	—
農村合作工業	2,324	2	1,995	—	327
農村個体工業	10,017	122	5,480	1,250	3,165
工業総生産額	8,977,537	2,314,376	2,371,487	1,050,633	3,241,041
郷営及び郷以上工業	5,743,556	1,940,931	1,403,306	679,064	1,720,255
郷(鎮)営工業	3,212,820	178,650	1,065,137	541,096	1,427,937
村営工業	3,019,056	3,545,503	850,058	331,569	1,482,926
城鎮合作工業	6,992	6,992	—	—	—
城鎮個体工業	13,196	11,680	1,516	—	—
農村合作工業	84,082	50	71,596	—	12,436
農村個体工業	110,655	220	45,011	40,000	25,424

注:金額単位=万元。当年価格
資料:『無錫統計年鑑』1993年版

てきたのである。

　無錫の全部工業数は1991年には2万5647工場であったが、1992年にはさらに増加し、3万0354工場となった。このうち、郷及び郷以上企業は4293であり、その他の2万6061工場は村営、個体戸ということになる。また、無錫市内の国有の大中型工場は249工場である。無錫における最大工場は、1990年実績からみると、職工人数では宜興陶瓷公司（2万0257人）、生産額では無錫虹美電器集団公司（7億3236万元）、固定資産では無錫華晶電子集団公司（4万1933万元）、利税総額では無錫鋼廠（6543万元）などであるが、無錫市の独自の評価によれば、第1位は無錫市小天鵝電器工業公司（職工1550人、生産額2億7004万元、固定資産3504万元、利税総額3852万元）であり、以下、江蘇雷声電子設備廠、江蘇太湖耐火材料株式有限公司、無錫化工集団公司、無錫市第一棉紡織廠、無錫機床廠の順で並んでいる。

　無錫の主要業種は先の10業種とされるが、それらの主要なものを取り上げて、概観すると以下の通りである。

　紡織工業は伝統もあり、綿、毛、麻、絹、化繊等が備わり、紡績、織物、メリヤス、プリント、服装加工、紡織機械、器材まで一通り揃っている。特に、毛紡工場の紡織第一廠、第二廠、第三廠や紡織機械の宏源紡織機械廠などは全国でも有数の工場として知られている。

　機械工業は、工作機械、動力機械、農業機械、食品機械、軽工機械、地質機械、自動車製造機械など、全国と江蘇省の基幹となる工場がある。例えば、オイルポンプ工場、センタレス・研削盤工場、タービン工場、ターボエンジン工場、環境保護機器工場等は、全国でも有力な工場である。

　無錫には全国最大規模のマイクロ・エレクトロニクスの研究、生産連合体があり、中国南方の重要なマイクロ・エレクトロニクス基地である。特に、半導体製造では全国一の生産量を誇っている華晶電子集団公司や、気象レーダー工場、テレコ、家電製品工場なども全国でも有力な工場である。

　化学工業では、11の石油化学工場があり、表面活性剤、防錆塗料、ブレーキオイル、ゴム製品などが有力なものとして知られている。

　冶金部門は、航空ワイヤー、合金製造、ベアリング、スプリング、金型材な

どが知られている。

　以上のように、無錫の工業は極めて短期間の間に急速に発展し、従来の繊維産業主導であったものから、機械、電子、化学などの現代的工業分野を急速に充実させ、長江下流域では最もバランスのとれた現代的工業都市の形成に向かいつつある。しかも、その主要な担い手は農村から立ち上がった郷鎮企業であり、そして、その郷鎮企業の発展に刺激されて国有企業等の在来的な企業群も意欲的に事業に取り組んでいる場合が多いなど、全体の活力が旺盛なところに注目すべき点があろう。

無錫の郷鎮企業

　ところで、無錫の発展を基礎づけたのは明らかに「郷鎮企業」の存在である。この無錫の郷鎮企業は1958年頃からスタートしたといわれ、無錫は「郷鎮企業の発祥の地」ともいわれている。現在、全国的に郷鎮企業の発展は著しく、全国工業総生産額の約30％強は郷鎮企業によるとされているが、この無錫の場合には、郷鎮企業生産額が70％を上回るなど、その存在感は一段と大きなものである。ここでは、そうした無錫の郷鎮企業の特質というべきものを概観していくことにする。

　この点、まず、郷鎮企業の概念の不明確さを若干指摘しておく。郷鎮企業の概念は非常に大まかなものであり、郷鎮及び村政府などの所有し、経営する企業から、農村の個体戸までを含むが、現在の中国の統計区分では、なかなか全貌を把握できない。例えば、表補Ⅰ―1の区分などは中国の統計上の「経済類型」として、形態区分の基本的なものであるが、この区分から通常「郷鎮企業」といわれているものを引き出すことは十分にはできない。表補Ⅰ―1から「郷鎮企業」を引き出すとすれば、「郷（鎮）営工業」「村営工業」「城鎮合作工業」「城鎮個体工業」「農村合作工業」「農村個体工業」を合わせたものが、一応、「郷鎮企業」といえそうである。ただし、この合計は1992年、2万9099企業となるが、表補Ⅰ―2に示される、市の郷鎮企業管理局のいう1万4796企業とは相当異なり、先の類別のどのような組み合わせでも、それに近い数字を引き出すことはできない。中国経済の分析には常にこうした困難が伴うのである。

表補Ⅰ—3　無錫の郷鎮企業の概要

区分	1991	1992	備考
郷鎮工業企業数（個）	12,838	14,796	
郷鎮工業生産額（億元）	358	661	対前年比84.6％増
職工数（万人）	111.8	110.2	全市の57％
輸出額（億元）	31.6	71.2	
三資企業数（軒）	201	1,412	
契約外資額（万ドル）	6,600	68,900	

資料：無錫市郷鎮企業管理局

表補Ⅰ—4　郷鎮企業の主要製品生産高

区分	1992
メリヤス	3.53万トン
生地	2億 m
綿糸	1.55万トン
毛糸	3.14万トン
ナイロン生地	1,606万 m^2
モーター	37.3万 kwh
ケーブル	38.4万 m
扇風機	98.3万台
テレビ	7.3万台
セメント	137.7万トン
プラスチック製品	8.1万トン
服装	3,500万枚
玩具	2,600万個

資料：無錫市郷鎮企業管理局

表補Ⅰ—5　主要製品の輸出割合

区分	1992（％）
紡織	32.7
軽工業品	14.7
機械	11.7
服装	12.1
化工品	10.9
鉱産物	5.0
工芸美術	3.2
シルク	1.8
食料品	0.3

資料：無錫市郷鎮企業管理局

　また、郷鎮企業の定義として、「農民が農村で行なう企業」という言い方もあるが、近年の高新技術産業開発区などでみられるハイテク型の企業で、大学や研究所をスピンオフして形成された企業なども、「郷鎮企業」としての取り扱いを受けている場合もあり、概念として理解しにくい。さらに、都市の市街地に展開する「街道企業」などは、地元の主婦達が集まって事業化したなどのケースも多く、概念的に「郷鎮企業」に近いが、これらは「都市集団企業」として、別の概念でとらえられている。
　このように、「郷鎮企業」の概念は、実は、非常に曖昧なものであり、明確な定義、統計的な扱いのしにくいものになっているのである。そうした点を意

識しながら、とりあえず、市の郷鎮企業管理局から提供された表補Ⅰ—3〜5により、無錫の郷鎮企業の動向を以下では簡単にみていくことにする。

表補Ⅰ—3によると、工業系の郷鎮企業の数は、1991年は1万2838企業であったが、1992年は1万4796企業へと、15.3％の増加になった。この間、生産額は358億元から661億元へと84.6％と増加となり、1企業当たりの生産額は、1991年は279万元から、1992年は447万元へと60.2％の増加になっている。

職工数は1991年は111.8万人であったが、1992年は110.2万人と若干減少し、1企業当たりでは、1991年は87人から92年は74人へと減少している。逆に、1人当たりの生産額は3万2000元から、1992年は6万元へと増加している。

無錫の三資企業は1992年末では1862件とされていることからすると、1992年段階で、郷鎮企業との合弁合作が1412件ということは、無錫では、三資企業の約75％は郷鎮企業との合弁合作であることを推測させる。

また、郷鎮企業の従事している業種は、機械（29.3％）、紡織（22.5％）、化工（13.3％）、冶金（12.1％）、建材（6.5％）の5業種が中心である。従来、日用雑貨の軽工業品の生産に従事していたと思われた郷鎮企業も、無錫では機械、冶金などの重工業部門の比重を大きく高めているのである。

表補Ⅰ—4の主要製品生産高をみると、繊維関連の他に、テレビ、扇風機、モーター、ケーブルなどの製品が上げられていることが注目される。

いずれにせよ、無錫においては、改革、開放以来、ドラスティックな工業化を実現したが、その主要な担い手は明らかに郷鎮企業であり、生産額で70％強を占めている。さらに、近年、無錫への三資企業の進出は著しいが、その最大の受け皿として郷鎮企業が登場していることも興味深い。農村の技術レベルの低い企業群といわれていた郷鎮企業は、その発展の中で事業意欲も旺盛なものとなり、そして、その柔軟性を背景に三資企業の受け皿として、また、一段と活発に活動を続けているということであろう。

無錫周辺の現状では、郷鎮の労働力はタイトになり、内陸から労働者を導入するなどの事態になっているが、そのことが、さらに、より付加価値の高いものへと向かわせるなど、農村の余剰労働力を吸収し、技術レベルの低いものに従事していたと思われていた郷鎮企業も、無錫周辺では事情が相当変化してい

る。いまや、すでに、農村余剰労働力の吸収の場としての郷鎮企業から、中国経済の一つの基本的な要素として郷鎮企業が登場してきたということであろう。特に、郷鎮企業の故郷といわれる無錫周辺は、そうした事態が最も先鋭的な形で進行しているのである。

外資導入状況

郷鎮企業の発展では全中国で最も注目されていた無錫だが、ここに来て、外国企業の進出の焦点としても注目されるものになりつつある。先にも指摘したように、無錫の場合には、郷鎮企業が外国企業との合弁合作のパートナーとして大きく登場するものになっている。それは、無錫の郷鎮企業自体が、事業的にかなり成熟してきたことを意味しよう。ここでは、無錫市対外経済貿易委員

表補Ⅰ—6 無錫市の利用外資状況（1978〜92）

区分	1978〜80	81〜85	86〜90	91	92	累計
契約件数	18	69	223	157	1,611	2,079
対外借款	—	17	33	4	9	63
直接投資	—	11	125	143	1,583	1,862
独資経営	—	—	4	1	25	30
合資経営	—	10	117	140	1,534	1,801
合作経営	—	1	4	2	24	31
外商その他投資	18	42	65	10	19	154
契約外資金額	1,049	6,098	71,443	12,865	121,052	212,507
対外借款	—	2,020	35,159	4,437	10,669	52,285
直接投資	—	2,119	32,678	8,310	110,078	153,185
独資経営	—	—	370	30	4,487	4,887
合資経営	—	1,619	31,332	8,246	100,400	141,597
合作経営	—	500	1,036	34	5,191	6,761
外商その他投資	1,049	1,959	3,606	118	305	7,037
実際利用外資金額	644	2,889	16,117	6,872	31,201	57,723
対外借款	—	448	5,434	1,704	12,184	19,770
直接投資	—	1,107	8,279	5,110	19,017	33,513
独資経営	—	—	17	30	780	827
合資経営	—	1,107	8,165	4,945	17,356	31,574
合作経営	—	—	97	135	881	1,113
外商その他投資	644	1,334	2,404	58	—	4,440

単位：万ドル
資料：『無錫統計年鑑』1993年版

会資料を中心に、無錫への外資の進出状況を概観していくことにする。

　無錫への外資の進出は、委員会資料（批准ベース）によると、1987年までの累計はわずか24件であり、1990年までは毎年数十件の単位であった。その後、1991年には143件と増加し、1992年には1589件と飛躍的な増加となった。さらに、1993年も8月までで908件を数えるなど、1992年以降の動きは他の地域に比べて圧倒的なものになっている。一般に、中国のどの地域でも、外資の進出件数は、1990年までの累計と1991年がほぼ等しく、1992年は1991年までの累計とほぼ等しいというのが一般的だが、無錫の場合は、1992年は1991年までの累計の約4〜5倍という驚異的なものであった。それだけ、無錫の投資環境全般の評価が高まったということであろう。こうした事情は、『無錫統計年鑑』による表補Ⅰ—6をみてもほぼ同様の傾向となっているのである。

　また、委員会資料によると、1993年8月末で、2770件中、合資経営は2665件、合作経営は42件、独資経営は63件となっている。1992年までの『無錫統計年鑑』では、独資経営は30件であったことからすると、1993年に入ってから一般に規模の大きい独資経営が増加していることが推測される。また、これらの

表補Ⅰ—7　無錫市への進出外資企業の国別状況

区分	契約項目数（件）			契約外資金額（万ドル）		
	1991	92	73〜92	91	92	73〜92
香港	98	944	1,130	5,889	62,524	97,838
台湾	12	241	258	338	17,089	17,842
アメリカ	15	156	190	542	10,881	13,281
日本	8	63	84	371	2,643	4,745
シンガポール	2	31	38	215	2,852	3,322
マカオ	2	29	32	419	2,897	3,351
オーストラリア	1	16	17	26	367	393
カナダ	1	15	16	40	621	661
タイ	—	15	15	—	2,995	2,995
イギリス	1	9	10	420	1,827	2,247
ドイツ	—	7	9	—	514	611
フィリピン	—	7	9	—	363	554
イタリア	1	5	6	14	150	164
フランス	1	3	5	18	211	229

資料：『無錫統計年鑑』1993年版

2770件のうち、1993年9月現在で操業している企業は1024件であり、全体の33.6%ということになる。産業別には、工業関係2472件、第3次産業290件、農業関係8件である。

　国地域別では、委員会資料によると、香港が第1位で、1608件、第2位が台湾の413件、第3位がアメリカの287件、そして、日本は第4位の129件とされている。日本の129件の内訳は、工業113件、第3次産業14件、農業2件である。

　以上のように、無錫への外資の進出は1992年から加速化の兆しをみせているが、こうした事態に対して、無錫市側は以下のような特色があると受け止めている。

- 大規模な土地開発のスタイルが目立ってきている。
- 関連する業種による総合開発のスタイルが目立ってきた。
- 世界的に知名度の高い企業の進出が目立ってきた。例えば、香港の中英グループ、タイの協連グループなどである。
- 大手の国有企業も積極的に合弁合作に参加するようになった。例えば、無錫の大中型企業249社のうち、153社が261件の合弁合作に踏み出している。
- 工業だけでなく、不動産、情報、先物取引等の第3次産業の進出も目立ってきた。
- 集団的に合弁合作に踏み出すケースも目立ってきた。

　このように、郷鎮企業をベースに発展してきた無錫は、工業都市として発展するに従い、外資企業の注目する所となり、近年、大量の進出、そして、多様な形態の進出がみられるなど、これまでの郷鎮企業主体の発展から、新たに三資企業を含め、バラエティに富んだ一段の発展のための条件を身につけ始めたということになろう。

　特に、近年、話題の上海浦東開発が進んでいく中で、上海の外延部に位置する無錫は、位置的な条件の良さに加え、郷鎮企業の発展によりある程度訓

表補Ⅰ－8　三資企業の批准の年別推移

区分	件数
～1987	24
88	24
89	30
90	52
91	142
92	1,589
93.1～8	908
合計	2,770

資料：無錫市対外経済貿易委員会

練された企業と労働者を用意できることから、今後とも外国企業の注目を集めることは間違いない。そして、それを契機に無錫は新たな発展のためのステージを見出し、中国における先鋭的な工業都市を形成していくことになるのであろう。

広範な開発区の展開

　無錫には至る所に「開発区」が形成されている。国家レベルの開発区は、1992年に国家から批准を受けた「高新技術産業開発区」の「無錫錫南高新技術工業園」と、もう一つ、中国唯一の環境保護産業開発区の「宜興環境保護科技工業園」の2カ所から構成され、さらに、観光リゾート開発区としての「太湖国家旅遊開発区」が計画されている。その他にも、地方レベルでの「開発区」の計画も多い。例えば、地方レベルでは、市クラスの計画としては「蠡園開発区」「宜興市開発区」、さらに、県クラスの計画では「江陰浜江開発区」「東亭開発区」（無錫県）などがある。その他にも、郷鎮レベルでも開発区が計画されているのが実態である。そして、これらの「開発区」は、いずれも、国家レベルの開発区とほぼ同様の優遇条件を提示し、外資の誘致を推進しているのである。

　以上の開発区の中で、ここでは、国家レベルの「高新技術産業開発区」である「無錫錫南高新技術工業園」と「宜興環境保護科技工業園」を取り上げ、その概要をみていくことにする。

　無錫錫南高新技術工業園は、元々、無錫市が経済技術開発区として独自に計画していた錫南工業片区が母体であり、国家レベルの高新技術産業開発区として1992年に指定を受けた。無錫市東南部に位置し、計画面積は5.45km^2、市の中心まで6.5km、無錫空港まで5km、そして、滬寧鉄道、京杭大運河の両側に位置し、東は国道312号線に接するなど、交通条件は抜群に良い。さらに、建設中の上海～南京の高速道路もすぐ横を通っている。また、すでに現在の段階で、第3期まで拡大の計画であり、将来的には23.45km^{2}になる計画である。1993年9月現在の進出決定企業は69社、うち、三資企業は41社である。9月現在の操業企業はまだ2社であり、1993年中に15社が操業に入る予定である。な

お、日系企業は5社であり、スポーツ用品のジャパーナ（独資）、川崎製鉄（合弁）などである。

宜興環境保護科技工業園は、中国唯一の環境保護産業開発区である。開発区形成の狙いは、環境保護関連の国内外の人材、資金、先進技術を誘致し、産業発展の過程を速め、レベルアップを図り、環境保護、汚染防止のための技術、サービスを提供することにある。工業園は宜興市の西側に位置し、計画面積は11km^2、当面、第1期として5km^{2}が開発される。工業園は、科学研究区、行政管理区、工業生産区、倉庫区、金融区・商業サービス区、生活居住区の五つの区域にゾーニングされて開発されることになる。

以上のように、無錫の国家レベルの「高新技術産業開発区」は2カ所から構成されている。無錫の最近の実力からすれば、こうした開発区の形成は当然のことであり、今後、開発区に形成されるハイテク産業と在来の工業基盤が連携して、無錫の次の時代をリードしていくことが期待される。そして、この開発区を舞台に、無錫を特色づける郷鎮企業と外資系企業との共同作業が広範に展開されていくならば、無錫の発展は全く新たな色合いを帯びたものとなっていこう。郷鎮企業の驚異的な発展と、外資系企業の大量の進出は、明らかに、無錫の工業都市化の先鋭性を物語っているのである。

【付記】本稿は、「郷鎮企業の大発展／無錫」と題して、関満博『中国長江下流域の発展戦略』新評論、1995年、補論Ⅰ―6に掲載したものを再録したものである。

補論Ⅱ　1993年／当時の蘇南の企業

　長江下流域、あるいは江蘇省南部の蘇南の経済発展をリードしたのは郷鎮企業といわれている。事実、江蘇省経済に占める郷鎮企業の比重は60％近いものになり、年々、そのウエイトを高めている。そうした意味では、改革・開放以後の江蘇省を象徴する存在として、郷鎮企業に注目する視点は極めて的確なものであろう。

　他方、1990年代に入り、江蘇省をめぐる状況は大きく変わりつつある。特に、改革・開放の一段の進展、さらに、長江河口に位置する上海が目覚ましい発展過程に入り始め、上海の機能の外延化が進んでいる。また、上海の投資環境が飛躍的に改善され、さらに、江蘇省自身の投資環境整備が進み、外資企業の進出が急激に進み始めている。いわば、あらゆる意味で、上海の背後地にある江蘇省は世界のホットスポットとされる上海の外延化の最大の受け皿として機能しつつあるということであろう。そうした点は、地元でも的確に理解されており、上海の発展を江蘇省自身の発展のチャンスとするという戦略的な対応がとられているのである。

　そうした意味で、まさに、江蘇省の発展は、1980年代は「郷鎮企業の時代」であったのだが、1990年代は「郷鎮企業と外資系企業の相乗的発展の時代」が予感されるであろう。さらに、かつての計画制の尻尾を引きずっているとされる国有企業においても、周囲の郷鎮企業の発展に刺激され、新たな方向に向かいつつある企業も登場しているなど、江蘇省工業をめぐる状況は実に多方面にわたるものになってきた。

　ここでは、以上のような事情を個々の企業の実態の中から明らかにし、今後の江蘇省工業の課題というべきものを探っていくことにしたい。個々の企業の日常的な取り組みの中に、地域工業に内在する構造的な問題と将来的な課題が横たわっているのである。なお、この章で検討する企業群へのヒアリング調査

は1993年9月に財団法人日中経済協会の「江蘇省投資環境調査」の一貫として実施したものである。

1．国有企業の現状と課題

　長江下流域、あるいは、江南、蘇南といわれる蘇州、無錫、常州、南京などの地域は[1]、近年、郷鎮企業の活発化によって急激な経済発展の道を歩み始めたことで知られる。こうした中で、長江下流域に形成されてきた伝統の国有企業も、新興の郷鎮企業の発展ぶりを意識しながら、社会主義市場経済化の流れを受け止め、新たな独自的発展の方向を模索しつつあるようにみえる。上海を河口とする長江下流域は、従来から中国の代表的な工業基地であり、全国的にも著名な国有大企業が展開している。これらは、国家からの指令制部分の減少などの事態を意識しながら、明らかに新たな方向に向かいつつある。

　ここでは、郷鎮企業ばかりが注目される長江下流域において、国有企業が現在どのような状況にあるのかを、幾つかの現実の企業の姿をみることから明らかにしていく。郷鎮企業の発展の中で、影が薄くなってはいるが、国有企業の存在は依然として大きなものであり、そのリストラクチュアリングは中国工業の今後に重大な影響を及ぼすことはいうまでもない。

（1）　新分野進出を狙う国有企業（無錫鍋爐廠）

　市場経済化以来、国有企業の改革が進められているが[2]、伝えられるところによると、いずれも苦戦している模様である。住宅、医療、年金等までの福利厚生の全てを企業（単位）が負担していたという中国国有企業からすれば[3]、その改革は容易ではなく、社会構造全体の調整の中で初めて企業の改革も期待されるであろう。そうした困難はあるものの、国有企業の改革への取り組みは続けられ、一部の国有企業では事業展開にかなり積極性がみられるものになってきた。新製品分野への取り組み、積極的な営業活動の推進等がみられるようになり、「大釜の飯を食う」といわれた国有企業も次第に変質しつつある。ここでは、長江流域の中でも、特に郷鎮企業の発展によって注目されている無錫

市の代表的な国有企業の現在をみていくことにする。郷鎮企業の活発な活動は重量級の国有企業にも大きなインパクトを与えているのである。

写真補Ⅱ－1　無錫鍋爐廠の建屋

重厚長大型の国有企業

1958年に創立した無錫鍋爐廠は工業用ボイラーと水処理設備の中国の有力企業の一つであり、国家機械工業部の大型重点企業として全国の水処理設備の研究センターかつ最大の生産拠点を形成している。1988年には国家2級企業、1989年には国家1級企業に認定され[4]、さらに、1988年には機械電子工業部（現在は機械工業部と電子工業部に分かれている）の全国50の大企業の一つに選ばれている。いわば、無錫鍋爐廠は中国機械工業の代表的な企業の一つということであろう。

工場は無錫市内の京杭大運河沿いにあり、敷地面積25ha、建物面積150万㎡、従業員2000人（うち、技術者300人）、約800台の加工設備を保有している。主要設備としては、大物加工用の2200トン水圧プレス、大型ベンダー（100mm可能）、大型焼戻炉、パイプ曲げライン（3ライン）、100トンクレーン等が装備されている。また、当廠の製品は大型のものだが、京杭大運河に接し、上海～南京の幹線鉄道である滬寧線の貨物駅にも近く、輸送条件に恵まれていることも一つの特色である。

主要製品の第1は工業用、発電用ボイラーであり、石炭、石油、ガス焚きボイラーまでをカバー、発電用では最大410トン（5万kwh）から最小2トンまでをカバーしている。これまでの納入実績では、北京方庄ニュータウン、蘇州熱電廠、南京紡工熱電ステーション、甘粛鉄合金廠、新疆八一糖廠、四川長寿

化工廠、重慶鋼鉄公司、湖南岳陽造紙廠、浙江嘉興熱電廠、黒龍江牡丹江熱電廠等がある。

　主要製品の第2は発電用の水処理設備であり、30～60万kwh規模に対応している。これまでも、上海宝山鋼鉄総廠第1期、第2期工事、秦山原子力発電所、広州鋼廠等の国家の重点プロジェクト、さらに、外資企業の水処理設備建設に従事してきた。

　さらに、近年、自主的に新製品分野として大型空調機部門に進出している。この空調機部門は1993年3月から生産開始に踏み出したものであり、1993年5月に第1基目を新設された無錫駅に設置した。現在、全般的な市場経済化が進み、空調機需要は飛躍的に拡大しており、今後の主力製品に育てていきたい考えである。特に、経済発展の中でホテル等の冷房ニーズが増大している。1994年度には100万カロリー／年程度の設備を200台ほど生産していく計画である。当面、加工能力は十分あるが、技術的な課題も多く、上海交通大学、船舶関係の703研究所（哈爾浜）の分所（無錫）から指導を受けている。今後は、さらに日本との交流を期待している。

フルセット型の生産体制

　生産体制は、中国の大型企業に共通するものだが、全ての加工機能を内部に備える「フルセット型」の編成になっている。ただし、一部の付属品の鋳造は外注であり、無錫市内から郊外にかけての20社ほどの郷鎮企業に主として依存している。

　さらに、当廠主体で任意の集団公司（26社）を形成、品質の指導・管理を行い、全体のレベルアップのための指導的立場についている。これら集団公司のメンバーは緊密性（同業3社）、非緊密性に分けられている。中国は経済改革以来、同業種・関連業種を組織化する「横向連合」の形成に熱心だが、これらは完全な営利組織である日本の系列組織や企業集団とは異なり、全体の技術レベルを上げていくための情報交換的な組織である場合が多い。ただし、同じ「集団公司」の名称でありながら、コングロマリット的な存在やカルテル的組織も存在するなど、分析的にはかなりの注意が必要である。

また、市場経済化の中で、営業的努力が不可欠になり、営業を3部門（ボイラー、水処理、空調機）に分け、約50人のメンバーで全国に出張して対応している。中国経済全体にエネルギー関係の基盤整備が加速されている現状から、積極的な営業活動によって、1992年の生産額は1億5000万元から、1993年は2億元を突破することは確実である。

　こうした中で、幾つかの問題も意識されている。この点、当廠は国家の重点企業でありエネルギー、人材等は優先的に配分されることから問題はないが、活動の活発化の中で、設計技術が不足していること、設備が老朽化していることが痛感されている。

　そのため、外国企業との技術交流、合弁への期待も大きい。これまで、アメリカのGEと設計製造で100トン／hの石油ボイラーの合作を経験したことがある。日本企業とは、財団法人日中経済協会を通じて、1986年に横浜ゴムが来訪した。最近では、1992年に愛知県の近藤と交流し、1年間の技術者派遣を契約済である。また、当廠の廠長が1992年に三菱重工に研修に行っているなどである。

　以上のように、改革・開放の十数年を経た中国企業は、「大釜の飯を食う」、「親方五星旗」（日の丸）といった従来のスタイルでは生き残ることはできず、多方面にわたる企業的努力をみせるものになってきた。特に、江蘇省の無錫周辺は郷鎮企業の活動が活発であり、伝統の国有企業もかなり刺激されている。この点は、依然として国有企業の比重の高い遼寧省、吉林省、黒龍江省などの東北地方あたりとは事情が異なっているようにみえる[5]。

　中国国有企業は福利厚生、国家の指令等の負担が大きく、西側諸国の企業とは存立の基本的条件が異なり、市場経済化にスムーズに対応できるというものでもない。ただし、中国社会経済の仕組み全体が大幅に変化しつつある現在、元々、人材、設備等の蓄積の大きい国有企業は、技術革新や市場への積極的な取り組みを進めていけば、新たな発展方向をつかみ取ることは不可能ではない。自ら営業努力を重ね、外国企業との交流を深めていくなどの中で、企業意識が身につくことが期待される。

(2) リストラに向かう国有企業（南京第二機床廠）

　従来、中国の国有企業は国家の各部局に所属し、その指令の下で、ある決められた領域の製品を決められた量だけ生産することを任務とされていた。例えば、工作機械工業をみると、旋盤専門工場、フライス盤専門工場、研削盤専門工場等がそれぞれ存在し、他の領域の製品を生産することは禁じられていた[6]。また、旋盤専門工場でも、NC旋盤を生産する工場は指定されており、上級の部局の許可がない限り、廠独自の判断で生産することはできなかった。ただし、こうした制約も、経済改革の十数年を過ぎて以来、かなり緩やかなものとなり、廠サイドの意向はかなり受け入れられつつある。国有企業の活性化が課題とされる現在、廠側の計画を上級の部局に上げ、認可を受けることは比較的容易になってきたようである。

工作機械専門工場

　ここで検討する南京第二機床廠は、国家指定のギア加工機の専門企業であり、国際的には中級レベルの製造技術を保有する企業である。また、工場内に技術開発研究所を保有している。そして、中国の国有企業では一般的なスタイルで

写真補Ⅱ—2　南京第二機床廠の鋳物職場

ある工作機械生産に関わる全ての加工機能を保有している。例えば、工作機械生産の基本となる鋳造部門も400人規模を数えている。そして、廠全体の従業員数は3500人（うち、技術者404人）、1992年の生産額は約1億8000万元に達している。

また、当廠は輸出入自主権を保有しており、欧米と東南アジア向けを中心に1992年の輸出額は500万ドルに達した。それらの結果、1992年は利潤が倍増、全国工作機械企業の利潤ランキングで7位となった。従来は、20位程度であったことからすると、当廠の近年のリストラクチュアリングはかなり好ましい方向に向かっているようである。さらに、従来の国からの指令は無くなり、現在では、社会主義市場経済の中で、活動はかなりの程度自由になっていることも注目される。

なお、製品系列は以下の4種から構成されている。
① ギア加工機──ホブ盤、スロッター、歯切盤、歯車研削盤等であり、年産800台程度の生産である。
② 旋盤──普通旋盤から特殊旋盤までをカバーし、年産1500台程度である。このうち、約100台程度はNC旋盤である。
③ フライス盤──ドイツのSSWと合作し、中国国内では一流の技術と評価されている。年産は100台程度である。
④ プラスチック押出成形機──近年、取り組み始めたものであり、年産300台程度である。一部はNC装置付きの製品である。

以上のように、当廠はギア加工機の専門企業として歩んできたが、現在では、旋盤、フライス盤、プラスチック押出成形機、さらに、NC機までなど、工作機械のかなり幅の広い領域をカバーする企業として変身しつつある。なお、NC機に関しては、現在、生産額の20%を占めている。ただし、NC装置はファナック、シーメンス、パソコンは三菱電機から調達している。

また、近年は中国の第3期消費ブームの渦中にあり、オートバイ、自動車需要は過熱化の兆しをみせ始めている。そのため、変速ギアへのニーズは大きく、当廠の加工機の市場は大きく拡大している。さらに、ギアの加工要請も大きく、1991年には、ギア加工用の工場を新設した。その結果、当廠の工場は、ギア加

工機とフライス盤の工場である旧工場（敷地面積10ha）に加え、4 km 離れた場所に、プラスチック押出成形機生産、ギア加工工場としての新工場（敷地面積14ha）の２工場体制を編成している。

外国との交流の期待

外国との交流は近年活発になり、特に、ドイツのSSWとは1983年以来の付き合いであり、ドイツ側が技術の無償提供、技術者の研修を引き受けてくれたというものである。ただし、現在は欧州の景気が悪く、ドイツとの合作は途絶えている。

日本に対しては大市場との認識はあるが、販売実績に乏しい。当廠の所属する国家機械工業部と機械輸出入公司が日本に駐在を出し、また、日本商社の淀川を通じて営業活動を実施しているが、成績は思わしくない。日本の工作機械メーカーも淀川を通じて毎年何社か視察に来ているが、現在のところ、実質的な交流には至っていない。

なお、当廠はアメリカと香港にも事務所を出し、営業拠点形成、技術動向の把握に努めているなど、中国の国有企業も、社会主義市場経済の流れの中で、新たな独自的展開に踏み出そうとの意識はかなり強いものになっているようである。

以上のように、一国の基幹産業として、国家の基本建設の重要な部分を担い、国家の指令により、ある特定製品分野の製品を生産することを任務とされていた中国の工作機械メーカーも、市場経済化の流れの中で、明らかに事業意識を鮮明なものにしつつある。国有企業の停滞が伝えられ、そのリストラの方向も定かでないが、他方で、意欲的な国有企業の中からは、製品分野の拡大、外国との交流、外国への営業、情報収集拠点の形成等に踏み出す企業も現れ、世界レベルの技術革新、市場動向に敏感に対応しようとする企業も登場しつつある。そうした国有企業の新たな模索を、この南京第二機床廠の取り組みにみていかなくてはならない。

（3） 日本企業による企業診断とその後（常州柴油機廠）

1913年に創業した常州柴油機廠は杭州柴油機廠、上海柴油機廠と並んで中国で最も古いディーゼルエンジン生産企業であり、1988年には対外貿易自主権の獲得、国家2級企業、1990年には国家1級企業の認定を受け、さらに、1991年には全国500の最大企業中第321位に序せられた。従業員数は約4000人、うち技術者414人を数えている。工場敷地面積は24ha（東工場、西工場）からなる常州を代表する企業の一つである。

　主要製品は、主にシングル・ピストンの農機用ディーゼルエンジンであり、7系列にシリーズ化されている。また、近年は多気筒エンジンも手掛け始めている。これらは、「常柴ブランド」で販売されており、その中のS195は国家の金賞を3回受賞、D180は国家の銀賞を受賞している。当廠の製品の実際の利用の仕方としては、トラクター、ポンプ、船舶、建設機械、発電機等に搭載されている。1991年の生産台数は42万台、生産額5万3827万元、利税3479万元、輸出額1031万ドルを計上した。輸出地域は東南アジア、中米、アフリカ、ヨーロッパ等76カ国地域に及んでいる。1993年の目標生産台数は52万台だが、1993年8月末で、既に38万台を達成している。

　販売の方式は、輸出の場合は外国の代理商を通じるパターン、国内は全国36のトラクター工場、農機工場への直販であり、その他、全国各地の農機具公司

写真補Ⅱ―3　常州柴油廠のU字ライン

（小売店）を通じる形をとっている。

広範な外注利用

経営方針の基本は低コスト、高品質を目指し、「最新の製品を作る」を掲げている。そして、生産組織としては、従来から多方面にわたる外注協力工場を組織する形をとっていることも注目される。その場合、主要な部分は自社で行い、その他は外注協力工場に依存するというものである。冶具、鋳物、エンジンブロック等の主要部分は内作、オイルポンプ、ピストン、鍛造品等は協力工場に依存している。後にふれる南京油泵油嘴廠や、無錫油泵油嘴廠も協力工場の一つであり、同業種を複数組み合わせて競争させるなどを実施している。

主要な協力工場は25工場であり、国有企業、市営、県営、郷鎮企業などから構成されている。郷鎮企業については、まだ、技術的には課題がある場合が多く、あまり複雑でないもの、都市部では公害問題になりがちな鋳物などで簡単なものを依存するなどの形を取っている。なお、外注協力企業の選択の基準は、「人材、機械、材料、方法、環境、検査」の六つにあり、こうした側面から日常的に管理している。

また、研究開発等に関連する支援機関としては、江蘇工学院（鎮江）、交通大学（上海、西安）、天津大学との関係が深い。

日中経済協会による企業診断

ところで、この常州柴油機廠は日中経済協会の企業診断制度を利用、1984年にクボタによる企業診断を受け、その後、意欲的に技術改造に乗り出している。生産工程もかなり合理化され、半自動化、自動化が模索されている。例えば、最終組立ラインなどはＵ字型に編成され、日常的に改善の工夫がされていることが感じられる。

そうした中で、クボタとの関係は深いものになり、1992年からクボタとの合弁合作の話がテーブルに乗せられている。1993年中には、クボタ側が訪中する予定であり、当廠としても、「クボタとの合弁を作り、中国の発展のための農機具を生産すること」を当面の最大の目標にしている。そのため、常州市郊外

に建設中の「常州高新技術産業開発区」[7]内に20haの土地を取得済、合弁のための準備を進めている。エンジン生産、鋳物部門の合弁により、主として国内向けの新製品開発に踏み出したいとの意向である。

1992年以降の中国の国内経済は過熱状態を続け、過剰労働力といわれてきた農村地域でも、機械化の波が押し寄せつつある。農業生産性が上がり、農村に余剰労働力が滞留し、その労働力が郷鎮企業に吸収され、そして、農村の所得水準が上がるというサイクルの中で、今後、農業機械化は飛躍的に進んでいくことが予想される。そうした構図の中で、小型ディーゼルエンジンを得意とする当廠の活躍の場はいっそう拡大していくであろう。

そして、こうした市場拡大と同時に、市場経済化が進む中国では、品質とコストを巡っての競争が熾烈なものとなり、計画経済の枠の中に安住していた国有企業といえども、企業的努力が最大限求められるものになりつつある。この点、当廠の場合は、クボタによる企業診断を契機に品質意識、管理意識がかなり深まり、また、新技術を求めて合弁を期待するなど、明らかに従来の国有企業とは異質な取り組みをみせるものになってきた。

この点、国内市場が低迷している日本の農機メーカーにとっても、中国は巨大な市場にみえ始め、生産拠点形成は焦眉の課題になりつつある。そうした日中の企業双方の事情から、中国市場を視野に入れたかなりレベルの高い合弁合作が今後広範に展開されていくことが予見される。そうした一つのケースとして、この常州柴油機廠とクボタの今後の動きが注目される。かなり早い時期に企業診断を通じて下地を作っていたということが、ここに来て具体的な事業推進のベースとして機能し始めたということであろう。

（4）　中国金型企業の現在（昆山大型塑料模架廠）

昆山大型塑料模架廠は、1983年に設立された中国唯一の大型プラスチック射出成形金型の「粗加工メーカー」である。主要なユーザーの分野は、自動車、テレビ、洗濯機、冷蔵庫、軽工業、建築材料、計器類等である。いずれも1979年の経済改革、対外開放政策以来の消費ブームの主役というべき製品群であり、大型プラスチック射出成形技術のレベルアップは焦眉の課題とされている。こ

写真補Ⅱ—4　昆山大型塑料模架廠の機械加工職場

のため、当廠は第8次5カ年計画（1991〜95年）、第9次5カ年計画（1996〜2000年）の中で、国家機械工業部の重点投資工場、さらに、全国機械工業200の「特定企業」の一つとされている。

金型専門工場

　現在の敷地面積は3.3ha、工場建築面積は8800m²であり、構内に石油機械工場と、金型工場が同居している。全従業員で485人、うち金型部門は160人から構成されている。ただし、当廠は金型部門の充実が期待されており、近々、石油機械工場は昆山経済技術開発区に移転し、現在地は金型専用工場になる計画である。

　1992年の金型関係の生産額は1400万元、利税200万元であったが、1993年1〜7月期で生産額900万元、利税135万元を数え、1993年は通年で1800万元の生産額になる見通しである。当面、中国では重点施策として自動車工業を発展させる構えであり、大型のプラスチック射出成形金型の市場は飛躍的に拡大していくものとみられる。そうしたことから、重点投資工場である当廠はここに来て設備改造が活発に推進されている。すでに、敷地内に新工場が建設され、1993年9月現在、アマダのカッターが導入されていたが、さらに、プラノミ

ラー、大型横中グリ盤、立型フライス盤、大型2頭フライス盤などが発注されており、1994年春頃には1～20トンの大型射出成形金型年産1000台の粗加工が可能になる計画である。中国国内の市場予測によると、大型プラスチック射出成形金型の市場は年5000台といわれ、国としても第9次5カ年計画の終わる2000年までに当廠を重点的に発展させる構えである。

現在の当廠の受注先は全国約400社であり、金型専門メーカーと自動車等のメーカーの金型職場が合わせて70％程度、残りの30％はプラスチック製品メーカーの金型職場ということになる。従来の中国では、製品メーカー自体が金型部門もフルセットで保有するというスタイルが通例であったが、近年は技術、設備の高度化、高額化を背景にかなり分業化が進み、粗加工専業の当廠のような存在の重要性が高まっている。

ただし、当廠としては、今後は設備の充実を背景に、粗加工だけでなく金型の完成品までを手掛け、さらに、プラスチック製品の射出成形まで踏み込みたい意向のようである。そのためには、当面計画されている機械設備、技術レベルでは不十分であり、日本企業への期待は大きい。事実、現在、同居している石油機械工場が移転してスペースに相当余裕が出ることから、そこを合弁合作の受け皿として利用したいとしている。

以上のように、経済改革、対外開放以来の消費ブームの到来の中で、大量消費に対応する大量生産に向けて、プラスチック製品の重要性が深く認識されつつあり、その根幹をなす金型部門の充実は焦眉のものと理解されつつある。

技術レベルの向上と金型

この点、金型部門は西側諸国においては、1970～80年代にかけての技術革新の焦点とされ、金型生産技術が一国の技術水準を象徴するとまでいわれている。特に、マイクロ・エレクトロニクスの急激な発展が機械工作技術と測定技術を飛躍的にレベルアップさせ、金型においてそれが具体化されている。マイクロ・エレクトロニクス技術の発展を謳歌した1970～80年代の日本は、当時、金型が典型的な高付加価値産業としてもてはやされ、右肩上がりの成長を示し、大幅な技術水準の上昇を経験してきたのであった。1991年末以来の日本経済の

構造的な不況の中で、さしもの金型業界も初めての辛い時期を経験しているが、金型が一国の技術水準を象徴する産業であることには変わりはない。

　以上のような点からするならば、大量消費時代に突入し始めた中国にとって、金型産業の充実は消費市場への対応という点に加え、中国の技術水準を大幅に高める契機として受け止めていかなくてはならない。そして、その場合、金型業界をどのように編成するのかを十分に検討していく必要がある。

　周知のように、金型製作のための機械設備、測定設備は、急速に高度化しているものの、同時に高額化も著しい。そのため、中途半端な設備では競争力を獲得することは難しく、かなり思い切った設備投資を必要とする。したがって、企業発展のためにはかなりの資金力が不可欠であり、その裏付けを必要とするであろう。さらに、高額化した設備を編成することから、部門別にかなりの専業化が進むことも予想される。例えば、プラスチック成形の分野でも、射出成形型、押出成形型、圧空成形型といった部門別の専業化、さらに、金型部品の共通化、標準化も進み、部品メーカーの専業化等も急速に進むであろう。そうした専業化の波に乗れない企業は、技術革新の成果を効果的に身に着けることは出来ない。

　おそらく、そうした流れの中で、金型業界の再編成が進んでいこう。金型先進国といわれる日本では、明らかにそうした方向に進んでいる。そうした点を良く理解し、大物プラスチック射出成形金型の粗加工に展開している当廠は、拡散的な投資より集中的な投資を行い、中国金型業界の技術レベルの高い支持基盤としての役割を演じていくことが期待される。

　他方、日本の金型企業としては、電気・電子、自動車等のセットメーカーが中国市場を対象に大量に進出し始めている現在[8]、ローカルコンテンツ（部品の現地調達）は不可避であり、自らも否応なく進出を余儀なくされるであろう。その場合、資本力に乏しい日本の金型企業では高額の機械設備を大量に投入しての進出は難しく、中国の金型企業との協力の中で事業を進めていかざるをえない。中国側の技術レベルの上昇に寄与し、その機能の一部を利用させてもらうなどの取り組みが求められる。中国の消費水準が飛躍的に上昇し、巨大な市場が開けつつある現在、金型をめぐる状況は、全く新たな局面をみせ始めたと

いうことであろう。

（5）　中国自動車産業の将来と部品工業（南京油泵油嘴廠）
　国産化を意識する中国の自動車工業は、現在発展途上の段階であり、その基盤整備が急ピッチで進められている。特に、国家建設に重要な影響を与えるものとみられるトラック生産に関しては、第8次5カ年計画（1991～95年）の間に1.5～3トンまでの軽型ディーゼルトラック40万台／年、中型の5トン40万台／年、大型の8トン以上のディーゼルトラック5万台／年が計画されている。そして、トラックメーカーについても、小型が南京と重慶、中型が長春と湖北省、大型が済南といった形で棲み分けが行われている。経済発展の著しい中国ではトラック需要は過熱気味であり、特に、ディーゼルエンジンは慢性的な品不足である。
　以上のような状況の中で、ディーゼルエンジン関係のオイルポンプ、オイルノズル、ピストン等の部品メーカーは約120社ほど成立し、しのぎを削っている。こうした中で、1952年に創立した南京油泵油嘴廠は120社中、第2～3位といった位置にあり、1988年には国家2級企業の認定を得ている。敷地面積24ha、従業員約3300人、うち技術者400人を数えている。
　また、生産体制としては、基本的には全ての加工機能を内部化するフルセット型であるが、50数社の協力工場を組織し、日本型の分業構造に対する関心も深い。社内の工作機械群も一定のレベルであり、特に、棒材の加工が多いことから自動旋盤が広範に展開され、こうした領域は2交代勤務であるなど、現場視察の印象では日本の同業種の中小企業に似ているというものであった。
　主要製品は、第1に、ハンドトラクター用のシングルシリンダーのオイルポンプであり、年産能力100万台、中国最大の生産量を誇っている。日本の同業者としてはヤンマー、クボタ、三菱農機がある。当廠としては、日本はコスト高であることから、委託加工を受けたい意向である。
　第2は、インジェクター（噴油器）であり、年産70万台の能力である。
　第3は、多シリンダーのオイルポンプであり、年産能力3万台となっている。このオイルポンプは、南京汽車廠、揚州柴油機廠、また、浙江省杭州、江西省

写真補Ⅱ—5　油泵油嘴廠の加工職場

柳州などの工場に納入されている。

　第4は、プランジャー（棒ピストン）、バルブ、ノズルといった精密部品であり、年産500万個の生産を行っている。

日本電装による企業診断

　この間、日中経済協会を通じて、日本電装による企業診断を第7次5カ年計画期（1986～90年）に受け、A型オイルポンプの生産が可能になった。その後、このA型オイルポンプはディーゼル機関車、自動車、建設機械、船舶用エンジン等に使用されるものとなり、当廠全体の技術レベルの上昇に大きく寄与している。ただし、当廠のオイルポンプ生産能力は年産3万台程度であり、70～80万台の能力を備える日本のヂーゼル機器や日本電装とは相当開きがあると認識している。

　そうしたことから、外国企業との交流には意欲的であり、これまでも、日本電装との技術交流を始め、韓国、タイ、ドイツの企業との技術交流の経験を重ねてきている。今後の発展方向としては、東南アジアとの経済技術交流の拡大に努力し、また、東南アジアに工場も設立したい意向である。中国企業も、国内に外国企業を呼び込む段階から、次第に外国での合弁合作を実施する企業もみられるようになっており、事態は全く新たな局面に移り出しつつある。

　以上のように、一国の基幹産業に関連する機械構成要素のメーカーである南京油泵油嘴廠は、特に、自動車（ディーゼルトラック）の市場急拡大という事情の中で、事業意欲が非常に旺盛なものとなっている。さらに、外国企業との接触も深まり、技術革新への関心も高い。例えば、これまで、日中経済協会は

日本の有力企業に依頼して、毎年、中国企業10社ほどの企業診断を実施してきたが、受診企業はいずれも、その後、意識的に技術改造に踏み出し、社内の管理体制の整備、外国の先進技術への理解、営業活動の重要性等を深く認識するものになり、中国企業の中でもかなり目立つ存在になりつつある。社会主義市場経済がいわれ、中国経済全体が急速に活発化し始めているが、地道かつ真摯な企業診断などの形の協力の仕方は、長い目でみて中国企業のレベルアップに大きく貢献していくものとみられる。

　特に、一国の基盤となる機械工業は、裾野を構成する部品工業の厚みが、その実力を決定する。そうした意味では、当廠のような重要な機械構成要素に関わる企業には特に注目し、その企業的意欲がより向上していくための支援を充実させていくことが不可欠であろう。

（6）　国有企業の集団化の実態（宝鋼集団常州鋼鉄廠）

　中国企業の集団化が多方面にわたって推進されているが、北京や深圳あたりのハイテク企業のコングロマリット的な「集団公司」の他は、その多くは同業種、関連産業を緩い形で結合させる「横向連合」といった場合や、上級の政府の管理部局が「集団公司」に名前を変え、一見、民間風な色合いを出している場合などが多い[9]。こうした中で、ここで検討する宝鋼集団は中国の代表的鉄鋼メーカーである上海宝山鋼鉄総廠（宝山製鉄所）を中心とする系列的な組織を形成しているという意味で注目される。中国の企業集団化は改革・開放の十数年の試行錯誤を経て、多様な顔をみせるものとなってきた。

　ところで、常州鋼鉄廠は1958年に創立、敷地面積30ha、従業員数2700人、技術者300人を数え、1992年の販売額1億7000万元、利潤1400万元、1993年は上半期で利潤2000万元を計上する常州市のトップ企業である。

　生産現場は五つの前方職場（コールドミル、ホットミル、分解工場、製鋼、熔接）と三つの後方職場（電気炉、機械工場、動力工場）から編成されている。主要製品はシームレスパイプ、熔接パイプ、冷軋帯鋼、インゴットといった鉄鋼二次製品である。

　冷軋シームレスパイプ工場は創業当時の1958年の設立であり、2万トンの生

写真補Ⅱ—6　常州鋼鉄廠の材料置き場

産能力だが、現在では設計能力をオーバーしている。5〜65トンまでの冷軋設備を保有し、外径76mm以下のシームレスパイプを生産している。

　熱軋シームレスパイプ工場は1985年から準備し、実質的なスタートは1990年からである。設計能力は4.5万トンである。さらに、2次計画として6万トンに拡大する予定だが、現在のところまだ準備中である。

　分解工場は1965年からスタートし、年10万トンの能力だが、現在、半分しか稼働していない。

　製鋼工場は1985年にスタートしたが、設計能力3万トンに対し、現在は2.5万トンレベルである。

　このように、近年設備された工場の稼働状況は十分なものではない。この点については、常州周辺の人手不足が指摘されている。特に、主力と期待されている熱軋シームレスパイプ工場がスタートした1990年頃は、中国経済が不景気の中にあり、工場内の余剰人員の配転で対応したのだが、1992年から市場条件が良くなり、常州周辺の労働市場はタイトで推移した。1993年中頃以降、政府の引き締め政策により、労働市場も緩和したものの、新規採用は教育・研修が不可欠であり、経済効率を考えると急に増員できない状況である。当面、市況も悪化していることから、できるだけ少ない人員で対応していく考えである。

慢性的な過剰労働力と思われてきた中国でも、上海から蘇州、無錫、常州といった長江下流域では、改革・開放以来の経済活動全体の急拡大の中で、労働力事情はかなり難しいものになっているようである。

宝山製鉄所の系列企業へ

ところで、この常州鋼鉄廠は上海の宝山鋼鉄総廠に資本参加を仰ぎ、1989年には50：50の合弁事業となった。宝山側は現金で出資、当方は帳簿価格、社内留保、自己流動資金で出資分とした。当時の資本金は約6000万元というものであった。宝山側の出資金は1990年にスタートした熱軋シームレスパイプ工場の設備に投入され、さらに、その他の債務の返済等に充当された。宝山との合弁以前は資金調達に苦しむことが多かったが、合弁以降は大幅に改善された。

その後、1993年7月には、宝山鋼鉄総廠と緊密層の調印を行い、宝鋼集団の一員として組み込まれることになった。さらに、宝山側が増資を行い、資本金は1億元強、宝山の出資比率は70％となった。宝鋼集団は20社ほどの緊密関係の企業と、関係のそれほど強くない30社ほどの非緊密関係企業から構成されており、六つの統一（計画、投資、発展、請負、人事任命、設計）を強く意識、集団として規模の経済性を追求するものとなっている。

原材料は宝山鋼鉄総廠から供給され、当廠は加工を行うというものだが、販売に関しては自主経営権があり、「宝山ブランド」のイメージは効果的に働いている。こうしたメリットに加え、国内企業の合弁となった本事業は、常州市からの優遇措置を受けるものであった。例えば、一部の地方税の免除、また、土地代の負担がゼロとして扱われた。

なお、こうした合弁事業の場合、利益は、まず、税金を差し引き、さらに、発展基金、ボーナスを引いて、残った分を出資比率に従い自動的に宝山鋼鉄総廠と常州市に分配されることになる（国有企業だが、市所属）。また、人事権は宝山側にあり、常州市と相談して、宝山が任命することになる。

以上のように、常州鋼鉄廠は宝鋼集団の傘下に入り、原材料の安定供給、資金調達力の強化、ブランド・イメージの向上による販売力の強化などを実現し、常州の最有力企業として再生しつつある。また、宝山側とすれば、事業分野の

拡大、製品である鉄鋼の安定需要先の確保、地元の優遇措置などによる利益の確保などにより、競争力全体を高める契機として受け止められているのであろう。改革・開放以来の市場経済化の流れの中で、国有の特別な巨大メーカーにおいても、国家の指令に基づいて生産するだけでなく、企業戦略的な展開が進められているのである。

ドイツの鉄鋼技術の影響

ところで、今後の主力として期待している熱軋シームレスパイプ工場について、幾つかの課題が意識されている。現在、熱軋シームレスパイプの技術は中国では当廠にしかない。メイン部分はドイツから導入したが、全体で1億元を投入して設備したものの、付属施設を国産で対応したため、十分な成果を上げていない。このラインの改善が不可欠だが、そのためには日本の技術が期待されている。これまで、中国の鉄鋼業の技術はドイツからのものが多く、日本は政府援助で参加した上海宝山鋼鉄総廠以外、ほとんど関わっていない。当廠の場合、日本の技術が主体の宝鋼集団に加わって以来、日本の鉄鋼業への関心も深まっているというのが実態であろう。

輸出主体で来た日本の鉄鋼業も、欧米市場の縮小、中国市場の拡大という中で、中国への関心を深めざるをえない。さらに、ユーザーの主力である自動車、電機メーカーの中国市場を視野に入れた進出が活発化し始めている現在、日本鉄鋼業の対中進出は待ったなしである。その場合、中国国内の意欲のある企業との交流を深めながら、長い目でみた中国展開を考えていかなくてはならない。国内の港湾の優れた場所に巨大な製鉄所を編成し、対米輸出を中心に飛躍的な発展を遂げてきた日本鉄鋼業は、これまでに獲得された技術をベースに、海外に新たな拠点を形成するというグローバルな展開を余儀なくされ始めたということであろう。

（7）　国有大型企業の生産体制と対外的視野（南京汽輪電機廠）

南京汽輪電機廠は1956年に創立したガスタービン、蒸気タービン、発電機のメーカーであり、国家の大型基幹工場の一つである。敷地面積は59haと巨大

なものであり、二つのメイン工場（タービン工場と発電機工場）に加え、18の工場（車間）から編成され、いわゆるフルセット型の生産体制をとる本格的な中国国有基幹工場である。主要設備は1600台余り、従業者数は6000人を数える。従業者の中には高級技術者150人、中級技術者900人、そして、大学卒は1300人を数える。さらに、廠内には中国で唯一のガスタービン研究所（研究員150人）を設置し、イギリス、アメリカ、ドイツ、デンマークの先進設備を導入しているなど、中国の中心的な企業の一つとなっている。国内の競争相手は9社ほどだが、ガスタービンに関しては当廠が独占している。

当廠を特色づけているガスタービンは年産7台程度（5000kwh 3台、6000kwh 4台）であり、主として国内向けだが、最近、イランから4台受注、これについては、GEから技術導入しながら生産にかかっていく構えである。なお、蒸気タービンは年産50台、50万kwh／年の能力であり、主として国内対象だが、ミャンマーにも輸出したことがある。また、発電機はガス、蒸気いずれもあるが、各100万kwh／年の能力である。

1992年の生産額は2.2億元であったが、1993年の計画では生産額2.5億元、利潤3000万元を予定している。1993年6月以来、中国経済は引き締めに入っているが、電力等のインフラは重点的に整備が進められていることから、当廠は2

写真補Ⅱ—7　南京汽輪電機廠の製品

年先までの受注は満杯である。特に、国内ではガスタービンは品不足のため、輸出は生産額の5％程度の余力しかないのが実情である。

重量級の設備展開

なお、当廠は本格的な大型国有基幹工場であり、生産体制はフルセット型で編成されており、18に分かれた職場は、蒸気タービン、発電機、タービンブレード、モーター、鋳造、鋳鋼、木型、プレス、鈑金、コイル、熱処理、冷間加工、熱間加工、機械加工、機械工具、試験室等から構成されている。

ところで、当廠の注目すべきは、試験設備、機械加工設備が相当に充実しているという点であろう。試験機はドイツ製（SCHENK）の高速動バランサー、ドイツ製三次元測定器、イタリア製の投影機、イギリス製の電子顕微鏡、日本製の金属疲労試験機、イギリス製の材料試験機等が装備されている。機械加工関係では、二十数台の外国の先進的な精密、大型NC工作機械群が展開している。例えば、NOBLE&LUND（イギリス）の門型フライス盤、TNGER-SOLL（イギリス）の横中グリ盤、BULLLARD（ドイツ）のターニング（立旋盤）、FARREL（スイス）の巨大な正面旋盤、LUCASの横中グリ盤等の外国製の大物加工用設備が展開している。なお、この大型機械加工工場（2万m^2）は空調が設備されており、加工精度の維持についても目配りが付されていることも注目される。また、鋳造職場は5トンのキュポラ2基をベースに、年産能力3000トンとなっている。

以上のように、当廠は重量級の機械設備を装備し、フルセット型の生産体制をとっており、廠内に一通りの加工組立機能を備えている典型的な中国大型国有企業といえそうである。なお、鍛造品の一部（タービンのシャフト）は日本の神戸製鋼所から輸入している。このタービンのシャフトは一部中国でも製造しているが、他のタービン工場、発電機工場でも日本の神戸製鋼所や日本製鋼所から輸入している場合も多く、その技術移転も一つの課題になっているようである。

外国との技術交流

ところで、この南京汽輪電機廠は輸出入権を保有しており、1985年からアメリカのGEと合作関係を形成し、5000kwh、6000kwhシリーズのガスタービンを生産、また、発電機製造については、イギリスのBBEから3000～3万6000kwhの技術を導入している。この他、GEとはガスタービンの修理センター形成に関して、1000～2000万ドルの合弁事業を調整中である。また、台湾とフィリピンの企業とプラスチック椅子の製造事業（押出成形）で100万ドルの合弁を計画中である。ただし、日本とはこれまであまり接触がなく、伊藤忠を通じ、現在、プラスチック押出成形機の生産に向けて東芝機械と接触を始めている。また、本業のタービンに関しては、日本の日立、東芝が同タイプのものを作っており、合作への意向も大きい。

　以上、合弁合作については、①新技術を導入して、技術の向上を図りたい、②外国の資金を利用したい、③外国の管理技術を勉強したいというものであり、かなり積極的な取り組みをみせている。ただし、現状の外国技術の導入に関しては、本命のタービンは一段落しているようであり、国内需要も旺盛であることから、ここに来て、技術改造等への関心はやや弱まっているようにみえる。むしろ、現状では余剰人員と余剰スペースを活かすために、比較的容易なプラスチック成形加工などに関心が向いているようである。

　現実に、当廠は設備体制も整っており、タービン・メーカーとしては中国のトップレベルにある。ただし、国際的には省エネルギー技術等、まだ相当の改善の余地がある。そうした意味では、中国の現在のレベルに安住することなく、世界レベルの技術力を身につけるべく、焦点を絞って外国技術との交流を深めていくことが必要であろう。市場経済の活発化と、また、長江下流域の劇的な発展により、大型国有企業も事業意欲が旺盛になってはいるが、長期にわたって計画配分の世界に安住していた国有企業は、まだ対外的な視野に乏しく、効果的な情報収集活動、世界レベルの営業活動等に課題が多く残っているようにみえる。そうした意味では、技術的には世界レベルに近い当廠においてこそ、対外的な視野が豊かになりうるような取り組みが期待される。

(8) 国有大型企業の研究開発体制と外国技術導入（無錫電機廠）

中国の研究開発体制は、国家の重点プロジェクトに関しては、国家の各部局が主要各企業を招集し、設計院を中心に進めていく場合が多い。これに対し、各企業が自主的に行える研究開発は、製品のマイナーチェンジという場合が多く、各企業が独自、あるいは、大学、研究所に委託して共同で行うなどがみられる。ただし、近年は、各企業レベルでの外国技術への関心が深まり、各企業と外国企業との間の契約によって技術導入のスタイルをとることが目立ち始めている。国家が一元的に研究開発体制を管理する時代から、各企業が新製品、新分野を目指して外国技術を導入するという時代に変わりつつあるということであろう。

ここで検討する無錫電機廠は1958年に設立された船舶用、発電所用の発電機メーカーであり、国家2級企業とされている。敷地面積4.14ha、建物面積3万6000m²、従業者数1008人からなっている。

写真補Ⅱ—8　無錫電機廠のモーターの捲線職場

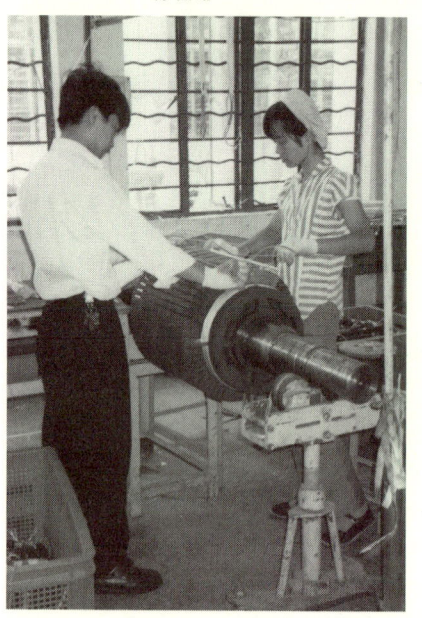

生産額は1992年5700万元だが、1993年は1億元を達成する見通しであり、1994年はさらに、2億元がほぼ確実である。このような急成長は、交通運輸インフラ整備の国家の要請によるものであり、生産量でみて1993年は50万kwhを確保しているのに対し、さらに、1994年分の受注残は110万kwhとなっている。経済の引き締めがあっても、輸送力強化の必要性は大きく、しばらくは、船舶用発電機のトップ企業である当廠への要請はかなり大きなものであることは確実である。また、当廠の輸出は1992年が150万ドルであり、東

南アジア向けが中心になっている。

　主要製品は、船舶用発電機（全国シェア90％）、石油井用発電機、鉄道用・ディーゼル車用発電機、高速ビルエレベーター用サブ発電機、発電所用・原子力発電所用発電機などである。

　生産体制は、プレス、機械加工、コイル・絶縁処理、前処理、組立、冶工具の六つの加工組立職場からなり、一応、フルセットのスタイルをとっている。ただし、鋳物については、従来は内部に抱えていたが、市街地に立地している当廠としては環境問題への配慮から市内の他の国有企業、集団企業に依存している。これらの協力工場との関係は長い。無錫周辺で大発展している郷鎮企業にも関心はあるが、当面、仕事は出していない。

国有企業の研究開発体制

　ところで、当廠の研究開発体制は170人の技術者（工程管理30人、設計50人、情報管理・技術管理90人）がベースであり、技術陣も清華大学、浙江大学、上海交通大学等の電気学部、ディーゼル学部、自動制御学部の卒業生を擁し、大半は内部で対応し、また、上記の三つの大学と上海電気科学研究所、武漢船舶設備研究所、上海船舶特殊設備研究所の三つの研究所と定期的に交流している。

　実際の研究開発は、国家から重点課題がメーカー側に降りてきて始まる場合と、メーカー側からの自主的な場合との二通りの形が主流のようである。国家からの重点課題のケースは少なく、3〜5年位の長いスパンで体制が組まれ、国家が補助金を出し、参加メーカー、研究所を決めて進める場合が多い。メーカーの自主開発の場合は、市場の状況を把握したり、ユーザーの特殊な要請に応えようというものであり、必要に応じて研究所と契約、委託研究の形をとるなどが多いようである。全般的な傾向としては、昨今の市場経済化の流れの中で、自主開発のケースが多くなっているものとみられる。

　なお、こうした状況の中で、現在、当廠は第2期の工場改造プロジェクトに入っており、技術設備的に国際水準から遅れをとっているとの認識の下に、外国企業への関心を深めている。これまでの外資との関係では、ドイツのシーメンスと1980年から交流、1FC5、1FC6の二つのシリーズの船舶用発電機の

ライセンス生産に踏み出している。シーメンスとの関係は、あくまでも技術の導入にある。この発電機は国内販売中心だが、シーメンスの許可を得て、一部を輸出に回している。輸出の引き合いも多いのだが、国内市場が活発であるため、生産能力的に追いつかないのが現状である。

　また、日本企業との交流に関しては、当面、ヤンマーとの合作を調整中であり、1993年10月上旬にヤンマー側が訪中の予定である。ヤンマー側の考えでは、当廠の300kvの発電機とヤンマーのディーゼルエンジンを組み合わせた製品を生産し、中国市場に供給したいというものである。当廠は無錫郊外に建設中の「無錫高新技術産業開発区」で工場を新設していきたいとの希望である。

　さらに、安徽省でディーゼルエンジンを生産しているダイハツが、当廠のシーメンスの発電機と組み合わせることを考えているようであり、当廠としても積極的に受け入れたいとの構えである。

　以上のように、当廠は国家の重点工場の一つとして研究開発体制がしっかり出来ており、また、早い時期からシーメンスの技術を導入、外国企業との付き合い方もよく理解しているなど、中国国有企業の中でも、かなり先進的な意識を身に着けているようにみえる。当廠の当面の課題としては、中国全体の交通インフラ整備が急ピッチで進んでいる現在、仕事量が増大することは避けられず、生産能力をどのように備えていくかが意識されている。それと同時に、技術的、設備的に国際的なレベルとの格差も自覚しており、外資との交流に対しても積極的であるなど、開放が進み、郷鎮企業の活発化が顕著な長江下流域のダイナミズムの中で、国有企業の当廠の意識はかなり近代化されているものと評価されよう。

（9）　国有機械工場の合弁合作への意向（昆山紡織機械廠）

　昆山紡織機械廠は1952年に創立、当初は通用電気機械（一般電気機械）工場であったが、1958年に現在の名前に変わり、以来、繊維機械、中でも後加工関係の機械設備の生産企業としての道を歩んできた。現在では、中国46大紡織機械メーカーの一つとされ、江蘇省の中では第2～5位程度に位置している。敷地面積12ha、建物面積9万m^2、従業員数1400人、うち技術者200人などとなっ

ている。1992年の生産額は5802万元、利税378万元、1993年は１～８月で生産額5212万元、利税315万元となった。中国の同程度の規模の企業に比べ、収益性はやや低めということになろう。

　また、中国では、労働者の技術レベルをランクが一番下の１級から一番上は８級までに区分しているが、当廠の場合は、平均で6.6級であり、全体のレベルはかなり高いとされている。さらに、技術水準としては、細績機、高速精密績針は国家・江蘇省から表彰されており、保有している機械設備は、例えば、カナダのEXELTOR社の績針技術設備は国際的には1970年代末から1980年代始めのレベルのものであり、その中でも７連機等の設備は1980年代中頃の技術レベルのものであるなど、先鋭的な機械設備に対する関心も深い。

　主要な製品は、絹、化繊、綿の後加工を中心とする染色整理機械であり、生産額の約90％を占めている。その他では、綿紡績機械、高速度精密メリヤス針製造、各種チェーン、電気制御設備、ワイヤーカット、印刷機（単色オフセット機）などである。現在、特に、中国は繊維製品需要が活発化していることから、当廠の機械設備への要求は大きく、例えば、1993年９月の工場訪問の際にも、機械設備を引き取りにきたユーザーのトラックが列をなしているというものであった。

写真補Ⅱ－９　昆山紡織機械廠の組立職場

ところで、昆山は外資の大量の進出により飛躍的な発展を進めていることで知られる[10]。特に、かつて蘇州市の郊外の県であった昆山県（現在は、県クラスの市）は外資系企業の進出と郷鎮企業の発展、さらに、それらの合弁によってその基礎が築かれたものである。そうした事情の中で、昆山の国有企業も大いに刺激され、事業意欲も旺盛なものになっている。特に、新たな飛躍の契機として、外資系企業への期待は大きい。

　この点、当廠の作成の「経済技術合作簡介」では、「京（北京）滬（上海）鉄道沿線、312国道、建設中の高速道路（上海～南京）に近く、上海虹橋国際空港まで新設された空港道路で45分の距離に位置し、水、陸、空の交通が便利で、理想的な合作環境である」などが紹介されている。近年の昆山周辺の大発展が、上海を主軸にする交通ネットワークによるところが大きいことを十分意識しているようである。かつて、計画経済の枠の中にいた国有企業も、そうした意識を持たざるをえなくなってきたということであろう。

日本企業への期待

　以上のような点を踏まえ、外資、中でも日本企業への期待が大きい。合作希望項目としては、大型プラスチック成型機、建築機械、印刷機械、包装機械、ゴム機械、化学機械、捺染整理機械等が上げられている。いわば、従来の本業である繊維機械だけでなく、新たな事業分野への関心が深まっている。

　さらに、合弁合作の形式としては、以下のようなものが提案されている。

① 当廠全体と外資の合弁合作。
② 当廠は七つの工場から構成されているが、その各工場と外資との合弁合作。
③ 当廠がすでに取得している「昆山経済技術開発区」内の用地に新たな合弁合作工場を作る。
④ その他、技術合作、補償貿易のスタイルでもよい。

　そして、投資規模は100万元から1億元くらいで、中国側の出資は30％以下、土地、建物、部分的には人民元を出し、外国側は70％以上の出資で、現金、技術及び設備を投入するスタイルを希望している。

特に、当面、日本企業に対する期待は、三菱重工のエスカレーター・チェーン製造技術、さらに、平野の捺染整理機械である。中でも、平野の機械は、10年ほど前に中国にかなり入ってきたが、現在では減少している。捺染整理機械はドイツ、イタリアの方が優れているとの判断だが、当面は中レベルの平野の技術が適当と考えている。

　以上のように、計画経済の中に安住していた国有企業も、中国経済の活発化、さらに、長江下流域の劇的な発展の中で、事業意欲も旺盛なものとなり、当面の技術と資金的な制約を突破するものとして、外国企業への期待を募らせているのであろう。

　ただし、現在のところ、こうした資本財の分野で日本企業が具体的な合弁等に踏み出しているケースは少ない。かつて、設備機械を輸出していた日本企業は、すぐコピーマシンが出回るなどの苦い思いを経験している場合が多く、中国側の要請に対しては慎重な構えをみせている。こうした過去の経緯が、特に設備関係の企業の進出を遅らせている。このような不安を取り除き、また、中国側の投資環境を整えていくことは容易でないが、巨大な資本財市場の登場を予感させる現在、日本企業も中国進出に向けて、多方面にわたる試行錯誤を積み重ねていかなくてはならない段階に来ているようである。

2．飛躍的発展を示す郷鎮企業

　郷鎮企業の故郷といわれる長江下流域では、すでに工業生産額の半分以上を郷鎮企業が占めるものとなり、一段とその存在感を高めている。当初の郷鎮企業は単純な消費財生産に向かうものが多く、技術的な課題等を指摘される場合が多かった。だが、経済改革、市場経済化の進展により、明らかに郷鎮企業の活動範囲は拡がり、技術的な奥行きの深い機械工業などでも、国有企業をしのぐ郷鎮企業が登場しつつある。こうした市場経済化の「申し子」ともいうべき郷鎮企業の登場が、先にみたように、国有企業の活発化を促すなど、長江下流域は郷鎮企業の発展を契機に全体が大きな盛り上がりをみせるものになってきた。

ここでは、そうした郷鎮企業の中から、4企業ほどを取り上げ、長江下流域の郷鎮企業がどのような発展段階に到達しつつあるのか、さらに、その発展の中でどのような課題に直面しているのかをみていくことにしたい[11]。長江下流域の郷鎮企業は中国全体の郷鎮企業の発展を先導するものであり、その足跡と現状をみていくことは、中国近代工業化の将来を指し示すであろう。

（1）　郷鎮企業の組織と労働力調達の現在（無錫県風機廠）

　無錫県風機廠は、1969年、無錫県の堰橋人民公社の下で農機具の修理を行う工場として発足した。農民の鍬などを修理する工場は農村地域では不可欠であり、どこの人民公社においても設置されていた。そして、発足から1970年代にかけては大きな変化もなく推移していた。その後、1979年以降の経済改革の推進の中で、無錫周辺は郷鎮企業の発展が著しいものとなり、当廠も新たな市場を探し、当初は民生用の扇風機に着目する。1980年代前半は、腕時計、自転車、ラジオと共に扇風機は「三種の神器」の一つとされ、中国の第1期の消費ブームの立役者となっていくのである。ただし、反面、競争が厳しく、次第に大手企業に生産が集中していくのであった。

　こうした事情から、当廠は当時古ぼけた大型のものしかなかった工業用扇風

写真補Ⅱ—10　無錫県風機廠の組立職場

機に着目、320Wの洗練された製品を開発していく。そして、中国第二汽車（自動車）廠（湖北省）への営業活動が実を結び、それを契機に事業的に軌道に乗っていくことになる。製品も直径400mm、500mm、600mm、750mmに4シリーズ化し、さらに、据置式、壁掛式、換気扇へと製品の幅を拡げ、全国に「鵲（かささぎ）ブランド」で約20種類を供給している。主要なユーザーは自動車工場、航空機工場などの大型中型企業であり、当廠の工業用扇風機の全国シェアは65％程度に達している。

　敷地面積は5ha、従業者600人（うち、技術者20人）、生産能力は10万台／年、1993年の生産額は5000万元、利税700万元を計上する見通しである。1993年は生産額5000万元、利潤500万元、従業者1人当たりの収入5000元の「三つの5」を目標にしていたが、いずれも達成される見通しである。当廠の管理指導機関である堰橋実業総公司からは、1995年までの目標として1億元の生産額を指示されている。この点、現在開発中の自動車用発電機が軌道に乗れば十分達成可能と考えている。

　ところで、当初、工業用扇風機の先発企業として独占的に営業していたが、近年、競争者が増え（40〜50社）、売れ行きも低下気味になっている。そのため、新製品開発の必要性を痛感、北京の清華大学や兵器総公司と自動車用発電機の共同開発に着手している。こうした大学との共同開発の場合、当廠から申し入れ、当方で一定の資金を提供して技術開発の成果を受けるということになる。

鎮営企業としての展開

　このように、人民公社の農機具修理工場から出発した当廠は、改革以後のわずかな期間に著しい発展を遂げ、江蘇省の明星企業、省の先進企業、無錫市の文明企業、無錫県の重点企業とされているのである。事実、工場の管理も行き届き、機械設備も意欲的に整備され、従業員のモラルも高いなど、江蘇省の発展する郷鎮企業の一つの典型となっているようである。加工組立部門も、鋳造、ダイカストから機械加工、モーターの組立に至るまでの全工程がフルセットに装備され、まとまりのある形を編成しているようにみえる。

ところで、堰橋鎮は1980年代初めに無錫県堰橋人民公社から衣更えしたものである。現在の堰橋鎮の人口は3万5000人、工農業総生産額（ほとんど工業生産額であり、農業生産額は数％程度である）は1992年実績で8.6億元、1993年の目標は16億元に設定してある。鎮内の工場数は約500、うち、鎮営企業は25、村営企業が475である。当廠は鎮営企業である。

　江蘇省南部から浙江省北部にかけて発展した郷鎮企業の多くは蘇南モデルといわれ、郷鎮及び村の政府が出資している場合が多いが、当廠もそうした形である。その場合、従来は郷鎮の政府が直接管理指導するものであったが、現在では政府の管理指導部門が工業公司として衣更えし、「実業総公司」などの名称に変わっている。堰橋鎮の場合も「堰橋実業総公司」が形成され、25社の鎮営企業の管理指導にあたっている。村営企業の場合も、村政府レベルで工業公司が形成され、同様の役割を担っている。この「実業総公司」は廠長の人事、設備投資、製品開発に関することなどの経営の重要事項の決定権を保有しているのに対し、廠側は一つの事業部として、実業総公司の作った枠組みの中で経営管理に従事するというものである。蘇南モデルの郷鎮企業の大半は、ほぼこうした位置にあるとみてよい。

　また、当廠には次の4カ所の分廠（分工場）が形成されている。
① 　エア・クリーナーのフィルター生産工場であり、従業員360人。
② 　染色整理機械製造工場であり、従業員は210人。
③ 　非鉄金属鋳造工場が2カ所（250人、110人）であり、110人の工場は東京の鋳物組合の会長企業との合弁企業となっている。

　当廠の言い方では「分工場」というものだが、実態は当廠の従業員が退職して創業したものであり、当廠とは資本的には全く無関係である。実際の資本は堰橋実業総公司が提供している。このように、蘇南モデルの郷鎮企業では、実体は郷鎮政府である「実業総公司」が事実上の持株会社、あるいはコングロマリットの役員会として機能し、廠長（工場長）に経営を任せながら、所属の郷鎮企業を大筋では管理指導しているのが実態のようである。

無錫周辺の労働力事情

また、近年、郷鎮企業の大発展を示している無錫周辺では労働力供給がタイトになってきた。そのため、堰橋鎮の場合は工業労働力2万1000人のうち3000人が外部から出稼ぎにきた人びとから構成され、各企業の寮に居住している。過剰労働力といわれた中国農村地域でも、発展の著しい無錫周辺は外部から労働力を調達するという段階に踏み出している。実際、こうした労働者の出身地は江蘇省北部から安徽省、貴州省、四川省、江西省などにまで拡がっている。

　このような外部の労働力の調達については、余剰労働力のある地方の同業の企業に相談し、集団的、組織的に募集する場合、各労働者の個人的な関係、さらに、建設労働者の場合は地方の建築隊との労務契約（請負入札方式）などによって行われている。このような形で、地域間移動を厳しく制限されていた農村の人びと（農村戸籍）が、労働力不足が深刻になってきた長江下流域の無錫などの郷鎮企業に移動し始めているのである。

　さらに、近年の無錫周辺の全般的な労働力事情としては、地域経済が豊かになってきたため、地元の人びとは製造業を嫌い、労働力不足は構造的なものになっている。農民の地域間移動を制限している中国の戸籍制度の将来の扱いは不明だが、現実に、内陸から沿海の発展している地域への移動が活発化している。しかも、当面、暫住人口として取り扱われているものの、定住する傾向もみせ始めている。事実、内陸の農民の出稼ぎなくしては、無錫周辺の郷鎮企業の発展も大きく阻害される懸念も出てきた。地元の農民に就業の場を提供するものといわれた郷鎮企業も[12]、著しい発展の中で、従来のあり方から大きく変化しつつあるということであろう。

（2）　飛躍的発展に踏み出す郷鎮企業（常州長江塑料機械廠）

　常州長江塑料機械廠は常州市郊区武進郷の郷営企業であるが、1980年代以降、飛躍的な発展を示し、現在では国家軽工機械総公司傘下のプラスチック機械製造の重点基幹企業となり、国家2級企業とされている。当廠の設立は1958年であり、1970年代末までは従業者30人程度の規模で機械加工、鋳造などの部品加工に従事するものであった。プラスチック射出成形機に転じたのは1980年代に入ってからであり、1984年には経済改革に呼応して、工場長責任制、請負制を

導入した。以来、投資及び技術改造が急速に進み、1990年には、常州市6400の郷鎮企業の中で、唯一国家2級企業の認可を受けている。常州市郊区で5年連続利潤第1位を維持し、また、江蘇省のプラスチック機械メーカーでも利潤は最大となっている。そして、このような飛躍的な発展に関して、「国有大企業と異なり、納期に合わせて残業も厭わない、仕事をしない労働者は解雇できる、品質を最大限重視している」などが指摘されている。さらに、利潤の多くは再投資に向け、積極的に拡大再生産を意識するものであった。こうした意欲的な取り組みが、短期間の間に飛躍的発展を促す最大の要因であったとみてよい。

この間、技術レベルも上がり、プラスチック射出成形機も40gから1トンまでを主軸に、最近は6.4トンの機械までの10機種でシリーズ化している。1992年の生産額は3693万元、利税536万元であり、生産額は前年比89.4％の増加を示した。敷地面積2.8ha、従業者数は500人強である。現在地は狭隘であり、近くに6.7haの用地を取得している。

製品の開発については、基本的に設計は内部で対応している。従来は杭州の軽工業機械研究所と共同で行っていたが、現在では、人材も育ち、自力で対応している。従業者500人のうち、60人は大学卒、あるいは当廠で養成した技術者である。現在、技術と人材を最重要視しており、人材交流センターを通じて、

写真補Ⅱ—11 常州長江塑料機械廠の製品

毎年、7～8人の大学卒の人材を採用している。また、生産に関しては、機械加工と組立は工場内で行い、油圧は上海と瀋陽、電気は常州、蘇州、上海の企業に依存している。現場視察でも、非常に管理が行き届いており、労働者のモラルもかなり高いものと思われた。日本の中小企業の同様の加工職場と比べても遜色ないレベルに達している。

郷鎮企業の労働力構造

ところで、この武進郷は常州市の郊区にあり、従来は農村地域であった。その後、常州市の発展の中で市街地が拡大し、郊区に編入されたものである。こうした事情から、当廠は武進郷政府に所属する郷営企業ではあるものの、これまでの郷鎮企業のイメージとはかなり異なってきている。

例えば、従業者500人のうち、10%は都市の戸籍を保有する大卒であり、大半が常州出身者であることから、すでに住宅を保有している。また、70%は武進郷の人で、元々は農民だが、常州市の都市化により、うち30%の人は都市戸籍に変わっている。ただし、こうした人びともすでに自宅を保有しており、当廠としては住宅を手当てする必要はない。残りの20%の人は周辺の郷の農民であり、住宅の心配はない。

従来の郷鎮企業は、地元の農民（農村戸籍）を雇用するものであり、雇用する側は住宅を始めとして、医療、年金等の社会福利を提供する義務はなかった。これに対し、都市の戸籍の人びとを雇用する国有企業は、住宅から医療、年金等に至る社会福利の全てを提供するものとして性格づけられてきた。こうした都市と農村の戸籍の問題は中国経済の発展の中で、次第に変化しつつあるが、特に、郷鎮企業の発展の著しい江蘇省南部あたりでは、すでにかなり変わってきつつある[13]。

この点、当廠は農民を主体とする郷鎮企業の段階から、都市戸籍の大卒、さらに、農民で都市戸籍に移った人びと、そして、農民という多様な労働力構成になっており、社会福利に対しても独自な取り組みを求められているようである。例えば、5年程前から常州市では労働保険制度が開始され、男性50歳以下、女性40歳以下は加入が義務づけられてきた。そして、3年以上働いた人には退

職後(男性60歳、女性50歳)、都市戸籍、農村戸籍に係わらず年金が支払われることになっている。ただし、この年金は、今のところは各企業が支払っているのが現状であり、実際、当廠も80人の退職者に年金を支払っている。ただし、最近、常州市でも労働保険公司が成立し、将来は保険公司が年金を支払う形に変わっていくことになる。

このように、一切の社会福利負担を必要としないとされた郷鎮企業も、その発展の中で、国有企業並みの社会福利負担が現実的なものとなり、さらに、そうした社会福利は個別企業(単位)で対応するという従来のスタイルから、保険機構により社会的に負担する方向に向かっているのである。

経営専門家としての廠長

ところで、当廠は短期間の間に飛躍的発展を示したが、この点に関し、廠長の果たした役割は極めて大きいといわざるをえない。現在の廠長は、以前、武進郷内の村営企業で働いていたのだが、1970年頃に郷政府の下で推進された企業合同の結果、現在の企業に統合されることになった。その後、頭角を現し、郷政府の任命によって廠長に就任、営業能力に優れていたことから、当廠の飛躍的発展を導いていく。その結果、1992年の廠長の年収は10万元(うち、ボーナス4万元)となり、一般労働者の約20倍となった。さらに、1992年には、住宅1軒を郷政府から別途与えられている。中国の企業社会の中では、有能な経営者はこのような特別な待遇を受けるものとなってきたのである。

以上のようなダイナミックな発展のプロセスに入っている当廠の次の時代に向けた課題としては、現在の技術レベルは国内向けであり、国際的には通用しないと認識しており、技術力をアップさせること、そのためには、大学卒の人材を系統的に採用することを指向している。さらに、プラスチック射出成形機以外の新分野への展開も意識されており、技術レベルのアップも含めて外国企業との交流を願っている。

この点、当廠は1993年3月からアメリカ企業と55万ドルの合弁事業(アメリカ側13.5万ドル、当廠41.5万ドル)を実施している。ただし、この合弁事業は技術面での交流もなく、実質的にはアメリカ側が合弁企業の優遇措置を利用し

て国内販売しているだけであり、当廠にとってメリットはない。技術導入と輸出に向けた本格的な合弁事業を期待している状況である。営業努力と技術レベルアップを両輪に、国内の有力企業にのし上がってきた長江下流域の郷鎮企業の次のターゲットは、外資との交流、そして、外国市場になってきたということであろう。

(3) 南京の郷鎮企業（南京電纜一廠）

南京電纜一廠は1979年に設立された南京中央門外邁皋郷に立地する郷営企業であり、南京最大のケーブル工場である。敷地面積3.5ha、建物面積2万7000m^2、従業者数500人、固定資産2500万元、年生産能力4000トン、年生産額1億元を数えている。

主要製品は、YZ、YC型ケーブル、ゴム絶縁のBX、BXR型ケーブル、ポリエチレン被覆ケーブル、電話線、電力線、耐燃用ケーブルなど12系列、500種を生産し、全国に販売している。研究開発要員を6人置き、一定の研究、設計能力を保有している。

当廠の前身は、南京市所属の集団企業である南京第三毛紡廠の中のケーブル工場であったのだが、第三毛紡廠が拡張のために郷内に土地を取得することに

写真補Ⅱ—12　南京電纜一廠の構内

なり、郷側が土地を提供する代わりに、ケーブル工場をそっくり譲り受けたというものである。当初、農民労働者が1年間ほどの研修を受け、従業者50数人、固定資産25万元、年生産額200万元程度の規模で1979年にスタートした。そして、この13年ほどの間に、固定資産と従業者数で10倍、生産額で50倍に拡大するなど、南京郊外の郷鎮企業としては飛躍的な発展をみせた企業として注目される。

現在の廠長（女性）は1979年まで他の工場の技術科の科長であったのだが、当廠に移籍、その後、1984年の工場改革を機に能力を評価され、郷政府、郷党委員会の任命により、廠長に就任、現在に至っている。

郷村の工業化

ところで、当廠の所在する邁皋郷は面積30km²、人口7000人、1992年の工農業総生産額は約5億元（工業生産額4.8億元、農業生産額200万元、副業1800万元）であり、企業数は62企業を数えている。1978年頃の工農業総生産額は700万元程度であり、工業生産額はわずか200～300万元、企業も小規模なものが3～4社あったに過ぎない。経済改革以来、1984年、1988年、1992年、1993年が大きな飛躍の年であり、1988年には工農業総生産額1億元を突破（1億元を突破した郷を億元郷といい、一つの目標数値になっていた）、その後も飛躍的に発展し、南京周辺の代表的な工業関係の郷鎮企業の優越的な郷となっている。

邁皋郷の企業は機械系工業が主体であり、その他に、自動車の椅子、化学工場、ポリプロピレン工場、ウレタン（包装資材）工場、食品工場、電子関連工場も存在している。62工場のうち、郷営企業は16工場であるが、生産額では70％以上を占めている。その他のうち45工場は村営企業、そして、1工場は農民（60％出資）と村政府（40％出資）の共同出資企業である。したがって、その1企業を除いた61工場は、郷村の政府が出資する集団所有制企業である。こうした郷村政府の出資金は当初は人民公社の時代に蓄積されていた資金が充当された。その後は、当然、郷鎮企業の発展の中で蓄積されてきた資金、あるいは銀行からの資金を利用していることはいうまでもない。また、こうした郷鎮企業の生産計画は郷村政府からの指令によるものであり、計画達成オーバー分

の利益は工場サイドで処理することが可能である。

　この62工場で雇用している従業者数は4300人に上り、その半数は周辺地域からの通勤、あるいは、下宿の形をとっている。したがって、邁皋郷は周辺地域に比べかなり雇用吸収力のある産業を形成することに成功しているといってよい。また、郷内の7000人の人口のうち労働者は3000人程度だが、うち1000人程度は南京市内（車で40分程度）に供給する換金作物の野菜栽培に従事しているなど、邁皋郷は大都市周辺の農業、工業の発展する郷ということになろう。郷の工場労働者の年平均賃金（1992年）は2100元であり（当廠は2900元）、郷鎮企業の全国平均（1991年）の932元を大きく上回っている。

工業公司の存在

　ところで、この郷鎮企業と郷村政府の間には政府機関としての工業公司が存在し、いわば郷鎮企業全体の取締役会の役割を演じている。例えば、個々の郷鎮企業の資金調達力は乏しいことから、工業公司が調達するなどとなっている。また、全工場の5～6％は損失を計上しているのが現実だが、こうした工場に対しては、工業公司が会計審査を行い、郷政府、党委員会に報告し、郷長の判断で、廠長の交代、請負制の導入、新製品分野への転換、経営の良い工場との合併、工場の売却、個人との合資経営などの対策をとることになる。

　以上のような点からしても、南京の郷鎮企業とは、郷村政府、及び、工業公司を取締役会とする事業部としての位置にあるといってよい。蘇南モデルといわれた長江下流域で発展した郷鎮企業の大半は、おおむねこうした構図の中に置かれているのである。

　また、税引後の純利益の配分は、当郷の場合、工場（60％）、郷政府（10％）、工業公司（30％）となる。工場側に留保される利益はボーナス、福利基金、再生産のための発展資金として自由に処分することが可能である。この点、郷政府、工業公司に配分される額の一部は、道路、水道等のインフラ整備に振り向けられる。なお、1992年度は、62工場で800万元の純利益が計上されている。さらに、郷鎮企業の従業者は年120元を郷政府に納付する義務があるが、これは各工場がまとめて納付している。この資金は農業支援資金として、公共的な

事業や農業基本建設に充当される。

　社会的な福利厚生の枠外にいた農民も、郷鎮企業の発展の中で、次第に福利厚生の手当てを受けるものになってきた。例えば、南京周辺の郷鎮企業では、社会保険料として個人負担（年30元程度）20％、工場負担80％を支払い、15年以上就業すると、退職後（男性60歳、女性55歳）、年金として月50数元を受け取ることになる。さらに、医療費も本人と子供に関しては、工場側の負担になっているなど、社会的な福利厚生の枠の外にいた農民も、発展の著しい長江下流域の南京周辺などの地域では、従来とはかなり異なった取扱いを受けるものになっているようである。

　なお、このような郷鎮企業の発展を背景に外国企業への関心も深まり、62工場のうち8工場が外資との合弁に踏み出している。国別では香港、台湾、カナダ等であり、業種的には電子関係が多い。ただし、今のところ日本との合弁の実績はない。合弁の批准権は3000万ドル以下は区政府にある。ただし、合弁の相談は直接工場とすることは可能であり、また、工業公司はその調整とサービス機能を担うことになる。ここで検討した南京電纜一廠も合弁合作の意向は強く、全工場を対象にした合弁、あるいは、通信ケーブルの合弁、高圧ケーブルの合弁など、相手の要望に応じる構えである。

　以上のように、南京周辺の郷鎮企業は従来から注目されていた郷鎮政府出資の、いわゆる「蘇南モデル」の典型的な形になっており、工業公司を媒介項に郷鎮政府に統合される形を基本としている。そして、近年の著しい発展を背景に、福利厚生への配慮も次第に行き届くものになってきた。中国農村部も郷鎮企業の発展を契機として大きく変わりつつある。ただし、このような流れを形成しているのは、長江下流域などの地域だけのようであり、内陸の農村地域は依然として発展への契機をつかみきれていない。郷鎮企業を軸とする中国全体の発展が可能かどうかは今後の重大な課題だが、長江下流域の農村経済の発展は、広大に拡がる中国農村地域の将来の一つの先駆的なものとして注目していかなくてはならない。

（4）　昆山市の鎮の発展と郷鎮企業（昆山好孩子児童用品）

蘇州市の県クラスの市である昆山市（1989年9月に市制施行）は、独自的な経済技術開発区の形成、果敢な外資の誘致により、極めて短期間のうちに著しい経済発展を実現、「昆山モデル」の名の下で全中国から熱い視線を浴びている。そして、昆山市の発展の中で、市の中に含まれる鎮レベルでも独自的な発展をみせるところが続出、昆山は地域全体が過熱化の様相を呈している。

開発区の形成と外資の誘致

　そうした中で、ここで検討する陸家鎮は江蘇省の中でも一番東の鎮であり、上海市に接し、上海市街地まで50km、滬寧鉄道、国道312号線、建設中の滬寧高速道路に近接、上海虹橋国際空港まで40分であるなど、位置的条件は抜群に良い。面積は52km^2、人口3万5000人を数えている。そして、その位置的条件の良さを活かしながら、工業化、外向型経済を指向、現在の企業数は140社を上回るものになった。業種的には、機械、食品、服装、玩具、化学、電子等であるが、特に、機械の比重が高く、生産額の3分の1を占めている。また、当鎮の企業の中には、外延化を進めている上海企業との聯営の形（国内合弁）が多いことも一つの特徴になっている。この点は、明らかに陸家鎮の位置的条件の良さを示しているであろう。

　さらに、この140社の中には三資企業が43社を数え、うち日系企業は12社となっている。日系企業の業種は服装4社をはじめ、電子関係などが目立つ。1992年の鎮全体の生産額は7.2億元であるが、うち三資企業が62.6％を占めるなど、外向型経済化が相当程度進行している事情がうかがえる。こうした事情から、ここ3年ほど、陸家鎮は蘇州市の外向型経済のモデル鎮とされている。

　日本とは開放直後の14年前から貿易取引を開始し、鎮の一部の企業は日本向けの蜂蜜などを生産しているなど関係は深い。現在、当鎮に進出している日本企業としては、女性ファッションの三泰（岐阜）が1992年に2500万ドル（50：50）の合弁を開始したなどが目立っている。さらに、最近の話題としては、三菱重工とのエンジンターボの合弁事業（1500万ドル）が1993年内にまとまる見通しであるなどが注目される。

　また、昆山市は県クラスとしては浙江省の蕭山市と共に国家レベルの経済技

術開発区を保有しているが、市内の各鎮も独自に開発区を形成、国家レベルの優遇措置を準備し、外資の誘致にかかっている。すでに昆山市の鎮レベルでの開発区の数は20ほどといわれ、積極果敢に五通一平（電気、道路、通信、給水、排水、土地造成）の整備を進め、大量の外資の導入の準備に怠りない。この陸家鎮も、1988年から鎮独自での経済技術開発区の形成に踏み出し、鎮独自の部分と昆山市と共同開発の部分を合わせて全体で8km²の開発を進めている。この陸家鎮の開発区には、江蘇省最大の独資企業である台湾のタイヤメーカーが1億4000万ドルの投資で進出している。

このように、昆山の鎮であった陸家鎮は、上海に近接しているという位置的条件の良さを最大限活かし、積極的な開発区の形成と外資の誘致により飛躍的な発展をみせている。事実、鎮の中心部は再開発が進み、現代的な市街地が形成されるなど、長江下流域の繁栄する鎮のモデル的なケースになっている。そして、こうした高まりが、さらに外資を呼び込むなどの好循環を導いていることは特筆に値しよう。

子供用品のビジネスチャンス

ところで、この陸家鎮を代表する郷鎮企業が、ここで検討する昆山好孩子児童用品有限公司である。当公司は1989年に設立された子供用品メーカーであり、乳母車、幼児用三輪車、子供用自転車、子供用保健用品、玩具等を生産し、鎮の中に6工場を展開、1400人の従業者を抱えている。当公司は「GOOD BABY」ブランドで展開、特に、乳母車、子供用自転車は中国でも最も人気のある商品であり、国内の最上ランクの企業ということになっている。生産額、利潤も急拡大を示し、1992年の生産額4200万元から、1993年は1～8月ですでに1億元を突破している。1993年の目標は生産額1億3000万元、純利益1000万元であったのだが、それは軽く突破する見通しである。工場の現場視察でも、内装、外装ともに極めて現代的であり、生産ラインも十分に考慮されているなど、日本のかなり優良な企業に比べても遜色がない。従業者も地元の農民ばかりではなく、1993年には大学卒が80人も入社するほどのものになっている。

日本との関係も深く、プラモデルの金型メーカーである有井（埼玉）と合弁

写真補Ⅱ—13　昆山好孩子児童用品の組立ライン

の批准が終わったところであり、さらに、プラスチック金型メーカーの深谷精機と合弁の調印に向けて進めている。この深谷との合弁は化粧品ケースの生産を考えている。当公司としても、日本企業との合弁には意欲的であるが、日本側も当公司の現状をみて、すぐ合弁の意思決定を下しているようである。事実、有井のケースなどは、会って4カ日間で契約したなどの超ハイスピードの進展をみせたのであった。それだけの魅力を当公司が備えているということであろう。

企業家精神の高揚

さらに、当公司の注目すべき点は、事実上のリーダーである総経理の存在である。総経理の宋鄭還氏は地元出身の数学の教師で、高等学校の校長を務めていたのだが、退職して、当公司の総経理に収まっている。彼は足しげく日本を訪問しているが、その目的は東京のデパートの子供用品売り場を調査することにあり、観光などしたことがない。現在の中国は一人っ子政策の下にあり、豊かになった人びとは魅力的な子供用品には金を惜しまない。明らかに、中国では子供用品市場が広大に拡がりつつある。こうした点に着目する総経理はレベルの高い日本の子供用品を自ら調査し、製品開発につなげている。事実、総経

理の手元には、日本の子供用品のカタログが蓄積され、製品化の重要な参考にされている。かつての日本がそうであったように、外国製品の研究から出発するという後発の国の企業としては当然の対応を実に意欲的に進めている。このあたりに、長江下流域の発展する郷鎮企業の一つの姿をみていかなくてはならない。

以上のように、長江下流域では「蘇南モデル」といわれる郷鎮企業が大量に発生し、農村地域の経済発展に重大な役割を果たしている。郷鎮企業の発展は地域の財政を潤し、そして、開発区の形成を始めとするインフラ整備が地域の魅力を増し、外資が進出してくるなどの好循環を形成している。さらに、外資の進出が地元の郷鎮企業を刺激し、事業意欲をさらに高めるなどの流れを生み出しているのである。

特に、この陸家鎮のケースなどは、郷鎮企業の発展が農村地域をドラスティックに変化させたものだが、そうした変化の中で、意欲的な企業家精神に満ちた経営者が登場し、さらに、地方政府もその意義を認めながら産業インフラ等の環境整備に意を尽くしているなど、地域開発のモデル的なスタイルを形成している。日本の地方圏の市町村などでは、企業と地方政府との歩調のとれた戦略的展開が不可欠といわれているのだが、なかなか具体化されない。当然、日本と中国とでは基礎的条件は異なる。ただし、企業者と政策担当者の熱い思いとエネルギーは地域振興の基本であると思う。そうした一つの先鋭的なケースとして、長江下流域の郷鎮企業の高まりに注目していかなくてはならない。

3．日本企業の長江下流域への展開

沿海の大連や上海に「輸出組立基地」を形成してきた日本企業の対中進出も、従来の単なる「安くて豊富な労働力」を求めるという段階から、「市場」としての中国が現実的なものになり、さらに、「頭脳」としての中国も予感され、進出の方向や形態も多岐にわたるものとなってきた。特に、上海の使い勝手の良さが次第に深く認識されつつあり、その外延化の誘導路である長江に沿った主要都市への日本企業の進出が、最近になって目立っている。

上海を起点にして、蘇州、無錫、常州、南京と連なる長江下流域は、郷鎮企業の発展をベースに企業家精神に満ちた経営者、訓練された優秀な労働力に恵まれ、さらに、地方政府レベルでもインフラ整備の意義を深く理解しているなど、懐の深い、魅力的な投資環境を形成しつつある。むしろ、近年の上海のドラスティックな変貌を目の当たりにしている長江下流域の諸都市は、競って経済的な繁栄の一つの重要な契機として外資企業の誘致を推進している。

　こうした事情は、現地の投資環境調査の際にひしひしと感じられ、これまで沿海と東北に展開していた日本企業の次の進出拠点として長江下流域が登場してくることは間違いないとの印象を強くする。そして、現実に、日本の有力企業がここに来て長江下流域の主要都市への進出の意欲を表明し始めているのである。

　以上のような点を意識しながら、ここでは、長江下流域に進出している日本企業の現状と、その進出の意味するところを探り、日本企業にとって「長江下流域」とは何かという点に踏み込んでいくことにする。

（1）　中国に定着しつつある日本企業の現在（昆山賽露達）

　昆山賽露達有限公司の日本側は、ウレタンの加工、販売を業とするセルタン（神奈川県厚木市）である。現在の日本のセルタンの従業者数は約60人、構造的な人手不足から人数は年々減少傾向にある。こうした事情から、早い時期より中国進出への関心を抱いていた。当初は厚木市と友好都市の関係を結ぼうとしていた江蘇省揚州市への進出を考えていたのだが、1984年4月、すでに昆山に進出していた手袋メーカーのスワニー（香川県）の工場を視察、手袋の中にウレタンが必要とのスワニーの誘いから昆山への関心を深める。そして、昆山ののどかな農村風景が気に入り、上海虹橋国際空港まで1時間という時間距離も考慮、上海から1日がかりの揚州への進出を昆山に切り換えた。

　1985年5月から交渉を開始、1985年11月に営業許可証を受け、1986年5月から操業に入っている。当初の資本金は185万ドル、日本側50％、中国側50％（鎮の軽工業公司と郷鎮企業）、合弁期間20年でスタートした。その後、資本金を210万ドルに引き上げ（50％：50％）、合弁期間も30年に延長している。敷地

写真補Ⅱ—14　昆山セルタンの駐在者社宅

面積1.8ha、建物面積9000m^{2}であるが、最近、国道312号線沿いのところに3000m^{2}の分工場を設置、ウレタンフォームの加工に従事させている。当公司の正規の従業員は64人、その他に60人ほどの臨時工を抱えている。1992年の生産額は6500万元、利潤は400万元であった。

　主要製品は、ポリウレタンを発泡させたフォーム、さらに、二次加工品として、座椅子、寝具、畳みソファ、保健マット等ということになる。中国国内には3分の2ほどを供給するが、それはフォーム素材で販売している。残りの3分の1は外貨バランスも考慮し、二次加工を加え、主に座椅子として日本に輸出している。中国国内で販売する場合、回収は人民元であり、外貨との交換性がない。そのため、進出している外資系企業は利益を国外に持ち出す場合、外貨を自分で調達しなければならない。つまり、一定部分を輸出し、外貨を確保するという形が原則である。それを外貨バランスという。ただし、こうした外貨バランスの原則も、現在、次第に変化しつつあり、人民元と外貨との交換が中国国内である程度可能なものになっている。

日本人の駐在

ところで、当公司は創立以来、約8年を経過し、長江下流域に進出した日本

企業、また、中小企業としての多くの経験を積み重ねてきた。そうした意味では、当公司の現在は後に続く日本企業にとっての貴重なケースとなろう。

この点、まず第1に、日本人の駐在に関するところが興味深い。当公司の日本人の駐在は総経理と技術部長の2人であり、単身赴任である。総経理は合弁設立時を含めて、事実上、2回目の駐在である。人材の乏しい日本の中小企業の場合、特定の人がかなり深く関わらざるをえないのが通例である。駐在当初は外国の田舎生活が興味深く思われ、アフター5も街の飲食店に通っていたが、いずれも8時頃に閉店、代わり映えもしないことから、現在では、夜はほとんど出歩かない。外国人の駐在はホテル居住の場合も多いが、当公司では工場の敷地内に社宅を設置してあり、そこに居住している。食事、洗濯、掃除等は地元の人に頼んでいて時間は沢山あるが、何もやることがない。ビデオと2人麻雀で過ごしているのが実情である。ただ、ビデオも見飽きて、観るものがない。上海まで車で1時間ほどであるので、時折、上海に息抜きに行くといった程度である。

工場の休日は配電の関係で火曜日としている。ただし、日本は火曜日は操業しているため、電話が頻繁にかかることから、事実上、出社する。その結果、実質的に年間に2日程度しか休みをとらない。駐在員の帰国は社内規定で年4回とされているが、実際には、年1～2回しか帰らない。給料は、総経理の場合、中国の合弁企業からは月1000ドル（当時、人民元50％、外貨兌換券50％）を受け取り、残りは日本で支払われている。技術部長は合弁企業からは800元を受け取っている。ただし、これも、ほとんど使うことがない。

以上のように、昆山は上海に近く、時々は上海で息抜きをしているものの、仕事以外に何もやることがないのが実情である。昆山も飛躍的な発展の中で多様な施設ができつつあるが、まだ、外国人が楽しめる状況ではない。そうした状況の中で、駐在の人びとが日中間の合弁事業を支えているのである。

労働者の雇用

第2は、労働者の雇用についてである。昆山は大発展しているものの、現在のところ、労働力の調達に問題はない。昆山の事情では正規従業員は5年間は

解雇が難しいことから、正規従業員は定員制をとり（61人）、その他は臨時工、契約工で対応している。臨時工は1年以上の長期工と短期の期間工に分けている。この臨時工は毎年、契約を更新している。以上の正規従業員、臨時工は地元の農民を採用している。なお、正規従業員は農民であるため、住宅を保有しており、当公司側としては住宅の負担はなく、一部住宅手当てを出して処理している。また、契約工とは半年単位で社内外注的に利用しているものであり、親方が一定の人数を連れてくる。出身地は内陸の省などである場合が多い。このように、地元の労働力を調達するといわれた中国の農村地域でも、多様な労働力調達の形が次第に形成されつつある。なお、正規の従業員の給与は、毎月の生産奨励金、決算賞与といったボーナス分を含めて、年平均5000元ほどになっている。
　第3に注目すべきは、1993年6月以来の引き締め政策の影響から、金融がタイトになり、国内販売分の売掛金の回収が難しくなっているという点であろう。寝具、椅子等の内装材であるウレタンフォームは現在いくらでも売れる状況にある。ただし、支払手形の制度がない中国では、基本的に決済は現金であるため、引き締め政策の下で資金繰りは容易でない。「安くて豊富な労働力」を求めて中国に進出したのだが、急拡大を示す中国では品質の良い産業資材への引き合いは殺到しているのが実情であり、輸出に比べて利益が大きい。今後のマクロ経済政策の方向は不明だが、中国は明らかに産業資材、部品等の市場が急拡大しているということであろう。
　以上のような中国の国内事情を受けて、セルタンは昆山の他に上海と寧波にも合弁事業を展開している。上海は縫製品、寧波は昆山と同じものを生産している。昆山での経験が中国への多方面にわたる展開を促したものと考えられる。また、昆山は大発展の中で、当初、市レベルで形成されていた経済技術開発区が1992年8月に国家レベルの経済技術開発区として認可され、当初の3.75km^{2}から20km^{2}への拡大が計画されている。事実、造成は急ピッチで進み、広大な農地の中にポツンと建っていたといわれる当公司の周りは、すでに工場で埋めつくされている。まさに、昆山の現在は田舎の小規模な開発区が、沿海の大都市郊外に形成されている本格的な経済技術開発区への変身の過程の中にある。

そうした劇的な発展の中にある当公司としては、今後、昆山のダイナミズムを強く意識し、昆山の中で新たな事業分野を模索したいと考えている。中国の改革・開放に弾みがつき、特に、長江下流域の高まりを実感する日本企業は、その経験を活かしながら、中国での新たなビジネスに深い関心を寄せるものとなってきた。このあたりは、すでに8年以上の現地経験のある当公司の蓄積がものを言っているのであろう。

（2） アジアの事情と中国展開（常州愛和電子）

中日合資常州愛和電子有限公司は、1992年5月に合弁の調印を済ませ、1993年8月から生産に入っている。合弁の当事者は、東京の台東区の中小企業である愛和産業（現、愛昂電子）（87.5万ドル、出資比率25％）、国有の常州無線電総廠（87.5万ドル、同25％）、郷鎮企業の常州無線電七廠（170万ドル、同50％）であり、総額350万ドルの出資となった。愛昂電子は技術（60万ドル相当）、金型（14万ドル相当）、現金（13.5万ドル）を提供、総廠は建物（3000 m^2）と現金、七廠も建物（5700m^2）と現金で出資した。これらの建物はいずれも各々の廠の中にあり、合弁の本社は七廠に置かれている。董事長は中国側、総経理は日本側、副総経理は中国側の構成であり、日本人の駐在は総経理1人のみである。

常州無線電総廠は従業者3200人規模の企業であり、テープレコーダー、通信機、レーダー、メカトロ製品等の生産に従事している。なかでも「星球」ブランドのテープレコーダーが生産の90％を占め、中国最大の生産量を誇る著名な企業である。

常州無線電七廠は従業者1000人ほどの郷鎮企業であり、ラジオ生産工場であるが、柔軟性に優れる企業として愛昂側が注目、合弁全体の中核に座っている。

いわば、愛昂電子の販売力と技術、総廠の製造能力、七廠の柔軟性が合体された合弁事業ということであろう。中国ではビデオ、カラーテレビは国家の指定工場（定点工場）以外には生産できないが、今回の合弁は特別に認可を受けたというものである。

主要製品はビデオ一体型カラーテレビであり、計画生産能力30万台／年だが、

写真補Ⅱ—15　常州愛和電子の組立職場

40万台までは可能な見通しである。製品は全量、日本に輸出し、さらに、主としてアメリカに再輸出されることになる。主力の10インチ型の製品で、工場出荷価格130ドル／台だが、アメリカでの小売価格は280ドル／台の予定である。

　従業員数は1993年9月段階では約130人（うち、技術者、管理者30人）であったが、10月以降、当面、200人を計画している。これら従業員は一部が総廠、七廠からの移籍、一部が技術系の高校の新卒、その他は公募で採用している。なお、副総経理は総廠からの出向の形である。

　生産は総廠に設置した工場でビデオの組立、そして、七廠に設置の工場でカラーテレビに一体的に組み立てることになる。当面、IC、ドラム等の主要部品は日本から投入するが、次第に国産化の方向に向かう計画である。なお、金型は一部国産、一部韓国（筐体部分）で対応する。プリント基板の製造は総廠で行い、基板へのマウント（組み付け）と検査には、日本のテスコンの最新のマウント〜検査のラインが導入されていた。「安くて豊富な労働力」を求めて中国に進出するものの、微細組立工程などには最新式の自動組立機が投入されているのである。

アジアの事情とモノづくり

ところで、この愛昂電子は1985年創業の若い企業であり（当初の資本金300万円）、払込資本金は現在では1億2000万円、従業員数38人にすぎない[14]。製品系列は電子、音響関連であり、近年、急速にその幅を拡げている。売上高実績もこの間、急速に拡大し、1991年の18億0600万円から、1993年には26億2000万円強に達している。

　そして、この愛昂電子で何よりも興味深いのは、その価格設定であろう。例えば、自動車搭載用の6インチのテレビの場合、カタログ価格は8万9800円だが、オートバックス等の販売店の実勢価格は1万9800円、10インチのVTR一体型テレビの場合は、カタログ価格14万8000円が実勢では3万5000円とされ、また、今後開発に入る14インチカラーテレビの場合は、市場に1万5000円程度で提供可能というものである。14インチカラーテレビは近年の価格破壊のターゲットの一つになっており、1993年頃から急激な価格低下をみせ、市場では2万4000円ほどまでに下がっている。それでも、当社の製品は価格破壊の進んでいる昨今の状況でも際立っているであろう。

　ところで、愛昂電子はなぜこのような低価格生産が可能なのだろうか。それは「アジアの事情」というべきものを徹底的に追求しているからにほかならない。

　愛昂電子の場合、設計は韓国の従業員25人程度の設計企業と専属的な関係を形成し、設計コストを大幅に削減している。さらに、当社の製品系列の拡がりに伴い、設計要員の手詰まりが問題になりつつあるが、こうした部分は、韓国の三星電子、ゴールドスター等の有力電子メーカーの技術者をアフター5、あるいは土日曜日にアルバイトで起用するなど、設計コストは日本とは比較できないほど安い。したがって、日本では一切設計しない。

　また、部品に関しては、基本的には高すぎる日本製は使用しない。香港に別会社を設置し、アジア中から安い部品を調達する体制をとっている。さらに、金型は日本企業でマレーシアに進出している企業があり、そこから調達している。

　そして、特に注目すべきは、製品開発に対する考え方であろう。これまでの日本はいかに良いものを作るのか、そして、そのために部品も含めて高品質な

新たな機能を備えるものをいかに開発するかに終始してきた。この点、最近のアジアの先鋭的な企業の多くは全く別の角度から開発に取り組んでいる。例えば、この愛昴電子の場合、一定のレベルに達しているアジアの部品を前提に製品開発を進めるというものである。それは、「アジアの事情」を背景にする製品開発という言葉で語られる。ある程度バラツキのある部品を前提に製品にまとめ上げるという概念のようである。こうした考え方は、近年、広く受入れられるものとなり、世間の価格破壊の先導的な役割を演じるものになっているのである。

アジアの事情と日本企業の今後

　以上の愛昴電子の動きをみていると、アジアをめぐる事情は大きく様変わりしていることがわかる。従来の日本企業の多くは、「安価で豊富な労働力」を前提とする「輸出加工組立基地」としてアジアをとらえる場合が多く、韓国、台湾から始まり、各地を転進してきた。そして、最後にして最大の着地点を予感させる中国にたどり着き、東アジア諸国地域全体の発展を受けて新たな方向に向かいつつある。その方向は実に多様だが、アジアの生産条件が大きく変化し、その新たな条件を前提にした企業活動が求められつつある。

　これまでの対米向け輸出加工組立基地の形成という段階から、明らかにアジアの市場が登場し、それに向けた製品開発、生産、販売体制の確立が不可欠になり、また、日本市場の質的変化を受けて、「アジアの事情」を背景にした対応も急を要している。そして、これらの流れを加速するものとして、アジア最大のポテンシャルを有する中国の存在が注目されることになろう。そうした意味で、「アジアの事情」の中でも、今後、いっそう「中国の事情」が重要になってこよう。「中国の事情」を前提にした開発、部品調達、生産、流通のあり方が求められつつあるということである。

　愛昴電子のケースでも、組立基地として従来の韓国から中国への比重の変化が顕著にみられ、さらに、今後、中国からの部品調達もいっそう活発になることは疑いない。そうした地殻変動を受け止めて、日本国内の常識にこだわり続けている日本企業がいかにアジア企業に変身していくのか、ここで検討した愛

昴電子のケースは、そうした課題に対しての一つの方向を指し示すものとして注目されることになろう。

（3） 中国市場への視野と南京への着目（南京富士通通信設備）

　近年、電力、通信、港湾、交通等との中国のインフラ整備が実に活発に行われている。特に、通信に関しては飛躍的な改善が進められ、主要都市の電話は国内、国際ともにスムーズにつながるものになってきた。そして、この通信設備に関連して世界中の関連メーカーが果敢に中国に参入している。長江流域においても、日本電気がすでに通信設備関連で武漢に進出しており、ライバルの富士通が、この南京に新たな合弁事業に踏み出している。

　ところで、この南京富士通通信設備有限公司は、国有の南京有線電廠と富士通の合弁事業であり、1992年3月に調印、1993年6月に操業を開始した。投資額1450万ドル、登録資本900万ドルであり、中国側が土地、建物を提供し、出資比率は60％となっている。日本側の40％は富士通本社が出資し、現金を投入した。董事長は中国側、董事会は5人（中国側3人、日本側2人）であり、駐在の日本人は、総経理、製造部長、営業部長、営業部員の計4人である。出資比率の多い中国側が董事長と副総経理のポストを取り、日本側が総経理のポストを取るなどの標準的な合弁事業の組織構造になっている。なお、日本人の駐在のうち、2人は家族連れで来ており、南京市内のホテルのアパートに居住している。

　合弁相手の南京有線電廠は、すでに56年の歴史を有する中国電子工業部の基幹工場であり、従業者数5500人を擁し、コンピュータ（パソコン）、通信設備、プリンター、モニター、計器類を生産する中国でも最有力な企業である。合弁事業用として提供された建物は、従来は南京有線電廠のプリンター工場であったものであり、それを改修して利用している。

　この合弁事業で生産される製品は、光ファイバー通信設備が中心であり、主要部品は日本から投入し、ラック、シャーシは中国で調達する。ただし、今後、できるだけ国産部品を調達していく構えである。さらに、当初のF/S（企業化調査）では入っていなかった移動電話の生産も検討中であり、現在、国家郵電

写真補Ⅱ—16　南京富士通の事務所

部に申請中である。1993年度中には認可が下り、近々、生産開始に入れる見通しである。この部品群についても、国産化が課題だが、当面は富士通から部品を投入し、組立していくことになる。これら光ファイバー通信設備、無線電話のいずれも、全量国内向けであることはいうまでもない。

　若干、補足だが、中国の主要都市では、近年、無線電話（携帯）電話の普及が著しく、ビジネスマンばかりでなく、若い女性も携帯している場合が顕著にみられる。一般に、電話線の敷設、公衆電話の設置が遅れている発展途上諸国で、急速に発展プロセスに入っている場合、有線電話の普及を通り越して、一気に無線電話が普及するという現象を生じさせる場合が少なくない。例えば、香港、シンガポール、また、中国の深圳、上海などはそうしたケースとして注目される。有線電話と公衆電話の普及に著しい日本の場合、無線電話の普及はいま一つ十分ではないようである。

技術者の採用

　ところで、南京富士通通信設備有限公司の1993年9月末の従業者数は約100人であるが、その採用に関しては、半数は南京有線電廠から希望者を募り、半数は一般に募集した。全体の半数は大卒であり、中等専門学校が20人、その他

は有線電廠の経験者ということになる。特に、大卒の新卒に関しては、人材市場で募集したが、16人の募集に対して、50人程の応募があり、大学の成績、面接、英語の試験で選抜した。募集に対して、応募が少ないとの印象だが、応募条件が専門性が高かったことが影響したと判断している。なお、南京は中国では北京に次ぐ電子産業の発展している地域であり、関連の大学としては、南京大学の他に、理工系の東南大学、南京郵電学院（光関係の学科あり）があり、人材の供給源となっていることも注目される。F／Sによれば、従業者規模は200人ほどとなっており、近々、増やす方向で検討中である。

また、採用した従業員の研修に関しては、営業部員8人が40日間の日本での研修、製造部員は1993年11月に16人が1カ月の研修で日本に行くことになる。特に、競争の激しい光ファイバー通信設備に関して、当公司は営業部門を重視しており、50人程度を振り向ける計画である。一般に、中国のこうした通信設備のユーザーとは全国各地の郵電部門（官需）であり、そこと密接な関係をとる構えである。なお、営業部50人のうち、純粋の営業部隊は17人であり、残りは工事部隊ということになる。

富士通はこれまでも蘇州市の昆山でプリンターの合弁を実施しているが、長江下流域の経験を深める中で、南京に進出したものとみられる。南京は上海から約300km内陸に入ってはいるものの、長江沿岸の都市であり5万トン程度の大型船の就航が可能であり、例えば、部品を東京から船便で送る場合、東京〜南京港までが1週間、陸揚げ、通関手続きを済ませて当工場に着くまでにさらに1週間程度であるなど、中国沿海の港湾都市とほとんど事情は変わらない。さらに、中国の国内市場を視野に入れた場合、南京は中国内陸に向けた交通上の結節点としての位置にあり、物資の集散条件は抜群に良い。そうした事情から、中国の通信設備関係の需要の膨大な拡がりを視野に入れる富士通が南京に生産拠点を形成したということであろう。

日本企業も、従来の中国の「安くて豊富な労働力」を求めて沿海の主要都市に「輸出組立基地」を形成するという段階から、明らかに中国を市場としてとらえ、内陸の「集散条件」に優れる都市への進出という段階に入ってきたということであろう。そうした一つの先鋭的なケースとして、この南京富士通通信

設備有限公司の現在と将来をみていかなくてはならない。

（4） 中国の半導体工場と日本企業（中国華晶電子集団）

無錫市の中国華晶電子集団公司は中国最大の国有半導体工場であり、また、ウエハの加工から組立、さらに、研究開発、設計センターを保有する中国唯一の総合的な半導体工場でもある。敷地面積40ha、従業者数6000人、うち技術者も1500人を数え、国家1級企業である。

改革・開放の頃の15年前は、小さなトランジスタ工場に過ぎなかったのだが、その後、外国の技術を積極的に導入し、わずか15年ほどの間に全国のトップ企業となった。例えば、東芝からの技術導入により、バイポーラICの生産に踏み出し、カラーテレビ用ICは全国の3分の1のシェアを占め、また、白黒テレビ用ICは全国の40～50％のシェアを占めるものとなっている。さらに、現在では、トランジスタの生産に関しては、全国最大規模であり、チップの一部は全国30社に供給している。

1988年以降、一段と飛躍するために工場を増設、中央研究所、開発設計センター、マスク製造ライン、そして、現在、東芝、シーメンスの技術を導入して、MOSS型ICの生産ラインを設置中であり、1993年10月には検収が終わり、生産が立ち上がることになる。その結果、当公司は1研究所、3事業部（バイポーラIC、MOSS型IC、トランジスタ）の3事業部、5工場から構成されることになる。

5工場の内訳は、材料工場、マスク工場、生産工場、設備工場、動力工場から構成される。材料工場はシリコンの引き伸ばし（5インチから4インチへ）からテスト、マーキングまでを行う。設備工場は金型製作から専用機械の製作までを行っている。例えば、マーキングマシンなどは内部で製作している。ただし、前工程の設備の3分の1は日本製、3分の2はアメリカ製を使用している。日本製の設備は価格が高いとの評価である。化学薬品関係は95％は国産品を使用し、レジスト用の特殊な薬品、5インチのシリコンなどは外国から輸入している。リードフレームは64ピンまでのものは内部で対応しているが、それ以上のものは、金型を日本のアピック山田（長野）などに依存している。した

がって、中国の半導体の生産事情は一通りの体制を組みつつあるが、まだ、かなり重要な部分は外国に依存せざるをえない段階といえそうである。

広汎な集団公司の形成

また、集団公司を形成しているが、出資や技術を投入している緊密性の企業(10数社)と、樹脂などの材料生産を委託している非緊密性の企業(60数社)から構成されている。緊密性企業の中には、例えば、香港企業との合弁でデザインセンターとしての機能を担っている深圳経済特区内の深圳華晶微電子有限公司(従業者10人)、珠海経済特区の中でハイブリッドICやテレビ用電源の生産に従事しているアメリカ企業との合弁企業である珠海華晶電子有限公司(従業者80人)、また、無錫でアメリカ企業と電源関係で合弁している華泰電子有限公司などがある。いずれにしても、当公司を中核として、外資との合弁、国内の関連企業との多様な関係をベースにして、半導体に関連する幅の広い展開をしているところに注目すべき点がある。ただし、現在の段階では、中国の半導体の技術は日本やアメリカに比べかなり遅れており、外国技術の導入をベースに早急な体制整備が急がれている。そして、その中心的な役割を担うものとして、当公司が位置づけられているようである。

この点、ココムの問題が気になるところだが、バイポーラIC工場の5ミクロン、MOSS型IC工場の3ミクロンのレベルでは問題なかったが、現在、東芝とバイポーラICの2ミクロンの技術で調整しており、さらに、今後、1ミクロン、0.8ミクロンとなると、東芝はココムの問題があるとして消極的である。これに対し、アメリカ企業は問題にならないとして協力の構えである。ココムの問題については、日本企業は全般的に消極的であり、非常に抑制のきいた対応を示しているが、アメリカ企業はかなり判断の幅を拡げているなど、対照的な取り組みをみせている。日本企業が慎重な背景には、通産省の指導が厳しいところにあるといわれており、今後、十分に検討していかねばならない課題となろう。日本が慎重に対応しているうちに、アメリカ企業が果敢に進出し、技術体系全体にアメリカ色が強くなり、日本の入り込む余地が乏しくなるなどが将来的に懸念される。

こうした中で、東芝とは1994年操業開始に向けて、無錫の敷地内で、現在、合弁工場の設備設置の段階に踏み出している。投資額は日本円で約30億円であり、東芝側60％、当公司40％の比率である。合弁工場全体の構成は、東芝の直方工場をモデルにした後工程（組立）のみのものであり、最新のテレビ、音響機器向けの製品となる。基本的には国内向けであるが、外貨バランスの範囲で一部外国にも輸出する計画である。この合弁事業は投資回収6年ほどで計画されている。これまで、日本の半導体関連企業の中国進出は極めて小規模の組立部門ではみられたが、この東芝のケースはかなり本格的な進出であり、特に、日本の電気製品のセットメーカーが中国市場を視野に入れた進出に踏み出している現在、その部品調達をサポートするものとしても重要な役割を果たすことになろう。

マレーシアを中心とするASEANに展開してきた日本の半導体企業も、次第に中国市場への関心を深め、ココムに気を配りながらも、中国進出のスピードを上げていくことになるのであろう。その一つの突破口として、東芝半導体の無錫への進出が注目される。

（5）　中国に展開するハイテク中小企業（華光電子工業）

現在、無錫市電器廠の中に所在している日本、中国、香港の合弁企業である華光電子工業有限公司は、1988年7月にF/Sの調印、1988年10月に合弁事業の調印、1989年4月に認可というハイスピードで事業が推進された。当初の資本金は360万元であり、無錫市電器廠60％、日本の光洋電子30％、香港の中秀科技有限公司10％の出資比率である。主要製品はFA、機械の制御に関するプログラマブル・コントローラ（PC）であり、ハイテク製品に属する。日本の光洋電子が技術を提供する形で、主として中国国内向けに生産している。

華光電子工業有限公司の1992年の生産額は4250万元、利潤は700万元を計上している。現状、当公司の製品は数量ベースで中国国内向けが60％、外貨バランスの必要から日本向けが40％となっている。ただし、日本からの仕事は材料部品を供給されて組み立てるだけの委託加工の加工賃仕事であり、金額ベースでは10％程度のものである。中国国内への販売体制は、直接ユーザーと取引す

る場合と、代理店契約している企業（20店）を通じる場合とがあり、当公司としても技術営業25人ほどで対応している状況である。また、原材料調達もできるだけ現地と考えているのだが、当面の国産材料部品は、外資との合弁企業（上海、汕頭、昆山）から調達するプリント基板、さらに、副資材としての接着剤、リード線等であり、全体の10〜15％程度にしかすぎない。

大企業子会社の中国進出

ところで、この光洋電子とは、ベアリングの光洋精工の子会社であり、日本の本社は東京都小平市に所在している。親会社の光洋精工は多方面にわたって子会社、海外子会社を設立しており、これまでも、光洋電子の他に、光洋機械、光洋リンドバーク（アメリカで合弁、炉）、光洋シカゴローハイド（アメリカで合弁、オイルシール）を設立しており、特に、自動車のトヨタと関連が深い。その他、光洋精工は海外工場としても、アメリカ（ベアリング工場、ステアリング工場）、イギリス（ベアリング工場）、フランス（ステアリング工場）、タイ（ベアリング工場）、マレーシア（ステアリング工場）を設置している。また、ブラジルとシンガポールにも工場を保有していたが、現在は撤退している。

以上のような編成の中で、光洋電子は光洋精工の電子部門として、1965年頃にラジオの製造から出発する。その後、1970年頃にPCに移り始め、現在では、PCの比重が60％程度、その他ではテレビカメラ、ロータリーエンコーダーなどを生産する企業となっている。従業者は400人ほどだが、従業者の60〜70％は技術者が占めるという技術開発主体の企業として歩んでいる。

この間、光洋電子は外国企業との技術提携を多方面にわたって進め、当初はアメリカのGE、その後、GEファナック、TI、ドイツのシーメンスなどとも技術提携の関係にある。こうした外国企業との交流の中で、特に、GEファナックが香港を通じて中国に輸出しており、こうした経緯が突破口になって合弁事業の話が進んだ。この点、無錫に進出することを決定した背景としては、次のような事情が指摘されている。

第1に、ハイテク関連の企業も多く、ハイテクに適している。第2に、江蘇省は教育レベルが高く、勤勉である。第3に、気候が温暖で、また、上海に近

いなど、地理的に恵まれている。第4に、市政府が外資の誘致に熱心であり、アフターケアもしっかりしているなどである。こうした事情は、蘇州から無錫、常州、鎮江、南京あたりの長江下流域に共通している点であり、近年の日本企業を含めた外国企業の対中進出の焦点として、江蘇省南部地域が浮かび上がってきた基礎的な条件のようである。上海の発展を目の当たりにして、背後地の蘇州から無錫、常州、鎮江、南京、さらに、長江北岸の南通、揚州あたりは、独自な発展に向けて熾烈な競争を演じており、そうした熱意が投資環境を一段と改善するインセンティブとして働いているのであろう。

　ところで、この華光電子工業有限公司は日本側の出資はわずか30％であるものの、実質的な経営は日本側が行っている。董事長は中国側だが、総経理は日本側である。日本人の駐在は総経理と助理の2人であり、単身赴任で市内のホテルに滞在している。従業員は合弁当初、電器廠からかなりの数が来たが、現在の従業員は約160人、大卒・高専卒で70％を占め、高卒が残りの30％であるなど、かなり学歴の高い従業員から構成されている。無錫における労働力調達はワーカーレベルではかなりタイトになっているが、むしろ、大卒は容易に採用できるようである。1993年も30人の大卒を採用したが、上海交通大学、中国科技大学（合肥）といった中国の超エリート校からもかなり応募があるなど、厚みのある人材構成になっている。また、従業員の研修として日本にこれまで約50人が行っている。長い人で1年半、平均でも1年以上滞在している。現在も20人が日本で研修を受けている。

再投資の方向

　従業員の平均の年収は約7000元（ボーナス含む）であるが、その他に住宅費として、それに近い額を負担している。本来、住宅を提供しなければならないが、現状では外資系企業が住宅を取得することはかなり難しく、名目的に給料を上げる形で処理している。

　また、利益の処分に関しては、配当が30％、三基金（ボーナス、福利厚生基金、発展基金）10％、登録資本の増加40％、内部留保20％として処理している。当公司としては、投資回収よりも、再投資を主体に考えている。

現在は電器廠の中にいるが、近くの蠡園開発区に2.4haの土地を取得、建物1万m²を建設中であり、1993年12月に移転する計画になっている。創業以来、毎年、倍々の成長を示し、現在の資本金は1300万元に増加している。ただし、1993年6月以来の金融引締政策により、企業間金融が詰まり気味であり、これまでの一本調子からの見直しが迫られているようである。

　ただし、新工場に向けて、近々、高卒を22人採用する計画であり、180人規模にして、現在の生産の4倍増にする見通しである。中国全体の発展の中で、機械の制御部分の重要性はいっそう高まり、当公司が供給しているPCの市場は一段と拡大するものとみられる。海外展開の豊富な光洋精工の子会社として、中国市場の見通しと無錫の投資環境を冷静に眺めながら、さらに、優秀な人材による技術者集団を形成しようとするところなどは、日本企業の対中進出の新たな側面をみせるものとして、大いに注目していかなければならない。

（6）　台湾企業の中国進出の現段階（昆山六豊機械工業）

　昆山六豊機械工業有限公司は昆山に1992年9月に設立された台湾と日本との合弁企業であり、投資額2300万ドル、登録資本920万ドルである。台湾側は六和機械を中心とする六和グループ企業2社の出資で合計95％、日本側は豊田通商が5％となっている。中国側が参加していない合弁企業ということになる。そして、経営の実際の主導権は台湾側が握っている。1992年11月に建設を開始、1993年7月に竣工、8～9月に試運転、1993年10月から生産に入っている。敷地面積12ha、建物面積1万4000m²である。

　製品は自動車車輪用のアルミホイールであり、生産設備としても、熔解炉2基、低圧鋳造機8基、熱処理炉1基、CNC旋盤（森精機）12台、マシニングセンター（台湾製）4台を編成する本格的な鋳造・機械加工工場である。

　当面は第1期の投資であり、2万5000個／月の生産能力を編成し、1993年は3万個、1994年は28万5000個の生産を予定、すぐ第2期投資に入り、月産5万万個の能力に拡充し、1995年の計画では56万5000個、そして、1996年中に第3期投資を実施し、月産8万個体制をとり、1996年は60万個の生産予定となっている。こうしたアルミホイールは主として日本に輸出し、その他としてヨー

写真補Ⅱ—17　昆山六豊機械工業の鋳造職場

ロッパ、アメリカをも視野に入れている。ただし、将来は中国市場をみていることはいうまでもない。製品の物流は当公司でコンテナに入れ、トラックで上海港（56km）まで運び、日本に送るというものである。ただし、この点の問題として、中国船の船賃が台湾船の倍である点が指摘されている。

　従業員数は1993年9月現在、108人であり、大卒14人、大専卒13人、高校卒9人、中学卒72人から構成されている。F／S報告書では従業員数は187人と計画されているが、最終的には200人ほどになる予定である。

台湾企業の本格的進出

　ところで、本合弁事業の主体である台湾の六和グループとは台湾を代表する企業グループの一つであり、六和紡績、六和機械、九和自動車、七和実業、六九建設、三和自動車、さらに、台湾最大の自動車メーカーであるフォード六和（六和側30％出資）などを傘下に置いている。これまで、六和グループと日本のトヨタとの関係は40年来のものだが、自動車の提携は六和とフォードとの合弁以来途絶えたが、豊田通商とは依然としてつながっている。これらの六和グループの中で、本合弁事業に出資したメインは六和機械である。この六和機械は年売上高22億元規模の台湾最大の総合自動車パーツメーカーであり、アルミ

ホイールについても、月5万個の能力を保有している。

近年、台湾の人件費高騰、人手不足傾向の中で、台湾企業の中国進出が活発化しているが、六和機械の場合は、そうしたコスト圧力の回避に加え、将来の中国のモータリゼーションを視野に入れ、中国進出を決意する。そして、大連、瀋陽、北京、天津、厦門、そして、江蘇省は南通も調査し、大連、厦門を候補に上げたが、大連は寒いこと、厦門は部品の調達に苦労しそうなことから取り止め、交通条件、気候条件に優れ、部品調達の面で最も便利であり、さらに、将来の市場としての中国を視野に入れ、中国の中心である上海に決定する。

さらに、上海周辺を物色し、周辺の開発区の中でも最も誘致に積極的であった昆山の経済技術開発区に決定した。事実、通常、当公司規模の工場建設には1年半程度かかるのだが、当公司の場合には9カ月で完成するなど、昆山は極めて積極的に対応するものであった。

ところで、昆山六豊機械工業有限公司の昆山進出は、台湾企業の対中進出が新たな段階に来たことを物語るものとして興味深い。

この点、象徴的であるのは、118人の中国人従業員に対して、現在、台湾から40人の技術指導要員が来ているという点である。従来の台湾企業の中国進出は単純労働力利用の軽工業が大半であり、技術指導の必要性は乏しかった。ところが、アルミホイールの加工等になると、相応の技術指導が不可欠になる。ただし、中国と台湾の現在の事情では、台湾側は中国に入国できるが、中国側は台湾に向けて出国することは難しい。現在のところ、人の流れは台湾から中国へという一方通行のスタイルになっているのである。したがって、中国人を研修のために台湾に送ることはできない。そのために、相応の人員が長期にわたって中国に来て指導せざるをえない。

こうしたことは、台湾の中国進出が新たな段階に来たことを示し、当面、台湾企業に新たな負担を強いている。中国と台湾の関係は経済活動の密接化を通じて、次第に変化していくものとみられるが、そうしたプロセスの中で、以上のような問題も次第に解決されていかねばならないであろう。

また、当公司の進出に関連して、もう一つ興味深いものは、駐在の総経理を始めとして、技術指導に来ている指導員にしても、開発区周辺の民家に泊まっ

ているという点である。現在の日本人にとって中国農村の民家に長期滞在するなどは生活環境からして考えにくいが、台湾の人は文化社会的な一体性から不都合は感じないようである。このあたりは、台湾と中国との深い関係を感じさせるものであり、台湾が中国で次第に存在感を高めていく重要な背景になっていくものと思われる。

いずれにせよ、台湾は軽工業の大量進出という段階から、次第に、産業の基幹的な部分をも含めた対中進出の段階に踏み込みつつあり、市場としての中国を視野に入れながら、中国との関係をいっそう深めていくことは間違いない。そうした一つの象徴として、この昆山六豊機械工業有限公司の現在を注目していく必要があろう。

1) 長江下流域とは、長江の上海から南京あたりまでの範囲で、江蘇省南部、及び、浙江省北部あたりまでを包含している場合が多い。蘇南、江南とは、それよりも狭い空間であり、江蘇省の長江の南側である蘇州、無錫、常州、南京あたりを指している。
2) 国有企業の改革については、揚啓先編『我国企業体制改革基本模式』科学技術文献出版社、1989年、徐之河『中国公有制企業管理発展史』上海社会科学院出版社、1992年、李培林他『転型中的中国企業――国有企業組織創新論』山東人民出版社、1992年、唐宗焜他編『中国国有企業革：制度輿改革』中国計画出版社、1992年、黄鋳他編『走向市場――国有大中型企業改革之路』上海人民出版社、1993年、李正志他編『中国大中型企業的困境輿出路』中国財政経済出版社、1993年、木崎翠「国営企業――経済改革の成否の焦点――」(『世界』第556号、1991年7月)、「中国国営企業の課題と『改革』」(『日中経済協会会報』第214号、1991年7月)、高原明生「中国・企業メカニズム転換の背景と現状」(『日中経済協会会報』第226号、1992年7月)、林凌「中国・国有企業改革問題の現状と核心」(『日中経済協会会報』第228号、1992年9月)、財団法人日中経済協会『中国の国有大中型企業の活性化と改革・開放』1993年、が有益である。
3) 国有企業の福利厚生の実態等は、関満博『現代中国の地域産業と企業』新評論、1992年、を参照されたい。
4) 中国では、中央政府経済委員会がこれまで品質、効率、原材料の消耗率、技術レベルの四つの方面から優良企業を四つのクラスで認可してきた。最上級の特級は世

界レベル、1級は1970年代末〜80年代初めのレベル、2級は国内の先進レベル、省級は省の先進レベルというものである。ただし、最近、以上のような基準の見直しが行われているようである。詳細は不明だが、①製品の質、②原材料の消耗、③省エネ、④1人当たりの生産額、利税額、⑤資金対利税の比率、⑥管理のレベル、⑦大卒者の比率等で区分が行われているようである。

5) 中国東北地方の国有企業の具体的な事情は、関満博『中国開放政策と日本企業』新評論、1993年、を参照されたい。
6) 中国の工作機械工業の実態は、前掲書、を参照されたい。
7) 高新技術産業開発区の概要は、前掲書、を参照されたい。
8) 中国市場を視野に入れた日本企業の進出動向と、その意味については、関満博『フルセット型産業構造を超えて』中公新書、1993年、同「狙いは『市場』と『頭脳』、中小企業の中国進出」(『週刊東洋経済』第5177号)、1993年11月2日、同「日本企業の中国進出は何を意味する(『エコノミスト』第3094号、1993年11月23日)を参照されたい。
9) 上級の政府の部局が集団公司に名称を変更していくケースなどは、関、前掲『中国開放政策と日本企業』を参照されたい。
10) 昆山については、関満博『中国長江下流域の発展戦略』新評論、2005年、補論Ⅲを参照されたい。
11) ここでは郷鎮企業を4企業しか取り上げないが、補論Ⅲで郷鎮企業の故郷とされる無錫県の具体的な事例を幅広く紹介する。
12) 従来の郷鎮企業の具体的なイメージは、関満博『現代中国の地域産業と企業』新評論、1992年、の上海郊外のケースを参照されたい。
13) 都市と農村の戸籍の問題は、厳選平『中国経済の成長と構造』勁草書房、1992年、が有益である。
14) 愛昴電子をめぐるより詳細な内容に関しては、関満博「日本企業の中国進出と今後の戦略」(『長銀総研エル』第129号、1994年10月)、同『アジア新時代の日本企業』中公新書、1999年、を参照されたい。

【付記】本稿は、「長江流域の企業」と題して、関満博『中国長江下流域の発展戦略』新評論、1995年、第3章に掲載したものを再録したものである。

補論Ⅲ　1994年／無錫県郷鎮企業の実態調査報告

　江蘇省無錫市は飛躍的な発展をみせる長江下流域の中の主要都市の中でも、蘇州市と並んで最も注目されている。全国都市別工業総生産額の順位においても、1985年段階では、上海、北京、天津、広州、武漢、瀋陽、蘇州、無錫（第8位）、重慶、杭州の順であったのだが、1992年には、上海、蘇州、北京、天津、無錫（第5位）、広州、杭州、青島、常州、寧波へと大きく様変わりしている。北京、上海、天津は中央直轄市として他の都市とは規模が異なることから、特に、蘇州、無錫の近年の健闘ぶりは注目される。従来から中国を代表する「観光都市」と思われていた蘇州、無錫は、現在では、「観光都市」に加え、中国を代表する「工業都市」としての側面をみせるものになっている。
　そして、こうした躍進は郷鎮企業の発展が基礎になっていることはいうまでもない。例えば、1992年の全国工業総生産額に占める郷鎮企業の比重は約30％に達したが、蘇州は64.2％、無錫は71.6％を占めた。長江下流域、あるいは、江蘇省南部の蘇南は「郷鎮企業の故郷」といわれるが、中でも、蘇州、無錫はその中心的な都市として歩んできたといえよう。
　ところで、これら蘇州市、無錫市の規模は日本の県にほぼ相当する。例えば、蘇州市（面積8488km^2、1993年の人口569万人）は兵庫県（8382km^2、542万人）、無錫市（4650km^2、423万人）は福岡県（4965km^2、482万人）ほどの規模である。また、これらの市は、市街区、郊外県（県クラスの市も含む）から構成されるが、蘇州市の場合は市区、常熟市、張家港市、昆山市、太倉県、呉県、呉江県、無錫市は市区、江陰市、宜興市、無錫県から編成されている。一般的に伝統的な国有企業の多くは市区に立地している場合が多いが、郷鎮企業は郊外の県、あるいは県クラスの市などのエリアで発展している。そして、長江下流域の中でも、無錫市の中の江陰市、無錫県は特に郷鎮企業の発展している地域として知られている。

ここでは、そうした長江下流域の郊外県（市）の中でも、無錫県を取り上げ、郷鎮企業の現状とそれを取り巻く諸般の状況について報告することにしたい。この無錫県の郷鎮企業は、農村工業化のモデルケースとして、世界の開発経済学の研究者を惹きつけたものであった。いわば、世界が注目した「蘇南モデル郷鎮企業の故郷」として無錫県が注目されるであろう。

　ところで、長江下流域の郷鎮企業は、1980年代の「作れば、何でも売れた」という「第1ステージ」を終え、現在は、外国の先鋭的な機械設備を導入し、低コスト、高品質を求めるという「第2ステージ」ともいうべき段階に踏み出している[1]。そうした中で、郷鎮企業と地方政府との関係にも新たな局面が生み出されつつある。いわば、無錫県の郷鎮企業をめぐる1990年代初めの状況は、中国の企業発展、地域産業発展に新たな要素を付け加えつつあるということである。そうした点に注目し、ここでは、無錫県の郷鎮企業の実態と、地方政府の取り組みに注目することを通じ、1990年代以降の中国産業・企業の課題を明らかにしていくことにしたい。なお、以下で検討する事例研究等は、1994年2月に現地調査を実施した。とくに、ことわりがない限り、従業員数等の数字は当時のものを使用している。

1．無錫県の発展の概要

　無錫市は市区を中心に、郊外県としては、市区を取り囲む無錫県、そして、県クラスの市である北側で長江に接する江陰市、そして、太湖の西側に展開する宜興市から構成されている。市中心の市区は面積397km^2、人口95万（1993年）であるが、面積の最大は宜興市（2039km^2）、人口の最大は江陰市（112万人）である。こうした中で、無錫県の面積は1234km^2、人口109万人であり、面積は日本の市で最大面積のいわき市（1231km^2）、また、人口は香川県（103万人）にほぼ相当し、全体のバランスからすると、札幌市（面積1121km^2、人口170万人）と香川県（1874km^2、103万人）の間くらいとみてよい。いわば、無錫県の規模は、日本の県レベルでは小さい方であり、市レベルではかなり大きいほうだということになる。

図補Ⅲ—1　無錫県の行政区画（1990年頃）

資料：無錫県経済委員会・無錫県郷鎮企業管理局編『無錫県工業志』上海人民出版社、1990年

　以上の基本的な枠組みを前提に、1994年2月に実施した無錫県政府からのヒアリングによる最近の無錫県の工業を中心にした状況は以下のようなものである。

無錫県の基本状況

　1993年の無錫県[2)]の人口は約110万人、国内総生産額（GDP）は125億元、1人当たりの国内総生産額は1万1360元となり、小康（マズマズ）水準とされる800ドル基準（1万元）を超えた。中央の国家統計局と国務院経済研究所は

写真補Ⅲ—1　1994年／郷鎮企業が立ち並ぶ無錫県

図補Ⅲ—2　無錫県の郷鎮企業管理指導体制

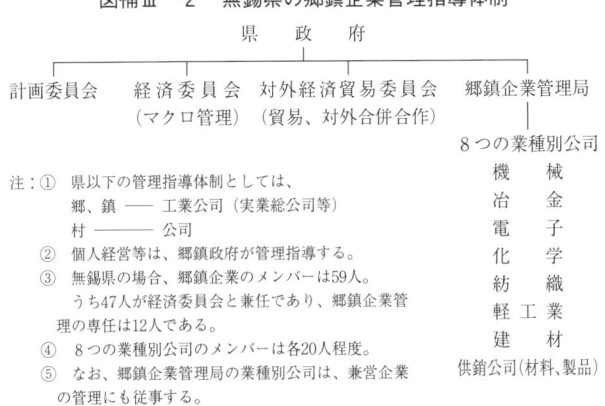

```
                         県　政　府
        ┌──────────┬────────┬──────────┬──────────┐
     計画委員会　経済委員会　対外経済貿易委員会　郷鎮企業管理局
             （マクロ管理）　（貿易、対外合併合作）  │
                                              8つの業種別公司
                                                機　　械
                                                冶　　金
                                                電　　子
                                                化　　学
                                                紡　　織
                                                軽　工　業
                                                建　　材
                                              供銷公司(材料、製品)
```

注：① 県以下の管理指導体制としては、
　　　郷、鎮 ── 工業公司（実業総公司等）
　　　村 ──── 公司
　② 個人経営等は、郷鎮政府が管理指導する。
　③ 無錫県の場合、郷鎮企業のメンバーは59人。
　　　うち47人が経済委員会と兼任であり、郷鎮企業管理の専任は12人である。
　④ 8つの業種別公司のメンバーは各20人程度。
　⑤ なお、郷鎮企業管理局の業種別公司は、兼営企業の管理にも従事する。

　1992年から経済、文化、スポーツ等の12項目によって全国の100県を選出しているが、無錫県は1992年、1993年と続いて全国第1位となった。これは、特に、郷鎮企業の発展によって経済が順調に発展してきたことによる。1993年の工農業総生産額は480億元に達し、そのうち、工業総生産額は471億元、農業・副業生産額は9億元であるなど、無錫県の発展には明らかに郷鎮企業による工業化が大きく寄与している。工業総生産額の88％は郷鎮企業によるものであり、残

りの12％が県営（国有、集団）であるなど、明らかに、無錫県においては郷鎮企業の比重が圧倒的に高い。

　無錫は1949年の解放前から民族工業が比較的発達しており、特に、紡織工業、鋳物工業などで知られ、「小上海」とも呼ばれていた。無錫の人びとは従来から上海、南京の工場に勤めることも多く、帰郷して工業に従事するなど、工業の歴史的基盤はある程度形成されていた。さらに、上海の工場で中堅的な技術者になっている無錫人も少なくない。江蘇省は教育熱心で知られているが、そうした中でも、無錫の教育レベルは高く、9年制の義務教育を全国で最初に実行、また、高校卒の大学進学率は全国のトップレベルとして知られている。

　また、無錫は東に上海（128km）、西に南京（183km）の位置にあり、長江下流域の交通上の要衝にある。無錫県内には上海～南京間の滬寧鉄道、国道312号線、京杭大運河が貫通し、1995年中には上海～南京間の高速道路の上海～無錫間が開通予定であり、上海まで1時間強が期待されている。さらに、将来、上海～南京間の高速鉄道の敷設、蘇北から浙江省へと南北間の鉄道計画もあるなど、近い将来、交通体系は飛躍的に改善される見通しである。

　以上のように、無錫は民族工業の伝統をベースに、交通体系上の要衝にあり、上海、南京に近く、教育レベルも高いなど、工業化を促す条件は整っていた。また、無錫県は長江下流域の中でも人口密集地であることから、農業生産性は高いものの、1人当たりの耕地面積は少なく、むしろ、農村工業化への条件が整っていたものとみられる。そして、1979年以降の経済改革、対外開放の推進により、郷鎮企業の大発展が始まり、無錫県は長江下流域の地方経済の中でも、最も発展する地域を形成することに成功したのである。

無錫県の郷鎮企業

　無錫県は35の鎮、そして、587の行政村から構成されている。1993年の人口は約110万人、うち、45万人が郷鎮企業に就業しているとされる。『無錫統計年鑑』の1993年版によると、1992年の無錫県の工業企業数は8698、そのうち、郷（鎮）営工業983、村営工業4101であり、狭い意味での郷鎮企業は5084であった。この点、無錫県郷鎮企業管理局の報告によると、1994年2月段階での局が管理

する郷鎮企業（集団所有制）は6130とされている。また、1993年末の固定資産は98億元、流動資産は20億元とされ、1993年の郷鎮企業の生産額は432億元（当年価格）を上げ、前年比42％増となった。業種的には、機械が主体であり、その他には、冶金、電子、化学、紡織、軽工業、建材等となっている。

県レベルの郷鎮企業管理局が管理する郷鎮企業とは、集団所有制（集体所有制）の郷営企業、鎮営企業、村営企業であり、県は個々の企業に対する出資はしていないが、間接的な指導、サービス提供等に従事している。なお、無錫県における郷鎮企業をめぐる管理指導体制は図補Ⅲ—2のようなものである。

このように、県レベルの郷鎮企業管理局が把握する郷鎮企業とは、郷鎮、村レベルの集団所有制企業であり、個人企業等は対象にされていない。したがって、市や県レベルで接触していく場合、郷鎮企業の議論は郷鎮営、村営企業が焦点とされる。郷鎮企業の従来からの定義は「農民が農村で行う企業」というものであり、農村個体（個人企業）、私営企業（従業員8人以上の個人企業）も含んで考えられがちだが、現場での対応は、「郷鎮企業とは農村集体（団）所有制」である場合が多い。また、県営企業は県所有の場合と国有の場合とがあるが、事実上、郷鎮企業管理局に管理指導され、機能的には郷鎮企業とさほど変わりはないものとみられる。こうした点は後の事例研究で検討される。

無錫県の対外経済関係

無錫県の1993年の対外輸出額は66億5300万元に達したが、そのうち、県営企業輸出額4億7000万元であるのに対し、鎮営企業は44億0800万元、村営企業は17億1400万元を数えるなど、郷鎮企業の輸出額は全体の92％強を占めるものであった。

輸出額に占める業種別の比重は、紡織32.5％、機械29.4％、冶金12.7％、軽工業11.7％、化学5.8％、電子3.2％、建材0.5％である。近年、電子等の外資の進出が顕著であることから、近い将来は電子等の輸出額の拡大が期待されている。

なお、無錫県レベルで輸出入自主権を保有する企業は12社だが、そのうち9社は郷鎮企業であり、残り3社が県営企業である。さらに、現在、1994年中に

表補Ⅲ—1　無錫県への外資の進出状況

区分	件数	%
合計	941	100.0
香港	554	58.9
台湾	154	16.4
アメリカ	89	9.5
日本	34	3.6
シンガポール	17	1.8
マカオ	16	1.7
その他	77	8.2

注：批准ベース（1993年末）
資料：無錫県対外経済貿易委員会

表補Ⅲ—2　日系企業の進出状況

区分	件数	%
合計	34	100.0
軽工業	12	35.3
機械	8	23.5
紡織	6	17.7
化学	4	11.8
冶金	3	8.8
農業	1	2.9

注：批准ベース（1993年末）
資料：無錫県対外経済貿易委員会

輸出入自主権を獲得するために20社が国家に申請中である。自主権を獲得することは中国企業にとって悲願というべきだが、無錫県では郷鎮企業レベルでの自主権獲得がかなり進んでいることは大いに注目される。

また、無錫県の外資の進出状況は、1991年までの批准件数は70件、契約投資金額（外資分）4864万ドルであったのだが、1992年には1年間で批准件数504件、契約外資金額3万3910万ドルと跳ね上がり、さらに、1993年には367件、3万6467万ドルとなっている。

その結果、1993年末の外資の批准件数は941件、契約投資総額は16億7381万ドル、契約外資金額7億5241万ドルを数えた。投資国も30カ国地域を超えている。なお、国別の投資件数と日系企業の進出状況は表補Ⅲ—1～2に示されている通りである。

三資企業全体の1件当たりの投資額をみると、177.9万ドルとなり中小規模の合弁合作が多いが、500万ドルを超える案件も75件を数え、この75件で投資総額の53.9％を占めている。近年、江蘇省への外資の進出は加速化している。この点、県レベルでは無錫県は件数で第5～6位程度だが、着工件数では第1位となっている。1993年の外資系企業の生産総額は20億6800万元に達し、税金も2億3700万元を納入するものであった。外資系企業の無錫県への進出は郷鎮企業との合弁合作のスタイルがほとんどであり、これまで、郷鎮企業をベースに発展してきた無錫県は、1990年代に入ってから外資を呼び込み、郷鎮企業と外資系企業との合弁合作を一つの主要な要素として次の時代に踏み出しているといってよい。なお、外資の批准権は投資額3000万ドル以上は国レベル、3000万ドル～500万ドルは省レベルとされるが、無錫県は、本来、省政

府の認可を得るという枠の中だが、3000万ドル以下の批准権を保有していることも注目される。なお、郷鎮政府には外資との合弁合作の批准権は無い。

また、近年、発展する郷鎮企業では、外国に進出する企業も目立ち始め、国家の許可を得て、1994年2月現在、無錫県郷鎮企業の海外法人は15件を数えている。日本にも、「紅豆」マークの繊維企業が営業の窓口として大阪に独資（投資額30万ドル）で進出している。なお、この「紅豆」のケースは、郷鎮企業として日本に進出した最初のケースとして知られている。

以上のように、無錫県をめぐる対外経済関係は、1990年代に入り、急速に活発化している。特に、1992年以降の外資の進出ラッシュは目覚ましいものであり、無錫県の全般的な投資環境が大きく評価され、特に、発展する郷鎮企業がその受け皿として機能したことを示している。今後、県及び郷鎮レベルでの開発区の計画も推進されており、外資の進出条件は一段と改善されていくものとみられる。

経済開発区

無錫市には国家レベルの高新技術産業開発区が2カ所（無錫錫南高新技術工業園、宜興環境保護科技工業園）あるが、このうち、「無錫錫南高新技術工業園」は無錫県内のはずれにある。ただし、この「無錫錫南高新技術工業園」は元々は市レベルでの計画であり、その後、国家レベルの計画（1992年）とされたため、県レベルでは関知できない。計画遂行は無錫市が担うことになる。このあたりは、中国の特殊な事情であろう。

こうした中で、県レベルの開発区として「東亭開発区」が注目される。

この「東亭開発区」は無錫県東亭鎮に位置し、無錫県が独自に対外経済開放の窓口として着手したものであり、計画面積は20km²、3期にわたって開発を進め、当面の第1期は5km²が計画されている。なお、現在、無錫県政府機関は無錫の市区の中に所在しているが、この「東亭開発区」の形成を機に1994年5月までに開発区の中に県政府機関を全面的に移転することになる。1994年2月の現場視察の際には、第1期分の基本的なインフラは完成済、県政府関係の建物もほぼ完成の状態であった。

この「東亭開発区」は上海～南京間の高速道路のインターチェンジに接し、位置的条件は抜群に良い。現在、既に、外資企業は30社ほど立地している。他の地域の経済開発区をみても、政府機関と一体的に整備されているケースはみられず、管理センター等は形成されていても、工業団地的雰囲気が濃厚である場合が多い。ただし、この「東亭開発区」の場合は、政府機関を中心とし、金融業務地区、商業地区、住宅地区、工業地区等が適宜配置され、あたかも新都市を建設するという性格のものであり、その総合性は大いに注目される。

　なお、三資企業の投資優遇策は、1993年末までの着工分プロジェクトの企業所得税は、「長江三角洲開放区」の優遇条件である24％とされるが、1994年1月1日の税制改革以降の着工分プロジェクトは、企業所得税は33％となるもようである。この税制改革以後の取扱いについては、現状、不明な点も多く、今後、多方面にわたる試行錯誤が積み重ねられていくもようである。

無錫県の労働力状況

　郷鎮企業の発展の著しい無錫県の場合、労働力需給関係は逼迫し、域内の余剰労働力で対応することは難しい。「農村余剰労働力を吸収することが最大の任務」とされた郷鎮企業は、現在、無錫周辺では、そうした段階は終了したということであろう[3]。現在、無錫県の郷鎮企業で働いている労働者は約45万人とされるが、そのうち十数万人（季節工は除く）は域外から調達されている。調達先は江蘇省の北部ばかりでなく、安徽省、四川省にまで及んでいる。こうした労働者は、非合法に移動してくる場合もあるが、郷鎮企業単独、あるいは郷鎮や村レベルで地方の村などと契約し、正規の労働力として調達されている場合も多い。「離土不離郷」とされ、農民の地域間移動を認めていない中国においても、繁栄する長江下流域などの地域を焦点に合法的な移動が開始されているのである。

　こうした地方からの農民労働力に関しては、県の労働局が管理している。そして、これら他地域の農民労働者は主として郷鎮企業の工場で働く場合が多いが、一部は農業労働に雇用される場合もある。地元の農民は郷鎮企業で働き、農業労働は出稼ぎに来ている人に依存するなどの構図が形成されつつある。そ

して、地元の農民は休日や退勤後に農作業に従事するという兼業農家になっている場合が多い。また、十数万人といわれる域外からの出稼ぎ労働者の住宅は、当該工場が宿舎を用意し、あるいは、農家の下宿を利用するなどの形となっている。全般的な傾向として、無錫周辺の繁栄する地域では、地元の農民労働者は農作業や工場でも３Ｋ（キツイ、キタナイ、キケン）的な色合いの強い職場での労働を嫌い始め、そうした部分を出稼者に依存するなどの構図となっているようである。

　また、これまで、農村戸籍の人びとは義務教育以外の社会福利厚生は享受できなかったが、無錫周辺では農村が豊かになるに従い、郷鎮や村レベルで社会福利の充実が図られつつある。例えば、企業負担の医療カードを発行したり、退職金、年金を提供するケースもみられるようになってきた。こうした福利厚生のレベルは地域によってそれぞれであるが、郷鎮企業の発展をベースに地域が豊かになるに従い、次第に向上していくことが期待される。また、県の郷鎮企業管理局としても、年金、退職基金をコストの中に含めることを積極的に指導している状況である。

　福利厚生を享受できず、移動の自由もないとされた農民にも、まだ、多くの制約はあるものの、郷鎮企業の発展が新たな状況を導いているようである。

　また、外資系企業の労働力調達に関しては、県の労働局の許可を得てから、董事会が決定し、社会全体に募集することができる。ただし、基本的には当該地域から募集することになっている。そして、技術者は人材服務公司、一般労働者は労働服務公司を通じて調達されることになる。外資系企業の賃金は、その地域の国有企業の平均賃金の120％を基点に、上限はなしとされている。無錫県周辺の全般的な状況からすると、技術者の調達は比較的容易だが、むしろ、一般の労働者はかなりタイトになっている。

　以上のように、無錫県は郷鎮企業の発展をベースに、生活水準の上昇を経験し、労働力需給関係も大きく様変わりしている。さらに、今後、上海～南京間の交通体系は大幅に改善され、また、蘇北と浙江省といった南北の交通体系も大幅に変わるなどの事情の中で、その中軸的な位置にある無錫県は著しく投資

環境を改善していくことになろう。その一つの象徴が県都を形成することになる「東亭開発区」の建設であり、また、近年における外資企業の大量進出であろう。今後、環境問題等に留意しながら、いっそうの「外向経済」を発展させ、農村地域の福利厚生の水準を向上させながら、長江下流域における新進の「工業都市」として発展していくことが期待される。

２．地域経営の中の郷鎮企業

　以上のような無錫県をめぐる諸般の状況を踏まえ、以下では、無錫県内の幾つかの郷鎮政府の工業化への取り組み、また、実際の郷鎮企業の実態を報告していくことにしたい。「郷鎮企業の故郷」といわれる無錫県の中の地方政府と個々の企業の取り組みは、中国地域経済の高まりを示すものであり、その新たな局面を象徴しているであろう。

　なお、その場合、無錫県の郷鎮企業をめぐる状況を三つの側面から切り取っていくことにしたい。

　第１に、郷鎮企業は地方政府である郷鎮の政府の所有の下にある場合が多いが、その地方政府の地域経営の中での郷鎮企業という側面に注目する視点である。郷鎮企業は農村の民間企業と思われている場合も多いが、実はその主要な部分は、当面、郷鎮といった地方政府の所有と管理指導の下で活動しているのである。

　第２は、郷鎮企業の発生のスタイルは実に多様だが、ここでは、その典型と思われる幾つかを取り上げていく。その発生と発展のプロセスの中に、現代中国の構造的な特質が浮かび上がってこよう。

　第３は、現在進められている中国の企業改革の中で、郷鎮企業がどのような方向に向くのかに注目していくことにする。中国経済の３分の１、あるいは、蘇南経済の３分の２を占めるものになってきた郷鎮企業の将来の発展課題をみていくことは、中国産業企業の当面する課題を明らかにするものになろう。

　まず、ここでは、１番目の「地域経営の中の郷鎮企業」に注目していく。

表補Ⅲ—3　無錫県の各郷鎮の概要（1992）

区　分	人口 （万人）	耕地 （万畝）	国民総生産額 （万元）	工農業総生産額 （万元）	工業総生産 （万元）	1人当たり 国民総生産 （元）
無錫県	108.99	83.75	838,000	3,447,003	3,241,041	7,689
東亭鎮	3.97	2.07	45,655	146,500	143,876	11,500
査橋鎮	2.13	1.77	19,872	75,308	73,543	9,330
安鎮郷	2.97	3.16	13,832	59,843	55,885	4,657
羊尖郷	4.12	4.27	17,713	67,401	63,080	4,299
厚橋鎮	2.11	1.67	10,021	50,738	48,665	4,754
坊前鎮	2.64	1.85	18,384	75,930	73,524	6,964
梅村鎮	3.30	3.09	12,964	73,895	70,680	3,928
鴻声郷	2.33	2.22	7,912	36,022	33,838	3,396
蕩口鎮	2.57	2.02	12,002	57,508	55,482	4,670
甘露鎮	2.28	1.89	8,634	34,429	32,028	3,786
東北塘郷	2.77	1.69	16,727	85,668	83,348	6,039
八士郷	3.13	2.65	14,637	56,509	53,934	4,676
張涇鎮	3.08	3.10	18,989	68,508	65,121	6,490
東湖塘郷	3.46	3.37	25,052	112,965	108,870	7,240
港下鎮	4.11	3.75	36,221	124,360	121,144	8,813
長安鎮	3.00	2.09	21,166	105,253	102,636	7,055
西漳鎮	3.07	1.20	16,619	56,838	55,207	5,485
堰橋鎮	3.56	2.60	21,832	85,580	83,029	6,133
前州鎮	4.13	3.18	51,832	257,528	254,359	12,581
玉祁鎮	4.35	3.10	38,310	133,852	130,500	8,807
石塘湾鎮	2.86	2.03	14,842	73,313	71,328	5,190
洛社鎮	5.32	3.23	52,326	202,626	199,388	9,836
銭塘鎮	3.29	1.68	24,230	128,873	127,015	7,365
藕塘郷	1.78	1.56	13,598	49,817	40,288	7,639
揚市鎮	2.68	2.03	20,942	82,342	78,026	7,814
陽山郷	0.82	0.41	5,459	21,630	20,733	6,657
陸区郷	2.64	2.21	11,005	42,568	40,288	4,169
胡埭鎮	3.37	2.89	17,058	50,968	47,662	5,068
東㙇鎮	2.20	1.02	43,300	200,528	198,862	19,682
雪浪鎮	2.51	1.62	26,322	134,115	132,682	10,787
南泉郷	2.25	1.44	21,318	74,429	73,080	9,475
華庄鎮	4.74	2.94	41,067	151,275	148,173	8,664
新安鎮	3.90	2.77	20,722	73,385	70,069	5,313
碩放郷	4.27	4.08	20,016	63,019	58,468	4,688
後宅郷	3.22	3.03	16,556	56,359	53,288	5,141

資料：『無錫統計年鑑』1993年版

（1） 企業の個人請負の実験（玉祁鎮）

　玉祁鎮は無錫県の北西部に位置し、常州市武進県に隣接している。濾寧鉄道、312国道、京杭大運河に近く、交通条件は良い。面積は39.7km^2、17の行政村から構成され、人口は4万3500人を数える。改革開放以後、郷鎮企業の発展は目覚ましく、1983年には全国の郷鎮の中で工農業総生産額が1億元を超えた9つの郷鎮の一つとされた。当時、すでに玉祁鎮には郷鎮企業が数十社存在していた。なお、無錫県では、1983年段階で1億元を超えた郷鎮は玉祁鎮と隣の前州鎮の二つだけであった。さらに、玉祁鎮は1992年には10億元を超え、1993年の工農業総生産額は20億9000万元となっている。そのうち、郷鎮企業による部分が20億4000万元を占めているのである。

　工業総生産額の業種別構成は、冶金が主力であり、生産額の約50％を占め、鋼板13万トン／年、アルミメッキ鋼管10万トン／年、ラセン型鋼管5万トン／年、ステンレス鋼管1万トン／年、亜鉛鉄板2万トン／年、アルミ建材2万トン／年などとなっている。以下は、紡織機械、エンジン、自動車部品、農業機械等の機械であり、生産総額の約30％を占めている。その他では、紡織製品、化学（添加剤）、電子（プリント基板等）、建材等である。なお、紡織製品は3工場からなっているが、うち1社は日産自動車の最新鋭のウォーター・ジェットの革新織機220台を装備しているなど、全体的な状況として、機械化の程度は高い。

　また、この玉祁鎮の企業数は1994年2月現在、無錫玉祁工業総公司の把握では344を数えている。これらは、基本的には集団所有制の郷鎮企業だが、大きく以下のようなタイプに分けられている。

個人請負と企業の売却

　第1は、集団所有制の郷鎮企業であり、鎮営企業（31社）と村営企業（313企業）からなっている。これらが「蘇南モデル」といわれる長江下流域の典型的な郷鎮企業のスタイルである。

　第2は外資との合弁合作企業であり、31件とされる。この玉祁鎮の合弁合作企業の外資側の出資比率は30～90％の範囲に入っている。玉祁側の出資は土地、

建物等の場合が多く、外資側90％といった場合には、玉祁側は土地だけの出資であり、事実上、独資であるとみてよい。また、合弁合作といっても、相手は郷鎮企業であり、相互が新たな資産を持ち寄って新工場を建設するというケースから、さらに、郷鎮企業の現行の事業に対して外資の側が出資するというケースまで、多様なものがみられる。

　全般的な傾向として、近年、無錫周辺の郷鎮企業は外国の先鋭的な機械設備を導入し、生産力の拡大と品質の向上を課題にするという郷鎮企業の「第２ステージ」にあるが、そのための資金需要は大きく、特に、香港資本などに出資を仰ぐというケースが顕著にみられる。その場合、香港資本等は、出資の配当に見合う分を焦点に投資を決定しているようである。大半の香港資本の投資とは、自らの事業分野を中国に持ち込み、合弁合作等で自ら工場経営するという形ではない。あくまでも高額の配当を期待する「投資対象」として郷鎮企業をみているようである。この点、先鋭的な機械設備の導入への関心を高めている無錫の郷鎮企業の要請と一致し、香港資本等の郷鎮企業への「投資」のスタイルは、当面の一つの主要な流れを形成しているようにみえる。

　また、この玉祁鎮の合弁合作の業種別にみた特徴は軽工業、紡織が主体で、機械、電機等はわずかである。国別では、香港、台湾、韓国、シンガポールなどであり、日本との合弁合作のケースはない。

　第３に、看板は「集団所有制」の形をとっているが、事実上、個人企業のスタイルの企業が数十社の単位で存在している。これらは、元々、鎮営、村営の集団所有制の郷鎮企業であったのだが、業績が思わしくなく、個人に請け負わせているというものである。そして、これらは先の344企業の中に含まれている。近年の傾向として、集団所有制の郷鎮企業でも一部の株を個人に販売しており、郷鎮企業の中で、個人の占める比重が次第に高まりつつある。

　近年、無錫周辺では郷鎮企業の発展をベースに、集団としては著しく豊かになってきたが、個人のストックが依然として小さいとの問題が認識されつつある。そのため、個人企業を推奨し、国有企業、郷鎮企業に関わらず、規模の小さな企業、利益の小さな企業は個人に売却することを推進している。こうした事業は1993年から開始され、1993年の１年間で18企業を売却した。今後は、さ

写真補Ⅲ—2　玉祁鎮の中心市街地

らに、売却を増加させていく構えである。また、買い手に十分な資金が無い場合には、何年かに分けて売却する方法もとられている。そして、この企業の売却は、外国人でも構わないとしているのである。

今後の改革の重点

　以上のように、玉祁鎮では、個人の資産形成と企業の活性化を意図した企業の売却や、先鋭的な機械設備を導入するための外資との合弁合作が意欲的に取り組まれている。そうした活動に加え、今後の改革の重点としては、以下の点が意識されているのである。

　第1は、集団所有制の郷鎮企業の所有権（産権）は実態的には不明であり、今後は、郷鎮政府所有、個人所有を明確にしていく構えである。とりあえず、所有権の一部を株として従業員に譲渡することを推進していく。こうした取り組みは1994年から実施される。

　第2に、「第2ステージ」に入っている郷鎮企業の技術レベルのアップは焦眉の課題であり、大量の外国からの機械設備の導入を推進していく。1993年には1250万ドルを利用し、大量の設備を導入したが、当面は50のプロジェクトを実施する構えであり、4億1000万元を投入していく計画である。

第3に、企業管理のレベルアップ、新製品の開発に取り組みたいとしている。1994年の対前年比生産額増加率は40％を見込んでおり、30億元を目指している。また、現在、郷鎮企業の発展は著しいが、人材不足、資金不足が顕著になってきており、この点への対応を重点化する構えである。人材開発に関しては、大学に送って勉強させる、上海あたりから人材をスカウトしてくる、大学と共同研究を進めるなどが構想されている。

　また、資金不足に関しては、外資の導入が強く意識され、日本企業への関心も深い。この点、当初はあまり大きな投資は求めず、当面の設備を前提に少しずつ設備を増強していくパターンが提案されている。この玉祁鎮では鎮レベルで外国への投資ミッションを1993年には日本、韓国、タイ、シンガポールに派遣しており、1994年も、日本にミッションを送りたいとの意向を示している。海外との交流が深まる中で、玉祁鎮の事業意識は大きく開かれたものになりつつあるということであろう。

　郷鎮企業の「第1ステージ」の1980年代を経過し、1990年代に入り「第2ステージ」に登場してきた玉祁鎮は、明らかに開かれた事業形態、外資の積極的な導入、個人の企業家精神の発揚、個人資産の形成等にまで目が向き、多方面から新たな可能性を模索しつつある。それは、「農村余剰労働力を吸収する」ことを任務としてきた郷鎮企業が、そうした役割を終え、新たな階段を登り始めたことを意味するであろう。

（2）　無錫県郷鎮企業の標準的な形態（無錫県鋁合金廠）

　玉祁鎮営の無錫県鋁合金廠の前身は1972年にスタートしたガス、水道関係のパイプへのメッキ加工業であった。当初は好調に推移したが、次第に競争が厳しくなり、将来、アルミ建材が有望との判断の下で、1985年にアルミ建材生産に転換していく。この事業転換に際しては、国家有色金属総公司と黄金局の資金、技術協力を得ている。特に、技術協力は、当方の費用負担の下で、7～8カ月間にわたって従業員の派遣研修、先方からの技術者の派遣受入れなどを通じて実施された。

　当初から、日本の宇部興産のアルミ建材押出機を導入、一定の品質レベルと

生産力を前提に、順調な発展を続けている。1993年には台湾製の押出機も導入、生産能力4500トン／年となった。さらに、このアルミ建材押出以外には、アルマイト加工ラインを2ライン（1ラインは日本製）と金型部門を保有している。1993年の従業員数は250人、生産額1億元、利税1千万元、純利潤600万元を計上している。郷鎮企業としてはかなりの生産力水準と利益水準を確保している企業といえそうである。現在、アルミ建材は市場が急拡大を示しており、当廠は一定の設備を保有し、品質も安定していることから、現在、作れば売れる状況である。

　建材の販売ルートは、関連の全国の窓枠工場などを対象に、セールスマン（営業員20数人）、大都市の営業所（上海、北京、山東、無錫）を通じて対応している。

　従業員250人の構成は、男性70％、女性30％、生産従業員は80％、セールス、サービス等の非生産従業員は20％である。主力は鎮の住民だが、玉祁鎮の実態としては、労働力不足傾向であり、四川省、安徽省あたりから鎮の労働服務公司が調達している。1993年の平均賃金は5000元／年であった。また、純利潤の600万元のうち100万元は鎮の工業総公司に管理費として支払い、残りは再生産のための基金とされている。そして、現在、従業員持ち株制度を推進中であり、

写真補Ⅲ—3　無錫県鋁合金廠の構内

他の法人や個人も含めて、少しずつ譲渡を進めている。ただし、当廠は玉祁鎮の主要企業でもあることから、株式の51％は鎮の工業総公司が保有していく構えである。現在、推進中の株式化なども、郷鎮企業レベルでは、こうした形態が基本になっていくようである。

　また、工場長の任命は、①従業員の推薦、②立候補、③鎮の任命などのケースがあるが、基本的には鎮の任命による。ただし、合弁企業の場合は、董事会（役員会）が決定することになる。

外資の導入

　以上のような基本的な構図の中で、当廠も1993年から外資を受入れ、香港企業との間で２件の合弁事業を実施している。この二つの合弁事業は、アルミサッシ材料の押し出し、自動車部品の成型といったものであり、総投資額は240万ドル、外資方は30％の72万ドルを出資した。従業員は80人（先の250人に含まれる）から構成され、一応独立採算で動き始めている。賃金水準は郷鎮企業に比べ10～20％高めに設定されている。なお、製品は香港及び国内に供給されている。この合弁のスタイルは、相互に出資し合い、新規に設備を投入したのではなく、当廠の事業に資金的に参加してきたというものである。

　当廠にとっては資金調達の一つのスタイルであり、香港資本にとっては、資金の運用ということになろう。こうした場合には、一般的に、年の配当分として30％程度が何らかの形で保証されること多い。香港資本にとっては、３年程度で初期投資が回収されることになる。近年、中国で広く実施されているスタイルである。

　こうした合弁合作をめぐっては、実に多様なつてをたどって外資がやってくるが、郷鎮企業と外資が直接話し合い、工業総公司が調整、市場調査等の指導の役割を担っていくことになる。現在、玉祁工業総公司のメンバーは40人程度、大半は鎮政府からの出向の形であり、一部に、有力郷鎮企業の工場長が含まれている。また、工業総公司の管理指導する郷鎮企業は、直接管理指導対象としては自ら出資している鎮営企業であり、村営企業については、間接的な管理指導とされている。村営企業の直接管理指導は村の公司が担っていく。

今後の課題としては、当面のアルミ建材に加え、自動車部品などの製品群に幅を拡げたいとの意向である。当面、着手し始めたのはオートバイのホイール等であり、1993年から韓国企業と技術的に提携を重ねつつある。中国市場の現状からすると、建材、自動車部品等のアルミ製品の市場は急拡大の様相を示しており、製品分野の拡大、生産力の拡大、品質の向上は急務となっている。そうした課題に向けて、外資との合弁合作等を通じる資金の調達、技術レベルの向上への関心は一段と深い。無錫周辺の発展する郷鎮企業の現状と意識はほぼこうしたところにあるといってよさそうである。

（3）　香港との合作と先鋭的な機械設備（無錫裕通織造）
　玉祁鎮の工業化はこれまで男性型の冶金工業を軸に発展するものであり、男性労働力は不足気味であるが、逆に女性型の職場が乏しいことが指摘されていた。そのため、1991年の末頃に鎮長が北京を訪問し、同郷人に相談、紡織業を勧められる。その後、市場調査を実施し、合成繊維（アクリル）の織布に進出することを決定した。中国の紡織業の事情は、急成長の中で、在来型の織機による低品質なものの提供といった段階から、革新織機による巨大な生産力の形成、高品質化が課題にされる段階に来ており、玉祁鎮としては、ゼロから出発し、一気に革新織機を導入することを計画する。
　現在の中国市場では品質の良いものは飛ぶように売れる状況であり、世界レベルの機械設備の導入が企業発展の基本的な条件になっている。低レベルの機械設備を経験し、次第にレベルを上げるなどの対応よりは、初歩の段階を飛び越し、世界レベルの機械設備を入れ、飛躍的な発展をつかみ取るなどが可能になっているのである。
　こうした事情の中で、1992年には770万ドルの登録資本の合作をスタートさせる。合作の参加者は以下の通りである。
- 玉祁工業総公司　　　　　　――――― 35%（土地建物を提供）
- 北京の国家機電軽紡投資公司　―― 30%
- 国家紡織部　　　　　　　　　――――― 10%
- 香港資本（永楽公司）　―――――――― 25%

写真補Ⅲ—4　無錫裕通織造の織布の準備工程

　総投資額は1億1000万元、うち、5000万元は銀行の借入に依存した。また、機械設備には900万ドルを投下し、日本の総合商社であるトーメンを通じて、日産自動車から220台の最新鋭の革新織機（ウォーター・ジェット）、ムラタのドビー機100台、金丸鉄工の整経機2台を導入している。1992年10月から一部機械設備が設置され、1993年末には設置が完了している。1993年の生産額はまだ織機96台であったが、4000万元、償却270万元、利税450万元を達成した。生産体制が固まった1994年の予想生産額は1万5000万元、償却と利税で2500万元を計画している。従業員数は380人、うち女性の比重が80％を占め、3交代24時間稼働体制（仮眠所を設置して対応）をとっている。現場視察でも、かなり整備された本格的な紡織工場との印象であった。

香港資本の位置づけ
　25％を出資している香港人は無錫出身の紡織の専門家であり、中国市場にも精通しており、大きなビジネス・チャンスとして資本参加してきた。ただし、香港側はこの事業に「投資」したというものであり、管理者等は派遣してきていない。この合弁事業の期間は12年に設定され、香港との関係は総経理が請負いで、5年間で出資分を返済する契約になっている。玉祁側の見方からすると

4年で返済可能と判断している。ただし、5年で出資分を返済しても、香港側の25％の持ち分は残り、以後も配当が30％程度で続くことが予想されている。この点、北京の2者とはそれほど厳しい契約にはなっていないが、総経理の判断では、5年間で全出資者への出資分と銀行借入の5000万元は全て、事実上、返済可能とみているようである。

　一般に、香港企業の対中投資は、初期投資の回収が3年程度とされており、自ら生産に乗り出すよりも、こうした事業に配当を期待して「投資」していく場合が顕著にみられる。実際の投資と回収の方式も様々であり、実質的には地元側に期限を3〜5年で切って利益水準に関わりなく、契約で回収していくという場合が多い。そして、回収後から合弁の満期までの配当を享受するというスタイルである。当面の中国側は先鋭的な機械設備を導入すれば、かなり大きな利益が出ることが期待され、機械設備導入のために香港資本に働きかけるという場合が少なくない。そうした両者の利害が合致し、こうした合作の形態が広く推進されているのである。

事業意欲の充実
　この合弁事業を推進するにあたり、総経理には地元の郷鎮企業（分析計器工場）の工場長が就任し、工場設計は北京勢に依存、従業員訓練は上海紡織大学で行い、そして、上海の国有企業から専門の技師を招聘するものであった。

　そして、市場調査と競合企業の調査により、紡織の発展方向はウォーター・ジェットであることを確信している。現状、ウォーター・ジェットを導入している中国企業は5％程度であることから、将来性は十分と理解しているようである。また、これまでの郷鎮企業は「地元の余剰労働力に就業の場を提供する」というものであったのだが、当公司は地元の余剰女性労働力に就業の場を提供するとしながらも、省力化、合理化等への意欲も十分である。

　例えば、ウォーター・ジェット導入にあたり、1000台規模の日本企業を視察したが、機械設備は当公司の方が良いが、従業員1人当たりの機械の持ち台数は、日本企業は100台に対して、当公司は12台に過ぎないことが強く意識されている。今後の課題はいかに日本並みの持ち台数に高めるかという企業管理、

また、品質向上、製品開発が目指されている。

また、当面の当公司の製品は白生地の半製品との受け止め方であり、今後は捺染（プリント）部門にも参入したいとの意向を強めている。合繊織物は先進国では飽和状態だが、中国は当面膨大なマーケットがある。ただし、中国の綿織物への捺染技術は一定レベルに達しつつあるが、合繊織物への捺染は非常に遅れている。この点に着目し、織布は一定の基盤を作ったとして、より大きな付加価値が望める合繊織物の捺染工場を、早くも1994年中に1100万ドルを投入して建設に着手する構えである。

以上のように、冶金などの男性型工業を中心に大きな発展を遂げた玉祁鎮では、事業意欲がかなり旺盛なものになり、女性型の紡織業に踏み出し、新たな市場的な可能性も十分に認識しながら関連部門への進出が模索されている。現状の中国の事情からすると、世界レベルの最新鋭機械設備を導入すれば飛躍的な発展が可能ということであり、資金的な調達を香港などの外資に頼っていくのであろう。そして、省力化、合理化、高品質化などにも関心が深まっているのである。

そうした意味で、無錫県あたりの郷鎮企業は、従来とは全く趣を変えてきた。中国の郷鎮企業は、余剰労働力を大量に抱え込み、簡易なレベルで消費財を提供するなどの「第１ステージ」から、明らかに、世界最新鋭の機械設備を導入し、一定レベルの製品を供給するという、いわば郷鎮企業発展の「第２ステージ」に乗り出したということであろう。

（４）　鎮の地域経営（前州鎮）

前州鎮は無錫市区の北西17km、長江沿いの張家港まで18km、上海まで150kmほどのところに位置し、無錫～江陰間の道路沿いにあり、また、建設中の上海～南京間の高速道路も鎮の中を通過している。面積は36km²、人口は約４万人、鎮の中の行政村は21村から構成されている。なお、この前州鎮は江蘇省の鎮の中で、隣の玉祁鎮と共に最初に「億元鎮」（工農業生産額１億元以上）となった鎮であり、無錫県の総合評価の中でも第１位の鎮とされている。

前州鎮は全体が窪地であり、毎年、洪水に悩まされていた貧しい鎮であり、

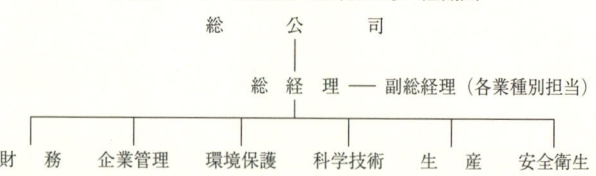

図補Ⅲ―3　前州鎮工業総公司の組織図

```
            総    公    司
               │
          総 経 理 ── 副総経理（各業種別担当）
   ┌─────┬─────┼─────┬─────┬─────┐
  財 務  企業管理 環境保護 科学技術 生 産 安全衛生
```

水利事業が不可欠とされていた。文革の頃に、中国は知識人の下放政策を実行していたが、当鎮（当時、人民公社）にも若者が大量に下放され、彼らの知識と技術により、農業機械化が推進されていく。そうした農業機械化に伴い、修理工場の必要性が高まり、次第に、加工まで踏み込み、鎮営工業のスタートが切られていく。1980年には工業総生産額が2000万元に達し、改革開放政策の中で1982～83年頃から次第に弾みがつき、1983年には1億元を突破、1990年には10億元を超えることになった。

そして、1993年の工業総生産額は36億4000万元（1992年比43.3％増）という飛躍的な発展に踏み出しているのである。鎮内の村で1億元を超えているところは6カ村、1億元を超える工場は9工場を数えるなど、前州鎮は無錫県の中でも、最も豊かな鎮を形成することに成功している。なお、工場労働者の平均年収は5000元、農民を入れた鎮の平均年収は3000元となっている。

現在の工業企業は291企業、鎮営が59企業、村営が232企業である。1993年の鎮営企業の生産額は12億8000万元、村営企業の生産額は23億6000万元であり、利税は全体で1億7000万元となった。1994年の目標は工業総生産額で50億元、利税4億元とされている。さらに、輸出額も1994年は6～8億元が期待されている。

業種別には、紡織工業が主力であり、生産額の約60％を占めている。特に、紡績の錘数は6万錘を数えていることも注目される。その他では、冶金20％、機械8％、軽工業8％などとなっている。1989年からは外資との合弁合作も増え、1994年現在、72件を数えている。香港の投資の形が多く、日本とは現在準備中の絆創膏の案件が一つだけである。この日本との案件は、日本の投資家が上海での合弁を考えていたのだが、上海の公司から紹介されて前州を訪問、地

写真補Ⅲ—5　前州鎮の紡織工場

元に似たタイプの工場があることから合弁に至ったというものである。近年の無錫をめぐる一般的な傾向としては、上海進出予定の外資が上海の土地、人件費が高くなっていることから、無錫に着地するという場合が多いようである。

鎮の工業総公司

ところで、中国の農村地域においては、郷鎮政府（あるいは、工業総公司等）の果たす役割は極めて大きい。事実上、郷鎮の集団所有制企業は郷鎮政府に所有されているのであり、プロジェクトの決定、資金調達、工場長の任命などに至るまでの権限を保有している。例えば、前州鎮をめぐるプロジェクトの決定プロセスは以下のようなものである。

まず、一般的には、企業サイドから合弁合作、あるいは、設備投資等の希望が前州工業総公司に上がってくる。総公司は申込みの中から重点プロジェクトを選択し、各企業に経営計画を提出させ、総公司がF/S（企業化調査）を実施し、決定する。この間、上級の県政府は具体的には何もしない。仮に、資金的な問題等がある場合には、県が協力することもある。また、大型の合弁合作等のプロジェクトの場合、相手先に信頼感を与えるために、県に登場してもらうこともある。

郷鎮企業側の資金的な裏付けは、一つに企業自身のストック、銀行からの借入であり、また、合弁合作の場合は相手側の資金提供が加わる。さらに、必要性が認められれば、総公司のストック、総公司の銀行借入等が投入される。
　また、合弁合作プロジェクトの批准権は、一般的には、3000万ドル以上は省の批准、3000万ドル以下は県の批准となる。また、設備投資などの「技術改造」プロジェクトの場合は、1億元以上は国家、3000万～1億元は省、100万～3000万元は県の認可がいるが、100万元以下のプロジェクトは鎮で対応できる。ただし、外資と関連するプロジェクトは全て県以上の認可が必要とされる。また、「技術改造」は1000万元を超えても、銀行借入等がなければ、県は関知しないことになっている。
　なお、「工業総公司」とは、従来は鎮の工業部局であったものが独立した形になっており、事実上は鎮政府そのものである。ただし、鎮政府の職員は給料は国家から受け取るが、工業総公司の職員は経済的な成果に従って配分を受け取る。現状では、一般的に工業総公司の職員の給料の方が高い。また、前州鎮の工業総公司の場合の職員数は約50～60人（門番等まで入れて）ほどだが、大半は鎮政府からの出向であり、4～5人が郷鎮企業の工場長との兼任となっている。前州鎮の工業総公司の組織図は図補Ⅲ—3のようなものである。
　なお、鎮の工業総公司が直接的に管理指導するのは、所有している集団所有制の鎮営企業となる。また、村営企業は村の所有であり、村の公司が直接的に管理指導する。なお、村営企業に対する鎮の工業総公司の役割は間接的な管理指導とされている。
　以上のような構図の中で、前州鎮の郷鎮企業の発展ぶりは著しく、無錫県ばかりでなく、江蘇省を代表する豊かな工業鎮を形成している。なお、1994年の重点プロジェクトとしては、①シルキーな合成繊維の織布の充実に8500万元を投入することを筆頭に、②65トンの製鋼炉の導入、③アクリル長繊維の設備導入、④羽毛布団の製造設備の導入等が計画されていた。

(5) 繁栄する村（前州鎮西塘村）

　前州鎮西塘村の人口（1994年）は2612人、世帯数は604から構成されている。

表補Ⅲ—4　1991年の全国郷鎮企業生産額2億元村

順位	村	生産総額（万）
1	天津市静海県蔡公荘郷大邱荘	96,611
2	上海市上海県馬橋郷旗忠村	37,382
3	浙江省蕭山市瓜瀝鎮航民村	33,078
4	江蘇省江陰市華士鎮華西村	25,545
5	山東省牟平県寧海鎮新牟里村	23,025
6	江蘇省無錫市郊区揚名郷金星村	21,798
7	広東省中山市小攬鎮永寧村	21,546
8	江蘇省無錫市前州鎮西塘村	21,334
9	山東省牟平県寧海鎮西関村	20,130

資料：『中国郷鎮企業年鑑』1992年版

写真補Ⅲ—6　西塘村の農民の新築住宅

現在、この西塘村は江蘇省では、同じ無錫市の中の江陰市華士鎮華西村と共に、最も繁栄する村として全国的に知られている。1987年には江蘇省で最初の億元村となり、1990年にはやはり、省で最初の2億元村、そして、1992年には華西村と並んで5億元村となった。そして、この西塘村は華西村と共に、中国でも最も著名な村の一つになっている。この点、1992年版の『中国郷鎮企業年鑑』によると、1991年段階での2億元村は表補Ⅲ—4のようになっている。

ところで、このように中国を代表する繁栄する村を形成した西塘村は、1960

年代後半までは、周辺の村から「三頼村」として揶揄されていた。①食料は先食いするほど乏しく、②生活費は救済資金に頼り、③生産投資は国から借り入れに頼るというものであり、「三つのことを頼る」貧しい村とされていたのであった。だが、現在の西塘村の現場視察では、道路等のインフラは整い、住宅、病院等は整備され、清潔な近代化された村との印象を与えるほどのものになっている。それは、おそらく1970年前後からの果敢な郷鎮企業の育成が効果的に働いたものとみられる。

郷鎮企業の発展

　この西塘村の工業化は、1969年に160元の資金で自転車と廃物のハンマーを購入し、農機具の修理を開始したところから始まる。そして、この農機具の修理がこれまでの「農業をやっても食えない」という鎖を断ち切り、豊かさへの道を切り開く契機となっていく。村人は必死で働き、1973年には蘇州市の紡織機械工場から部品の加工を委託されるようになる。この仕事を全力でこなし、信頼を身につけ、その後、天津の紡織機械研究所からも部品加工を貰い、さらに、機械全体を頼まれるようになっていく。このあたりから、村営工業が開始されたということができそうである。

　その後、1979年には経済改革が開始され、特に、1984年以降、長江デルタ地域の開放が進み、仕事がし易くなっていく。ただし、この1984年頃は、村には200人規模の捺染機械工場が１工場あったにすぎない。そして、その後の発展は速く、億元村、２億元村、５億元村と驚異的な発展の道を歩んでいくことになる。村の労働力人口は約1500人だが、すでに労働力不足は著しく、他の地域から約2000人を導入して対応している状況である。

　1993年の工業総生産額は７億2200万元、第３次産業生産額は３億0600万元に達し、村の労働者の平均年収は6000元、各所帯の預金は10万元を超え、各所帯の利子収入だけで１万元を超えるレベルに到達している。各所帯は利子収入だけで「万元戸」ということになる。現在、いわゆる「小康」（マズマズ）のレベルに達しているが、2000年には、先進国の中位の生活レベルに達することを目標にしていた。

カラーテレビ、冷蔵庫、洗濯機はすでに完全に普及し、現在の消費の焦点は、結婚の準備のための紫檀の家具、革張りソファー、輸入品のバイクとされ、住宅も3年後を目処に別荘型のものに全て建て替えていく計画とされている。自家用乗用車を保有している村民も2〜3軒現れ、今後、普及していくことは間違いない。

　また、村営企業によって村の財政も豊かになり、医療、映画、教育（高校までの12年間）、農業生産用の電気・水、種、稲の加工等は全て村民には無料で提供されている。さらに、男性60歳、女性55歳以上の村民は毎月年金として50元を支給されている。このように、郷鎮企業によって繁栄する村では、多方面にわたる福利厚生が提供されているのである。

　現在の村営の工場は26（鎮営も含む）となり、繊維機械、紡織工場等が展開し、長江下流域の典型的な工業村を形成している。さらに、外資との合弁も近年活発化し、毛織物、捺染、羊毛の脱脂加工、靴下編立、アルミ製品、床材、スプリング、自転車の組立等の領域で8件の合弁が形成されている。国別では、シンガポール、台湾、香港が多く、日本とは自転車の組立を準備中の段階である。

　さらに、以上の工業部門に加え、この西塘村は第3次産業にも力を入れ、現在、村営のホテル、レストラン、ガソリンスタンド、商店、金属材料販売、毛糸・綿糸の販売等の事業にまでも踏み出している。製造業を軸とする郷鎮企業の発展が、次第にサービス部門の発展を誘発しているということであろう。

村発展の基本方針

　以上のような発展を遂げた西塘村は、周辺の村の目標になり、前州鎮全体が郷鎮企業を軸にして飛躍的な発展の方向に入っている。そうした高まりは先行する西塘村にもひしひしと伝わり、当面のライバルとして隣の江陰市の華西村を強く意識しながら、次の段階への取り組みにも余念がない。そして、今後の地域経営の戦略としては、以下の点が強く意識されていた。

　まず、郷鎮企業発展の基本的な方針は、以下のようなものである。
　① 人にない物を持つ。

②　人にある物ならば、それより新しい物を持つ。
③　人の物が新しくなったら、当方はより精密な物を持つ。
④　人が精密な物を持ったら、当方は外国の物を持つ。
　とにかく、「人より優れた技術、設備を持つ」が最優先されているということであろう。そして、こうした基本方針を受けて、次のような展開が指向されているのである。
①　古い工場を基礎に、新たな工場を作る。
②　市場の導きに従って進む。
③　設備を導入する際は、一番良いものでなければ買わない。
④　これからは外国との合弁合作を積極的に推進する。
　このように、わずかな期間で飛躍的な発展をかち取った西塘村は、郷鎮企業による地域経済の発展を十分に実感しており、常に他より先行していこうとの構えを鮮明に示している。事実、村の工場の中の機械設備群は、例えば、日産自動車の最新鋭のウォーター・ジェット革新織機が200台規模で稼働しているなど、明らかに、郷鎮企業発展の「第1ステージ」は卒業し、「第2ステージ」への展開によって、一段と活発化している。私たちの視察時にも、各国の視察団が重なっており、多方面にわたる合弁合作の模索が進められているようである。郷鎮企業の発展により豊かな農村を形成することに成功した西塘村は、先進国の中位のレベルの生活水準を当面の目標に、外資の導入にも意欲的に取り組んでいるのであった。

3．郷鎮企業の発展のスタイル

　郷鎮企業の概念は、従来、「農民が農村で営む事業」などといわれてきたのだが、実態は次第に拡大し、概念が現実に追いつかなくなっている。ここでは、そうした点も意識しながら、実際の無錫県の郷鎮企業が、どのような所から、どのような形で発生し、どのような方向に向かっているのかを、具体的な事例研究を通じて明らかにしていきたい。なお、ここで取り上げる事例はわずかなものであり、さらに、実態は多様化していることはいうまでもない。

(1) 郷鎮企業家のサクセス・ストーリー（無錫通菱電纜）

　無錫通菱電纜有限公司の総経理である殷錫坤氏（1950年生まれ）は、地元（雪浪鎮）の中学卒業後、農村での畑仕事、村の会計係、トラクターの運転手等に従事していた。その後、人民公社の生産大隊の機械修理工に転じ、折りたたみ傘などを生産していた。1983年頃には、鎮の郵電局（郵便電話局）から手回し式電話機の組立を頼まれ、小さなケーブルが不足していることを実感する。その後、郵電局からケーブル生産の誘いを受け、上海に行って小型のケーブル製造機械の製作法を密かに習得、1984年頃から、手作りのケーブルの生産に踏み出した。

　そして、1985年に、殷錫坤氏が地元の中卒の農民20数人を組織し、鎮が郵電局（70万元）と銀行（30万元）から借りた100万元を元手に事業（無錫郵電電纜廠）をスタートさせる。当初は手工業のレベルであったが、1986年には製品化に成功、200万元の生産額を上げた。その後、2～3年の間は苦労を重ね、ようやく200万元の利潤を得ることができた。

　1989年の頃には従業員は100人ほどになり、生産額規模は2000万元レベルに達した。蓄積も少しずつ進み、100万元の再投資を試み、大型のケーブル部品

写真補Ⅲ—7　無錫通菱電纜総経理の殷錫坤氏

の製造にも踏み出していく。その結果、生産額、利潤も倍増し、1990年の生産額は4000万元に達する。

資金の蓄積

1991年には、国家が通信設備の増強に力を入れることが明らかになり、当廠（無錫郵電電纜廠）も大型かつ技術レベルの高い通信用ケーブルに着手することを決定、合わせて、新工場の建設を決定する。この間、当廠は当初から従業員の再教育には力を入れており、また、1990年前後からは大卒の採用にも積極的に努めてきたことから、従業員の技術レベルに自信が持てたこと、さらに、それまでの利潤を浪費せずに約3000万元がストックされていたことなどが、新工場建設等の意思決定の背景となっていった。

郷鎮企業一般には、獲得された利潤を従業員用のダンスホールやカラオケバーの建設などで浪費し、資本を蓄積していこうとの意思の乏しい場合が多いが、当廠は意欲的に再投資のために蓄積していったところに、事業家として次のステップへの意欲がみてとれる。

1992年には、建設費3000万元の新工場、300万ドルの国際レベルの機械設備を導入していく。コンピュータによる生産管理、テレビモニターによる現場管理などを導入、光ファイバー研究所の設立、大卒・院卒向けの高級住宅（3000 m^2）の建設等を実施し、将来への基礎固めに踏み出した。その結果、1993年の生産額は1992年比約4倍の1億6000万元を計上、利税は4200万元となった。その間、従業員数500人を数えるものになっている。4年前の1989年と比べると、従業員数で5倍、生産額で8倍になったということであろう。

そして、1993年段階で、華東地区（上海市、江蘇省、浙江省、安徽省、福建省、江西省、山東省）で最大規模のケーブル工場となり、また、中国最大500の郷鎮企業の一つとされている。さらに、連続5年間、無錫市・県の明星企業、科学技術先進企業、江蘇省農工業特級信用企業となり、さらに、最近では、江蘇省が実施している火炬計画の高新技術企業にも認定されているのである。

外資との合弁による設備の増強

こうした中で、1993年には中国企業で香港に出ている中信公司との合弁に踏み出している。この場合の合弁は無錫郵電電纜廠の新工場の固定資産を評価した約1億5000万元の株式の55％分を中信公司に約8000万元（ドル建て）で譲ったというものであり、当廠の持ち分は45％の約7000万元となった。その合弁企業が無錫通菱電纜有限公司ということになる。そして、ここで得た8000万元（760万ドル）を利用し、日本から光ファイバー生産ラインを2式購入することになった。1994年2月の段階では設置中であり、1994年の早い時期に稼働が期待されている。1994年中にはさらに増設が計画され、1994年の生産額は1993年の倍、そして、1995年には生産額5億元が予定されているのである。

　今後の目標としては、①中国最大規模のケーブル工場になること、②中国で最高レベルのケーブル工場になること、そして、③当面の通信ケーブル、光ファイバーに加え、通信設備全般にまで展開したいというものである。すでに、当公司は中国でも最大規模かつトップレベルの技術水準との評価も得ており、各省市の郵電部門との販売ネットワークも十分構築されており、ケーブルから通信設備全般への展開可能性は十分あるとの判断に立っている。特に、通信設備に参入していくにあたっては中信公司を突破口にして外国の資金と技術の導入を期待しており、中国の通信部門の近年の飛躍的な発展からすると、一定の供給力と柔軟な企業展開を示している当公司に期待されるものは極めて大きいといえそうである。

　このように、郷鎮企業にとって、1980年代の「作れば、売れた」という時代は終了し、世界レベルの機械設備を導入し、一定レベルの品質の製品を安定的に供給できるかが1990年代の発展の基礎的条件になりつつある。いわば、1980年代の「第1ステージ」というべきものから、1990年代の現在は「第2ステージ」というべきものであり、そのための外資（外貨）の導入は不可欠のものとされている。

　また、香港などの外資にとって、発展可能性の高い企業への出資は高配当が期待され（全般的に、香港企業の出資の条件は年配当30％程度が基準とされている）、当廠のような急成長企業で成長事業分野に携わっている郷鎮企業などは、投資対象として魅力的なものに映っているようである。ここで登場する中

信公司の実態は不明だが、近年、中国企業で香港等に進出し、中国企業への投資への資金収集機能を演じている存在が大量に登場し、中国の外貨調達の主要な担い手として活動していることも注目されよう。こうした存在は、一般に「中資機構」と呼ばれている。

また、当公司が展開している雪浪鎮は無錫市区の南に隣接する無錫県の鎮であり、面積24.3km²、人口2万5100人である。1993年の工農業総生産額は20億元、うち、工業総生産額の比重は97％の19.5億元を占めている工業鎮である。集団所有制の工場は136、うち、鎮営企業25、村営その他の企業111である。外資との合弁合作も20件を数え、契約外資金額も4000万ドルに達している。明らかに雪浪鎮も郷鎮企業の発展によって繁栄する鎮を形成しているのであり、当面の「第2ステージ」に向けて、対外開放の推進、外資の導入に関心が大きく傾斜するものになっているのである。

当廠も、所有権は雪浪鎮の実業総公司にあり、形式上、無錫通菱電纜有限公司は無錫郵電電纜廠と中信公司との合弁だが、実質的には、雪浪実業総公司と中信公司との合弁であることはいうまでもない。

（2） 村のリーダーによる村営オートバイ工場（江蘇無錫雅西摩托車廠）

1990年代に入ってから、中国は第3期の消費ブームに突入し、現在の3種の神器は、「エアコン、電子レンジ、VTR、オートバイ、軽自動車」といわれている。これらの製品に対する需要は急拡大を示し、さらに、品質の良いものが求められているなど、中国市場は質的高度化の段階に入りだしたといってよさそうである。ここでは、第3期消費ブームの主役の一つとして期待されているオートバイに関連して、無錫の村営企業の実際に注目していくことにする。ここで検討する無錫雅西摩托車廠は、村の強力なリーダーの指導の下に、注目すべき発展を示しているのである。

村営工場の発展

洛社鎮浜口村は人口約2000人、面積が狭く（約130ha）、貧しい農村であった。1979年には、村民の朱明忠氏を中心に8人で小さな造船業を開始したが、

写真補Ⅲ—8　村のオートバイ工場

船は生産期間が長いことから、1982年頃からは、オートバイ部品、ディーゼル部品、洗濯機部品などの下請加工に転じていく。当時、従業員は70〜80人を数えるものになっていた。

その後、1985年からはオートバイ生産そのものに入り、現在では8タイプ、6種（50、70、80、90、100、125cc）のラインアップを編成している。年生産能力は6万台、8人で始めた頃の生産額は数万元／年、であったが、1993年には2億元、1994年には3〜3億5000万元に達する見通しである。

現在、オートバイ工場の他に、農機用ディーゼル・エンジン工場も保有する2工場体制をとっており、従業員規模は580人ほどとなった。これらの従業員の95％は地元の農民であり、不足分は周辺から調達している。

製品開発は他社や海外企業の製品を参考にして独自に進めるものであり、設計陣は5〜6人で対応している。また、オートバイ生産に着手した当初は生産に関わるかなりの工程を自社に抱えていたが、次第に可能なものは外部化の方向に踏み出している。現在の社内の工程は、エンジン鋳造、圧延、機械加工、鈑金塗装、組立の主要工程であり、メッキは無錫市内の工場への委託、その他のライト、電気周り、ゴム、チェーン等は江蘇省内の専門工場に委託している。なお、エンジンの社内生産は1万5000台であり、不足の4万5000台は、国内調

達の他に、日本のヤマハや台湾企業から入れている。

オートバイ工業の発展と当廠

　現在、中国はオートバイの勃興期というべき時期であり、江蘇省内だけでも7社、全国では100社ほどがひしめき、当廠は生産量で全国第14位、YAXI（雅西）のブランドで供給されている。オートバイ生産の全国第1位は重慶の嘉凌であり、日本のホンダとの合弁で知られている。

　オートバイの機種認定としては、新機種の場合、国家認定がいるが、基本的には各企業で品質保証がされている。当廠も全国の販売代理店約100店を通じたメンテナンス体制をとっており、保証期間は3000km、あるいは3カ月としている。また、毎年、全国的なコンテストやラリーなどが開催されているが、当廠の製品は1988年のコンテストで総合第2位、デザイン部門では第1位、第2位を獲得している。さらに、1990年には広州〜北京のラリーで優勝、1992年には海南島の海口市〜北京のラリーに優勝するなど、実績は大きい。

　浜口村には当廠の他にも9つの村営企業があるが、当廠の生産額が4分の1を占めるなど、当廠は浜口村のリーディング企業として重要な役割を担っている。現場視察においても管理が行き届いているなど、村レベルでは出色のオートバイ工場といえそうである。

　また、オートバイが勃興期にあり、全国的なレベルでの競争激化の時期でもあることから、江蘇省レベルでの集団公司である江蘇省摩托車集団が形成されている。この集団は省内のオートバイメーカー7社の他に、エンジンメーカー2社、部品メーカー数十社から構成されているが、村営企業は当廠のみである。そうしたことから、当廠の廠長は毎年最優秀賞を獲得しており、また、江蘇省摩托車集団においても副董事長に選任されている。当面、集団としては市場情報の交換に主眼が置かれており、今後、進むことが予想されるオートバイ企業の集約化に備えているようである。

　日本も30年ほど前には、オートバイメーカーは50社ほどを数えるものであったが、その後、急角度の再編成を余儀なくされ、現在では、ヤマハ、ホンダ、スズキ、カワサキにほぼ集約化されている。中国の現状からすると、全国市場

体制が形成されるには多少の時間がかかることも予想されるが、それでも、急速な再編成は不可避であろう。そうした構造変化にどのように応えていくのか。今後は、製品開発力、デザイン力、生産力等に加え、資金力等も大きく影響していくものとみられる。これまでは、外国企業との交流は乏しいとのことだが、今後は、技術的な課題に加え、資金的にも外資との交流が必要になっているようである。中国オートバイ業界が大きな再編を迎えようとしている現在、村営の壁をどのようにブレークスルーしていくのか、ここしばらくが正念場といえそうである。

（3） 国有企業からの人材スカウト（無錫燕華毛紡針織）

　1991年に設立された無錫燕華毛紡針織有限公司は、無錫県堰橋鎮の鎮営企業と香港資本の合弁であり、総投資額57万ドル、中国側65％、香港側35％でスタートした。香港側は地元にとって古い友人の生地商であり、投資対象として本事業をとらえ、経営管理等に一切タッチしていない。合弁以来、事業は順調に進み、生産力は錘数で当初の2000錘から1993年には5000錘に拡大、生産額は1600万元から6000万元へと発展している。この間、人員は1991年の225人から1993年は287人へと62人増えただけであり、生産性の飛躍的な上昇を示し、労働者の賃金も平均で1991年の2243元／年から1993年は4000元／年へと急増した。

　主要製品は毛紡績品であり、当初は毛×アクリルからスタートしたが、現在では、毛100％、毛×綿、毛×化繊、毛×絹、毛×麻などにまで拡大、次第に技術レベルを上げる中で細糸に向かい、製品群も当初の3種から12種へと増加している。市場は当初は国内中心であったが、現在では輸出向けの比重の方が高くなり、1993年には121万ドルの輸出実績を示した。そして、合弁事業であることからドルが100％留保可能であり、そうした蓄積を背景に日本、イタリア等の先進的な設備を積極的に導入、合弁設立以来3年という短期間に製品の品質レベルを中国の基準で2クラスほど向上させている。

　中国の紡績業は近年競争の厳しいものになり、また、中国のGATT復帰が日程に上っている現在、先進的な技術設備の導入、品質の向上が強く意識されている。当合弁企業の場合、スタート段階から従来の鎮営企業を基礎にして、

人材獲得、技術アップに重点を置いてきたが、そのことが現状の飛躍的な発展を導いたといえそうである。1994年現在の無錫県の約900件の合弁合作企業のうち、当公司は生産性、利税、技術、管理等の総合評価で1993年には10位以内にランクされ、無錫の紡績工場のトップレベルと評価されているのである。

国有企業からのスピンオフ

ところで、この無錫燕華毛紡針織有限公司の前身は、1983年にスタートした堰橋鎮の鎮営企業である。当時の堰橋鎮は貧しく、そうした状況を突破するために鎮営企業を起こすことを試みる。鎮政府は2万元の資金を用意して、当時の国有無錫第三綿紡廠の工場長を総経理としてスカウトする。改革開放以来、事情は大きく変化したものの、国有企業を離れることは相当の決意が必要であったが、現総経理は鎮営企業の建設に身を投じていく。鎮が用意した2万元に加え、知人から10万元を集め、12万元の資金でスタートする。上海の紡績工場の中古設備を購入し、必死になって事業を推進してきた。

その後、改革開放が定着し、事業も順調に推移、当初の2万元の資本は1500万元にも拡大していった。そして、一段の発展のためには、外資の導入が必要との判断の下で、1991年には香港との合弁に踏み切っていく。中国側の出資分である約37万ドルは現金で投入されている。

建物は従来工場から賃借し、合弁企業の従業員は元々の工場の余剰労働力と新規募集によっている。従業員のうち30～40人は大学卒であり、母体は鎮営企業とはいうものの、外資との合弁を契機に幅の広い人材を結集していることは興味深い。「農民が農村で行う企業」とされた郷鎮企業は、いつの間にか外資との合弁合作に踏み出し、さらに、レベルの高い技術者を擁するものとなっている。事実、堰橋鎮あたりでは、労働力不足傾向は著しく、当公司の場合でも、50数人は四川省、安徽省などの内陸の農民を導入しているのが実態である。大卒者は工場の宿舎に居住し、内陸からの出稼者は付近の農家に下宿している。したがって、当公司の労働力構成は、地元の農民が約3分の2、大卒者が十数％、出稼者が約20％となっているのである。

こうした構成の中で、女性の総工程師、高級工程師である陶良玉さんの存在

は興味深い。中国の国有企業では一般に女性の定年は50歳であり、幹部の場合は55歳とされている。ただし、大学教授並みの処遇である高級工程師の場合は、定年後も継続して勤務が可能とされている。陶さんの場合は国有企業に継続して勤務してよい立場にあるが、退職してこの合弁企業に招聘されている。その場合、当公司からの給料1000元／月に加え、国有企業からも退職時の給料の90％が支払われ、国有企業が支給する住宅も従来のまま利用できている。国有企業の構造的な赤字問題が取り沙汰されているが、中国のこれまでのシステムが多方面にわたって複雑な問題を取り残しているということであろう。

写真補Ⅲ—9　国有企業からスカウトされた陶良玉さん

郷鎮企業の外資との合弁合作

「農村の余剰労働力を吸収するもの」とされた郷鎮企業は、1980年代の発展を踏まえて、現在、新たな段階に入りつつある。特に、「郷鎮企業の故郷」とされる無錫県あたりでは、労働力不足は構造的なものになり、内陸からの出稼者を大量に導入し、また、資金不足を補う意味で外資との合弁合作は広範に展開されるものになってきた。さらに、「作れば売れる」とされる段階は過去のものになり、市場的な競争、国際的な市場を意識し、技術設備のレベルアップ、品質の向上が深く認識されている。郷鎮企業をベースにする三資企業でも、大学卒の人材や国有企業の技術者をスカウトするなどにより、技術レベルの向上が深く追求されているのである。

さらに、外資との合弁合作の場合、企業所得税は利益が出てから3年間の免税、2年間の半免等の優遇措置が与えられるのに加え、輸出入自主権が得られ、外貨の留保率も100％であるなど、メリットは極めて大きい。外国の先鋭的な設備の導入を渇望している郷鎮企業にとって、外資との合弁合作は非常に魅力的に映っている。他方、企業家精神に満ちた無錫周辺の郷鎮企業に投資することに魅力を感じている香港資本などは、積極的に投資し、高配当を得るなどの構図が、1990年代以降の無錫を中心とする長江下流域では一般的なスタイルになりつつある。こうしたところに、郷鎮企業の外資との合弁合作の新たな構図をみていかなくてはならない。

（4） 下放青年による事業化（無錫県無線電二廠）

　文化大革命当時、知識青年の農村への下放が大規模に実施された。その後、1976年に文革が終了するが、まだ、すぐには帰郷することはできず、下放された青年達は地元で事業を開始する場合などが広範にみられた。
　ここで検討する無錫県営の無錫県無線電二廠は、現在、中国最大のコンデンサー（電容器）工場の一つになっているが、元々は、1976年に下放青年十数人によって開始された「集団所有」の形を基本にしている。資金的には郷政府の保証で銀行から5万元を借りてスタートしたものであった。

下放青年の集団所有から県所有へ

　改革、開放がスタートする1979年の頃には、固定資産は30万元ほどになっていた。この1979年という年は、従来の政策が大幅に変更になった年であり、特に、下放青年の帰郷が認められることになった。あるいは、農村に居住していても、戸籍が都市戸籍に変われることになった。
　こうした事情の中で、1979年6月、当廠は「大集団所有制」（国有企業に次ぐ集団所有制企業で、省営、市営、県営企業などを指す）の県属企業に転化し、所有は県に移管、本格的なアルミ電解コンデンサー工場として歩むことになる。
　1981年には神戸の神栄電気と交流を開始し、設備も導入する。1983年には当廠の骨格を形づくることになる自動化設備を神栄電気を通じて54万ドルで導入、

生産能力3000万個／年を形成した。この時に導入した設備は精研（横浜）のものが多い。これによって、当廠は一定の生産力を備えるコンデンサー工場となった。

1987年には省の先進企業として「省級企業」の認定を受け、1990年には「国家2級」、さらに、1993年には、全国電子・通信設備のランキングで第178位となった。いわば、県営企業としてはかなりのレベルに達したということであろう。

写真補Ⅲ—10　コンデンサー工場の生産ライン

電子部品工業としての今後の展開

現在の生産能力は3億個／年となり、国内のラジカセ、TV工場を主要な取引先としている。土地面積8ha、建物面積3万1000m^2、従業員数850人、1993年の販売額は3500万元であり、生産量の5分の1程度は香港、韓国、アメリカなどに輸出している。

材料の入手に関しては、3ミクロン以下の厚さの樹脂板は日本、イタリアから一部を輸入、その他は外国から輸入した設備を入れている国内企業に依存している。近年の中国の電子部品関連の動きとしては、まだ課題は多いものの、かなりの程度、外国の設備を導入している企業が増え、材料、部品の拡がりが大きなものになりつつある。そうした基本的な構図の変化が前提になり、当廠のような企業の存立基盤が形成されていくことになりそうである。

そうした意味で、一段のレベルアップのためには、外国企業との技術交流、合弁合作が不可欠になりつつある。当廠としても長年の付き合いのある神栄電気に合弁合作の意向を伝えたが、神栄電気はマレーシアへの進出に踏み切ったもようである。

また、当廠は1988年に深圳経済特区内で、電子工業部深圳駐在事務所、香港企業との３者による合弁企業（深圳光電電子有限公司）を設立している。当廠の出資比率は46％であり、総経理は当廠が出し、工場の管理責任を負っている。この深圳での合弁企業の設立は、当廠のショーウインドにするとの考えであり、事業的にもここ２～３年落ち着いてきたといったところである。
　日本との合弁を望んでいるが、日本側の要求水準が高く、しばらくは難しそうである。そのため、当面は台湾企業との合弁に向けて1994年中に調整が進む見通しである。

（５）　個人企業から集団公司へ（無錫長宏針紡織集団）
　改革・開放の成果を果敢にとらえ、長江下流域の無錫周辺では個人企業や郷鎮企業の著しい発展がみられ、さらに、ここにきて外資の大量進出が進んでいるなど、中国産業・企業の新たな発展局面が観察される。ここで検討する無錫長宏針紡織集団公司は、個人企業が拡大発展する中で鎮営企業となり、そして、集団公司を形成して、独自的な活動範囲を獲得、さらに、外資を導入することによって一段の発展過程に入っているケースとして注目される。いわば、無錫長宏針紡織集団公司のケースは、長江下流域の高まりの中で、農村の個人企業が拡大発展していく一つのモデルケースとしてとらえることができそうである。

個人企業から鎮営企業へ
　無錫県長安鎮の建築労働者であった唐建忠氏（1953年生まれ）は、自己資金の１万5000元を投入し、1985年に毛紡績工場を開始する。当時は作れば売れる時代であり、事業は順調に進み、毎年１工場ずつ増設し、現在８工場を展開するほどになっている。この間、事業分野は毛をベースに整理、梳紡、製織、針織（メリヤス）などに拡がっている。そして、積極的に外国の機械設備を導入するなどを推進してきたことから、品質の高い製品の供給が可能になり、無錫周辺の繊維関連企業としては最も注目される存在になっている。
　ただし、個人企業で出発した無錫長安針織服装毛紡廠は、規模の拡大、先鋭的な機械設備の導入のプロセスの中で、設備資金の調達が難しいものになり、

次第に追加投資に関しては、鎮政府の協力を仰いでいく。金融証券市場の未発達な中国では、個人企業が十分な資金調達を実現することは難しく、所属する郷鎮政府にそれを依存していく場合が少なくない。郷鎮政府による保証で金融機関から借り入れ、あるいは、郷鎮政府自体が資本参加してくるなど、多様な措置がとられていく。

　この唐氏の事業の場合は、先鋭的な紡績機械、織物機械を必要とすることから資金的な負担は膨大なものになり、早い時期から鎮政府の資金的な協力を必要としてきた。唐氏の1万5000元の資金で出発した事業は、1993年現在では8事業所、固定資産は3000万元、従業員約1000人へと飛躍的に拡大している。

　こうした事情の中で、唐氏と鎮政府との関係は変化してくる。現在では、資金的な比重を高めてきた鎮政府（実業総公司）が事業全体の所有権を保有し、唐氏はそれまでの所有部分を清算し、実業総公司から契約により給料（15万元／年）を貰う関係に変化した。鎮政府にすれば、経営者として優れている唐氏に経営権を委ねるということである。

　その後、8つの事業所（無錫長安紡織工業公司、無錫長安服装発襯有限公司、無錫凱尼針織有限公司、無錫長宏紡織機械公司、無錫県長安毛條廠、無錫県長安針織服装毛紡廠、無錫県長虹服装廠、無錫県長安洗毛廠）は無錫長宏針紡織集団公司に統合され、唐氏はこの集団公司の総帥（董事長、総経理）として、運営の全権を握っている。この集団公司には8つの事業所の廠長からなる董事会が組織され、事実上、鎮の実業総公司に代わって経営の全権を保有しているようである。

　個人企業から出発し、郷鎮の政府への資金協力を求めながら拡大、ある時点で所有権が鎮政府に移転し（いわゆる郷鎮企業となる）、創業者が経営者として存続するということなのであろう。長江下流域では、数百人から数千人にいたる規模の個人企業も存在するが、それらはそれほど資金的な負担の大きくない労働集約的な事業である場合が多い。ただし、設備投資負担の大きな事業の場合には郷鎮政府による資金的な手当てが不可欠になり、所有権が政府に移転し、創業者は契約で経営者として残るなどがみられるものになっている。それが現在の長江下流域の個人企業の発展プロセスの一つの特徴的な姿であると

写真補Ⅲ—11　無錫長宏針紡織集団の検反職場

いってよさそうである。

日本企業との合弁

　この間、1992年3月からは裏地生産で岐阜県の2社（ミキ毛織、カイメン）と合弁事業に踏み出している。この2社とは1991年から長安鎮で操業している香川県白鳥のウインスからの紹介でスタートした。1990年4月に連絡があり、6月から9月までに先方が無錫を3回訪問、1990年9月には期間15年間の合弁の正式契約を結ぶことになった。こうした短期間で契約までたどりついた背景として、①紹介がしっかりしていて信頼関係が形成されていたこと、②すでに当方は先行して建設工事を開始しており、合弁が無くとも事業化する計画であったこと、③日本側に合弁の意欲が旺盛であったことなどが指摘されている。

　合弁企業の登録資本は100万ドル、中国側70％、日本側30％で1992年3月には生産を開始したが、その後、2回にわたって資本を増加（65万ドル）させている。その結果、現在の出資比率は中国側53％、日本側47％に変化している。製品は全て日本に輸出（1993年は約200万ドル）している。従業員は208人、女性の比重が80％という構成である。この合弁事業に関しては、日本からの期待も大きく、1994年中にさらに150万ドルの追加投資を実施する計画である。現

在の年間の生産能力は100万mだが、追加投資により600万mに拡大する見通しである。

また、現在、兼松（在上海）との間で商談中であり、毛精紡生産を計画中である。第1期としては300万ドルを投入、2400錘レベルの生産力で疏毛糸の生産を実施し、第2期も300万ドルを投入して、主として綿の精紡を計画している。この計画が実行されれば、中国では中型の毛と綿の紡績工場となる。さらに、今後、毛糸、綿糸の糸染から、布染にまで進出していく構えである。

集団公司の目標

個人企業から出発し、集団公司を形成、果敢に外資と合弁を実施するなど、無錫長宏針紡織集団公司の歩みは、長江下流域の郷鎮企業の高まりを象徴している。そうした中で、集団公司全体を高度化させていくことを念頭に、これからの目標として以下のような点が意識されているのである。

① 紡績を中心とした多角経営を目指し、紡績〜製織〜染色までの一貫体制の充実を図る。
② 3年後を目標に、毛の生産規模ベースで、1万錘を目指す。この点、生産額ベースでは、1993年は1億5000万元であったが、1996年には5億元を目標にし、うち3億元の輸出を実現したいとしている。
③ 外資との合弁についても、当地で実施するだけでなく、外国への進出も実現したいとしている。当面、事務所を香港に近い深圳に持ち、情報収集の窓口としていく構えであり、強力な合弁相手のいる日本や、原料調達基地であるオーストラリアへの進出も考慮されているのである。

以上のように、唐氏の個人企業で出発した当公司は、拡大発展の過程の中で、鎮政府の資金を導入し、いわゆる郷鎮企業となり、その後、事業拡大の中で集団公司を形成した。そして、外資との合弁合作を果敢に展開、資金的な裏付けと市場的な視野を確保し、無錫周辺でも最も注目される郷鎮企業となっている。そして、こうしたステップアップによって企業経営全体の視野も拡がり、品質意識等も飛躍的に高まっているなど、郷鎮企業の次の時代を指し示すものとなっているのである。「農民が農村で行う」とされた郷鎮企業も、現在では全

く新たなステージに登場してきたということであろう。

(6) 個人企業の発展（無錫林芝祥発軽工）

個人企業から出発した場合、事業規模が拡大するにつれ、資金的な問題が大きくなっていく。特に、民間の金融機関が十分整備されていない中国の場合、銀行借入は難しく、その多くを地元の政府に依存せざるをえない。郷鎮政府による保証をつけて貰ったり、郷鎮政府自身が出融資をしてくる場合などが多い。そして、特に、資本集約的な方向に進む事業分野の場合、所有権が個人から政府に移行するなどが顕著にみられる。

他方で、数百人から数千人規模の個人企業（私営企業）も存在しているが、その多くは、労働集約的で大型の投資を必要としないなどの事業分野であるようにみえる。

ここで検討する無錫林芝祥発軽工有限公司の場合は、後者の典型といえそうである。

個人企業の出発

無錫の国有内河航行公司の企業長であった許林生氏（1939年生まれ）は、国有企業では自分の力を発揮できない、人事関係複雑、などの事情から退職、個人企業としての創業のチャンスをうかがっていた。たまたま、浙江省の磁性写板（習字練習板）のメーカーが、許氏の紹介による許氏の友人からの4万元の借金を返済できない事態になっていた。紹介した許氏は困惑し、許氏自身が浙江省の工場から部品を受け取り、組み立て、市場で販売して返済にあてることにした。

それは1987年のことであった。許氏の自宅（錢橋鎮）で家族7人による家内手工業として出発する。1987年の生産額は18万元、1988年には300万元となり、東亭鎮の病院の空き家を借りて移転する。この頃から、現在の主力になっているビロードの「ぬいぐるみ」の市場性に着目し、生産を開始している。

以来、販売額はうなぎ登りであり、1990年600万元、1991年800万元、1992年1200万元、1993年5000万元となった。現在の従業員数は500人、1994年の販売

額は1億元、利税450万元を目標にしている。そして、現在では、東亭鎮政府から土地を借りて、開発中の東亭開発区に建設した工場に入居している。

また、主力製品は「ぬいぐるみ」と磁性写板であるが、1994年からは80万ドルで設備を購入し、鋳造用機械工場をスタートさせている。さらに、香港企業との合弁(投資額110万ドル)でインテリア用プラスチック製品の生産にも踏み出す計画で調整中である。

写真補Ⅲ—12　村のぬいぐるみ工場

個人企業と鎮政府

以上のように、林芝祥発軽工有限公司は個人企業から出発し、事業範囲、規模を拡大しながら、個人企業から500人規模の私営企業(個人企業で従業員8人以上の場合)へと発展していった。固定資産の評価は400万元とされるが、これは、許氏個人の所有とされる。鎮政府との関係は所有関係といったものではなく、自立した存在であり、管理関係としては省の工商管理局で登録されているといった程度である。企業所得税は国税、地方税を合わせて33％を納めている。

鎮政府との関係は、特に何も求められてはいないが、自主的に利潤の中から教育資金を寄付している。敬老院、幼稚園、障害者施設等への寄付となる。さらに、故郷である錢橋鎮にも100万元を寄付した。中国の個人企業で業績の上がっているところは、何らかの形で地元等に寄付などを行っているのが通例である。おそらく豊かな個人は地元等にそれなりに貢献することが暗黙の了解とされているのであろう。また、鎮政府は当社の流動資金等が足りない場合、金融機関に対しての保証を行ってくれているようである。

従業員の雇用

　従業員500人のうち90％は女性であり、平均年齢は20歳前後とされている。地元の出身者は20％程度であり、80％は蘇北から安徽省、四川省、河南省などの地方の農村から来ている。実際の募集の方法は募集通知を工場の前に張り出すと、希望者が殺到することになる。当社の平均的な年収は5000元程度であり、地方の農村からの出稼者にとってはかなり魅力的なのであろう。

　さらに、地方出身者は全寮制にしてあり、寮費、昼食、電気代、ガス代、水道代も無料である。従業員の福利厚生にも気を配り、医療手当ても出している。従業員の月の生活費は100元程度で十分であることから、希望者は絶えない。

　以上のように、林芝祥発軽工有限公司は個人企業として拡大発展してきたが、それは一つには、事業分野が「ぬいぐるみ」等の労働集約的なものであり、設備投資負担がそれほど大きなものではなかったこと、無錫の発展によって地元は労働力不足であるものの、内陸からの出稼者も多く、労働力調達に苦労がないことなどによって可能であったものとみられる。そして、地元の鎮政府への目配り、従業員の福利厚生への目配り等を重ねながら、発展の中で存立基盤の強化にも努めているといってよい。「資本家の尻尾」とされた「個人企業」も、改革、開放の中で、新たな存立の場を確保しつつあるということであろう。

4．郷鎮企業の発展方向

　以上のように、郷鎮企業の発生のスタイルは実に多様であり、魅力的な人びとの果敢な取り組みによって新たな世界をかち取っていることが分かる。ただし、後の補論Ⅳ[4]で分析するように、1990年代に入ってから明らかに郷鎮企業の階層分解というべきものが始まっており、今後はまた多方面にわたる試行錯誤を重ねながら、新たなステージに立っていくのであろう。ここでは、そうした新たなステージを暗示させる幾つかのケースを取り上げていくことにしたい。

（1）　重機械工業の郷鎮企業（江蘇太湖鍋炉集団）

長江下流域に大発展を示している郷鎮企業は、農機具の修理や日用消費財部門に従事し、その後、機械金属製品や紡織加工品等に進出、近代的な企業へと発展していく場合が顕著にみられる。これに対し、重電部門、重機械部門等は依然として伝統の国有部門が得意とし、また、設備投資負担も膨大なものであることから、郷鎮企業では参入の余地が乏しい。さらに、こうした国家の基本建設に係わる部門はしかるべき部局の認可が必要であることも、ゲリラ的に発生、発展している郷鎮企業の参入を阻害しているようにもみえる。実際、重電部門、重機械部門で郷鎮企業が十分に発展しているケースに出会うことはほとんどない。そうした中で、ここで検討する江蘇太湖鍋炉集団公司は郷鎮企業をベースにする本格的な重量級のボイラー工場であり、郷鎮企業の発展に新たな可能性を付け加えたものとして注目される。

国家2級の郷鎮企業

　無錫県洛社鎮の鎮営企業である無錫太湖鍋炉廠は、1964年に地元の労働者13人が資金を出し合って国有企業の下請の鈑金工場としてスタートした。1972年頃には、従業員も100人ほどを数えるものとなり、国家機械電子工業部から認可を受け、ボイラー部門に進出していく。ボイラーのような基幹的な産業群に参入していくためには、機械電子工業部の認可が必要とされ、工場敷地、設備、技術レベル等により判断されていく。

　こうしてボイラー部門に進出した無錫太湖鍋炉廠は、1987年までは1トン、2トン、4トンの工業用ボイラーを生産していたが、1987年以降は、省エネ、省スペース型の6トン、8トン、10トン、15トンのボイラーを次々に開発し、1989年には、無錫県の郷鎮企業では無錫第六通用機械廠と並んで、国家2級企業の認定を受けている。一般的に、特級、1級企業は極めて稀であり、例えば、無錫市程度の範囲で、特級、1級企業が数社、そして、2級企業が十数社といった程度である。国家2級企業は地域の主導的な企業ということになる。

　この級別は従来、年代別の技術で分けられていたのだが、現在、そうしたやり方はストップし、①製品の質、②原材料の消耗、③省エネ、④1人当たりの生産額、利税、⑤資金対利税の比率、⑥管理のレベル、⑦大卒者の比率等で区

分されているようである。ただし、当廠が国家2級企業の認定を受けた1989年段階では、2級は国内の先進レベルの企業というものであった。ともかくも、郷鎮企業で国家2級を受けている企業は極めて少ないのが実態である。

こうした実態は国家にも注目され、1990年以降、江沢民、李鵬、喬石、李瑞環等の指導者達が相次いで視察に訪れ、李鵬首相も「郷鎮企業でここまで来たのか」と感激したと伝えられている。筆者の現場の印象でも、従業員数千人の国有企業かと思わせる規模にも係わらず、従業員はわずか608人という点が象徴的であるように思う。1993年の生産額は1億5000万元、利税2200万元をあげ、1人当たりの生産額は中国では上位となり、また、労働者の平均賃金は7000元／年であるなど、かなりの水準であることが分かる。

従業員の構成も、当初は農民であったのだが、発展の過程で性格が多様になり、現在でも主体は農民であるものの、国有企業の技術者や大卒の技術者が希望して入ってくるなど、従来の郷鎮企業のイメージとは大きく異なっている。事実、大卒の技術者は70数人を数え、CADなどを駆使して、設計業務等に携わっていた。国有の大工場並みの規模でありながらも、従業員の数は少なく、技術レベルは高く、生産性も高いというのが、この無錫太湖鍋炉廠の際立った特色であるといえよう。

写真補Ⅲ—13　構内に並べられた製品

全国レベルの集団公司の形成

　以上のような発展を踏まえて、1993年6月には当廠を中心にして全国の50工場から成る集団公司の「江蘇太湖鍋炉集団公司」を結成した。全体の固定資産額は3億5000万元、生産額は約5億元に達する。この集団公司は先に検討した無錫長宏針紡織集団公司のような緊密な関係ではなく、かなり緩い集合体として形成されている。メンバーの50社はほとんど当廠の協力工場であり、地域的にみると、洛社鎮の中で十数社、残りのほとんどは無錫県内、そして、その他として黒龍江、天津、瀋陽、寧夏、河南などの当廠の代理店的な企業が参加する形になっている。

　また、メンバーを経済類型別にみると、国有企業が3社、大集団企業、そして、郷鎮企業から構成されている。郷鎮企業の無錫太湖鍋炉廠が中心であり、国有企業でも傘下に入るという新たな組織が形成されている。現在の中国では、「集団公司」の名称が多方面にわたって使用されているが、こうした協力工場を組織するという緩い形の「集団公司」の形も広範にみられるようになっている。こうした集団は近隣では次に検討する江蘇南方集団公司が知られている。

　集団公司のメリットとしては、①知名度が高まり、販売力が強くなること、②生産能力の拡大と安定が図られることなど、が指摘されている。この点、元々、無錫太湖鍋炉廠は全国20数カ所に販売代理店があり、販売代行、取り付けサービス等を請け負うものであったが、こうした当廠の販売力に着目して、国有の変速機メーカー、工業用扇風機メーカーが集団公司に参加したということであろう。

　いずれにしても、近年の中国では、「集団公司」ばやりであり、実に多様な形態の「集団公司」が形成されている。特に、この長江下流域では、急速に発展してきた郷鎮企業が軸になり、国有企業をも組織化する「集団公司」が幾つか登場しており、かつての国有企業、集団企業、郷鎮企業といったある種の序列が大きく崩れつつある。経済類型に関わりなく、勢いと実力のある企業が中心になる企業のグループ化が推進されているということであろう。

(2) 郷鎮企業による集団公司（江蘇南方集団）

　無錫県の中で、先の江蘇太湖鍋炉集団公司と共に、緩い形の集団公司として知られているのが、1993年3月に南方懸掛輸送機総廠と南方塗装設備廠の2社を軸として22社で結成された「江蘇南方集団公司」である。先の江蘇太湖鍋炉集団公司と同様に、南方集団公司も結成後、日が浅く、集団公司としての実態は今後評価されることになろう。ここでは、そうした集団公司の当面の姿を概観しておくことにする。

基軸となる2社

　集団公司の董事長である黄偉興氏は、農民出身の金型工であったが、2人の弟子と共に1985年に1万元の借金で事業をスタートさせる。当時、27歳であった。当初の事業は工業用クレーン、塗装搬送機の製造であったが、事業は倍々に推移、個人企業（個体戸）のレベルを超え、所有権は洛社鎮に移行、現在では従業員500人規模の南方懸掛輸送機総廠（鎮営企業）となっている。この他に、特殊な塗装用搬送機生産に従事する南方塗装設備廠も黄氏の創業したものだが、これも、現在では洛社鎮所有の鎮営企業である。

　農村で個人企業として出発する企業も、拡大発展の中で、資本力、資金調達力が不可欠となってくる場合、個人では対応することは難しく、郷鎮政府に依存していくことが多い。郷鎮政府の保証により金融機関からの借入を行ったり、また、郷鎮政府自身が出資するなどにより、所有権が次第に個人から郷鎮政府に移っていく。その場合、経営者は郷鎮政府との間の契約関係になることが多く、所有と経営が分離されていく。郷鎮企業の発展プロセスとして、こうした個人企業から郷鎮政府所有の郷鎮企業へというパターンは、長江下流域に広くみられる。

　こうして郷鎮企業としての体裁を整えた南方懸掛輸送機総廠と南方塗装設備廠は、飛躍的な発展をみせ、1993年の生産額は1億元を突破、コンベア生産では中国南方で第1位、全国でも第2位（第1位は華北の国有企業）となった。近年、中国の工業化の進展の中で搬送設備の要請は高まり、外国企業との技術協力の場合も多く、技術レベルも飛躍的に向上している。特に、日本のNKC

（横浜）との協力関係は密接であり、エアコンの上海シャープ、重慶のスズキのコンベアラインの生産にも参加しているなど、日本との関係も深い。

このように、個人企業から出発した南方懸掛輸送機総廠と南方塗装設備廠は、その発展の中で、鎮政府所有となり、さらに、日本企業などからの技術協力を得ながら、中国の近代工業化の流れの中で、コンベア関連の郷鎮企業として飛躍的な発展をかち取って来たのである。

写真補Ⅲ—14　南方懸掛輸送機総廠の作業現場

集団公司の形成

以上のような発展を踏まえ、南方懸掛輸送機総廠と南方塗装設備廠の2社を基軸にする集団公司である「江蘇南方集団公司」が、22社によって1993年3月に結成された。この集団公司は緩い形のものであり、以下の二つの理由を背景に実施された。

① 中軸である南方懸掛輸送機総廠が新規事業分野の企業を作っていく際の管理上の組織として。
② 股份（株式）制に向ける準備として。現在、中国では金融、証券制度の充実に向けて努力しているが、企業の資金調達の有力な方法として株式制が模索されている。

また、江蘇南方集団公司は、以下の三つの性格の企業群によって構成されていることも注目される。

① 核心企業——コンベア関連の南方懸掛輸送機総廠と南方塗装設備廠の2社であり、集団公司の中核を占める。

② 緊密層——核心企業と密接な関係を築いている企業群であり、半分以上の株（所有権）を保有している。この緊密層に属する企業は5社であり、いずれも地元の洛社鎮に所在している。
③ 非緊密層——資本関係にはないが、業務上関連の深い企業群。この非緊密層に属する企業は15社であり、いずれも蘇南に所在している。また、これら非緊密層の企業は、下請、部品加工の郷鎮企業である。

このような「核心企業」「緊密層」「非緊密層」の三層からなる集団公司の形態はかなり一般的にみられるものであり、集団としてまとまることによる規模の拡大、資金調達力、販売力等の総合力の充実が意図されている。近年の中国の状況としては、従来の国有企業にみられた全ての機能を抱え込むという「フルセット型」の企業構造は非効率性を指摘され、日本型の分業構造、下請系列関係への関心が深まっている。特に、資本力に乏しい郷鎮企業では、単機能による専門化が不可避的であり、それを統合するものとして「集団公司」の形態が模索されつつある。

結成されてからまだ1年ほどしか経過していない「南方集団公司」の場合、メリットはまだよく分からないとのことだが、個々の企業の専門性の追求、それらを統合していくことによる資金調達力、販売力、生産力等の総合力の強化が推進されていくならば、郷鎮企業を軸とする「集団公司」の形態は、中国における一つの有力な企業組織として定着していくことが期待される。

（3） 股份合作制による郷鎮企業の展開（東埠鎮）

東埠鎮は無錫市区の南側に展開する鎮であり、無錫県35鎮の中で17.6km^{2}と面積的には一番小さく、人口も約2万人にすぎない。ただし、改革開放以後のこの10年来、郷鎮企業の発展をベースに著しい成果が上がり、1991年の全国約5800鎮の評価の中で、総生産額は第6位、利税額（利潤と企業所得税等）第9位、1人当たり国民収入は第2位を占めるものであった。また、県の総合的な評価の中でも、前州鎮に次いで第2位とされている。

1984年には江蘇省で1億元（工農業総生産額）を超えた6つの鎮の一つとされ、その後、急速な発展を示し、1991年には9億3000万元、1992年19億3000万

元、そして、1993年には27億3000元を達成している。この1993年の工農業総生産額のうち、工業生産額は93％の25億4000万元を占めた。それらの結果、1993年の国内総生産額は6億5000万元、利税3億元、1人当たり国内総生産額（GDP）は約3万2500元（約4000ドル）レベルに達している。中国の農村地域としては驚異的な水準にあるといってよい。

そして、こうした経済活動の活発化を受けて、水道の普及率は100％、高校進学率は無錫県第1位、病院等の福利施設も充実している。無錫空港まで10km、無錫駅まで9km、高速道路にも近接しているなど、経済発展を促す条件にも恵まれており、1994年の工農業総生産額の目標である37億元は達成可能の見通しである。そして、こうした繁栄から、ここ数年、大学卒業生を40〜50人ずつ導入し、郷鎮企業の技術の向上を促しているなど、「農民の企業」とされた郷鎮企業も急速に近代化、技術水準の上昇を実現しているようである。

鎮内の集団所有制企業は128、うち、鎮営企業が61、村営企業（13行政村）が67を数えている。業種的には、化学繊維、冶金、機械、電子、軽工業、シルク、捺染、ソフト等であり、特に、電子関係では、3.5インチのフロッピーディスクの生産を行っており、これはアメリカに輸出している。外資系企業との合弁合作も無錫県では一番多く、60件を数えている。日本との合弁合作は1件のみであり、名古屋の企業（メリヤス業者）と電子関係の合弁を実施している。

農村の株式合作制の展開

ところで、この東埠鎮は郷鎮企業（集団所有制）の朌份（株式）合作制を実行している。この場合、当該郷鎮企業の固定資産を鎮の会計監査部門が資産評価し、株式発行の形式をとり、51％を鎮政府（実際には、東埠実業総公司）が所有する。そして、残りの49％について、20％を下らない部分を従業員の持株にする。そして、29％分を社会法人（例えば、大学等）と外資が保有するという形をとっている。ただし、従業員以外の個人の株式保有は認めていない。なお、株式の配当は経営内容によって異なるはずだが、事実上、約30％程度が保証されているようである。こうした高配当が将来にわたって続くとは思えない

が、当面は、こうした形が採用されているのである。

　さらに、東埠鎮のような発展している鎮では、住民の金余り現象が著しく、鎮政府に資金運用が求められている。そのため、鎮政府は、実業総公司を媒介に時々金額を決めて住民から資金を集め、銀行を経由して企業に融資する形をとっている。融資先は新工場の建設、あるいは、既存工場の技術改造というものであり、一般的に年利10％以上の１年定期預金として扱っている。こうした形態は、金余りが顕著になってきた数年前から実施されており、１回につき１億元程度を枠として、日を決めて資金を集めている。そして、資金を集める日は住民による大変な混雑になるとされている。

　以上のように、東埠鎮は中国の中でも郷鎮企業の発展をベースに際立った繁栄を謳歌しているが、農民の余剰資金を吸収しながら、新規事業に果敢に投融資し、従来の軽工業、農産物加工、農具修理といった郷鎮企業の初歩的レベルから、現在では、精密ポンプ、アクリル等の合成繊維、純度の高い鋼材等の分野にまで展開、農村工業に新たな可能性を導いている。住民の余剰資金を利用し、先鋭的な機械設備を海外から積極的に導入しているなどは、「作れば、何でも売れた」とする「第１ステージ」を超え、明らかに外国の先鋭的な機械設備を導入するという郷鎮企業の「第２ステージ」というべき段階に踏み出していることを示している。無錫県の郊外には、こうした鎮が広範に展開しているのである。

（４）　郷鎮企業と日本企業との合弁（無錫健勝手套）

　日本の地場産業の中でも、繊維縫製品等の低コストを前提に成立してきたところでは、国内生産が次第に難しいものになり、東アジア諸国地域への展開は早いところでは1960年代から開始されている。そして、東アジア諸国地域への展開を踏まえて、1980年代中頃からは、中国への進出を果敢に展開する企業も目立ち始めている。こうした地場産業企業の中でも著名であるのは、香川県白鳥町の手袋業者であるスワニーの江蘇省昆山、ウインスの無錫展開であろう。日本の地場産業の中の中小企業が中国展開を試行錯誤している現在、これら白鳥の手袋企業の中国進出とその後は後に続く中小企業への一つの先駆的な事例

となろう。

ウインスの無錫展開

ウインスは白鳥町で明治末頃から手袋生産に従事している企業であり、30年ほど前までは防寒用手袋を生産していた。その後、日本の高度成長の中で、トランジスタが登場した頃から作業用手袋の需要が拡大し、そちらにシフトしていく。ただし、作業用手袋は際立った低コストを要求され、1960年代の初めには台湾に進出している。そして、わずか5年後の1967年頃には台湾でも人件費が急上昇し、コスト的に対応できず、台湾を引き上げ、一時、国内に戻っていた。

その後、1987年から輸出入公司を通じて中国企業2～3社への委託加工を実施していたが、それらの中で、無錫県長安鎮の優美廠の工場長との信頼関係が形成され、合弁の意思決定を下し、1990年1月に無錫健勝手套有限公司を設立する。登録資本50万ドル、日本側30％、中国側は長安鎮の実業総公司を中心に70％、合弁期間25年でスタートした。生産品目は布、ナイロン、革を素材とした手袋である。作業用、スポーツ用、防寒用、ブランド品までをカバーしている。

合弁1年目の1991年は従業員60人、生産額190万ドル、生産品目10種類位であったが、生産は毎年倍増し、4年目の1994年には従業員500人、生産額510万ドル、生産品目は250～260種類になっている。この間、利潤の再投資に努め、固定資産は当初の50万ドルから1994年には120万ドルへと拡大している。その結果、1993年には江蘇省の中の最優秀企業の一つ、無錫の明星企業とされ、全国でも能率の高い、管理の優れている企業とされている。合弁1年目で当初の投資回収（3000万円）は終了しているなど、中小企業の対中展開ではかなり良好に推移しているものとみられる。

現在のところ、製品は100％日本に輸出されているが、今後は中国国内へも30％程度を振り向ける構えである。この健勝手套有限公司の運営は中国側にまかされており、日本人の駐在はいない。また、ウインス側からは社長が時折来る程度である。

写真補Ⅲ—15 無錫ウインスの手袋工場

なお、ウインスの日本での従業員数は20数人程度であり、現在、日本国内では一切生産していない。また、ウインスの中国展開はこの無錫の無錫健勝手套有限公司の他には、上海と深圳にもみられる。これらは、最近開始されたばかりだが、上海（青浦県）は手袋以外へ展開、深圳（特区内の蛇口工業区）は3交代で稼働できることなどに注目している。

また、この長安鎮周辺の労働力事情としては、1994年に入る頃から長江の北側から人を集めるようになっており、現在の従業員のうち100人程度は寮に入れて対応しているなどが注目される。郷鎮企業と外資系企業の発展する無錫県内の鎮である長安鎮も次第に労働力逼迫化の兆しをみせ始め、外部労働力への依存がかなりの比重を占めているようである。

1年目からうまくいく投資

このウインスの無錫進出とその後は、日本の中小企業が中国進出を考えるにあたって多くの示唆を与える。

まず、第1は、委託加工などの経験を踏まえ、合弁のパートナーを見出したなどの段階を踏んだ展開であることが注目される。さらに、ウインスの場合は、かつて台湾への進出経験もあり、海外展開のノウハウも蓄積されている。いわゆる中国へのワン・オンではなく、ツー・オンとして取り組まれているということである。

第2に、1年目からうまくいくことを念頭に置いている点である。日本の中小企業が中国に展開しようとする際、本体にまで重大な影響を与えるような大

きな投資をすべきではなく、小さな資金でどううまくやるかを考えている。ウインスの言い方では、10万ドル程度、合弁比率も最低の25％程度でよいとしている点も興味深い。「１年目でうまくいかなければ、２年目以降はない」としているのである。

　第３に、利潤の範囲で再投資し、事業を拡大していくという点も注目される。事実、操業４年目で、敷地内に新工場も増設するなど、現地で稼いだ分を再投資し、生産力を拡大していく方式をとっている。中国のビジネス・チャンスを深く感じながらも、一定の距離を置きながら実に慎重に対応している点は大いに注目されよう。

　なお、進出した1990年当時、上海を起点にして、日本の中小企業が進出できる北限が無錫だとの印象であったが、その後の長江下流域の大発展にも関わらず、ウインスの次の展開方向として、無錫の先ではなく、むしろ、上海に出るなどは興味深い。南京、杭州あたりの長江下流域の投資環境も大幅に改善されているが、現在事業は無錫で再投資により拡大し、むしろ、中心地である上海の高まりを視野に入れ、現在事業とは別のものへ視野を拡げているところは、中国展開の経験がもたらす微妙なカンということになろう。本体に悪影響をもたらさない範囲で慎重にコトにあたり、さらに、新たなビジネス・チャンスへの関心を高めているということであろう。このあたりは、独力で早い時期に無錫まで進出し、多方面にわたる経験を積み上げてきた一つの成果ということになろう。

（５）　基盤技術をめぐる日本企業との合弁（無錫東海鍛造）
　日本の基盤的技術分野は、その多くを中小企業に依存しているが、近年の若者の３K職種離れにより、日本国内で維持発展していくための条件をみつけにくい。すでにかなりの部分は転廃業に追い込まれ、日本は将来的に基盤的な技術に多くの問題を残しそうである。こうした状況の中で、基盤的技術の海外移管が取り沙汰されているが、いずれも初期投資が大きいなどの事情から、意外に事態は進展していない[5]。特に、３K職種の代表のようにいわれる「鍛造業」の海外進出は今のところほとんど例がない。

そうした中で、愛知県の型鍛造メーカーの東海鍛造の無錫への進出は興味深い。

村営企業との合弁

日中合弁の無錫東海鍛造有限公司は、当初の登録資本120万ドル、日本側51％、中国側49％の出資比率によって1991年1月10日に設立された。合弁会社の日本側は愛知県の東海鍛造、中国側は無錫市郊区の新聯村営の無錫模鍛廠である。

無錫模鍛廠は1986年に設立されているが、あくまでも村営の「鍛冶屋」であり、受注があれば仕事をする程度にしかすぎないものであった。ただし、従業員規模は1989年頃には187人を数えるなど、農村余剰労働力の滞留の場でもあった。したがって、技術レベル、管理レベル共に問題が多いとされていた。

他方、日本の東海鍛造は日本の鍛造業界の高齢化、若年労働力不足に悩み、将来的な意味での生産力の確保、技術力の維持発展のために、中国にその可能性を期待していく。早い時期から上海周辺を訪れ、無錫市政府の紹介で無錫模鍛廠にめぐり会うことになる。

当初の投資額の120万ドルは、中国側は土地、建物、設備で出資、東海鍛造

写真補Ⅲ—16　無錫東海鍛造の現場

側は約60万ドルを現金で出資した。そして、この現金で日本の機械設備（新品、中古品）を購入して設置した。その後、1993年には42万ドルの増資が行われ、1600トンプレスが導入されている。

合弁期間は25年、董事会は4人（日中2人ずつ）、董事長は日本側、副董事長は村の商工総公司の総経理が就任している。なお、中国側の所有者は、この商工総公司ということになる。

以上のように、この合弁事業は、現在のところ日本の鍛造専業企業のほとんど唯一の中国における合弁事業であり、また、村営企業との合弁という意味でも興味深いケースといえよう。

日本での研修

生産品目は自動車、二輪車、農機具、計器類、鉱山機械等の鍛圧部品であり、生産能力は5600トン／年、0.2kgから16kg程度までの各種部品をターゲットにしている。従業員数は146人（うち、女性10%）、うち技術者は3分の1である。

1993年の生産額は2100万元、利税230万元であり、従業員の平均の年収は6000元とされている。

ところで、鍛造には相応の熟練が必要とされる。そのため、日本での技術研修が主要なメニューとなる。これまで、日本の東海鍛造で8～10人が2年間の研修を受けている。こうした研修に関しては、日本側と中国側、また、中国側の中でも派遣元の組織と派遣される研修生との間などに相当の思惑の違いがあり、その成果を評価していくのは、今後になろう。ただし、この研修事業は、表向き日本の労働力不足を解消し、中国側の経営管理、技術力アップに貢献するものであったと評価されている。

基盤技術の進出の先駆け

合弁以前の無錫模鍛廠の時代には、炭鉱の柱などの生産が中心であったが、合弁後は自動車を中心にしてかなり幅の広いものになりつつある。例えば、このところ、日本の自動車メーカーの中国進出の兆しが明らかになってきたが、無錫に進出している日中合弁のホンダの下請（組立）が以前は日本から鍛造部

品を入れていたが、その一部を当方に請負わせ始めたなど、新たな関係が起こりつつある。

　おそらく、日本の自動車メーカーの進出は1990年代中頃以降、かなり活発になるものとみられるが、その過程の中で、部品の現地調達問題は、最大の課題になる可能性が強い。その場合、基盤技術に係わる日本の中小企業の進出が期待されることになるが、特に、初期投資負担の大きい鍛造、鋳造、メッキ等の進出がどのように進められるかは重大な課題となろう。

　そうした意味で、果敢に中国農村の村営企業との間に合弁事業を展開しているこの無錫東海鍛造有限公司のあり方は、今後、重要なケースとなっていくことは間違いない。

　以上のように、日本の中小企業の主要なパートナーとして郷鎮企業が登場しつつある。ただし、多くの場合、郷鎮企業の立地する地域は大都市の郊外であり、日本人の駐在がしっかりと管理を進めるのは容易ではない。多くの試行錯誤を重ねながら、一歩一歩前進していかなくてはならない。郷鎮企業が将来の中国産業の担い手になることは間違いなく、その発展の紆余曲折を共にしていくことは、日本の中小企業の将来にとっても大きな意味があるようにも思える。

　中国の改革、開放がスタートして、まだ15年、その間に中国の前近代性の象徴のようにいわれた郷鎮企業が、いまや主役として期待されている。ただし、「作れば、売れた」時代は過ぎ去り、大きな構造変化の時期に直面しつつある。そうした踊り場をどのような形で乗り越えていくのか、ここ数年が正念場ともいえそうである。

1) こうした郷鎮企業をめぐる新たな構造変化については、本書、補論Ⅳを参照されたい。
2) 無錫県の工業概要は、無錫県経済委員会・無錫県郷鎮企業管理局編『無錫県工業志』上海人民出版社、1990年、が有益である。
3) かつての郷鎮企業の具体的なイメージは、関満博『現代中国の地域産業と企業』新評論、1992年、を参照されたい。
4) 郷鎮企業の階層分解のより詳細な内容に関しては、財団法人横浜工業館『中国国

有企業と郷鎮企業の現在』1994年、を参照されたい。なお、この論稿は、関満博
　　『上海の産業発展と日本企業』新評論、1997年、に再録されている。
 5)　以上のような事情に関しては、関満博『フルセット型産業構造を超えて』中公新
　　書、1993年、同『中国開放政策と日本企業』新評論、1993年、を参照されたい。

【付記】本稿は、「新たなステージに向かう郷鎮企業——江蘇省無錫県の実態調査報告」
　　　として、関満博『中国長江下流域の発展戦略』新評論、1995年、補論Ⅱに所収
　　　したものを再録したものである。

補論Ⅳ　1990年代前半／蘇南モデル郷鎮企業の階層分解

　飛躍的な発展を示す中国経済の中でも、近年、郷鎮企業が世界的に脚光を浴びている。郷鎮企業による国有企業の吸収合併などが報道され、市場経済化の進む中国の「新たな星」とされている。この郷鎮企業の存立構造、中国経済における意義等は、多方面の議論を集めているが、その変化はあまりにも激しく、現在段階では、概念規定さえ十分に行うことができない。そして、一般的な論調では、計画制の象徴である国有企業との対比の中で、市場制の申し子とされる郷鎮企業の評価が一方的に高まるなどの構図となっている。
　だが、一本調子の発展を示してきた郷鎮企業も、1990年代に入り、大きな階層分解に直面している。驚異的な発展を続ける郷鎮企業が存在する反面、ここ2～3年全く仕事がなく、開店休業の郷鎮企業も少なくないなど、1980年代の中国を象徴した郷鎮企業は、初めての調整局面を迎えているように思える。
　筆者は1994年2～3月に、郷鎮企業が最も発展しているとされる江蘇省無錫市の郊外県と上海市の郊外県の現地企業50社ほどの調査を実施したが、その成果を踏まえながら、主として郷鎮企業の現在と課題を報告していきたい。

1．郷鎮企業の発展

　改革、開放以来、実に多方面にわたる事業形態が生まれている。「郷鎮企業」も、かつての「農民が農村で経営する企業」といった規定では現実を的確に反映するものではない。農村の個人企業から、郷鎮政府（郷とは農村地域、鎮とは農村の小規模な町を指している。いずれも人口2～3万人程度の規模である）、あるいは村政府所有の形態、さらに、北京シリコンバレーのハイテク企業の一部も、「郷鎮企業」として取り扱われている。
　そして、近年、郷鎮企業の比重は飛躍的に高まり、1992年の全国工業生産額

に占める郷鎮企業の比重は約30％に達した。中でも、郷鎮企業の発展をベースに中国最大の工業地域を形成している江蘇省では郷鎮企業生産額が全工業生産額の約52％を占めている。

特に、江蘇省の中でも、蘇州市、無錫市、常州市といった長江下流域の主要都市の発展ぶりは著しく、工業生産額の全国ランキングでも、1985年当時は上海、北京、天津、広州、武漢、瀋陽、蘇州、無錫、重慶、杭州の順であったが、1992年には上海、蘇州、北京、天津、無錫、広州、杭州、青島、常州、寧波の順になった。上海、北京、天津は中央直轄市であり、他の市とは規模が異なる。そうした意味では、蘇州、無錫、常州の健闘ぶりが注目される。そして、これら3都市の躍進は郷鎮企業の発展が基礎になっていることはいうまでもない。例えば、1992年の工業総生産額の中の郷鎮企業の比重は、蘇州64.2％、無錫71.6％、常州60.3％となっているのである。

2. 発展の第1ステージ

郷鎮企業の発展が注目され始めた1980年代中頃に、私は上海郊外の郷鎮企業調査を実施したことがあるが、当時、郷鎮政府関係者や経営者が一様に口にしていたのは、「郷鎮企業の最大の目的は、農村の余剰労働力に職場を与えることだ」というものであった[1]。

農村戸籍と都市戸籍

中国は12億の人口を抱え、厳しい人口管理を実施している。人口の80％は農村戸籍（農業人口）、20％が都市戸籍（非農業人口）とされ、農村戸籍の人びとは原則的には都市に移動することはできない。「離土不離郷」（農業を離れても、村を離れない）とされている。こうした人口管理は革命以後の食糧問題を背景にするといわれるが、他方で、発展途上国にありがちな大都市への人口集中を抑制する役割も果たしている。よく、マスコミで上海や広州への農民の流入が紹介されるが、この厳しい人口管理が悲劇的な状況まで至らない大きな歯止めとしても機能している。ただし、その結果、農村自体が大量の余剰労働力

を抱え込んでいるのである。

特に、1978年末からの経済改革以降、集団農業の解体、農業請負制の普及、さらに、農産物価格の引き上げ等を背景に、農業生産性が飛躍的に拡大し、特に、大都市周辺の農村が豊かになる反面、大量の余剰労働力を発生させた。

日用消費財生産への展開

他方、改革、開放以前の中国は周辺諸国地域との緊張関係を背景に、限られた資源を軍事工業、重化学工業に投入し、日用消費財生産を極端に制限していた。ただし、改革、開放以降、全般的な購買力が拡大し、日用消費財需要が飛躍的に高まっていく。

こうした事態に対し、人民公社時代の資産を受け継いだ郷鎮の政府が果敢に新規事業を興し、日用消費財等の生産に入っていく。その多くは低レベルの技術でも可能な農機具の修理や簡易な消費財の生産であり、大量の余剰労働力を組織していった。当時の農村地域には、「万元戸、億元郷」という言葉があったが、それは、改革が具体化し始めた1980年代中頃以降の農村地域の勢いを象徴するものでもあった。

ともかくも、1980年代中頃以降の農村地域では、全般的な消費財供給の未成熟という時代状況を受け止め、簡易な消費財生産に注目する郷鎮政府主導の郷鎮企業が大量に発生し、「作れば、何でも売れる」「郷鎮企業発展の第1ステージ」というべき時代を謳歌したのである。多くの農民は農地を営農意欲のある農家に預け、若干の地代を得ながら、夫婦で郷鎮企業に勤務し、賃金を獲得するという構図が形成された。特に、大都市の自由市場に農産物を提供できる程度の位置にある郊外は、換金作物の生産と郷鎮企業の発展によって豊かな農村を形成することに成功したのであった。ただし、こうした現象は上海を中心とする長江下流域などに顕著にみられたが、内陸の農村は依然として、そうしたサイクルに乗ることはできず、大きな格差を構造化していったのである。

3．新たな局面に立つ郷鎮企業

無錫県前州鎮西塘村

　無錫県前州鎮の行政村である西塘村。人口は2612人、604世帯から構成されている。「万元戸は何世帯あるか」との私の質問に、「各世帯の預金が10万元を超えており、利息だけで全世帯が1万元を超えている」というものであった。かつては、人口2～3万人の郷鎮のレベルで「億元郷」が目標であったのだが、この西塘村は1987年に村レベルで江蘇省最初の「億元村」になり、1993年の工業総生産額は7億元を超えている。

　村の道路等のインフラは整い、農業用水、電気は無料、学校は高校まで無料、医療費、理容費、映画鑑賞等も無料、女性55歳以上、男性60歳以上の村民は毎月50元の年金を受給など、福利厚生の充実ぶりは著しい。中国の農民は、最低の義務教育以外の社会的な福利厚生を享受できないとされる一般的な状況からすると、この西塘村の実態は際立っている。そして、こうした繁栄を導いたのは明らかに郷鎮企業の発展であった。

　1970年当時の西塘村は農業では食えない貧村であり、「三頼村」（食糧の先食い。救済資金に頼る。国から生産投資資金を借りる）といわれていた。そうした状況を打破するため、1969年に自転車1台と廃物のハンマーを買って農機具の修理を開始する。その後、1973年に蘇州の紡績機械工場から捺染機械の部品加工を受託するあたりから村営工業がスタートする。村人が必死になって働き、次第に信用を高めるに従い仕事が増え、特に1984年以降、改革、開放が進み、事業に弾みがつく。ただし、当時はやっと村に従業員200人規模の捺染機械部品工場が一つあったにすぎない。

　その後の発展は早く、現在では村の工場は26工場、外資との合弁企業も8件（毛織物、捺染加工、羊毛の脱脂加工、靴下の編立、アルミ製品、床材、スプリング、自転車の組立）を数えている。村の労働力人口は1500人だが、労働力不足が顕著になり、現在では内陸の農村から2000人ほどを導入している。長江下流域などの発展している地域には、内陸の農村との契約による労働力移動が

写真補Ⅳ—1　豊かな西塘村の村役場

みられるものになっている。そして、地元の余剰労働力に就業の場を提供するといわれた郷鎮企業も質的に大きく変化し、さらに、村間、郷鎮間での激しい競争意識が働いている。村の経営陣の関心も、「いかに省力化するか、コストダウンするか」に大きく傾斜しているのである。

無錫通菱電纜有限公司

無錫県雪浪鎮にある無錫通菱電纜有限公司の殷錫坤総経理（1950年生まれ）は、中学卒業後、農作業、村の会計係、トラクターの運転手、生産大隊の機械修理工などを経験してきた。1983年頃、地元の郵電局（郵便電話局）から手回し式電話機の組立を頼まれたが、部品としてのケーブルが欠乏していたことに着目、自らケーブルの生産に入っていく。そして、鎮政府が郵電局と銀行から借りた100万元を元手に農民約20人で1985年に事業をスタートさせた。当初から人材の育成に力を入れ、次々と従業員を上海の国有企業に派遣研修し、1986年には手工的レベルであったが初めて製品化に成功する。

その後、1991年以降は、国家が通信設備の増強を重点施策としたことから、当方も大型通信ケーブルの生産に踏み出すことを決意、1992年には新工場建設と日本からの設備導入に6000万元を投入する。その結果、1993年の生産額は前

写真補Ⅳ—2　無錫通菱電纜の監視室

年比4倍の1億6000万元に達し、従業員規模も500人に拡大した。現在では、華東地域（上海、江蘇など1市5省）では最大かつ最高レベルのケーブル工場となり、国有のケーブル工場を大きくリードしている。さらに、1994年には760万ドルを投入して日本から光ファイバー生産ラインを導入（設置中）、生産額規模も1994年は、前年の倍の3億元強を計画している。

　この間、1993年には、中国企業で香港に進出している中信公司と合弁、当有限公司の株式の55％（8000万元）を譲り、生産設備の投資に向けている。今後の目標としては、中国最大の通信ケーブル工場にすること、技術レベルを上げること、ケーブルだけでなく、通信設備そのものにまで入ることが計画されているのである。

　以上のように、長江下流域の発展する郷鎮企業においては、先に触れた「作れば売れる」という「第1ステージ」のレベルを超え、外国製の先端的な生産設備の導入、外国の資金導入といった段階に入り、停滞の著しい国有企業とは対照的に近代的な企業への変身を進めている。従業員構成も当初の農民から、近年は理工系大学卒の人材も数十人単位で加わるなど、農民による簡易な消費財生産と思われていた郷鎮企業も、大きく様変わりしている。まさに、長江下流域の発展する郷鎮企業は外国の先鋭的な設備を導入し、品質の高いものを生

産するという発展の「第2ステージ」に入り始めたということであろう。

4．要求水準の上昇と対応力の欠如

　以上のような急角度な発展をみせる郷鎮企業が登場している一方、「第1ステージ」から飛躍できないまま、むしろ、大きな停滞に追い込まれている郷鎮企業も少なくない。いわば、1990年代に入ってから、郷鎮企業をめぐる階層分解が顕著に進み、一部の発展する郷鎮企業と、大量の停滞する郷鎮企業という新たな分断の構図を際立たせている。

困難の中の郷鎮企業
　1994年3月に、私は上海の電子系の国有企業と郷鎮企業を30社ほど訪問する機会を得た。主として、通信、テレビ関連の企業であったが、あきらかに現在、大きな曲がり角に直面している。かつてのように「映ればよいテレビ」「聞こえればよい電話」ということではなく、消費者の要求水準は大幅に高まっている。こうした消費水準の上昇は、簡易な消費財を提供していた郷鎮企業に重大な影響を与えている。
　例えば、上海市金山県の県営企業である上海市金山儀表電器廠（従業員300人）は初歩的な電話の受発信器を生産していたが、現在では時代遅れになり、全く売れない。そのため、アメリカの商社からの受託加工で街路灯を生産して食いついないでいる。現場視察の際にも、就業時間中であるにも係わらず、各職場の従業員は雑談しているだけで、働いている人はほとんど1人もみえないという状況であった。
　また、金山県の松隠郷の郷営企業である金山松隠電器廠は電子部品の加工組立を行っていたが、現在は門番が数人いるだけで、この3年間全く仕事のない状況が続いている。
　現在、かなり多くの郷鎮企業が先の「第1ステージ」からの飛躍ができないまま困難の中にいる。「作れば何でも売れた」という状況は過去のものであり、それなりの技術と設備が必要とされている。そして、その突破口として、外資

写真補Ⅳ—3　郷鎮企業でのヒアリング

写真補Ⅳ—4　人影のない金山松隠電器廠

への期待は一段と大きくなっているのである。

国有企業の困難

　こうした事情は国有企業でも変わらない。もちろん、鉄鋼、石油化学、重機械産業等の巨大な投資を必要とする基幹的な部分は、依然として国有企業の独

写真補Ⅳ—5　上海無線電三〇廠のTVキャビネット成形

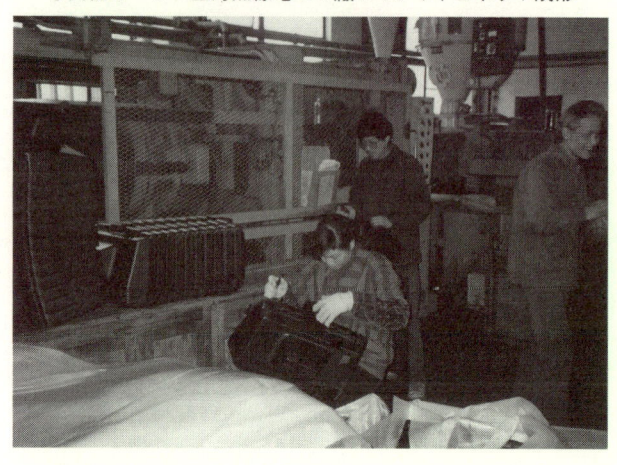

壇場である。ただし、国有企業が担ってきた部分にも郷鎮企業の波が押し寄せ、投資負担のそれほど大きくない領域では、かなり深刻な事態を迎えつつある。

　例えば、国有の上海無線電三〇廠（従業員400人）は、上海を代表するテレビ、ラジカセ、エアコン等の大物プラスチック射出成形企業である。設備も、東芝機械、日本製鋼所、三菱重工等の800トンから1600トンまでの大型機械7台、中小物用機械では新潟鉄工、日精樹脂等の機械設備が展開され、設備体制は一定のレベルに達している。

　ところが、近年の消費需要の活発化の中で、プラスチック成形の事業機会は大幅に拡大しているため、上海周辺の郷鎮企業の参入が著しく、コスト面での勝負にならず、著しい低迷感に苛まれている。生産額はピーク時の30％減となり、有能な人材は郷鎮企業や海外（シンガポール等）に流出している。

　郷鎮企業の場合は、住宅、年金、医療費等の社会福利負担が原則的に不要であるのに対し、国有企業の場合は、企業サイドが全てを負うのであり、コスト的な格差は構造的である。そのため、国有企業が生き残り発展していくためには、品質を上げるしかない。ただし、品質を上げるためには、相応の設備と技術が不可欠とされる。一応の設備が導入されているものの、技術者は流失し、企業内で技術を高めていく条件を失いつつある。

こうした事態は国有企業に広くみられ、例えば、上海を代表するプレス金型メーカーである上海儀表鋼模廠（従業員500人）は、世界レベルの工作機械、測定器類を備えているにも関わらず、コスト的に郷鎮企業に太刀打ちできず、困難を極めている。やはり有能な金型工は郷鎮企業やシンガポールに流失し、技術基盤の自己崩壊に直面しつつある。

　こうした企業は、企業自身の努力で回復していくことを諦め、従来事業にとらわれず、仕事があれば何でもやるといった気分になっている。事実、先の無線電三〇廠の場合は、余剰スペースと余剰人員を提供し、香港企業からの受託加工として磁気カードへの印刷などの事業に踏み出している。また、儀表鋼模廠の場合は、世界レベルの工作機械群を備えている部門だけを対象に香港が飛び地的な合弁を組み、実質的には、レベルの高い設備だけが外資に利用され、その他は放置されるなどの状況になっているのである。

写真補Ⅳ—6　上海塑料製品模具廠のソディック製放電加工機

外国の資金と技術への期待
　全般的に、現状の国有企業は自立的に技術レベルを高度化させていくことは難しく、外国の資金と技術への一方的な期待を抱いている場合が多い。国有、郷鎮に関わらず、1980年代の中国企業は簡易なレベルで生産したものでも「何でも売れた」。だが、1990年代に入って、消費者の要求が厳しいものになり、自前の低レベルの技術では対応できず、それを突破するものとして、異口同音に外国の資金と技術への期待を表明している。

そして、現実に最新鋭設備を入れることに成功した一部の郷鎮企業は飛躍的な発展を続け、他の郷鎮企業との際立った格差を形成している。さらに、国有企業においては、コスト構造上、郷鎮企業と太刀打ちできず、人材の流出なども進み、自己崩壊的な方向に向かいつつある。あらゆる意味で、中国企業は1980年代の「第1ステージ」から、1990年代は、世界の最新鋭設備の導入によるレベルの高い製品の生産という「第2ステージ」へと踏み込んでいるのである。

5．21世紀に向けた課題

　以上のように、1990年代に入ってから、一本調子で進んだ郷鎮企業の発展は、ユーザーサイドの要求水準の高度化という流れの中で、大きな階層分解を内包しているようにみえる。事実、世界レベルの生産設備を導入することに成功した郷鎮企業は、現在も飛躍的な発展をみせている。沈滞気味の日本から訪問すると、そうした郷鎮企業の経営者群の迫力に圧倒される。彼らはいずれも30歳代中頃から40歳代中頃であり、実に魅力的に明日を語る。そして、これらの発展軌道にある郷鎮企業の場合、外資との合弁合作に踏み出しているものの、過去10年間の「第1ステージ」の中で安易に利益を分配することなく、内部蓄積、果敢な再投資を実行し、企業としての体質を強化してきたところに共通する特色があるようにみえる。
　他方、「第1ステージ」からの脱出の契機を見出せていない多くの郷鎮企業は、ひたすら外資への期待を膨らませ、「何でもよいから、仕事が欲しい」といった状況である。この点は、郷鎮企業とのコスト競争に疲弊している国有企業にも共通的にみられる現象であり、現状を突破するものとしての外資への期待は大きい。

導入技術から自主技術へ
　恐らく、こうした状況からすると、外資の側も、国有、郷鎮に関わらず、意欲的な企業との交流を望み、中国企業内部での格差の構造はいっそう際立って

こよう。国有企業をはるかに凌ぐ郷鎮企業も登場している現在、中国企業をめぐる新たな階層構造が形成されていくことが予想される。先端的な技術で装備できるかどうかという「第2ステージ」が、当面の階層分解を加速することは間違いない。

　ただし、この「第2ステージ」は、必ずしも自主技術の蓄積につながっているわけではない。外国の先鋭的な設備を先に導入した企業が当面の「勝利者」というレベルであるようにみえる。問題は、その先の「第3ステージ」であり、導入技術をさらに高め、いかに独自化していくかであろう。中国の1980年代の発展の一つの象徴は「郷鎮企業の時代」であったが、1990年代の中国企業は、「外国技術の導入から消化への時代」ということになろう。振り返ると、日本は欧米からの導入技術を消化し、さらに独自的に高めることに成功してきた。中国企業が真に自己展開力を備える先鋭的な企業として高まっていくためには、導入技術を劣化させず、いかに高めうるかが課題とされよう。

低迷する企業群の将来

　また、「何でも売れた」という「第1ステージ」に安住していた郷鎮企業の多くは整理淘汰が不可避であろう。このまま消えるか、技術蓄積の期待を持てないまま、外国からの低付加価値製品の受託加工で食いつなぐか、あるいは、発展する企業群の下請けとして、加工技術を高める努力を重ねていくか等が予想される道筋となろう。

　また、発展する郷鎮企業とのコスト競争に苦しむ国有企業は、構造的な条件である社会福利負担を国家レベルで肩代わりする等の政策的な変更がない限り、自己崩壊していく懸念が大きい。有能な技能者が外国に逃避するなどの現象がみられ、これまで国有企業に凝縮されてきた中国の技術が崩壊するなどの懸念もある。このあたりの改革がスムーズに実行されないならば、多くの国有企業の将来は深刻なものとなろう。

　さらに、沿海と内陸の格差の問題にも、現在の郷鎮企業をめぐる構造条件変化は重大な問題を残しそうである。中国市場は巨大であり、消費の構造も階層化しているとはいうものの、郷鎮企業の育成によって新たな発展を願っている

内陸の各地域は、いっそうの困難に直面する懸念が大きい。「第１ステージ」を十分に経験しないうちに、中国全体が「第２ステージ」「第３ステージ」へと変化している。こうした事態をどのように受け止めていくのか、沿海と内陸の格差解消は一段と難しいものになっていくことは間違いない。

　以上のような課題は、1990年代に入り、明らかに中国経済が質的な高度化に向かうための産みの苦しみを象徴している。その壁を乗り越えていくために、経済を過熱化させて踏み潰していくのか、あるいは、別の手段を講じていくのか、まさに、1990年代の中盤にさしかかった現在は、中国の将来の技術体系、企業構造に重大な影響を及ぼす時期になりそうである。進出、協力を求められている日本企業としても、中国の自主技術の形成に寄与し、展開力に優れる企業が大量に登場していくことに最大の関心を振り向けていかなくてはならないのである。

1)　1980年代後半の郷鎮企業の具体的な事情については、関満博『現代中国の地域産業と企業』新評論、1992年、を参照されたい。

【付記】本稿は『エコノミスト』第3121号、1994年５月24日、に掲載したものに、若干の加筆修正を加えたものである。

補論Ⅴ　2000年前後／民営化に向かう無錫郷鎮企業
──「蘇南モデル郷鎮企業」の時代から「民営企業」の時代へ──

　上海の市の中心から130kmに位置する無錫市は歌謡曲の「無錫旅情」で著名だが、1999年現在、中国の都市別の工業総生産額でも第5位に位置する中国を代表する工業都市でもある。上位には直轄市の上海、北京、天津等の他に、蘇州、無錫、広州、杭州、寧波、深圳、大連、青島等が続いている。経済改革、対外開放が事実上開始され始めた1985年の頃は、上海、北京、天津、広州、武漢、瀋陽、蘇州、無錫、重慶、杭州の順であったことからすると、相当な様変わりといえる。かつての中国を代表していた重工業都市の武漢、瀋陽、重慶は20位前後に後退し、代わって外資導入の著しい深圳、大連、青島などの沿海の港湾都市、さらに、郷鎮企業が発展している蘇州、無錫などが大きく躍進している。

　無錫は、特に「蘇南モデル郷鎮企業[1]」の故郷として著名であり、1980年代から郷鎮企業を軸に際立った産業発展を経験、世界の地域産業開発研究上、注目すべき都市として知られてきた。この10年ほどはほぼ1年おきくらいに定点観測を重ねているが、2001年は一橋大学関研究室のゼミ合宿の場として取り上げ、その無錫が21世紀に踏み込み、どのように変わったかに着目、OB等を含めて約40人の大部隊で、無錫1週間、約20社の現地調査を実施した[2]。

1．郷鎮企業から民営企業へ

蘇南モデル郷鎮企業とは

　中国は厳しい戸籍制度の下で、人びとの移動は厳しく制限されている[3]。1978年末の改革、開放以後、相当に緩んできてはいるものの、戸籍のある場所以外のところには定住できない。特に、13億人に近い人口の約75％を占める農民（農業人口）は、故郷（戸籍のある所）から出ることは禁じられている。

表補V―1　省別の郷鎮企業の概要 (1999)

区分	企業数（件）				従業人員 （千人）	工業総生産額 （百万元）
	合計	集体企業	私営企業	個体企業		
全　国	20,708,863	940,752	2,075,764	17,692,347	127,041	659,669
北　京	102,448	13,428	2,530	86,490	960	6,250
天　津	112,497	10,629	13,228	88,640	1,140	10,044
河　北	974,061	27,256	84,333	852,472250	7,875	37,160
山　西	342,514	23,851	68,485	,178	3,172	18,260
内蒙古	866,174	12,525	36,431	817,218	3,853	22,460
遼　寧	995,218	20,874	33,667	940,677	4,385	19,568
吉　林	733,877	13,074	8,836	71,967	2,487	9,307
黒竜江	241,048	14,109	43,292	183,647	1,491	8,643
上　海	32,060	13,289	18,771	―	1,498	10,299
江　蘇	867,321	61,170	89,870	719,281	8,214	45,306
浙　江	1,030,856	55,632	131,543	843,681	8,137	62,922
安　徽	666,455	42,484	101,612	522,359	4,961	27,535
福　建	790,516	48,101	74,134	668,281	5,297	31,891
江　西	716,043	32,833	45,567	637,643	3,069	12,883
山　東	1,909,250	66,330	221,211	1,621,709	12,806	47,098
河　南	1,007,454	44,462	125,050	837,942	8,577	35,751
湖　北	954,150	103,796	100,218	750,136	6,574	37,846
湖　南	2,228,539	89,037	518,722	1,620,780	9,219	51,396
広　東	1,411,493	106,906	168,638	1,135,949	11,785	72,513
広　西	823,184	14,671	27,587	780,926	3,440	15,859
海　南	37,631	1,388	6,871	29,372	274	1,287
重　慶	108,890	12,676	17,626	78,588	1,440	7,057
四　川	1,307,148	40,185	54,234	1,212,729	5,863	22,390
貴　州	325,276	9,424	17,705	298,147	1,283	6,158
雲　南	570,915	9,846	9,057	552,012	2,354	16,400
西　蔵	1,023	760	85	178	18	―
陝　西	864,734	25,164	28,505	811,065	3,913	12,935
甘　粛	215,120	8,683	8,464	197,973	1,492	5,330
青　海	52,109	1,559	1,583	48,697	225	703
寧　夏	123,712	1,954	7,982	113,776	489	1,449
新　疆	297,147	4,656	12,657	279,834	749	3,116

資料：『中国郷鎮企業年鑑』2000年版

表補Ⅴ—2　直轄市、主要都市の工業企業数、工業総生産額（1999）

区分	人口（100万人）	工業企業数（件）	工業総生産額（100万元）
北京	1,249.90	5,225	⑧214,461
天津	910.17	5,298	④275,137
上海	1,313.12	9,205	①566,565
重慶	3,072.34	1,975	㉙139,206
哈爾濱（黒龍江省）	927.09	804	87,034
長春（吉林省）	691.23	583	85,999
瀋陽（遼寧省）	677.08	1,150	㉖152,356
済南（山東省）	557.63	1,064	98,178
南京（江蘇省）	537.44	1,834	㉕154,555
杭州（浙江省）	616.05	2,474	⑨202,846
広州（広東省）	685.00	4,441	③277,937
西安（陝西省）	674.50	770	90,643
成都（四川省）	1,003.56	1,293	⑳130,172
武漢（湖北省）	740.20	1,303	㉑127,766
大連（遼寧省）	545.31	937	⑩193,769
青島（山東省）	702.97	1,517	⑬168,224
寧波（浙江省）	538.41	2,498	⑥235,075
厦門（福建省）	128.99	810	69,854
深圳（広東省）	119.85	1,932	⑦214,649
蘇州（江蘇省）	576.23	3,002	②300,628
無錫（江蘇省）	433.40	2,702	⑤249,221
紹興（浙江省）	431.70	1,618	⑪185,653
仏山（広東省）	329.24	1,748	⑫181,365
温州（浙江省）	721.62	1,740	⑭155,495
台州（浙江省）	542.98	1,384	⑰150,849
烟台（山東省）	644.79	1,662	⑱145,065

注：1）北京から重慶は中央直轄市。哈爾濱から武漢までの10都市が省郡の中の10大中心都市、大連から深圳までの5都市が計画単列都市、蘇州から烟台は、1999年の工業総生産額で第20位以内の都市。
　　2）企業数は、国有企業と年販売額500万元以上の企業。
　　3）丸数字は1999年の工業総生産額順位。
資料：『中国城市統計年鑑』2000年版

1980年代初めには、かつての人民公社が郷鎮の政府に変わり、農業改革等が進む中で、農村に余剰労働力が堆積していった。他の発展途上国の場合は、そうした余剰労働力は大都市に移動するのが一般的だが、それが禁じられている中国の場合、地元に就業の場を作っていかざるをえない。特に、中国最大の消費市場である上海に近い無錫、蘇州といった蘇南地域では、簡易な日用消費財をターゲットに、かつての人民公社の資産をベースに、郷鎮の政府が果敢に新たな企業を起こしていった。このような郷鎮政府主導の郷鎮企業を「蘇南モデル郷鎮企業」と言う。特に、かつて重工業、軍事工業重点主義で来ていた中国は、改革・開放直後の1980年代はまだ「モノ不足の時代」であり、作れば売れる環境でもあった。

　そうした状況の中で、蘇南モデル郷鎮企業は飛躍的な発展を経験し、世界の開発経済学者の間で、農村工業化の典型として注目された。開発経済学の世界では、大都市のスラムの形成に悩む途上国にとって、農村工業化は最大の課題とされていたのである[4]。

　他の発展途上諸国では、経済発展が始まり、特に農村の土地所有制度の改革、灌漑の充実、農業機械、肥料、農薬の投入といった、いわゆる「緑の革命」が進むと農村に余剰労働力が発生し、そうした人びとが大都市に職を求めて移動していく。だが、大都市には十分な就業の場は無く、農村に帰れない人びとはスラムを形成する。こうした流れは、タイ、フィリピンなどのアジアの諸国で広く観察されており、その解消のためには、農村での就業機会の拡大、特に、農村工業化が不可欠とされている。

　「蘇南モデル郷鎮企業」は、こうした課題に対して、「農民は移動できない」という中国の特殊な制度的な条件の下で、農村工業化に新たな可能性を示したものとして注目されてきた。だが、1990年代に入り、中国の「モノ不足経済」が解消に向かい、低品質なモノは売れなくなる。1990年代初めには1980年代の「郷鎮企業の黄金時代」にしっかり資本蓄積した郷鎮企業と、カラオケルームの設置、ベンツなどの高級車を購入していたような企業との間に著しい「階層分解」が発生していく。実際、1990年代の初めの頃には、蘇南地域では最新鋭の機械設備を投入し破竹の勢いの郷鎮企業と、開店休業状態の郷鎮企業の際

写真補Ⅴ—1　錫山市私営科技工業園 (2001.8)

立った二極分化が観察されたものであった[5]。

　さらに、現在は第2回目の「階層分解」の時代であり、「自前の技術」を追い求めるか、そうでないかによって新たな「階層分解」が生じ始めている。現在の中国の農村工業は、発展のための「第3ステージ」というべき段階に踏み込んでいるといってよい。

　以上のような状況なのだが、それでも郷鎮企業の存在はこの20年の間に非常に大きなものになり、全国の工業総生産額の約60％、従業人員の約20％を抱えるものになっている。国有企業が深刻な状況に追い込まれている現在、郷鎮企業の果たす役割は大きい。

民営企業の時代

　かつては「蘇南モデル郷鎮企業は、中国農村の『希望の星』」「国有企業は硬直的だが、郷鎮企業は柔軟」などと言われていたものだが、昨今の蘇南地域の現場を訪れると、「蘇南モデル郷鎮企業は、温州モデル郷鎮企業に破れた」「蘇南モデル郷鎮企業は、第2の国有企業」などの言葉が聞こえてくる。

　「温州モデル郷鎮企業[6]」とは、浙江省南部に位置する温州周辺で特徴的に発展したものであり、農村の農民個人が起業し、発展していった。先の「蘇南

モデル郷鎮企業」に比べて、個人営業、私営企業的色合いが強い。

　要は、蘇南モデル郷鎮企業は郷鎮政府の影響が強く、全くの私営企業である温州モデル郷鎮企業に太刀打ちできないということであろう。現在では、中国の至る所で「私営企業、民営企業の時代」がとなえられている。「私営企業」は法律的に明文化された概念だが、「民営企業」とは、私営企業も含む非公有企業を総称する概念として定着しつつある。そうした不明確な概念が主流になるなど、中国の企業の概念は大きく変化しているといってよい。郷鎮企業改革の先進地である江蘇省南部の鎮江市あたりに行くと、1998年頃の春頃から「わが市には、すでに郷鎮企業はない。すべて民営企業である」などの発言が聞こえてくるのである[7]。

　私自身、『中国の郷鎮企業』という著作を作りたいと以前から準備しているのだが、なかなか実現出来ないままにいる。ひょっとすると、私が『中国の郷鎮企業』を著した頃には、中国国内で「郷鎮企業」と言う言葉は消え去っているかもしれない。それほど事態は急激に進行している。

2．股份合作制への移行

企業類型の大きな変化

　また、現場での劇的な変化を反映して、企業の類別の仕方が大きく変わってきた。かつては「経済類型」として、国有企業、集体企業（省営、市営、県営、郷鎮営、村営）、私営（個体も含む）、外商投資企業といった分類、あるいは「所属別」として、中央属、省属、市属、県属、郷鎮属、村属、個人などに分けられていた。これらの中から、私たちは郷鎮営、村営、そして私営（従業員7人までは個体と言う）の中の農村部分の企業を取り出して、広い意味での「郷鎮企業」として扱ってきた。

　だが、近年、企業改革がいっせいに開始され、統計上の扱いなども大きく変わってきた。例えば、表補Ⅴ－3によると、無錫の場合、「登記注冊類型」別という表現が中心になってきた。『無錫統計年鑑』の2000年版では、かつての「経済類型」「所属別」などの表示の統計は掲載されていない。

表補Ⅴ—3　無錫市工業の概要（1999）

区分	企業数（件）	工業総生産額（百万元）
登記注冊類型別	35,003	249,221
国有企業	207	21,794
集体企業	5,370	69,787
股份合作制	6,227	46,023
股份制企業	212	15,036
私営企業	11,431	47,354
聯営企業	100	1,502
個体経営	10,155	6,034
三資企業	1,028	40,461
その他企業	273	1,202
農村企業	32,217	185,780

資料：『無錫統計年鑑』2000年版。

　この新たな「登記注冊類型」別によると、欄外に「農村企業」という表示は残っているが、メインは「国有企業」「集体企業」「股份合作制企業」「股份制企業」「私営企業」「個体企業」「三資企業」等となっている。従来のように、郷営企業、鎮営企業、村営企業を取り出すことできない。郷営、鎮営、村営の郷鎮企業からなる「蘇南モデル郷鎮企業」の分析は統計的には難しいものになりつつある。例えば、表補Ⅴ—3から郷鎮企業を取り出そうとすると、国有企業、三資企業以外のところのいずれにも含まれている。「農村企業」は郷鎮企業全体を表しているようだが、個体、市営、村営、郷鎮営のいずれかはわからない。

　むしろ、新たな分類で注目すべきは「股份合作制企業」の存在である。世間一般には「国有企業」改革が注目され、その民営化、股份（株式）制への移行が取り沙汰されている。それはもちろん中国経済にとっての最大の課題の一つだが、もう一つ、郷鎮企業等の集体企業の改革にも注目しておかねばならない。「蘇南モデル郷鎮企業」も国有企業と同様に民営化、股份制への移行を求められているのである。

股份合作制とは何か

　「蘇南モデル郷鎮企業」の場合の股份制移行の際の困難は、「集体資産」の取

り扱いにある。国有企業の場合は「資産」は全て国有であり、それを適切に評価して股份（株式）に置き直し、その処理をどうするかということになる。だが、「蘇南モデル郷鎮企業」のような「集体企業」の場合、資産評価はできても、その帰属先を決めることは容易ではない。要は、関係者のほとんど全員のものなのである。

　当然、工場建屋を提供した郷鎮の政府にも所有権はありそうである。その建物の提供の仕方は、出資か、賃貸か、無償提供かは全く分からないのが実態である。また、創業当時、何人かが鋸、ハンマー等（現物出資なのか？）を持ち込んだとして、数千人の規模になっている郷鎮企業の所有が彼らだけのもとは言いにくい。その企業が規模拡大するにあたって、多くの従業員が貢献している。彼らには所有権はないのか。こうしたやっかいな問題が残っている。これらは西側の株式会社制度の常識では推し量れない。

　このような問題に直面している現場では、当面、以下のような対応を進めている。

　しかるべき機関に評価させた資産を股份化し、例えば、郷鎮の政府の貢献は数十％、初期のメンバーの貢献も数十％と関係者の合意で一定の部分の所有は確定する。そして、残りの数十％に関しては、誰のものとも確定できないとして「集体資産」としておく。そのうち、時間が経過し、関係者の合意が形成されるまで誰の所有か「棚上げ」しておくのである。いわば「股份合作制」とは「股份制」への移行の経過的処置ということができる。しばらく手をつけないのである。

　このように、中国全体が企業改革を進めており、特に国有企業の民営化、股份化は相当程度進んできたが、郷鎮企業に関しては、その所有について「集体資産」という独特なものに留め置き、新たな合意のできるまで時間をかけていくことになる。「蘇南モデル郷鎮企業」の所有をめぐっては、特定の個人が買い取るなどによって一気に股份制に移管されている部分もあるが、多くは「股份合作制」によって解決を次の時代に委ねている。これが、中国式の対応の仕方ということになろう。

3．ベンチャー企業と外資企業

ベンチャー企業の叢生

　無錫は地域開発問題の世界の研究者の注目するところであることから、私自身も10年ほど前からほぼ毎年、定期的に定点観測に赴いている。今回の現地調査では、8年ぶりに訪問した郷鎮企業が3企業ほど含まれていたが、訪問し、応接室に入ってしばらく説明を聞くまで、それとは気がつかないケースもあった。民営化し、名前も変わり、内容もそれほどドラスティックに変化していた。

　ある自動倉庫、搬送機械のメーカー（天奇物流）に行ったところ、話を聞いていてしばらくしてから、8年前に訪問した企業とようやく気がついた。場所や名前も変わり、製品も当時の幼稚なベルトコンベアから劇的に変化していた。中国内陸の有名工学系大学の卒業生という27歳の幹部が説明してくれたが、彼は求人票で検索して、この会社の将来性を感じて就職した。5年後には証券市場に上場し、自分も4～5千万円ほどの資金を手に入れ、独立創業するなどと語っていた。他方、周りで聞いていた当方の学生たちはただ呆然とするのみであった。

　また、アメリカの半導体関連企業の100％出資という出来立てのベンチャー企業（美新）を訪問したが、数十人の若い従業員は地元の有力企業や研究所を辞めて、駆け参じていた。「賃金はいかほどか」と言う質問に対し、「ここはシリコンバレーと同じ、当面の賃金など問題にしていない」との声を聞いて、また、私

写真補Ⅴ—2　天奇物流の若手幹部

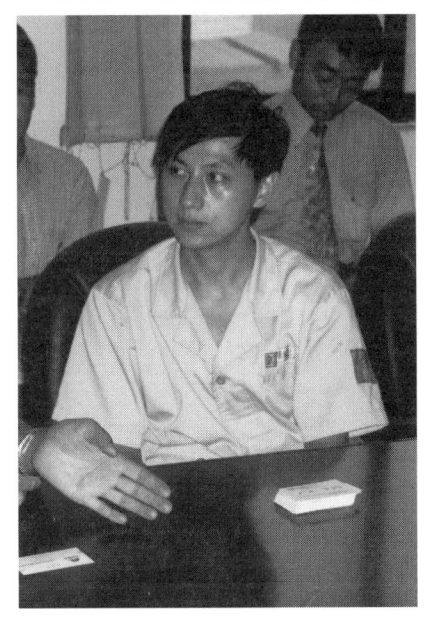

写真V—3　美新の若手技術者たち

の学生たちは声も出なかった[8]。

投資環境の劇的な改善

　さらに、昨今、中国の華南地区がOA機器の世界最大の供給地になってきたが[9]、上海郊外の蘇州から無錫にかけての地域は、半導体関連の有力企業が進出し始めていることでも注目される。元々、無錫には中国最大の半導体工場である華晶電子が立地し、中国の半導体関連部門の研究所も集積している。ここに、昨今は光寶集団などの台湾の有力半導体工場が一気に進出してきている。今後、このエリアが世界最大の半導体産業の拠点となることが予想され、地域全体が華やかな雰囲気になってきた。日系の半導体企業としては、前工程に従事するのは浦東新区に進出しているNECのみだが、東芝、富士通は後工程で蘇南地区に進出済である。

　高速道路は縦横に開通し、新設の上海浦東国際空港から160kmほどの無錫まで2時間ほどでスッキリ入ることができる。無錫に降りるインターチェンジ付近にはドイツのMETRO、OBIといった巨大スーパーマーケットが軒を連ね、ゴルフ場、高級ホテルも一気に増加している。「無錫旅情」はどこのことかと思えるほどの変化である。

写真補V―4　無錫インターチェンジ周辺のMETRO

　また、無錫合宿の期間中、学生の1人が腹痛を起こし、入院騒ぎになったが、外国人向けの病棟は高級ホテル並みの施設であり、日本語の分かる看護婦から適切な注射と点滴を受け、彼は何事も無かったかのように、翌日にはケロッとヒアリング調査に参加していた。数年前は、上海でも病院は満足できるものではなかったのだが、環境は一気に改善されているのであった。こうした点は外国企業にとっては重要な投資環境となろう。数年前とは事情は全く違う。

4．今後の無錫との付き合い方

「友好」から新たな「経済協力」へ
　また、今回の合宿調査に関しては、無錫市と姉妹都市の関係にある神奈川県相模原市に全面的に協力をいただいたが、無錫のサイドからは、これまでの「友好関係」から、新たな「経済協力」の関係に踏み込みたいとの意向が深く読み取れた。空洞化に悩む相模原市としても、これをチャンスと受け止められるかどうかが問われているように思えた。
　おそらく、今後の都市間の交流の中で、従来の青少年や芸術、スポーツの交流から、さらに一歩進んで「経済交流」が現実的な課題になりつつある[10]。そ

の場合、一般的な日本側の意識では、「安くて豊富な労働力」を求める日本企業の中国進出や技術移転が課題と受け止める向きが多そうだが、事態はさらに進んで、先端技術での交流、中国ベンチャー企業の日本進出などもすでに具体性を帯びつつある。実際、大阪には中国の繊維系の企業が少なくとも100社以上、販売拠点、情報収集拠点を形成している。また、家電、コンピュータ系の企業は東京や神戸に販売、開発拠点を形成し始めている。21世紀の日中間の経済交流は双方向のものになろうとしている。

日本をはじめとする先進国では、2000年末から一気に半導体不況に突入している気配だが、中国はやや異質であり、依然として新たな可能性に向けて挑戦している雰囲気が濃厚である。特に、2001年9月のアメリカの同時多発テロ事件以降、駐在している日本人の方々からは「現在、中国が世界で一番安全」の声も聞こえてくる。

無錫の帰りに、いつものように上海浦東新区の定点観測に出掛けたが、2年前までは一面の野原であった張江ハイテク区には、いつの間にか、巨大な上海ソフト園、スーパーコンピュータ計算センター、復旦大学の研究センター等が開設され、さらに、新たな施設が一気に立ち上がりつつあった。中国の上海から蘇州、無錫といった「大上海」エリアは、じわじわとその実力を蓄えているのであった[11]。

無錫市の発展と行政区画の調整

ただ、無錫の郷鎮企業研究を深く意識している私にとって、今後悩まされそうな事態が生じている。というのは、無錫市の場合、従来、その下級の県クラスの政府は無錫市区、江陰市、宜興市、錫山市（旧無錫県）の四つによって構成されていた。特に、これらの県クラスの市・区の中でも、郷鎮企業研究の最大のポイントは錫山市であった。世界の研究者はこの錫山市を焦点にしのぎを削ってきた。

錫山市は1993年の頃までは「無錫県」と称していた。そして、無錫県は中国全土の県クラスの中で工業総生産額等が突出していた。それは、当然、郷鎮企業の大発展によるものであった。また、中国の場合、県クラスの地域が一定程

図補V―1　中国の行政組織

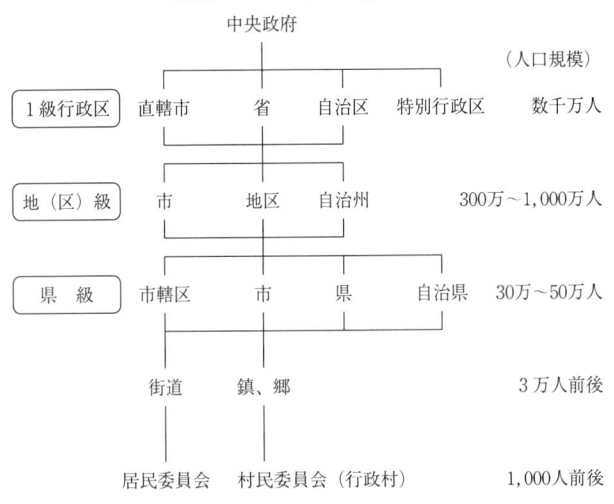

```
                        中央政府
                           │
                                               （人口規模）
┌─────┐   ┌────┬────┬────┬────┐
│1級行政区│   直轄市  省  自治区  特別行政区    数千万人
└─────┘        │    │    │
               └────┼────┘
                    │
┌─────┐    ┌────┼────┐
│地（区）級│    市   地区   自治州           300万〜1,000万人
└─────┘    └────┼────┘
                    │
┌─────┐    ┌────┼────┬────┐
│ 県  級 │   市轄区   市    県   自治県     30万〜50万人
└─────┘      │         │
              │         │
            街道      鎮、郷                   3万人前後
              │         │
           居民委員会　村民委員会（行政村）    1,000人前後
```

　度発展すると「県クラスの市」に昇格する。先の江陰市、宜興市などはそうしたケースである。無錫県の場合は、県クラスでも全国で最も発展していたのだが、名称上の問題から、無錫県から無錫市へというわけにもいかず、長い間にわたって「無錫県」を名乗っていた。

　その後、1993年の頃に「県クラスの市」に移行することになり、「錫州市」の名称で国務院に申請したのだが、周辺に無錫市と同格の蘇州市、常州市、揚州市、杭州市等の「州」のつく上級の市があることから却下され、幾多の調整を経て「錫山市」となった経緯がある。周辺には蕭山市（杭州市内）、昆山市（蘇州市内）などの県クラスの有力都市があることも興味深い。

　そして数年が経過し、2001年夏、錫山市を訪問してみたら、錫山市は解体され、かつての無錫市区との一体化の中で、新たに濱湖区、錫山区、恵山区、新区の四つに分割されていた。分割された地図を眺めながら、私は、統計的な継続性をどのように取ったらよいのかを思案させられている。

　現在の無錫市は、その下部に四つの市轄区と二つの県クラスの市を抱えている。中国地域産業問題などに踏み込んでいると、時々、こうした調整に直面し、

おおいに悩まされることになる。私達のような研究者の都合より、実際の発展に伴う政治、経済、社会上の調整が重視されていくことは言うまでもない。

1) 蘇南モデル郷鎮企業の具体的なケースは、関満博『現代中国の地域産業と企業』新評論、1992年、同『中国長江下流域の発展戦略』新評論、1995年、同『上海の産業発展と日本企業』新評論、1997年、を参照されたい。
2) この調査結果は、一橋大学関満博研究室『中国無錫市における産業発展戦略』2002年、を参照されたい。
3) 戸籍制度の問題は、前田比呂子「中華人民共和国における『戸口』管理制度と人口移動」(『アジア経済』第34巻第2号、1993年)、同「中国における戸籍移転政策」(『アジア経済』第37巻第5号、1996年)、が有益である。
4) 発展途上国の農村工業化問題に関連しては、日本の長野県坂城町も農村機械工業化の珍しいケースとして注目されている。この坂城に関しては、関満博・一言憲之編『地方産業振興と企業家精神』新評論、1996年、を参照されたい。
5) この点は、関、前掲『中国長江下流域の発展戦略』を参照されたい。
6) 温州モデル郷鎮企業の場合は、農民個人経営という点が強調されがちだが、それに加え、専業卸売市場がセットになっている点を注目すべきである。この点に関しては、関満博『中国市場経済化と地域産業』新評論、1996年、同『現代中国の民営中小企業』新評論、2006年、を参照されたい。
7) 2000年2月、錫山市政府経済研究中心沈雲福主任の発言。なお、蘇南地区の近年の企業改革に関しては、沈雲福『昇軍突起随行録 郷鎮工業発源地探源現流』蘇州大学出版社、1999年、が有益である。
8) これらのケースは、一橋大学関満博研究室、前掲書を参照されたい。
9) 華南地区の近年の事情は、関満博『世界の工場／中国華南と日本企業』新評論、2002年、を参照されたい。
10) 最近、このような自治体間の経済交流が盛んに推進されている。この問題に関しては、「特集：地域産業振興と海外交流」(『地域開発』第454号、2002年7月)を参照されたい。
11) 上海浦東新区の状況は、関、前掲『上海の産業発展と日本企業』を参照されたい。

【付記】本稿は、太田進一編『企業と政策』ミネルヴァ書房、2002年、に所収の関満博「中国無錫市の郷鎮企業の現在」を再録したものである。

補論Ⅵ　2004年／江蘇省の工業発展と日本企業

　「2004年江蘇省投資セミナー・商談会」の開催、まことにおめでとうございます。また、このようなお話をする機会をいただき有り難うございました。振り返ってみますと、私は1987年以来、中国の製造業の「現場」の研究を重ねてまいりましたが、江蘇省への訪問は、1993年夏の日中経済協会による「江蘇省投資環境調査」が初めてでした。南京、常州、無錫、蘇州を訪問したことを覚えています。その後は、特に、蘇州、無錫、鎮江、南京、南通には度々訪れています。

　1995年には、当時の江蘇省を焦点にした『中国長江下流域の発展戦略』（新評論）なる350ページほどの大著を公刊したこともあります。それは江蘇省の劇的な発展により、すでに時代遅れになってしまいましたが、江蘇省の1990年代中頃の「同時代の証言」として歴史に残ることを願っています。

　また、その後は、1998年に無錫の調査、2000年には鎮江の調査、2001年夏には、無錫で総勢40人にも及ぶ私の大学の１週間のゼミナール合宿を受け入れていただきました。また、最近は蘇州の幾つかの開発区を訪問し、特に、台湾企業の進出を追跡しています。この台湾企業の江蘇省進出に関しては、今年の末までに大きな本にして出版する計画です。そのために、この６月末から７月初めにも蘇州を訪問します。

江蘇省をめぐる急速な動き

　私は、この18年をかけて、中国の東西南北の各地の研究を重ねてきました。日本企業は当初、輸出組立拠点として北の大連に関心を抱き、1990年前後から大量に大連に進出しました。その後、やはり輸出拠点として南の広東省の珠江デルタにも大量に進出しました。

　日本企業の華東地区への進出はやや遅く、鄧小平氏の1992年春の「南巡講

話」以降となり、特に、97年のアジア経済危機以降、急速に高まってきたと受け止められます。上海から江蘇省、浙江省にかけての華東地区は、「世界の工場」「世界の市場」になってきた中国全体を見渡す最適の位置にあり、世界への輸出拠点として、さらに、中国国内市場への戦略ポイントとして、その優位性は計り知れないものになってまいりました。

　この間、高速道路網の整備、鉄道の高速化が進み、このエリアの魅力は一段と高まってまいりました。私は上海からはクルマで無錫や南京に訪れることが多いのですが、先日、列車に乗り驚きました。10年前のイメージで、上海から相当、時間がかかるものと高をくくっていたのですが、半分ほどで到着し、慌てて荷物をまとめて降りました。

　また、高速道路網の整備は急ピッチであり、このエリアの経済的な高まりを痛感させられた次第でした。さらに、各地の経済開発区の整備ぶりは驚嘆に値するものであり、年々、充実の度合いを高めています。ハイテク区には日本の有力企業が立ち並び、さらに世界の有力企業が進出しています。

　今回のセミナーには、南京、揚州、泰州、常州、無錫、南通、鎮江、蘇州といった長江沿いの都市と、江蘇省の北部を形成する連雲港、徐州という10都市が参加されています。残念ながら、私は連雲港と徐州という北部には足を踏み入れていません。それでも、以前に南京でこの二つの都市の方とかなり深く情報交換をしたことがありました。全中国、さらに、中央アジアからヨーロッパまでをみていく場合の拠点性に優れていることがよくわかりました。

　今日は、これらを踏まえて、江蘇省の興味深い点をいくつか紹介していきたいと思います。

ダイナミックに展開する江蘇省のローカル企業

　学生たちと無錫の「天奇物流」という会社を訪れた時でした。27歳という若い幹部が丁寧に説明してくれました。自動倉庫などの生産をしている洒落た企業でした。企業の成り立ちなどの説明を受けているうちに、10年ほど前に訪れた郷鎮企業であることに気がつきました。企業名も雰囲気も全く変わっていました。10年前はベルトコンベア用のローラーを作っている小さな会社でしたが、

現在は、江蘇省のこの10年を象徴するかのように近代的かつ魅力的な企業に劇的に変わっていたのです。

また、その27歳の幹部の履歴を尋ねると、内陸の工科系大学を卒業し、インターネットでこの会社のことを知り、将来性を感じて就職したと語っていました。「将来はどうするのか」という私の問いに、彼は「この会社はしばらくしたら上場する。保有する会社の株の価値は膨大なものになる。それで自分で事業を始めたい」と語るのでした。周りで聞いていた私の学生たちは声も出ませんでした。中国の若者たちは、そうした希望を抱き、江蘇省に向かって来ているのでした。

台湾企業の見る江蘇省

最近の蘇州周辺を一言で言うと、「世界のIT産業基地」ということになりそうです。私は、今年、すでに2度ほど蘇州を訪れ、特に台湾系企業の動向を研究しています。ノートパソコンに関しては、この周辺が世界の供給基地になりつつあります。どこの開発区を訪れても、対応は非常に敏感で、驚くことに、休日に不意に訪れても満足のいく対応をしてもらえます。江蘇省以外では、こうした経験はありません。

私は現在、日本の企業に「蘇州の台湾系企業を見たほうがよいですよ」と指摘しています。台湾企業のスピードは速く、私は日本企業の5年ぐらい先を行っているのではないかと思ってみています。

3月に蘇州を訪れ、台商協会の幹部と意見交換をしました。あれだけの大投資をしている台湾勢が「われわれの事業は、あと2年。ローカル企業に勝てなくなる」と言っているのです。日本企業はそうした認識を抱いていません。中国ローカル企業の成長ぶりは驚異的であり、経営者は30歳代前半が目立ちます。そうした認識を得るためにも、蘇州、無錫などの江蘇省に足を運ぶことが必要です。また、そうしたエネルギーの渦の中に身を置かない限り、日本企業も大きく変われないのではないでしょうか。

その台商協会の幹部に「今後、どうしていくのか」と尋ねると、彼は「中国企業になるしかない」と答えてきました。この意味するところを日本企業は認

識しているのでしょうか。明らかに5年遅れるでしょう。江蘇省とは、そうした世界の「先鋭的な場所」なのです。

江蘇省は日本の「鏡」

　3年ぐらい前でしょうか、世界的なメガネフレーム産地である鎮江の調査に入りました。駅前のメガネ市場には地元製だけではなく、世界の製品が所狭しと並んでいました。日本の福井県鯖江がやられたのはここか、と思いました。その市場を焦点に周辺の地域は壮大な産地を形成してました。

　その際、ある有力なメガネフレーム・メーカーを訪れました。数千人の規模であり、ショールームには、大量の製品が展示されていました。何気なく、目を上げると壁に興味深い標語が貼ってありました。おそらく、ものづくり企業としての「目標」を掲げているのでしょう。三つの言葉が掲示されていました。その企業の目指すところです。第1に「ドイツの品質」、第2に「中国の価格」。そして第3は何でしょう。

　「日本のサービス」とありました。おそらく、世界から見ての日本の製造業の最大の特質は「サービス」にあるのでしょう。このことを最近の私たちは忘れてしまっていたのではないでしょうか。「サービス」という言葉は非常に広い意味をもっています。今一度、原点に立ち戻り、「日本のサービス」をさらに深めていく必要がありそうです。日本が世界と闘えるのは、この点しかないのかもしれません。江蘇省の「現場」はそうしたことを痛感させてくれる「日本の鏡」なのです。

バランスのとれた産業集積

　私の江蘇省との付き合いは、当初、郷鎮企業から入り、意外な国有企業の厚みに驚き、そして、この数年の日本企業の進出に注目し、さらに、現在は進出台湾企業に焦点を合わせています。すでに、郷鎮企業の民営化が劇的に進み、国有企業改革も進み、環境のよい開発区に日本企業や台湾企業、さらに欧米企業が大量に進出するという構図になっています。現在の中国の産業界を構成する、私営企業、民営化された国有企業、そして外資系企業が、バランス良く深

図補Ⅵ—1　技術集積の三角形モデル

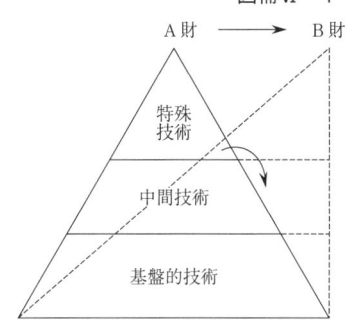

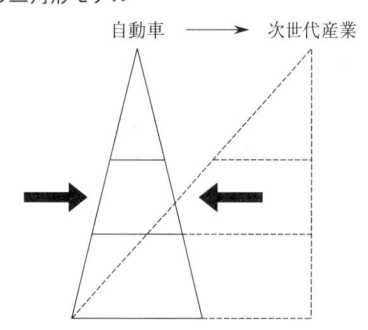

A財 → B財　　　　自動車 → 次世代産業

（特殊技術／中間技術／基盤的技術）

く重なっているのです。

また、業種的にも、伝統の繊維から、オートバイ産業、電気・電子産業、半導体関連に至るまで、さらに、自動車部品産業も目立つようになってきました。江蘇省は中国を代表するバランスのとれた工業集積地なのです。

技術集積の「三角形」

一つの地域が豊かな工業発展をしていくためには、幾つかの条件が必要とされます。一つが、開発力、営業力を身につけたリーダー的企業が必要であり、また、それを支える広大な基礎技術集団が必要です。これを豊かな企業集積、産業集積と言います。第2に、リーダー的企業においても、基礎技術集団においても激しい「企業家精神」を胸に抱いた人材が必要であり、そして、第3に、地域産業の方向を明示する明確なビジョンと指導力が必要だと思います。

江蘇省の産業集積を図示すれば、伝統的な基礎産業の存在と学術研究の奥行きの深さ、郷鎮企業の中から洒落た民営企業が登場、さらに、外資企業の大量参入による新産業の成立、全国からの若い優秀な人材の参集などが、図の上の部分を占め始めました。

また、従来、中国では欠落していた「中間技術」の領域においては、外資企業の参入による刺激が大きく、民営企業、民営化された国有企業においても、劇的に充実し始めました。特に、無錫では郷鎮企業から民営企業への転換の中で、こうした「中間技術」への認識が高まったように思われます。

さらに、「基盤的技術」の部門は、国有企業に形成されていた良質な部分が、民営化により新たな命を吹き込まれているようです。
　日本はかつての見事な富士山型の技術集積を次第に脆弱化させていますが、中国、特に無錫は着実に先の「三角形」を充実させる方向に向かっているのです。それも急速に始まりました。

優れた企業家精神、エネルギー

　第2の「企業家精神」に関しては、江蘇省は1980年代の郷鎮企業の「黄金時代」と1990年代の「階層分解と民営化」を経験したことが興味深い展開を促しています。そのため、江蘇省には事業を興すことが当たり前の雰囲気が醸成されました。若い人材が意欲的に事業に取り組む姿勢が形成されています。地域の産業化にとって、それは最も大事なことなのです。この点は、江蘇省は中国の中で最も条件が整っているのではないかと思います。
　そして第3番目の政府の取り組みですが、この華東地区は、上海、江蘇省、浙江省等、強力な競争相手が存在し、しのぎを削っています。また、都市間の激しい競争も興味深いものです。むしろ、私には、そのことがプラスに働いているように思えます。近くに強力なライバルのいることが、江蘇省の人びとのエネルギーになっているのではないでしょうか。
　数年前、私が鎮江の調査に入った時、南通の方がその情報をどこかで仕入れ、上海空港に数人で待ち構えていました。ぜひ、南通にも寄ってくれというとでした。1週間ほどの日程であり、余裕がなく日曜日ぐらいしかないと言い置いて鎮江に向かったのですが、ホテルにチェックインすると、何と隣の部屋にはさきほどの南通の人が待っていました。土曜の夕方には用意されたクルマで、南通に入り、翌日曜日は幹部の方たちに開発区、港湾等を丁寧に案内されました。その行動力には驚きました。それが、現在の江蘇省の発展を基礎づけていると認識しています。

紹介できなかった都市

　蘇州、無錫、鎮江、南通は具体的な事例でお話しましたが、それ以外との都

市の魅力を簡単に紹介します。

　南京は紹介するまでもなく、江蘇省の省都であり風格が違います。1993年頃から何度も訪れていますが、緑の多い都市として、日本人には居心地の良い都市です。また、急速に都市インフラが整備されてまいりました。

　この南京で、1993年に大きな印象を得ることがありました。南京といえば、戦時中のトゲが日本人の心にも深く突き刺さっています。親しくなった政府の方にその問題を聞きますと、「あの頃の日本人と今の日本人は違います。そして、あの頃の中国人と今の中国人は違います」という返事をもらいました。その懐の深さに感動した次第です。

　常州はしばらく訪れていませんが、水の都であり、蘇南の良さを痛感させられる都市との印象です。ゆったりとした落ち着きのある町として、日本人好みの都市ではないでしょうか。蘇州、無錫の次に日本企業が向かう都市として注目されます。

　揚州、泰州も、残念ながら私は足を踏み入れたことはありません。ただし、友人の企業が進出しており、とても良い所だとの報告を受けています。蘇州、無錫から南京といった長江の南側と、南通、泰州、揚州という北側とは、現在ではほぼ同じ条件になりつつあります。おそらく蘇南のこのエリア全体が、いま「飛躍の時」を迎えているのではないかと思います。近いうちにぜひ、訪れてみたいと思っています。

　地図でいつも眺めながら、まだ、一度も足を踏み入れていない連雲港と徐州。より大きなスケールで見た場合、その戦略性は際立っていることが分かります。連雲港は優れた港湾を擁し、ロッテルダムまでの「アジア～ユーラシア・ランドブリッジ」の起点になる都市として注目されます。ここからロッテルダムまでの鉄道が連結し、ロシアを通るシベリア鉄道よりも、およそ3000km短いとされています。中央アジアからヨーロッパまでを視野に入れる企業にとって、その優位性は計り知れません。

　徐州も、私にとっては早めに足を踏み入れたい都市です。何千年も前から徐州は中国全体を見る場合の戦略拠点として注目されてきました。今後、北京～上海の高速鉄道ができれば、この徐州の戦略性は一段と高まることが予想され

ます。また、いつも注目してみているのですが、徐州には優れた建設機械メーカーがあります。おそらく、それを中心に機械工業の基礎的部分が相当に充実しているのではないかと思っています。中国の内側に関心のある企業にとって、徐州は興味深いものをみせてくれるのではないかと期待しています。

次への展開

　私は中国、日本に限らず、東アジア地域のいろいろな場所で仕事をしています。私の仕事は研究と指導ということでありますが、「楽しくやれる」ことが一番と思っています。その楽しさを感じさせる最大のポイントは、地元の「人びととのプラス指向の交流」であり、仕事をしながら「希望」を抱けるかどうかです。私の江蘇省との10年は、そうした思いを抱かさせてくれるものでした。日本の多くの方々がそうした「楽しさ」と「希望」を感じられることを期待します。多様性に満ちた江蘇省とは、そうしたところなのです。

【付記】本稿は、2004年5月21日、東京千代田区のホテルニューオータニで開催された「江蘇省投資セミナー」における関の基調講演をまとめたものである。

補論Ⅶ　2005年／無錫メッキ工業団地の展開
――長江デルタのハイテク産業を支える――

　2005年3月末、中国の長江デルタの中心の一つである無錫を訪問した。無錫といえば歌謡曲の「無錫旅情」で知られている観光都市である。だが、私たちのような産業、企業問題に従事している身からすると、無錫は中国の都市の中でも最も注目すべき都市でもある。中国の都市別工業生産額でみると、無錫は1990年頃から飛躍的に発展し、現在では上海、広州、蘇州に次ぐ第4位の位置にある。むしろ、急速に発展したことから、環境問題に懸念が生じ、ここに来て無錫は積極的に取り組み始めていることも興味深い。

　また、無錫はかつて「中国農村の希望の星」とまで言われた「郷鎮企業の故郷」であったのだが、現在では外資企業、特に日本企業の大集積地としても注目されている。松下電器、ソニー、シャープ、ムラタ、東芝、日立、住友金属などの有力企業をはじめ日系企業は約1000社も進出し、現在では大連に次ぐ日本企業の進出拠点となってきた。

メッキ産地に環境保全型の「団地」を形成

　その無錫に「メッキ工業団地」が展開していた。メッキはハイテク産業には不可欠なのだが、環境への不安も大きく、なかなか受け入れてくれる地域がない。長江デルタがノートパソコンや半導体といったIT産業、また自動車産業の拠点となってきた現在、原材料の供給から完成品にまで至るサプライチェーンからしても、「メッキ」が大きなネックとして問題視されていたのであった。

　このメッキ工業団地（無錫金属表面処理科技工業園）は、無錫市惠山区洛社鎮の西側（旧、揚市鎮）に展開していた。計画面積は145ha、第1期分の約33haが2003年10月から入居が始まっていた。元々、揚市鎮は「メッキの里」といわれ、小規模なメッキ工場が最盛期には130社を数えていたとされる。だが、その後、環境問題が深刻になり、集中管理型の「メッキ工業団地」が構想され

写真補Ⅶ―1　無錫メッキ工業団地の管理センター

写真補Ⅶ―2　無錫メッキ工業団地の構内

ていく。先行ケースを全国から台湾にまで求め、具体的な計画に結びつけてきた。鎮が独自に計画してきたものだが、環境問題の高まりの中で、近年、全国的に新たな開発区の建設が規制されているにもかかわらず、この計画は2003年2月に江蘇省環境庁によって認可されている。中国最大かつインフラの整ったメッキ工業団地が構想されている。

多様なサービス機能を準備

すでに第1期分はほぼ埋まっている。このメッキ工業団地の注目すべき点は、以下のようなものであろう。

第1に、廃水の集中処理はシアン系、ニッケル系、総合の3種類に分けられ一括管理されている。さらに、この廃水処理センターを中心に八つのサービスセンターが設置されている。表面研磨、劇薬供給、スチーム供給、研究開発、居住、食堂、その他（警備等）である。入居者は生産以外の負担の多くをセンターに任せられる。

第2に、工場棟は全て平屋の標準工場（1766m^2）であり、第1期分は42棟建設されている。分譲、賃貸のいずれにも対応する。2005年3月末現在、27社と契約済であり、すでに17社が操業開始している。27社中の外資は11社であり、台湾が6社、その他は香港、韓国、アメリカ、そして日本は神戸製鋼の半導体部品メッキが1社である。

入居審査はかなり厳しく、特に長江デルタの産業とのサプライチェーンの一環を担うことが基本条件とされている。工場棟の買取は1500元（約20000円）／m^2、賃貸では150～200元（2000～2600円）／m^2・年である。かなり低価格ではないかと思う。管理部門には日本担当も置かれており、パンフレット類は中国語、日本語、韓国語が併記されていた。これまでに3回日本で説明会を行っていた。それだけ日本への関心と期待は大きい。

写真補Ⅶ―3　無錫メッキ工業団地の従業員寮

日本のメッキ企業の中国進出の障害

長らく中国の各地の産業、企業と付き合ってきた身からすると、中国にもようやく「メッキ産業」が発展していく環境が出来つつあることに深い感慨を覚える。これまで「中国とメッキ産業」というテーマには、以下のような幾つかの障害が横たわっていた。

まず、国有企業の場合は独自製品を保有するメーカーがメッキ部門を内部に抱えており、専業のメーカーはほとんどみられなかった。また、最近まで、メッキ工場の設備のレベルは低く、環境対策も十分にとられていなかった。かつて、上海郊外で廃水処理後のスラッジが野積みされているのを見たことがある。

また、日本のメッキ企業が進出するにも大きな障害があった。一つは外資のメッキ企業に対する規制は非常に厳しく、さらに多くの都市では進出が規制されていた。例えば、ノートパソコン産業の大集積を見せている隣の蘇州の場合、世界遺産との関係と言うが、事実上、メッキ工場の進出は難しい。

さらに、メッキの場合、生産設備の投資規模が大きいことに加え、廃水処理

写真補Ⅶ—4　無錫メッキ工業団地に進出した神戸製鋼所

施設投資を加えると投資金額は巨大なものとなり、中小企業ではそれに耐えることは難しい。こうしたことから、長江デルタはハイテク産業の大集積とされながらも、そのサプライチェーンの一環を構成するメッキの進出は非常に難しいものであった。特に、日本のメッキ企業の大半は中小零細な規模であり、巨大市場が見えながらも進出が出来ずに、今日に至っている。

深みのある産業集積に向かう無錫

私自身、無錫には1993年からほぼ毎年、訪れている。一橋大学のゼミの合宿も2001年に実施した。今回は「中国民営中小企業研究」というテーマで、無錫の中小企業約25社ほどの「現場」を訪問した。そして、この十数年を振り返って痛感することがある。

まず第1に、日本企業が1000社も進出していることによるであろうが、訪れる度に日本語人材が増えていることである。もうすでに大連並みになってきたのではないか。政府の各ポジションに日本語スタッフがいる。和食屋、日本式のスナックもかなりの数になりつつあり、日本人が生活していくための基本的な環境は出来ている。

第2に、地元の環境に対する意識が非常に高いものになっていることも注目される。例えば、市内を走るバイクのかなりの部分はガソリン車ではなく、電動バイクになっている。日本に比べてこの点は意外な思いがする。

そして第3に、メッキのような部門に過度に反応するのではなく、サプライチェーンの不可欠な要素と受け止め、集中管理による環境対策を取ろうとしていることも興味深い。この点は中国の都市の中でも無錫の柔軟性は注目される。

もちろん、環境対策が最優先であることはいうまでもないが、これまでのように、ただ外資が来ればよいということではなく、産業集積の中身にまで踏み込んだあり方を模索しようとする段階に無錫は到達しつつあるということであろう。このような認識を抱き、一つ踏み込んだ取り組みを見せている都市は、中国の中でも少ないのではないか。発展する長江デルタの中で、無錫は独特な輝きを見せていくことが期待される。

【付記】本稿は、2005年2月28日のNHK第一放送『ビジネス展望』で関が語った内容を文章に置き直したものである。

補論Ⅷ　2008年／民営企業として発展する郷鎮企業
　　──無錫の郊外都市／宜興市の現在──

　「中国農村の希望の星」と言われた郷鎮企業は、1990年代の後半には一斉に民営化に踏み出し、「郷鎮企業」の名前が語られることも少なくなってきた。1980年代の後半から中国農村の「現場」で郷鎮企業を追い続けてきた身からすると、やや淋しい気分にもさせられる。そのかつての郷鎮企業は、現在、どのようになっているのか。数年前から「民営中小企業に転換した郷鎮企業」を追い続けているが、2008年3月、無錫の郊外都市である宜興市で、いくつかの興味深いケースにめぐり会った。

　宜興と言えば、元々、陶器、石材の産地であり、また中国唯一の「環境保護科学技術工業園」を展開している都市としても知られている。琵琶湖の3倍の面積とされる太湖の西側、無錫の中心地から1時間ほど奥まったところである。やや開発が遅れていたとされるが、そこに、元郷鎮企業の興味深い民営企業が展開していた。

環境設備メーカーとして全国展開
　汚水処理施設の設計、製造、設置まで手掛ける江蘇金山環保工程集団有限公司の前身は、1983年創業の郷鎮企業の宜興市水処理設備廠であった。1988年には宜興市の民営化プロジェクトの第1号案件の一つとして取り上げられ、株式会社に転じている。民営化にあたっては、従業員で株式を幅広く保有するスタイルをとり、郷鎮企業時代の副工場長が全体の51％を握った。
　環境都市を目指す宜興市では、環境系企業に対する支援が充実しており、環境系企業は全体で3000社ほど集積している。日系では日立プラントテクノロジー、日機装などが進出している。水処理系では北京、揚州、宜興にライバルがいるが、当社がトップ企業とされている。全て受注生産であり、フィルター、メーター類は購入するものの、設計から、その他の製缶鈑金加工、組立等は社

写真補Ⅷ—1　金山環保工程集団の現場

内で行っていた。なお、この宜興の万石鎮は圧力容器などの鏡板の産地でもあり、それらは近くに外注していた。

　受注の大半は国内であり、天津、大連、長春、西安、合肥の5カ所に営業、メンテナンス拠点を置いていた。全国規模の事業になっているようであった。海外案件はタイ、ベトナム、インドネシア、パキスタン等の経験があり、据え付けまで行っていた。かつての郷鎮企業は繊維などの軽工業品が多かったのだが、この金山環保工程の場合は従業員数820人に達し、中堅規模の水処理関連企業として興味深い発展を示していたのである。

毎年40％増、売上高2000億円となる

　宜興市を代表する企業として新遠東集団が知られる。現在の事業分野は電線・ケーブル製造、医薬品製造、不動産の3分野であり、従業員数約5000人、年間売上高130億元（約2000億円）、うち電線・ケーブルが100億元以上という構成になっている。1990年代中頃からは、毎年、前年比40％増で発展してきた。中国の電力事情は依然旺盛であり、しばらくはこのような状況が続くものと見られている。

　なお、中国の電線・ケーブルのメーカーは全国で約6000社と言われ、華東地

写真補Ⅷ—2　宜興市街地の高層マンション

区が60%、江蘇省だけで25%を占めている。事実、上海から無錫にかけてはローカルの電線・ケーブルメーカーが目白押しであり、日系の企業も一通り進出している。長江下流域が世界最大の産地と言えそうである。その中で、新遠東集団は8年連続第1位を占めてきた。中国電線・ケーブルの最有力企業ということになろう。

　なお、この新遠東集団の前身は、1990年に設立された郷鎮企業の範道郷塑料電工廠と言い、家電製品のプラスチック部品、小さな電線の加工から出発している。当初の従業員数は27人であった。1992年には民営化ということになり、従業員27人が共同で180万元（約2800万円）で買い取っている。現在の新遠東集団の総裁である蒋錫培氏（1963年生まれ）は、当時、工場長を務めており、民営化後のリーダーとして企業を急成長させていく。

　蒋氏は工場長に就任以前は、電線の小売をやっていたことから、将来的な市場拡大を確信しており、ユーザーである国有電力メーカーと合弁などを積極的に組み、市場拡大に歩調を合わせながら設備投資を実行、見事な電線・ケーブルメーカーを形成してきた。蒋氏は現在、中国の最有力な若手民営企業家の一人として大きく注目されているのである。

写真補Ⅷ―3　新遠東集団のケーブル工場

希土類分離で世界的な能力

　20世紀は「石油の時代」であったが、21世紀は「希土類の時代」とも言われている。その希土類の埋蔵量は中国が世界一とされている。そして、宜興市に精製（分離）能力世界第3位、生産高のシェアは20％を占める中国希土控股（株式）有限公司が展開していた。それも郷鎮企業から民営化したものであった。

　前身の郷鎮企業の設立は1984年、資本金3000元（約5万円）、耐火レンガの製造からスタートしている。従来、希土類は軍事物資とされ、一般には取り扱うことができなかったのだが、1986年に一般に開放され、当時の郷鎮企業の工場長であった蒋泉龍氏（1953年生まれ）が、旧知の上海副市長を通じて事業化に踏み切ることになる。1999年には民営化し、蒋氏が個人で買い取っている。また、同じ1999年には、中国の民営企業としては第2番目の香港証券市場上場を果たしている。

　その後、2002年から2007年にかけて広東省や湖南省等の原料産地の鉱山を買収、原材料基盤を確保している。現在の従業員数は約1200人、売上高は20億元（約300億円）、希土類80％、耐火物20％の構成になっていた。主たる製品はランタン、セリウム、イットリウム等であり、98％は日本などに輸出していた。

写真補Ⅷ―4　中国希土控股の希土類精製工場

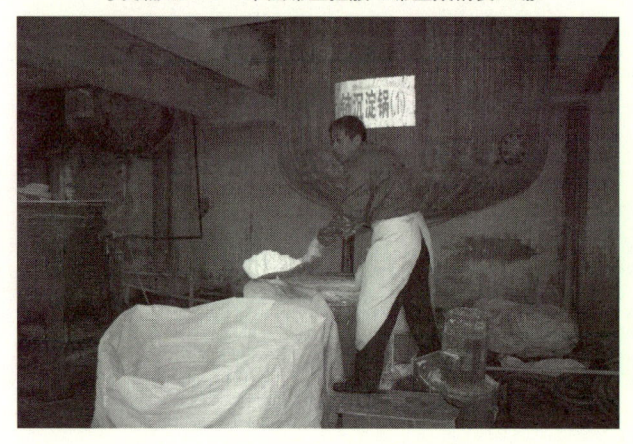

　郷鎮企業出身の民営企業が「希土類」という重要物資の領域で世界的な規模に達し、香港証券市場に上場しているのであった。
　希土類はレントゲンなどの医療機器、クルマのエンジン、石油加工等に不可欠であり、世界的に需要が急増している。当社においても、開発力は日本が指折りとの認識であり、秋田大学あたりとの技術交流も積極的に行っているのであった。

重工業、基礎産業部門で展開
　1990年代の末の頃から、郷鎮企業の民営化が積極的に進められ、各地に興味深い発展的な民営企業が大量に生まれている。ただし、その多くは繊維、日用品部門や、電気・電子部門などの軽工業的なものであり、基礎産業的な部分は少ない。そのような意味で、宜興に展開しているここで紹介したケースは、まことに興味深い。
　なお、中国民営企業の成立発展には大きく三つほどのルートが観察される。
　一つは、広東省に顕著に見られるのだが、進出外資企業で働いていた若者が独立創業していくものである。浙江省温州あたりの個人の独立創業もほぼ同様であろう。また、北京などの大都市で見られるソフト関係の企業も外資からの

独立、あるいは留学帰りの高学歴者による独立創業も、ほぼこの範疇に入る。
　二つ目は、国有企業の民営化というものであり、多様なスタイルがある。従業員全体で買い取る形、特定個人が買い取る場合などがある。また、上場し公開していく場合もある。さらに、一見、民営化しているように見えながらも、国家のコントロールが効いている場合も少なくない。重要産業、企業であれば、そうした傾向が強い。
　三つ目が、郷鎮企業からの転換というものであり、無錫などの長江下流域や、北の大連のあたりで顕著に見られる。特に、無錫周辺はかつて郷鎮の政府主導の「蘇南モデル郷鎮企業」の故郷であり、多様な形の民営化が推進されている。
　宜興のような長江下流域に位置し、しかも交通の便に恵まれていない地域では、個人の独立創業のケースよりは、かつての郷鎮企業をベースに民営企業が登場してくることが顕著に見られる。しかも、かなりの重工業部門、基礎産業部門で、そうした動きが強まっていることが注目される。こうして、中国の企業社会も多様な企業を内に含み、厚みのある産業構造を形成していくことが期待される。

【付記】本稿は2008年3月26日、NHK第一放送『ビジネス展望』で関が語った内容を文章に置き直したものである。

補論Ⅸ　江南大学と産学連携

　地域産業の発展において、大学に求められる役割が大きくなりつつある。中国の大学は産学連携に果敢に踏み込み、社会に開かれた存在として、新たな挑戦を続けている。ここでは、無錫にある江南大学の産学連携について取り上げ、無錫の発展にどのように寄与しているのか、さらに今後どのような役割が期待されるのかを見ていくことにしたい。

　本書の各章で詳しく紹介されたように、1980年代以降の無錫産業は、蘇南モデル郷鎮企業の発展、その後1990年代末からの郷鎮企業の民営化、さらには1990年代半ばからの日系企業を中心とした外資企業の進出等が重なり合いながら興味深い発展を遂げてきた。本書では、こうした流れをそれぞれ企業の歩みから汲み取りながら、無錫地域産業の発展過程を明らかにしてきた。ここで強調すべきは、郷鎮企業における2度の階層分解を、同時代の証言から得られた実説をたどることによって、その分解過程を明らかにし、さらに無錫地域産業の発展の原動力としてそれらを位置づけたことである。

　つまり、蘇南モデル郷鎮企業の「第1の階層分解」は、簡易な日用消費財を生産していた1980年代が明け、市場の要求が高品質なものへとシフトした1990年代初頭にかけて、積極的な設備投資を行った企業が飛躍し、そうでない企業は淘汰されたことにより生じた。その後、1990年代末からの民営化の波によって、「第2の階層分解」が訪れる。市場経済の波が押し寄せる中で、潜在下に押し込められていた意欲的な若者がリーダーとして台頭し、新しい民営化のうねりを形成していったのであった。

　それは、軽工業部門のみならず、多大な資本投資を要する重工業の部門にまで波及していった。外国の機械設備を導入し、新しい販売先を開拓し、あるいは、輸出に向かうなどにより、郷鎮企業は市場経済型の企業へと転換を遂げていく。基礎素材部門や設備機械部門など、資本や技術力を備えた民営企業が出

現してきたのであった。無錫では、このような新たな民営企業を核とし、さらに外資企業がそれらと絡み合いながら、厚みのある独自の産業集積が形成されつつある。

　本書をこう振り返るならば、無錫の産業発展の過程の中で、特に「第2の階層分解」において明暗を分けた要素があぶりだされて見えてくる。ここでは、民営化をリードする若い企業家・経営者をはじめとする「人材」が一つのカギになっていたようである。

　私は、2008年3月の調査に同行したが、民営企業の若い経営者たちは「この分野においては、わが社が中国トップクラスである」と威風堂々、語っていたことが、強く印象に残った。中国の市場経済の申し子とも言える若い経営者世代は、海外留学経験者や、貿易業務に携わったことのある者も多く、世界規模で勝負する感覚を自然に肌に身につけているように見える。では、無錫の産業発展とともに、このような人材がどのようにして生まれてきたのだろうか、という疑問が、一方で生じてくる。

　ここからが、本補論の本題である。一つの手掛かりとして、無錫の産業発展に果たした「大学」の役割を探っていきたいと思う。無錫を代表する大学である江南大学は、無錫産業発展にどのように関わってきたのか。そして、今後、さらなる階層分解が訪れようとする中で、江南大学をはじめ、大学に求められる役割はどういったものであろうか。

　まず、本書のケース・スタディを振り返りながら、江南大学が果たした役割を整理することから始めたい。大学の紹介は後でふれることにし、まず、産業側から見た大学の役割を本書のケースから切り取りながら再整理してみよう。

1．無錫の民営企業の発展に貢献してきた江南大学

　無錫の産業発展を振り返り、特に1990年代後半以降の「第2の階層分解」において江南大学の果たした役割は大きい。飛躍を遂げた民営企業は、新しい感覚を身に着けた若い経営者によって引導されている。江南大学を卒業した者もいれば、労働供給の母体として江南大学を見据えた人材確保策を採っている企

業もあった。こうした人材供給面だけでなく、中国の大学は、私たちがイメージしている以上に、産学連携と呼べる成果を多様に備えているようである。まず、第Ⅱ部のケースから、振り返ってみよう。

ハイテク・ベンチャー企業家として

　自動車のエンジン、トランスミッション周辺の試験検査装置を手掛ける富瑞徳精密機械（第6章―2―(3)）。創業経営者の周豊偉氏（1963年生まれ）は、1981年に無錫軽工業学院（現、江南大学）の機械工学系に入学し、1988年に修士課程を修了していた。周氏は、その後、外資の食品関連の仕事に就職。2001年に、50万元の資本で貸工場を借り、自動車の品質チェックなどの検査機械メーカーとして独立創業している。2004年には、ドイツ企業と合弁。登録資本30万ユーロ、投資額は1000万元とのことで、これを元に工場を建設。従業員32人と小規模ながらも、この分野では中国で5本の指に入るまでの成長ぶりである。

　このような事業を立ち上げてきた周氏が、民営企業に対して、国の政策と金融問題についての問題を指摘していたことも興味深い。特に、民営中小企業の資金調達については、銀行融資がままならないことを訴えていた。周氏のような新しい企業家は、民営企業を取り巻く経営環境をより良くしようとする意識が高いことがうかがえる。

対日輸出アパレルメーカーのトップとして

　江南大学日本語学科を1990年に卒業した韓春氏（1970年生まれ）は、従業員2300人を率いるアパレルメーカー、恒田企業の創業経営者である（第6章―2―(8)）。1993年、23歳で友人と2人で創業。当初は、サンプルを手に日系企業の上海事務所を訪れる毎日であった。対日輸出が拡大し、現在の主力製品はカットソーのスポーツアパレル、レディス、カジュアルであり、年間生産枚数800万枚に及んでいる。生地の編立、染色、縫製まで一貫生産で、材料も自己調達している。また、日本向けの製品は品質チェックが非常に厳しく、小ロット多品種、短納期が要求されている。こうした日本の厳しいビジネスに鍛えら

れ成長を遂げてきた。現在では、国内向けに自社ブランド販売にも向かいつつある。

韓氏の5年後のビジョンは、生産販売を拡充させ、上場することと語る。競争激しい繊維業界において、大学時代に身に着けた日本語を活かし、日本を輸出先として、先を見据えたビジネスを展開している事例であった。

開発スタッフの半分が江南大学卒業生

滙光精密機械は1998年に設立された集体企業を前身として、2001年に民営化を遂げた企業である（第6章—2—(7)）。製品はベアリングの自動製造装置で、従業員数は120人。開発から一貫工程を内部化し、開発要員25人を抱えている。そのうち半分が江南大学出身者で構成されている。董事長は、展示会をプロデュースする企業を設立するなど、1990年代半ばまで多様なキャリアを重ね、その後、滙光精密機械のオーナーに会社の建て直しを依頼され、2006年に同社に赴任した。わずか1年で会社を改革し、従業員の意識改革の結果、売上アップにもつながっている。開発重視の姿勢を強め、江南大学とも積極的に付き合っている。

このように、市場経済化の中で育ってきた経営者が主導し、急スピードで実力をつけている。産学連携を強め、開発型企業へシフトしてきている。今後のさらなる発展の鍵といえる開発要員の半数が、江南大学卒業生ということが興味深い。

出張型MBAコースを持つ江南大学

無錫恵源高級潤滑油は社隊企業を前進とし、1998年に民営化した企業である（第4章—2—(3)）。鎮政府派遣の総経理の夫と工業公司に勤めていた夫人の2人で買い取り、夫人の繆冬琴さんが董事長に就任。船舶用、自動車用、油圧機械用の潤滑油の輸入代替で事業拡大を遂げ、売上額は1億2000万元を計上している。市レベルと省レベルの高新技術企業の認定を受け、技術レベルの向上に意欲的に取り組んでいる。

女性経営者である繆さんは、江南大学の出張型MBAコースを修了している。

江南大学は無錫郊外にあるため、交通事情の悪さを考慮し、無錫市郊外の鎮に出向いての出張型MBAコースを推進している。社会人教育の場としてMBAコースの需要は中国でも拡大しているが、民営企業の経営者が近間で気軽に受講できるようにしている。若い経営者が新たな知識を身につける場として有効に機能していると思われる。

産業側からみた産学連携

これらのケースに見られるように、江南大学は「人材供給」の点から無錫の産業発展に重要な役割を果たしてきた。民営企業で活躍する新たな企業家の輩出、技術系人材の供給、出張型MBAコースによる社会人教育などで、無錫産業の発展に寄与してきたのである。1990年代後半から2000年代にかけての、郷鎮企業の「第2の階層分解」で、新たなタイプの民営企業として飛躍した企業の成長に、江南大学が輩出した人材が重要な役割を演じてきたのであった。

本書のケース・スタディを眺めなおすと、他にも産学連携の取り組みがいくつかあった。代表的なものは大学との共同研究、さらには大学からの人材派遣など、「研究」を核とした産学連携である。江南大学の事例はあまり見られなかったが、他大学と組んで成果をあげている企業は次のようなところであった。

宜興環保科技工業園にある金山環保工程集団は、汚水処理設備の設計・製造・運営を行っているが、産学連携に意欲的に取り組んでいた（第4章—2—⑸）。中国科学院と分散的な居住の廃水処理システムの共同開発、蘇州大学とは河川や湖沼の汚染対策の共同研究をしている。

また、工事現場用アスファルトの攪拌機を製造する無錫雪桃集団有限公司では、長安大学と共同研究をしていた（第4章—1—⑵）。社内に、共同研究のために路面機械研究開発センターを設置し、製品化にまでこぎつけている。長安大学の卒業生の採用、インターン生の受け入れ、さらに、自社のワーカーを大学に出すなど、人材育成でも連携を強めている。

このように研究面で密な連携を取り、製品化や事業化に向けて邁進する中で、大学に人材を派遣する例もいくつか見られた（第5章—2—⑵新遠東集団など）。また、大学在学中の採用前のインターン制度も興味深い取り組みである。

インターン制度に意欲的に取り組んでいたのが、対日アウトソーシングのソフト開発で躍進する無錫晟峰ソフトであった（第6章—2—(9)）。江蘇省や浙江省の15の大学で戦略的に採用活動を実施。採用が決定した4年生を対象として、3カ月間、ソフト開発に必要な日本語教育やITスキルを徹底的に教育している。

以上のように、産学連携のケースは、無錫の民営企業において、いくつも観察される。今一度、これらの大学の役割を整理すると、①企業家輩出や技術要員などの人材輩出、②大学との共同研究・共同開発、それに伴う大学への人材派遣、③インターンシップを通しての大学生の人材育成、④社会人教育としての機能などをあげることができよう。いずれも「人材」を核とした連携であり、「第2の階層分解」で飛躍を遂げつつある民営企業が、果敢にこうした取り組みを重ねてきたのである。無錫を対象に、産業側から見た産学連携の効果は、このように映る。

大学主導の産学連携へ

他方、大学サイドからみた産学連携からは、違った様相が見えてくる。改革開放以降の市場経済化に見合った形で、大学も社会に対して開かれていった。産学連携の真髄は、研究面での連携、大学発ベンチャーの創出、さらには地域産業人材の育成などであろう。無錫のような産業集積の厚みを増しつつある地域においては、大学側と産業側がより踏み込んだ「戦略的な連携」が不可欠と思われる。

しかしながら、ここまで見てきた産学連携の形は、人材供給が中心の、大学の当たり前の取り組みの延長上ともいえる。地域外の大学と共同研究をしている事例はあったものの、地元の江南大学との共同研究はそれほど観察されなかった。これまでは、大学主導の産学連携というより、企業主導の産学連携であったという見方が出来る。

今後、より一段と、大学が果たす役割は、産学連携が活発な北京や大連や瀋陽や上海のように、この無錫の地でも増すであろう[1]。例えば、瀋陽の東北大学はもともと金属系に強い大学であったが、次の時代は情報産業であると見定

め、日本の会社と合弁会社を作り、大学発ベンチャーの東軟集団を生み出していった。その東軟集団は、1996年に中国のソフト企業として初めて上海証券市場に上場し、瀋陽と大連に未来型のソフトウェアパーク、Neusoft Park を形成している。さらには、この会社が情報系の私立大学を設置、運営している。中国の産学連携は、このような形で、日本人の私たちが考えられないほどのスケールと枠組みで進展しているのである。

　無錫でも、いっそう、大学が踏み込んだ形での、「意図した形」での産学連携が求められよう。その最大のプレイヤーは、無錫一の総合大学、江南大学であることは言うまでもない。その江南大学も、2001年に科技園（サイエンスパーク）を設置している。今後、無錫における産学連携の舞台となっていく場である。どのような取り組みがなされ、今後、展開していくことになるのだろうか。次に、江南大学の科技園について、見ていくことにしよう。

2．江南大学と科学園

　中国の産学連携は、大学を取り巻く環境が大きく変化したことにより、推し進められてきた[2]。その背景として、第1に、1980年代、冷戦終結後、科学技術の産業化が世界的潮流となる中で、中国は軍事技術の民間転換が求められ、ハイテク産業の育成という課題に向けて、大学がそのプレイヤーとして期待されたことが指摘される。第2に、財政難による大学予算の大幅削減の中で、大学は人材育成（教育）だけでなく研究レベルの向上、社会の貢献に向けて競争的にならざるを得ない環境に置かれた。

　中国では、こうした社会的な要求の中で、大学改革が進められてきた。産学連携の先駆けである北京の清華大学、瀋陽の東北大学などでは、1988年の頃から大学改革に踏み込んだと言われる。1990年からは国家予算が半減となり、産学連携が強く意識されていくようになる。そして、こうした大学が独自にサイエンスパークを持つことによって、中国ハイテク産業を牽引していく存在となっていったのである。

　ここでは、中国の大学のこのような事情を前提としながら、江南大学の産学

連携の取り組みを見ていくことにしよう。

食品系に強い江南大学

　江南大学は無錫市に位置する総合大学であり、国家の教育部直轄である「211計画」（21世紀研究プロジェクト、約100校）の重点大学の一つである。経済学部、経営学部、法学部、教育学部、文学部、理学部、工学部、農学部、医学部の九つの学部があり、18の学科（学院）、62の専攻分野から構成されている。現在、学部生が約2万人、大学院生が4000人、留学生400人に加え、社会人学生が5600人もおり、社会人教育の場としての役割も大きい。専任教員は1600人いる。江南大学の新キャンパスは、太湖の近くに位置する無錫蠡湖新城にあり、総面積は3125haという広大なものである。

　1902年に設立された中央大学（現：南京大学）を前身とし、1952年に南京大学や浙江大学などが合併し南京工学院食品工業学科が誕生している。その後、1958年に無錫に移転し無錫軽工業学院と改名した。1995年に無錫軽工業大学となった後、1998年に中国軽工総会所属から教育部の直轄となり、2001年に無錫軽工業大学、江南学院、無錫教育学院の三つを合併し現在の江南大学となった。

　その経緯をみても分かるように、江南大学は食品の部門が強い。中国の大学で初めて農産品加工研究院が設置されたことも特徴である。食品、生物技術の各分野の中国科学技術委託研究機関として、多くの国家プロジェクトや江蘇省のプロジェクトで研究成果をあげてきた。今までに国家と省を合わせると500以上のプロジェクトがあり、年間の科学研究費は1億元を超えている。

　江南大学の理事会は、海爾グループ、茅台酒グループ、青島ビールグループ、北京燕京ビールグループ、紹興黄酒グループなど、食品会社を中心に約100社で構成されている。産学連携、社会連携を促す母体である。さらに、学科ごとに理事会が置かれ、400以上の企業と組織が参加している。また、無錫の大手企業を中心に、奨学金制度が設立されており、学生を対象とした年間の奨学金総額は700万元にのぼっている。

　このように、江南大学は長らくの間、食品部門において特に研究実績を積み重ねてきた。食品関係を中心に、企業側からの協力体制も厚く、産学共同の大

写真Ⅸ—1　江南大学

学運営を推し進めているのである。

江南大学サイエンスパークの設立と仕組み

　中国では大学サイエンスパークの役割が増してきている。清華大学の清華科技園、東北大学の Neusoft Park に見られるように、大学自らがサイエンスパークを形成している。そこは、大学発ベンチャーの受け皿であり、また外国の有力企業と合弁合作を行っていく舞台にもなっている。江南大学にもサイエンスパークが存在する。

　まず1998年に、江南大学の前身である無錫軽工大学が蠡園経済開発区において、軽工大学サイエンスパークを設立している。その後、大学が合併し、江南大学が誕生した2001年に、国家クラスの経済開発区である無錫高新技術開発区に江南大学科技園(無錫・江南大学サイエンスパーク)が設立された。資本金は4500万元であり、江南大学が1800万元(40％)、無錫高新技術開発区が1700万元(37.7％)、無錫市政府が1000万元(22.2％)を出資している。国家の高新技術開発区の中にある大学と市政府、開発区が運営するサイエンスパークである。なお、江南大学は国家教育部直轄であり、「国家大学科技園」として認定されている。正式名称は、「江南大学国家大学科技園」(NSPS : National Sci-

写真Ⅸ—2　江南大学サイエンスパーク

図補Ⅸ—1　江南大学サイエンスパークの仕組み

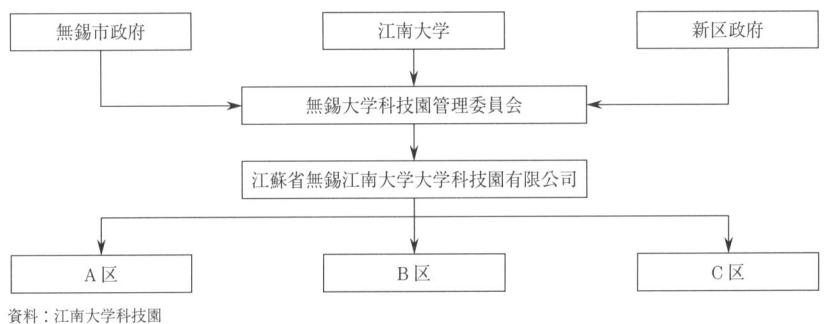

```
[無錫市政府]        [江南大学]        [新区政府]
     │               │               │
     └──────→ [無錫大学科技園管理委員会] ←──────┘
                     │
          [江蘇省無錫江南大学大学科技園有限公司]
                     │
         ┌───────────┼───────────┐
       [A区]       [B区]       [C区]
```

資料：江南大学科技園

ence Park of Southern Yangtze University）である[3]。

　江南大学、新区政府、無錫市政府の三者が「無錫大学科技園管理委員会」を発足させ、運営は「江蘇省無錫江南大学大学科技園有限公司」が行う。そして、A区、B区、C区と、役割や機能が異なるインキュベーション施設や研究施設を管理している。三つの役割が意識されており、一つは大学の技術を産業化していくためのインキュベーション、二つ目は大学発ハイテク・ベンチャーの創出、三つ目は人材育成である。大学と連携しながら、これら三つの機能を備えたサイエンスパークとして運営されている。

　大学サイエンスパークは、無錫高新技術開発区の中にある。本書第3章にこ

の高新技術開発区の説明があったように、高新技術開発区はハイテク企業の立地区で、外資企業、内資企業ともに、2年間免税、次の3年間半免（2免3半）の優遇措置を受けることができる。広大な新都市開発のようなイメージであり、1988年に設置された北京高新技術開発試験区（現、中関村科技園区）を皮切りに、現在、全国に53ヵ所あるとされる。無錫高新技術開発区は、1992年に認可され、1995年に無錫シンガポール工業園と合併、無錫新区として拡大している。この無錫新区の中心はやはり高新技術開発区であり、本書にも紹介されたニチコン、エプソントヨコムなどが立地、進出外資企業の30%は日系企業とされている。この新区で無錫の財政収入の15%、工業総生産額20%、外資企業は40%、輸出入総額は50%を占め、無錫経済を牽引しているのである。無錫新区の面積は141km^{2}と広大であり、そのうち、大学サイエンスパークは10.6haほどであるが、高新技術開発区内にあることの意義は大きい。

　大学サイエンスパーク内の企業は、2008年3月現在で138社を数え、これらの年間売上額は7億元に達している。サイエンスパークの運営スタッフは20人ほどであり、全員大学から出向している。うち5人が江南大学の教員、他のスタッフは募集した。政府からの出向者はいない。董事長は、王興告氏（1962年生まれ）であり、2006年に就任している。王氏は、江南大学の農産品加工研究院の副院長を兼務しており、食用油など油脂の専門家でもある。経営管理系の教員も1人おり、財務を担当している。他の4人の教員は王氏も含めて、理工系である。

　意思決定の機関としては、実行委員会を組織し、大学教員3人、外部からの募集人員2人から構成されている。この実行委員会で決定された案件を、董事長が最終的に判断する。大きな案件だと、株主総会で決定する。意思決定を最も要するのは、投資の判断であろう。

　2008年3月の段階で、投資総額は2億8983万元であり、市の投資ファンドなども活用している。投資の手法は二つあり、一つは新会社を作る方法、もう一つは株主として参加する方法である。株主として投資する場合、投資し、上場させ、リターン回収、というサイクルになる。このような形で投資した会社が、サイエンスパーク内に30〜40社程度あるという。

3 地区に展開するインキュベーション機能

　江南大学サイエンスパークの特徴は、A区、B区、C区の3つの地区に分けられ、それぞれ機能が異なることである。A区は創業インキュベーション地区、B区はインキュベーション転化区（プラットフォーム）、C区は研究開発区である。A区とB区は高新技術開発区内にあり、C区は江南大学の新キャンパス内に建設中である。高新技術開発区内のA区とB区は車で10分程度、A区B区からC区へは車で20分程度の距離である。A区とB区は同じ開発区内といえども、無錫高新技術開発区を含む無錫新区は141km^{2}と広大であり、無錫市街地の東南に位置している。

　A区は、もともと無錫市政府によって建てられた。創業インキュベーション地区の位置づけである。主に、光電子、精密機械、自動化工学、ソフトウェア開発、計測機器分野のインキュベーション施設である。A区の総面積は5万4000m^{2}であり、その中で「留学生創業圏」は1万5000m^{2}を占める。「留学生創業圏」とは、1990年代後半に誕生した中国の大学サイエンスパーク特有のものである。海外で経験を重ねた優秀な若者を呼び戻し、国内での新規創業を促して、社会に影響を与えようとするものであった。現在、全国のいずれのサイエンスパークにもかなりの規模の「留学生創業圏」が形成されている[4]。このA区の「留学生創業圏」の建物ではISO14001の認証を取得している。建物デザインもサイエンスパークのシンボル的なものとなっている。

　もともと、A区は無錫市の「530計画」の構想に基づき作られた。5年で30人のトップ人材を生むという計画である。その概念のモデルとなったのが、中国一の富豪となったサンテック（尚徳）の創始者・施正栄氏である。サンテックは、太陽電池の分野で急成長しているが、このA区で誕生した。大学サイエンスパークとなる前に、市政府のインキュベーション施設に入居していたのである。この点は、また後でふれたい。

　B区は、大学が主導するインキュベーション転化区である。大学教員の研究シーズをプラットフォーム化する。江南大学が得意とする、食品、生物技術、医薬、新材料の各分野が主である。このB区にも「留学生創業圏」が存在す

写真Ⅸ—3　Ｂ区のイメージ

　る。Ａ区の「留学生創業圏」と合わせて、2005年末の段階で、7カ国にまたがって留学していた学生たちが帰国し、新たに24社が創業された。さらに、Ｂ区を中心として、2006年1月に「国際インキュベーションプロジェクト」がスタートし、これまでに6000万元の投資がなされてきた。このプロジェクトの目標としては、国内外50社の高新技術開発企業の入居が目指されている。大学と外資企業の合弁の形を取ることも考えられる。

　Ｃ区は、研究開発区である。無錫蠡湖新城、太湖の近くの江南大学新キャンパス内にある。このＣ区はまだ開発中であるが、Ｃ区を新技術開発の場として、具体的な事業化は高新技術開発区がイメージされている。この研究開発区に、大学サイエンスパーク専門の研究開発チームがある。なお、サイエンスパークと連携している公的な共同研究機関としては、江蘇省微生物研究所有限公司、江南計算技術研究所、無錫ポンプ研究所、国家食料局無錫科学研究所、公安部交通管理科学研究所、江蘇省原子医学研究所などがある。これら研究機関と連携しながら、事業化を見据えた研究開発が行われつつある。

　このＣ区の対象者は、やはり留学経験者、そして教員、専門技術者などである。なお、特筆すべき中国の産学連携の特徴の一つは、大学教員が仮にベンチャー企業を起こした場合、いつでも元の大学に復帰できるということである。

セーフティネットが存在するのである。歴史的な戸籍に関連する「単位」によって保障される。「単位」がセーフティネットとして機能し、大学発ベンチャーを活性化させる一つの要因となっている[5]。また、大学教員自らが創業しなくとも、事業化の方法はいくつかある。大学教員の研究をプラットフォーム化してもらい、企業に売り渡すケースも多い。この場合、研究とプラットフォームとインキュベーションと役割が異なる3地区が、有効に機能すると思われる。

以上のように、江南大学サイエンスパークは3地区それぞれの特徴を備え、事業化へのプロセスを踏みながら共に発展している。

A区で誕生したサンテック（尚徳）

過去に入居していた企業のうち、最も有名なのが、2001年に設立された中国の太陽電池メーカー、無錫尚徳太陽能電力有限公司（サンテック）である[6]。江南大学サイエンスパークが出来る前、高新技術開発区内のA区の無錫市のインキュベーション施設にサンテックが入居した。したがって、正式には江南大学発ベンチャーではないが、創業場所として、現在の江南大学サイエンスパークにて創業したということになる。

2005年、サンテックはニューヨーク証券取引所に上場を果たし、創業者で董事長の施正栄氏が脚光を浴びた。2006年に米経済誌フォーブスが発表した長者ランキングに、施正栄氏がランクインし、中国一の富豪として一躍有名となる。施正栄氏は、1983年に長春光機学院を卒業、中国科学院上海光学精密機械研究所で修士課程を修了し、オーストラリアの New South Wales 大学で太陽電池の研究で PhD を取得している。2001年、無錫市政府からの要望で、尚徳電力を創業した。2001年5月には、科技部の「中小企業科学技創新基金」からの支援を受けている。江南大学サイエンスパークが設立される少し前のことであった。

サンテックの生産規模の拡大には、目を見張るものがある。太陽電池生産量は、2002年1 MW、2003年6 MW、2004年29MW、2005年68MWと右上がりで成長。2005年にニューヨーク証券取引所に上場した後は、新株発行により4億ドルの資金調達をし、2006年の生産量は153MW、2007年は364MWと、生産ライ

写真Ⅸ—4　江南大学サイエンスパーク横に立地するサンテック

ンを次々と完成させ、生産規模を拡大させている。北京オリンピックのメインスタジアムの太陽光発電も、サンテックが受注している。今や、ドイツのQ—Cells、日本のシャープと並び、太陽電池の世界の3強に入るまでになった。

このサンテックの飛躍を受け、中国国内では民間企業が相次いで太陽電池業界に参入している。2005年の太陽電池の市場規模は1500MWであったが、2006年の中国の生産能力は1000MWにまで達していたといわれている。さらに、2008年の中国の太陽電池の生産能力は年間2000MWにまで拡大すると予想されている[7]。

ますます拡大する太陽光電池の生産市場を先導しているのが、この無錫の高新技術開発区で生まれたサンテックなのである。2007年の売上100億元から、2012年には10倍の1000億元が見込まれている。施正栄氏は、江蘇省の生まれであり、現在、江南大学の客員教授も務めている。正式には、江南大学発ベンチャーではないものの、関係者は無錫発ハイテク企業として誇りに感じているようであった。

サイエンスパークの入居企業

では、現在、江南大学サイエンスパークに入居している企業をいくつか見てみよう。

無錫江大百科技術有限公司は、江南大学サイエンスパークを持株会社として、2003年に設立された。江南大学の食品技術が活かされている。常温で鮮度を保つ「衛星長生茶」というお茶を発明し、製造販売している。日本茶の鮮度保持の技術を研究し、1年間常温で置いておいても鮮度を保つ。特許を2003年に取

写真Ⅸ―5　江南大学サイエンスパークの食品関係検査機器

　得し、製茶メーカーからの特許使用料も入るようになっている。このお茶の鮮度技術を応用し、他にも米の鮮度を保つ技術も開発している。中国では、従来、古米を食べていたが、近年になり新米を食べる習慣が出てきた。このため、古米と新米を区別する技術開発が必要とされ、米の鮮度を計測する技術が生み出された。他にも、日本の納豆の製造研究などが行われている。

　また、養殖業の研究の一環として、無錫の水質環境を保全するために、水質改善の研究もなされている。「静態増酸素システム」と名付けられた装置は、太陽エネルギーにより、水中で酸素量を増加させ、水質を改善するものである。このように、江南大学の食品系技術を活かして、付加価値を付けて、新製品開発がなされている。

　この企業は江南大学サイエンスパークが株主であるが、他の企業は全て民間企業である。入居企業として成長を遂げている企業をみると、2004年設立の新型ジェット織機の研究開発を行う無錫糸普蘭墳気織機製造有限公司、2001年設立の使い捨て注射器を製造し、欧米で販売する欧特（中国）医療科学技術有限公司、江南大学の生物技術の技術移転を行う江蘇省生物活性製品加工工程技術研究センターなどがある。このセンターでは、2001年の設立以来、約200に及ぶ技術を事業化し、TLOの役割を果たしている。

以上のように、江南大学の食品技術や生物技術を応用し製品化する企業や、TLOなど事業化サービスを行う企業など、多様な企業が入居している。このような企業が成長を遂げるカギとなるのが、資金調達であろう。サイエンスパークの役割として、将来性のある技術に対して、積極的に投資をしながら、経営の助言をしていくことが求められている。

投資ファンドによる戦略

　サイエンスパークに入居する場合、希望者はビジネスプランを提出し、実行委員会がその評価をし、評価に基づき投融資条件が決定され、インキュベーション施設に入居するという仕組みである。融資は、無錫市商業銀行によって1億元の枠が設けられ、貸付けされている。また、先ほど述べたように、投資には、新しく会社を作る方法と、株主として出資する方法がある。IPOを見込んで投資をしているのは30〜40社ほどである。入居企業の3分の1から4分の1に相当する。

　投資資金は大学・市政府・新区の共同出資金と、民間ベンチャーキャピタルからの投資がある。これまでにベンチャーキャピタルは6社ほどに投資してきた。上場を果たしたのは、サイエンスパークが保有していた食品関係の無錫江大百科技術有限公司、江南大学の技術移転を請け負う江蘇省生物活性製品加工工程技術研究センター、他に、起業の際の保障会社や清酒販売の醸造会社などである。リターン回収できたのは、まだ1社であり、その会社は総資産1億元を超えるまでに成長している。他は、まだインフラ投資の段階であるが、サイエンスパークでは、投資ファンドを新たに作り、より投資環境を整備していく構えである。

　投資ファンドは、1億元規模で組まれる予定である。一つは学生の起業支援、二つ目は大学教員の起業支援、三つ目は中国で言われるところの「現代的サービス」、つまりソフト系アウトソーシング、コンサルタント業務、映像関係などを対象としている。大学と連携し、「現代的サービス」のR&Dセンターを投資ファンドによって設置する予定である。また、学生の起業も現在まで十数件ある。案件として出されているものは、現在、40件以上ある。江南大学は江

蘇省の学生起業のモデル校に指定されており、学生ベンチャーも活発化しつつある。

なお、投資ファンドの1億元という規模は、大学サイエンスパークに入居している企業の5年後の総資産の20％に値すると、当局は踏んでいた。5年後の土地価格の上昇分だけで、50％の資産価値が生まれると見込まれている。このように、江南大学サイエンスパークでは、将来成長を見込んで、1億元という大規模の投資ファンドを組み、積極的に投資の姿勢を強めているのである。

以上のように、江南大学サイエンスパークは、伝統的に強い食品関係を中心に、持株会社として大学発ベンチャーを生み出すなど、事業化への地道な取り組みを重ねている。また、入居企業も投資を得ながら、独自技術を市場に乗せ、販売化していこうとしている。さらには、投資ファンドなど規模の大きな投資の枠組みを形成し、大学発ベンチャーの創出や、新産業分野である「現代的サービス」への進出にも力を入れていく構えである。江南大学サイエンスパークは、設立から7年ほど経過し、新たなステージに立ちつつあるといってよい。

3．産学連携で「第3の階層分解」に挑む

無錫の産業発展にとって、江南大学の役割は、今後、確実に増す。大学サイエンスパークでも数々の成果が生まれつつあった。これらが無錫産業の発展とどのように共鳴しながら成長していくのかが、今後の無錫の産業発展のポイントとなろう。

無錫の頭脳部分となる江南大学

無錫では、1980年代末から90年代にかけて蘇南モデル郷鎮企業による「第1の階層分解」、1990年代末からの民営化による「第2の階層分解」が起こり、さらに日系企業の大量進出が重なり合いながら、進化発展を遂げてきた。「民営企業×外資企業による高度化するスパイラルな産業集積」と本書で形容されているように、繊維・日用品などの軽工業から、重機械工業まで幅広い集積を形づくってきた。しかし、終章で指摘されたように、基礎的産業は発展し、外

資進出が相次いでいるが、「次の時代を牽引するほどの頭脳部分が欠けている」とされる。さらには、「中国民営企業が急成長を遂げているといっても、市場の急拡大に乗っているだけであるのかもしれず、また、技術的には後発の利益を享受しているだけなのかもしれない」ことも懸念される。そして、本書では次なる「第3の階層分解」が到来しつつあると予見する。その突破口として「独自性」と「自主技術」を獲得することが不可欠とされる。

　この指摘は、企業側の問題だけでなく、地域の「頭脳部分」である大学側にも向けられている。冒頭でもみたが、民営化の「第2の階層分解」で江南大学が演じた役割は、主に人材供給の機能であり、研究面や技術面での戦略的な産学連携はあまり観察されなかった。その意味で、大学サイドではなく企業サイドが主導してきたともいえる。「第2の階層分解」で見られた産学連携の形は、「企業主導の産学連携」であったと言うことができるだろう。さらに、近い将来に起こるであろう「第3の階層分解」では、独自性と自主技術が焦点になる。ここに大学の役割、特に先ほどみた江南大学サイエンスパークが果たす役割は極めて大きい。つまり、「第3の階層分解」において有効な産学連携の形は、「大学主導の産学連携」と言うべきものであろう。大学側が無錫産業に対して、よりイニシアティブを発揮していく存在になるために、江南大学サイエンスパークがその舞台になっていくことが求められる。

　2001年より進められてきた取り組みは、いくつも実を結びつつあった。大学が強い食品部門を活かして、新会社を設立し、大学発ベンチャーを生み出すなど、地道に事業化しつつある。また、独自技術を市場に乗せて、販売化していこうとする入居企業も出てきた。対事業所サービスとして、TLOの機能を担う企業も成長を遂げている。さらに、留学生創業圏を設置し、海外留学経験者の知恵を活かした創業支援に力を入れ、他方で、学生ベンチャー、教員ベンチャーも生まれ始めている。さらには、1億元規模の投資ファンドを組み、新産業分野への進出を後押しする仕掛けを作りつつある。江南大学サイエンスパークの取り組みは、中国ではサイエンスパークの後発組ながらも、いくつもの成果をあげつつあることが注目されよう。

無錫の産業発展を見据えた江南大学サイエンスパークの展望

　では、今後、無錫産業をより見据えた「大学主導の産学連携」が求められる中で、江南大学サイエンスパークは、どのような方向に進むべきなのであろうか。終章の指摘と呼応させながら、いくつか課題を列挙してみたい。

　一つは、独自の地域技術の充実である。無錫には民営企業、外資企業ともに機械工業の集積が形成されてきたが、組立やコスト安の加工が中心で、自主技術を持つ企業はまだ多くはない。したがって、頭脳部分となる研究開発部門を身に着けることが課題とされる。大学の役割としては、引き続き、企業家や研究開発要員の輩出が求められ、大学サイエンスパークとしては、地域技術を支える部門の研究開発の充実が課題とされよう。これまでは、食品や生物技術の研究開発がサイエンスパークの成果としては目立っていた。今後は、A区のインキュベーション機能をより活用して、光電子、精密機械、自動化工学、ソフトウェア開発、計測機器などの分野においても、技術の実用化が活発に行われ、自ら起業する者や、技術を企業に売り渡す者などが次々に出てくることが望まれよう。大学サイエンスパークが、そうした人びとと企業とを積極的にマッチングさせていくことも必要になるだろう。

　二つ目は、積極的な投資である。この点、先ほどみたように、江南大学サイエンスパークでは、1億元の投資ファンドを組み、学生ベンチャーや教員ベンチャー、また新産業分野での創業を後押しするものとして期待される。もともと、民営中小企業は、容易に融資が受けられないなど、資金調達に大きなハードルがあった。ベンチャーキャピタルも、無錫にはいくつか登場しているようである。大学で技術を育てて、産業界に還元していくためにも、技術開発の入り口の段階で、資金調達につまずくことのないように、積極的に投資していくことが求められる。この点、大学サイエンスパークの投資ファンドに、期待するところは大きい。

　三つ目は、新たな人材育成の方法の確立である。瀋陽の東北大学から生まれた東軟集団は、情報系の私立大学（東軟情報技術学院）を設立し、大連のソフト産業を担う人材の育成に大きく貢献している。また、自動車産業の集積が進む広東省広州市花都では、地元資産家が自動車技術を専門にした大学（華南理

工大学広州汽車学院）を設立している[8]。地域の独自技術を担う人材の育成に、焦点が当てられている。無錫でも、独自技術を養成することを目的とした教育機関が生まれてきてもよさそうである。今のところ、企業側が熱心にインターンを受け入れるなどして人材育成に貢献している。次のステップとして、そのような目的を持つ教育機関があると、中国国内の地域間競争において、優位性が際立つ。大学サイエンスパークに、そのような人材育成機能を付加させることも、一つの方法であるのかもしれない。

　また、無錫市政府が、サンテックの創始者・施正栄氏を海外から呼び戻し、高進技術開発区に誘致したことも、無錫の産業政策として大きな実績といえる。第2、第3のサンテックのような事例を生むためにも、やはり優れた人材が無錫地域にいることが呼び水となるであろう。

　「人材立地」の時代に、無錫の産業人材の魅力を高めることは大学の使命となる。「第3の階層分解」においては、大学が重要なプレイヤーとして台頭してくるであろう。人材育成に、どう戦略的に取り組み、無錫の地域技術をどう形成していくかが、大学にも問われている。「第3の階層分解」は、「民営企業×外資企業×大学の高度化するスパイラルな産業集積」による「無錫の独自技術」が鍵になるのかもしれない。

1) この点は、関満博編『中国の産学連携』新評論、2007年、を参照されたい。
2) 詳しくは、前掲書、を参照されたい。
3) 関、前掲書、第3章を参照した。瀋陽の東北大学は、2001年に国家教育部により、全国22カ所の「国家大学科技園」の一つとして認定された。江南大学も国家教育部所属のため、国家大学科技園として認定を受けている。
4) 「留学生創業圏」については、関、前掲書、序章が詳しい。
5) 大学教員の創業についても、関、前掲書、序章が詳しい。
6) サンテックの動向については、Suntech Power（尚徳）ホームページ（http://www.suntech-power.com/）、丸川知雄「太陽電池産業の現状と尚徳電力（サンテック）の日本進出」2008年3月（http://web.iss.u-tokyo.ac.jp/~marukawa/suntech.pdf）、『NEDO海外レポート』No.995（2007年2月21日号）を参照した。
7) 前掲、『NEDO海外レポート』を参照した。

8) 東軟情報技術学院、華南理工大学広州汽車学院については、関編、前掲書を参照されたい。

執筆者紹介

関　満博　（序章、第3章、第4章、第5章、第6章、第7章、第8章、第9章、第10
　　　　　章、終章、補論Ⅰ～Ⅷ）

朱　晋偉　（第1章）
　1966年　中国西安市生まれ
　2005年　一橋大学大学院商学研究科博士後期課程修了
　現　在　江南大学商学院教授　国際教育院副院長　博士（商学）
　著　書　『蘇南城郷一体化之路』（共著、中国社会科学出版社、2008年）他

山藤竜太郎　（第2章）
　1976年　東京都生まれ
　2006年　一橋大学大学院商学研究科博士後期課程修了
　現　在　日本学術振興会特別研究員（PD）　博士（商学）
　著　書　『メイド・イン・チャイナ』（共著、新評論、2007年）他

松永桂子　（補論Ⅸ）
　1975年　京都府生まれ
　2005年　大阪市立大学大学院経済学研究科後期博士課程修了
　現　在　島根県立大学総合政策学部准教授　博士（経済学）
　著　書　『地方圏の産業振興と中山間地域』（共著、新評論、2007年）他

編者紹介
関　満博（せき　みつひろ）

1948年　富山県生まれ
1976年　成城大学大学院経済学研究科博士課程修了
現　在　一橋大学大学院商学研究科教授　博士（経済学）
著　書　『モンゴル／市場経済下の企業改革』（編著、新評論、2002年）
　　　　『21世紀型地場産業の発展戦略』（編著、新評論、2002年）
　　　　『「現場」学者　中国を行く』（日本経済新聞社、2003年）
　　　　『インキュベータとSOHO』（編著、新評論、2005年）
　　　　『現場主義の人材育成法』（ちくま新書、2005年）
　　　　『ニッポンのモノづくり学』（日経BP社、2005年）
　　　　『地域ブランドと産業振興』（編著、新評論、2006年）
　　　　『二代目経営塾』（日経BP社、2006年）
　　　　『変革期の地域産業』（有斐閣、2006年）
　　　　『「食」の地域ブランド戦略』（編著、新評論、2007年）
　　　　『地域産業振興の人材育成塾』（編著、新評論、2007年）
　　　　『地方圏の産業振興と中山間地域』（編著、新評論、2007年）
　　　　『「村」が地域ブランドになる時代』（編著、新評論、2007年）
　　　　『「B級グルメ」の地域ブランド戦略』（編著、新評論、2008年）
　　　　『地域産業の「現場」を行く（第1集）』（新評論、2008年）
　　　　『地域産業に学べ！　モノづくり・人づくりの未来』（日本評論社、2008年）
　　　　『信用金庫の地域貢献』（編著、新評論、2008年）
　　　　『中小都市の「B級グルメ」戦略』（編著、新評論、2008年）他

受　賞　1984年　第9回中小企業研究奨励賞特賞
　　　　1994年　第34回エコノミスト賞
　　　　1997年　第19回サントリー学芸賞
　　　　1998年　第14回大平正芳記念賞特別賞

中国郷鎮企業の民営化と日本企業
新たな産業集積を形成する「無錫」　　　　　　　　　（検印廃止）

2008年10月15日　初版第1刷発行

監　修　社団法人　経営労働協会

編　者　関　　満　博

発行者　武　市　一　幸

発行所　株式会社　新　評　論

〒169-0051 東京都新宿区西早稲田 3-16-28
http://www.shinhyoron.co.jp
電話　03(3202)7391
FAX　03(3202)5832
振替　00160-1-113487

落丁・乱丁本はお取り替えします
定価はカバーに表示してあります

印刷　新　栄　堂
製本　清水製本プラス紙工
装幀　山　田　英　春

©関　満博他　2008
ISBN978-4-7948-0783-0
Printed in Japan

アジアの未来を見つめる ── 関 満博の本

（社）経営労働協会 監修／関 満博 編
メイド・イン・チャイナ　中堅・中小企業の中国進出
外資企業の中国進出開始から四半世紀、巨大な格差を抱えつつ繁栄する中国で、2000年代以降を日本企業はいかに歩んだか。100を超える日系企業訪問をもとに「東アジアの次の時代」を展望する。（ISBN978-4-7948-0756-4　A5上製　578頁　7350円）

（社）経営労働協会 監修／関 満博 編
中国華南／進出企業の二次展開と小三線都市
広東省韶関市の発展戦略
中国では今、沿海地域を支える内陸部が注目を集めている。自動車部品の集積地として飛躍するかつての"小三線都市"における企業進出の実態を総力調査し、日中産業提携の次世代の課題を読む。（ISBN978-4-7948-0769-4　A5上製　294頁　4725円）

（社）経営労働協会 監修／関 満博 編
中国自動車タウンの形成　広東省広州市花都区の発展戦略
自動車産業・皮革製品・ジュエリーなどの巨大集散地市場（問屋街）等で世界の注目を集める広州市。東アジアの結節点＝「ヒト、モノ、カネ」の交流拠点として飛躍する産業都市の戦略を徹底解明。（ISBN4-7948-0716-3　A5上製　356頁　4200円）

（社）経営労働協会 監修／関 満博 編
現代中国の民営中小企業
人びとの熱い思いに支えられた民営中小企業が今、中国産業社会を劇的に発展させている。大連、無錫、北京、広東珠江デルタの5地域のケース・スタディをもとに、民営中小企業の現状と課題を精査。（ISBN4-7948-0692-2　A5上製　720頁　8610円）

関 満博 編
中国の産学連携
北京、瀋陽、大連、上海、広東の現場から「ハイテク企業」「理工系大学」「電子街」を中心軸とした果敢な挑戦を報告、日中比較等の検証もあわせて、大学と産業の真の協働に向けた課題を提示。（ISBN978-4-7948-0730-4　A5上製　352頁　4410円）

＊ 表示価格はすべて消費税5％込みの定価です。